O lugar do outro

Dados Internacionais de Catalogação na Publicação (CIP)
(Câmara Brasileira do Livro, SP, Brasil)

Certeau, Michel de, 1925-1985
  O lugar do outro : história religiosa e mística / Michel de Certeau ; tradução Guilherme João de Freitas Teixeira. – 1. ed. – Petrópolis, RJ : Vozes, 2021.

Título original: Le lieu de l'autre
ISBN 978-65-5713-120-6

1. Cristianismo 2. Espiritualidade 3. Igreja – História 4. Misticismo – História – século 16 5. Misticismo – História – século 17 I. Título.

21-63374   CDD-262.009

Índices para catálogo sistemático:
1. Igreja : História : Cristianismo 262.009

Maria Alice Ferreira – Bibliotecária – CRB-8/7964

MICHEL DE CERTEAU
O lugar do outro
História religiosa e mística

Edição estabelecida por Luce Giard

Tradução de Guilherme João de Freitas Teixeira

Petrópolis

© Editions du Seuil / Gallimard, 2005.

Tradução realizada a partir do original em francês intitulado
Le lieu de l'autre. Histoire religieuse et mystique.

Direitos de publicação em língua portuguesa – Brasil:
2021, Editora Vozes Ltda.
Rua Frei Luís, 100
25689-900 Petrópolis, RJ
www.vozes.com.br
Brasil

Todos os direitos reservados. Nenhuma parte desta obra poderá ser reproduzida ou transmitida por qualquer forma e/ou quaisquer meios (eletrônico ou mecânico, incluindo fotocópia e gravação) ou arquivada em qualquer sistema ou banco de dados sem permissão escrita da editora.

CONSELHO EDITORIAL

Diretor
Gilberto Gonçalves Garcia

Editores
Aline dos Santos Carneiro
Edrian Josué Pasini
Marilac Loraine Oleniki
Welder Lancieri Marchini

Conselheiros
Francisco Morás
Ludovico Garmus
Teobaldo Heidemann
Volney J. Berkenbrock

Secretário executivo
João Batista Kreuch

Diagramação: Raquel Nascimento
Revisão gráfica: Alessandra Karl
Capa: Renan Rivero
Ilustração de capa: Palazzo Barberini, Via delle Quattro Fontane. Roma, Itália.

ISBN 978-65-5713-120-6 (Brasil)
ISBN 978-2-02-084485-7 (França)

Editado conforme o novo acordo ortográfico.

Este livro foi composto e impresso pela Editora Vozes Ltda.

Sumário

Introdução, 7

1ª Parte – ESCREVER A HISTÓRIA, 23

Capítulo 1. Cristianismo e "modernidade" na historiografia contemporânea, 25

Capítulo 2. História e mística, 52

Capítulo 3. Henri Bremond (1865-1933), historiador de uma ausência, 67

Capítulo 4. História e antropologia em Lafitau, 105

2ª Parte – ASPECTOS DA DIMENSÃO RELIGIOSA, 135

Capítulo 5. Carlos Borromeu (1538-1584), 137

Capítulo 6. A reforma do catolicismo na França durante o século XVI, 163

Capítulo 7. História dos jesuítas, 188

Capítulo 8. O pensamento religioso na França (1600-1660), 238

Capítulo 9. Do abbé de Saint-Cyran ao Jansenismo. Conversão e reforma, 268

3ª Parte – MÍSTICA E ALTERIDADE, 291

Capítulo 10. O espaço do desejo ou o "fundamento" dos *Ejercicios espirituales*, 293

Capítulo 11. Montaigne: "Dos canibais", 306

Capítulo 12. Política e mística. René de Voyer de Paulmy, conde d'Argenson (1596-1651), 324

Capítulo 13. Os magistrados diante dos feiticeiros do século XVII, 372

Capítulo 14. Mística, 400

Referências bibliográficas, 425
Índice onomástico, 479
Índice geral, 495

Alterações nesta tradução relativamente ao original.

Os subcapítulos e as respectivas divisões são precedidos de algarismos (utilizando a metodologia do autor que se serve de letras e algarismos nos capítulos 6, 7 e 8).

As siglas – que o próprio autor utiliza, por exemplo, no cap. 7, n. 1 – são adotadas para todo o volume; a respectiva lista encontra-se, em um quadro, nas "Referências bibliográficas", p. 425.

CERTEAU (de), M. compreende os livros do autor identificados por siglas (em ordem alfabética), enquanto os seus artigos são citados por ordem decrescente do ano de publicação.

Quanto às "Referências bibliográficas", elas incluem as citações indicadas em todos os textos, exceto a "Bibliografia" dos capítulos 8 e 14, assim como a "Documentação" do cap. 12.

Deste modo, as notas de rodapé limitam-se a registrar os comentários do autor ou a extensão/multiplicidade de títulos citados.

Nota do tradutor

Introdução

Um estilo particular de historiador

Quando alguém questionava Michel de Certeau a respeito de sua identidade profissional – intrigado com a sua maneira de transpor as fronteiras entre as disciplinas, de questionar os pressupostos e de pôr em prática os métodos das mesmas sem se deixar confinar nem se instalar aí permanentemente –, ele respondia que era um historiador, mais precisamente um historiador da espiritualidade. A própria natureza de seu objeto de estudo e a maneira como ele tinha se apegado à sua história haviam inspirado suas viagens: "Sou apenas um viajante. Não só porque viajei, durante muito tempo, através da literatura mística (e este tipo de viagem exige ser modesto), mas também porque – tendo feito, no tocante à história ou a pesquisas antropológicas, algumas peregrinações ao redor do mundo – aprendi, no meio de um tão grande número de opiniões, que eu não passava de um particular entre muitos outros, limitando-me a relatar alguns dos itinerários traçados – na diversidade de numerosos países, passados e presentes – pela experiência espiritual"[1].

Os textos coletados neste volume[2] – tendo sido publicados em sua primeira versão, entre 1963 e 1981 – constituem apenas uma reduzida parcela da produção do autor naqueles anos, mas fornecem, a respeito de temas essenciais, uma imagem fidedigna de sua obra enquanto historiador, além

---

1. CERTEAU, 1970a; minha citação encontra-se na p. 488. Reproduzi esse artigo na abertura de sua obra, *L'Étranger ou l'union dans la différence* [EUD], nas duas novas edições que tive oportunidade de publicar (Paris, 1991 e 2005).
Para a descrição completa das siglas, cf. quadro em "Referências bibliográficas", p. 425.
2. A referência completa de cada um dos capítulos encontra-se no final desta apresentação. O cap. 4 sobre Lafitau – editado em francês, em 1985 – tinha sido publicado, inicialmente, em inglês, em 1980. O texto mais recente deste volume é o cap. 11 sobre Montaigne, editado em 1981.

de mostrarem a estreita relação entre as questões abordadas e a maneira de proceder. Apesar da diversidade das oportunidades que serviram de pretexto para a criação dos mesmos, e dos locais de publicação que os acolheram, a despeito da diferença de seus formatos e de suas convenções de escrita, eles conservam uma unidade de inspiração e de feitura que permite reconhecer, em seu desvelamento progressivo, a peculiaridade de um estilo de historiador[3]. Desse estilo, as principais caraterísticas marcaram bem cedo a escrita de Michel de Certeau, antes mesmo que a sua reflexão historiográfica tivesse sublinhado os seus elementos, e afirmado a sua razão de ser; mas essa reflexão, desenvolvida em um segundo momento, forneceu-lhes uma forma explícita mais elaborada. No entanto, para tornar mais perceptível a unidade de inspiração e a particularidade do estilo, preferi – em vez de apresentar esta coletânea em ordem cronológica, de acordo com a data de publicação dos diferentes capítulos – uma composição temática: cada um dos textos tem a função de ilustrar um componente desse estilo, organizando-se em torno de uma configuração de questões, central na obra. Ora, o estudo dessa configuração acabou sendo retomado diversas vezes, variando as perspectivas e as fontes inventariadas.

A primeira parte – **Escrever a história** – tem por objeto a vontade, argumentada aprofundadamente, de clarificação historiográfica. Em Michel de Certeau, a escrita da história foi habitada por um esforço constante para elucidar as determinações e as regras que direcionam a produção do que constitui simultaneamente, um gênero literário e um tipo de conhecimento; no entanto, essa elucidação comportava também um elemento pessoal na medida em que ele era convidado também a explicar as suas escolhas enquanto historiador, as suas aporias, as suas dúvidas e as suas ressalvas. No vaivém tecido pela reflexão entre o que se refere ao em-si da disciplina e o que tem a ver com o para-si do historiador – ou seja, com a sua maneira peculiar de

---

[3]. Em vez de seu sentido retórico, essa noção de "estilo" é utilizada por mim no sentido conceitual proposto por GRANGER (1968) para a construção do objeto matemático (estabelecendo a distinção entre estilos, por exemplo, euclidiano, cartesiano, arguesiano ou vetorial), e na perspectiva da história das ciências, ilustrada por HARWOOD, 1993. • Cf. tb., MACHADO, 1991 • e PATY, 2012.

praticar o ofício sobre os objetos privilegiados de suas pesquisas –, não existem considerações gerais a respeito do método pelo simples motivo de que a questão historiográfica não intervém enquanto mera pré-condição para a investigação histórica. Uma discussão de grandes princípios e de categorias abstratas é, de igual modo, descartada. É claro que o autor não é movido pelo desejo de construir um modelo teórico, nem pela ambição de elaborar uma filosofia da história. O seu objetivo – *a priori*, mais modesto – parece, em breve, mais difícil de alcançar porque se trata de esclarecer os procedimentos que organizam, estruturam e permitem efetuar a "opération historiographique"[4] [operação historiográfica]. A partir dessa operação, se for exitosa, a análise conseguirá reproduzir as condições de possibilidade e as modalidades explícitas (para o autor enquanto historiador), assim como as etapas e os resultados controláveis (para o leitor).

Com esse escopo, Michel de Certeau empenhou-se em dissecar excertos – próprios e de outrem – da história escrita. Ele perscrutou principalmente práticas de escrita relacionadas a objetos que lhe eram familiares, em seu domínio predileto, a história religiosa da Europa na época da primeira modernidade (séculos XVI e XVII). Mas também manifestou cada vez mais interesse pelos começos da antropologia histórica quando a Europa Latina descobriu os povos do Novo Mundo. Em seus exercícios de dissecação epistemológica, o seu olhar crítico mostra-se tão afiado em relação a si próprio quanto em relação a seus antecessores ou a colegas. Esse trabalho de análise crítica era conduzido por um desejo de rigor, enraizado em uma exigência ética de veracidade, e estava acompanhado pelo sentimento de ter que pagar uma dívida: os dois aspectos – a exigência em relação à veracidade e o sentimento de estar em dívida – diziam respeito tanto ao passado daqueles cujas crenças, sofrimentos e atos eram estudados quanto o presente, o seu – em um estado de vida livremente escolhido, na idade adulta, como membro atuante

---

4. Retomo, aqui, o título do cap. 2 de seu livro, *L'Écriture de l'histoire* [ECH], o qual aborda três questões: "um lugar social", "uma prática" e "uma escrita". Nesta obra, que se tornou um clássico do gênero, o autor examina a historiografia ocidental em três áreas e em três momentos: história religiosa (séculos XVI-XVIII), uma das primeiras histórias antropológicas (sobre os tupis do Brasil no século XVI) e os ensaios históricos de Freud (sobre uma neurose demoníaca no século XVII, assim como sobre Moisés e o monoteísmo).

de uma ordem religiosa (a Companhia de Jesus) e de uma comunidade de fé –, assim como o dos leitores.

A estes, ele reconhecia a plena liberdade de se questionarem sobre o relatório de um fragmento do passado proposto pelo historiador, em nome dos pressupostos desses leitores relativamente ao conteúdo legítimo de uma história religiosa ou à objetividade intelectual de seu autor. Como resposta, ele pedia ao historiador para esclarecer a sua situação de pensamento, sem esquecer de levar em conta a relação, mais ou menos distante, que ele mantinha com a tradição cristã "humilhada", como ele chegou a repetir com frequência. Ele não defendia a afirmação de um monopólio sobre a história religiosa, reservado *de jure* ou *de facto* a historiadores crentes ou assim chamados, nem a desqualificação *a priori* de alguns historiadores devido à sua grande afinidade – ou, inversamente, à sua hostilidade de princípio – em relação a uma filiação religiosa. Mas ele insistia sobre a importância de distinguir entre posições diferenciadas no campo do conhecimento considerado, e de não ser dissimulado que cada posição afeta a natureza do trabalho possível para o historiador, devido à diferença dos fins que determinam as suas orientações e da correlação existente entre os fins atribuídos ao historiador (e aceitos por ele) e a sua decisão de praticar determinado estilo de história, de adotar ou descartar um tipo de questionamento, uma categoria de variáveis e um domínio de fontes.

Os capítulos dessa primeira parte mostram como Michel de Certeau tematizava as dificuldades peculiares da história de uma tradição religiosa – no caso concreto, o cristianismo, sobretudo em sua versão católica (algumas indicações dizem respeito aos círculos reformados). O primeiro capítulo explica de que modo e o motivo pelo qual o tempo longo dessa tradição pode enganar o historiador; com efeito, ele vai incentivá-lo, de maneira bastante natural, a considerar tanto os enunciados estáveis como propostas de fé quanto o repertório institucional familiar dos rituais e das celebrações como se estivessem dotados de significações estáveis, sem verificar adequadamente que as práticas e as crenças modificam-se sob a aparente imobilidade das palavras e dos gestos, sem levar em conta a distância que separa o discurso das autoridades eclesiais e a realidade das práticas do baixo clero e de seus paroquianos anônimos, sem avaliar a amplitude do deslizamento das palavras de uma geração para outra – ou de um grupo social para outro – e, mais seriamente, sem tomar consciência da perda de sentido progressiva de comportamentos e de gestos exigidos e administrados pela Igreja, mas cada vez mais codificados socialmente e instrumentalizados pelo poder político[5].

Dois capítulos – um sobre Henri Bremond (cap. 3) e o outro sobre Joseph-François Lafitau (cap. 4) – elaboram paralelamente uma análise dos méritos e das limitações de uma investigação literária e de uma perspectivação antropológica: a primeira habitada pela inquietação de seu autor relativamente à impossibilidade de uma "oração pura", enquanto a segunda permanece silenciosa em relação ao abalo das crenças de seu autor confrontado com a longa história dos povos da América, alheios à epopeia bíblica. Entre um Bremond, interpretando os autores espirituais do século XVII à luz de sua inquietação religiosa, e um Lafitau, mantendo-se em silêncio sobre um domínio reservado, como se a sua identidade enquanto crente não interferisse em seu trabalho enquanto historiador, Michel de Certeau procurava abrir outro caminho, através de um duplo esforço de elucidação, a respeito de sua posição pessoal na tradição cristã (cuja explicação é fornecida no cap. 2, "História e mística") e a respeito dos procedimentos adotados na historiografia contemporânea (os quais, tendo sido discutidos no cap. 1, são colocados em perspectiva para a história mística no cap. 2).

A segunda parte – **Aspectos da dimensão religiosa** – aborda o cerne da questão, em um campo explorado de maneira aprofundada pelo autor; nessa seção, são reunidos exemplos específicos do estilo de história que ele põe em prática. Ora, a atenção concentra-se em um importante personagem, Carlos Borromeu (cap. 5), cardeal arcebispo dedicado inteiramente à implementação da reforma tridentina da Igreja entre Roma e Milão; ou Claudio Acquaviva (cap. 7), 5º Superior Geral da Companhia de Jesus, empenhado

---

5. Cf., a esse respeito – no seu livro, ECH –, o cap. 4: "La formalité des pratiques. Du système religieux à l'éthique des Lumières (XVIIᵉ-XVIIIᵉ siècle)" [A formalidade das práticas. Do sistema religioso à ética das Luzes (séculos XVII-XVIII), p. 152-194], o qual continua sendo um de seus textos mais importantes.

na unificação, regulação e moderação da ação dos jesuítas, espalhados por Estados-Nações cada vez mais ciosos de suas prerrogativas e desconfiados desses religiosos demasiado buliçosos, envolvidos com a política e próximos de Roma. Ao lado dessas figuras importantes da outra encosta dos Alpes, encontramos também um personagem retintamente francês – Jean-Ambroise Duvergier de Hauranne, abbé* de Saint-Cyran, designado quase sempre simplesmente como Saint-Cyran (cap. 9) –, cuja espiritualidade e contradições exerceram uma considerável influência sobre o destino do jansenismo. Ocorre que análise e síntese estão associadas para esboçar um amplo quadro das correntes religiosas na França, consideradas em três momentos: a reforma pré e pós-tridentina (cap. 6); a ascensão rumo ao absolutismo real (cap. 7, sobre os jesuítas; e cap. 8, sobre a literatura religiosa); enfim, os conflitos jansenistas (de novo, cap. 9).

Emergem características comuns dos dois tipos de textos nos quais é possível observar a presença atuante de uma formidável erudição, em matéria de teologia e de espiritualidade, que permanece sob o controle do autor, de modo que ela não venha a sobrecarregar a reflexão, nem a tornar-se um fim em si mesma. Esse saber – amplo, preciso, refletido e adquirido em primeira mão – permite fazer ressurgir autores e textos votados ao esquecimento, servindo acima de tudo para recompor a imagem de uma intensa vida intelectual e espiritual espalhada por toda a França e influenciada por seus vizinhos (espanhóis, italianos, flamengos etc.). Uma informação abundante marca as diferenças entre momentos e lugares, sendo usada para reconstituir sutilmente redes de intercâmbio entre clérigos e leigos, entre diretores espirituais e almas devotas, descartando as generalizações e conseguindo substituir as descrições consagradas da cena institucional por uma situação fragmentada em uma centena de lugares, círculos ou grupúsculos, congregados em torno de opiniões diferentes e contraditórias, aos quais vida e homenagens

---

* Na França, esse qualificativo, além de ser atribuído ao superior de uma abadia, aplica-se a determinados sacerdotes – no caso concreto, a Saint-Cyran –, motivo pelo qual será mantido nesta tradução [N.T.].

são prodigalizadas com uma amplitude de visão e uma mistura de respeito e delicadeza que fornecem ao texto uma tonalidade incomum.

Essa maneira de escrever a história está interessada, de preferência, em atores, pouco ou deficientemente conhecidos, em suas práticas de fé, em suas preocupações e em seus devaneios de natureza mística, e não tanto nas decisões das grandes instituições e nas conivências que ligavam as autoridades da Igreja ao poder régio. Quando a atenção está focalizada em uma personalidade importante, o historiador está menos preocupado em descrever as suas ações e em explicá-las do que em reencontrar a inspiração interior que as guiava. O rastro dessa inspiração não está localizado no isolamento da consciência individual, mas é decifrado em sua relação com a imagem do papel a desempenhar e das responsabilidades que esse personagem havia recebido de sua educação ou havia escolhido como referência. A pessoa, a sua ação, as suas ideias e opiniões, consideradas em conjunto, são reinseridas na cultura dos contemporâneos com os seus preconceitos e exageros, as suas dúvidas e contradições, além de serem relacionadas ao que constituía a base dessa cultura comum: textos inspiradores, modelos admirados ou reverenciados, intervenções divinas "recebidas" ou esperadas, tormentos e medos.

Em seguida, verificamos em detalhe as análises do papel decisivo desempenhado pela exigência de rigor manifestada no momento historiográfico: permitindo-lhe ganhar um distanciamento crítico, uma maior amplitude e liberdade de espírito em relação aos crentes estudados, essa exigência abriu a Michel de Certeau a possibilidade de interpretações originais e consolidadas. Tendo assumido o controle de sua situação de pensamento e de fé, em seu próprio contexto, através de um trabalho de clarificação de seus pressupostos e dos limites que estes lhe impunham por sua própria natureza, tendo assim avaliado a distância existente entre o passado (antigo ou moderno) e o presente da tradição cristã, apesar de todas as afirmações de uma continuidade ininterrupta, o historiador escapa à tentação de "fazer o bem" distribuindo rótulos de bom comportamento e já não tem necessidade de elogiar a perspicácia de alguns, a sua "modernidade", nem de lamentar a cegueira dos outros, a sua rigidez "passadista". Ele deixa de ter que justificá-los ou justificar-se através deles. Não tendo necessidade de instaurar os espirituais e os crentes obscuros de outrora seja como fiadores de sua própria crença ou como um remédio para as suas dúvidas – pelo fato de saber que, daí em diante, não há, entre esses indivíduos e ele, identidade de situação, nem continuidade de problemas –, o historiador resigna-se a constatar o desaparecimento de um mundo religioso e empenha-se em restituir-lhe uma forma plausível de coerência.

A última parte – **Mística e alteridade** – retorna à história da mística, a qual foi, para Michel de Certeau, o objeto de estudo predileto e mais profundo, aquele que lhe inspirou incessantes deslocamentos intelectuais, o aspecto centralizador em torno do qual, incansavelmente, a sua reflexão se reorganizava: "O místico é aquele ou aquela que não consegue deter-se em sua caminhada e que, tendo a certeza do que lhe faz falta, sabe a respeito de cada lugar e de cada objeto que não é *isso*, que não se pode residir *aqui*, nem se contentar com *aquilo*"[6]. Os capítulos selecionados apresentam as duas facetas – mistura de sombra e de luz – da busca mística, direcionada para o Outro divino, vivenciada e experimentada na aventura, admirável e temida, do encontro com os outros, homens ou espíritos, anjos ou demônios.

É possível acompanhar, nesses textos, a elaboração de um duplo componente de seu estilo. Há, por um lado, a incapacidade de estar satisfeito com os resultados alcançados, transformada em uma vontade obstinada de tornar um pouco menos difícil a sua complexidade, a sua densidade e o seu mistério às situações históricas e a seus atores, sem renunciar a construir significações, mas afirmando o seu caráter provisório e frágil, além de sua inadequação ao aspecto essencial que estava em jogo. O trabalho analítico empenha-se, portanto, em recompor os relatos dos acontecimentos e conflitos em seus próprios termos a fim de acompanhar o encadeamento dos mesmos sem condenar os seus objetos, nem ridicularizar as respectivas manifestações. E há, por outro lado, a recusa – solidária estreitamente dessa insatisfação ini-

---

6. Cf. a sua obra, *La Fable mystique (XVIe-XVIIe siècle)* [FAM]; a minha citação encontra-se na p. 411.

cial e dessa vontade obstinada – em estabelecer diagnósticos definitivos, de atribuir-se o poder de decifrar o segredo dos seres humanos e dos tempos. A partir dessa posição de "fraqueza" por parte do historiador, que a natureza de sua disciplina instala na fronteira entre ciência e ficção, Michel de Certeau procurou fornecer uma explicação mais elucidativa no período final de sua vida[7]. No entanto, essa confissão circunstanciada de "fraqueza" não era uma marca tardia de renúncia, oriunda de uma desconhecida lassidão interior.

O sinete dessa "fraqueza" esboça-se implicitamente em seus estudos iniciais sobre os místicos da Companhia de Jesus: ele é legível nas páginas de uma intensidade pudica, dedicadas ao *Journal* [Diário] de Pedro Fabro (Pierre Fabre, 1506-1546), um dos primeiros companheiros do fundador, aquele em quem Inácio depositava uma grande confiança na prática dos *Exercícios espirituais*[8]; ele é perceptível, em segundo plano, nos retratos discretos, respeitosos e distanciados, de Surin (1600-1665), o jesuíta místico contemporâneo de Descartes, enviado como exorcista para ajudar as freiras possessas de Loudun e que, tendo conseguido expulsar os demônios da prioresa Joana dos Anjos, acabou soçobrando, durante algum tempo, na loucura[9]. Essa era, creio eu, a marca profunda da espiritualidade inaciana sobre o trabalho da inteligência. Essa maneira de conceber os limites impostos, pela natureza de seus objetos, ao julgamento do historiador da espiritualidade, é afirmada claramente, desde 1970, na obra sobre o caso de Loudun: "A possessão não comporta uma 'verdadeira' explicação histórica visto que nunca é possível saber quem é *possesso*, nem o que está precisamente na origem do problema pelo fato de que existe *algo* de possessão, diríamos de 'alienação', e visto que o esforço para libertar-se dela consiste em adiá-la,

---

7. Cf. a sua coletânea póstuma, *Histoire et psychanalyse entre science et fiction* [HPF]. O termo "fraqueza" é tomado de empréstimo à sua reflexão sobre o cristianismo contemporâneo – nomeadamente, em *La Faiblesse de croire* [FCR] –, considerando que o seu pensamento sobre o estatuto do historiador alimentou-se também de sua meditação sobre a difícil condição do crente no tempo presente.

8. Cf. CERTEAU, FPM [FAVRE, P. *Mémorial*]. Sobre a confiança depositada por Inácio de Loyola em Pedro Fabro, cf. mais abaixo o cap. 10.

9. Cf. as introduções redigidas por ele para JJS1 [*Guide spirituel pour la perfection*] e JJS2 [*La Correspondance*]. Nesta coletânea, Surin é abordado nos capítulos 2 e 7.

recalcá-la ou deslocá-la alhures: de uma comunidade para um indivíduo, do diabo para a razão do Estado, do demoníaco para a devoção. Desse trabalho indispensável, o processo nunca está encerrado"[10].

Nos cinco capítulos dessa terceira parte, o autor percorre com diligência diversos registros, sem deixar o terreno familiar dos séculos XVI e XVII (com exceção do último capítulo ao qual voltarei mais abaixo). Ele centraliza a sua análise, ora na prática de um texto de direção espiritual, ora no itinerário interior de um magistrado de escalão elevado, ora no contexto intelectual ou social em que, então, é enfrentada a questão da alteridade. Na vertente luminosa, acompanharemos o desdobramento original dos *Exercícios espirituais* de Inácio de Loyola (cap. 10), considerados como um "espaço do desejo", aberto gradualmente ao exercitante que avança em uma meditação pessoal bastante livre, cujo ritmo deve ser respeitado pelo diretor, o qual irá eximir-se de encontrar a solução para as hesitações do exercitante. Por sua vez, na vertente obscura – aliás, origem do pavor decorrente da descoberta do Novo Mundo –, ele procede à releitura de um ensaio de Montaigne sobre "canibais", conduzidos à Corte Francesa e entrevistados nessa ocasião (cap. 11): os seus procedimentos de escrita (relato de viagem fictício, colocação à distância do discurso, ato enunciativo) são examinados minuciosamente para mostrar como é encenado e, em seguida, perspectivado, esse primeiro encontro com uma alteridade não europeia, posicionado em primeiro lugar sob o signo do espanto e, depois, atribuído à relatividade dos códigos sociais.

Os dois capítulos seguintes apresentam, de maneira contrastada, o círculo dos magistrados e dos funcionários régios no século XVII. O primeiro (cap. 12) ilumina a figura mística de René d'Argenson – membro atuante da Compagnie du Saint-Sacrement [Companhia do Santíssimo Sacramento], intendente e, em seguida, embaixador do rei –, o qual associa a sua ação política a serviço do rei a uma consagração interior, cada vez mais profunda, a seu Deus. A sua devoção inspira-lhe um *Traicté de la sagesse chrestienne*,

---

10. Cf. a sua obra, *La Possession de Loudun* [POL]: a minha citação encontra-se no início da conclusão, intitulada "Les figures de l'autre" [As figuras do outro].

ou de la riche science de l'uniformité aux volontez de Dieu (1651 [Tratado da sabedoria cristã, ou da fecunda ciência da uniformidade à vontade de Deus]); em seguida, vai conduzi-lo ao sacerdócio, pouco antes de sua morte, sem ter renunciado a suas funções oficiais. O segundo (cap. 13) retoma, com base em documentos, o debate historiográfico por ocasião da grande obra de Robert Mandrou, *Magistrats et sorciers en France au XVIIe siècle. Une analyse de psychologie historique* (1968 [Magistrados e feiticeiros na França, no século XVII. Uma análise de psicologia histórica]). Como Michel de Certeau não estava inclinado a subscrever uma reconstituição de "psicologia histórica", ele propõe outra interpretação do face a face entre magistrados e feiticeiros, além de sublinhar o quanto os processos judiciais têm dificuldade para apreender as crenças e as motivações daqueles que eles condenam por terem feito pacto com os demônios.

Através da tela constituída pelo vocabulário e pelos temas familiares da literatura devocionista, utilizados por René d'Argenson, o historiador pode tentar a restituição de um itinerário espiritual porque d'Argenson exprime-se diretamente: ele teve a oportunidade de escolher as palavras, as temáticas e as citações bíblicas, de marcar preferências e relutâncias, de revelar conivências e incompreensões (por exemplo, a respeito dos huguenotes). As suas relações de serviço, os testemunhos de seus familiares, os arquivos de seus descendentes vêm completar e modular o seu retrato. No lado oposto, diante da lógica institucional e social que serve de regulamento aos interrogatórios dos feiticeiros e ao desenrolar dos processos, o historiador considera-se desarmado por sua incapacidade de ter acesso à condição concreta dos feiticeiros, a suas palavras e ideias. É ainda e sempre a voz dos juízes e o eco de suas perguntas que ele escuta nas respostas dos acusados e nos considerados das sentenças. Nenhum arquivo provém diretamente dos feiticeiros, tudo passa pelo sistema judiciário. Mas os relatórios dos magistrados continuam sendo valiosos para o historiador, fornecendo-lhe abundante documentação sobre o seu ambiente social, sobre a sua maneira de ver as coisas da religião e a relação do natural com o sobrenatural, assim como sobre as suas incertezas em face da alteridade ameaçadora dos espíritos e dos demônios. Considerados sob esse prisma, eles dão testemunho das inquietações dessa época em um mundo do qual Deus está ausente.

À maneira de conclusão, escolhi um texto sucinto (cap. 14) que, em traços largos, retoma a questão mística pelo fato de resumir com nitidez as hipóteses do autor e as suas posições de princípio. Em certo sentido, esse texto de uma feitura mais didática, incomum em Michel de Certeau, complementa o cap. 2 sobre "História e mística". Ambos foram redigidos com alguns meses de intervalo, em 1970-1971: o primeiro como resposta a uma encomenda da *Encyclopædia universalis*, enquanto o segundo deve-se ao desejo de fornecer uma explicação acerca das decisões tomadas ao escrever o primeiro. Neste capítulo final, começa por ser defendida, com firmeza, a recusa em definir uma "essência" da experiência mística; em seguida, é indicado como as descrições dos fenômenos místicos estão ligadas a sucessivos estados do saber, à evolução de suas divisões e hierarquias, passando da teologia para a antropologia, assim como da história e da sociologia para a psiquiatria. Segue-se uma segunda recusa de princípio – oposta ao pedido de distinguir entre a "verdadeira" e a "falsa" mística – em atribuir ou negar uma aptidão mística às diferentes tradições religiosas. Aqui novamente, à semelhança do que se passa nos capítulos anteriores, as ilusões generalizantes e as tentações judicatórias são descartadas: ele propõe modestamente o retorno, para cada um dos místicos estudados, a um cenário histórico que o inscreva, de novo, em um contexto cultural, espiritual e social. Essas recomendações andam de mãos dadas com a insistência direcionada, uma vez mais, à necessidade de basear o trabalho do historiador na leitura dos escritos místicos, analisados a partir de um cruzamento de métodos (histórico, antropológico, semiótico e psicanalítico) porque nenhum deles poderia bastar-se a si mesmo, nem superar os outros.

A edição desta coletânea foi preparada mediante a releitura de cada artigo selecionado a partir da cópia impressa conservada pelo autor, à qual ele havia acrescentado com frequência, após a publicação, algumas correções. Eu mesma adicionei uma série de pequenas correções, complementadas com referências bibliográficas, além de ter procurado unificar a apresentação das notas e citações. Tentei manter o título original dos artigos, mas acabei fazendo alguns cortes para encurtar a respectiva apresentação: assim, abandonei o subtítulo do cap. 1 sobre a historiografia e a primeira parte do título para o cap. 13 sobre Mandrou. No cap. 3 sobre Henri Bremond, dei o título modificado, escolhido pelo autor na reedição de 1973 (a esse respeito, cf. mais abaixo). Para os cap. 6 a 8, publicados em um dicionário ou em uma coletânea coletiva, adaptei o título original para anunciar, de maneira mais clara, o tema do capítulo. Quanto ao cap. 11 sobre Montaigne, tomei-lhe de empréstimo a primeira metade de seu título para atribui-lo a toda a coletânea, pelo fato de me parecer que era adequado para isso.

Três capítulos (2 - "História e mística"; 3 - "Henry Bremond, historiador de uma ausência"; 13 - "Magistrados perante os feiticeiros do século XVII") haviam sido reproduzidos pelo autor em sua coletânea – *L'Absent de l'histoire* [ABH] –, publicada em uma coleção que desapareceu rapidamente e cuja impressão era defeituosa. Nessa ocasião, tendo revisto cuidadosamente os seus textos, Michel de Certeau havia procedido a modificações em uma série de pontos: aqui, é apresentada essa segunda versão, salvo o título do cap. 13; com efeito, preferi retomar o título original, descartando as suas primeiras palavras. Em relação a três capítulos (4 - "História e antropologia em Lafitau"; 5 - "Carlos Borromeu"; 11 - "Montaigne: Dos canibais"), considerando que os manuscritos datilografados se encontravam nos arquivos do autor, tive oportunidade de verificar, a partir dessa redação original, as versões impressas.

O cap. 5 sobre Borromeu merece um comentário específico: tratava-se de um estudo de encomenda para o dicionário biográfico italiano, servindo como referência nacional. O seu texto foi traduzido para o italiano com uma série de modificações (deslocamento de parágrafos, omissões) para respeitar o formato dos verbetes do dicionário. O texto francês, inédito até agora, é apresentado aqui na versão original integral, mas servi-me da tradução italiana para corrigir alguns erros de datas ou de nomes próprios, e para completar indicações bibliográficas.

Quanto aos cap. 6 e 7 – "A Reforma no Catolicismo" e "História dos jesuítas", respectivamente –, eles foram objeto de um tratamento particular. Tendo sido editados, originalmente, no *Dictionnaire de spiritualité* [Dicionário da Espiritualidade], eles seguiram rigorosamente a disposição tipográfica dessa publicação: texto dividido e subdividido em uma série de seções e subseções numeradas, ausência de notas, inserção das referências de citações e da bibliografia sob a forma condensada no miolo do artigo. Devolvi-lhes uma disposição clássica, mais conforme com o conjunto desta coletânea. Com essa intenção, simplifiquei ou suprimi a numeração em seções e subseções, além de transferir as referências e as indicações bibliográficas para notas de rodapé.

Eis a referência completa da primeira publicação dos diferentes capítulos; para cada texto, indico, entre colchetes, o respectivo número na "Bibliografia completa" do autor, elaborada outrora por mim[11].

Capítulo 1. "Christianisme et 'modernité' dans l'historiographie contemporaine. Réemplois de la tradition dans les pratiques", RSR, t. 63, 1975, p. 243-268. [Bibliografia, n° 209]

Capítulo 2. "Histoire et mystique", RHS, t. 48, 1972, p. 69-82. [Bibliografia, n° 169]

Capítulo 3. "Henri Bremond et 'la Métaphysique des saints'. Une interprétation de l'expérience religieuse moderne", RSR, t. 54, 1966, p. 23-60. Igualmente, sob o título "*La Métaphysique des Saints. Une interprétation de l'expérience religieuse moderne*". In: NÉDONCELLE & DAGENS, 1967, p. 113-141: volume contendo as Atas do Colloque de Cerisy-la-Salle (agosto de 1965) para o qual o autor havia preparado esse estudo. [Bibliografia, n° 56 e n° 60, respectivamente]

---

11. "Bibliographie complète de Michel de Certeau" [Bibliografia completa de Michel de Certeau]. In: GIARD, 1988, p. 191-243. Nessa data, o acervo de títulos contava com 422 itens; desde então, ele foi acrescido com várias dezenas de novas edições, além das traduções para uma dúzia de idiomas. • Cf. bibliografia exaustiva e atualizada, FREIJOMIL, 2020, p. 623-808. • Sobre Michel de Certeau, cf. AVELAR & BENTIVOGLIO, "Michel de Certeau (1925-1986)". In: BENTIVOGLIO & AVELAR, 2016, p. 103-118.

Capítulo 4. "Histoire et anthropologie chez Lafitau". In: BLANCKAERT, 1985, p. 63-89. Esse texto começou por ser publicado em sua tradução para o inglês, em um número especial da revista do Departamento de Francês da Université de Yale ("Writing vs Time: History and Anthropology in the Work of Lafitau", *Yale French Studies*, 59, summer, 1980, p. 37-64) para o qual havia sido redigido. [Bibliografia, n° 363 e n° 300, respectivamente]

Capítulo 5. "Charles Borromée (1538-1584)", inédito em francês. Versão italiana modificada, "Carlo Borromeo", *Dizionario biografico degli Italiani*, Roma, t. 20, 1977, p. 260-269. [Bibliografia, n° 232].

Capítulo 6. Excerto do verbete "France": "V. Le XVIe siècle. 2. La Réforme dans le catholicisme", *Dictionnaire de spiritualité ascétique et mystique*, Paris, t. 5, 1963, col. 896-910. [Bibliografia, n° 18].

Capítulo 7. Excerto do verbete "Jésuites": "III. La Réforme de l'intérieur au temps d'Acquaviva, 1581-1615"; e "IV. Le XVIIe siècle français", *Dictionnaire de spiritualité ascétique et mystique*, Paris, t. 8, 1973, col. 985-1016. [Bibliografia, n° 174].

Capítulo 8. "La pensée religieuse". In: UBERSFELD & DESNÉE, t. 3: "1600-1660", 1975, p. 149-169; bibliographie, p. 414-415. [Bibliografia, n° 202].

Capítulo 9. "De Saint-Cyran au jansénisme. Conversion et réforme", *Christus*, t. 10, n° 39, 1963, p. 399-417. [Bibliografia, n° 20].

Capítulo 10. "L'espace du désir ou le 'fondement' des Exercices spirituels", *Christus*, t. 20, n° 77, 1973, p. 118-128. [Bibliografia, n° 177].

Capítulo 11. "Le lieu de l'autre. Montaigne: 'Des Cannibales'". In: OLENDER, 1981, p. 187-200. [Bibliografia, n° 302].

Capítulo 12. "Politique et mystique. René d'Argenson (1596-1651)", RAM, t. 39, 1963, p. 45-82. [Bibliografia, n° 22].

Capítulo 13. "Une mutation culturelle et religieuse: les magistrats devant les sorciers du XVIIe siècle", RHEF, t. 55, 1969, p. 300-319. [Bibliografia, n° 110].

Capítulo 14. "Mystique", *Encyclopædia universalis*, nova ed. Paris, 1985, t. 12, p. 873-878; texto corrigido e modificado, em alguns pontos, em relação à 1ª ed. (t. XI, 1971, p. 521-526). [Bibliografia, n° 375 e n° 143, respectivamente].

Luce Giard

1ª Parte – ESCREVER A HISTÓRIA

Capítulo 1
Cristianismo e "modernidade" na historiografia contemporânea*

Os temas privilegiados, nos últimos anos, pela historiografia religiosa do século XVII esboçam os campos que permitem a análise "no próprio momento em que ocorre" determinada evolução religiosa. Trata-se de uma topografia dos lugares constituídos pelos cruzamentos entre o avanço da pesquisa científica e os "vestígios" de "fenômenos espirituais" do passado[12]. Cada um desses lugares é definido, com efeito, pela combinação entre *interesses* (as questões que, à medida de sua progressão, reorganizam e permeiam a informação), *fontes* (o material identificado e circunscrito de acordo com o "processamento" de que ele é suscetível) e *regras* (ou, pelo menos, procedimentos de análise que articulam os interesses a partir das fontes). Assim, a lista desses assuntos majoritários já indicaria uma estratégia de pesquisa sobre uma ementa de problemas passados e/ou presentes: as formas de *heresia* que inscrevem ou dissimulam divisões em termos de conflitos doutrinais; a esfera de influência das *instituições* – sobretudo, a seita e a família – que fornecem pontos de referência ou álibis à "sensibilidade coletiva" religiosa; os *comportamentos* (de natureza sacramental, matrimonial e testamentária) enquanto indícios de uma implantação ou teatralização das ideologias; os deslocamentos *epistemológicos* provocados, em particular, por técnicas que modificam o *status* seja do *livro* ou do *corpo*, dois pontos que interferem na legibilidade do sentido; as alianças entre *o imaginário e uma razão* de acordo

---

* Cf. a referência completa a respeito deste texto na "Introdução", p. 7ss.
12. Cf. VOVELLE, 1973a, p. 19-30: reflexões metodológicas sobre as relações entre a trajetória progressiva de uma questão historiográfica e a determinação de acervos de arquivos que permitem abordá-la. De imediato, convém chamar a atenção para essa obra – uma das mais importantes e, talvez, a mais importante – da historiografia religiosa francesa dos últimos anos. • Cf. tb. VOVELLE, 1974a.

com as modalidades – alternadamente, esotéricas, místicas ou científicas – de uma "ciência da experiência"; a *linguagem espacial* que, na pintura ou arquitetura, substitui uma "expressão" das coisas ou de verdades por uma manipulação e várias transformações de superfícies; os temas estruturantes – *a morte, a ilusão, a "glória"* – que indicam a trajetória de clivagens "modernas" no denso contexto da era clássica...

Produtos da relação entre questões, métodos e um material, os estudos que se concentram em torno desses assuntos divulgam, trazem à flor do conhecimento, uma informação considerável. Ao invés de reduzi-la a uma nomenclatura de novas aquisições para o museu da história, parece preferível atravessar essa literatura como uma linguagem (feita de operações presentes e de documentos antigos), em que as indagações atuais são enunciadas mediante um vocabulário de outrora, além de serem suscetíveis de elucidar, sob o modelo da diferença, a sua própria arqueologia. Desse ponto de vista, duas pistas podem esclarecer alguns de seus aspectos.

Por um lado, se nos referirmos às categorias de Habermas, esses estudos apresentam diversos tipos de relações estabelecidas por *regras* lógicas e metodológicas com os *interesses* que direcionam o conhecimento[13]. Entre os historiadores, os "interesses" perseguidos podem ser os mesmos, embora as "regras" sejam diferentes; inversamente, procedimentos idênticos podem ser postos a serviço de interesses divergentes. A este respeito, cada obra oferece uma variante dos modos a partir dos quais, atualmente, os fenômenos religiosos são *pensáveis*, no entrelaçamento de um querer (social e individual) com técnicas de análise: indício de uma situação do cristianismo na "modernidade" contemporânea.

E, por outro, o produto dessas pesquisas permite identificar como, do século XVI ao XVIII, as significações religiosas alteram-se, apesar da estabilidade das doutrinas; como determinadas contaminações ideológicas e

---

13. HABERMAS [1968], 1994: "Conhecimento e interesse", p. 129-147. Aliás, em companhia de Gadamer, ele caracteriza as ciências históricas pelas "regras da hermenêutica" (p. 138) – definição redutora e discutível.

modificações tecnológicas impregnam um sistema recebido antes de darem origem a uma nova configuração; como as práticas e as teorias interferem umas nas outras e, por suas mútuas defasagens, preparam novos equilíbrios; e, finalmente, de que modo *o cristianismo se desloca* à medida que se constitui uma modernidade. Com certeza, enquanto objeto de pesquisa, o cristianismo não se conjuga no singular. A sua unidade é a construção da doutrina, o produto do discurso. O historiador vai abordá-la como a afirmação de um saber ou de um poder. O que ele pode analisar é "a inadequação do aparelho existente a um novo conjunto de fenômenos, a elaboração de conceitos provisórios visando a captura e o conhecimento desse conjunto em sua especificidade, a transformação de conceitos existentes aos quais novos conteúdos são conferidos, a criação do que Mannheim designa como "anticonceitos" (*Gegenbegriffe*) em relação aos conceitos dominantes em determinada época" (BACZKO [1964], 1974, p. 14).

Mas uma "história e sociologia das ideias" estende-se desde esses fenômenos até as "atitudes e pressupostos, cujos documentos ideológicos dão testemunho unicamente de uma maneira indireta" (*Ibid.*). Entre essas "atitudes e pressupostos", deve-se reconhecer uma importância particular ao que atribuirei o qualificativo de *práticas*: determinadas *"maneiras de praticar"* (os textos, os rituais, os grupos) alteram o valor das representações ou dos costumes simplesmente pelo fato de reutilizá-los e de levá-los a funcionar de forma diferente. Por exemplo, uma nova maneira de ler o *mesmo* texto altera o seu sentido. Entre os sistemas estabelecidos e os seus modos de uso, insinuam-se assim discrepâncias que ainda não podem ser nomeadas na linguagem recebida e que têm uma conotação com o termo "experiência" – distância entre o sistema de referência e os comportamentos efetivos. No século XVII, essas discrepâncias designam as lacunas, cuja colmatação é tentada por uma crítica da "impostura", ou o entremeio "indizível" a partir do qual se produz o discurso da experiência, ou o desenraizamento a partir do qual se desenvolve uma arte construtora de ilusões. Por toda a parte, a distância entre as práticas e as representações exige o trabalho que visa proporcionar um *status* teórico para as novas práticas e reinterpretar o *corpus* tradicional em função de operações sociais que se tornaram determinantes[14]. Esse movimento de trânsito é caracterizado por maneiras diferentes de atravessar os lugares construídos, antes que ele venha a culminar em uma nova organização do espaço epistemológico e social.

Os temas privilegiados pela historiografia permitem avaliar as variações desse movimento que não é homogêneo, nem sincrônico. Eles indicam pontos dispersos (mas decisivos em relação ao entendimento que pretendemos e podemos ter desse passado), em que *as relações entre as ideologias e as práticas* cristãs deixam a sua marca, distendem-se e deslocam-se no interior da França Moderna. Ao esboçar os problemas que o historiador analisa dessa forma, as "regras" e os "interesses" que organizam o entendimento fornecido por ele a esse respeito hão de tornar-se igualmente mais bem delimitadas.

1 A heresia, ou a redistribuição do espaço

Há vários anos[15] a heresia tem ocupado uma posição estratégica na análise do cristianismo, antes que, mais recentemente, esse tema socioideológico tenha sido substituído aos poucos pelo estudo da família e das estruturas de parentesco – influência da etnologia e da psicanálise no campo de uma história econômica e social[16].

Se a heresia tem sido, e continua sendo, um aspecto tão decisivo, tal constatação não é apenas o efeito do privilégio atribuído, de longa data, ao antidogmatismo religioso (ou aos movimentos políticos progressistas e revolucionários), assim como a lugares históricos mais próximos do papel assumido por uma *intelligentsia* universitária na história, mas deve-se a razões que

---

14. Cf. CERTEAU, ECH, p. 153-212: "La formalité des pratiques: Du système religieux à l'éthique des Lumières (XVIIe-XVIIIe siècle)" [A formalidade das práticas. Do sistema religioso à ética das Luzes (séculos XVII-XVIII), p. 152-194 da ed. bras.].
Para a descrição completa das siglas, cf. quadro em "Referências bibliográficas", p. 425.

15. Desde LE GOFF, 1968, • até SHAVAR, 1974.

16. Aliás, parece que o novo interesse manifestado pelas estruturas familiares tenha atribuído uma maior importância às estabilidades da história, traduzindo a suspeita que solapa, por todos os lados, a confiança no progresso científico ou revolucionário. O especialista em história social e econômica, Ernest Labrousse, já havia afirmado: "Até aqui, fizemos a história dos Movimentos, sem ter elaborado suficientemente a história das Resistências" (1967, p. 5).

estão mais intimamente relacionadas com a natureza do trabalho. A heresia apresenta-se, de fato, como a *legibilidade doutrinal de um conflito social* e como a *própria forma, binária*, do modo a partir do qual uma sociedade se define, excluindo aquilo de que ela faz o seu outro. Nessse caso, temos, portanto, uma articulação do ideológico a partir do social, e a visibilidade do processo pelo qual se instaura um corpo social. É claro que, sob esse duplo aspecto, se formulam também outras duas questões, consequências necessárias, embora capitais: a modalidade do progresso (posicionado, de imediato, do lado "herético") em relação a um sistema estabelecido; e o papel do intelectual (trata-se de heresiarcas e de inovações teológicas ou filosóficas) em uma dinâmica social.

A influência dos interesses investidos nessa pesquisa não transformou, no entanto, a heresia em objeto isolável e estável, ao longo dos tempos; pelo contrário, rastreando as épocas e as regiões em que ocorrem essas manifestações – as heresias, evidentemente, mas também as seitas[17], as marginalizações espirituais[18] e, até mesmo, as exclusões coletivas que visam os pobres e os moradores de rua, os loucos[19], as minorias de natureza cultural ou étnica[20] –, a análise fragmenta a imagem que a havia suscitado[21], mas, ao mesmo tempo,

---

17. Cf. a síntese de Jean Séguy, "Les non-conformismes religieux d'Occident". In: PUECH, vol. 2, 1972 (sobre a época moderna).

18. Apesar de incidir sobre uma era ligeiramente anterior, a tese de Jean-Claude Schmitt (1978) é uma análise notável do funcionamento social e linguístico da heresia no caso de um movimento espiritual. • A comparar com a crise quietista no espaço "político" do final do século XVII: cf. LE BRUN, 1972, p. 439-668.

19. Desde *Folie et Déraison* (1961; 2. ed. reformulada, 1972 [*História da loucura na Idade Clássica*, 1978]) • até *Surveiller et punir* (1975 [*Vigiar e punir*, 1977]), Michel Foucault forneceu à historiografia os instrumentos conceituais e as análises decisivas sobre os processos de natureza intelectual e social da exclusão.

20. Entre numerosos estudos, chamamos a atenção sobretudo para Jean Séguy, 1965, • LAFONT, 1970 e 1971, • além da coletânea publicada por FABRE & LACROIX (1975) de excepcional qualidade metodológica; no entanto, os problemas religiosos são tratados apenas de viés, por exemplo, no capítulo bastante original dessa dupla de autores dedicado a "L'usage social des signes" (*op. cit.*, t. 2, p. 564-593), em particular, aos "glifos" – marcas (simbólicas ou alfabéticas) aplicadas pelos proprietários a seus animais (ou pelos autores a seus produtos) –, ou seja, a uma "escrita" *diferente*.

21. Cf. Georges Duby sobre essa "hidra" que é a heresia, e sobre a sua "transformação radical" entre a Idade Média e os Tempos Modernos, em sua "Conclusion" do Colloque de Royaumont (27–30 Mai 1962) que reuniu a fina flor dos heresiólogos da Europa Ocidental e Oriental. In: LE GOFF, *op. cit.*, p. 397-398.

detecta, na intransponível *diversidade* intelectual e social das heresias, a *repetição* do gesto de excluir. O "mesmo" é uma *forma* histórica, uma prática da dicotomia, e não um *conteúdo* homogêneo. O excluído é sempre relativo ao que ele serve ou obriga a redefinir. O *conflito* articula-se a partir da *representação* social que ele torna possível e organiza. Esse processo histórico mostra, portanto, como uma divisão social e uma produção ideológica determinam-se reciprocamente – problema central para o historiador –, levando-o a questionar-se sobre o funcionamento da ruptura que permite a instauração da ortodoxia (ou representação) peculiar de um grupo, ou sobre o conhecimento de uma sociedade particular fornecido pelo local, modo e tema da divisão passiva (estar separado) ou ativa (separar-se) de que ela é afetada.

A história dos séculos XVI e XVII apresenta uma incrível multiplicação dessas divisões no campo da expressão religiosa. Verifica-se a proliferação da heresia. Três rupturas fundamentais podem servir de critérios de aferição: aquela que, desde o século XV, estabelece uma separação cada vez maior entre os "clérigos" urbanos e as massas rurais, por conseguinte, as práticas intelectuais ou teológicas e as devoções populares; aquela que, no século XVI, divide a catolicidade de acordo com a clivagem milenar do Norte e do Sul, tendo criado as inúmeras variantes da oposição entre as Igrejas Reformadas e a Reforma Tridentina; por fim, aquela que divide a unidade do universo em "velho" mundo e "novo" mundo, servindo-se seja do privilégio *espacial* do "selvagem" americano em relação à cristandade decrépita, seja do privilégio *temporal* do presente ocidental, bastante produtivo para transformar gradualmente a tradição em um "passado" já superado. De fato, divisões e redefinições são constatadas por toda a parte entre nações, entre partidos, entre seitas e entre disciplinas. A agressividade entre posições ameaçadas ou ameaçadoras aumenta ao mesmo tempo em que elas passam por uma reclassificação geral[22].

---

22. Robert Mandrou, a propósito do século XVI, sublinha "a proliferação de seitas e as rupturas fundamentais na vida religiosa da Europa Ocidental e Central". Muito rapidamente, "os antagonismos cristalizam-se em torno de combates": essa época "não reconhece, de modo algum, as virtudes da coexistência pacífica e do pluralismo" (MANDROU, 1973, p. 77-78). O final do século (1560-1600) caracteriza-se por uma série de "reclassificações e confrontos" (*Ibid.*, p. 92-131).

Esse "trabalho" multifacetado parece obedecer a um postulado comum: o *cisma* substitui a *heresia* que se tornou impossível. Há "heresia" quando uma posição majoritária tem o poder de nomear em seu próprio discurso e de excluir como marginal uma formação dissidente. Uma autoridade serve de quadro de referência para o próprio grupo que se separa dela ou é rejeitado por ela. O "cisma", pelo contrário, pressupõe duas posições: nenhuma delas pode impor à outra a lei seja de sua razão ou de sua força. Em vez de uma ortodoxia diante de uma heresia, trata-se de Igrejas diferentes: eis a situação no século XVII. Os conflitos envolvem formações heteronômicas. Essa "fragmentação fatal da antiga religião da unidade" (DUPRONT, 1972, p. 538) transfere progressivamente para o Estado a capacidade de ser a unidade referencial para todos. Crenças e práticas enfrentam-se, daí em diante, no interior de *um espaço político*, certamente, organizado ainda de acordo com um modelo religioso, em torno do rei, qual "bispo do exterior", cuja tarefa consiste em garantir "a administração do exercício de religiões diferentes" (*Ibid.*, p. 557-559). Cada Igreja assume a aparência de um "partido"; a sua ambição permanece totalizante, conforme o modelo de uma verdade universal e conquistadora, mas de fato depende das relações com um Estado que promove, controla ou excomunga. Essa estrutura repete-se em "partidos" no seio das Igrejas. A reivindicação "universal" de cada grupo religioso, exacerbada pela divisão, tende a recorrer ao poder régio como se fosse a única potência global; a torná-lo o critério ou o obstáculo da verdade; a considerar-se enquanto grupo, a favor ou contra ele, nos termos impostos aos poucos pela política absolutista e, portanto, a reconhecer-lhe o papel (positivo ou negativo) desempenhado outrora pela ortodoxia. O pe. Daniel – é verdade que se trata de um caso extremo –, dirá em breve que "a história de um reino ou de uma nação tem por objeto o príncipe e o Estado; esse é como que o centro para o qual tudo deve tender e com o qual tudo deve se relacionar"[23]. Mas Pascal, por sua vez, teria "sacrificado de bom grado a vida" para a educação do príncipe (PASCAL, t. 9, 1914, p. 369), tarefa que consiste em inscrever o saber e a sabedoria no centro da ordem política. De qualquer

---

23. DANIEL, 1713 (t. I, "Préface", p. XXIII), citado por TYVAERT, 1974, p. 521.

modo, a fidelidade e a transgressão de natureza religiosa passam por um processo de politização.

"Estabilidade" e/ou "fragmentação"? A análise de A. Dupront desdobra-se entre esses dois polos[24]. Na verdade, trata-de de uma "fragmentação" na disposição e no uso de elementos "estáveis". Fenômeno de reinterpretação social. Enquanto os comportamentos e os símbolos religiosos ainda se impõem a todos, verifica-se a mudança do respectivo funcionamento. Os *conteúdos* são permanentes, mas submetidos a um novo *processamento* que, já detectável nos cortes efetuados pelas divisões, se formula em breve como uma gestão política das diferenças[25]. Os móveis da herança são redistribuídos em um novo espaço, organizado por outra maneira de distribuí-los e de usá-los. A este respeito, o cisma, ao misturar os dados, desencadeia o gesto político ou científico de reclassificar e manipular. Trata-se de um trabalho sobre a forma social – diferente e complementar da evolução que, em outros casos, altera os conteúdos, sem modificar a forma social em que o espaço é ocupado sucessivamente por conteúdos ideológicos[26].

Essas divisões são, portanto, operações classificatórias e manipuladoras que redistribuem elementos tradicionais e que, mais tarde, darão lugar às "figuras" teóricas que explicitam os seus princípios[27]. Por trás das maneiras de comportar-se ou convicções religiosas, cria-se assim a possibilidade de *fazer* algo diferente com elas e de *utilizá-las* a serviço de diferentes estratégias – possibilidade cujo equivalente é encontrado na mesma época, nos

---

24. DUPRONT, 1972, *art. cit.*: por um lado, "solidez religiosa" (p. 492), "estabilidade religiosa" (p. 493), cf. p. 496, 507 etc.; e, por outro, "fragmentação" (p. 538), "laicização", "dicotomitização"... entre religião e Estado" (p. 545) etc.

25. Nesse aspecto, o "cisma" tem como corolário, no tempo de Richelieu, uma autonomização (ou "secularização") do pensamento político mediante as teorias sobre a "razão do Estado". Cf. THUAU, 1966. • MEINECKE [1924], 1973.

26. Maurice Agulhon (1968) mostrou a estabilidade de uma forma provençal de sociabilidade através da sucessão desses conteúdos ideológicos: cristãos no século XVI (confrarias de penitentes), franco-maçons no século XVIII, políticos durante a Revolução Francesa (as sociedades populares de 1792) ou no século XIX.

27. É possível comparar essa evolução com aquela analisada por Pierre Francastel (1967): na arte do Quattrocento, uma distribuição diferente dos elementos figurativos recebidos da tradição religiosa introduz um novo funcionamento do quadro ou do "lugar" muito antes de Botticelli e Mantegna terem elaborado as "figuras" peculiares a essa revolução estética.

campos mais manejáveis da escrita ou da estética, com a arte (barroca ou retórica) de processar e deslocar imagens ou ideias preconcebidas para obter delas novos efeitos[28]. A remodelação, difícil e violenta, do espaço religioso em Igrejas ou "partidos" não anda de mãos dadas apenas com uma gestão política dessas diferenças: ela introduz, para cada um desses novos grupos, a necessidade de manipular os costumes e as crenças; de efetuar, em seu benefício, uma reinterpretação prática de situações organizadas antecipadamente de acordo com outras determinações; de *produzir* a sua unidade a partir dos dados tradicionais; e de adquirir os instrumentos intelectuais e os expedientes políticos que permitam uma reutilização ou uma "correção" dos pensamentos e das maneiras de comportar-se. A tarefa de *educar* e a preocupação com *métodos* caracterizam a atividade dos "partidos" religiosos e de todas as novas congregações, as quais são, nesse aspecto, cada vez mais conformes ao modelo estatal. "Reformar" significa refazer as formas. Esse trabalho, exigindo a elaboração de técnicas transformadoras, tem sem dúvida igualmente o efeito de dissimular as continuidades que resistem a essas operações reformadoras; e, depois de um momento de manifestações maciças e de repressões brutais (feitiçarias, *jacqueries* [revoltas camponesas] etc.), de torná-las cada vez menos identificáveis sob a rede cada vez mais estreita das instituições pedagógicas[29].

Enfim, última característica a ser sublinhada: a posição de outrora da heresia em face da ortodoxia *religiosa* é ocupada, daí em diante, por uma ortodoxia religiosa que difere de uma ortodoxia *política*. É a fidelidade que se organiza em minoria no Estado secularizado, constituindo-se como um "Refúgio"[30]. A ambição pós-tridentina no sentido de refazer um "mundo"

---

28. Sobre as técnicas adotadas pela retórica, pela tradução ou pela arte barroca a fim de reutilizarem, para outros fins, os elementos recebidos da tradição, cf. *infra*, neste capítulo, o que se refere ao "trabalho a partir dos textos".

29. Em sua aula inaugural no Collège de France (13 de fevereiro de 1975), Jean Delumeau (1975) sublinhava a necessidade de "uma ampla investigação sobre as atitudes de resistência à religião obrigatória de outrora".

30. A esse respeito, aguardamos a tese principal de doutorado de Bernard Beugnot (Universidade de Montréal) sobre a ideia de "refúgio" e de "retiro" no século XVII [publicada em 1996]. Trata-se, aliás, de um movimento adotado por todas as congregações religiosas – incluindo, os jesuítas – quando, após um período inicial de expansão, eles estabelecem a "residência", a clau-

político e espiritual da graça culmina, com Bérulle, na admirável utopia de uma hierarquia eclesiástica que articula os segredos da vida mística[31], mas essa reconciliação *teórica* de uma ordem social e da interioridade espiritual é desfeita pela história *efetiva*. Ela só funcionará em grupos secretos (tais como a Compagnie du Saint-Sacrement [Companhia do Santíssimo Sacramento]), no "Refúgio" da abadia de Port-Royal des Champs ou, mais tarde, no interior dos Seminários de Saint-Sulpice; verifica-se, assim, a multiplicação de microcosmos cristãos, "retiros" na França, "reduções" no Novo Mundo[32], de acordo com um modelo do qual Port-Royal é apenas o caso mais famoso. O gesto de "fazer retiro", ou de "recolher-se", é o indício universal da tendência que opõe, à necessária "docilidade" ou às "condescendências" das instituições religiosas vinculadas ao Estado, *o recorte de um lugar*: isolamento e clausura são, entre os reformistas, a consequência da politização triunfante a partir de 1640 e, ao mesmo tempo, a condição da possibilidade de um "estabelecimento" da fé. A vida regular, as congregações religiosas, as associações de leigos, a pastoral dos sacramentos e as missões populares, tudo isso obedece à necessidade básica de uma *ruptura* que organiza (de acordo com o modelo de uma "partida", de muros, de uma triagem social, do segredo etc.) a circunscrição de um campo próprio na superfície do "mundo"[33].

---

sura e as práticas internas da Ordem como a condição "interior" da atividade no exterior (cf. *infra*, cap. 7).

31. Cf. Heribert Bastel (1974) que mostra claramente, no que diz respeito à concepção que tem de seu papel no Carmelo, o modo como Bérulle articulava a "teologia mística" a partir da "hierarquia eclesiástica", assim como a graça interior a partir de uma ordem social e sacramental. Seria, portanto, impossível estar de acordo com o filósofo e historiador polonês, Leszek Kolakowski, ao classificar Bérulle entre os *Cristãos sem Igreja* (1969, p. 349-435).

32. A propósito das "reduções" jesuíticas do Paraguai, as quais projetam, em terra estrangeira, o modelo utópico de uma "cité" [sociedade organizada] cristã, cf. NEVES, 1978. "Pedagogia institucional", afirma com razão o autor (*op. cit.*, p. 90), a qual não deixa de ter como condição o corte instaurador de um espaço "escolar" que abarca toda a existência dos "educados"; cf. SIGELMANN, 1979. Já temos o mesmo projeto protetor e educador dos índios em Fray Bartolomé de Las Casas (1474-1566): • cf. BATAILLON & SAINT-LU, 1971. • LAS CASAS, 1552. • ANDRÉ-VINCENT, 1975.

33. O discurso será organizado por essa prática do corte. Existe uma análise sociolinguística bastante sutil desse "discurso da profecia" em VIDAL, 1977.

2 Os comportamentos religiosos e a sua ambivalência

A *prática do corte* está na origem de um remembramento do espaço religioso, engendrando uma área que será especificada pelas práticas. Enquanto as heresias de outrora distanciavam-se, em geral, da ortodoxia religiosa, ao rejeitarem as suas práticas – instrumentos de uma normatividade social –, os refúgios reformistas, a partir do século XVII, distinguem-se pela instauração ou restauração de práticas "religiosas" secretas ou públicas: trata-se de atos de natureza sacramental ou ascéticos que se opõem à "entrega incondicional" ["laisser faire"] do místico no início do século e, em breve, ao "abandono" quietista, mas também de "maneiras de praticar" o texto sagrado, os autores antigos, o "estado" de vida, a caridade ou a morte. Apesar das divergências entre elas sobre os critérios e as escolhas, essas "Companhias" dispõem, como indício comum, de um *trabalho* sobre a tradição, de uma *prática* corretiva e fabricadora – uma *Moral prática*. A prioridade do *fazer*, inscrita em pontos estratégicos variáveis, sem deixarem de ser sempre bem especificados, constitui sempre um conjunto de operações litúrgicas, contemplativas, pastorais, éticas, técnicas, políticas ou literárias que têm o objetivo e o resultado de transformar o solo herdado e, assim, de criar uma "disciplina" própria. A esse respeito, o grupo religioso é definido, segundo um modo *homogêneo* à sociedade circundante da qual ele *se separa* e que, por toda a parte, privilegia as "maneiras de fazer" em relação às representações.

Com antecedência, essa determinação dá razão a uma historiografia das maneiras de comportar-se; associada à relativização recíproca e ao descrédito das verdades dogmáticas, a pertinência religiosa das práticas (marcadores sociais de filiação e operações construtivas de sociedade) serve de fundamento à importância crescente atribuída à sociologia dos comportamentos pela história religiosa contemporânea, desde Gabriel Le Bras até Michel Vovelle[34].

Mas o recurso à análise serial das maneiras de comportar-se pressupõe que a sua pertinência religiosa seja mantida por um longo período de tempo e que a relação entre uma prática (um significante) e um significado religio-

---

34. Cf. sobre os métodos, CHOLVY, 1969.

so permaneça estável. Qual é o valor da comparação estatística se a prática contabilizada varia de valor ao longo da curva e se não é possível delimitar precisamente o tipo de indicador que é o seu durante um longo período de tempo?[35] A vantagem de calcular apoia-se, desde então, na ignorância do que é calculado: a ambivalência do gesto insinua-se sob a univocidade dos algarismos. Para evitar essa mutação imperceptível dos algarismos em retórica – doença sobejamente conhecida dos estatísticos –, têm sido implementadas medidas preventivas ou corretivas.

Por um lado, a significação das mesmas práticas religiosas é variável consoante a região ("homogênea" ou "heterogênea") em que elas estão enraizadas e de acordo com as relações que mantêm, no mesmo lugar, com comportamentos pertencentes a um tipo idêntico, próximo ou diferente[36]: determinadas coalescências geográficas indicam a espessura de estratificações, cujos elementos interferem silenciosamente uns nos outros, tornam-se rígidos, homogêneos ou, a partir de suas tensões, assumem a aparência de uma ordem "imóvel"[37]. Retorno necessário da estatística para o *lugar* em que se verifica o empilhamento, a imbricação e a difração de sistemas de práticas. Pertinência da geografia (o "ambiente" regional), indicadora de determinações opacas que resistem às sucessividades do tempo e às difusões através do espaço. De fato, os melhores estudos sobre as práticas religiosas dispõem como apoio (quase sempre, tácito) de coerências regionais e de suas modulações sobre aglomerações de porte grande, pequeno ou médio[38].

---

35. Cf. as observações gerais de Dominique Julia, 1973 ("Fiabilité du document" [Fiabilidade do documento]); • e também CERTEAU, ECH, p. 131-152, "L'inversion du pensable" [A inversão do pensável, p. 131-147 da ed. bras.]. • Robert Sauzet (1972) fornece-nos um exemplo notável dessa crítica aos documentos em relação às práticas.

36. Cf. VOYÉ, 1973 • e as reflexões de SÉGUY, 1974.

37. Eis o que mostra um livro aprazível, perspicaz e sutil, a respeito das tensões dissimuladas sob a estabilidade camponesa: BOUCHARD, 1972.

38. M. Vovelle, por exemplo, suscita a questão (1973a, *op. cit.*, p. 126-133, 276-284) a propósito dos "temperamentos regionais" (detectáveis mediante os pedidos de missas nos testamentos), mas a "região cultural" de porte, pequeno ou grande, aparece em seu livro como o objeto construído e cartografado a partir de estatísticas, e não enquanto uma realidade "geográfica" que sirva de apoio e condicione a seriedade de sua análise estatística. Cf., no entanto, as reflexões do mesmo autor após a sua tese (1973b, p. 163-172) sobre as "fronteiras" regionais.

O segundo corretivo já não é de natureza geográfica, mas histórica. Em vez de acompanhar o desenvolvimento ou os avatares de um conjunto de práticas, supostamente, homogêneas (por exemplo, de natureza sacramental), toma-se como ponto de partida o que a usura e/ou o acontecimento faz desaparecer em determinado momento (por exemplo, o colapso repentino das práticas religiosas, durante a Revolução Francesa) e "remonta-se" às condições de possibilidade dessa queda[39]. Os comportamentos estudados são, de imediato, afetados por uma nota de contingência e de ambivalência que nos obriga a questionar-nos sobre a sua resistência, em vez de pressupor a estabilidade da lógica de sua reprodução. A sua duração já não garante a sua filiação ao sistema (religioso) que os havia produzido e do qual, segundo parece, continuam sendo os sintomas.

Outra discrepância em relação a uma estrita sociologia das práticas religiosas consiste em preferir, em seu lugar, terrenos mais existenciais e menos circunscritos do ponto de vista ideológico; nesse aspecto, poderá ser detectado o modo como uma referência religiosa deixa aí a sua marca. Em vez de quantificar sacramentos, ordenações sacerdotais, missões populares etc., procura-se – a propósito do nascimento, do casamento ou da morte – o modo como elementos religiosos, variáveis e relacionados com outros, intervêm no campo de uma experiência fundamental[40]. Ou então, inversamente, a prática recebida como "religiosa" é examinada com base em determinações sociais (por exemplo, a origem dos sacerdotes), em

---

39. Assim procede M. Vovelle, baseado em seus estudos (1964a e 1964b). • Desse método, Paul Bois (1971) forneceu-nos uma demonstração exemplar: ele remonta "do presente em direção ao passado"; o seu ponto de partida é uma análise da direita política no Oeste para mostrar como, apoiando-se nas mesmas práticas socioeconômicas, as ideologias políticas do Leste e do Oeste do departamento de Sarthe inverteram-se entre 1789 e 1793. Outra razão para lamentar dois ausentes em seu livro: os citadinos e o clero. • Sobre essa história regressiva, cf. também as observações de J. Delumeau a propósito da "descristianização" (1971, p. 322-330).

40. Em relação à morte: VOVELLE, 1973a e 1974b; • LEBRUN, 1971. • A respeito do casamento e da sexualidade: FLANDRIN, 1970 e 1975. • Alain Lottin (1974) analisa pedidos de separação apresentados por mulheres de condição modesta ao provisor de Cambrai e acolhidos favoravelmente por ele em cerca de 80% dos casos, em uma época em que os tribunais civis não levam em consideração as petições provenientes de mulheres ou da "ralé". • Em relação ao nascimento, assunto menos estudado, Nicole Belmont (1971) oferece pistas antropológicas bastante preciosas para o historiador (por exempo, sobre a atribuição dos nomes, em seu capítulo: "Nomen et omen" [Nome e cognome]).

codificações culturais (por exemplo, gostos e preconceitos habitam os seus julgamentos a respeito do povo), em trajetórias de promoção profissional, em conflitos políticos etc., que se manifestam em tais circunstâncias[41]. As combinações desses diversos ingredientes indicam os deslocamentos que se efetuam sob os mesmos símbolos ou no desempenho das mesmas funções religiosas, mas acima de tudo eles fornecem material valioso para sondagens de história econômica e social.

Será que esses procedimentos permitem, em última análise, definir o que é "religioso" em determinada prática? A resposta é negativa. Eles servem-se de gestos e textos religiosos para aprimorar a descrição de deslocamentos ou de clivagens socioculturais, sem responderem à pergunta que, para eles, "não é essencial"[42]. Eles passam ao largo. Deve-se ainda acrescentar: a pergunta não é abordável. Há um conhecimento mais aprofundado a respeito *do que* são feitas as práticas religiosas (na medida em que, nestas, é possível reconhecer e quantificar fenômenos de natureza econômica, social ou cultural, identificados em outros lugares); além disso, sabe-se cada vez menos *em que aspecto* elas são "religiosas". Assim, Michel Vovelle – o qual, contrariamente aos outros, não cessa de se formular o problema – mostra--nos como ele perde o objeto "evanescente" que pretende abordar[43]. Cada um dos gestos adotados por ele como indicadores de religiosidade remete à "ambiguidade"[44] de seu sentido. A ausência de pedidos de missas em testamentos pode designar um "desapego" da religião *ou* uma "interiorização

---

41. Eis o que se passa com estudos, infelizmente dispersos, de Dominique Julia sobre o clero paroquial da diocese de Reims • em *Revue d'histoire moderne et contemporaine* (t. 13, n° 3, 1966), • em *Études ardennaises* (n° 49, 1967; e n° 55, 1968), • em *Annales historiques de la Révolution française* (1970, n° 2; e 1974) • e em RSR (t. 58, 1970). • Igualmente, em colaboração com Denis McKee, a sua conferência no Colloque Meslier (17-19 de outubro de 1974): RHEF, t. LXIX, 1983.

42. Assim, G. Bouchard, na conclusão de seu capítulo sobre as "práticas religiosas": "Será que se deve falar, neste caso, de irreligião, de descrença, de tibieza da prática? De conformistas, de observantes e de devotos?... Do estrito ponto de vista da história da prática católica, essas questões revestem um interesse inegável. Do ponto de vista que é o nosso – e que é o do historiador que se questiona sobre o lugar dos comportamentos religiosos na vida coletiva –, elas não são essenciais" (*op. cit.*, p. 310).

43. VOVELLE, 1973a, p. 285-300 e p. 610-614: dois trechos particularmente importantes do ponto de vista do método e do assunto.

44. *Ibid.*, p. 290, 292, 611 etc.

da fé": o "descrente" *e* o "devoto" são reunidos no mesmo desaparecimento de uma prática[45]; eles reencontram-se, talvez, também no gesto que, para o primeiro, é um costume social e, para o segundo, a marca de uma fidelidade. Um grande número de outros testes são baseados na mesma ambivalência (incluindo o declínio das vocações sacerdotais, sintoma possível de uma sociedade que se livra de vocações "sociológicas"). Com certeza, eles indicam – bem antes da Revolução que a revela – "uma importante mutação da sensibilidade coletiva".

A "mutação" comprovada, de maneira rigorosa, por esses estudos é precisamente o que torna, cada vez mais aleatório, um diagnóstico em relação à sua significação religiosa. Com efeito, na área religiosa, ela produz um *silêncio*[46] que não é necessariamente uma *ausência* da experiência cristã. Os homens que abandonam as referências objetivas nem por isso deixam de ser crentes, mas já não dispõem de sinais confirmados para exprimirem tal fé. O que se desfaz lentamente é a evidência vivenciada da relação entre um significante (uma prática) e um significado (uma fé). No século XVIII, em um sistema de *utilidade* (clerical, profissional ou social), os gestos podem ser mantidos, às vezes independentemente do que eles haviam significado, ou então rejeitados como "supersticiosos" ou "mundanos" por um cristianismo *interior* que tende a constituir um "catolicismo de fora" e, em breve,

---

45. Objeção levada em conta por M. Vovelle: "Em última instância, nada se assemelha mais, na materialidade do testamento, a esses indícios de desapego oculto... do que o silêncio de uma devoção interiorizada..." (1973a, *op. cit.*, p. 290; cf. p. 611). Recíproca a essa ambiguidade é a "dissimulação" religiosa. Carlo Ginzburg (1970) dedicou-lhe uma análise bastante notável a propósito daqueles que eram designados por Calvino com o qualificativo de "nicodemos" (pelo fato de visitarem Jesus apenas à noite, "dentro de casa") ou *nicodémitas* e que, tendo adotado a Reforma, continuaram mesmo assim a submeterem-se às práticas exteriores do catolicismo, aliás, desprovidas para eles de pertinência. A apologia da simulação – surgida em Estrasburgo, em 1525-1526, e difundida por toda a Europa – implica o ceticismo em relação a uma mutação da sociedade, além de exigir uma "interiorização" da diferença por trás do conformismo das práticas religiosas.

46. "Para os provençais do século XVIII, a imagem da morte passou por uma mudança. A rede dos gestos e ritos mediante os quais havia sido assegurada tal passagem, assim como das visões às quais eles respondiam, sofreu uma profunda modificação. Não se sabe se, em 1780, a solidão do homem no momento de deixar esta vida é maior e se ele tem menos segurança em relação ao além do que em 1710: mas ele decidiu que já não há de guardar segredo a esse respeito" (VOVELLE, 1973a, *op. cit.*, p. 614).

uma "religião invisível"[47]. A relação que o intelecto estabelece com o comportamento torna-se incerta; o vínculo entre eles é também objeto de uma erosão reconhecível ao longo de todo o século XVII, por exemplo, na crítica "espiritual" contra a ilusão ou o amor-próprio, grudados às práticas (cf. CERTEAU, PMQ, 1975), ou em sua recíproca, a organização política dos comportamentos em função das "paixões" que os determinam. Duas autoridades da época, Santo Agostinho e Hobbes, simbolizam, por sua conjunção nas mesmas obras, essa conjugação da interiorização da fé com a secularização das práticas. A esse respeito, o quietismo, ao denunciar as "obras", limita-se a prolongar o jansenismo, crítico incansável do "interesse" que as produz[48]. No decorrer dos grandes debates inaugurados com a Reforma, a articulação do invisível com o visível – ou da graça divina com a política – deteriora-se de acordo com um processo, cuja progressão é dificultada pela cruzada pós-tridentina, sem ter conseguido suspendê-lo. No próprio seio das Igrejas, uma espiritualidade ou mística em busca de uma linguagem desconecta-se aos poucos de uma administração metódica dos comportamentos e dos espetáculos de natureza religiosa. Por conseguinte, agrava-se a ruptura que, desde o século XVI, atinge a articulação essencial do *fazer* com o *dizer*: o *sacramento*. As relações ambíguas entre a prática objetiva e o senso espiritual desenvolvem o que começou por adquirir uma marca nesse lugar estratégico da eclesiologia tradicional.

No entanto, é notável que esse deslizamento diga respeito a práticas religiosas e não a maneiras de comportar-se de natureza moral. Assim, em testamentos, as doações aos pobres persistem até mesmo nos lugares em que

---

47. "Catholiques du dehors" [Católicos de fora]: a expressão de Thibaudet (cf. BONNET, 1972, p. 113) descreve de maneira bastante adequada um fenômeno que se inicia muito antes do período entre as duas guerras, desde o século XVII. • Cf., sobretudo, LUCKMANN, 1967.

48. Ainsi Nannerl O. Keohane (1974) sublinha justamente em Pierre Nicole, moralista de Port-Royal, a importância do conceito "interesse" em sua teoria do "amor-próprio", além da conjunção de duas autoridades, a *Cidade de Deus* e o *Leviatã*. Afinidade semelhante, em Pascal, entre Agostinho de Hipona e Hobbes; • cf. KODALE, t. 14, 1972. Em relação ao amor-próprio, objeto de uma crítica individualista que deixa todo o campo coletivo para a política, cf. também os preciosos verbetes ("amour propre", "desappropriatio", "egotismus" e "eigenschaft") de Hans-Jürgens Fuchs: • *Historisches Wörterbuch der Philosophie*, 1971-1972; • e *Germanisch-romanische Monatschrift*, 22/1, 1972.

haviam desaparecido as fundações de missas: simples indicador, entre uma grande quantidade de outros, que atestam a solidez semântica do que pertence a uma ação social, útil e moral. O próprio conteúdo dos legados (por exemplo, a escolha entre assistência pública ou privada) é coerente com o tipo de afiliações, de grupos e da respectiva ideologia explícita[49]. Por toda a parte, um primado do *agir* – patente nas Associações[50] e congregações[51], assim como nos testadores provençais[52] – refere-se a uma *utilidade* do grupo ou da sociedade (uma repressão) e estabiliza um valor ético (a "beneficência"). A prática – a qual é, sobretudo, obra de leigos – anuncia as teorias que, no século XVIII, hão de julgar as religiões a partir da respectiva moral. A ética servirá como um marcador para uma verdade formulada em operações que acabam fornecendo estabilidade a uma ordem social, a uma hierarquia de valores e a uma identificação do sentido ao que se faz. A religião resvala, então, para o lado de representações úteis, ou não, dependendo se estas apoiam ou comprometem uma ética de trabalho social. A sociedade, ao secularizar-se, dota-se de valores morais (cf. CERTEAU, mais acima).

Torna-se, portanto, impossível atribuir lugares, comportamentos ou enunciados *específicos* a uma religiosidade que se insinua em outras práticas e que, muitas vezes, abandona as próprias. Será que o espírito cristão se en-

---

49. Cf. GUTTON (1970, p. 362-417): a imagem e a prática do pobre, enquanto "oportunidade de salvação", persistem em agrupamentos de caridade (privados e católicos) e opõem-se àquelas criadas por seu confinamento em hospitais gerais. Mais tarde (p. 419-467), as ideologias e as maneiras de comportar-se permanecem coerentes, também filantrópicas para com o pobre confinado ou "vergonhoso" ("miserável"), mas repressivas em relação ao vadio ou mendigo (perigoso). A esse estudo exemplar, convém acrescentar, igualmente minucioso e estimulante, • o de Natalie Zemon Davis (1974, t. 2) sobre o papel dos leigos, humanistas e reformados, na criação da assistência pública, enquanto "verdadeira caridade". • Um urbanismo (a produção de uma ordem educativa e moral) emerge de uma laicização de modelos religiosos: "O que é uma cidade – afirma Erasmo – se não um grande mosteiro?" (*Opera omnia*, III, c. 346; citado por N.Z. Davis, p. 816).

50. É, por exemplo, uma característica da Compagnie du Saint-Sacrement. Cf. BORDIER, 1970, p. 209-213: os trinta membros, ligando pouca importância à formação espiritual, manifestam um grande interesse pelas medidas que lhes permitem organizar um controle social.

51. Cf. Jean Delumeau (1971, *op. cit.*, p. 103-109) a propósito da "eficácia".

52. Em vez de investir em missas ou suntuosas liturgias mortuárias, os testadores preferem fazer aplicações, para preservarem o seu capital, suscetíveis de garantir ao respectivo *trabalho* uma espécie de imortalidade, além de perpetuarem o seu poder de *fazer* o bem (a sua "beneficência"). O agir, mais do que o ser, deve superar os limites da morte.

contra aí? A resposta nunca é cristalina*. É possível reconhecê-lo em toda a parte[53], sem conseguir localizá-lo em lugar algum. Espírito em busca de lugares seguros (os "Refúgios") ou, então, retornando aos sítios em que outros conteúdos haviam ocupado o lugar de suas expressões tradicionais. De forma maciça, a redistribuição do espaço parece ter fragmentado as grandes "frases" institucionais, constitutivas das Igrejas, além de ter permitido que grupos ou indivíduos *reutilizassem* os seus fragmentos (símbolos, costumes etc.) como um vocabulário com o qual *construir* as frases de suas próprias trajetórias (crentes ou não) através de uma cultura que permaneceu religiosa. As práticas religiosas fornecem um repertório para que maneiras, cada vez mais diversificadas, possam servir-se dele a fim de articularem um itinerário próprio.

Por sua vez, a historiografia sociológica analisa as práticas de preferência às representações: o seu postulado refere-se ao acervo de conhecimentos da evolução que ela descreve. Pretende ser quantitativa e serial em reação contra a metonímia, procedimento e figura de uma literatura historiográfica hábil em fornecer uma particularidade para o significante do todo. Desse modo, a dimensão "religiosa" é eliminada como objeto pelas regras da pesquisa, mas torna-se a metáfora das questões que lhes circunscrevem um campo: *ilegível* para os métodos da história e *retornando* aos interesses dos historiadores. Esse interesse já não se refere a uma crença, como é ainda o caso de G. Le Bras ou de F. Boulard; ele visa, pelo contrário, algo ausente. O que escapa à pesquisa serve como linguagem para o problema da morte e para o horizonte de dúvidas que, hoje, atingem a evidência ética e social do próprio trabalho científico. A morte e a sua metáfora (religiosa) retornam juntas à história; elas marcam aí a sua relação com os limites e com o que se tornou, cientificamente, ficção ou fábula. Paradoxalmente, o título de M. Vovelle de-

---

* Texto: "Il court, il court, le furet" [Corre sem parar o furão]. Canção infantil associada ao jogo tradicional do furet [furão], o qual se assemelha ao jogo do passa anel [N.T.].
53. Os numerosos estudos de Henri Desroche mostram essa ubiquidade da dimensão religiosa em formas socialistas ou utópicas. Cf., em particular, "Dissidents religieux et socialistes utopiques" (1974, p. 137-185 [Dissidentes religiosos e socialistas utópicos]); • e "Des théoriciens 'orthodoxes' aux 'transiteurs' en dissidence" (1975, p. 159-192 [Dos teóricos 'ortodoxos' aos 'transitivos' dissidentes]) – excelente capítulo metodológico sobre essa religião ambígua, "demasiado incrédula para os crentes e demasiado crédula para os descrentes".

signa o objeto inencontrável (a "piété"[54] [piedade]), enquanto o seu subtítulo refere-se à questão indizível (a "mort" [morte]), aquela que, no mínimo, não poderia ser abordada diretamente. A técnica mais detalhista confronta-se, aqui, com o seu outro sem lhe conceder ilusoriamente um estatuto científico. Uma indagação (em última instância, um silêncio) insinua-se no texto pela própria força de um método que desmonta a armadilha de identificar com objetos recortados de acordo com as *regras* da sociologia os *interesses* relativos à questão da realidade, indissociável da morte. Um rigor técnico constrói o texto em que se *diz* em parábola, embora de maneira pudica, um assunto intratável (por ser fundamental). Outra obra historiográfica relata, mas sob o modo épico, a relação estabelecida, hoje, por uma prática científica com uma questão de sentido ou de verdade, aquela de Pierre Chaunu, erudito pantagruélico e teólogo incógnito: aqui, o rigor já não é escavado por uma ausência, mas produz-se na fosforescência e na prodigalidade de obras inspiradas pela paixão que, no entanto, não deixam de estar sob o seu controle. É a *escrita* que diz um *excesso* em relação a um *método* preservado[55].

3 O trabalho a partir dos textos

"Vitalidade de permanências sob o disfarce da mudança" ou "mudanças sob a aparência do invariante"[56]? O trabalho que se elabora sobre o *corpus* da tradição pode sugerir essas duas interpretações. Ele restaura as Antiguidades; e ainda mais, em uma história que é, frequentemente, galicana e antirromana[57], ele visa uma *continuidade* com as origens, força de verdade alterada

---

54. De fato, a "piété baroque" [piedade barroca]; no entanto, a obra mostra como a piedade torna-se inapreensível por trás do movimento das representações ou práticas "barrocas".

55. Além da obra, *Le Temps des Réformes* (1975), convém sublinhar especialmente – entre os vinte livros e os cento e quarenta artigos científicos de P. Chaunu – • um capítulo bastante original sobre "a revolução religiosa" (1966, p. 457-510); • e outro mais sucinto: "La pensée des Lumières. La relation à Dieu" (1971, p. 285-318 [O pensamento do Iluminismo. A relação com Deus]).

56. Serge Bonnet (*op. cit.*, p. 486), a propósito das mudanças sociais.

57. A maior parte da erudição francesa é, com efeito, de inspiração *galicana*, simultaneamente, jurídica e antirromana, navegando "entre o Caribde pontifical e a Cila protestante", além de buscar nas origens cristãs, assim como nas "antiguidades" nacionais, o material para fundar uma tradição *pluralista* da Igreja e permitir um *mos gallicus*. Cf. KELLEY, 1970, p. 241-300. • Aimé-Georges Martimort (1973, p. 58-78) fornece também algumas indicações sobre a tradição erudita, galicana e parlamentar dos séculos XVI e XVII.

pelos avatares do tempo e pelas paixões dos homens. Mas os seus métodos pertencem a outra mentalidade. A fabricação de textos fidedignos a partir de suas "ruínas", a relativização das doutrinas que foram produzidas pelos povos e "simbolizam" os seus "costumes"[58], e, acima de tudo, a valorização das técnicas por intermédio das quais são extirpados de erro os documentos indispensáveis para a instauração de uma ordem, tudo isso concentra o esforço na *produção* de preferência à conservação de uma "lei fundamental".

Na relação do século XVII com os "documentos"[59], manifesta-se por toda a parte a vontade metódica de *produzir linguagem* com os dados fornecidos por uma *tradição* – seja pelo manuseio dos manuscritos, pelas transposições da tradução, pelos deslocamentos da paráfrase ou através de uma arte de encenar os elementos de uma citação. Aquém de suas diferenças, a retórica e a erudição têm em comum o seguinte: com fragmentos autorizados, *membra disjecta* de um imenso texto originário, elas frabicam a linguagem religiosa de um tempo que é "novo" pelo fato de estar separado de suas origens em decorrência de irreparáveis perdas. As traduções literárias e as edições críticas participam também da tarefa de criar texto no lugar que o articula a partir de uma verdade das origens, mas que só é assinalada de maneira intermitente e mediante sobras. As traduções, "belas infiéis", elaboram a partir do terreno da obra antiga todas as virtuosidades retóricas de uma invenção linguageira que já exprime a diferença das épocas e prepara uma literatura, em breve, desenraizada desse passado, mas sempre legitimada pelo privilégio de ter surgido nos interstícios ou na vizinhança do antigo[60]. A eru-

---

58. Cf. HUPPERT, 1973: sobre a erudição histórica e a filosofia da história na Renascença Francesa, cf. nessa obra, "Les variations de la foi" (p. 165-176 [As variações da fé]).

59. Ao longo de todo o século, à semelhança do que se passa com Espinosa (*Tractatus theologico-politicus*, cap. 7: "De interpretatione Scripturæ"), os "documentos" são, simultaneamente, "ensinamentos" (*documenta*) e textos; eles opõem-se a *figmenta*, ficções que dissimulam ou deterioram o que, na origem, as Escrituras ou um autor "pretendem dizer" verdadeiramente. A *historia*, ou conhecimento metódico, define-se, portanto, mediante uma relação entre uma antiga "vontade de ensinar" e uma moderna "vontade de aprender", muito mais do que pela relação de um saber investigativo a partir de fatos ainda desconhecidos.

60. Roger Zuber (1968) procedeu a uma análise sutil dessa criatividade nas entrelinhas das obras de referência. Quanto à Bíblia, cf., por exemplo: • JEANNERET, 1969 (de fato, também sobre o século XVII; cf., sobretudo, p. 207-361: "Actualité de l'Antique" [Atualidade do que é antigo]); • e LE HIR, 1974 (sobre a importância da Bíblia enquanto espaço de invenções linguísticas e estilísticas).

dição é, em primeiro lugar, a experiência de uma perda, forma primordial da relação com o tempo: ela revela a disseminação histórica das "fontes" em manuscritos divergentes e o seu esboroamento semântico na multiplicidade de sentidos, introduzidos nas palavras por um exame gramatical. Mas uma manipulação desses elementos fragmentados, as colações, as concordâncias, o empilhamento de conhecimentos de qualquer origem nos lugares obscuros ou duvidosos recompõem uma unidade textual a partir dessa dispersão[61]. Procedimentos técnicos compensam a perda. A edição ou o comentário crítico descreve, portanto, uma tradição *desfeita*, despedaçada pela história, e, ao mesmo tempo, o trabalho presente que *faz* disso um livro. As "fontes" que *autorizam* a fabricação de um texto crítico são levadas em conta na operação que, aproveitando-se de todos os expedientes, preenche as suas lacunas. Do *corpo* vivido da tradição, passamos para um *corpus* que é o produto de um trabalho. Uma revolução dissimula-se na minúcia emaranhada da crítica: a tradição é algo que se fabrica.

Certamente, na enorme produção erudita e histórica do século[62], há, desde Erasmo, a evidência de uma missão que se tornou urgente pela decadência e pelas divisões religiosas: é necessário restaurar a relação entre uma verdade votada a ensinar (uma "vontade de dizer" por parte das fontes) e uma verdade a praticar (um "dever de fazer" do leitor). Fundamentalmente, a "memória" do século XVII exprime uma atenção à autoridade, e não a um passado[63]. Mas precisamente a consciência de ser incapaz de continuar

---

61. Chamo a atenção para o melhor estudo sintético sobre esse trabalho da erudição e da crítica textual: REYNOLDS & WILSON, 1974, p. 108-185 (sobre os séculos XVI e XVII). • Cf. WEISS, 1969.

62. Henri-Jean Martin (1969) analisa a produção de livros no século XVII, em Paris. No que diz respeito às Escrituras, as publicações em línguas antigas começaram por ser majoritárias e atingiram o pico entre 1640 e 1660 (30 das 40 edições entre 1641 e 1645, ou entre 1655 e 1660); em seguida, esmagadora maioria das publicações em francês com o volume máximo alcançado entre 1680 e 1710 (de 1695 a 1700, em umas 60 obras, 55 são em francês). Passagem da língua autorizada para a própria língua, essa evolução relata também a distância existente em relação às fontes e uma mutação na prática do texto.

63. Pertence à "memória" o que não depende de uma construção da "razão". Cf., em grande parte devida a Saint-Cyran, a defesa e ilustração da "memória", espaço por excelência da "religião", no início do segundo livro do *Augustinus* de Jansênio (1640): um importante texto teórico do século XVII. Cf., mais abaixo, cap. 9.

escutando essa autoridade, de estar afastado irremediavelmente dela pelos erros que alteraram os "documentos", atribui à *autoridade* a caraterística de ter deixado de estar lá ou de ser um *passado*. A experiência da alteração implica tomar a sério o tempo que separa dos textos primitivos, mutilando-os[64]. Daí em diante, a autoridade é indissociável da suspeita visto que *a corrupção* – julgava-se que seria rechaçada da Igreja mediante um retorno às fontes – reencontra-se nas próprias fontes, colocando-as a uma distância intransponível. A Reforma está em causa na luta erudita contra a corrupção; aos poucos, a confiança que pressupunha possível um recomeço a partir do livro original é transformada em uma terapêutica do livro mutilado e em um combate contra a falsidade que o havia invadido. O que é detectável, nos manuscritos (assim como nas instituições ou nas doutrinas das Igrejas), já não é a verdade, mas funcionamentos que se referem todos a *um sistema do erro*. Corrupções, lacunas, mentiras e fabulações: eis, até a época de P. Bayle, de que é feita a atividade do erudito. Esse é o seu campo. Ele ocupa-se do erro à semelhança do espiritual que lida com o "amor-próprio", em toda a parte, legível em cada história individual[65].

Tal afastamento da tradição escrita será acompanhada pela necessidade de recuperar a sua proximidade ou a sua presença na voz, no corpo e na experiência mística imediata, em que a relação com a corrupção, no entanto, há de ressurgir enquanto "ilusão"; mas já, no processamento erudito ou histó-

---

64. Na obra de Thomas Morus, *Utopia* (1516), já temos um indício dessa relação do *livro* com o *tempo* que o altera: o acidente absurdo do "macaco" que mutila uma edição de Teofrasto e interrompe a transmissão do saber. Cf. MARIN, 1973, p. 226-233.

65. É impossível citar os numerosos textos "críticos" que sugerem esse tipo de reflexões. Chamo a atenção para estes dois estudos básicos: *Religion, érudition...*, 1968; • e o livro maravilhosamente erudito de Bruno Neveu (1966) sobre um dos homens mais cultos do século XVII: Sébastien Le Nain de Tillemont (1637-1698). Mas todos os especialistas do século XVII são tributários de Jean Orcibal pelo fato de terem sido introduzidos no labirinto em que a sua prodigiosa competência adquiriu um "tato", uma percepção das mais sutis diferenças.
N.T.: Para M. de Certeau, a sua prática enquanto historiador terá sido consolidada no decorrer do Séminaire de Jean Orcibal, na V{e} section de l'École pratique des hautes études (EPHE), dedicado, desde 1952, à "L'histoire du catholicisme moderne et contemporain" [A história do catolicismo moderno e contemporâneo]; tendo participado de suas atividades de 1956 a 1964, Certeau obteve, em 1960, o seu diploma pela pesquisa empreendida sobre o *Mémorial* de Pierre Favre (CERTEAU, FPM). Cf. LANGLOIS, 2018.

rico dos textos, a produção articula-se a partir de uma perda que metamorfoseia os "documentos" em "ilusões". Essa situação implica um triplo efeito.

Em primeiro lugar, uma pertinência do *detalhe* que, escapando à lei da contingência ou da de-fecção histórica, constitui um "refúgio" ["refuge"] de certeza, um ponto subtraído ao erro. O mesmo ocorre, aliás, com a "experiência" tanto do cientista, quanto do místico, embora a primeira seja o resultado de uma produção controlada, enquanto a outra tenha a ver com uma graça "extraordinária". Sob esse viés, o livro é uma "coletânea" ["recueil"]; ele armazena "raridades".

Por outro lado, a importância das *técnicas*, lógicas ou literárias, que permitem construir uma linguagem a partir dos pontos menos incertos do conhecimento: é necessário encontrar *métodos* capazes de *engendrar discursos* que substituam o grande texto desmantelado da tradição, além de preencherem as suas lacunas e resistirem à erosão perpétua provocada pelos acontecimentos. A esse respeito, o livro é produzido por uma arte de servir-se da distância entre o discurso cotidiano e as sobras de um discurso referencial, de "circunstanciar a citação" ou de decompor e recompor os seus elementos, e, finalmente, de fabricar texto graças a operações a partir de fragmentos; ele tem a ver com uma retórica[66].

Por fim, as regras de produção não indicam o *modelo teórico* mediante o qual seja possível definir o discurso. As pesquisas sobre os "gêneros" literários respondem a essa necessidade, mas, em última análise, não conseguem determinar um discurso a não ser por sua exterioridade, a saber, o seu destinatário: sermão, catecismo, controvérsia, carta etc. O discurso é especificado pelo seu outro; ele extroverte-se. É organizado pela enunciação, por um contrato a estabelecer ou por um efeito a obter. Uma "conversão" ou "aprovação" dos leitores deve trazer para o texto um equivalente da verdade que este deixou de ser capaz de apresentar, exceto combatendo o erro. Mas essa relação do *sentido* com a *força* (persuasiva ou autorizadora) é insuficiente.

---

66. Sobre a retórica, cf., sobretudo, Pierre Kuentz (1970); • e a sua análise de *Provinciales* de Pascal (1971).

Daí, os debates sobre a possibilidade de articular em um discurso *geral* a pluralidade indefinida das *particularidades* coletadas pela erudição. Desde Erasmo, faz falta uma teoria que organize em "razão" a "coleção" e que responda a essa *mathesis universalis*, cujo projeto ocupa um tão grande número de pensadores até Leibniz (cf. CRAPULLI, 1969). De fato, a tensão agrava-se. Assim, a historiografia cliva-se. A "história geral" ou "universal" – ou, ainda, a "história perfeita" – é uma "ideia" que atravessa o século até Mézeray, mas que, em última análise, votada a uma arte da "narração" psicológica e moral[67], não consegue superar a oposição entre os "fatos" e o "raciocínio": a história perfeita é "a história inencontrável"[68]. Devemos contentar-nos com a erudição e com as "Memórias", ou seja, particularidades que, inscrevendo-se em uma história opaca, traçam aí no mínimo fatos certamente imprevisíveis, mas controláveis, as "pequenas causas" que – segundo Retz, Pascal, La Rochefoucauld ou Bayle – acabam produzindo estranhamente "grandes efeitos". "Raison des effets" [Razão dos efeitos]: este título de numerosos fragmentos pascalianos[69] designa a posição de uma teoria da história, problema do tempo. Sem dúvida, a sua ausência seria marcada pela discussão que opôs Descartes a Gassendi: o primeiro exclui a história do projeto fundador de uma razão, enquanto o outro busca, em um trabalho sobre os "prejulgamentos" ["préjugés"] recebidos, o começo de uma filosofia[70]. Desde 1669, Leibniz tenta a reconciliação mediante um *novum scribendi genus* que, a par-

---

67. Essa história, no entanto, não deixa de ter como objeto a conjunção "heroica", na personalidade importante, entre uma "razão" do Estado (fundada genealogicamente) e as "surpresas" do destino. Para Mabillon, a "surpresa" e a "ilusão" definem inclusive a história, a da impostura, cujos atores dissimulados são as paixões: estudar a história, diz ele, "consiste em estudar os motivos, as opiniões e as paixões dos homens para conhecer todas as suas molas propulsoras, voltas e reviravoltas, e, em última instância, todas as ilusões que elas sabem despertar na mente e as surpresas que aprontam ao coração" (citado por B. Neveu, 1968, p. 29).

68. Cf. o artigo perspicaz de Marc Fumaroli, 1971.

69. Em páginas bastante inovadoras, Louis Marin mostra como, em Pascal, o recurso ao "discurso político do discurso habitual" refere esses *efeitos* ou busca de sua razão, "uma força que é perceptível somente em seus efeitos de sentido" (1975, p. 369-374). A linguagem comum exprime, sem seu conhecimento, uma filosofia da história que apreende o discurso enquanto escrita da violência.

70. " 'Cinquièmes objections' (de Gassendi) aux *Méditations* et 'Cinquièmes réponses' ". In: DESCARTES, 1953.

tir dos fatos, "extrai verdades gerais" (VOISÉ, 1968). Grande ambição que permaneceu inacabada. Na mesma época, o *Tractatus theologico-politicus* de Espinosa (1670) estabelece uma distinção fundamental entre a organização textual dos sentidos (*sensus*) – uma semântica factual da linguagem bíblica – e os princípios de uma razão que mantém uma relação de interioridade e de apagamento com o verdadeiro e que, examinando as *historiæ* e *narrationes* das Escrituras como um sistema linguístico, pode, portanto, reconhecer aí uma verdade, sem dúvida, imanente ao Cristo, mas travestida na literatura produzida pela exploração política ou imaginária[71]. Apesar dos esforços para submeter o provável ao cálculo ou os fatos à lógica[72], a história será a exterioridade da razão antes que se torne, no final do século XVIII, o relato de seu "progresso", oferecendo, assim, a Hegel a possibilidade de uma *Phänomenologie des Geistes* (1807 [Fenomenologia do Espírito]), transposição do projeto "teológico" e racional de Leibniz (1646-1716).

De seu próprio movimento, a "crítica" bíblica ou histórica situa fora de si mesma a verdade (religiosa) ou a razão (política) que lhe serve de sustentáculo (DIBON, 1970-1971). Assim, passando da crítica textual para a crítica literária em sua obra – *Histoire critique du Vieux Testament* (1678 [História crítica do Antigo Testamento]) – e analisando os modos de produção da escrita bíblica, Richard Simon pressupõe sempre por trás dela uma tradição, oral e institucional, que se ocupa da revelação e da inspiração, em suma, da verdade: a Igreja Católica. Esse exegeta pode, portanto, abster-se de tirar conclusões relativamente à história literária; mostrar que "não se tem a certeza da significação"; multiplicar as "conjecturas" que "devem necessariamente" ser feitas e mediante as quais o sentido literal se torna opaco e acaba se perdendo; e, por fim, confessar a impossibilidade de uma tradução, ou seja, de um discurso que articule essa multiplicidade, e limitar-se a um dicionário de "palavras" erráticas, desligadas das "ideias" e das certezas que lhes ha-

---

71. Cf. MATHERON, 1971, p. 263-276 ("Le Christ et l'histoire" [O Cristo e a história]); • e MOREAU, 1975, p. 62-79: um livro rigoroso, fascinante e incisivo, realmente notável.

72. Tal como o curioso texto de John Craig – *Theologiæ christianæ principia mathematica*, 1699 – sobre as "rules of historical evidence" (ed. e trad. em *History and Theory*, 1962).

viam sido "anexadas"[73]. Em Richard Simon, uma ciência da letra tem como condição e como efeito um evanescimento do sentido; reciprocamente, para Fénelon, a manutenção do senso eclesial traduz-se por colocar a letra à distância[74]. A ruptura entre os signos objetivos e as práticas científicas interioriza-se no catolicismo (o que é muito menos verdadeiro no protestantismo; cf. GUSDORF, 1972, p. 195-231); ela torna necessário um acesso "místico" e "espiritual" ao sentido *ou* uma definição eclesiástica e catequética da verdade. O "documento" que os autoriza é votado à alegoria por uns e à ilustração didática por outros. No fundo, ele não existe como *texto* nem para uns, nem para os outros; aliás, todos pretendem deter o seu sentido. Mas, nas circunstâncias em que o texto é apreendido por ele mesmo, na erudição, ele é *objeto* de operações que, por meio de procedimentos de decomposição e de recomposição, o transformam em uma "fábula" em que se dissimulam verdades (de natureza moral) diferentes daquelas (religiosas) de que ele fala.

De fato, essa relação entre as práticas eruditas e o sentido religioso é o cenário em que já aparece o equívoco entre as práticas sociais e a ideologia. Entre a história que se faz e a linguagem que a afeta com determinado sentido, um quiproquo fundamental começa com a capacidade para as práticas (aqui, eruditas, mas também políticas, como vimos, e, em breve, socioeconômicas) de *tornar a linguagem recebida em algo diferente do que ela exprime* ou, o que equivale ao mesmo, de transformar metodicamente a tradição vivenciada em "passado", ou seja, no material de uma história a ser construída. Se o texto tradicional está fragmentado, dividindo no mesmo movimento a Igreja, é proporcional ao *novo uso* que é feito dele e que coloca os seus fragmentos ou os seus "partidos" a serviço de operações e "razões" que, progressivamente,

---

73. Por exemplo, SIMON, 1685, III, 3, p. 363-367. Sobre este autor, dois livros recentes: • MIRRI, 1972 (abordagem mais filosófica); • e AUVRAY, 1974 (bio-bibliográfico, contendo surpreendentes cartas inéditas endereçadas a A. Turretini, p. 216-229). • "Un homme sans postérité" (AUVRAY, *op. cit.*, p. 176)? Jean Astruc é, talvez, na França "uma exceção" (*ibid.*, p. 177), mas existe uma posteridade inglesa (• cf. BREDVOLD, 1956, p. 73-129) e alemã (em particular, o exegeta Johann Salomon Semler que, sendo também, conservador em dogmática, preconiza uma interpretação racional e moral da Bíblia, • cf. KRAUS, 1956.

74. FÉNELON, "Lettre à l'êveque d'Arras sur la lecture de l'Écriture Sainte en langue vulgaire" (1707 [Carta ao bispo de Arras sobre a leitura das Sagradas Escrituras em língua vernácula]).

deixam de ser cristãs. Desse ponto de vista, a história dos textos religiosos no século XVII relata como se produz – considerando que o mundo já não é uma fala e a Bíblia deixa de exprimir a verdade do mundo[75] – a inversão da qual sai a nossa "história das mentalidades" – "história espiritual", afirma Jacques Le Goff, que é "uma *outra* história, uma história *diferente*" (1973, p. 2). Ela é "outra" não só porque devemos pensar esse passado que se tornou impensável, mas, de maneira mais radical, porque o processo, inicialmente, localizado no setor religioso ou "antigo" generalizou-se para toda a linguagem e porque, desde então, o discurso, bem longe de determinar as práticas, serve-lhes como recurso, material ou metáfora. A semantização parece ter passado da produção textual para a produção econômica. O sistema das práticas produtivas converteu-se no discurso soletrado silenciosamente pela organização de seus produtos. Desde então, o nexo entre uma linguagem referencial e as práticas que a tornavam algo diferente – problema que impunha no século XVII a necessidade de elaborar uma "razão das práticas" – é a arqueologia do nosso, aquele que já é "lido", entre as linhas dos textos antigos da era clássica, pelos mais lúcidos de seus intérpretes[76].

---

75. Cf. L. Kolakowski sobre a significação da crítica bíblica em L. Wolzogen: "É impossível, unicamente com a ajuda da Bíblia, aprender como é o mundo. [...] O seu conteúdo não pode, de modo algum, exercer influência sobre a nossa aceitação ou rejeição de uma verdade, seja ela qual for. [...] O resultado das investigações 'racionais' prejulga, portanto, os possíveis resultados do trabalho exegético" (*op. cit.*, p. 750).

76. Sobre o "pioneirismo", cf. Alphonse Dupront, 1930; • além de 1972, p. 533-538. • E as análises de Ernst Cassirer sobre o filósofo e lexicógrafo francês, P. Bayle (CASSIRER, 1932 [ed. bras.: 1992, p. 272-281]).

Capítulo 2
História e mística*

História da *espiritualidade*: a expressão caracteriza um campo de estudo pela relação estabelecida entre dois tipos de conhecimento; no entanto, a pesquisa empreendida nesse terreno descobre rapidamente a sua mobilidade. Nas circunstâncias em que se pressupõe, incialmente, uma contribuição fornecida por "fatos históricos" para a descrição da "experiência espiritual", deve-se em breve reconhecer – com uma analogia de projeto entre a história e a espiritualidade – uma diferença fundamental no modo de compreensão. Com efeito, se ambas visam coordenar dados sucessivos em um conjunto significante, a história não cessa de *criar* por suas operações peculiares uma *inteligibilidade* do material que ela isola e coloca em ordem; quanto à espiritualidade, enquanto expressão, ela *reconhece* uma articulação da linguagem a partir do *Impossível de dizer*, situando-se, portanto, nesse limite em que "aquilo a respeito do qual não se pode falar" é também "aquilo a respeito do qual não se pode deixar de falar"[77]. O historiador descreve o sucesso de uma operação definida pelas regras e pelos modelos elaborados por uma disciplina presente do saber; o místico, por sua vez, relata o fracasso dessa operação, na medida em que o Inacessível é a condição de possibilidade do discurso cristão e em que a linguagem de cada saber é organizada em uma relação necessária com "o poder que vem do Espírito para os teólogos e que nos leva a aderir, sem palavras nem saber, às realidades que não se exprimem nem se conhecem" (PSEUDO-DENYS, p. 67: *Des Noms divins*, I, l).

Essa heteronomia não pode ser examinada apenas sob o modo de uma comparação entre "objetos" de conhecimento ou conteúdos diferentes; ela

---

* Cf. a referência completa a respeito deste texto na "Introdução", p. 7ss. Cf. igualmente, LIMA VAZ, 2000.
77. Cf., a esse propósito, as reflexões de Rubina Giorgi (1969).

questiona a natureza dos procedimentos e o tema envolvido nessa abordagem. A questão só pode ser tratada mediante a explicitação do lugar de onde ela é abordada. Excluir desse exame as indagações específicas às quais ele responde seria camuflar em tal procedimento uma articulação essencial e generalizar indevidamente um caso específico. Vou, portanto, analisar – sob um modo pessoal, em função de um trabalho direcionado e indissociável de uma posição limitada àquela que é a minha – alguns aspectos das relações entre história e espiritualidade, tais como eles emergem de estudos dedicados a um místico do século XVII, Jean-Joseph Surin.

1 Um lugar e uma trajetória

Depois de diversos estudos dedicados ao reformismo espiritual do início do século XVI, tal como ele aparece, em particular, no microcosmo europeu de Pedro Fabro (1506-1546) – um dos primeiros companheiros de Inácio de Loyola –, a obra de Jean-Joseph Surin (1600-1665) foi escolhida como o lugar de uma nova investigação. O estado lastimável dos textos, a eventual grande quantidade de documentos inéditos a serem examinados, a estranheza do "caso", a profundidade e a originalidade da doutrina: todos esses elementos ofereciam a possibilidade de uma exumação, permitindo impregnar-nos da complexidade psicológica, sociocultural e intelectual de uma história, ou seja, a única via de acesso à significação de uma existência "mística"; e, de maneira mais fundamental, eles apresentavam o meio de esclarecer como a *experiência* inscreve-se em uma *linguagem*, obedece a suas condicionantes, constituindo, apesar disso, um discurso próprio e dando origem à questão do *Outro* em um sistema cultural.

O problema da *linguagem* constitui um dos grandes debates literários, filosóficos e religiosos do período atravessado por Surin, o qual organiza a sua obra em uma dialética da *"língua"* (sistema que define e ocupa todo o campo do mundo) e da *"linguagem de Deus"* (a experiência espiritual que "a língua é incapaz de exprimir" e que "é destituída absolutamente de nome"). Em Surin, não é instaurada nenhuma linguagem da verdade (colocada ao lado da linguagem mundana); nada além de um *"estilo"*, de uma *"maneira de falar*", consegue articular constantemente a partir da "língua" (dado prévio e universal) a "linguagem de Deus" (uma ruptura): as "feridas" do espírito marcam progressivamente na língua o seu *status* de ser despossuída de seu Outro, sem ser substituída por algo que seja a sua expressão direta.

Longas estadias em arquivos públicos ou privados, franceses ou estrangeiros, permitiram uma grande coleta de inéditos ou de documentos. Provenientes dessas cavernas nas quais repousam os tesouros do passado, essas peças dispersas poderiam encaixar-se como as de um quebra-cabeça; elas compunham a história surpreendente de uma vida e de uma obra – uma história ainda permeada por lacunas, mas enquadrada com precisão suficiente, para que fosse possível, no mínimo, determinar a posição e a natureza dos vazios.

A reconstituição (em parte, ainda inédita)[78] da obra de Surin levava a penetrar na intimidade de um pensamento e nos labirintos de uma época. A função de sapador e as escavações necessárias para esse primeiro trabalho culminavam também em novas indagações de natureza histórica e teológica, à medida que eram abandonadas as hipóteses ou as evidências iniciais.

Impunha-se renunciar à proximidade entre esses espirituais do século XVII e nós – aliás, postulado inicial do projeto de reencontrá-los: ao se tornarem mais bem conhecidos, eles acabavam revelando-se como estrangeiros. No próprio terreno em que havia sido pressuposto um contrato de linguagem, ou seja, um entendimento cristão, eles eram irreconhecíveis. A abordagem descobria a distância a que eles se encontravam – uma *diferença* que não se referia somente a ideias ou sentimentos, mas a modos de percepção, a sistemas de referência, a um tipo de experiência que eu não poderia recusar como "cristã", nem reconhecer como se fosse a minha.

Esses "queridos desaparecidos" já haviam sido cativados em nossas vitrines e em nossos pensamentos, protegidos por redoma, isolados, caracteri-

---

78. Cf. CERTEAU, JJS1; • e JJS2. Haveria a possibilidade, desde agora, de "atualizar" as edições críticas das outras obras de Jean-Joseph Surin: *Catéchisme spirituel*, *La science expérimentale*, assim como uma grande parte de *Dialogues spirituels*.
Para a descrição completa das siglas, cf. quadro em "Referências bibliográficas", p. 425.

zados e, assim, oferecidos para conduzirem à prática da virtude ou servirem de exemplo. Eis que eles escapavam a nosso controle, *tornando-se* "selvagens" à medida que as respectivas vidas e obras apareciam mais estreitamente associadas a um tempo passado. Essa mutação do "objeto" estudado correspondia, aliás, à evolução de uma pesquisa que, aos poucos, *se tornava* "histórica". Com efeito, o que caracteriza um trabalho como "histórico" – o que permite dizer que se "faz história" (no sentido em que se "produz" algo histórico do mesmo modo que se fabrica veículos) – não é a aplicação exata de regras estabelecidas (embora esse rigor seja necessário) e, sim, a operação que cria um espaço de signos compatíveis com uma ausência; que organiza o reconhecimento de um passado não à maneira de uma posse presente ou de um saber suplementar, mas sob a forma de *um discurso organizado por uma presença ausente*; que, através do processamento de materiais atualmente dispersos em nosso tempo, abre na linguagem um lugar e uma referência à morte.

2 O discurso histórico

A "diferença" de Surin, de seus correspondentes, de sua geração, em suma, de seu "mundo", resultava do estabelecimento de relações entre dados históricos, ou seja, rastros detectados nos documentos enquanto pertinências decididas por uma epistemologia historiográfica atual[79]. Entre esses "dados", os *nexos* [*rapports*] é que defendem cada elemento enquanto *passado*: pelo fato de estar inscrito em uma rede de relações [*relations*], é mais dificilmente suscetível da extração que consiste em isolá-lo para assimilá-lo a nossas necessidades presentes. Seja qual for o seu tipo, uma *conexão* entre os elementos selecionados caracteriza a produção, propriamente falando, "histórica", enquanto a *adjunção* de elementos complementares (pela busca das fontes, dos manuscritos e documentos de toda a espécie) representa somente uma condição necessária para o estabelecimento dos nexos através dos quais um passado é instituído.

---

79. Uma ciência define um campo de questões e, por esse motivo, ela decide o que é "pertinente" – distinto e relevante – em relação a esse campo.

O trabalho histórico, inclusive em seu aspecto de erudição, não se limita, portanto, a reunir objetos encontrados, mas incide essencialmente sobre a correlação entre eles. Ao combinar a multiplicação dos vestígios (papel da erudição) e a invenção de hipóteses ou de pertinências (papel da teoria), ele instaura um sistema de relações: mediante tal procedimento é que ele produz o conhecimento de um *passado*, ou seja, de uma *unidade* (biográfica, ideológica, econômica etc.) *já superado* (ainda mesmo que haja "sobras" disso, retiradas de outros sistemas).

Assim, por um lado, a historiografia não pode eximir-se, hoje, do recurso a um "conjunto" de nexos, o qual será designado, segundo os casos, como uma mentalidade, um período, um ambiente, uma "figura" ou uma "episteme". Por outro, se esse "modelo" operacional permite produzir uma diferença (ou seja, fazer história), ele não dá a realidade do passado, mas é, de preferência, o instrumento presente de um distanciamento e o processo mediante o qual se torna possível proferir um discurso sobre o ausente. Ou dito por outras palavras, a historiografia recorre necessariamente a uma ferramenta conceitual, cujo funcionamento se aperfeiçoou com as práticas analíticas do tipo "estruturalista"[80]; por outro lado, ela remete à ausência do que ela re-presenta.

Essa conexão entre "estrutura" e "ausência" é, em última instância, o próprio problema do discurso historiográfico: o seu lugar é um texto. Sabe-se, aliás, que a operação que engendra uma interpretação deve atingir um objetivo e é avaliada na fabricação de um texto (ELTON, 1967, p. 88-141): o artigo ou o livro de história. Mas o que é um texto histórico? Uma *organização* semântica destinada a dizer *o outro*: uma estruturação associada à produção (ou manifestação) de uma ausência.

---

80. Cf., em particular, VIET, 1967, p. 5-20; • e, para uma interpretação mais epistemológica, WAHL, 1968. Prestemos atenção a uma continuidade e a uma descontinuidade: através dessa epistemologia contemporânea, o problema formulado pelo criticismo alemão – o qual exumava de cada estudo positivo uma filosofia do historiador – é retomado e, simultaneamente, renovado. Com efeito, as "ideias", as escolhas ou as intuições do historiador são, daí em diante, suscetíveis de análise enquanto "estratégias" da *prática* científica, relativas às condições socioculturais de uma compreensão histórica. A respeito dessa crítica alemã contra o positivismo científico, • cf. ARON, 1938 e a nova edição de seu livro, *La Philosophie critique de l'histoire*, 1971.

Faz muito tempo que o papel foi despojado da capacidade de ressuscitar os mortos. Mas esse truísmo não nos leva a resvalar no subjetivismo ou relativismo. O que ele simplesmente sugere é que a relação do texto com a realidade é necessariamente uma relação com a morte. A historiografia é uma escrita, não uma fala, pressupondo a extinção da voz[81]. Tornou-se necessário que a unidade, outrora viva, fosse decomposta em um grande número de fragmentos; tornou-se necessária essa morte para que viesse a ser possível a atividade que, hoje, leva os vestígios dispersos – dando testemunho do que havia sido o passado – a se constituírem em objeto de discurso e na unidade formada como uma inteligibilidade.

Reciprocamente, a elaboração e a organização do discurso histórico implicam, ao mesmo tempo, que "isso" (objeto do estudo) *tenha ocorrido* e *deixado de existir*. Em relação com a historiografia, o acontecimento ocorreu (caso contrário, não haveria nenhum vestígio dele), mas apenas o seu desaparecimento permite o fato *diferente* de uma escrita ou de uma interpretação atuais. Enquanto realidade *e* enquanto passado, o acontecimento "dá lugar" a outra coisa, ou seja, o discurso historiográfico que não teria sido possível sem ele e que, no entanto, não deriva dele à maneira como o efeito deriva de sua causa.

É impossível, portanto, reduzir a história à relação que ela mantém com o que desapareceu. Se é impossível sem os "acontecimentos" que aborda, ela resulta ainda mais de um presente. Em relação ao que se passou, ela pressupõe uma *distância* que é o próprio ato de se constituir como existente e pensante hoje. A minha pesquisa ensinou-me que, ao estudar Surin, eu me distingo dele. Desde que assumo esse personagem como objeto de meu trabalho, torno-me sujeito diante do espaço formado pelos vestígios deixados por ele; sou um outro relativamente a algo estrangeiro, o vivo em relação ao morto.

---

81. Jacques Derrida apoia a sua reflexão em uma distinção entre voz e a escrita: a primeira caracterizada pela referência unitária a uma presença; e a outra por uma pluralidade espacial e pelo apagamento da origem. As suas análises permitem indicar com precisão o estatuto da historiografia, com a condição, no entanto, de não postular que ela é uma emergência do passado. Cf., em particular, DERRIDA, 1967, p. 11-142.

De modo mais geral, a história desempenha o papel de ser uma das maneiras de definir um novo presente. Ela é o trabalho mediante o qual um presente se diferencia do que lhe era imanente sob a forma de uma experiência vivida. Uma práxis transforma tradições recebidas em objetos fabricados; ela transforma a "lenda" (lei imposta à interpretação: *legendum*) em história (produto de uma atividade atual).

Essa mutação tem o sentido de uma *ruptura*, e é devida a uma *operação*. Se deixarmos de lado, durante um instante, o aspecto pelo qual ela remete a um *fazer* contemporâneo, já podemos dizer que a historiografia marca um começo: ela classifica como "outro" (passado) o que, até então, pertencia a um presente coletivo na qualidade de uma tradição vivenciada. À semelhança do *Gênesis* que se serve da separação como o gesto da criação (cf. BEAUCHAMP, 1970), aqui, um efeito de "dissuasão" constitui na cultura, simultaneamente, um novo passado e um novo presente; ou melhor, ele torna presente, *na linguagem*, o ato social de existir hoje e fornece-lhe uma referência cultural. Através de uma escrita, o discurso historiográfico esboça o lugar de um presente modelado como distinto do que, para ele, se torna um passado.

3 O trabalho histórico, uma operação coletiva

Essa ruptura implica uma ação que a constitui. Um texto histórico (ou seja, uma nova interpretação, métodos próprios, outras pertinências, um estatuto diferente do documento, um modo de organização peculiar etc.) remete a uma operação que faz parte de um conjunto de práticas presentes. Este segundo aspecto é o essencial; com efeito, privilegiar a relação do sujeito (historiador) com seu objeto (histórico) fica a dever-se a uma concepção idealista, ainda bastante frequente. Na realidade, o aspecto predominante é a relação de um estudo particular com outros, contemporâneos, ou seja, com um "estado da questão", com as problemáticas definidas por um grupo de historiadores, com as questões suscitadas por elas e as "diferenças" (ou progressos) que possibilitam, com o controle exercido entre especialistas da mesma disciplina e, através da mediação dessas equipes, com a sociedade em que se elaboram os modos de compreender e de analisar que lhe são próprios. Cada pesquisa inscreve-se em uma rede, cujos segmentos dependem uns dos outros e cuja combinação define o trabalho historiográfico em determinado momento.

Por fim, o que é uma "obra valiosa" na história? Aquela que é reconhecida como tal por colegas de ofício. Aquela que representa um *progresso em relação ao estado atual* das pesquisas e dos métodos. Aquela que, vinculada por toda a sua elaboração ao ambiente em que aparece, torna possíveis, por sua vez, novas questões e novos estudos. O objeto histórico (ou dito por outras palavras: o livro ou o artigo publicado) é o *produto* de uma operação articulada a partir de um *trabalho coletivo* que, por sua vez, está relacionado a funções e condicionantes na sociedade presente (a situação do grupo dos historiadores, o estatuto acadêmico de uma disciplina, o papel atribuído à pesquisa, a organização da edição ou da mídia, o tipo de consumo específico a determinado público etc.). À semelhança do produto lançado por uma fábrica, o estudo histórico refere-se ao "complexo" de uma fabricação específica e localizada muito mais do que a uma significação e a uma "realidade" exumadas do passado[82].

Além disso, seria pura ideologia isolar essa operação de sua relação com o grupo, com a rede de práticas científicas e com a situação global em que ela se inscreve; remover a tenue película de ideias que ela contém; considerá-la, enfim, como a relação de um historiador presente com o seu objeto passado, sem levar em conta a mediação necessária de uma sociedade presente. O "relativismo" preconizado por esse ponto de vista idealista é o efeito de uma abstração inicial; ele traz à tona na teoria a arbitrariedade e a inconsistência do recorte efetuado por um exame que se limitou a conservar, no trabalho histórico, um "tema" individual em busca de uma "realidade" a exumar[83]. De

---

[82]. Considerando que essa apresentação abrangente não permite esclarecer as questões, devemos mencionar alguns estudos pessoais que fornecem os marcos de uma reflexão epistemológica sobre a história: 1967; 1969; 1970c, d, e; além de 1974. Esses textos foram reproduzidos em CERTEAU, ECH ou HPF.

[83]. Cf., a esse respeito, a crítica perspicaz e modulada de Adam Schaff, acerca das posições de Mannheim, em seu livro: *Histoire et vérité* (1971, p. 153-179).

fato, uma operação científica objetiva é o campo confinado de um encontro entre o que se faz e o que se desfaz em determinado período. Os textos históricos balizam o deslocamento da fronteira criada por essa dialética permanente; eles representam (encenam) na linguagem, na forma de discursos sucessivos, os vestígios de uma luta, intestina a qualquer sociedade, entre o trabalho de criação de si mesma e o trabalho da morte.

4 O discurso místico

Por todos esses aspectos, a reflexão sobre a pesquisa historiográfica não teve o efeito de me afastar progressivamente do estudo que havia sido o seu ponto de partida, como se, para penetrar em uma "filosofia" de meu trabalho, eu deixasse o terreno do mesmo. Ao me questionar a respeito do que eu estava fazendo ao prosseguir um estudo histórico, eu era reconduzido, em vez disso, ao objeto desse estudo. Se uma longa etapa de escavações eruditas tinha colocado à distância o objeto da pesquisa, abrindo uma segunda etapa, aquela de uma reflexão sobre a natureza dessa pesquisa, eis que, mediante tal digressão, eu havia sido levado, por um lado, a uma melhor compreensão dos problemas aos quais respondia, no século XVI, a instauração do discurso místico e, por outro, a perceber mais claramente as questões inerentes à "busca" peculiar de Surin.

Além disso, a própria obra de Surin forma um *corpus*: à semelhança do discurso historiográfico, embora sob outro modo, trata-se de uma *organização* destinada a representar o *outro*. O texto de Surin – analisável segundo métodos análogos aos que permitem construir os "modelos" específicos do conto popular ou do relato de caráter fantástico[84] –, pode ser vislumbrado, em primeiro lugar, como um conjunto estruturado que visa *manifestar um ausente* necessário e, no entanto, impossível de colocar como tal no enunciado. Um referente é, simultaneamente, a condição de possibilidade desse discurso e a sua "produção" semântica (o que ele diz), mas não o seu conteúdo. Surin atribui-lhe um nome em seu texto: Deus ou Jesus Cristo. Mas vai apresentá-

---

84. Cf. PROPP, 1928; • TODOROV, 1970; • MARIN, 1971; • e também GUETTGEMANNS, 1972.

-lo igualmente como "oculto". Assim, deveria ser examinada a natureza desse "discurso místico" que articula o *dito* a partir do *não dito* ou que, talvez, vacilando de um para o outro, nada faz além de justapor proposições contraditórias. Ou dito por outras palavras, será que o *discurso místico* é possível?

Ou, então, será que se deve reconhecer, em Surin, uma incapacidade para "elaborar" tal discurso? Aliás, seria possível detectar indícios dessa incapacidade: por exemplo, o uso incoerente de opostos ou, então, o recurso indefinido à "experiência" como a algo indizível, "noite em que todas as vacas são pretas". Nesse último caso, o enunciado "experiência" seria, *no* texto, um elemento que conotaria a inexistência de uma linguagem "teo-lógica"[85].

Com certeza, a linguagem de Surin oscila entre *dizer* e *não dizer*. Ela é estilhaçada pela lacuna introduzida com a "linguagem desconhecida" que o próprio Deus "concebe mediante o seu Espírito". Mas essa lacuna implica uma reformulação da linguagem, organizada em uma *coincidatio oppositorum* que, aliás, não é identificável ao "muro" que, segundo Nicolau de Cusa, cercaria o paraíso – *Ultra igitur coincidentiam contradictoriorum videri poteris et nequaquam citra*[86]; com efeito, trata-se aqui de uma estrutura de referência, em vez de uma cerca. Em Surin, a linguagem, ao invés de ser defendida, é desfeiteada pelo sentido.

O "indizível" não figura aí apenas como um indício que afeta os enunciados – relativizando-os e, em última análise, votando-os à insignificância –, mas é o que designa uma *relação* entre os termos ou as proposições contrárias que se exprimem pela linguagem: por exemplo, é a relação entre *manso* e *violento* que diz algo a respeito de "Deus" ou do amor. Da mesma maneira, embora no nível das macrounidades literárias, o fato de que a prosa remeta à poesia e a poesia à prosa, ou seja, o estabelecimento de uma "proporção" entre esses dois gêneros diferentes, cria *na linguagem* o espaço de um significado; este é indicado pela própria distância entre eles, sem o nomear (CERTEAU, 1970b, p. 56-66).

---

85. Neste caso e na esteira de Wittgenstein, deveria ser entendido por "místico" o que se situa fora da esfera do dizível: "um refugo ontológico". Cf. POULAIN, 1970.

86. KUES (von), 1964-1967, t. 3, p. 132; *Visio Dei*, cap. IX.

Por outras palavras, a lacuna do "indizível" serve de estrutura, por sua vez, à linguagem. Ela não é o rombo por onde esta mete água, mas torna-se aquilo pelo qual a linguagem é redefinida. Essa transformação é mais visível alhures: por exemplo, em Pascal, ao mostrar como os discursos de Epicteto e de Montaigne "rompem-se... para abrir espaço à verdade do Evangelho... que consegue conciliar as contradições" (COURCELLE, 1960, p. 55-61), e ao ver nesse ponto focal uma tensão indefinida dos opostos, da qual o signo é o nome separado de *Jésus-Christ* [Jesus Cristo]. A revolução desencadeada aqui consiste em substituir a relação tradicional da palavra (ou da linguagem) com uma "coisa" por meio de nexos *internos à linguagem* (ou seja, por nexos entre termos complementares ou opostos). Desse modo, a "coisa" já não é manifestada por e na palavra, mas "escondida" (*mística*). Uma "ausência" articula antinomias e paradoxos que exprimem a realidade mística sem que esta nunca seja dada, localizável ou verbalmente identificável a uma expressão ou a proposições.

Assim, opera-se uma reestruturação do discurso, determinada pela ausência do que, no entanto, ele designa. Objeto de numerosas discussões em Surin e em seus contemporâneos, essa "linguagem mística" apresenta, nesse autor, duas características fundamentais: por um lado, uma *espacialização* da linguagem supera a relação (a que poderia ser atribuído o qualificativo de "vertical") do *verbum* com uma *res*. O nexo com o referente é um nexo entre significantes, ou seja, uma organização do espaço linguístico.

Por outro, essa linguagem tem, como algo específico, uma *estrutura dividida*, na medida em que a separação entre dois termos necessários, mas opostos um ao outro, é a única maneira de instaurar uma expressão "simbólica". Na época, a reflexão estava focalizada mais especificamente na menor unidade da linguagem, "o termo mística": ora, dizia-se, o significante mais simples é já uma combinação de opostos – por exemplo, "quietude furiosa", para retomar o caso citado pelo Carmelita, Diego de Jésus. O termo só pode ser *dois*. Já está dividido. Esse plural inerente à unidade elementar de significação é a marca de um sentido "místico" que a linguagem já não capta, nem recebe, em suas redes, e que o recompõe a partir de uma "ferida", em função de uma disjunção fundamental entre o termo e a coisa. "Ciência da circuncisão", "faca afiada", dizia Diego de Jésus a propósito dessa "doutrina" em que "a incisão e a anatomia mística" (1652, p. 272) são essenciais. O seu discurso é organizado em manifestação de uma ruptura.

O "indizível" é, por conseguinte, não tanto um objeto do discurso, mas um marcador que indica um estatuto da linguagem. Se é fácil reconhecer mutações paralelas na mesma época – por exemplo, na organização da arte barroca ou nas teorias sobre a linguagem –, é importante igualmente depreender o alcance desse "modelo" em relação às indagações que, desde então, dizem respeito ao discurso teológico – ou ao discurso que, em muitos aspectos, tomou o seu lugar e reencontrou os seus problemas: o da história.

5 A questão do outro

Não se disse tudo a respeito do discurso místico quando foi mostrado (por vias mediante as quais a apresentação precedente limita-se a dar um exemplo) como ele se organiza em função do outro *necessário* e *ausente* de que ele fala. Os textos analisados são indissociáveis de sua *produção*. É precisamente na abordagem deste último problema que um estudo histórico se distingue de um estudo literário: aquele coleta os textos (e toda a espécie de documentos) enquanto indícios de sistemas de ação e em uma relação necessária de qualquer produto com a sua produção; ele visa essencialmente esclarecer a articulação de um dizer a partir de um fazer[87].

Esse trabalho inverte, portanto, o processo da transmissão literária ou da multiplicação dos comentários: ele "remonta" do efeito para as condições de possibilidade objetivas de sua aparição. Diante de uma obra, recebida hoje – tendo sido separada, no decorrer dos séculos, de sua fabricação inicial e introduzida nos circuitos de atividades específicas de nosso tempo (venda, leituras, conservação etc.) –, diante de textos isolados da cadeia de operações da qual faziam parte, identificados com o nome particular de "Surin" e oferecidos ao consumo ou às necessidades de grupos religiosos ou de leitores

---

87. Trata-se também de um problema teológico fundamental, obliterado com demasiada frequência quando se procede unicamente à análise do discurso constituído. Cf. CERTEAU, 1970f.

bem "típicos", o historiador empenha-se em recompor os processos de uma "economia" (religiosa, social), aquela de que essa obra era um resultado e um sintoma parciais. Desse modo, ele atinge seu objetivo peculiar: ele determina, simultaneamente, *o que já deixou de ser* e *o que permitiu* outrora os vestígios ou os produtos constatáveis hoje. Assim, ele é capaz de estabelecer o *outro* enquanto *condição de possibilidade* de seu objeto de análise.

Sob esse viés, a tarefa presente do historiador consiste em indicar com precisão, em suas combinações, dois elementos igualmente necessários para a compreensão de uma outra "economia": 1) uma *estrutura* de ação; e 2) uma *diferença*, aquela representada por qualquer obra particular em um conjunto social. Por um lado, portanto, o *comum* de um sistema de produção; e, por outro, o *caráter próprio* de uma pesquisa.

É impossível isolar um desses dois elementos sem resvalar em uma mitologia positivista ou edificante. A obra de Surin não "tem consistência" isoladamente, como se, por exemplo, os grupos espirituais do século XVII, ou as divisões que ocorrem na teologia ensinada na época, se limitassem a ser o seu cenário e o seu "contexto". Inversamente, a "mentalidade" religiosa do século XVII, ou a marginalização progressiva dos espirituais, não é uma realidade susceptível de ser considerada como a causa ou o solo de sua obra particular. Na impossiblidade de apresentá-los independentemente um do outro, esses dois polos de análise apoiam-se um no outro. A relação entre eles (controlável, extensível) é que lhes "dá consistência". O suporte deles não é, portanto, uma realidade que estivesse em algum lugar, captada na linguagem do historiador, mas o fato de que *eles se explicam mutuamente* segundo um modo particular (o de uma historiografia presente) e de que *se referem mutuamente a uma realidade ausente* – a operação passada, o ato de outrora.

Seria fácil, mas demasiado longo, reconstituir as interferências que levaram o estudo de Surin, às vezes, em direção a estruturas globais e, outras vezes, à sua particularidade. Do lado do "global", o que aparecia aos poucos era o isolamento do "discurso místico" no século XVII e a tripartição da teologia em ciências autônomas; a constituição de redes espirituais "na Igreja, mas quase sem terem necessidade dela" (DUPRONT, 1971, p. 440-441), igrejas miniaturizadas e marginalizadas nas quais circulam utopias globalizantes, tanto políticas quanto místicas; as novas afinidades criadas, entre a literatura espiritual e a literatura popular, pelo "ateísmo" e pela politização dos sistemas de referência entre as elites; as proximidades entre a fé e a loucura, no momento em que a razão se associa ao Estado; as homologias entre os fenômenos diabólicos e místicos no período de 1620 a 1640 etc. A particularidade de Surin suscitava igualmente problemas específicos: a sua loucura, evidentemente, forma extrema de sua passagem ao limite de suas capacidades; assim como a unidade "individual" constituída não tanto por esta ou aquela "experiência" particular, mas pela série ou pela sucessão de narrativas e de tratados que ostentam o mesmo nome próprio; a especificidade em Surin de sua relação com a linguagem e com a comunicação; a organização de seu discurso em função do que ele pretende produzir etc.

Mas, cada um desses aspectos referia-se a seu complementar: por exemplo, a consciência de Surin a respeito de sua "loucura" ou da "ferida divina" reconduzia a códigos de percepção. A irrupção de tons avermelhados em um horizonte textual pintado em preto e branco implicava também um dicionário das cores. A pulsação arquitetônica que integra a obra inteira nas categorias imaginárias do "fechado" e do "aberto" faria referência a uma antinomia simbólica da superfície e do vazio na linguagem artística ou científica da época etc.

Por meio de seu detalhe indefinido, a operação interpretativa continuava fazendo ressurgir um problema que parecia também suscitado pelo trabalho histórico e pela dialética interna de seu objeto: *a articulação da continuidade* (estrutural) *e da ruptura* (fluxo dos acontecimentos). Tratava-se de fazer convergir para uma questão essencial, sem dúvida, a questão central na "mística" de Surin que se apresenta sob a forma da relação entre o *universal* divino e a *particularidade* da experiência, ou sob a forma da compatibilidade entre *"catolicismo"* (uma extensão eclesial ou humana) e uma *ruptura* sempre necessária (em relação ao *"mundo"*, ao grupo ou à própria tradição religiosa).

Na doutrina de Surin, essa tensão manifesta-se, por exemplo, sob a figura do vínculo *necessário* entre o "primeiro passo" (ruptura, "salto", decisão "repentina") e a "noção universal e confusa" (conhecimento sem causa nem conhecimento). Sem que um produza o outro, ou que haja uma passagem cronológica obrigatória de um para o outro. A universalidade da "noção" é impossível sem o "primeiro passo", de modo que nunca deixa de se referir a ele como se fosse um *limite* (uma "perda" ou morte) a partir do qual se articula o *"pati divina"*, ou como se fosse uma ruptura que nunca é "superada" pelo fato de se repetir incessantemente sob diferentes formas ao longo de todo o itinerário espiritual e de tornar-se, assim, a mola propulsora do movimento que converte cada "conhecimento" espiritual na "quase-metáfora" de um novo conhecimento[88].

Ou dito por outras palavras, o sentido nunca aparece como um estado, nem como um objeto de saber, tampouco como uma relação estável e dominada: ele é *dado* apenas em função de um *ato*. Ele é o universal associado a uma ruptura, sem nunca ser identificável a um ou à outra. A verdade anunciada pelo movimento é a *relação indefinida de diferença e de necessidade* entre o "espaço" de significação que cada ruptura abre e a "perda de lugar" exigida sempre de novo, sob diferentes modos de conversão, pela vida na "área do puro amor".

Que essa problemática esclareça, simultaneamente, a nossa relação enigmática com o Outro na e pela história, assim como a natureza de uma mística cristã e as relações entre a historiografia e a mística, eis a hipótese aventada aos poucos por um itinerário de historiador no campo da literatura espiritual do século XVII.

---

88. A respeito da expressão "quase-metáfora" – proposta por W.P. Alston para designar um tipo de termo religioso (1964, p. 105) –, cf. as reflexões de Jean Ladrière (1970, p. 262-264).

Capítulo 3
Henri Bremond (1865-1933), historiador de uma ausência*

Com os dois volumes de *La Métaphysique des Saints*[89] [A metafísica dos santos], Henri Bremond construiu a fortaleza de *Histoire littéraire du sentiment religieux en France* [História literária do sentimento religioso na França]. Na sequência dos ensaios anteriores a 1914 (designados por ele como a "Preparação" dessa *Histoire*) e após os seis grossos volumes do monumento, ele ergue essa torre central: é o campanário da basílica à qual o crítico literário, Albert Thibaudet (1874-1936), comparava todo esse conjunto – "a basílica do doutorado de São Francisco de Sales" (THIBAUDET, 1929, p. 85). Depois de um prolongado amadurecimento, essa obra – tendo sido decidida de maneira abrupta e, finalmente, construída sob uma forma mais doutrinal do que previsto – arvora-se como um sinal de concentração das pesquisas antecedentes.

Ao tomar tal decisão, Bremond já não tem a certeza de ser capaz de dizer "o essencial" ao terminar esses volumes, cujo horizonte é extensível (ora, em 1928, ele já tem 63 anos); além disso, mobilizado pelo debate a respeito da *poesia pura* – que secularizava o assunto de seu maior interesse, ou seja, a disputa relativa à oração pura (*Ibid.*, p. 89) – e pelas discussões em torno do ascetismo[90], ele é simultaneamente levado e provocado a tomar consciência de suas posições de forma mais perspicaz. Por fim, a sua obra passada e a

---

* Cf. a referência completa a respeito deste texto na "Introdução", p. 7ss.
89. O vol. VII foi publicado em agosto de 1928 e colocado à venda em setembro (2ª tiragem, em janeiro de 1930); o vol. VIII, por sua vez, veio a lume em outubro de 1928 e colocado à venda em novembro (2ª tiragem, em junho de 1930) – informações fornecidas por Mme. Jeanne E. Durand, da editora Bloud et Gay.
90. BREMOND, 1927, p. 226-261, 402-428, 579-599.

67

sua autoridade presente permitem-lhe um lance mais ousado: ele há de exprimir a "metafísica" e o segredo – até então, formulado por ele ao introduzir as próprias ideias nas batalhas do século XVIII ou ao referir-se à opinião de personagens antagonistas (Newman e Manning, Fénelon e Bossuet, Bérulle e os jesuítas) – que havia permanecido dissimulado por trás do que o próprio Bremond designava como as suas "metamorfoses" de historiador[91].

Apesar dos conselhos de prudência recebidos do filósofo Maurice Blondel ou do abbé Émile Baudin – professor na faculdade de Teologia católica da universidade de Estrasburgo –, e na efervescência (em vez de arrebatamento) das polêmicas, ele elabora, portanto, os volumes VII e VIII, dois grossos volumes fortalecidos por um terceiro – a *Introduction à la philosophie de la prière* [Introdução à filosofia da oração] – publicado em junho de 1929, e designado por ele como "um apêndice a *La Métaphysique des Saints*" (BREMOND, IPHP, p. 354). Depois de um hiato de seis anos (1922-1928), a *Histoire* assume uma nova cadência. Bremond fornece-lhe, com efeito, um aspecto muito mais sintético e doutrinal que se exibe, aliás, em um título inesperado em seus escritos: uma *Métaphysique*.

No conjunto da obra, pode-se legitimamente preferir outras partes a esse bloco: se conseguiu provocar estardalhaço na época de sua publicação, ele suscita hoje um grau menor de atenção; nem é, com certeza, do ponto de vista literário e histórico, o mais bem-sucedido. Para se instruir ou despertar a mente, preferimos mencionar, de bom grado, o majestoso volume dedicado ao Oratoire* de Bérulle – o mais decisivo na evolução de Bremond e o mais determinante para a orientação das pesquisas históricas nos últimos cinquenta anos – ou o volume V sobre a École do pe. Lallemant (cf., mais abaixo, cap. 7, p. 188), ou os volumes IX e X sobre a vida cristã e as orações

---

91. Carta ao Pe. Cavallera, Pau, 1921: "Ao se aperceberem de que tenho passado sucessivamente por inúmeras metamorfoses, os comentaristas vão acabar por não acreditar que eu seja partidário (o que, talvez, de maneira demasiado proposital, sou incapaz de ser!)" (Toulouse, Archives SJ, Papiers Cavallera; daqui em diante, neste capítulo = TAPC).

* Abreviatura de Société de l'Oratoire de Jésus-et-de-Marie-Immaculée de France [Congregação do Oratório de Jesus e Maria Imaculada]: sociedade de vida apostólica de sacerdotes católicos fundada, em 1611, em Paris, por Pierre de Bérulle (1575-1629), considerado um dos princiapais representantes da Escola Francesa da Espiritualidade [N.T.].

no período do Ancien Régime. Ocorre que, nesse aspecto, Bremond toma uma posição: ele faz a sua profissão de fé. Na releitura, só nos resta manifestar a nossa surpresa: apesar das precauções e das distinções peculiares a uma análise mais sutil e desenvolta do que nunca, ele afirma o seu caráter, tendo escrito a Blondel: "Apesar da minha mansuetude, esse texto é, creio eu, o que de mais terrível foi publicado contra o extrinsecismo antimístico"[92]. Ele tem a impressão, inclusive, de que se expõe, no sentido militar do termo; trata-se de uma situação única em sua vida. Para uma obra que brilha com tantas cintilações, dotada de cenas sucessivas da *Histoire*, representadas e povoadas alternadamente por um Bremond com inúmeras facetas – "salesiano com Francisco de Sales, lallemantiano com Lallemant, berulliano com Bérulle"[93] –, estaria faltando certa gravidade se não houvesse esses dois volumes.

Os contemporâneos não se enganaram a esse respeito: as críticas, as discussões e, até mesmo, as ameaças mais graves, surgiram em torno da obra, apesar do talento de seu autor enquanto polemista, assim como de sua habilidade para escolher adversários menos incontestáveis, tais como o pe. Pottier ou, inclusive, o pe. Cavallera (cujas posições eram consideradas como exageradas por um grande número daqueles que não adotavam as de Bremond). No momento em que elabora a sua *Métaphysique*, ele já não dispõe da liberdade de que havia usufruído ao argumentar em favor da "poesia pura". Ele penetra em um domínio em que se exerce uma autoridade que não é somente a do magistério, mas a dos próprios teóricos a quem não deixa de opor constantemente a experiência indizível da oração. Ele toma a dianteira aos teólogos, no próprio terreno destes. Com certeza, não é sem motivos que, ao escolher "dois dominicanos" para "a grande síntese"[94] (Charles Du Bos há de observar, com malícia, o efeito dessa escolha sobre o pe. Garrigou-Lagrange)[95], con-

---

92. Carta a Blondel, Arthez d'Asson, 2 septembre 1928 (?).
93. Carta ao pe. Cavallera, Pau, 1921 (TAPC).
94. Carta a Blondel, 2 septembre 1928.
95. DU BOS [1929] 1954, p. 76. Aliás, o pe. Garrigou-Lagrange havia procedido à revisão das anotações do padre dominicano que tinha feito a releitura da primeira redação dos capítulos dedicados aos teólogos místicos e diretores espirituais da Ordem dos Pregadores: Louis Chardon (1595-1651) e Alexandre Piny (1640-1709).

voca o jesuíta Crasset para fazer-lhes companhia. Além disso, pensa ele, "a ideia de que tudo depende do dogma da graça santificante acaba por torná-lo menos expugnável"[96]. Finalmente, antecipa a sua resposta, por um lado, aos historiadores dizendo que fala enquanto "metafísico" e, por outro, aos teólogos afirmando que se limita a ser o testemunho dos mais insignes doutores. Tempo perdido! Em todos esses pontos, ele fica exposto a críticas acirradas, bem precisas, das quais a sua arte nem sempre conseguirá esquivar-se ou levar a esquecer a solidez. Ainda hoje, "um teólogo profissional" – a expressão teria suscitado uma risada a Bremond uma vez que não sentia grande atrativo, além de ter um pouco de receio, por semelhante profissão – "pode constatar em sua obra algumas simplificações exageradas... "[97].

Mas, retomar a posição de Bremond limitando-nos ao plano das controvérsias, equivaleria a perder o essencial. Por mais legítimas que tivessem sido, elas referem-se a problemas sobrecarregados de paixões, hoje latentes (mas nem sempre extintas), ou a perguntas às quais eu ousaria atribuir o qualificativo de "específicas" e que, em seu tecnicismo teológico, nos situariam fora da perspectiva bremondiana. A obra, *La Métaphysique des Saints*, abre para algo mais sério. Um problema disseminado por toda a parte vem à tona aqui com expressões que, no duplo sentido do termo, acabam por atraiçoá-lo. Sob os elementos retomados de concepções contemporâneas bastante divergentes, mas conciliadas por um homem fiel a todas as suas amizades, por trás das inúmeras facetas do passado iluminadas, alternadamente, pela passagem do historiador – e extinguindo-se após essa fase –, há uma pergunta e uma resposta que, igualmente, conectam Bremond a seu tempo e àquele que é objeto de seu estudo. A pergunta lhe é formulada por uma provação espiritual que, há muito tempo, chama toda a atenção do médico e do historiador: a inadequação entre os conhecimentos religiosos e o *real assent* da fé. A resposta, por sua vez, tende a reconstituir uma doutrina que procede à análise da "experiência de vida" e, ainda mais, a elaborar uma filosofia do silêncio

---

96. Carta a Blondel, 2 septembre 1928.
97. Jean Gautier – "L'abbé Bremond. Un grand serviteur de l'Église" (1965) – acrescenta: "por exemplo, ao estabelecer a distinção, tão apreciada por ele, entre o antropocentrismo e o teocentrismo, ou quando aborda o problema tão delicado da oração pura".

a partir da *inquietação religiosa*. A esse respeito, *La Métaphysique des Saints* é uma interpretação da experiência religiosa moderna – com a condição de ser mantida a ambiguidade de um termo suscetível de designar como "moderno", embora por motivos diferentes, o século XVII ou o XX. Essa obra metamorfoseia uma literatura da presença em uma indagação a respeito da ausência; ela relata o que, para Bremond, é a sua questão. Considerá-la assim é ser capaz de discernir em melhores condições as perspectivas oferecidas pelos dois volumes e a significação de uma obra em plena florescência para que ela apareça, de imediato, como um fruto da noite e como o vocabulário ainda incerto de uma importante indagação contemporânea.

1 "História" e "Metafísica"

Ao elaborar a sua obra, Bremond assume a posição, alternadamente, do filósofo e do historiador: "síntese propriamente doutrinal", escreve ele na apresentação dos volumes VII e VIII, "teoria, metafísica da oração cristã"[98]; "metafísica da vida interior" (VII, p. 26) etc. Mas, ele afirma que essa "vasta síntese" é apenas uma "antologia doutrinal"[99].

> Aqui, sou considerado – e com razão – um historiador e não um doutor em teologia. Sou semelhante aos contramestres do Novo Mundo que recebem – numeradas, rotuladas uma por uma – todas as pedras de um velho claustro francês, limitando-se a colocar, de novo, essas pedras em cima umas das outras, de acordo com o projeto do arquiteto primitivo. (VIII, p. 376)

E prossegue ainda:

> Para mim, sem intenção de renunciar à minha maneira de ser, mais propensa para o concreto do que para o abstrato, empenho-me em efetuar aqui a obra de um filósofo: papel que, aliás, eu não teria assumido, se não tivesse encontrado totalmente ar-

---

98. HLSR, VII, "Avant-propos" [Preâmbulo], p. 1; o algarismo romano refere-se a um dos onze volumes da *Histoire littéraire du sentiment religieux en France* (1916-1933 [História literária do sentimento religioso na França]).
Cf. as siglas, por ordem alfabética, das outras obras de BREMOND, H., em "Referências bibliográficas".
99. BREMOND, IPHP, p. 4, sobre os dois volumes de *La Métaphysique des saints*.

gumentada e edificada, nos diversos mestres que estão reunidos aqui, uma verdadeira metafísica da oração"[100].

Ele continua sendo um historiador, pretendendo efetivamente não deixar o chão do concreto; mas o "apreciador das coisas da alma" (BREMOND, INQR2, p. 391) deseja também extrair hoje a "essência" da oração que é, para ele, a essência da religião[101]. EIe visa, nos autores consultados, o que eles próprios não haviam discernido – o que, no fundo, nem Seguenot, nem Bourdaloue, tampouco Piny tinham enxergado – e que é, no entanto, o "essencial". Ou dito por outras palavras, ele quer extrair da história a sua lição doutrinal e a sua filosofia – uma "filosofia" definitiva, já enunciada pela *experiência* dos santos, além de ser revelada pelo *movimento de uma* época. Às construções intelectuais de que se esquiva, referindo-se a elas de longe, ele opõe, portanto, um *corpus* histórico, a filosofia oriunda totalmente equipada de *um* passado. Com certeza, ele efetua uma triagem nessa história; ele diz que se limita a reconhecer nela, enquanto fiadores, os mestres que chegam até nós da distante "terra da verdade"[102]; mas, considerando a disparidade dos títulos suscetíveis de confirmar a atribuição dessa elevada posição de guardiães a essas testemunhas, pode-se começar sublinhando o fato primordial de uma "metafísica" justificada por uma "história".

1.1 Teatro literário e projeto "filosófico"

Essa ambição corresponde, em Bremond, a uma necessidade interior; mas, começa por se apresentar sob uma forma mais humilde e familiar a seus leitores, embora também suspeita para um grande número destes. Trata-se de uma espécie de teatro literário: a aparição de personagens que, sob diferentes trajes e nomes, desempenham papéis idênticos. Um par-típico é definido, desde o ensaio sobre *Sainte Chantal* (1912): a mística inspiradora e

---

100. IPHP, p. 311. Nesse aspecto, Bremond opõe o seu projeto ao do pe. Daeschler, o qual "se limita a aprofundar um caso particular – unicamente a espiritualidade de Bourdaloue –, espiritualidade, aliás, menos teórica e menos ensinada do que vivenciada".
101. "O fato relativo à oração o que equivale a dizer o fato religioso" (VII, p. 59).
102. HLSR, I – *L'Humanisme dévot (1580-1660)*, p. XXII.

o teólogo intérprete da experiência. Ele volta a encontrar-se com os personagens de Coton, Olier, São João Eudes, Gagliardi, na expectativa de Madame Guyon e Fénelon, ou seja, "uma segunda Isabella" Bellinzaga e "um segundo Gagliardi"[103]. Outro par aparece como mais primitivo no pensamento de Bremond, embora mais recente na *Histoire*, na qual ele acaba prevalecendo aos poucos em relação ao primeiro: é a antítese Fénelon-Bossuet, a do místico e do dogmático. Ela ressurge com outros rostos: Balthasar Alvarez e Mercurian; Saint-Cyran e Arnauld; de um lado, Lallemant, Surin e, do outro, as autoridades romanas; ou, ainda, prefigurando Fénelon, o pe. Piny e, à sua frente, os Padres do Convento Saint-Jacques etc. Alhures, ela assume a forma de uma tensão que opõe dois Egos no mesmo homem: em Pascal, o cristão fervoroso e o teólogo jansenista; em Bourdaloue, a sua vida mística e a sua filosofia antimística ... Heróis sucessivos tomam o lugar de personagens ou de funções imutáveis. Uma forma literária é uma interpretação dos fatos.

O historiador Bremond empenha-se em mostrar que essa interpretação é justificada; mas, já é a estrutura de sua narrativa e a sua filosofia da história. Ela impõe ao leitor uma visão dos fatos que é a do autor: por toda a parte, a experiência é que anima uma verdadeira doutrina; por toda a parte, verifica-se o confronto entre uma tendência asceticista ou dogmatizante e uma tendência espiritual e religiosa. Thibaudet já havia observado que os retratos da *Histoire littéraire* são um tanto inexpressivos (exceto o de Saint-Cyran, bastante elaborado e, finalmente, calamitoso), e que "o ideal do Sr. Bremond seria o de que, em sua galeria, todos os seus místicos exprimissem a mesma coisa" (THIBAUDET, p. 78). No entanto, a repetição tende aqui a manifestar um sentido: por toda a parte, no relato do historiador, há oposição entre o "ego de fachada" que "se alimenta de noções" e "o ego central e profundo" (VII, p. 51) – ou ainda, de maneira equivalente, "especulação" e "vida"[104], teólogos e espirituais. A literatura religiosa é sempre "a mesma história" pelo fato de se desenvolver de acordo com um processo que se limita a produ-

---

103. HLSR, XI – *L'index alphabétique et analytique*, p. 53. A respeito de Gagliardi, cf. mais adiante, cap. 7, p. 188 e cap. 12, p. 324.
104. "Especulação e vida, serão sempre dois aspectos diferentes" (BREMOND, 1924, p. 23).

zir as suas expressões autênticas e magistrais a partir de *anima*, esbarrando em uma resistência intelectualista – no início, imperceptível e, em seguida, ameaçadora – antes de tornar-se predominante. A narrativa bremondiana descreve, portanto, sob o primeiro aspecto, a lei genética de qualquer linguagem verdadeiramente espiritual e, sob o segundo, o drama de sua elaboração; desse modo, uma "metafísica" já emerge da história como a sua "forma".

A estrutura literária refere-se, aliás, a uma convicção pessoal mais íntima. Ela não implica somente – entre a experiência e a intelecção ou entre os "santos" e os teólogos – um tipo de relação cujas origens filosóficas podem ser facilmente detectadas no início do século XX, mas pressupõe que o estudo histórico tenha um alcance doutrinal. E se a análise dos fatos religiosos tem uma significação do ponto de vista da verdade, é impossível estabelecer a separação entre os resultados ou o espírito de uma busca positiva e a intelecção pessoal da fé. Bremond evocou, em várias oportunidades, esse problema, em particular, a propósito do professor e historiador crítico do cristianismo, Mons. L. Duchesne (1843-1922) – muito discretamente, em seu *Eloge* [Panegírico] em 1924, e de maneira mais espontânea na abundante correspondência, compulsada para a preparação desse discurso: ele sublinhava, em seu antecessor na Académie française, uma distinção prudencial entre a acribia do cientista em questões históricas e a docilidade do fiel em matéria doutrinal. Independentemente da posição real de Mons. Duchesne, Bremond afirma que a história tem consequências do ponto de vista da fé[105]. Ora, em seu entender, a "filosofia" que emerge da análise dedicada à experiência espiritual não é precisamente aquela exibida por um discurso especulativo sobre o dado revelado; ela deve, portanto, ser designada mediante um termo que a distinga da teologia "escolástica" ou intelectualista. Assim, apesar dos revisores que teriam preferido a palavra "teologia"[106], ele fala de uma "metafísica", a "metafísica dos santos".

---

105. Cf. as observações do filósofo e teólogo, Alfred Loisy (1857-1940), em seu livro, *George Tyrrell* et Henri Bremond* (1936, p. 57).
* George Tyrrell (1861-1909), padre jesuíta irlandês, teólogo e filósofo, foi um dos grandes líderes do movimento modernista católico [N.T.].
106. Assim, o revisor dominicano dos dois capítulos iniciais do vol. VIII sublinhava que seria preferível falar de *teologia* em vez de *metafísica* ou de *filosofia* (Lyon, Archives SJ, Fonds Bremond; daqui em diante e neste capítulo = LAFB).

1.2 A preparação de La Métaphysique des Saints

Essa "filosofia" não é mostrada somente sob o disfarce de uma estrutura literária: se ela aparece, finalmente, nos volumes VII e VIII, é possível observá-la emergindo lentamente, desde a época em que a *Histoire* encontra-se apenas no período de sua "Preparação". No final de sua vida, em 16 de janeiro de 1932, Bremond escreve ao padre, editor e ensaísta italiano, Giuseppe De Luca (1898-1962):

> Será que o Sr. já leu os meus dois volumes de *L'Inquiétude religieuse* e *Âmes religieuses*? [...] Nesses textos, existem todos os prenúncios da grande *Histoire littéraire*. [...] Parece-me que o aspecto mais curioso – em um andarilho como eu – é a unidade, a *unicidade* constante. Com efeito, é desnecessário dizer-lhe que, no meu pensamento, todas as minhas supostas *diversões*, v.g. as minhas fantasias estéticas (Poesia pura...) são dirigidas unicamente por esta curiosidade: o que é rezar? Será que a gente reza? (GUARNIERI & BERNAND-MAITRE, p. 137).

E ele remete ao "prefácio da 2ª Série de *L'Inquiétude religieuse*", texto em que, em 1910, depois de ter citado uma expressão do filósofo, diplomata e advogado, Joseph de Maistre (1753-1821), a respeito da multidão de cristãos ajoelhados em uma igreja – "Quantos são aqueles que realmente rezam?" –, acrescentava:

> Se alguém conseguisse ser senhor de sua vida, eu teria apreciado que a minha, em sua integralidade, tivesse sido absorvida pela busca de uma resposta a essa pergunta de Joseph de Maistre, recompensada com uma definição da oração que permitisse estender desmesuradamente o número daqueles *que realmente rezam* (INQR2, "Avant-propos").

Questão única e central, origem de um trabalho incessante que, em *La Métaphysique des saints*, culmina na "definição da oração". Convém, inclusive, remontar mais acima para observar o delinear-se do projeto que atinge o seu termo, em 1929, porque outro texto lembra a origem distante da *Histoire*. Tratava-se, desde o início, de uma análise histórica e doutrinal que gravitava inteiramente em torno de um único assunto: a oração e a sua definição. Em uma anotação pessoal, ele escreve o seguinte:

Em uma idade ainda bastante jovem, eu tinha escolhido, como tese de doutorado, os escritores espirituais do século XVII, tese de literatura pura e de lexicologia. Mas logo, fixando o melhor de minha curiosidade nas coisas da vida interior – em vez das palavras –, os *Parochial Sermons* e a *Church of the Fathers* de Newman insuflaram-me a ambição de escrever uma *Histoire universelle de la prière chrétienne*[107] [História universal da oração cristã]. Em minhas anotações antes de completar 30 anos, tenho encontrado esse auspicioso título, caligrafado inúmeras vezes, mas vou abandoná-lo, de bom grado, em razão do sarcasmo do rvdo. pe. Lebreton. Embora bastante preguiçoso, eu nunca apreciei o trabalho de terceira mão. Assim, recuei rapidamente diante das inúmeras dificuldades de tal empreendimento: o hebraico e o grego, para os dez primeiros volumes; a paleografia, para a história da vida interior na Idade Média. Nada me restava, além da Era Moderna, e ainda aligeirada de todo o século XVI. Tive de renunciar inclusive a Erasmo que, sem dúvida, exercia uma grande atração sobre mim; no entanto, os seus *in-folio*, tão mal impressos, acabavam de vez com os coitados de meus olhos. Em seguida, cada vez mais, não me atrevo a dizer sensato – porque, na verdade, eu era perfeitamente doido – mas, finalmente, cada vez mais convencido de que uma única província dessa imensa temática seria suficiente para o que ainda me restaria de vida, eu hesitava apenas entre a França e a Inglaterra. A literatura religiosa em língua inglesa é magnífica. Eu não tinha cessado de estudá-la: quatro ou cinco grossos volumes já estavam pulsando em minhas fichas. [...] Mas quem me teria lido no nosso país? [...][108].

Esse trabalho sobre a oração cristã já estava esboçado desde 1900 no artigo, *Christus vivit*[109]. Vamos repetir, dizia Bremond, "Deus vive em nós":

---

107. A partir de 1929, Bremond retomará esse antigo projeto sob a forma de uma coleção: "Études et documents pour servir à l'histoire du sentiment religieux" [Estudos e documentos para servirem à história do sentimento religioso].

108. Anotação pessoal inédita, datada provavelmente de 1929 (LAFB); com frequência, Bremond faz assim, para si mesmo, uma análise do desenvolvimento de seu pensamento. Cf. a carta de Bremond a Loisy, em 7 de abril de 1916 (LOISY, p. 116-117).

109. Publicado em 1900, na revista *Études* ("*Christus vivit!* Le livre d'un siècle", 5 juin), ele foi reproduzido em BREMOND, INQR1, p. 316.

> Se isso é realmente verdade, devo ser capaz de observar de perto, em cada alma cristã, os prodígios dessa vida. [...] Gostaríamos de saber como Deus está aí, e por meio de que tipo de sinais é possível reconhecer a sua presença. [...] Gostaríamos de elaborar uma história da oração, das relações entre Deus e as almas, e de todas as manifestações do sentimento religioso.

Mais do que uma "história exterior", convém empreender, portanto, "a história íntima da Igreja que é, ainda de maneira mais estrita, a história da graça divina"; será "um tratado sobre a presença e a ação implícita do Cristo, sobre o amor quase inconsciente das almas por ele e sobre a obscura maravilha de um Deus que pode estar tão perto e, ao mesmo tempo, tão longe de nós" (INQR1, 2. ed., 1903, p. 314, 316, 334-335, 337).

Sem retornar aos livros que balizam o desenvolvimento de uma *metafísica* que visará, simultaneamente, "o implícito", "o inconsciente", a vida "obscura" e a "essência" da oração, sem nos determos igualmente em *Prière et poésie* [Oração e poesia] – "livro hipermístico"[110] –, limitemo-nos a guardar alguns dos testemunhos inéditos relacionados à elaboração dos volumes VII e VIII.

Em primeiro lugar, uma carta extraída da correspondência trocada com o pe. de Grandmaison. Com este último, para quem ele há de manifestar sempre uma grande estima, Bremond aborda frequentemente questões doutrinais, em particular, aquelas relacionadas com a percepção do místico, com o experimentado. O pe. de Grandmaison responde-lhe, em 9 de agosto de 1916, a propósito do "contato imediato" com Deus:

> Acho que, salvo melhor opinião, o sr. teria interesse, de fato, em voltar ao ponto da percepção *imediata* de Deus no elevado estado místico. O que é verdadeiro é que *essa impressão de contato imediato* é aquela que nos é fornecida por todos os místicos (desde Pseudo-Dionísio – que, talvez, tenha suscitado demais a nossa atenção e que, por sua vez, dependia de Proclo, mas, afinal de contas, no qual todos os místicos subsequentes haviam *reconhecido* o essencial de suas experiências – até os grandes místicos flamengos, renanos etc., passando pelos medievais, São Bernardo, a bem-aventurada

---

110. Carta de Bremond ao pe. Cavallera, sem data: "Em breve, o Sr. há de receber, *Prière et poésie*, livro hipermístico" (TAPC).

Ângela de Foligno e, em seguida, Santa Catarina de Gênova etc.). Em fase posterior e *por via de correção teológica* e de *interpretação*, é que os místicos espanhóis – os mais clássicos, e se quisermos, os mais importantes, mas, em última instância, não os únicos místicos! – defenderam com vigor e razão a presença de um *medium*, de um intermediário, de um *speculum*, entre o Ser divino e a alma mística.

Ele aconselha Bremond a "se livrar da atmosfera *poulainiste*" e a evitar "o que, no livro do pe. Poulain, é demasiado rígido, brusco e matemático, além de demasiado *exterior* (ou seja, demasiado alheio ao papel habitual, profetizado e constante do Espírito Santo nas almas justas [...])". E vai adverti-lo também em relação aos perigos da "presunção que poderia ser insuflada nas almas, apresentando-lhes as graças outorgadas pela oração como o *ponto culminante* normal – e, praticamente, infalível – do esforço ascético sério"[111]. Ao mesmo tempo que aparece um desacordo relativamente a este último ponto, existe um acordo sobre a crítica contra o extrinsecismo; mas, pelo viés do "contato imediato", Bremond procura indicar com precisão como a espiritualidade pode abrir uma via para o método da imanência.

A esse respeito, é bastante revelador, um texto inédito "escrito em 1926" com o seguinte título: *Le simple "regard" dans la contemplation profane* (LAFB [O "simples" olhar na contemplação profana]). No cabeçalho dessas páginas, Bremond vai anotar a lápis: "Existem aí muitos prenúncios". É, aliás, também a retomada de uma pergunta que ele havia abordado, quatro anos antes, em uma carta de 7 de março de 1922 ao pe. Cavallera: de que modo indicar com

---

[111]. LAFB. Assinalemos também uma carta datada de 18 de fevereiro de 1926 que mostra como o pe. de Grandmaison se situava no meio dos debates suscitados pelas posições de Bremond, e como ele seria capaz de despertar ou apoiar novos projetos: "Em relação a Fénelon, o Sr. nunca chegará a entender-se com o pe. Dudon [na época, membro – como era o caso de Grandmaison – da revista *Études*]! Estou tentando moderar o ardor do colega, mas o Sr. e ele partem de pressupostos demasiado diferentes. Em vez de criticar Fénelon, o meu colega dirige a sua crítica contra o quietismo, portanto, contra o guyonismo etc. O Sr. tem a vantagem de encontrar, nos artigos do pe. Dudon, a tese oposta à sua (enquanto tese existe, e *salvis necessariis*) e apoiada em argumentos plausíveis. [...]". Mas, deve-se superar tais debates: "Enfim, suplico-lhe, escreva-nos um livro de todos os cristãos que será mais útil e mais inovador do que a disputa Guyon, Fénelon *vs* Noailles, Bossuet. Com certeza, mais inovador porque as grandes verdades simples e profundas, o *panis vivus et vitalis*, eis o que os eruditos sejam eles historiadores ou biógrafos têm sido incapazes de abordar. É algo demasiado difícil" (LAFB). E Bremond publica os volumes IX e X de sua *Histoire*.

precisão o nexo entre a oração natural e a oração sobrenatural? Nesse momento, ele questionava-se a respeito das relações homólogas:

> Por que motivo a distinção entre contemplação adquirida e infusa não seria reduzida àquela entre contemplação natural (Santo Tomás) e sobrenatural? O simples olhar começaria com esse ato ou essa tentativa de contemplação *quase filosófica* – ou, pelo menos, permitida e fácil para os filósofos – e, *insensivelmente*, converter-se-ia em pura fé (e, *ut sic*, deixaria de ser adquirida, propriamente falando) (TAPC).

A partir do comentário de 1926 sobre o simples olhar, um trecho comenta um texto de Santo Tomás – já citado, no século XVII, pelo teólogo jesuíta que escreveu sobre a ascese, A. Le Gaudier –, antes de ser reproduzido em *La Métaphysique des saints*. Ele trata da admiração, ou seja, de acordo com Santo Tomás, *Quidam timor consequens apprehensionem alicuius rei excedentis facultatem nostrum*, de que Bremond faz o seguinte comentário:

> Essa pequena linha vale um poema, e ainda melhor, um tratado inteiro de mística. Mas ele terá profetizado[112], esse é o meu receio, sem seu conhecimento. Os místicos modernos e São João da Cruz é que nos ensinaram a ler, colocando um tão grande número de coisas nessas poucas palavras; adotemos a definição à luz da doutrina deles. *Apprehensionem*: existe efetivamente aí um conhecimento, sem que haja a capacidade de entendê-lo – *excedentis facultatem*. A principal atividade aqui, seja ela qual for, não é a inteligência conceitual, a razão no sentido estrito da palavra. A "visão simples" de nossos autores é capaz de acompanhar perfeitamente a contemplação, mas não é a contemplação. De fato, a partir desse conceito exaurido e confuso, quem dirá que a inteligência é incapaz, e quem há de acreditar que, depois de ter formado uma qualquer dessas representações abstratas, a inteligência se retira, desmorona, desvairada, desfalecida e como que aterrorizada consigo mesma? *Quidam timor*. Não haveria nenhum motivo para isso. Produzir essas precárias "visões simples" é o b.a.ba de sua função; produzi-las cada vez menos simples, tão fecundas e tão *particulares* que, em última análise, elas possam confundir-se com a complexidade infinita da realidade, esse é o seu verdadeiro sonho. A realidade não é uma noção, mas uma coisa, *res aliqua*; uma flor, as vibrações

---

112. Trata-se de Tomás de Aquino.

de um concerto, um ser vivo, enfim e acima de tudo, Deus, realidade soberana. Nada além da realidade é admirável – no sentido atribuído por Santo Tomás a essa palavra porque ela é a única a desafiar a influência, não certamente de nossa alma, mas de nosso entendimento. Ora, eis que depois de ter procurado laboriosamente Deus através das imagens e dos conceitos que o representam para nós – ou, o que equivale ao mesmo, depois de ter meditado – um receio repentino, *quidam timor*, nos invade – a admiração que nos adverte de que Deus está aí, Deus presente e atuante que nos atrai para as profundezas de nós mesmos, que nos recolhe, como dizem os místicos; Deus presente cujo fascínio absorve de tal modo todas as nossas forças vivas que as nossas faculdades de superfície são reduzidas a uma espécie de torpor. Daí, a visão simples, o simples olhar, apreensão intelectual, esta enfezada e deficitária, mas a única que permanece possível para a inteligência durante a experiência inefável – a contemplação – em que a própria alma se une com Deus (LAFB).

A passagem da "complexidade infinita da realidade" para a "visão simples", frágil indício do inefável "torpor", seria um esboço do movimento que leva do humanismo devocionista à metafísica dos santos? Seja como for, a questão suscitada pelo comentário de 1926 exige efetivamente uma *filosofia*, e não uma *teologia* da oração. Em suma, trata-se de determinar uma "essência" comum a qualquer oração, referindo-se, portanto, a um substrato "místico" e suscetível de definir o "instinto" religioso do ser humano. No momento em que abrirá esse dossiê, Bremond limitar-se-á cautelosamente à oração *cristã*, e terá "a ideia de suspender tudo ao dogma da graça santificante", acreditando desse modo ser "mais dificilmente criticável"[113]. Mas, o seu objetivo é mais radical. E embora a perspectiva adotada explicitamente, em 1928, tenha o condão de evitar-lhe a problemática esboçada em suas cartas e anotações pessoais, o enfoque da obra não deixa de transparecer, apesar de s 1a aparência teológica. Já, o revisor dominicano dos capítulos sobre Ch₍ r₍ on e Piny observa, por exemplo:

> As considerações sobre a presença tanto da imensidão quanto da graça divina, beneficiar-se-iam em ser revisadas por um

---

113. Cf. a carta a Blondel, citada na n. 121 (p. 83).

Bremond que tivesse lido os mais importantes tomistas sobre a presença da graça. Vê-se perfeitamente que ele não chegou a fazer tal leitura; daí, algumas frases, aqui e ali, com sabor blondeliano. Por exemplo, no meio da p. 15: "Não há dúvida de que, no pensamento de Chardon, ele não se livra dessa filosofia natural como se tratasse de um esboço de verdadeira teologia mística". *Esboço* é bastante incisivo, embora seja atenuado pelo texto subsequente [...][114].

A uma indagação tão antiga, a resposta é dada em 1928, mas de uma forma repentina, por uma decisão cuja seriedade se manifesta por uma expressão na época repetida com frequência: "Aí, tudo está em jogo"[115]. Com efeito, decisão repentina. Em julho de 1926, de acordo com o que ele escreve a Monbrun, Bremond está "completamente absorvido" em um volume que "ameaça tornar-se dois ou três" – a que daria o título de *Le classicisme dévot* [O classicismo devocionista] ou de *Les variations de l'idéal chrétien du XVIIe siècle* [As variações do ideal cristão do século XVII] –, dedicado à oração comum e aos moralistas[116]. Esses textos hão de converter-se nos volumes IX e X da *Histoire*. Mas, durante os meses seguintes, ele modifica abruptamente os seus planos. Em agosto de 1927, ele anuncia ao mesmo correspondente – como se tratasse de um trabalho já bastante avançado – um volume completamente diferente:

---

114. LAFB. À margem dessa censura e anotado a lápis, o pe. Garrigou-Lagrange não deixava de observar: "Isso pode passar: *como um* [esboço]. A analogia permite falar desse modo". A citação de Bremond encontra-se (revisada) em VIII, p. 23.

115. A expressão é comum em HLSR, VII e VIII, assim como na correspondência que se relaciona com ambos os volumes. A "síntese" de Bremond representa não só a doutrina dos doutores em teologia e dos "santos" tal como ele a entende, mas também, como veremos, a justificação, por uma realidade "mística", de uma experiência pessoal: a aridez, a desolação. Em 1910, a propósito da mesma experiência e da doutrina que a interpretava, ele já dizia a respeito de Fénelon: "Para ele, também, *aí tudo está em jogo*. Se está equivocado sobre a essência das coisas, ele já não tem nada em que apoiar a sua vida interior, a sua atividade enquanto padre. [...] Um vínculo bastante estreito reúne a experiência do Fénelon diretor às teorias do Fénelon filósofo e teólogo. O seu pretenso quietismo atende às necessidades das almas, no mínimo, tais como ele as conhece. [...]" (BREMOND, 1910, p. 457).

116. Carta ao cônego Monbrun (um dos amigos e "teólogos privados" de Bremond), 26 juillet 1926 (LAFB). Aliás, Bremond – em sua obra, IPHP, "Avant-propos", p. 1 – faz alusão a essa mudança, mas a sua natureza não é suficientemente esclarecida.

> É uma obra totalmente *especulativa*. A filosofia da oração codificada para sempre, contra Cav[allera], pelos mestres do século XVII. [Para o título], eu tinha pensado inicialmente em *La Métaphysique des saints*, e é perfeitamente disso que se trata, mas considerando que essa metafísica mergulha todas as suas raízes no puro amor, e a mera exposição – serena, glacial – da doutrina das mesmas é a coisa mais convincente que possa ser escrita em favor de Fénelon, eu tinha pensado em *Le Siècle du Pur Amour et La Métaphysique des saint*s [O século do puro amor e a metafísica dos santos], o que teria a vantagem de lembrar que se trata do século XVII. Ou ainda: *Le Siècle du Pur Amour et la philosophie de la prière* [O século do puro amor e a filosofia da oração], o que – um tanto menos erudito – irá irritá-lo talvez menos". [Outro título possível:] *"Les Maîtres du XVIIe siècle et la philosophie de la prière"*[117] [Os mestres do século XVII e a filosofia da oração].

Por volta da mesma data, ele indica ainda a Monbrun até que ponto ele é incentivado pelas críticas dirigidas ao artigo "Ascèse ou prière?" [Ascetismo ou oração?], publicado na *Revue des Sciences religieuses* de Estrasburgo (1927). Os seus adversários, ao obrigá-lo a fornecer uma explicação mais elucidativa a si mesmo, acabam contribuindo para a mobilização que culmina em *La Métaphysique*:

> Ao proceder assim, eles ajudaram-me a entender melhor o meu próprio pensamento – e até que ponto tenho razão. Daí, esse artigo de Estrasburgo – e todo o volume VII em que estou trabalhando, que será mais decisivo, *La Métaphysique des saints*. No ano passado, encontrei na Nationale uma dúzia de *gênios desconhecidos* e orquestrei esses testemunhos, tirando daí uma filosofia de oração posicionada completamente contra a de Cavallera, de Brou e dos jesuítas antimísticos. Serena, sem dúvida, mas, segundo me parece, invencível. Francisco de Sales está conosco e – você pode extasiar-se com as minhas astúcias – dois dominicanos, um dos quais, Chardon, que eu não conhecia, é uma maravilha. [...] É uma partida difícil, mas "aí tudo está em jogo" [...][118].

---

117. Carta ao cônego Monbrun, agosto-setembro de 1927 (*Id.*).
118. Carta ao cônego Monbrun, sem data (*Id.*).

O problema de fundo deve ser elucidado. Uma exigência original encontra aí o seu desfecho, mesmo que não seja sob uma forma que exprima toda a sua amplitude. Mas, apesar de toda a sua sutileza, apesar de suas leituras, Bremond sabe também que está desarmado; ele tem uma consciência aguda de não ser um verdadeiro historiador, nem um verdadeiro teólogo. No entanto, com recursos a respeito dos quais ele próprio emite um julgamento de uma lucidez muitas vezes consternada, apesar das advertências de Monbrun que o previne "tremendo de receio"[119], ele corre o risco: "Quantas batalhas no horizonte!", escreve ele[120], tomando a decisão de enfrentar a questão "essencial"[121].

2 A filosofia dos "Santos": a ausência

Filosofia ou "metafísica" dos "santos", e não – como havia sido proposto por Blondel alguns anos antes – "filosofia da santidade"[122]. Esse detalhe é importante. Blondel, em 1925, empenhava-se em discernir "o apelo profundo e o movimento geral do conhecimento e da vida espiritual" (BLONDEL, 1925); ele pretendia analisar a "conexão" (baseada em um "nascimento" revelado a si mesmo) entre "as aspirações mais profundas", "as exigências mais elevadas do destino humano", e, por outro lado, a vida divina que, para proce-

---

119. Carta do cônego Monbrun a Bremond, 12 de abril de 1928 (*Id.*).

120. Carta de Bremond a Blondel, dezembro de 1927.

121. Uma carta de Bremond a Blondel esclarece as circunstâncias da revisão oficial dos volumes VII e VIII, no início do verão de 1928: "O sulpiciano-felibre que, às vezes, é encontrado em Elisabeth [Elisabeth Flory, filha de Maurice Blondel] tinha-me indicado, o Sr. Vigué, depois de adverti-lo contra o meu quietismo. Trata-se de um homem de bem [...], mas escrupuloso. Ele aprovou sem muita relutância todo o vol. I, ou seja, em suma, toda a filosofia do livro, mas não conseguiu digerir o vol. II. E aqui estou eu em apuros. Confiei a minha angústia ao Sr. Labauche, o qual, tendo visto claramente que o Sr. Vigué tinha esbarrado em insignificâncias, assumiu – de maneira bastante generosa – o assunto. Assim, e antes que ele tivesse começado a me ler, chego em sua casa com um pequeno texto hiperescolástico, em que respondo ponto por ponto às objeções escritas de Vigué. Tendo ficado positivamente encantado – tanto quanto um sulpiciano pode ser – por esse texto e, de imediato, sem que o tivesse lido, ele deu-me o *imprimatur*! Esse milagre só deve ser conhecido depois da morte dos dois taumaturgos. Acrescento, portanto, ao 2º volume vinte páginas de esclarecimentos. *Magna est veritas...*" (Arthez d'Asson, 23 août 1928. In: BREMOND & BLONDEL, t. 3, 1971, p. 323. Assinado por L. Labauche, o *Nihil obstat* dos dois volumes tem a data de 2 julho de 1928.

122. BLONDEL, 1961, p. 203; anotação de 26 de abril de 1889.

der *desursum*, "nem por isso deixa de se enraizar *in visceribus* e de responder a problemas suscitados, mas não resolvidos completamente, pelas doutrinas do conhecimento e da ação, tampouco pelos esclarecimentos adquiridos da fé e da ascese comuns" (*Ibid.*, p. 58).

Nada semelhante em Bremond, o qual tenta responder à pergunta que vinha sendo formulada por ele há mais de vinte anos:

> Eu gostaria de perguntar a cada sacerdote: preste atenção, você poderia testemunhar pessoalmente, com toda a boa-fé, a incessante atividade da graça divina, você teria conseguido observar Deus trabalhando nas almas que lhe estão confiadas; e se, finalmente, todas as outras provas do cristianismo acabassem por desmoronar-se, você continuaria a acreditar porque *você chegou a ver*? (INQR2, p. 391).

Com uma "curiosidade pré-blondiana", diz ele, "e completamente newmaniana", ele fica à espreita das *real words*, "o que equivale a buscar, sob os inúmeros psitacismos, a realidade da experiência religiosa"[123]. Ele está interessado, portanto, pelos seres humanos, pela experiência daqueles a quem atribui o qualificativo de "santos", conferindo a esse termo o sentido que tinha nos séculos XVI-XVII em expressões, tais como "ciência dos santos", "doutrina dos santos", "sabedoria dos santos", "máximas dos santos" etc: os "santos" são aqueles que, desde o século XVII, recebem a denominação de místicos (CERTEAU, 1964, p. 274). Ao esforçar-se por interpretar a experiência deles, afinal, o que conseguiu ver, o que teria aprendido com eles? Um aspecto fundamental, mas extremo e, para ele, absurdo: esse fato-limite é a "desolação", a aridez, o desespero, as tentações de blasfêmia, de revolta e

---

123. Carta de Bremond, de 16 de janeiro de 1932, a Giuseppe De Luca (GUARNIERI & BERNAND-MAITRE, p. 137-138). Sob esse aspecto, como em muitos outros, nunca será demais sublinhar a influência exercida por Tyrrell; Bremond é aqui marcado pela apologia tyrrelliana do "conhecimento experimental" em oposição às "mais requintadas noções filosóficas ou teológicas" (TYRRELL [1899] 1902, p. 216). Ele havia iniciado a sua correspondência com Tyrrell em 1898. Depois de citá-lo em seus primeiros trabalhos – por exemplo, o seu livro *Nova et Vetera* (1897), em um artigo de 1900, reproduzido em INQR1, p. 331 –, ele deixou de mencioná-lo, embora tenha permanecido fiel à amizade com esse teólogo até o fim. Mas a leitura e o encontro com o profeta selvagem de Storrington – cidade em que Tyrrell faleceu – foram determinantes. Eis o que será ainda sublinhado pelo irmão, • pe. André Bremond, no texto "Henri Bremond" (1933, p. 44). • Aliás, Bremond inscreve-se, assim, em uma corrente mais ampla; cf. GRIFFITHS, 1970, "Réaction anti-intellectuelle en religion", p. 29-48.

de dúvida contra a fé. Bremond disse, inúmeras vezes, que isso havia sido o lugar central de sua construção, tanto em seus dois volumes quanto em sua correspondência a respeito destes:

> O último fundamento experimental do misticismo, o que compele qualquer diretor perspicaz a aceitar a filosofia do misticismo – ou a aplicá-lo – é, mais do que tudo, um fenômeno da experiência cotidiana. As almas, quanto mais elevadas forem, tanto mais privadas serão normalmente de qualquer gosto sensível. Daí, acabamos por dizer: a verdadeira devoção é algo diferente da abundância jubilosa de belos pensamentos e de gostos espirituais. Trata-se de algo mais profundo: a vontade central que adere a Deus, enquanto o cérebro e o coração sensível permanecem na obscuridade[124].

Aliás, ele sublinha que a desolação é "uma experiência extremamente frequente"[125], não só na vida dos "santos" no século XVII, mas entre os contemplativos ou contemplativas do século XX.

2.1 Da "desolação" ao "vazio"

A sua atenção tinha sido atraída, há muito tempo, por dois aspectos diferentes, sem deixarem de ser conexos, da experiência espiritual. Por um lado, se "a ideia de inquietação [...] impregna toda a sua obra"[126], ele se apegou a um aspecto mais radical dessa *inquietação religiosa*: aquele que o levava a "buscar qual poderia ser o papel do sentimento religioso nas crises que levam à perda da fé" (INQR2, p. 45). Assim, dedicou-lhe as suas páginas mais pessoais e vigorosas: aquelas, por exemplo, em que descrevia a "desassossego" de um Lamennais que "havia sofrido, mais do que qualquer um, com o silêncio

---

124. Carta enderaçada ao abbé Baudin, outubro de 1926 (LAFB).

125. Em uma carta datada de 21 de março de 1929 a Paul Claudel, Bremond explica o seu livro, referindo-se à "necessidade dolorosa, entre os religiosos e as religiosas, que seja justificada e canonizada essa total ausência de alegria que é, neles, uma experiência extremamente frequente" (BLANCHET, "Claudel lecteur de Bremond", 1965, p. 164-165).

126. A. Bremond [irmão de Henri], *art. cit.*, p. 43: "[...] essa ideia da inquietação newmaniana que foi utilizada, enquanto título, para o primeiro livro de Henry; aliás, poderia ter servido de orientação para toda a sua obra [...]. A inquietação dos santos [...], eis o que será o tema da obra, *Histoire du sentiment religieux*".

de Deus"[127]; e aquelas que esboçavam a evolução da "fé até a dúvida" no anglicano, John Richard Green (BREMOND, 1906, p. 35-63). Bremond comunica-nos também, nesse vol. VIII, que tinha intenção de escrever um capítulo particular sobre a psicologia das tentações contra a fé no século XVII (VIII, p. 123, n. 1); de fato, ele reuniu sobre esse assunto um dossiê que, sem ter sido utilizado, foi conservado[128].

Outro aspecto que chama a sua atenção é a crise espiritual entre os místicos ou as mais importantes testemunhas da vida religiosa: será que algum leitor não fica impressionado com a intensidade literária e dramática dos capítulos dedicados à tentação do desespero em Francisco de Sales, ao declínio do Sr. Olier (análise bastante atenuada na publicação definitiva) ou ao "abismo" de Surin? No vol. VIII, a apresentação de Piny incluía páginas muito reveladoras (finalmente, "removidas" do volume publicado, mas preservadas hoje em um texto datilografado) sobre o "pavor" exibido por um excerto "patético" de sua *Vie de Mère Madeleine* (1679 [Vida de madre Madeleine]) – trecho considerado por Bremond como o mais surpreendente de toda a obra do "velho mestre" (cf. texto em LAFB).

Tudo o atrai para o que ele próprio designa como o "Santo dos Santos", para o vazio do qual o crente se afastou, deixando de acreditar, e que acaba prostrando também o contemplativo em busca de Deus. Um segredo está dissimulado nesse vazio interior: uma Presença, recolhida no silêncio. Aí, na sensação da ausência, deve ser encontrada a garantia que irá curar tal desassossego: "Deus nunca está tão presente [...] a não ser quando está em silêncio" (VIII, p. 26). Em inúmeras maneiras, o vol. VIII repete uma expressão de Chardon extraída de sua meditação sobre a desolação do profeta Elias: "O que parecia afastar o profeta de Deus é o que, pelo contrário, serve como uma oportunidade para se aproximar d'Ele" (*Ibid.*, p. 70). Os despojamentos – comenta Bremond –, "mais do que nos preparar para receber

---

127. INQR2, p. 47-85. Nesse texto, Bremond já critica o *hedonismo* ao atribuir esse sofrimento e desassossego ao fato de que o padre, escritor e político, F. Lamennais (1782-1854), havia sido "preparado, por uma educação imprudente, para vincular uma graça de fervor sensível à própria verdade da fé" (p. 45).

128. Esse dossiê encontra-se em LAFB.

Deus, acabam por oferecê-lO a nós" (*Ibid.*, p. 71). Paradoxo, absurdo, tautologia e verdade da experiência mística: "Ao ausentar-se, Deus entrega-se em melhores condições" (*Ibid.*). "Existe aí – acrescenta ele – uma fórmula mais segura e adequada, menos fecunda em contrassenso, do que a 'ciência ignorante' ou as 'trevas luminosas' do Pseudo-Dionísio" (*Ibid.*). Mais "segura", não por ser de uma ordem diferente ou ter outro sentido, mas pelo fato de enunciar o sentido do desassossego afetivo nos termos da experiência. Negação do afetivo, em vez de negação interna a uma diligência intelectual; negação da pretensão em alcançar ou apreender Deus através de esforços, atos ou de uma ascese, em vez de negação em relação ao desígnio de reconhecer a coerência "dialética" do Mistério. Aqui, a negatividade aparecerá, portanto, sob duas formas: um anti-hedonismo e um antiascetismo. O "não saber" da inteligência desloca-se em função de uma experiência que começa por ser de um tipo afetivo e baseada em uma filosofia da "vontade"[129]; ele torna-se "não sentir" e "total submissão" a Deus.

Inúmeras páginas de *La Métaphysique des saints* ou da correspondência referente a esta obra desenvolvem tal perspectiva que poderia ser caracterizada como um *apofatismo afetivo*. Entre uma centena de trechos que o expõem, a propósito de Francisco de Sales, de Séguenot, de Noulleau etc., um texto explica da maneira mais cristalina a doutrina dos santos e a gênese dessa "filosofia". Ele apresenta, simultaneamente, Chardon e Piny, ou seja, de acordo com o título da terceira parte, "a grande síntese":

> Para ambos, tudo reduz-se a explicar o mesmo fenômeno, as provações da vida interior. Um centro único de perspectiva: o Jardim das Oliveiras, o Calvário; mais próximo, e meditado incessantemente com uma vivacidade singular, o mistério da agonia e do supremo abandono, renovado todos os dias no mundo espiritual; o drama de tantas células cotidianamente desoladas, o paradoxo da oração impossível. Um único objetivo: consolar essas almas. E, para obter tal efeito, um único método: deduzir do fato da cruz a filosofia bem-aventurada embutida em seu bojo. [...] Esse é o modo de raciocinar de ambos.

---

129. Sobre a significação da "vontade" nos místicos do século XVII, cf., p. ex., CERTEAU, JJS1, "Introduction", p. 24-26, 32-35.
Para a descrição completa das siglas, cf. quadro em "Referências bibliográficas", p. 425.

> É um fato constante que, durante horas, dias e, às vezes, anos inteiros, para determinadas almas, convencidas de que Deus recusa o apelo delas, resta-lhes apenas apropriarem-se, e com uma desoladora convicção, da queixa do Cristo moribundo: *Deus, Deus meus, quare me dereliquisti?* Por outro lado, como será possível deixar de ver que esse fato, por mais real que possa parecer, contraria os princípios mais óbvios, não sendo concebível, *a priori*, que Deus venha a abandonar uma alma que nada deseja além d'Ele. Daí, segue-se que essa certeza cruel não poderia traduzir toda a verdade dessas almas; o que existe, aí, manifestamente não passa de uma aparência, de uma miragem de abandono. E considerando que, no entanto, tudo o que elas experimentam lhes impõe tal queixa; considerando que a inteligência e a sensibilidade das mesmas, direcionadas para o céu, nada abarcam manifestamente além do vazio, nada escutam além do silêncio, deve-se admitir, necessariamente, que a união verdadeira e verdadeiramente santificante, entre Deus e nós, escapa à apreensão de nossas faculdades conscientes, ou, dito por outras palavras: para amar a Deus, a pessoa não tem necessidade de sentir que o ama. Daí, finalmente, a necessidade de admitir a psicologia dos místicos: a distinção entre nossas atividades visíveis e as atividades mais profundas, através das quais podemos permanecer amigos de Deus, somos capazes de orar verdadeiramente e até mesmo – de alguma forma, sempre –, no mais elevado grau de breu das trevas interiores. É assim que, partindo do fato das provações, Chardon e Piny descem, do ponto de vista lógico e metafísico, até o dogma fundamental da teologia mística e, por conseguinte, ainda mais profundamente, até a realidade essencial de qualquer oração. Não contentes, efetivamente, com reconstruir assim a mística, o próprio progresso de suas deduções pretende – se é que podemos falar desta forma – que eles a superem e transcendam. Contidos, inicialmente, e como que desorientados pelo espetáculo das grandes provações, é em breve o sofrimento cotidiano de almas menos sublimes, é toda a oração difícil e dolorosa que lhes parece ser um escândalo [...] (VIII, p. 15-16).

Esse texto, quase metodológico, pressupõe postulados cuja importância deve ser enfatizada do ponto de vista das conclusões extraídas por Bremond. A "essência" da vida religiosa é vislumbrada por ele a partir de uma dupla redução: por um lado, o fato religioso é reduzido à oração; e, por outro, a oração é analisada em relação a um estado subjetivo extremo, ou seja, a desolação. Por conseguinte, as estruturas religiosas e os conhecimentos intelectuais ou as "consolações" do espiritual são excluídos de uma busca do essencial; a essência será da ordem do "íntimo", além de estar vinculada a uma forma-limite da consciência.

A única maneira de ter acesso a tal essência é mediante *uma crítica do objeto religioso*, seja como realidade social ou como objeto pensado, sentido ou desejado. Implicada em qualquer procedimento espiritual, essa crítica do objeto corresponde também a um fato bastante característico da experiência "moderna": *o desaparecimento do objeto*, ou, mais precisamente, do signo objetivo. Por um lado, as realidades objetivas da religião deram sempre a impressão a Bremond de serem estranhas à "experiência íntima", portanto, suspeitas e, em última instância, insignificantes em relação aos estados da consciência. Mas os "objetos" de consciência, por sua vez, não escapam à crítica que apreende, em cada signo, o seu aspecto incerto, afinal de contas, enganador e, portanto, evanescente. A "consolação" não será uma fonte de ilusão, uma vez que engendra uma certeza baseada em uma impressão? O espiritual não tem o direito de ver nos atrativos, fervores, iluminações e impulsos de amor, um sinal do favor divino, nem de converter tudo isso no critério do que Deus julga, pensa ou deseja. Existe aí um equívoco qualificado por Bremond como *hedonista* – paralelo ao erro *asceticista* que consiste em "apoderar-se" de Deus através de esforços em vista de adquirir "méritos". Mas o desaparecimento das alegrias e dos "gostos" não é menos perigoso. Em sua vida pessoal, aquele que passou por provações julga-se ainda espontaneamente a partir do que sente: de suas repugnâncias e tentações, ele é levado a concluir que está afastado de Deus, portanto, condenado por Deus e, em última instância, banido às penas do inferno – ou arrancado a Deus por uma força oculta e "possuído" pelo demônio. A provação experimentada torna-se, para ele, o critério da maneira como é levado em conta por Deus: acaba interpretando a sua desolação como um repúdio do céu. A sua experiência indica-lhe o julgamento de Deus. Ora, isso é falso: Deus não é medido pelo "sentimento" que se tem d'Ele.

Bremond tira, portanto, a seguinte conclusão: a essência não é dessa ordem. O que significa para ele que é outra coisa: ela é inconsciente. Trata-se de um horizonte inapreensível, de uma vida secreta, de um instinto espiritual ao qual o cristão corresponde quando aceita um "santo desespero", quando o vazio torna-se o lugar de um "amor desesperado" que deixou de segurar e procurar o que quer que seja, quando a fé converte a sensação de ser repelido em um "desespero amoroso"[130]. Através de uma adesão incondicional a Deus, atinge-se um estado "puro" que é precisamente "a essência da oração" e da religião: *puro amor*, totalmente "desinteressado" ou "teocêntrico" (o que, para Bremond, equivale ao mesmo). Essa total "abnegação", essa negação aceita são baseadas em uma vida oculta ou "mística" que nada é, diz Bremond, além da graça santificante dada a todos os cristãos, mas sem o seu conhecimento, sob a forma da ausência e da inconsciência, no silêncio da criança (*in-fans*) batizada (*Id.*, VIII, p. 100), como na "estupefação" admirativa ou na aquiescência desolada do "santo"[131].

Se, "considerado em si mesmo", o desespero de quem passa por provações "é algo totalmente horrível", ele não deixa de ser "aceitável, desejável, soberanamente amável, como uma oportunidade e meio do mais puro amor" (*Id.*, VIII, p. 130); ele representa o grau supremo de um "êxtase às avessas", um êxtase "árido, desolado, despojado e martirizado" (*Id.*, VII, p. 108). Trata-se de uma aquiescência que não comporta a mediação de *nenhum objeto*, uma união com Deus *sem intermediário* e, como afirma São Francisco de Sales, "sem meter de permeio a alegria ou a esperança"[132]. Independentemente das expressões ou justificativas extraídas dos autores do século XVII, teríamos, portanto, aqui um "estado puro": o "essencial" é apenas percebido rapida-

---

130. Expressões que Bremond repete, vezes sem conta, ao longo do texto desses dois volumes: cf., p. ex., VIII, p. 129.

131. Com uma ênfase impressionante, Bremond evoca também os humildes que aceitam ser desconhecidos para os homens e privados de Deus para agradá-lo, os quais dissimulam a sua desolação na maior discrição de uma vida sem história, "almas insignificantes, [...] dotadas de uma precária metafísica que sabem muito mais do que Nicole e o próprio Bossuet sobre a psicologia, natural e sobrenatural, do amor" (VIII, p. 175).

132. FRANCISCO DE SALES, 1616, IX, 12; ed. d'Annecy, 1894, t. V, p. 147 [Ed. port., 1950, livro IX, cap. XII, p. 440], citado em VII, p. 85.

mente através da experiência do vazio como o seu sentido ou como a verdade inacessível que não emerge na consciência do fiel a não ser como "substrato" íntimo postulado pelo desapossamento, pela dúvida e pelo desespero. À crise extrema da oração, corresponde a revelação mais explícita de sua natureza. O orante reconhece o aspecto "místico" da vida divina nele à medida que o seu querer é mais "puro". *Místico* e *puro*: a coordenação entre essas duas categorias designa a essência da oração. O termo *místico* visa a realidade (oculta mais do que geradora) à qual remete a ausência de sentimento na oração mais elevada ou mais breve[133]; por sua vez, o termo *puro* designa a aceitação dessa ausência como uma lei da vida espiritual e como a atitude "desinteressada" à qual o cristão é levado se ele não ignora o que é[134].

2.2 A perda como algo "essencial"

É bem possível que essa visão, ao recapitular a dúvida religiosa e a vida mística, assuma uma tonalidade kierkegaardiana; ainda assim, conviria sublinhar a diferença radical entre uma perspectiva que tenta apaziguar a dúvida pela afirmação de uma realidade oculta no mais íntimo do ser humano, e a filosofia que deduz o sentido de um movimento existencial pela análise de sua dialética interna. Essa diferença coloca-nos no caminho de alguns dos problemas suscitados por *La Métaphysique des saints*: além das posições, eles revelam as intenções contraditórias de seu autor.

Do ponto de vista "filosófico", é possível começar por questionar-se a respeito do rigor de uma concepção que procede à desarticulação entre o objetivo e o subjetivo em nome e na qualidade de um estado de consciência. A essência é considerada de modo demasiado exclusivo sob o viés da inconsciência, maneira discutível de traduzir que ela é de uma ordem diferente. Em Bremond, ela não é tanto o movimento interno da própria experiência, mas

---

133. Assim, conclui Bremond, "mesmo que ela durasse apenas um quarto de hora", a oração continuaria sendo "o que ela não pode deixar de ser, a saber, um exercício propriamente místico. [...]" (VIII, p. 212; e, igualmente, p. 161).

134. "O místico é um cristão com conhecimento disso; o asceticista, por sua vez, é um cristão que se ignora" (*ibid.*, p. 360). Ou, dito por outras palavras, o asceticista, assim como o hedonista, ainda não sabe que é incapaz de saber e de sentir.

uma realidade diferente – *outra coisa* – cuja existência dirige a forma passiva da atitude espiritual. O que se pensava no século XVII em função de uma estrutura do ser, sob a modalidade de uma antropologia que hierarquizava os níveis ontológicos, encontra-se aqui retomado do ponto de vista literal, mas aplicado a uma *psicologia* religiosa, de modo que um "estado anímico" torna-se a expressão privilegiada da "natureza íntima da alma".

Ao falar desse "elemento essencial que se encontra, quase no estado puro, na oração daqueles que passaram por grandes provações" (VIII, p. 364), Bremond adota, portanto, uma posição que, do ponto de vista teológico e prático, o leva a becos sem saída: por um lado, ele define a essência de *qualquer* oração ao referir-se à forma particular de *uma* oração; por conseguinte, torna-se difícil para ele explicar como a oração mais humilde, a mais confortada ou a mais desolada, atende à definição que ele lhe dera. Por outro, para atenuar essa dificuldade – ou, de preferência, segundo parece, pelo mesmo modo como ele formula o problema da oração –, ele situa a união a Deus em algo a respeito do qual nada pode ser dito, nem conhecido, tampouco sentido; na realidade, ele refere-se ao *sentimento* de nada sentir nem saber, experiência particular cujo "conteúdo" o obriga a arremessar o "essencial" para o lado do inconsciente e, simultaneamente, a reconhecê-lo em uma forma da consciência.

Enfim, a sua filosofia da oração suscita o problema, mais amplo, de uma essência universal da oração. Em sua obra, existe esta questão subjacente: a da mística natural e, em última análise, de um substrato espiritual manifestado em qualquer religião e primitivo no ser humano[135]. É possível lê-la através de suas reações depois da leitura do livro de H. Bergson, *Les Deux sources de la morale et de la religion*[136] (1932 [As duas fontes da moral e da religião]), através da significação atribuída a *Prière et poésie* [Oração e poesia] ou, mais ainda, através de algumas de suas anotações pessoais, por exemplo, no memorando inédito sobre *Le simple regard dans la contemplation profane*[137] [O

---

135. Por exemplo, VII, p. 12-13, a extensa n. 1.
136. Cf. as citações de Bremond. In: LOISY, 1936, p. 175-186.
137. Cf. mais acima.

simples olhar na contemplação profana]. "Tenho sonhado, diz ele, com um grosso volume, puramente teórico, de introdução: *Religion, mystique, poésie*. [...]"[138]. Ele envia ainda para Loisy a seguinte mensagem:

> A percepção do divino – seja ela qual for, essa primeira experiência a partir da qual surgiram as religiões – é, por definição, *a-ortodoxa* ou *supraortodoxa* uma vez que não é de ordem discursiva. O discurso pelo qual, em seguida, chegamos a interpretá-la e construí-la há de parecer-nos absurdo ou sublime [...][139].

Ele questionou-se a respeito da natureza de um "misticismo" original e, talvez, universal[140]; no entanto, ele parece ter recusado deliberadamente abordar a questão de frente. Aliás, ele vai esquivá-la; nesse aspecto, é bastante característico um dos "Éclaircissements" [Esclarecimentos], na parte final do vol. VIII de *La Métaphysique* (p. 370-371). Ele pretendia limitar-se ao problema tal como é encontrado na tradição católica. Assim, a sua "filosofia" atribui a si mesma o nome de uma verdade teológica: a graça habitual ou santificante, sem deixar de ser testemunha de uma nova problemática, já aberta pela história ou pela filosofia das religiões, delineada em uma pré-fenomenologia histórica. Mas, por sua maneira de expô-la, de sentir o problema da tentação e o da dúvida como se fossem o mesmo, de designar Caribde pensando em Cila e de elaborar uma teologia da oração, visando uma filosofia do silêncio místico, ele coloca-se em uma posição que, em seu entender, seria "inatacável" sem que por isso deixe de ser equívoca, lançando a confusão antecipadamente nas polêmicas de que ela é a origem.

2.3 Debates teológicos e filosóficos

As críticas e ameaças de que foi objeto a obra de Bremond têm a ver, muitas vezes, com uma polêmica atualmente sem interesse: suscetibilidades privadas ou coletivas, disputas entre escolas, lutas de influência etc. Deixan-

---

138. Carta de 4 de junho de 1924 a Alfred Loisy. In: LOISY, 1936, p. 166-167.
139. Carta de 9 de setembro de 1932 a Loisy; *Ibid.*, p. 186.
140. Cf., p. ex., as reações de Bremond depois de ter lido a aula inaugural de Loisy no Collège de France sobre *o misticismo* (texto que se tornou o "Préface" de, LOISY, A. *La religion*, 1924). In: LOISY, 1936, p. 73, 166.

do de lado também as objeções, muito mais sérias, feitas ao historiador, sublinhemos aqui aquelas decorrentes, de alguma forma, da "metafísica" ambígua de seus textos. No campo intermediário em que Bremond se situa ao combinar psicologia, história, filosofia e teologia, elas obtêm uma explicação convincente, sem responderem, no entanto, à questão fundamental de que ele se torna, de maneira displicente, o intérprete.

Ao considerarem apenas, entre os interlocutores de Bremond, aqueles que abordam a sua obra de uma maneira, simultaneamente, simpática ao autor e favorável à mística, as críticas situam-se em três perspectivas suscetíveis de representarem três nomes: Maurice Blondel, o pe. Louis Peeters e o Pe. Jules Lebreton. As primeiras, de natureza mais filosófica, incidem sobre a teoria que opõe o teocentrismo ao antropocentrismo e, por conseguinte, sobre a concepção bremondiana do agir e da passividade. As segundas, de ordem mais prática, associadas às precedentes, embora baseadas em outros argumentos, tendem a modular e, até mesmo, a contestar uma descontinuidade entre ascese e oração. As últimas, enunciadas em nome da teologia mística, visam sobretudo a natureza da distinção que subtrai o íntimo da alma à impureza das atividades exteriores, e a prioridade atribuída à noite em relação à luz na contemplação em seu grau mais elevado. Um resumo da discussão amplia necessariamente os seus contornos, mas permite indicar com precisão, apesar de algumas dificuldades da obra, a intenção e a contribuição do autor.

O diálogo Bremond-Blondel constitui um dossiê de memorandos inéditos enviados de Aix, em 1927, à medida que Blondel lia – ou, de preferência, mandava que lhe fossem lidas – as provas tipográficas não paginadas dos volumes VII e VIII, encaminhadas por Bremond.

Há muito tempo, o filósofo estava de acordo com o historiador contra o extrinsecismo, cujo símbolo era, para eles, o pe. Poulain ao recusar-se a "considerar os estados místicos como uma segunda incrustação do sobrenatural, como um sinal distintivo suplementar"[141], e ao afirmar "que, entre o comum dos fiéis e os místicos, não há nenhum abismo, nenhuma heterogeneidade", mesmo

---

141. Carta de Blondel a Bremond, final de 1923 ou início de 1924 (?); cf. tb., Maurice Blondel, "Le problème de la mystique", 1925, p. 18, 26.

que os primeiros estejam inclinados ao "exoterismo", enquanto os outros ao "esoterismo"[142]. Ele temia, no entanto, que o amigo se aventurasse no terreno da "metafísica". Ao receber os volumes VII e VIII, o seu acordo no tocante ao essencial não impede algumas ressalvas recapituladas discretamente em uma carta de 6 de outubro de 1927: "Procuro, por minha parte, mostrar que, longe de existir oposição, há correspondência, harmonização, inter-relacionamento entre o antropocentrismo e o teocentrismo". Em 25 de fevereiro de 1927, ele dita à Srta. Isambert um memorando mais explícito, dirigido a Bremond:

> Trata-se, em suma, do próprio sentido da criação e da vocação sobrenatural do ser humano. Os dois termos – teocentrismo e antropocentrismo – que o Sr. propõe para situar as teses opostas, comportam, ao que me parece, um duplo sentido que permite os equívocos de que é necessário sair para evitar qualquer confusão.
> À primeira vista, parece que o essencial da religião seja relacionar tudo a Deus enquanto centro único, e que a partir daí a preocupação com a salvação – considerada por alguns mestres da vida espiritual como o princípio de sua meditação fundamental – desloque a verdadeira perspectiva, descentralize o cristianismo e desconheça a sublime grandeza do plano providencial que não consiste em fabricar pequenos seres, os quais se tornam, por sua vez, centros de perspectiva como as mônadas de Leibniz. Nesta primeira vista panorâmica de pensamento, a vantagem permanece, portanto, incontestavelmente no teocentrismo que coloca Deus de volta em seu lugar, ou seja, no primeiro e, por assim dizer, no único, uma vez que, segundo parece, a vida contemplativa assemelha-se a uma morte da criatura espiritual que retorna à sua fonte para descobrir aí o seu fim supremo.
> Mas há outro aspecto que deve ser levado em consideração agora. [...] Não é que se deve dizer [...] como entoa o *Credo*, que todo o plano divino é concebido e realizado *propter nos homines*? Ou seja, que Deus, não tendo necessidade de qualquer adorador exterior a Ele, encontra unicamente a sua glória em praticar a bondade, em comunicar a sua vida, a sua beatitude, em fazer como outros si mesmos que são desejados e amados por si próprios. Neste novo ponto de vista, há, portanto – mas em um sentido muito diferente do que foi exposto mais acima –,

---

142. Trata-se da mesma carta de Blondel a Bremond.

um antropocentrismo que me parece mais verdadeiro e auspicioso, além de mais verdadeiramente digno de Deus do que quaisquer outras concepções mais ou menos egoisticamente teocêntricas. Ocorre que se deve tomar cuidado a fim de levar em conta as condições indispensáveis para essa elevação sobrenatural, para essa fabricação divina no ser humano. Com efeito, não é Deus que, para ser plenamente bom, é feito à nossa medida e nos deixa na nossa mediocridade natural; pelo contrário, somos nós que Ele pretende expandir, transfigurar pelas purificações passivas e pelas intrusões dolorosas que operam o milagre da união transformante e que nos deixam a consciência do nosso ser distinto, impregnando-nos ao mesmo tempo com a vida eterna e com a caridade divina (BREMOND & BLONDEL, t. 3, p. 268).

Bremond, por sua vez, considera a atitude espiritual, adotando, em suma, o ponto de vista de Piny e, portanto, condena o *antropocentrismo* no primeiro sentido da palavra: o homem deve abandonar-se com a convicção de que Deus é tudo; ele deve ser *teocêntrico*, negando-se a si mesmo. "Sobrenaturalismo agudo"[143], diz ele; mas, em última análise, se essas recomendações são praticamente sempre necessárias, nem por isso deixam de constituir uma "metafísica" baseada em uma inversão, ainda psicológica, do psicologismo. Resta a uma ontologia do *esse* cristão adotar uma posição completamente diferente; o apofatismo afetivo limita-se a desempenhar aí um papel secundário, o de uma purificação na gênese experimental de uma liberdade despertada pelo Amor pessoal do Deus "antropocêntrico".

Assim, a *contemplação* espiritual, para Blondel, não é em si algo negativo, mesmo que seja experimentado como tal.

> Somos ativos ao acolher em nós a universalidade, a eternidade, a unidade dos desígnios de Deus. [...] É somente desse ponto de vista que a nossa passividade total implica a perfeição de nosso agir que se torna deiforme – não por uma absorção que viesse a converter-nos em coisas inertes, mas por um consentimento absoluto que nos liberta das parcialidades da criatura [...][144].

---

143. Carta ao pe. Auguste Valensin, 9 de janeiro de 1929. In: BLONDEL & VALENSIN, III. Texto anotado por Henri de Lubac, S.J. 1965, p. 147.

144. Memorando ditado em 30 de novembro de 1927 à Srta. Isambert para o abbé Bremond: BREMOND & BLONDEL, t. 3, p. 295.

O profuso memorando de 30 de novembro de 1927, do qual este último trecho é extraído, termina com uma síntese otimista que apreende o fim do ser humano como o sinal de sua verdadeira situação presente. O filósofo cristão apoia-se na teologia para afirmar uma "geração" – implicada por uma gênese do ser humano e servindo-lhe de sustentáculo – do "ser espiritual", nas circunstâncias em que Bremond e Piny instalam um "não querer" cada vez mais radical:

> Procuro estar prevenido contra determinadas expressões de seu Piny, de acordo com as quais a beatitude, preparada pela *contemplação terrestre*, seria realizada por uma contemplação passiva e aprazível ainda mais radical. Pois bem, do mesmo modo que a *contemplação* mística coincide com o agir divino para nos elevar à união transformante, assim também, e por maior força de razão, a *contemplação celestial* coloca em nós o ato puro mediante o qual a vida íntima da Trindade se produz incessantemente em nós. Não estamos destinados a *ser absorvidos*; e se, em certo sentido, devemos aqui na Terra *sofrer* e nos *esquecer por Deus*, em relação à glória futura, a alegria surge de uma *consciência ativa da geração divina* da qual somos os cooperadores e os beneficiários (BREMOND & BLONDEL, t. 3, p. 299).

O objeto da discussão entre Bremond e o pe. Louis Peeters – mais limitado, mas retomando a questão da *contempla*ção passiva e aprazível sob outro viés – incide sobre a significação espiritual da ascese. Mestre dos noviços em Tronchiennes (Bélgica), cego, profundamente religioso, o pe. Peeters não deseja que, "para exaltar a graça de Deus, para glorificar a vida completamente celestial dos grandes contemplativos, as pessoas venham a acusar-se mutuamente de heresia, no sentido mais ou menos metafórico"[145]. Aliás, ele

---

145. Carta do pe. Louis Peeters a Bremond, 11 de maio de 1928 (LAFB). Nessa carta, o pe. Peeters dá testemunho de sua atitude "ecumênica" por sua postura em relação ao pe. Cavallera e por seu reconhecimento a Bremond: "Temo inclusive, para falar francamente, que a réplica [do pe. Cavallera] seja um tanto mordaz. [...] O pe. Cavallera, de acordo com a observação de um dos nossos amigos, já deu mais de um passo na direção do bom misticismo. O simples fato de que ele faça uma menção favorável àqueles que não são suspeitos de asceticismo exagerado é significativo. [...] Se há, em nossos dias, uma renovação da vida espiritual em seu grau mais elevado, ela se deve em grande parte à auspiciosa influência exercida pelo autor da *Histoire du sentiment religieux*. A respeito dos próprios *Exercícios*, o Sr. diz coisas excelentes e são vários aqueles que lhe ficam devendo o fato de terem vislumbrado nesse texto – aspecto que, durante muito tempo, havia passado despercebido – uma obra-prima de ascese, assim como de mística". E, a propósito da École du pe.

escreve ao "eminente historiador": "Os seus grossos volumes [...] levam-me a constatar que o seu *asceticismo* não é uma ficção, um espantalho, mas uma praga que o Sr. jurou extirpar. [...]"[146]. No entanto, acrescenta ele,

> "queira aceitar que eu lhe diga com toda a franqueza que, se o Sr. se tivesse limitado a assinalar, à semelhança de J.-P. Camus, os exageros de alguns defensores dos métodos e o perigo de esquecer a oração pura com a preocupação do esforço ascético, o acordo teria sido fácil" (*Ibid.*).

Do ponto de vista teórico, ele considera a distinção entre ascese e oração "mais aparente do que real" (PEETERS, 1928, p. 745), o que ele explica a propósito da oração chamada *prática* e do uso de métodos, que haviam sido questionados por Bremond. Para ele, essa oração *prática* tende a "fazer com que a ação venha a beneficiar-se dos frutos da oração, sem que esta se torne em um puro meio e, muito pelo contrário, comunicando à ação um sabor de oração, completando-a com a oração" (*Ibid.*, p. 747). Quanto à ascese, esta já é um sinal e um efeito: além de uma resposta voluntária ao apelo oriundo da Palavra escutada, ela já atesta a "inação" da vida divina no âmago da ação humana[147].

O pe. Jules Lebreton, por sua vez, analisa o problema pela faceta oposta em seus artigos da revista, Études[148], e na correspondência trocada a esse respeito[149]. Do ponto de vista da teologia mística e, até mesmo – como o abbé

Lallemant, ele acrescenta: "Creio que se, hoje, à semelhança do que ocorria no passado, os superiores e aqueles a quem o pe. Paul Dudon atribuiu o qualificativo de *espirituais de administração* mantivessem uma atitude reservada, os religiosos em número crescente sentiriam a necessidade de superar a oração chamada *prática* em um sentido restrito e utilitário, além de compreenderem que têm, sem se afastarem dos procedimentos dos *Exercícios*, os meios para se elevarem a uma oração mais genuína, a uma prece mais pura. O Sr. terá contribuído, em parte bastante apreciável, para esse progresso porque os seus estudos e as suas observações acabaram suscitando a reflexão".

146. Carta de dezembro de 1928 a Bremond (LAFB).

147. Em sua carta de 11 de maio de 1928, o pe. Peeters escrevia: "Existe um método que progressivamente eleva a alma para a calma da contemplação, purificando-a e dispondo-a para receber – quando e como aprouver a Deus – o melhor dom. [...]" (LAFB).

148. LEBRETON, 1929, p. 129-140 • e, sobretudo, p. 284-312 ("La Théologie de la Prière"). • Cf. tb., "Correspondance à propos de 'La Métaphysique des saints' ", p. 544-555.

149. Algumas dessas cartas encontram-se em LAFB.

Baudin escreve a Bremond –, enquanto "místico"[150], ele sublinha sobretudo duas dificuldades que, aliás, são convergentes.

Na medida em que a questão abordada continua sendo o homem, diz ele, o santuário divino no ápice do espírito não é "um retiro inviolável", em que seja possível opor a "pureza" à "impureza" das "atividades exteriores, [...] incuravelmente corruptas, egoístas e devassas" (LEBRETON, *art. cit.*, p. 306); ou dito por outras palavras, não é "algo diferente", designado como inconsciente ou "puro". A essência do ser não escapa, à semelhança de um paraíso intato e secreto, à história humana; ela própria está ferida e dependente do renascimento prometido à fé. Nada há em nós que não seja afetado, essência e superfície, pelo dilaceramento e pela restauração do Amor. "A mácula está no mais íntimo do ser" (*Ibid.*, p. 307). Não há, para a liberdade espiritual, *dado* interior que ela já não tenha condições de assumir na caridade; não há *essência* que não deva ser convertida.

Se, portanto, o homem é uno; se, por conseguinte, a "demanda" surgida do desejo está intimamente vinculada a uma "aderência" passiva que reconhece uma privação e uma incapacidade originais; se, finalmente, trata-se de um movimento que apreende "as origens mais profundas" de seu ser, então, o homem será transformado inteiramente pelo acolhimento da vida divina. A luz difunde-se em todo o espaço noturno. Assim, dir-se-ia que a última palavra do místico não é a aceitação da provação e da noite, mas a salvação do dia – a aurora que se ergue após a luta noturna de Jacó na margem do Jaboc.

---

150. A propósito do receio manifestado por Bremond de que a sua obra fosse condenada ao Index e da oposição manifestada por numerosos jesuítas contra as teses de *La Métaphysique*, Baudin escreve a seu autor, em 4 de fevereiro de 1929: "A minha surpresa não é assim tão grande pelo fato de que o pe. Lebreton não esteja tranquilo: trata-se de um místico cujo agostinismo está a favor do Sr. (e contra mim: ele chegou a dizer-me que não conseguia engolir os meus artigos sobre Pascal). Eu tinha ficado triste ao vê-lo envolvido no caso; regozijo-me com ele visto que o Sr. sente satisfação em considerá-lo como um parceiro que irá livrá-lo de outros e que será *sine ira et studio*" (LAFB). Da iminência de que os dois volumes viessem a ser postos no Index (cujo anúncio chegou a ser publicado no semanário, *Aux écoutes*, em 16 de março de 1929!), Francisque Gay (1885-1963, editor e diplomata) tinha sido avisado ao voltar de Roma, no 1º de janeiro de 1929, por Mme. Flory, filha de Maurice Blondel. Desde o dia 2 de janeiro, para defender a causa de seu amigo, ele retornava a Roma, cidade de onde ele lhe telegrafou, em 4 de janeiro: "Boato formalmente desmentido. Fique tranquilo. Gay". Algumas das cartas e dos telegramas relacionados com esse "caso" são conservados em LAFB. • Cf. tb., Maurice Carité – *Francisque Gay, le militant*, 1966 –, livro em que publica, nas p. 143-145, importantes cartas de Bremond e de F. Gay a esse respeito.

> É a invasão de nosso ser mortal pela vida de Deus, da carne pelo espírito, do velho homem pelo Cristo. O apelo de Deus torna-se mais urgente, o seu atrativo mais imperioso, e o homem sente-se impotente; ele é incapaz de servir, louvar e, menos ainda, amar, com dignidade, esse grande Deus em direção a quem tudo o impele, e é então que ele é consumido por um ardor de desejo e de oração. [...] Quem irá exprimir a felicidade dessa alma sedenta de desejo, e na qual, de repente – à semelhança do que ocorre por ocasião da ruptura de um dique –, se espalha uma torrente de amor, impetuosa e aprazível! *Torrente voluptatis tuæ potabis eos* (*Ibid.*, p. 309-310).

Pan-hedonismo? De modo algum. A purificação espiritual abre aos poucos a vida do cristão para o Mestre cuja voz se faz escutar no derradeiro "*contentamento*"[151] e na alegria inabalável, mas secreta, do reconhecimento: "O Mestre está aí e chama por ti".

A reação do pe. Lebreton inspira-se em uma teologia unificadora; se é permitido fazer alusão à sua vida pessoal, ela reflete também uma experiência colocada sob o signo da Presença e iluminada constantemente pela espiritualidade agostiniana. Como tal, ela diagnostica com segurança os esquematismos e as ambiguidades de uma "filosofia" demasiado dicotomista. Mas, o juiz é também o homem de uma tradição e de uma experiência; ele havia sido sempre relutante em relação ao Pseudo-Dionísio e ao apofatismo. Além das simplificações detectadas por ele, dá impressão que ele não vê – ou, talvez, recusa-se a ver (em um momento em que há suspeita relativamente à ortodoxia de *La Métaphysique des Saints*) – o problema vivenciado, fundamental, que se exprime através desses dois volumes: o da Ausência. À semelhança de Blondel, ele não participa, interior e intelectualmente, da indagação – a de Bremond, a de um grande número de outros pensadores – que tenta tornar praticável uma linguagem a meio caminho entre a história e a teologia: no mesmo plano e mais do que um confronto entre especialistas e um "amador", trata-se de uma diferença ra-

---

151. Alusão à expressão de L. Bourdaloue (1632-1704) – brilhante pregador jesuíta – que Bremond admirava sem deixar de criticá-lo como "hedonista": "Para mim, oh! Deus meu, devo confessar para Vossa glória que estou contente conVosco" (cf. VIII, p. 348-350).

dical entre duas experiências e, sem dúvida, entre duas épocas que separa Bremond de Blondel e de Lebreton.

Outra filosofia, talvez, teria sido mais apta para apreender o sentido de uma voz que falava, convém que se diga, uma linguagem pouco filosófica; outros espirituais, talvez, teriam tido uma melhor percepção dessa ênfase. Assim é que Santa Teresinha do Menino Jesus (já citada, em 1904, por Bremond)[152] escrevia em 1897, no ano de sua morte: Jesus "prodigalizou-me a atração por um exílio completo. [...] Retirando a mão, ele levou-me a compreender que a aceitação o contentava. [...] Depois que me permitiu que eu sofresse por meio de tentações contra a *fé*, ele incrementou muito em meu coração o *espírito de fé*"[153]. Um silêncio introduziu-se nela. A noite segue o dia. Nenhuma aurora parece iluminar os últimos meses de sua vida a tal ponto que essa mística dizia que, já não dispondo da *"fruição da fé"*, ela acreditava porque *"queria acreditar"*[154]. Esse derradeiro "querer" não se encaixa bem com o itinerário mencionado pelo pe. Lebreton. "Puro querer" teria comentado o historiador que havia sublinhado um tão grande número de trechos semelhantes em *L'oraison du cœur* [A oração do coração] do pe. Piny[155] – "querer" cujo sentido não era, de qualquer modo, alheio aos problemas "especulativos", nem à atitude pessoal de Bremond.

Essa apresentação deixou de lado o aspecto propriamente histórico dos volumes VII e VIII. De uma obra "totalmente especulativa" na intenção do autor, convinha analisar o que se referia à vida de Bremond e o que este pre-

---

152. No texto – "La légende d'argent" (1904) reproduzido em INQR2, p. 386-390 –, Bremond analisa um "encanto" evidentemente vinculado ao texto "revisado" que ele tinha à sua frente, a *Histoire d'une âme* [História de uma alma – livro de sainte Thérèse de Lisieux ou de l'Enfant Jésus / Santa Teresinha do Menino Jesus, publicado em 1898, logo depois de seu falecimento].
153. SAINTE THÉRÈSE DE L'ENFANT JÉSUS, 1957, p. 254.
154. *Ibid.*, p. 247-248. "Je veux croire" [Quero acreditar] está redigido em maiúsculas no manuscrito.
155. Essa edição de 1683 é identificável facilmente graças à descrição a seu respeito que se encontra em HLSR, VIII, p. 85, n. 2. O exemplar de Bremond, assim como *La clef du pur amour* (1692 [A chave do puro amor]) do mesmo Piny, oriundo igualmente de sua biblioteca, encontravam-se ainda, em 1965, na biblioteca da Faculdade de Teologia S.J., em Fourvière (Lyon). As marcas feitas no decorrer da leitura são bem características das primeiras reações e escolhas de Bremond.

tendia *dizer* ao escrevê-la[156]. No entanto, se a interpretação e as escolhas do historiador – sobretudo em relação a esses dois volumes – estão igualmente sujeitas a críticas[157], se fosse fácil detectar aí as parcialidades resultantes de "um desígnio bastante firme e coerente [...] através dos arabescos deslumbrantes"[158], nesse caso, como seria possível deixar de assinalar, no mínimo, o que Bremond, mediante a sua "filosofia", descobriu na história espiritual do século XVII?

A sua compreensão do passado, desde que ele passa dos personagens para as sínteses – como é o caso, aqui – é profundamente marcada pela experiência de que ele já não é o historiador, mas a testemunha, ou seja, por uma ruptura contemporânea entre o experimental e o "nocional", pela dificuldade experimentada pela fé em reconhecer-se, portanto, em confessar-se e em verificar-se, nos objetos ou na linguagem propostos ao fiel. Mas, inversamente, o duplo aspecto, doutrinal e cultural, dessa dissidência leva-o a discernir no século XVII uma tensão do mesmo tipo, uma "crise silenciosa" confirmada, até mesmo, pela teologia "mística" e buscando na experiência individual – e não mais na tradição escriturística ou teológica – o princípio de sua elaboração. Nada é mais revelador, nesse ponto de vista, do que a página em que (uma vez mais!) ele analisa uma "imperceptível angústia", a dos jesuítas – de quem, aliás, é o primeiro a condenar o moralismo:

> O mundo é considerado por eles não tal como gostariam que fosse, mas tal como ele é. Eles devem conhecê-lo bem porque nunca foram acusados de se esquivarem de seu contato. Eles estão em toda a parte – colégios, palácios de reis, universida-

---

156. A respeito da obra de Bremond, Gonzague Truc chega a declarar: "É demasiado cristalino: o que se encontra aí de principal é ele próprio" (1961, p. 142).

157. As mais acerbas são expostas pelo pe. J. de Guibert em sua resenha dos volumes VII e VIII (1929) e pelo Pe. R. Daeschler ("L'Angoisse' de M. Bremond et Bourdaloue", 1929). Em uma carta endereçada de Roma a Bremond, em 16 de janeiro de 1929, o Pe. J. de Guibert escrevia a propósito de sua resenha: "Limitei-me exclusivamente ao terreno *histórico* para discutir as suas conclusões, tendo deixado completamente de fora as questões doutrinais". Ele pretendia evitar "fornecer a qualquer pessoa um ponto de apoio para exigir uma condenação" (LAFB).

158. Carta de Blondel a Bremond, 23 de setembro de 1928 (BREMOND & BLONDEL, *op. cit.*, p. 328, a propósito da "Introduction" (tendo permanecido inédita) que Bremond tinha elaborado para a sua tradução dos *Exercícios* (cf. GUY, "Henri Bremond et son commentaire des *Exercices* de saint Ignace", 1969).

des, cidades e aldeias – de tal modo que, melhor do que as antigas equipes, eles encontravam-se em condições de palpar, se ouso dizer, o pulso da Cristandade, dia a dia, durante o período crítico em que a Idade Média estava em via de desmoronar-se. Passados os entusiasmos da juventude relativamente a suas fulminantes conquistas, imagino portanto que se teria formado entre os mais clarividentes uma imperceptível angústia que eles não se confessavam a si mesmos, mas cujas infiltrações crescentes terão contaminado insensivelmente a consciência coletiva e modificado, mais ou menos, as primeiras direções de seu Instituto. Apesar do sucesso da contrarreforma, o rio não remontava à sua nascente; pelo contrário, os mais profundos recônditos da nova alma pareciam fechar-se ao Espírito de Deus. O que os colocava à prova não era – como a prodigiosa miopia dos historiadores convidar-nos-ia a acreditar – a persistente desordem dos costumes; eles foram e serão sempre vacilantes. A fé iria enfraquecer-se? Não, ainda não. O mal era mais profundo. Eles formulavam-se a questão de saber se porventura essa fé, ainda quase intacta, não sobreviveria, de alguma forma, à própria religião; se o senso do divino, vivaz apesar de tudo, desde o início do mundo, não ameaçava extinguir-se no âmago da humanidade? (XI, p. 271-272).

Um texto análogo de *Apologie pour Fénelon* [Apologia em favor de Fénelon] mostra, vinte e três anos antes, que os pretensos refinamentos do "puro amor" desinteressado representavam, na realidade, a única saída para os diretores espirituais preocupados em "pacificar as almas que não sabem o que significa degustar a Deus": "o amor sem amor" seria a única forma de arrancá-los do "desassossego" de nada degustar dos "deleites sagrados" identificados, com demasiada frequência, com a fidelidade (BREMOND, 1910, p. 462-464). Mas aqui, nesse último volume de sua *Histoire*, Bremond confere à doutrina analisada por ele um contexto mais sério e amplo: para além de um "desassossego" dos fiéis, ele discerne a descrença dos outros. Por trás do caminho que correspondia, para os espirituais, a uma ruptura entre a experiência do "vazio" e uma doutrina "hedonista", ele atreve-se finalmente a designar o que, para os próprios cristãos, repercute um cisma entre as inovações da consciência humana e a religião.

Essa página é quase um testamento: escrita pelo historiador do sentimento religioso no século XVII, mas também pela testemunha de uma experiência espiritual contemporânea. Como de costume, ele procede de uma forma excessivamente antitética, sem deixar de traduzir uma profunda intuição, modulando, mas confirmando a análise dos problemas teológicos e espirituais de outrora e de hoje. Com certeza, diz ele, "cada abelha tem o seu ferrão, como qualquer filosofia" (VII, p. 143); a sua apresenta um aspecto animado, às vezes, polêmico ou simplificador, o que lhe rendeu advertências, às vezes, severas e, quase sempre, justificadas. Mas a questão que ele considera aberta no século XVII encontra-se perfeitamente formulada em sua obra e continua atual.

Ele declara-se quando – sob o disfarce de um dominicano, o pe. Calunga – opõe a doutrina conservadora e extrinsecista dos teólogos à teologia "imanentista e inovadora" iniciada e reivindicada pelos espirituais (VIII, p. 225). Uma filosofia radical privada de signos e da presença da experiência: eis o que ele tenta, em função de uma nova "inquietação". Ele não está equipado para efetuar tal tarefa, nem para responder às objeções que se situam no terreno seja da erudição ou da especulação teológica. Ele serve-se de todos os expedientes, "inapreensível"[159] pelo fato de não dispor, seja aqui ou lá, de um lugar inabalável. Mas ele *vê* algo: mesmo que esteja, talvez, equivocado no que afirma, está repleto de razão em seu testemunho.

---

159. Situação do escritor, mas também aspecto do caráter que o romancista, ensaísta e crítico literário, F. Lefèvre, tinha observado em sua entrevista: "Houve quem dissesse que o sr. era inapreensível e desconcertante" (LEFÈVRE, 1925, p. 27). Mais do que isso, trata-se da experiência de um homem, cujas incursões, brilhantes e múltiplas, não deixavam de conduzir ao inacessível: ele não poderia ser otário de suas "improvisações", tampouco ser outra coisa. A sua "filosofia" encontra-se resumida no improviso de sua resposta: "Todo o mundo é inapreensível" (*ibid.*).

Capítulo 4
História e antropologia em Lafitau*

1 Introdução. Da visão ao livro e reciprocamente

Em 1724, Joseph-François Lafitau (1681-1746) publica a obra, *Mœurs des sauvages amériquains comparées aux mœurs des premiers temps* (2 vols. in-4°, 1.100 p. [Hábitos dos selvagens americanos em comparação com os hábitos dos primeiros tempos])[160]. Embora o autor seja "one of the precursors of social Anthropology"[161] e a sua obra "the first blaze on the path to scientific anthropology" (FENTON & MOORE, *id*.), essa publicação limita-se a ser um elemento na imensa constelação do Iluminismo. Além disso, vamos fixar a nossa atenção somente em um detalhe desse corpúsculo: o frontispício introduzido por Lafitau na página de rosto de seu livro. Uma imagem. Um quase nada. Esse brasão, no entanto, serve de espelho para uma nova "ciência dos hábitos e costumes" (LAFITAU, *op. cit.*, I, p. 4) em que já está esboçada (será um efeito de perspectiva?) a antropologia que há de ser definida por Franz Boas (1858-1942) – antropólogo norte-americano de origem alemã – como "the reconstruction of history", uma história cujas "enquiries are not confined to the periods for which written records

---

* Cf. a referência completa a respeito deste texto na "Introdução", p. 7ss.
N.T.: Sobre J.-F. Lafitau, missionário jesuíta na Nouvelle-France (colônia francesa de 1534 a 1763, situada na América do Norte): cf. BISPO, 2010.
160. Paris: Saugrain l'ainé et Charles Étienne Hochereau, 1724, 2 vols. in-8°; essa é a edição que citarei (o volume em algarismos romanos e a página em algarismos árabes). Outra edição em 4 vols. in-8° foi publicada, simultaneamente, pelo mesmo editor.
161. A.R. Radcliffe-Brown, citado por FENTON & MOORE [tradutores para o inglês da obra de J.-F. Lafitau], 1974, "Introduction", p. XXIX. Essa tradução para o inglês do vol. I comporta 100 páginas de introdução histórica e crítica (p. XIX-CXIX), ou seja, o melhor estudo até agora sobre Lafitau. • Cf. tb. DUCHET, 1976; • e LEMAY, "Histoire de l'antiquité et découverte du Nouveau Monde chez deux auteurs du XVIIIe siècle" (a saber, Lafitau e Goguet), 1976; • além de LOZAT & PETRELLA, 2019.

Figura 1. A escrita e o tempo, frontispício de J.-F. LAFITAU, *Mœurs des sauvages...*, 1724. (Foto Bibl. Museum Hist. Nat. Paris).

are available and to people who had developped the art of writing"[162].

A representação proposta por Lafitau coloca em cena a escrita e o tempo. No frontispício de 1724, o encontro de uma com o outro acontece no interior do campo fechado em que se veem jogados no chão os "vestígios" oriundos da Antiguidade Clássica ou dos selvagens do Novo Mundo. "Uma pessoa em atitude de quem escreve" enfrenta o "tempo", ancião dotado de asas e fazendo o gesto de um mensageiro angélico[163]. A primeira empunha a caneta que cria texto, enquanto o outro segura a foice que destrói os seres. Mas essas insígnias, que são também armas, estão próximas uma da outra sem se juntarem: a reta delineada pela caneta é a assímptota da curva traçada pela foice (cf. Fig. 1). Sem a possibilidade de se encontrarem, uma distância mínima separa os parceiros: *a fortiori*, o homem-tempo não conseguiria tocar a mulher-escritora. Os seus olhares limitam-se a cruzar-se. E do mesmo modo que ela não olha para o que está fazendo, ele também não vê o que está apontando. Mediadores exilados do respectivo gesto, os dois personagens estão aí para permitir que a *visão* se faça *texto*. A "visão misteriosa"[164], por um lado, deixa a genitora em êxtase produzindo o escrito a esse respeito como que à sua revelia, e, por outro, escapa do tempo que é o seu índice. A composição gira assim

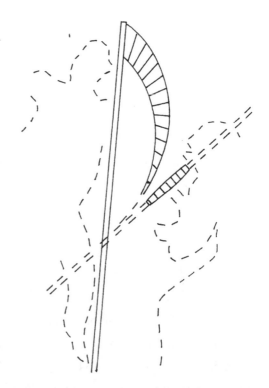

Figura 2. A escrita e o tempo. Detalhe (esquema)

---

162. Citado por RADCLIFFE-BROWN, 1958, p. 128 e 157.
163. Cf. o frontispício reproduzido aqui e a "Explication des planches et figures" [Explicação das pranchas e imagens], em LAFITAU, *op. cit.*, I, sem número de página.
164. Expressão forjada pelo próprio Lafitau (*ibid.*).

em direção à parte superior, quadro dentro do quadro. Ela coloca em ordem um movimento que vai do *ver* para o *escrever*. Trata-se de uma Anunciação, mas que diz respeito ao "sistema" ("o meu sistema", afirma Lafitau) pintado nas nuvens.

Outras quarenta e uma "pranchas", abarrotadas de diversas "imagens", dão testemunho da importância a ser atribuída a essa "representação" do discurso científico. Selecionadas cuidadosamente ("as pranchas que estou mandando gravar", "mandei gravar" – não cessa ele de repetir), providas de referências bibliográficas minuciosas, comentadas com erudição no início de cada volume, acabando por serem insuficientes, no entender de Lafitau, o qual teria desejado um número muito maior[165] ou melhores[166], essas pranchas formam um discurso icônico que cruza de um lado para o outro o volume do discurso escriturístico. Elas o pontuam com "monumentos", cujo valor essencial reside no fato de pertencerem à ordem do visível. Elas levam ainda a *ver*; ou permitem *acreditar* que ainda é possível *ver* os começos. Essa base é essencial para a produção do texto: um contraponto visual serve de suporte e fomenta a escrita. A obra inteira obedece à estrutura que o frontispício apresenta como uma relação entre a "visão" e o livro.

Em sua "Explication des planches" [Explicação das pranchas], Lafitau fica também extasiado diante das "imagens" que ele havia colecionado e às quais ele atribui alternadamente o qualificativo de "misteriosas", "bastante singulares", "da maior magnificência em seu gênero" etc. (*ibid.*). Assim, ele está em conformidade com uma antiga tradição etnológica. Desde Jean de Léry (1536-c. 1613) – pastor calvinista, grande viajante e escritor – ou o frade franciscano explorador, cosmógrafo e escritor, André Thévet (1502-1590), até Théodore de Bry (1528-1598) – gravador e editor protestante, nascido em

---

165. "Eu ainda teria mandado gravar uma Medalha do [imperador romano] Cômodo se eu tivesse lugar disponível (pl. VIII). [...] Eu ainda poderia ter mandado gravar aqui três medalhas bastante curiosas (pl. XII). [...] Eu ainda poderia ter mandado gravar Estandartes Romanos" (último parágrafo, pl. XVII) etc.; cf. "Explication des planches...", *op. cit.*, I, sem indicação de página.

166. Por exemplo, ele faz a seguinte observação: "Essa Medalha foi mal executada pelo Gravador; ela é mais bem acabada em Vaillant, tom. 2, p. 353*" (*ibid.*).

* Trata-se da obra – *Numismata Imperatorum Romanorum. Tomus secundus. De Aureis et Argenteis*, 1674 – do numismata e advogado, Jean Foy-Vaillant (1632-1706) [N.T.].

Liège –, as coisas vistas e a ver balizam a escrita surgida da distância. Desde o século XVI, as "imagens" do selvagem – seixos brancos na obscura floresta do texto; sinais de uma *presença* nessas nações longínquas e, portanto, na origem que, supostamente, deveria ser mostrada aí – encontravam-se guarnecidas com uma beleza ambígua que contrastava com os "vícios", cuja descrição preenchia os livros[167]. Estaria o escrito encarregado de limitar e, até mesmo, de exorcizar a influência do ver? Com toda a certeza, ele acabaria desenfeitiçando essas imagens, esquivando o olhar delas. Mas, ele empreendia tal ação como um *comentário* (textual) contorna a autoridade (visual). De fato, à maneira das *glosas* induzidas por um código jurídico, por documentos bíblicos ou por um poema, o texto comenta essas imagens dotadas da força de "autoridades" enquanto elas conservam uma visibilidade relativa a origens. Convém somente garantir a "autenticidade" dessas fontes icônicas – aliás, questão clássica abordada sempre com cuidado sob o duplo aspecto da antiguidade (documentos antigos ou selvagens) e da exatidão da reprodução. O escrito refere-se, portanto, a essas "autoridades" que têm o estatuto de *citações*; ele as compara a outras de maneira a proliferar em torno desses elementos de prova. Por mais "etnológico" que seja, ele retoma, portanto, os procedimentos implementados pelo direito ou pela exegese. Mas, daí em diante, os "monumentos" são aqueles que dão a *ver* os começos. Relacionados a uma concepção diferente da história, eles permanecem arqueo-lógicos: eles fazem com que a *Archè*, os inícios do Tempo, se torne legível. Assim, desligar esses textos do que consideramos, hoje, como uma "ilustração", ou seja, um comentário do escrito, seria inverter o funcionamento dos mesmos.

Ao tomar de empréstimo a J. de Léry, A. Thévet ou T. de Bry, alguns de seus quadros de americanos, Lafitau enxerga essas peças – antigas ou selvagens – como os fragmentos da "visão", cuja integralidade lhe é dissimulada pelo Tempo, mas da qual sobram alguns "vestígios" dispersos e preciosos. Trata-se de "alusões", "símbolos", "alegorias" ou "tipos". O Começo ainda aparece aí, insinuando-se no visível contemporâneo como o *big bang* inicial do

---

167. Cf. BUCHER, 1977; • LESTRINGANT, 1978; • ou também as observações de CHINARD, 1911, p. 102.

cosmos ainda pode ser escutado – rastro sonoro, excedente e relíquia da origem – nos ruídos de hoje. Para retomar expressões repetidas incansavelmente por Lafitau, essas "imagens" fazem "ver" ou "entrever" os inícios da história. Por mais estranhas que sejam, elas não se encontram posicionadas sob o signo da "monstruosidade" e do "absurdo", aliás, repreendidos às fábulas ou aos comportamentos; pelo contrário, seduzem o escritor. Elas referem-se a uma *erótica da origem*, oferecendo *o que se pode ver* ainda dos "tempos primitivos", como através do buraco de uma fechadura – de acordo com o esquema que é uma cena primitiva da etnologia "moderna"[168].

Nessas imagens, há, no entanto, algo que *não se deve ver*: a nudez do corpo. "Considerando que essas imagens eram demasiado nuas, o decoro obrigou-me – assim como a um grande número de outros autores – a mandar vesti-las"[169]. Esse jesuíta coloca em ordem as suas estatuetas antigas como os seus confrades vestem, na época, as mulheres indígenas das "reduções" do Paraguai. A bela Ísis que dá o peito a um touro é coberta com um pano[170]. Deuses e deusas, envoltos em camisetas, tomam posturas ridículas, para não dizer irreconhecíveis. Em compensação, o gravador devolve-lhes uma cabeça quando esta havia sido ceifada pelo Tempo[171]. Detalhes sintomáticos. A pretensão de Lafitau consiste em ver *objetos* sobrecarregados de significação (insígnias, cruz, estrela, coroas, gestos codificados etc.), e não mais, à semelhança de Léry, os belos corpos que no Brasil continuam as danças da idade de ouro como se eles ainda ignorassem os avatares e o pecado da história. Ele está à procura de um léxico. Ele pretende ler sinais. Diante desses vestígios, ele é habitado pela *paixão do sentido*. Tem necessidade das "imagens falantes" (LAFITAU, *op. cit.*, I, p. 241). Do mesmo modo, nas circunstâncias em que as

---

168. Eis o que ocorre já em Jean de Léry. Cf. CERTEAU, ECH, p. 215-248: "Ethno-graphie" [Etno-grafia].
Para a descrição completa das siglas, cf. quadro em "Referências bibliográficas", p. 425.

169. LAFITAU, *op. cit.*, I, "Explication des planches...", sem numeração de páginas. Lafitau e o seu gravador são mais escrupulosos em relação aos antigos do que em relação aos selvagens, os quais são deixados, frequentemente, nus ou quase sem roupa.

170. *Op. cit.*, I, p. 236, prancha XII, fig. 2.

171. Cf. a propósito da prancha XVII (*op. cit.*, I, p. 444): "A Vestal está decapitada, mas o gravador julgou mais apropriado colocar-lhe uma cabeça à sua maneira."

da antiguidade se mantêm em silêncio, destruídas pelo Tempo, ele volta-se para os selvagens, "monumentos" também da primeira idade, ainda "falantes". Portanto, legíveis.

A "fala" pela qual manifesta interesse não é a voz (*vox*), mas "ensino" (*documentum*): um pedaço da verdade dos "tempos primitivos". No entanto, se o documento tem força de *presença* (é visível), ele é apenas um *fragmento* (um "vestígio"). Ao constituir a *citação* privilegiada (à semelhança do que ocorria, no passado, com o versículo bíblico ou com o artigo do Código nas glosas), ele *induz* do texto, ele convoca – pelo que lhe faz falta – um discurso em que todos esses estilhaços primitivos são ordenados em "sistema". O que é visto pelo olho é apenas o despedaçamento do que o livro deve produzir; assim, do *ver* para o *escrever*, verifica-se a inversão do movimento. O que leva a escrever é, em princípio, a "visão misteriosa"; de fato, são os inúmeros resquícios visuais de uma origem inacessível. Deste modo, a visão – ou o "sistema" – não passa, em última análise, do espelho da escrita erudita. O céu que aparece na parede da sala é uma pintura, não um dia (a luz vem da esquerda). A mulher-escritora lê nesse quadro, em êxtase, o que ela própria está fabricando. O seu livro projeta-se na tela do laboratório em um espetáculo do sentido que é o duplo narcisista da obra: do ver para o escrever e do escrever para o ver, há circularidade no interior de um espaço fechado.

2 O ateliê de produção: a instituição de um saber

O frontispício descreve a *operação* relativa ao trabalho que "reconstrói a história" no laboratório[172]. Ele retrata a história de uma fabricação, e não o seu resultado discursivo: é algo tecnológico, e não especulativo. Dividida em dois espaços encaixados (a peça da escritora e o quadro de sua visão), a gravura começa por representar, na sala de trabalho, os três elementos que compõem o ciclo de uma produção destinada a combater o tempo predatório: uma instituição de arquivamento, a coleção; uma técnica

---

172. A respeito desse frontispício, cf. desde já VIDAL-NAQUET, 1983.

para manipular o material, a comparação; um autor e gerador do produto, a mulher-escritora.

2.1 Um lugar: a coleção

"Arquivos" estão espalhados pelo chão: medalhas e estatuetas, mapas e livros, além de um globo terrestre. Em grande parte, esses resquícios vêm do mundo antigo; foram depositados aos pés da escritora. À semelhança de um jardim que reúne plantas de toda a espécie de países, esse museu heteróclito tem uma aparência enciclopédica. Mas, do passado, ele apresenta uma face destroçada: um corpo despedaçado, fragmentos disseminados. Nessa paisagem de ruínas, é possível ler a devastação causada pelo Tempo: trata-se de uma antologia da degradação que constitui o contexto do trabalho empreendido por Lafitau. Os sinais da degenerescência e da morte, vocabulário encalhado, deslindam uma primeira experiência da história; inversamente ao que acontecia no século XVI, a viagem – encontro e surpresa de diferentes sociedades – deixou de fornecer ao discurso o seu objeto ou a sua forma. Nenhum ser vivo nesse cubículo de erudito. Nem sombra de um corpo a corpo. Tampouco algo para escutar: nenhum dado além de resquícios para ver. Salvo os anjos e o Tempo, a escritora está sozinha para *(re)fazer um mundo a partir de relíquias*.

No entanto, a coleção não deixa de ser uma instituição, resultante não só do gesto "conservador" – genealógico e familiar – que luta contra o tempo, mas de uma relação, "científica" por sua natureza, entre um modelo abstrato (a ideia de uma totalidade) e uma caça de objetos suscetíveis de realizá-lo; nesse aspecto, uma *perseguição* (cotejar todas as variantes) articula-se a partir de uma *seleção* (definir uma série). A conexão desses dois elementos dá origem ao estabelecimento das fontes. No caso de Lafitau, a sua "galeria" começa por confirmar a moda de colecionar que, de 1700 a 1750 prefere as "antiguidades" às medalhas do século XVII e, a partir de 1750, valoriza as peças relativas à "história natural"[173]. Ela estratifica essas três gerações de coleções:

---

173. Cf. POMIAN, "Médailles/coquilles = érudition/philosophie" (1976), reproduzido em *Collectionneurs, amateurs et curieux*, 1987; • além de "Histoire culturelle, histoire des sémiophores". In: RIOUX & SIRINELLI, 1997.

às medalhas (sírias, egípcias etc.), são adicionados "vários monumentos da Antiguidade" (estátuas de Ísis, Diana, Horus etc.) e, finalmente, adjacentes, algumas "curiosidades da América" (tartaruga iroquesa, cachimbo de índio). Cada uma dessas peças é codificada e comentada a partir dos mais aprofundados estudos sobre as antiguidades ou a numismática: desde J. Spon, Juste Lipse, La Chausse, T. Hyde, J. Vaillant etc., até a obra *L'Antiquité expliquée et représentée en figures* (1717 [A Antiguidade explicada e representada em imagens]) do monge beneditino, B. de Montfaucon[174]. Esse aparato de objetos e de referências funciona de maneira autônoma, fazendo parte de uma rede peculiar. Ele insinua na câmara solitária uma atualidade, cujos interesses de natureza tanto econômica quanto intelectual, se impõem silenciosamente ao trabalho da escritora. Os resquícios de outrora chegam já selecionados e transformados por um presente que os converte no código de uma história contemporânea. A erudição não é uma narrativa de sobrevivência, à semelhança da aventura de Robinson Crusoe em sua ilha deserta.

No entanto, o museu pessoal de Lafitau é também a circunscrição de um campo peculiar. O material que é depositado aí, selecionado, compõe o canteiro de obras para um texto. Trata-se de objetos, jogados ao acaso, que servem de base para a escrita, à semelhança de fichas de trabalho em desordem, antes da arrumação que será efetuada pelo livro. O frontispício apresenta tal escolha em que são reconhecíveis as "pranchas" da obra. Na parte inferior, da direita para a esquerda, temos: uma medalha com as imagens de Ísis e de Osíris em forma de serpente[175]; outra medalha representando a deusa Astarté da Síria com uma cruz[176]; um sistro[177] por cima de um mapa[178]; um Hermes de pedra[179], instalado em uma "curiosa" medalha que data de Alexandre 2º da

---

174. Cf. "Explication des planches...", I, sem numeração de página.
175. I, p. 228; pl. 10, fig. 5.
176. *Ibid.*, p. 444; pl. 17, fig. 10.
177. *Ibid.*, p. 212; pl. 8, fig. 3.
178. Cf. o "mapa da América", I, p. 26.
179. *Ibid.*, p. 136; pl. 4, fig. 1.

Síria e representando também Astarté que carrega uma cruz[180]; uma medalha de Ísis Mammosa [nutriz de todas as criaturas] rodeada por símbolos dos quatro elementos[181]; outro mapa e um livro; uma Diana de Eféso com múltiplos seios[182] por cima de um busto sem braços[183]; em seguida, ainda outro mapa e um amontoado de livros mostrando as numerosas fontes utilizadas por Lafitau (Kälin contabilizou duzentos e dez volumes), relatos de viagem, obras da Antiguidade, da Idade Média e dos Tempos Modernos até Bacqueville de La Potherie, Labat, Casaubon, Grotius etc.[184] Depois da esfera terrestre (posicionada no eixo do Tempo), encontra-se mais acima, da esquerda para a direita: outro Hermes[185]; um Horus Apolo com seus símbolos "hieróglificos"[186], na frente de duas pedras, uma piramidal e a outra cônica[187]; por fim, um canopo em cima de um grifo[188]. A influência do Egito, do Oriente Médio e do Helenismo Tardio assombram esse museu, ou seja, uma Antiguidade mitologizada (cf. IVERSEN, 1961), historicizada e selecionada. A paisagem é construída com o que, no século XVII, tinha sido considerado como indício de primitividade: a Antiguidade é também um produto moderno.

O friso dos documentos cita exclusivamente o primeiro volume e diz respeito unicamente ao capítulo pletórico "De la religion"[189] [Da religião], uma das obsessões do autor. Das três séries que, nesse texto, se entrelaçam – arqueológico, livresco, cartográfico – a única individualizada é a primeira, à semelhança de gemas entre o anonimato dos livros e mapas. Essas joias, relíquias para o olho e substâncias do passado, formam a instância privilegiada; elas limitam-se às antiguidades, enquanto Lafitau, em seu livro, reserva mais

---

180. *Ibid.*, p. 444; pl. 17, fig. 12.
181. *Ibid.*, p. 136; pl. 4, fig. 3.
182. *Ibid.*, p. 136; pl. 4, fig. 2.
183. *Ibid.*, p. 136; pl. 4, fig. 1.
184. Cf. KÄLIN, 1943, p. 19; • e a lista de FENTON & MOORE, *op. cit.*, p. LX-LXII.
185. I, p. 136; pl. 4, fig. 1.
186. *Ibid.*, p. 444; pl. 17, fig. 1; • e p. 236; pl. 12, fig. 1.
187. *Ibid.*, p. 136; pl. 4, fig. 1.
188. *Ibid.*, p. 444; pl. 17, fig. 7.
189. I, p. 108-455.

da metade de suas pranchas aos selvagens e, especialmente, à China. Indício revelador. A "alteração" dos monumentos antigos e o obscurecimento do respectivo sentido por causa de sua distância obrigam a utilizar o *suplemento* fornecido pelos selvagens: algonquins, huronianos e iroqueses aparecem, em segundo lugar, como um *substituto* do primeiro. Eles "substituem", ou seja, tomam o lugar do que está *faltando* nos tesouros antigos[190], preenchendo as lacunas entre eles e "esclarecendo" as suas obscuridades.

Mas há uma diferença de função entre as *coisas* antigas e os *hábitos* selvagens: o valor das primeiras reside, sobretudo, no fato de serem relíquias, enquanto para as segundas é, em particular, o de constituírem "esclarecimentos". A arqueologia dá a *ver* o que a etnologia permite *explicar*, conforme escreve Lafitau:

> Confesso que, se os autores antigos me deram esclarecimentos para apoiar algumas conjecturas auspiciosas em relação aos selvagens, os hábitos destes, por sua vez, forneceram-me esclarecimentos para entender mais facilmente e para explicar várias coisas que se encontram nos autores antigos[191].

A comparação, aqui, incide sobre o valor informativo ou explicativo dos "autores antigos" e desses textos vivos que são os hábitos selvagens; em Lafitau, ela é favorável, quase sempre, aos selvagens que prodigalizam um maior número de "esclarecimentos". Pelo contrário, em relação às antiguidades – ou seja, não os livros, mas os monumentos –, temos um menor grau de significação e um maior grau de *presença real*. O privilégio de *ver* aí ainda as origens faz-se às custas de uma *falta* de *sentido*. No frontispício também, o que é dado a ver são medalhas e estatuetas antigas, como se o suplemento "selvagem" estivesse dissimulado atrás delas para preencher as respectivas lacunas, ou localizado na operação comparatista que permite o acesso à sua explicação. Enquanto efeito do tempo, a divisão entre ver (mas sem com-

---

190. Em relação à ideia de "Supplément", cf. DERRIDA [1967] 1973, p. 173-174: *"Este perigoso suplemento"*.
191. I, p. 3-4. Daí, as numerosas anotações do tipo: "Convém, portanto, *explicar* Heródoto a respeito do hábito peculiar aos lícios em adotar o nome das mães *mediante* aquele hábito, ainda observado, pelos *huronianos e iroqueses* (I, p. 74; grifos de M. de Certeau).

preender) e compreender (mas sem ver) torna necessária a combinação desses dois aspectos.

2.2 Uma técnica: a comparação

Dois "gênios" [figuras de menino alado] seguram nas mãos: o primeiro, um cachimbo da paz e um caduceu de Mercúrio, enquanto o outro, uma tartaruga iroquesa e um antigo sistro. Eles empunham duas peças extraídas de conjuntos heterogêneos, "aproximando esses monumentos uns dos outros" e – conforme diz a "Explication" – "ajudando" a escritora "a proceder a essa comparação"[192]. Os "auxiliares", técnicos mediadores entre a coleção e a escrita, executam aliás na cena dois "lances" comparatistas que o próprio Lafitau havia efetuado em seu livro, o que lhe proporcionou bastante orgulho[193]. A "manipulação" representada por eles consiste em extrair do estoque dos monumentos amontoados, sem ordem cronológica, os elementos suscetíveis de serem *formalmente* comparados e de serem encaixados *simbolicamente* na qualidade de categorias gerais. Eis o comentário de Lafitau:

> Assim, na comparação que sou forçado a fazer, não terei a mínima dificuldade de citar os hábitos de qualquer país, sem pretender extrair daí outra consequência que não seja a simples relação desses hábitos com os da primeira Antiguidade[194].

Os elementos utilizados pertencem, portanto, a todos e a ninguém; em última instância, são propriedade apenas da origem e da escritora que a produz. A um problema histórico (conhecer as origens), responde um método que não o é e que se empenha em construir "semelhanças"; a questão histórica recebe um tratamento formalista.

A comparação é uma "relação" que interfere em outras, indefinidamente, para engendrar o "sistema" de Lafitau, ou seja, "um todo cujas partes hão de manter-se mediante as ligações estabelecidas entre si" (LAFITAU, *op. cit.*,

---

192. I, "Explication des planches".
193. A respeito do cachimbo da paz e do caduceu: II, p. 325-330. Em relação à tartaruga e ao sistro: I, p. 218-219 (cf. I, p. 26).
194. I, p. 45. A respeito da "comparação" em Lafitau, cf. tb., LANDUCCI, 1972, p. 247-260.

I, p. 4). O "sistema" é definido exatamente como um texto. Assim, cada comparação desempenharia o papel de ser, nesse laboratório, uma "preparação" textual efetuada pelos assistentes da escritora; ela transforma progressivamente a coleção em texto, o qual não será "apoiado" pela antiguidade, nem pela identidade social dos documentos abordados, mas "unicamente pela relação" que ele estabelece entre os mesmos. Em princípio, portanto, ao contrário da historiografia, ele não adquire autoridade pelas peças que cita – ou seja, pelo referencial que intervém como legitimação (é o "real" que legitima a historiografia, "descrição, narração das *coisas como elas são*"[195]) – mas unicamente por ele próprio enquanto "língua" própria ou *sistema de relações*. Entre a comparação e a escrita, há continuidade: uma fabrica a outra.

A produção progressiva do texto mediante conexões constrói também sentido ou "explicação". Os operadores da escritora passam por ser tanto anjos, quanto gênios, e a sua *mensagem* emerge da comparação. Diante do mutismo das "coisas" (que já não "falam" a epistemologia do século XVIII), eles são falantes, anunciadores de sentido, pelo fato de serem comparadores. Ao unir vestígios silenciosos, eles compõem a frase de uma mensagem e visto que a relação estabelecida por eles entre dois "monumentos" estrangeiros limita-se a ser, supostamente, um elemento do sistema, eles repetem na manipulação dos objetos o gesto demonstrativo do Tempo; eles referem-se a um "essencial" originário que, para Lafitau, é um todo formal; em vez de sua perda, eles exprimem a sua promessa.

São os evangelistas do Tempo, o qual, sem dúvida, mostra com uma mão o que ele destrói com a outra, mas que, pelo lado em que é dêitico, abrange toda a série (o eixo) da construção totalizadora, desde as operações comparatistas dos "gênios" até a representação do globo terrestre. Nessa linha, vamos do globo para o livro, de um sistema de lugares para um sistema de sentidos, pelo gesto que – desprendendo os objetos ("de qualquer país") de seus lugares – estabelece entre esses termos uma relação "simbólica", à maneira como o julgamento – na *Logique de Port-Royal* (1662 [Lógica de Port-Royal]) – tem a função de "comparer", "ligar" ou "separar" as unidades ou

---

[195]. FURETIÈRE, verbete "Histoire" [História], 1690; grifo de M. de Certeau.

"ideias" concebidas e, portanto, de afirmar relações[196]. O anjo desempenha um papel de cópula: é a "ação" de colocar e manter em conjunto objetos ou átomos de linguagem desligados dos respectivos lugares, além de afirmar a respeito dos mesmos uma significação por uma operação (simultaneamente, manual e intelectual) que, ao "aproximá-los", vai transformá-los em termos de uma proposição. Ele produz a unidade elementar do livro. O discurso será feito com todos esses anjos.

2.3 Uma genitora: o escritor

O ciclo da produção chega a seu termo com "uma pessoa em atitude de quem escreve" [*une personne en attitude d'écrire*]. A sutil ambiguidade* da expressão utilizada por Lafitau, em seu texto, dissimula o que a imagem manifesta: esse escritor [*écrivain*] é uma mulher. Esse único personagem histórico da cena está em correspondência com um grande número de detalhes do frontispício que especificam a posição da mulher: na coleção, Astarté, Ísis Mammosa, a Diana de Éfeso coberta com seios etc. No quadro em segundo plano, Eva, a mãe dos homens; Maria, Mãe de Deus. As alusões à maternidade fértil salpicam a gravura, formando uma rede de referências e de espelhos em torno da figura central. O mesmo acontece com a obra de Lafitau, célebre em particular por ter identificado uma "ginecocracia" ou "império das mulheres" entre os iroqueses e os huronianos, assim como entre os lícios, sistema originário de natureza matriarcal e matrilinear em que as "matronas" exercem a "principal autoridade" (genealógica e política) e em que o poder dos homens ocorre apenas "por procuração"[197]. Nesse texto, repete-se também, a propósito de várias sociedades (lícia, judaica, huroniana), a determinação do nome pela mãe. Por toda a parte, é a mãe que aparece na mulher, detendo o controle sobre a deliberação política, sobre o nome de família e

---

196. ARNAULD & NICOLE, 1970, II, cap. II e III, p. 151-159. Cf. mais abaixo, cap. 9.

* O uso do substantivo sobrecomum "une personne" abre a possibilidade de indicar uma mulher como agente da escrita; com efeito, até há pouco tempo, na França, para semelhante ação, utilizava-se unicamente o substantivo masculino "écrivain" [N.T.].

197. I, p. 460-481. A respeito do debate desencadeado, posteriormente, por essa análise, cf. FENTON & MOORE, *op. cit.*, p. CIII-CVII; • McLENNAN, 1865.

sobre os filhos ou o casamento, ou seja, sobre o simbólico, assim como o controle sobre o "campo" ou a vida. A esses poderes descritos em relação às sociedades primitivas, Lafitau acrescenta, a título pessoal, o da escrita, o qual, sem dúvida, recapitula todos eles.

Com efeito, se a mãe-escrita é o centro da gravura, ela aparece aí enquanto representante do autor. Ela marca o lugar do locutor em sua obra; é a assinatura do enunciador. É ele, e seu poder gerador, que se instala nesse teatro como o único ator histórico. Mas, ele está aí em *travesti*: "uma pessoa", diz o texto; uma mulher no frontispício; uma mãe, de acordo com todo o contexto. Sonho de ser mãe para engendrar? Em Lafitau, há uma paixão scherberiana para escrever e ser mulher, para preencher assim todas as lacunas e para superar todas as diferenças pelas quais se introduz o "nada" de um vazio, enfim, para opor a produção do "sistema" – o qual substitui as ruínas por uma totalidade de sentido – aos avatares da história (cf. SCHREBER, 1903). Esse religioso celibatário será, por sua vez, a mãe de uma antropo-logia, a *archè* genealógica de um sistema. Mas, ao mesmo tempo, terá ele a capacidade de ser algo além do *travesti do Outro*, ou seja, representar a "matrona" genitora de uma ordem humana real (ao passo que o seu livro é apenas uma *ficção de mundo*), ou imitar a instauração divina de uma totalidade de sentido (ao passo que a sua produção escriturística nada pode além de *suscitar a crença* de que ela representa o Começo)?

Ao deixar de lado as confissões relatadas por esse frontispício – sonho de Lafitau a respeito de seu livro –, ele acaba designando, no mínimo, um novo funcionamento da escrita nesse início do século XVIII; esta continua sendo a única produtora no momento em que desmorona a presença da Antiguidade, tradição paterna, em que os interlocutores selvagens limitam-se a ser, nos museus da ciência, os resquícios de uma conquista antropofágica. Ausência de pai. Ausência de irmãos. Nada resta além desses detritos amontoados: a Mãe-escrita, máquina celibatária, deve engendrar outro mundo e elaborar um novo começo. Impõe-se a lei de produzir texto no lugar das ruínas; daí em diante, deve-se fabricar o escrito com os escombros do Outro.

Na verdade, essa ascese do trabalho produtor designa também a ambição de uma elite "esclarecida" e "burguesa". A encenação do escritor, ao substituir a representação dos encontros entre europeus e selvagens nas gravuras dos séculos XVI e XVII torna vedete um novo herói da história: o poder da escrita. No próprio texto, o autor não deixa de marcar o seu lugar. Além de sublinhar o que o "faz sofrer" ou "agrada"[198], ele indica com precisão as suas intenções, os seus métodos ou êxitos... Essas anotações convertem o escritor, ou a sua produção escriturística, em um personagem importante – para não dizer, essencial – da "narração". Nesse texto, a escrita relata-se a si mesma. Assim, na mesma época, os relatos de viagem ao Canadá (desde o de Champlain até o de Lahontan) descrevem detalhadamente as provações heroicas do escritor (no lugar e no momento em que escreve, apesar do frio, durante uma breve escala, com a seiva de uma árvore etc.), assim como as *gazetas* transformam o "mensageiro" (recém-chegado de Nápoles ou de Amsterdã, contradito por outro etc.) em personagem mediante o qual é representada, no texto, a epopeia irresistível da construção textual[199]. Trata-se de uma estrutura já narcisista: o produtor mostra-se em sua produção, embora alterado, invertido em mulher e em mãe.

Com a reintrodução do enunciador no enunciado, com a heroicização dos conquistadores (ou amazonas?) escriturísticos, indica-se um novo funcionamento da escrita; ele remonta, sem dúvida, ao século XVI. Os reformistas pensavam, na época, refazer ("reformar") as instituições "corrompidas" a partir das Sagradas Escrituras; em seu entender, estas constituem um recurso contra a decadência do tempo. Mas, do século XVI ao XVIII, a erudição não cessa de mostrar que, por sua vez, essas Escrituras estavam corrompidas, deterioradas pela história e tornadas ilegíveis pela distância[200]. O projeto inicial só conseguiu manter-se ao deslocar-se: outra escrita, língua produzida artificialmente, terá a capacidade de disciplinar o caos introduzido pelo passado

---

198. Assim, acaba mencionando os autores que lhe "causam um maior grau de sofrimento" (I, p. 547) ou aquele que lhe "agrada" (II, p. 482).
199. Cf., por exemplo, as pesquisas de Mme. Claude Rigault (Univ. de Sherbrooke, Canadá) sobre *Nouveaux Voyages* de Lahontan (1703). • A respeito das gazetas, cf. RÉTAT & SGARD, 1978.
200. Cf. MOSER, 1976; • CERTEAU, 1978.

e de criar uma ordem presente. A incapacidade das Escrituras contra a depravação das instituições pelo tempo abre caminho para que as campanhas das escritas científicas, utópicas ou políticas venham a constituir um mundo racional. Nesse caso, *escrever consiste em fazer a história*, retificá-la, educá-la: economia "burguesa" do poder pela escrita; ideologia "esclarecida" da revolução mediante o livro; postulado progressista da transformação das sociedades através das "línguas" científicas[201].

3 Teorias e lendas eruditas: os postulados de um poder

No núcleo estratégico do frontispício, a escrita matrona engendra uma ordem livresca. Com os escombros de passados heterogêneos, ela fabrica um texto que diz a lei da história. Mas esse trabalho obedece a princípios cujo quadro é apresentado isoladamente na parte superior da gravura. Entre o ateliê e a "visão", entre a descrição da operação e a pintura da teoria, há uma ruptura que permitirá uma conexão. A cientificidade de Lafitau organiza-se a partir da disjunção desses dois espaços.

3.1 O não lugar da teoria: do mito à ciência

Sublinhada grandemente pelo enquadramento da "visão", uma separação retira ao tempo – ao das sociedades do passado, assim como ao da operação escriturística – a representação posicionada em recuo na parede. Esse espaço "diferente" não é uma paisagem (a sala é um recinto fechado), nem uma aparição, mas uma pintura mural, uma espécie de representação ilusória de objetos reais: subtraída da ordem cronológica, pertence à ordem dos princípios. Dois círculos sobrepostos de nuvens envolvem dois casais: o primeiro, Adão e Eva, separados pela árvore do conhecimento; e o outro, o Homem Ressuscitado e a Mulher do Apocalipse, separados pelo ostensório, árvore abstrata marcada por um ponto central, sob o brasão triangular da grafia hebraica de Javé. Essa alegoria das teorias da obra é um espetáculo acrônico.

---

201. Cf. CERTEAU, ECH; • e INQ1, cap. X: "A economia escriturística".

Desse ponto de vista, a distância decisiva de Lafitau em relação à tradição comparatista de Huet consiste em substituir Moisés por Adão e Eva: um personagem *histórico* é substituído por uma figura *"teórica"* da origem. Ela representa o *princípio monogenista*, postulado dessa obra, mas toma lugar no nível inferior do quadro formal, como se fosse um corolário do nível superior: Adão é o modo a partir do qual a teoria estabelece no interior de si mesma a sua relação com a exterioridade, a história e o tempo. Aliás, Lafitau tem o cuidado de se distanciar em relação a seus predecessores comparatistas. Distância fundamental. Ao mesmo tempo que Moisés, com o qual Pierre-Daniel Huet pretendia relacionar todas as religiões, Lafitau remove a autoridade da Bíblia por ser demasiado localizada (houve sociedades antes de Israel), demasiado "positiva" (há necessidade de princípios gerais) e demasiado próxima das "fábulas", selvagens ou greco-romanas, consideradas por ele como "absurdas"[202].

Em vez da Bíblia, temos um "sistema". Um corte epistemológico ocorre pelo fato de que o quadro teórico é desvinculado de qualquer positividade histórica. A "demonstração" deixará de incidir, como é o caso em Huet, sobre pontos de cronologia, cessando de ser uma guerra das datas, da qual Moisés deve ser considerado sempre mais antigo do que os seus supostos descendentes. Ela torna-se o desdobramento das operações que um *corpus* conceitual é capaz de organizar a partir de determinado material. Definida por um conjunto de princípios e de hipóteses, ou seja, por "ideias cristalinas" e transparentes que já não permitem que as astúcias de uma hermenêutica se sirvam das opacidades de um texto autorizado, a teoria *não tem lugar* seja no tempo ou no espaço. É um não lugar. A origem é uma forma (uma rede de relações formais) e não uma data, um personagem ou um livro da história; ela consiste, de preferência, no que a pesquisa científica *adota* como regras de trabalho, em vez do que ela *recebe* como lei de uma história.

De fato, o alijamento da teoria é um gesto científico indissociável de um gesto histórico mais global que havia colocado à parte o escritor, desprenden-

---

[202]. I, p. 10-16. • Cf. HUET, 1679; • DUPRONT, 1930; • e a importante síntese de GLIOZZI, 1977, sobretudo, p. 454-513.

do-o de seus vínculos e de suas filiações sociais, além de constituí-lo proprietário de um ateliê autônomo. Tornou-se necessário circunscrever um campo "próprio" em que a escrita reivindique o direito de estabelecer livremente as suas regras e de controlar ela própria a sua produção – tornou-se necessário esse gesto, alternadamemnte, "cartesiano" e "burguês", instaurador de uma ciência e de uma economia – para que, em princípio desobrigado de suas dívidas genealógicas, o escritor viesse a *adotar*, em um quadro anhistórico, o conjunto de seus postulados, critérios e escolhas teóricas. Nesse caso, o seu trabalho já não depende de uma tradição particular, nem de uma fidelidade a seus primeiros pais. A ruptura e a desintegração da instância genealógica são acompanhadas pelo estabelecimento de uma insularidade científica.

O "filho" de uma história é, portanto, substituído por um operador e por um observador. Deixou de haver pai tanto no frontispício de Lafitau (1724) quanto na ilha de Robinson Crusoe (1719); e nessas duas situações, a transformação de um cristianismo recebido por tradição "filial" em um sistema elaborado por um produtor a fim de organizar práticas é, aliás, o efeito desse isolamento técnico e individualista[203]. O escritor é a mãe e o começo de um mundo, simbolizando a ausência do outro (genealógico) na cena produtivista em que o homem pode desempenhar como travesti o papel da *genitrix*; ele é, assim, a testemunha de uma burguesia conquistadora e da ciência que, por seu intermédio, se tornou possível. Ele deshistoriciza a tradição da qual pretende já não depender e que se desfaz, à sua frente, transformada, por um lado, em uma multiplicidade de objetos vestígios e, por outro, em ficção ou quadro teórico. Já não há historicidade pensável nas circunstâncias em que há negação de pertencimento.

Oposto à desordem dos vestígios colecionados, o quadro apresenta as "ideias" – de acordo com a hierarquia da respectiva importância teórica – qualificadas como "cristalinas e distintas" (I, p. 109, 116 etc.) que regulam a produção da obra e constituem em conjunto o *equivalente* de uma "escrita" originária (HODGEN, 1964, p. 268). Kälin estabelece aí a seguinte distinção:

---

203. Cf. BROWN, 1971; • HARTOG, C., 1974 etc.

a. Duas teorias:

1. A conformidade física e espiritual entre os índios e os habitantes do Velho Mundo;

2. A origem única do gênero humano e o povoamento das Américas pelo Estreito de Bering;

b. Duas hipóteses:

1. A revelação inicial de uma religião monoteísta;

2. A regulação dos sexos mediante o casamento, desde os tempos mais recuados[204].

Essas posições restringem-se a um *abstract* icônico: um único casal originário, homem e mulher. Esse brasão designa o papel estratégico desempenhado pelos sistemas de parentesco na análise de Lafitau – papel cujo postulado, tanto neste autor quanto nos etnólogos desde então, estabelece uma exclusão da dependência genealógica, como se o parentesco se tornasse *objeto* de estudo quando ele estava excluído da *"temática"* científica e já não lhe dizia respeito. O casal serve de modelo para toda a espécie de "conexões", "relações" e "equiparações", aparecendo sob duas formas: a primeira, celestial; e a outra, terrestre. Aliás, elas são também representantes: a primeira, vestida, do Velho Mundo e da Antiguidade religiosa; e a outra, quase nua, do Novo Mundo e da primitividade selvagem. A primeira conduz, pelo ostensório, à cifra do absoluto; e a outra, pela serpente, à degradação temporal. A hierarquia dos lugares de sentido obedece, portanto, à dos lugares geográficos. No entanto, a diferença "equivale ao mesmo". O mesmo casal reproduz-se de uma nuvem celestial para a outra, terrestre; a distinção entre eles apoia-se apenas nas variantes acidentais introduzidas no modelo pelos espaços heterogêneos em que se reproduz o único. A teoria traz assim em seu bojo a explicação das diversidades contingentes, cujas estruturas são afetadas, à semelhança de doenças, pelos contextos históricos. Tendo o olhar fixado nos modelos, a escritora saberá/deverá reconhecê-los em seus avatares.

---

204. KÄLIN, *op. cit.*, p. 30; • cf. FENTON & MOORE, *op. cit.*, p. LXXIX-LXXX.

Pelas regras que ele dá à operação analítica (postulado de uma reprodução das mesmas estruturas e dos mesmos funcionamentos que permite totalizar as suas variantes e reduzir as diferenças à unidade), o quadro dos princípios estabelece igualmente as condições que possibilitam uma antropo-logia, ou seja, *um* discurso sobre o Homem em geral. A partir desse discurso, a forma permanece "teológica", enquanto o conteúdo apresenta-se como científico: bem longe de ocultar semelhante miscelânea, Lafitau vai reivindicá-la. Ele é ainda missionário. Do apologista, encontramos nele o hábito característico de mobiliar, com uma verossimilhança "moderna", uma arquitetura pré-estabelecida e recebida. Mas a modernidade escriturística não é somente, para ele, algo verossímil, mas é levada a sério, chegando a metamorfosear o seu discurso. Assim, mais do que as intenções do autor, o que é motivo de questão é o estatuto que deve ser dado a uma *dogmática transformada em teoria*. O processo que produz essa "laicização" é cristalino: ao desrealizar, ou seja, ao deshistoricizar uma economia de salvação, esta é transformada na alegoria de um *corpus* de princípios. Mas eis um discurso (caso frequente desde Platão) que converte uma crença no habitáculo (ou *mythos*) de uma razão (ou *Logos*) e que desenha a formalidade de uma ciência no espaço e com o vocabulário de uma religião. Ele indaga a respeito do *lugar da teoria* ou desse tipo de teoria.

De acordo com Nietzsche, a usura da metáfora vai transformá-la em conceito[205]. Do mesmo modo, crenças recebidas, ao "desgastarem-se", ao cessarem progressivamente de articular o pensável, seriam transformáveis em um sistema racional. O espaço ocupado pelas realidades de que dependiam, então, transforma-se em um "lugar" que a modernidade designa como "mítico", ou seja, um *lugar em que se escreve*. A posição detida pelos seres (mais ou menos incoerentes e invasivos) aos quais crentes estavam vinculados como se fosse uma intransponível e histórica "alteridade" esvazia-se, mas permanece aí, vacante no meio de um mundo repleto de coisas, lugar daí em diante dado à escrita que indexa uma ausência ao substitui-la por uma produção. Nesse recinto do maior vazio (o céu, a origem etc.), podem e devem exibir-se o princípio de uma *autonomia* escriturística (por escolhas, postu-

---
205. Cf. DERRIDA, 1972, p. 249-273, a propósito de textos de Hegel e de Nietzsche sobre essa "usura" (*Abnutzung*).

lados, definições etc.) e o princípio de uma *legibilidade* ou de um "ver" (pela "teoria" que remete a uma "visão") – princípios que substituem a dependência e a crença, outrora, articuladas a partir de uma existência "histórica" do Outro (Espíritos, deuses, em suma, uma Paternidade).

Essa metamorfose e ocupação do espaço do Outro pela escrita teórica apresenta três características encontradas sempre que uma razão transforma em "mito" a realidade da qual depende uma crença: o crível é substituído pelo legível/visível; o histórico pelo especulativo; a não coerência de diferentes quereres (ou seres) pela coerência de princípios pelos quais um pensamento se dá, como em um espelho, o próprio projeto. No fundo, esses três procedimentos da alegorização filosófica equivalem a instalar, de acordo com as normas de um novo inquilino (*i. e.*, de uma ciência), o lugar em que a evacuação do Outro fornece um *sítio* à escrita.

Nesse lugar que deixou de exercer a sua função, abandonado pela crença, a teoria assume, no entanto, a forma de *uma história que não se declara*. Ele produz-se aí como autônoma, mas negando a historicidade "crente" da qual ela toma o lugar e da qual ainda depende. Independentemente das múltiplas variações desse processo[206], Lafitau, por sua vez, leva-nos a assistir ao exato momento da transição. Ele diz-se e pretende ser um crente; no entanto, a docilidade manifestada por ele em relação às autoridades religiosas[207] diz respeito à sua "profissão" enquanto religioso, a uma filiação social, mais do que a seu pensamento. Não que ele refute os dogmas católicos; pelo contrário, ele os mantém, mas defasados, transportados para um plano teórico no qual eles deixam de ter alcance histórico "literal". O seu quadro é ainda uma pintura religiosa, e já é a alegoria de princípios científicos: nem totalmente uma coisa, nem totalmente a outra. Jogo duplo da representação. Momento

---

206. É possível encontrar em Freud (*Totem und Tabu: Einige Übereinstimmungen im Seelenleben der Wilden und der Neurotiker*, 1913 [Totem e tabu: Alguns pontos de concordância entre a vida mental dos selvagens e dos neuróticos]) ou em Durkheim (*Les Formes élémentaires de la vie religieuse: le système totémique en Australie*, 1912 [As formas elementares da vida religiosa: o sistema totêmico na Austrália]) essa maneira de transformar a crença "primitiva" no *espaço em que se escreve a teoria* (psicanalítica ou sociológica).

207. I, p. 13: "Desde que se trata de Religião, declaro publicamente estar tão desprendido de minhas ideias que estou pronto a desdizer-me [...]" etc.

instável. Assim, Lafitau dará a impressão de ser demasiado "crédulo" para os "ateus" contra quem ele trava combate e (após os primeiros elogios dirigidos pelos jesuítas do *Journal de Trévoux* à obra de seu confrade antes mesmo de sua publicação) sem mostrar suficiente firmeza para que a censura régia e eclesiástica lhe conceda autorização para publicar uma segunda obra, mais ambiciosa, sobre a religião primitiva[208].

Por esse deslocamento de uma teologia para uma antropologia, ele inscreve, talvez, no texto a sua viagem e estada entre os iroqueses. A distância que o afastou das pretensões universalistas de sua tradição religiosa iria traduzir-se, nele, por um desenraizamento interno que altera o seu lugar e transpõe o "seu" cristianismo em teoria científica. O discurso de Lafitau seria a escrita de sua história, o índice de um não lugar entre duas instâncias ideológicas e dois mundos culturais.

3.2 O tempo morto

Última figura do frontispício: o Tempo, mediador entre o laboratório e o quadro. Ele expõe à vista, mas, por sua presença, parece impedir de ver. Ele designa a Origem, mas vira-lhe as costas. Ele serve de *shifter* (alavanca) entre as duas metades do frontispício e, sozinho, transpõe a fronteira que as separa, mas, ao mesmo tempo, o olhar da escritora deve atravessar esse corpo opaco para contemplar a "visão". O Tempo – passador ambíguo, caminho descendente e ascendente semelhante à escada de Jacó – é um lugar de trânsito através do qual os princípios se degradam até os seus "vestígios" e a operação escriturística se eleva até o sistema; através dele, produzem-se igualmente a deterioração *histórica* e a reconstrução *teórica* do "mesmo" Modelo.

Na aparência, o espaço fronteiriço ocupado por essa figura é *neutro*: nem um, nem o outro, mas entre os dois. De fato, o Tempo carrega os atributos da morte. Não é somente por ser devastador como ela, mas também porque a produção combate contra ele e, finalmente, visa matá-lo: luta entre

---

208. Em relação às reações dos contemporâneos e à imobilização e, em seguida, ao desaparecimento do manuscrito, cf. FENTON & MOORE, *op. cit.*, p. LXXXIII-CII e XLI-XLII.

a pena de escrever e a foice. Entre o quadro formal e o livro, há essa *distância* a ser reabsorvida e que retorna sempre, análoga a um permanente *lapso*: a história despedaça a escrita originária e cria as lacunas em que tropeça a construção antropológica. Esse entremeio estabelece a *separação* entre o modelo pré-estabelecido e o discurso produzido.

A priori, o projeto esboçado por essa gravura utópica é bastante diferente. À semelhança das antigas *Utopias* – por exemplo, a de Thomas Morus –, ele é feito de duas metades cujo texto deve superar a diferença[209]. Com certeza, em vez de duas "partes" das quais a primeira se refere ao Velho Mundo e a outra ao Novo, como foi o caso de Morus, trata-se de uma divisão entre o sistema dos princípios e a prática erudita. O objetivo fundamental permanece, no entanto, idêntico, mesmo que os conteúdos tenham sido modificados: ele consiste em *converter dois* (espaços) em *um* único texto, em uma única racionalidade. Essas duas metades deveriam coincidir para que o livro faça com que o sistema se torne *legível* nos vestígios e para que a realidade fragmentada se converta pelo livro na *visibilidade* do sistema. Adequação do *sentido* (dado pelo quadro) e do *visual* (fornecido pela coleção), a ciência de Lafitau deveria permitir a exata justaposição dos dois quadrados que compõem a sua representação gravada. Essa seria a verdadeira antropologia.

De fato, nada disso ocorre. Maçador, diabólica instância de divisão, o tempo vai deixar a sua marca no texto antropológico como uma lei estranha pelas insuficiências da informação, pelos déficits da argumentação e por uma demonstração cuja coerência é apenas aparente. Por toda a parte, alterações forçam as provas a não passarem de "conjecturas" (LAFITAU, I, p. 4 etc.), digressões arriscadas que, no discurso científico, traçam a indiscreta intervenção de uma alteridade, pontuando-o com sombras, distorções e aproximações pelas quais retorna um terceiro termo recalcado, uma inquietante familiaridade do Tempo. Esse tempo morto, estabelecido como tal pelo trabalho científico, aparece, portanto, na cena enquanto fantasma. Ele organiza ainda o discurso que o havia expulsado. À maneira da estátua do comendador no *Dom Juan* de Molière ou da aparição do pai assassinado

---

209. Cf. MARIN, 1973, sobretudo, cap. 1.

em *Hamlet* de Shakespeare, ele reintroduz na mãe-escrita uma lei estranha à produção científica. *Chronos* é, aqui, o espectro, devorador das crianças-livros, visitante incongruente na solidão celibatária do trabalho de reconstrução a partir dos resquícios, quimera do Outro no meio desse laboratório insular. Assim, em breve, a ausência do outro será marcada em *Robinson Crusoe* como o rastro de um pé descalço, perturbando a ordem racional imposta à sua ilha atópica pela atividade produtivista e escriturística do conquistador sem pai.

A cortina que, no canto superior, à direita, guarnece essa gravura seria, talvez, a indicação da diferença entre o projeto e o discurso efetivo. O espaço combinando o quadro e a sala de trabalho é, dessa feita, transformado em um palco. Subir o pano. Isso não passa de teatro. Destina-se a *levar-nos a acreditar* no que o discurso não deixará ver. O tempo é domesticado pela imagem, apresentado como o Anjo e o mensageiro do Sistema que ele mostra. Os dois volumes de *Mœurs des sauvages*... remetem, de preferência, à sua metade obscura, à sua foice cuja sombra se eleva acima da pena de escrever e cuja haste corta a mesa da escritora. O texto não dá o que é prometido pela representação. Ou melhor, a representação oferece somente o que o escritor Lafitau tem vontade de acreditar e de fazer acreditar, o que o público também deseja acreditar: uma imagem da ciência – imagem tão sedutora que continua retornando através dos séculos com toda a espécie de gnoses que pretendem matar o tempo para produzir o sistema formal de um saber absoluto, desprendido da história. Desde Platão até Lévi-Strauss, não faltam os modelos dessa cientificidade gnóstica, cuja característica comum consiste em articular, a partir de uma coleção de fragmentos contendo algo que serve de *referencial*, o quadro de "ideias" cristalinas e distintas em que se afirma a ordem de uma *razão*. Mas, a insinuação da temporalidade a essa articulação acaba comprometendo sempre a harmonia estruturalista dessas duas "metades", reintroduzindo a relação de uma ciência efetiva com o que ela deve *levar a acreditar* de si mesma, ou seja, com o que deve adquirir de *poder* retórico sobre o seu meio histórico para suprir os déficits de uma racionalidade.

3.3 O silêncio de um poder: o entremeio

O entremeio em que o tempo morto e fantasmagórico nos indica igualmente – a nós, leitores de *Moeurs des sauvages*... –, o lugar em que se situa a mola propulsora que permite à obra funcionar enquanto "sistema". Uma astúcia é a condição de possibilidade dessa ciência: ela é uma arte de *representar em dois lugares*. Sem dúvida, reencontramos assim, mas de outro modo, a técnica comparatista da "conexão". Os gênios que combinam um cachimbo da paz com um caduceu, ou uma tartaruga com um sistro, retratam a arte de alcançar o mais elevado grau de sentido (a sua mensagem angélica) pela manipulação que cria uma relação entre dois termos. A esse respeito, eles limitam-se a ser as metonímias do procedimento mais geral que engendra o livro de Lafitau no entremeio constituído por diversos tipos de disjunção, por exemplo: entre o laboratório e o quadro, ou entre as antiguidades e os selvagens, ou entre uma dogmática e uma ciência, ou entre os "ateus" civilizados e os selvagens religiosos etc. Essas oposições de natureza bastante diferente dão origem à mesma operação tática. A posição do Tempo, análoga à dos gênios – mas em um nível mais elevado que diz respeito à ordem da ciência, e já não das peças da coleção –, é em si uma variante a ser incluída em uma estratégia que se repete por toda a parte. A maneira de fazer que produz o discurso permanece *idêntica do ponto de vista formal*, apesar das diferenças de terrenos, de conteúdos e de problemas. Desse ponto de vista, o método Lafitau equipara-se ao princípio monogenista implementado por ele e que – conforme já foi observado – permanence "o mesmo", por mais diversificadas ou alteradas que sejam as suas manifestações.

Essa estratégia intelectual é, em última análise, simples, apesar da sutileza de suas modalizações. Com base em um dado binário (um e outro: as práticas e os princípios etc.), ele *serve-se de um e do outro*, mas sob um viés particular que consiste em *reconhecer em um o que está faltando ao outro*. Ela permite, assim, edificar uma ciência que, colmatando os déficits de um pelas contribuições do outro, se situa *entre eles* como a razão dos mesmos. Com efeito, o discurso não é nem um, nem o outro (ele é *neuter*, neutro), mas exprime um e o outro (ele é totalizante).

Vimos como esse procedimento "equipara" movimentos antigos aos hábitos selvagens: os primeiros, relíquias *visíveis* e autênticas de um passado, no entanto, dificilmente inteligível; enquanto os outros, testemunhas mais "*esclarecedoras*" provenientes de uma primitividade que não deixa de ser substitutiva. Quanto aos "tempos primitivos", cada uma das séries de vestígios fornece à outra o que lhe faz falta. Desse modo, o *vivo* (selvagem) permite fazer "falar" o *morto* (monumento antigo), mas os selvagens são entendidos apenas como as vozes dos mortos, ecos de uma Antiguidade silenciosa. Essa complementaridade define o lugar da obra e traduz-se pela combinação de uma história arqueológica com uma etnologia[210].

O mesmo funcionamento articula o quadro formal a partir do laboratório da coleção: o *sentido* que faz falta aos resquícios acumulados tem como corolário a *referencialidade* (as provas factuais e o vocabulário "real") que faz falta aos princípios. Entre os dois, o livro apresenta-se como o enunciado dos princípios no léxico, inicialmente disperso, dos monumentos e dos hábitos; ele situa-se no exato encaixamento das duas formações, enquanto desenho da imbricação "simbólica" das mesmas.

Essa contradança apresenta-se sob múltiplas formas, tais como ainda a relação entre ver e compreender, ou o estatuto do texto entre uma teologia e uma ciência. Ela refere-se às condições históricas do trabalho de Lafitau: o seu livro emerge de uma relação entre os "selvagens" da Nouvelle France e os "filósofos e intelectuais" da França, ou seja, um trânsito entre os primeiros, "rudimentares", mas testemunhas de uma religião primitiva, embora "corrompida", e os segundos, "ateus", mas "civilizados". Ela serve-se de uns e dos outros, de maneira a produzir a "lição" que pode ser aprendida com as suas deficiências complementares. Essa "lição" articula o princípio monoteísta na língua "esclarecida"; por sua natureza, ela dirige-se, portanto, igualmente aos dois mundos. Necessariamente solitário nessa posição que já não pertence a um nem ao outro (nenhuma referência institucional no frontispício) e que se fixa em uma célula (com todo o aparato das insularidades eremíticas de outrora: os anjos, o fantasma, a visão, o livro de meditação), a escritora já é o

---

210. A respeito da posteridade dessa problemática, cf. LEMAY, *art. cit.*, p. 1.325-1.327.

"Lázaro" ao qual Lévi-Strauss (1955) irá comparar o etnólogo, tendo voltado da morada dos mortos para o mundo dos vivos, dotado de um saber inigualável e incompreensível por seus contemporâneos. Presume-se que o seu discurso venha colmatar as lacunas de cada metade do mundo pelo quiasmo de que ele é o mediador.

Lugar exorbitante e único. A ambição teológica de *dizer* tudo em nome da Palavra fundadora assume a figura científica de uma *escrita* que substitui a voz enunciadora de um mundo pela costura indefinida de fragmentos e que obtém a sua autoridade já não de uma fala plena, mas dos limites e das ausências peculiares aos pedaços disseminados de uma geografia semelhante à de uma escrita desfeita. A subida do pano serve de moldura a esse trabalho feminino de textura, tornado necessário e possível por lacunas.

O silêncio reina nesse palco: como poderia ser de outra forma em uma circunstância em que o despedaçamento dos corpos (individuais e sociais) cria o espaço e as condições da escrita? Essa produção sem palavras leva a compreender, certamente, a diferença de tratamento entre os "hábitos" e as "fábulas": os primeiros são "esclarecedores"; enquanto as outras são "absurdas", aliás, adjetivo homérico para designá-las. A atenção lúcida de Lafitau em relação às práticas sociais, políticas ou religiosas contrasta com o seu "sofrimento", a sua "piedade" e a sua irritação escandalizada (ele está "chocado") diante dessas "fábulas bastante ridículas e insípidas", "superstições rudimentares e criminosas" inventadas pelos gregos e romanos ou pelos selvagens[211]. Em suma, *ele acha significante o que se cala e intolerável o que fala*. O mutismo dos monumentos e hábitos permite à escrita mobiliar o silêncio dos mesmos. Pelo contrário, a fábula (*fari*, "falar"), obscena e proliferante, obstrui com *temas* espalhafatosos o palco em que o texto do sentido só pode ser fabricado com *objetos*; ela suscita a inquietação e "abala" a operação celibatária. A voz é o outro. Com ela, faz retorno uma erótica, cuja eliminação condiciona o trabalho escriturístico. Em Lafitau – assim como em B. Le Bovier de Fontenelle (1657-1757), filósofo precursor do espírito do Iluminismo ao vulgarizar as

---

211. Cf. I, p. 44, 93-95, 390, 454-455 etc.

novas teorias científicas, o qual havia publicado, no mesmo ano, 1724, *De l'origine des fables* [A propósito da origem das fábulas] –, uma repulsa conota a prática do "boca a boca" implementada pela tradição oral[212]. O que sai dessa boca limita-se a ser "alteração", vômito. As únicas testemunhas "falantes" são os monumentos silenciosos. *O recalcamento dos corpos é a condição da escrita que toma o lugar dos mesmos.* Assim, a rejeição das fábulas não seria, inicialmente, o sinal de uma incompreensão, de um julgamento errôneo, mas o postulado de uma ciência; as fábulas *devem ser* silenciadas para que, à sua maneira, o saber esclarecido faça "falar" os vestígios.

De maneira geral, esse silêncio dos vivos condiciona a posição central, única, da escritora que ocupa *ao mesmo tempo* os papéis masculino e feminino, utiliza as antiguidades e o selvagem, serve-se simultaneamente das nações "civilizadas" e "rudimentares", além de silenciar os antigos ou os índios para fechar a boca dos "ateus". Essa "ciência dos costumes e hábitos" é estabelecida em uma solidão em que nada há *além de* sua operação. Eis o que o frontispício já mostrava ao proceder à aproximação assimptótica entre a caneta e a foice, entre a escrita e a morte. Com certeza, semelhante aliança não diz respeito somente a Lafitau, mas ao saber "esclarecido" sobre o Homem: ao negar as condições históricas de sua produção, ao dar a si mesmo como lugar o "neutro" de um entremeio, esse discurso postula um fim da história. É a ambiguidade da posição pessoal de Lafitau que o converte em um revelador e, ao mesmo tempo, o instaurador dessa escrita antropológica. Pelo que inaugura, ele acaba "denunciando" o pressuposto; o seu brazão, enquanto científico, é igualmente o lapso de um novo poder.

---

212. Lafitau: "Essa tradição que passa de boca em boca recebe em todas alguma alteração e degenera em fábulas tão absurdas que só nos resta uma dificuldade extrema em relatá-las" (1, p. 93). • Fontenelle: "Será muito pior quando eles [os primeiros relatos] passarão de boca em boca; cada um irá extrair daí algum pequeno vestígio de verdade, introduzindo em seu lugar algum vestígio de falso..." *De l'origine des fables* [1724] 1968, t. II, p. 389. • Em Fontenelle, também, a "história" é uma *escrita* que se instala no lugar do "conto" oral, além de adotar a produção de algo "verossímil" (uma ficção do verdadeiro) em vez dos deslizes "absurdos" da transmissão genealógica (cf. *ibid.*, p. 388 ss.; • e *Sur l'histoire, op. cit.*, p. 424-429).

2ª Parte – ASPECTOS DA DIMENSÃO RELIGIOSA

Capítulo 5
Carlos Borromeu (1538-1584)*

1 Uma lenda episcopal

A "lenda" pós-tridentina de Carlos Borromeu é o fenômeno que começa por se impor ao historiador. No mesmo ano de sua morte (1584), as suas *Vies* [biografias] disseminam-se no Ocidente católico: assim, Mons. Canigiani, arcebispo de Aix-en-Provence, envia imediatamente um obituário para César de Bus (1544-1607) – fundador da Congregação dos Padres da Doutrina Cristã, ou Doutrinários, em 1592 –, o qual, após traduzi-lo para o francês, promove a sua divulgação. Assim, a Contrarreforma tem o seu herói. Ao transpor as montanhas, ele precede e introduz os cânones do Concílio de Trento (13 de dezembro de 1545 a 4 de dezembro de 1563) muito antes dos mesmos terem sido reconhecidos (a sua recepção, na França, ocorreu apenas em 1615):

. *Vita Caroli Borromei card. S. Praxedis archiepiscopi Mediolani...* de Agostino Valerio (Verona, 1586, em latim; Colônia, 1587; tradução italiana, Milão, 1587);

. *Vita et Obitus Caroli Borromei* de Gian Francesco Bonomi (Colônia, 1587);

. *Discorsi della vita, et attioni di Carlo Borromeo prete cardinale di santa Chiesa del titolo di santa Prassede arcivescovo di Milano* de Giovanni Battista Possevino (Roma, 1591; tradução francesa, 1611);

---

* Cf. a referência completa a respeito deste texto na "Introdução", p. 7ss.; e também LEONDI, *Bibliografia di San Carlo Borromeo*.

. *Vita di San Carlo Borromeo* o *De vita et rebus gestis Caroli S. Rom. Ecclesiæ Cardinalis tit. S. Praxedis* de Carlo Bascapè (Ingolstadt, 1592; Veneza, 1596; Bréscia, 1602; Paris, 1643; Lodi, 1658 etc.);

. *Vita di S. Carlo Borromeo, prete cardinale del tit. di S. Prassede, arcivescovo di Milano* de Giovanni Pietro Giussano (Milão, 1610; Roma, 1610; Bréscia, 1612; Veneza, 1613; tradução francesa por N. de Soulfour com uma introdução de Bérulle, Paris, 1615, e por E. Cloyseault, Lyon, 1685; tradução para o latim, Milão, 1751; outras oito traduções para o alemão, inglês e castelhano);

. *La Vie de Saint Charles Borromée: Cardinal du titre de Sainte Praxede, & Archevesque de Milan* de Antoine Godeau (Paris, 1657; Bruxelas, 1684)...

Verifica-se a proliferação de uma literatura, cuja parcela publicada limita-se a fornecer algumas referências de natureza pública, ao lado dos manuscritos e folículos de toda a espécie, ou das "histórias" orais que emergem, de maneira fragmentária, nas correspondências. Mais do que a *Vida* de sua contemporânea, Teresa de Ávila († 1582; 1ª edição, em 1588) no campo místico cuja narração é empreendida por ela, as *Vidas* de Carlos Borromeu constituem um relato único, mas com inúmeras variantes, que promove a circulação do programa pastoral e sacerdotal da Reforma Tridentina.

Pujança do relato que se constrói a partir de um espaço que assume valor utópico e exemplar, ou seja, a unidade biográfica. Nesses textos, arvora-se a figura de um príncipe em que se realiza o sonho de um século de Cristandade, a *reformatio in capite*, à frente da Igreja. Sob esse signo, simultaneamente, reverencial e "maravilhoso", ele descreve práticas administrativas em sequências que validam, no final, a santidade e a eficácia do herói. *Exemplum* sedutor, essa *actio* retórica mobiliza os clérigos, valorizados por essa história da qual eles são os principais propagadores: ele enuncia e seleciona os desejos deles. No entanto, do mesmo modo que a *Vida* teresiana apresenta igualmente métodos de oração no romance biográfico em que se exprimem as maravilhas e as "loucuras" de uma busca de amor, assim também as *Vidas* borromeanas indicam com precisão técnicas pastorais, sem deixar de relatar como o direito eclesiástico leva a melhor em relação ao poder do nascimento, como a fala do padre metamorfoseia o que Bossuet designará como a "Babilônia" milanesa e como o poder do eleito sacerdotal triunfa de seus adversários "temporais", leigos ou mundanos. A linguagem do desejo e da promoção simbólica articula-se a partir da linguagem dos métodos.

Essa narração tem a ver com a "retórica eclesiástica" à qual Agostino Valerio (biógrafo e discípulo de Borromeu) – em sua *De Rhetorica ecclesiastica* (Verona, 1574) –, ou Luís de Granada (amigo do santo), em suas *Ecclesiasticæ Rhetoricæ sive De ratione concionandi libri sex* (Lisboa, 1576) dedicam tratados inteiros, colocados precisamente sob a égide do herói (para Luís de Granada, trata-se da edição de Veneza, 1576). Ela obedece aos dois critérios do que é designado, então, como uma "ação" oratória: *movere* (comover e pôr em movimento) e *docere* (ensinar). Esses discursos visam suscitar no destinatário as práticas que descrevem, tendo o valor de "ações": o relato doutrinal, que engendra movimentos, faz o que diz. Além disso, ao narrar, ele torna crível o que esboça, ele cria uma fiabilidade da Contrarreforma. Por fim, ele esculpe, torna vedete e populariza um transformador da sociedade, o bispo de acordo com o Concílio de Trento. Em todos esses aspectos, ele produz história. Conformes, ou não, com o que uma erudição reconstitui atualmente por trás delas, essas "ficções" mais ou menos hagiográficas criam uma credibilidade pós-tridentina e modificam realmente o histórico ao ilustrarem um nome próprio: Carlos Borromeu. É esse nome, objeto de história, que irá modelar tantos outros agentes da Reforma, de modo que, por exemplo, na França, será atribuído a Mons. Potier de Gesvres o qualificativo de "Borromeu de Beauvais", a Mons. de Grammont o de "Borromeu do Franco-Condado", ou a Mons. de Solminihac o de "São Carlos da França" – vestígios, entre uma grande quantidade de outros, da produtividade do relato borromeano.

Considerando que um artigo biográfico não tem como objeto essas "ações" narrativas, ele deve analisar o que as tornou possível e o que têm ocultado, caricaturado ou revelado do personagem, cujo nome foi dotado por elas com tal eficácia. Do "teatro" pós-borromeano, deve-se passar para o estudo dos textos e documentos, produzido como história do herói. Eis a maneira de avaliar indiretamente o efeito próprio devido à narrativização do herói episcopal, mas consiste também em repeti-la, uma vez que essa vida se apresenta como uma série de *gestæ*, uma fábula de gestos, cujas sequências devem ser acompanhadas; além disso, o "ensino" ou a "doutrina" de Carlos Borromeu lhes é indissociável.

2 Uma família

Nascido em 2 de outubro de 1538, no castelo familiar de Arona, às margens do Lago Maggiore, Carlos – o terceiro filho do conde Gilberto († 1558) e de Margherita de' Medici († 1547) – pertence a uma antiga e rica família originária de Pádua. No começo, havia uma família e um nome (cuja forma inicial, *Buon Romeo*, é a assinatura adotada por Carlos em várias de suas cartas de juventude); os dois foram sempre inestimáveis para esse filho caçula bem-nascido. A "grandeza" e a antiguidade dos Borromeu são muito apreciadas por ele; aliás, fica devendo as suas responsabilidades e sua carreira relâmpago na área eclesiástica à família e, sobretudo, ao tio materno, o cardeal Gian Angelo de' Medici, eleito papa em 25 de dezembro de 1559, sob o nome de Pio IV: um mês depois, em 31 de janeiro de 1560, o papa promove a cardeal o sobrinho de 21 anos de idade que tinha vindo a Roma, encarregando-o da Secretaria de Estado e confiando-lhe (8 de fevereiro de 1560) a administração perpétua da arquidiocese de Milão, ao mesmo tempo em que nomeia Federico, o irmão mais velho de Carlos, comandante das tropas da Igreja Romana. Uma estratégia familiar organiza a intercorrência das posições e das forças que ligam cada membro aos outros. O cardeal permanece fiel a esses contratos de sangue, dispendendo uma grande quantidade de energia para "defender os interesses da família", para casar as três irmãs com príncipes (Camilla com Cesare Gonzaga; Geronima com Fabrizio Gesualdo; e Anna com Fabrizio Colonna), para providenciar o dote da sobrinha, Margherita Gonzaga, mediante um empréstimo de 25.000 ecus do duque da Toscana, para fornecer o necessário aos primos Carlo e Federico etc.

A rede das alianças familiares constitui uma unidade de poder. Esse referente clânico permanece, até o fim, uma determinante da ação para Borromeu, tão hábil em escolher colaboradores "fiéis" e em rodear-se de uma "clientela" a partir do modelo da família, organizador de uma *milizia ecclesiastica* que deve ser "um pelotão (*manipolo*) de pastores prontos para qualquer coisa [...] em favor das almas [...] sob a direção do bispo" (MAIOLI, 1965, p. 467). O ideal presbiteral borromeano consiste em criar uma corporação, distinta das outras, cujas partes se sustentam organicamente e todas obedecem a um líder: "Vocês são meus olhos, meus ouvidos, minhas mãos", afirma ele aos colaboradores; as metáforas orgânicas, tão frequentes em seu discurso, têm nele valor literal, indicando o modelo, biológico e clânico, ao qual ele se refere e que será tão apreciado por um grande número de bispos (nobres) da Contrarreforma. Trata-se de transformar as dioceses em "histórias de família" sacerdotais, aliás, histórias paralelas às de numerosas congregações religiosas e de suas concorrentes. A família é, portanto, no opaco da história, o fundamento dessa *milizia* constantemente mobilizada e unida em virtude de sua excepcional "nobreza" e "grandeza".

A ascensão familiar dos Borromeu inscreve-se também no movimento de uma expansão e, quase, de uma *conquista* milanesa de Roma. Esse é o momento em que milaneses e lombardos afluem à Cidade Eterna: arquitetos, escultores, fundidores, ourives, operários, fabricantes ou condutores de carruagens, agrimensores[213]. A Confraternita dei Lombardi [Confraria dos Lombardos], fundada em Roma em 1471 – e que, mais tarde, vai receber o nome de Arciconfraternita dei Santi Ambrogio e Carlo della Nazione Lombarda –, conta com um número crescente de membros: homens influentes, oriundos do Norte, participam eficazmente da transformação do papado da Renascença e dos Médici em capital da triunfante Contrarreforma sob os papas, Sisto V e Clemente VIII. Impõe-se um novo estilo, administrativo e técnico, construtor e pragmático. À semelhança do que ocorria na época de Santo Ambrósio, Milão – cujos cidadãos adquirem uma nova influência no Sul – torna-se um centro rival de Roma: ao fixar residência nessa cidade, o arcebispo Borromeu – o primeiro no último século – fará um ato político. Ele vai trabalhar em favor da "glória" de sua "pátria" milanesa: a instalação desse

---

213. BERTOLOTTI, 1881; • DELUMEAU, 1957.

príncipe, arcebispo e "quase-papa", vai fortalecer um "nacionalismo" lombardo que, aliás, lhe será extremamente favorável.

3 A cultura do clérigo

Tendo recebido a tonsura e nomeado abade comendador da Abadia dos Santos Graziano e Felino em Arona (13 de outubro e 20 de novembro de 1545, com sete anos), a partir de novembro de 1552, Carlos estuda direito em Pavia sob a direção de Francesco Alciati, obtendo o doutorado *in utroque jure* em 6 de dezembro de 1559. Votado ao clericato por ser o caçula, ele é orientado para as Letras e não para a vida militar; a sua paixão pela caça é apenas uma diversão. Ele recebe uma formação clássica. O direito vai direcioná-lo, talvez, para as técnicas da ação e da "ocasião" que postulam, na época, uma primazia da produção e da "mecânica" sociais em relação à "natureza"; de qualquer modo, ele acaba orientando-se para o seu gosto por precisão e, até mesmo, pela meticulosidade do detalhe.

O estudante não deixa de se dedicar à leitura: em 1551, ao se queixar da falta de livros (*desunt libri*), ele pede ao pai para lhe enviar as obras de Plínio, o *De animalibus* de Aristóteles e Salústio (CRIVELLI, 1893, p. 32-33). Enquanto arcebispo de Milão, ele irá dispor de uma excelente biblioteca (SABA, 1936), além de um importante museu privado (MARCORA, 1964, fasc. 8, p. 27-87). Mas se, em sua juventude, ele escreve *Rime diverse* (PREMOLI, 1917, p. 430), trata-se de poesias recuperadas do passado, cujo lirismo é efêmero, desvanecido. Em Roma, ele funda a Accademia delle Notti vaticane (BERRA, 1915): durante três anos (1562-1565), uma assembleia de futuros bispos ou cardeais discute acerca de Cícero, Tito Lívio, Lucrécio, Virgílio (as *Geórgicas*), Varrão (*De re rustica*), Aristóteles (*Retórica*) etc., mas deixa aos poucos essa literatura profana para abordar assuntos de índole mais sagrada, bíblica e patrística. Uma tradição humanista do Renascimento, considerada como uma relíquia, converte-se em reformismo religioso. Se, na sequência, ele continua lendo e por toda a parte, carregando mais tarde caixas de livros durante as visitas pastorais, Carlos Borromeu acentua essa evolução em prol de uma cultura destinada ao uso pastoral: os Padres da Igreja (sobretudo,

Ambrósio e Cipriano enquanto modelos) e os exegetes ou os especialistas da Sagrada Escritura. Tal como a própria existência, os seus livros devem servir à ação programada pelo concílio.

Ao escrever a respeito da pregação do colega milanês, Francisco de Sales – com um tanto de altivez e distância "saboianas" – chega a formular a seu respeito este julgamento: "O bem-aventurado Carlos Borromeu era dotado de uma ciência bastante medíocre, [...] o que não o impediu de fazer prodígios"[214]. Com certeza, "medíocre" significa, em seu francês, "honesto"; mas é uma forma de julgar superficialmente o discurso borromeano, um tanto afetado e austero, despojado de qualquer outra referência que não seja bíblica, e desprovido da balizagem lírica de citações, alusões e digressões literárias que adornam a prosa maleável de Francisco de Sales. De maneira mais profunda, não deixa de ser verdade que, ao contrário do bispo de Annecy, o "papa" milanês não tem nenhuma paixão doutrinal nem teórica: ele usa o que foi dito do modo mais adequado possível e que, daí em diante, convém pôr em prática ou refazer.

4 Cardeal e Secretário de Estado

Em Roma, a partir de 1560, verifica-se o acúmulo de cargos e de bens: abade comendador de uma dúzia de abadias, legado da Romagna, protetor do Reino de Portugal e dos Países Baixos, arcipreste da basílica de Santa Maria Maior, penitenciário-mor (1565-1572), administrador da diocese de Milão e, sobretudo, Secretário de Estado, colocado à frente de uma "casa" de cento e cinquenta pessoas (as quais, por sua vontade, estão todas vestidas de veludo preto), o cardeal tem a tarefa essencial de lidar com os diplomatas credenciados junto da Santa Sé e de resolver os assuntos correntes mediante cartas, instruções e ordenanças. O seu "secretário pessoal", Tolomeo Gallio, futuro cardeal de Como na região da Lombardia, garante o expediente e redige os textos[215].

---

214. FRANÇOIS DE SALES. Œuvres. t. 12, 1902, p. 301, 324.
215. TÖRNE, 1907; este autor sobrevaloriza, sem dúvida, o seu herói.

Embora para os assuntos de política geral os conselhos dos cardeais Morone ou Hosius prevaleçam e embora o primeiro desempenhe um papel decisivo na conclusão do Concílio de Trento (1562-1565) após a morte dos cardeais Gonzaga e Seripando, ocorre que Pio IV, bastante independente, deposita plena confiança nesse jovem *"di natura freddo e per consuetudine timido al papa"* de acordo com Francesco Tonina, o agente de Mantua[216], sem nenhuma suspeita de que ele viesse a ameaçar a sua autoridade, nem intervir a favor de qualquer potência estrangeira. Aliás, de acordo com a sua afirmação, ele deseja "um secretário e não um prefeito do palácio" (CÉLIER, 1912, p. 43); assim, em 1561, ele não hesitou em condenar à morte o sobrinho, cardeal Carlo Carafa.

As numerosas intervenções de Borromeu são de natureza administrativa e diplomática; deste modo, em sua correspondência com o núncio de Nápoles (1560-1563), ele multiplica os conselhos a respeito das inúmeras maneiras de convencer os bispos idosos do Sul a fazerem a viagem até Trento (promessa de indulgências, envio de monitórias, imagens ameaçadoras do ressentimento papal etc.), desconfiando dos atestados médicos apresentados pelos bispos (SPOSATO, 1956, p. 375-391); nesse aspecto, ele é o fiel executor de Pio IV, o qual exprimia ao delegado de Veneza, em 1561, o seu desejo de *"haver de nostri Italiani per ogni rispetto quel maggiore numero che potemo"*[217].

A sua fortuna é considerável, de acordo com a análise de G. Soranzo, embaixador de Veneza no ano de 1563:

> Ele é arcebispo de Milão, o que lhe garante 7.000 ecus de renda; a Abadia de Arona, que pertence à sua casa, rende-lhe 2.000; no Estado da Sereníssima (Veneza), ele possui as Abadias de Mozzo, Folina e Colle das quais ele tira acima de 7.000 ecus; ele tem ainda, no Ducado de Modena, a Abadia de Nonantola, a qual lhe rende igualmente 3.000 ecus; no reino de Nápoles, uma abadia de 1.000 ecus e, na Espanha, 9.000 ecus de pensão – com efeito, dos 12.000 que lhe foram outorgados pelo rei católico, ele cedeu 3.000 ao cardeal Altemps. Ele detém ainda a legação de Bolonha que lhe rende 7.000 ecus por ano; a de Ravena, 5.000; e

---

216. PASTOR, t. XV – *Pie IV (1559-1565)*, p. 96, n. 1.
217. *Concilium Tridentinum...*, t. VIII, 1919, p. 241, n. 2.

a de Spoleto, 3.000. Além disso, ele dispõe da superintendência de quatro galés que pertenciam ao conde Federico Borromeu e para as quais o rei da Espanha lhe paga 7.000 ecus por embarcação, soma da qual pode caber ao cardeal um lucro de 1.000 ecus por ano e por navio. Ele é ainda herdeiro do condado de Arona e de outras propriedades paternas pela morte do conde Federico, seu irmão, que podem render-lhe 4.000 ecus.[218]

A estimativa parece demasiado modesta: Bascapé, biógrafo de Borromeu, fala de 90.000 ecus. Se levarmos em conta os cálculos de Soranzo, o cardeal dispõe de cerca de 52.000 ecus-moeda "para gastar anualmente"; em 1565, 57.000 ecus (dos quais 16.000, provenientes de territórios espanhóis, estariam em atraso). A característica principal, salvo as quatro galés, é que esses rendimentos são de origem fundiária. Borromeu é um latifundiário de modo que a sua economia pastoral carrega essa marca, consistindo em distribuir terras a bons agricultores (os párocos), em visitá-los e mantê-los sob controle; assim, ela é geográfica e territorial, visando o melhor rendimento (em termos de safras e de "frutos") de solos (as paróquias) confiados a ecônomos zelosos. A gestão de bens fundiários continua sendo o modelo de uma administração eclesiástica.

5 O modelo do bispo

Uma conversão leva Carlos Borromeu a receber a ordenação sacerdotal, em 17 de julho de 1563, e a sagração episcopal, em 7 de dezembro do mesmo ano – *il giorno di Sant'Ambrogio* –, para retomar a frase escrita para a irmã freira, Corona (CATTANEO, 1963, p. 305-315). Diversos elementos participam dessa decisão: a morte súbita – e, para ele, desestabilizadora – do irmão mais velho, Federico (em 19 de novembro de 1562), a quem deveria substituir na carreira das armas e à frente da família; as suas relações com os jesuítas – ele faz os *Exercícios espirituais* sob a direção do pe. Giovanni Battista Ribera – e com os teatinos (é criticado por aderir inteiramente *"a una*

---

218. ALBÈRI, *Relazione di Roma di Girolamo Soranzo*, 1857, p. 92.

vita theatina" e o cardeal Altemps fala de suas "teatinices")[219]; o encontro com o dominicano, Bartolomeu dos Mártires, arcebispo de Braga (Portugal), o qual veio a Roma, em setembro de 1563, para o encerramento do Concílio de Trento, e a quem Borromeu escreve: "A figura de Vossa Eminência está constantemente diante de meus olhos; eu sirvo-me de Vossa Eminência como modelo..." (BROUTIN, vol. 1, p. 96).

Acima de tudo, para esse jovem que, algum tempo atrás, "esquecido" do passado, galopava tão alegremente por toda a Itália para se juntar ao novo papa (cf. a sua carta de 6 de janeiro de 1560), o conjunto dos textos votados pelo Concílio de Trento, em 1562-1563, apresenta o ideal – oferecido a uma ambição mais elevada e associada a uma urgência desse período – da eminente dignidade e dos deveres do bispo. Ao longo de toda a sua vida, os *canones reformationis generalis* de Trento assumem, para Carlos, o valor de uma revelação decisiva. Ele assiste e colabora na produção dessa imagem do bispo, herói mítico da Reforma esperada pela Cristandade. Mas, Borromeu é o homem da ação: *"Huomo di frutto e non di fiore, de' fati e non di parole"*, de acordo com a afirmação do cardeal Seripando (RIVOLTA, 1937, p. 56). Ele deseja "aplicar". Ele toma medidas concretas, respondendo assim ao papa que declarava: "Não estarmos acostumados a muitas palavras e desejamos ações (19 de novembro de 1561; cf. PASTOR, *op. cit.*, p. 220).

É bastante difícil descobrir o rosto de Carlos, apagado por trás da função que exerce, e, por isso mesmo, o movimento de conversão que o leva a aceitá-la. No entanto, tal retraimento parece ser a própria conversão: na sequência de um grande número de *Miroir de l'évêque* [Espelho do bispo] – gênero literário de enorme sucesso – e, sem deixar de confirmá-los e universalizá-los, os cânones do Concílio de Trento produzem a imagem que Borromeu há de tornar efetiva. Ele identifica-se com essa imagem, alimentando-a com a sua vida pelo fato de saber que o discurso adquire concretude à custa do sangue: *sanguinis ministri*, tais são para ele os "verdadeiros" sacerdotes. Ele realiza, portanto, a imagem impregnando-se dela. Toda a sua "paixão" está focalizada em reproduzi-la, em converter o seu corpo no sacramento

---

219. PASTOR, *op. cit.*, t. XV, p. 106, n. 2.

da estatura episcopal, em ser o mártir do modelo, antes de se tornar, por sua vez, a representação hagiográfica. Essa é uma regra dada aos sacerdotes pelo Concílio: *se componere*[220], comportarem-se de acordo com a função, transformarem-se na letra.

Esse movimento irá repetir-se na concepção borromeana da retórica: passar do modelo para o querer, do dizer para o fazer. Que o texto impregne o corpo: eis o princípio essencial que inspira não só um *ars concionandi*, mas uma existência. Fazer acontecer o que já está dito, tal é a espiritualidade, meticulosa e obstinada, do arcebispo transformado lentamente nesse quadro prestigioso; em Roma, já reina a satisfação pelo fato de que este tenha sido finalmente esboçado. No momento em que o texto é concluído de maneira auspiciosa – triunfo, durante muito tempo, improvável –, surge Borromeu. Ele assume esse texto ao pé da letra para escrevê-lo com o seu corpo, e não para inventar outros textos: vou aplicá-lo e acabarei por impregnar-me dele. Três dias antes de sua sagração, em 4 de dezembro de 1563, ele escreve ao cardeal Morone:

> É tanto il desiderio mio che hormai s'attenda ad exequir poi che sarà confirmato questo santo concilio conforme al bisogno che ne ha la christianità tutta e non più a disputare (JEDIN, 1971, p. 14-15).

Após o tempo dos teólogos, manudutores dos Padres conciliares e grandes polemistas, eis o tempo dos pastores, ou seja, o da execução.

6 Arcebispo de Milão

Nomeado arcebispo de Milão (em 12 de maio de 1564), Borromeu, a partir de junho, enviou Niccolò Ormaneto para essa cidade "a fim de governar a minha igreja de Milão e suprir a minha ausência"; em Roma, ele havia travado conhecimento com esse conselheiro de bispos – sacerdote notável formado junto de Mons. Gian Matteo Giberti (bispo de Verona de 1524 a 1543 e o primeiro *boni pastoris exemplum* da Reforma Católica) – e, em se-

---

220. *Concilium Tridentinum...*, t. VIII, p. 965.

guida, companheiro do cardeal Reginald Pole (1500-1558), último arcebispo católico de Cantuária, na Inglaterra. O arcebispo de Milão vai remover Ormaneto da diocese vizinha de Verona para colocá-lo a serviço da que lhe havia sido atribuída. Prática tipicamente borromeana. Mais tarde, Filipe Néri (1515-1595) – conhecido como o Apóstolo de Roma e o Santo da Alegria – irá escrever, com toda a franqueza, ao cardeal (em uma carta considerada, aliás, bastante acerba e que ele não chegou a enviar):

> Atribui-se a Vossa Eminência uma reputação de ser não só glutona (*sensuale*), mas ladra (*ladra*): eis o que é afirmado pelo bispo de Rimini e Verceil, assim como por muitos outros. Com efeito, a pretexto de qualquer motivo, Vossa Eminência não se importa de desguarnecer um altar para enfeitar o próprio (DEROO, 1963, p. 345)

Como é o caso na maioria das vezes (Borromeu sabe escolher os "seus" colaboradores), essa nomeação foi auspiciosa.

Ormaneto faz prodígios: sob as ordens de seu cardeal de vinte e seis anos, ele organiza a toque de caixa um sínodo diocesano – evento, aliás, já realizado em Vigevano, Bréscia, Cremona e Verona. Em Milão, impõe-se, portanto, empreendê-lo o mais rapidamente possível. A sessão de abertura do sínodo ocorre em 29 de agosto de 1564: registra-se a presença de 1.200 sacerdotes para escutar um programa de aplicação dos decretos tridentinos e um conjunto de medidas disciplinares (residência, redução no número de benefícios, moralidade, estudos eclesiásticos, práticas pastorais), os quais haviam sido formulados em Roma por Borromeu. Há quem manifeste o seu protesto, mas sem sucesso. Ao obter do papa um breve que o autoriza a tributar todos os titulares de benefícios, Borromeu prepara já a criação de um Seminário, confiado aos jesuítas, inaugurado em 10 de dezembro do mesmo ano (CATTANEO, 1963); os menores detalhes (horário, vestuário etc.) são monitorados pelo cardeal. Além de promover uma campanha no sentido de convencer os detentores de vários benefícios a conservarem apenas um, são realizadas as primeiras visitas pastorais. Implementa-se todo o plano do Concílio: esses procedimentos, igualmente impopulares junto do clero milanês, foram conduzidos por Mons. Ormaneto com a ajuda de Mons. Thomas Goldwell, que havia sido nomeado bispo auxiliar. Ao simplificar o seu estilo de vida e, simultaneamente, ao distribuir uma parcela de seus bens para construções e fundações, Borromeu conduz de longe essas operações pioneiras e objeto de contestação, antes de obter do papa a autorização para deixar Roma.

Acompanhado pelo cortejo de uma centena de pessoas e pela escolta de um destacamento de cavalaria ligeira – o suficiente para garantir a dignidade dos bispos, *in militia Christi imperatores*[221] –, ele chega finalmente a Milão em setembro de 1565. Alguns meses depois, em 1566, será "privado de seu braço direito", Ormaneto, nomeado bispo de Pádua e destinado a partir como núncio na Espanha (1572-1577), país em que a sua "sabedoria", a sua lúcida coragem e a exaustão de seus últimos anos deixaram vestígios na correspondência de Teresa de Ávila (que lhe atribui, em tom familiar, o qualifica de "Anjo" ou "Matusalém"). Para Carlos, é o momento de enfrentar a diocese; o período, também, para viver uma espécie de solidão. Pio IV, o tio-papa, morre em 9 de dezembro de 1565, substituído em 7 de janeiro de 1566 pelo dominicano, Michele Ghislieri, cardeal Alessandrini, apoiado pelos Farnèse e amigo dos Carafa – outro clã – e que adota o nome de Pio V (1566-1572). Borromeu, que havia retornado a Roma para o conclave, só deixará a sua arquidiocese em raras ocasiões: para os conclaves, para o ano santo de 1575, no momento de seu conflito com o governador de Milão (1579, 1580 e outono de 1582), para visitas à Suíça (1570) e Veneza (1580), além das peregrinações a Loreto (1566, 1572, 1579, 1583) e ao Santo Sudário transferido de Chambéry para Turim em 1578 (1578, 1581, 1582, 1584).

De 1566 até a sua morte em 1584, durante dezoito anos, o arcebispo permanece em sua província eclesiástica, na estrita observância dos cânones e da *cura animarum*. "Gostaríamos de ter observado com diligência tudo o que foi prescrito em todos os sínodos anteriores", disse ele em 1584. E ainda: "A vida de um bispo deve ser orientada [...] unicamente pelas leis da disciplina eclesiástica" (1584). Motivo recorrente de uma existência sacrificada à dignidade excessivamente eminente de que ele havia sido investido. "A

---

221. *Acta Ecclesiæ Mediolanensis*, t. III, p. 857.

consagração episcopal colocou-nos em um trono elevado": essa declaração, na abertura do 2º Concílio Provincial de Milão (1569) instaura, ao mesmo tempo, direitos e deveres.

7 O poder "temporal"

"Ah! A cidade de Milão, nova Nínive enibriada em teus prazeres, soberba em tuas pompas, obcecada por tuas vaidades, insaciável em teus deboches..." (BOSSUET, t. II, p. 581). A eloquência de Bossuet exprime-se com verve: ele tinha necessidade desse pano de fundo negro da cidade corrompida para colocar em destaque a silhueta de São Carlos; de fato, não é certo que Borromeu tenha feito tal julgamento a respeito de sua capital, considerando que ele tem "uma visão um tanto parcial, unilateral do mundo em que vive" (SORANZO, 1945, t. II, p. 195). Devolvido pela França a Carlos V pelo Tratado de Madri (1525), após a batalha de Pavia, o ducado de Milão depende, desde 1556, de Filipe II da Espanha, o qual designa o governador da cidade; ora, em vários assuntos, verifica-se a oposição do arcebispo a esse "poder temporal".

O primeiro diz respeito à introdução da Inquisição Espanhola em Milão (1563). Nessa cidade, nos últimos trinta anos, espalha-se um reformismo evangélico, a começar pelos religiosos (agostinianos, franciscanos e dominicanos), sob a forma de tendências luteranas, calvinistas, zwinglianos e, até mesmo, anabatistas, aliás, em conexão com a Universidade de Pavia. Em 1547, as autoridades milanesas expulsaram muitos desses clérigos, os quais se refugiam quase sempre na Suíça; leigos acabam assumindo o lugar deles em Milão. Por volta de 1554, letrados, médicos e burgueses formam importantes círculos, vinculados à Igreja de Cremona; ora, entre todas as cidades italianas, era esta que fornecia o maior número de exilados em Genebra. Contra esses "inovadores" que esboçam, em torno da encruzilhada milanesa, a geografia das futuras campanhas borromeanas, a repressão intensifica-se em 1558-1560, assumida pela corte espanhola: Filipe 2º empreende uma ação diplomática junto a Roma, visando implantar a Inquisição na capital lombarda. Menos relutante do que os representantes da cidade, o papa opõe-se não à instituição, mas a seus procedimentos espanhóis e à interferência de um poder civil em um domínio religioso. Esse é o ponto de vista de Borromeu que rejeita, enquanto jurista, "a maneira de proceder espanhola" (por exemplo, as denúncias anônimas) e, enquanto eclesiástico, a ingerência do Estado (RODOCANACHI, 2, p. 342). Em 1566, ele escreve:

> Il popolo milanese ha il sospetto che con questa bolla si cerchi di mettere in questo Stato l'Inquisizione alla foggia di Spagna, non tanto per zelo di religione quanto per interesse di Stato (BENDISCIOLI, t. I, p. 376).

Independentemente de um nacionalismo milanês, o problema consiste em saber se uma questão "religiosa" é da alçada, daí em diante, de uma juridisção política, na medida em que é julgada sob a formalidade da ordem pública, e já não imediatamente das crenças. Essa é a convicção de Filipe 2º, mesmo que, por razões de diplomacia (as relações com os Estados Pontifícios) e de piedade pessoal, ele esteja inclinado a um maior grau de moderação do que os seus altos funcionários, treinados em um direito que já inclui praticamente a religião na área da "segurança pública".

Em sua lógica, tal direito inscreve o "visível" no campo "natural" da política, reservando para Deus a mística. Ele avança diretamente contra a vontade tridentina em restaurar a visibilidade institucional, sacramental e jurídica; ou seja, eclesial, da graça divina ou da verdade. Para Borromeu – o qual tem, sem dúvida, "uma concepção quase medieval da relação entre os dois poderes, laico e eclesiástico" (JEDIN, *op. cit.*, p. 32), mas permanece lúcido em relação ao desafio desses conflitos de jurisdição –, trata-se de algo essencial: esses casos particulares são *"d'interesse generale per tutta la Chiesa cattolica"*. Assim, a caça aos hereges foi conduzida por ele enquanto arcebispo de Milão: lançando mão de todos os recursos – convém, escrevia ele aos legados, em 1562, a propósito de Trento, *"trovar via e forma [...] senza entrar più oltre"* –, ele utiliza inclusive a ajuda temível dos Crocesignati, uma congregação composta em Milão de uma quarentena de leigos nobres, "cruzados" que haviam jurado "o extermínio dos hereges" (BENDISCIOLI, *art. cit.*, p. 363-391); apoio grandemente questionável, mas, diga-se a verdade, utilizado raramente. O cardeal dispõe também de sua própria polícia (aliás, legal), a sua *famiglia armata*, para aplicar as sentenças do tribunal episcopal.

Mas, contra as rebeliões, as seitas, os carnavais e os peculatos – ou seja, os seus principais adversários –, ele prefere os rigores da pregação ou da lei eclesiástica, a ponto de "fulminar" com a excomunhão os cônegos de Santa Maria della Scala (que o impedem de entrar em sua igreja) ou contra o governador, don Luis de Zúñiga y Requesens, o vencedor de Lepanto (7 de outubro de 1571), representante da alta nobreza espanhola: em 1573, este pretende limitar o número de guardas armados a serviço do bispo. Diante dos protestos do governador – isentado, privadamente, de excomunhão pelo papa –, o arcebispo precisa do apoio de Gregório XIII, o qual, no entanto, lhe recomenda um maior grau de circunspecção. Por sua vez, o sucessor de Requesens, o marquês de Ayamonte, na sequência de altercações a respeito das festas durante a Quaresma, exige ao papa a remoção do arcebispo: uma embaixada papal junto de Filipe 2º, liderada pelo barnabita Carlo Bascapé (o futuro biógrafo de Carlos), acaba encontrando solução para o conflito (1579-1580). É certo que, em todos esses casos, a materialidade do fato é menos importante do que as relações de forças ideológicas. Tais questões de precedência põem em causa uma guerra simbólica, ou seja, a relação estabelecida entre poderes concorrentes, cada um reivindicando determinada credibilidade ou "autoridade". Mas, Carlos Borromeu continua privilegiando a imagem, apoiando-se de preferência em uma linguagem e intervindo em termos de "autoridade", ao passo que os adversários avaliam as intercorrências de poder e limitam-se a acusar o bispo por comprometer a estabilização que garante a esse cálculo uma manipulação do simbólico. Duas ópticas inconciliáveis, mas entre as quais a discriminação histórica já está ocorrendo em favor de quem dispõe do controle efetivo da ordem pública.

8 A administração tridentina

Aliás, o bispo sabe pertinentemente que a organização coerente de sua diocese é a única forma de enfrentar o poder temporal; nesse sentido, inspira-se nos métodos utilizados por este, visando a criação de uma *milizia*, desta vez, *ecclesiastica*. O seu objetivo consiste em transformar o clero em uma corporação, articulando uma técnica organizacional com uma ideologia política mobilizadora: a primeira constrói uma administração, enquanto a segunda focaliza-se na pregação. Conviria, talvez, procurar o gênio de Carlos Borromeu na constância com que ele não deixou de garantir na prática, até o menor detalhe, a estreita conexão entre a gestão institucional e a capacidade de acreditar ou fazer acreditar, entre um "gerenciamento" e uma retórica – modalidade mediante a qual ele combina indissoluvelmente uma política com uma espiritualidade.

Para a organização de sua diocese, ao inspirar-se nos métodos ditados pelo Concílio, ele vai aperfeiçoá-los pela sua prática, experimentando e confirmando as respectivas possibilidades. A sua primeira opção diz respeito ao estabelecimento de um poder local – milanês – com base no qual ele julga possível, mais tarde, estender a reforma à Cúria e à diocese da "cabeça" da catolicidade (1575), ou vislumbrar expansões do lado dos cantões suíços (1583); se o discurso deve ser romano, "universal", a sua execução só é possível a partir de pontos consolidados e, portanto, circunscritos, nos quais a ação será concentrada.

Para isso, Borromeu precisa de meios. Pede e obtém dos papas sucessivos (Pio IV, Pio V etc.) poderes bastante amplos e, até mesmo, exorbitantes, de arcebispo, de legado, de visitador apostólico etc.: direito de criar confrarias, de conceder indulgências plenárias, de absolver os casos reservados, de suspender temporariamente paróquias e igrejas, de dispor das prebendas vacantes etc. Ele remove qualquer resistência jurídica ao clero, secular e regular, assim como aos leigos; é impossível ou inútil recorrer a Roma. Sabe-se que ele é onipotente. Ao lisonjear assim o orgulho milanês, ele não deixa de subjugar qualquer tentativa de oposição: "Havia quem afirmasse que ele era outro papa – dirá uma testemunha – e nós, milaneses, não sabíamos o que era Roma. Ele tinha tanto poder que não precisávamos de recorrer ao Vaticano para nada" (MARCORA, 1962, p. 207). Tudo deve estar a serviço da diocese que depende de sua pessoa, a qual, por sua vez, está submetida aos "direitos do bispo", expressão mágica de Borromeu. Eis o que ele afirma claramente:

Io desidero che tutto stia nella mia volontà, non altro volendo fare che un sodalizio di uomini pronti ad ogni mio cenno (DEROO, op. cit., p. 344).

Desse modo, o "quase-papa" (de acordo com o seu biógrafo, G.B. Possevino, 1591) garante, entre o poder romano e os bispados, a entidade intermediária da província; sem dúvida, a estrutura política da Itália fornece apoio a essa unidade. Já o Concílio de Trento, que atribuía o qualificativo de "franceses" ou de "espanhóis" aos bispos estrangeiros, limitava-se a mencionar, em relação à Itália, o *Venetus*, o *Neapolitanus* ou o *Bononiensis* (DUPRONT, 1960, p. 214). A pastoral de Borromeu consolida um provincialismo administrativo. A realização de concílios provinciais de três em três anos (prevista, aliás, por Trento) em 1566, 1569, 1573, 1576, 1579 e 1582; a atividade do visitador apostólico nas dioceses sufragâneas (Cremona e Bérgamo, em 1575; Vigeviano, em 1578; Bréscia, em 1580 etc.); a centralização milanesa (reforçada pelo prestígio do bispo, pela criação de instituições modelos e, até mesmo, pela "fuga de cérebros" para Milão); e inclusive pela restauração, em 1575, do rito ambrosiano (depurado por Pietro Galesino de maneira bastante fanática e acrítica): constituem outros tantos elementos que, ao mesmo tempo, unificam um território e singularizam a sua capital.

Na época em que as nações estão lentamente tomando o lugar do cristianismo, essa "Igreja" lombarda inscreve-se em um movimento semelhante ao das Igrejas galicanas ou espanholas. Com certeza, por sua ação e pelos poderes que lhe haviam sido outorgados – como ocorria com os *missi dominici* de outrora –, Borromeu está a serviço de um centralismo papal, aplicando em toda a sua província os decretos que marcaram uma etapa decisiva em direção a uma "monarquia romana"; entretanto, no próprio interior desse sistema, ele confere consistência jurídica e histórica à uma mediação necessária, além de pertinência administrativa a uma diferença dos lugares. A lei universal é refreada por apropriações geográficas. Daí, as tensões entre Roma e esse bispo que é não só "temido", mas também admirado: a propósito de seus conflitos com os governadores espanhóis (que acabam confundindo a diplomacia vaticana); a propósito do rito ambrosiano (que, em Roma, parece prejudicar a uniformidade litúrgica ou que, nas dioceses lombardas, tal como Monza em 1576, parece tornar-se o instrumento de um colonialismo milanês contra o qual se apresenta recurso ao papa); ou a propósito do quarto concílio provincial (cuja aprovação é recusada, durante um longo período, pelas instâncias romanas). Neste último caso, em particular, Borromeu tem "a impressão de que é removida aos bispos a autoridade que lhes é atribuída pelos concílios" (1578, carta a C. Speciano; cf. PRODI, p. 398): apelo aos concílios contra os "abusos" romanos.

Uma estrita observância deve reinar no corpo presbiteral diocesano. A própria delimitação dessa unidade territorial permite a implementação de um programa disciplinar que inclui um reduzido número de pontos essenciais: os concílios e sínodos periódicos (legislação); a redistribuição das rendas provenientes de cargo eclesiástico (luta contra os privilegiados e os isentos); a conformidade dos costumes e do saber à lei conciliar (exemplaridade dos comportamentos e ortodoxia da doutrina); as visitas pastorais (controle que é, ao mesmo tempo, auscultação de situações particulares); enfim e acima de tudo, o Seminário (que assegura a substituição dos sacerdotes e constrói, em espaços "ideais" e controláveis, o futuro da Reforma Pós-Tridentina).

O Seminário é a escola dos executivos: já central para a propaganda protestante – ou, neste caso, jesuítica –, essa escola especializa-se: é reservada para o clero e já não é destinada a todos. Borromeu concentra-se na formação eclesiástica e, portanto, multiplica, reduzindo o seu campo, o poder da escola "moderna" para forjar uma sociedade, tornando-se daí em diante não apenas o rito de iniciação por excelência, mas o laboratório de produção. Ele visa criar uma corporação – distinta e de elite –, através de estabelecimentos modelos, em que todos os métodos aplicados à diocese possam funcionar de maneira exemplar:

> *Nihil magis necessarium aut salutare videri ad restituendum veterum ecclesiasticorum disciplinam quam Seminarii institutionem* (Acta Ecclesiæ Mediolanensis, t. III, p. 930).

Essa declaração de 1565 anuncia uma série de fundações suplementares: San Giovanni alle Case Rotte (em Milão, para vocações tardias); Beatæ Mariæ alla Canonica (em Milão, para a formação de párocos de aldeia); os Seminários Menores de Celana (1579) e de Inverigo (1582); uma filial do Seminário milanês em Arena, o Colégio Helvético (1579, em Milão, para os suíços e os grisões); o Colégio para os grisões, em Ascona (1584) etc. A elite formada nesses estabelecimentos não é a da riqueza, nem da nobreza, tampouco a do saber; os pobres são recebidos em grande número nessas instituições, além de serem ajudados do ponto de vista financeiro. Os "eruditos" e os inteligentes não são os seus heróis. A *disciplina*, apresentação física e perseverança espiritual do querer a serviço do bispo em vista da *cura animarum*, prevalece em relação a qualquer outro critério.

O mesmo princípio aplica-se à reforma do clero. Borromeu, enquanto exímio supervisor, ao considerar a letargia como o inimigo dos sacerdotes e dos bispos, vai opor-lhe a ascese. Segundo parece, três termos designam, em sua linguagem, o objetivo e a mola propulsora: *servi, patres, angeli*. Servos do bispo em seu serviço aos fiéis; Pais das "almas" na reprodução dos Padres da Igreja Antiga e de seus sucessores episcopais; por fim, Anjos pela imitação de uma ordem hierarquizada, pela castidade que lhes garante uma posteridade espiritual e simbólica, além de seu *status* enquanto seres separados[222]. A partir desse modelo demasiado "religioso" para ser aceito facilmente em Milão, ele funda em 1578 os Oblati di S. Ambrogio, uma congregação diocesana de sacerdotes dedicados ao bispo e à sua pastoral, aprovada em 1581, contando com quase duzentos membros, em 1584, e duplicada com uma congregação de oblatos leigos.

A esse movimento que organiza concentricamente uma hierarquia de "corporações" episcopais, desde os Oblati até a *famiglia armata* secular, corresponde o movimento recíproco contra os sacerdotes recalcitrantes ou contra as ordens religiosas independentes e corruptas. Em particular, ele procura reformar os Umiliati, antiga ordem enriquecida para a qual ele designa autoritariamente o superior, visita as casas e controla as finanças até que Farina, membro do convento de Brera, em Milão, tenta assassinar o cardeal com um tiro de arcabuz, em 26 de outubro de 1569. O assassino, extraditado de

---

222. CATTANEO, 1965, p. 405-426; • MAIOLI, art. cit.

Saboia, região em que se refugiou alistando-se no exército, foi enforcado em agosto de 1570 na companhia de quatro cúmplices; além disso, a congregação foi dissolvida pelo papa (1571) e seus bens ficaram à disposição do bispado.

A luta contra as "superstições" não é menos severa. Assim, em 1583, em Roveredo (no vale Mesolcina), onze feiticeiras foram condenadas à fogueira, e o pe. preboste, D. Quattrino, reduzido ao estado laical: o arcebispo, consternado, permanece implacável.

9 Uma piedade "popular"

A caridade e a dedicação extraordinárias de Borromeu, por ocasião da epidemia de peste de 1576, renderam-lhe, no entanto, uma popularidade que corresponde à sua paixão em servir o seu povo, além de se inspirar na *baraka** do chefe – não atingida pela peste, nem pelo mosquete de Farina – o qual dispõe de pouco tempo para dormir e comer, atravessa as montanhas intransitáveis no inverno e está em toda parte. Por trás dessa popularidade que, para Borromeu, não diz respeito à sua pessoa, mas limita-se a prestar homenagem à sua função, há também o efeito de uma aptidão, tanto política quanto cordial, de integrar a religiosidade popular. Ao suprimir bailes ou superstições, ele vai introduzir, em seu lugar, outras devoções. Não por discursos, mas por gestos: ele próprio lidera as procissões de relíquias, manifesta publicamente a sua devoção aos santos, além de converter-se em peregrino do Santo Sudário, em Turim, ou da Virgem Maria, em Varallo, Varese, Saronno, Rho, Tirano ou Loreto. A sua religião não é aquela, teológica, "abstrata" e despojada, que há de prevalecer, meio século depois, entre os espirituais franceses, mas está em harmonia, sem dúvida, com a religiosidade italiana, conformando-se igualmente com a vontade tridentina de devolver o visível do mundo ao Deus inacessível, e uma "física da glória" à Palavra. No entanto, ela dá testemunho de algo semelhante a uma ternura, quase infantil, que nenhuma "doutrina" tinha conseguido realmente alcançar e que habita secretamente a vontade equipada com os "direitos e deveres" episcopais. As

---

* Referência a um influxo sobrenatural sinônimo de bênção, força, superabundância e felicidade, enquanto princípio constitutivo do modo de ser islâmico. Cf. HELL, 2001 [N.T.].

devoções populares correspondem, em Borromeu, a encontros e celebrações do coração no meio da multidão da qual está separado por sua função. Nesse aspecto, ele parece sentir-se "bem", feliz. E para seu biógrafo, também, é reconfortante não só que o bispo encontre o seu contentamento "devocionista" na proximidade de seu povo, mas também que venha a falecer, em 3 de novembro de 1584, no final de uma última peregrinação ao Santo Sudário, tendo sido confiado à terra dos homens ao retornar de um lugar em que lhe havia sido permitido verter, em companhia dos seus, lágrimas de alegria.

O segredo espiritual de Carlos Borromeu reside neste aspecto: os retratos de corpo inteiro – tais como o "Sancarlone", estátua colossal de 23,40 metros sobre um pedestal de 11,70 metros, em Arona – apresentam a "rigidez de aço" do bispo (de acordo com a expressão do historiador, L. Pastor), a virtude heroica e estoica do legislador, o "santo com a alma do inquisidor, macerado em austeridades e estudo" (HAUSER, 1933, p. 25); além disso, de acordo com a afirmação de seu sobrinho e sucessor na sede arquidiocesana de Milão (um tanto subjugado pelo fantasma do tio), ele "nunca se descardealizava, nem se desepiscopalizava" (DEROO, *op. cit.*, p. 229). No entanto, ele não é idêntico ao personagem em que tinha pretendido impregnar-se. O santo deixa-se adivinhar no fervor e, de alguma maneira, na inocência de uma alma à qual, por trás da letra, as formas populares da devoção conferem – qual graça divina maravilhosa – uma linguagem comum. Tal é o sentido de sua pregação.

10 A retórica borromeana

Além de um modelo administrativo, ele cria um estilo. Esse discurso borromeano é assombrado, certamente, pela nostalgia dos reformadores de sua época, pelo sonho de um retorno aos Padres da Igreja primitiva e à antiga disciplina, adotada pelo bispo – afirma Luís de Granada –, como modelo:
> *Antiquæ Ecclesiæ tempera veterumque Patrum vitam et sanctimoniam sibi proponat imitanda* (GRANADA, 1586, f. 112 v.).

Para órfãos, talvez, uma imagem entendiante e estimulante desses Padres que são juízes; de qualquer modo, atividade relativa à consciência aguda de um exílio. Mas são as questões presentes que se articulam nesse sonho.

Será que a Palavra irá recuperar o "poder" que lhe atribuía São Paulo e à qual Santo Ambrósio, em face do povo e do imperador, conferiu toda a sua majestade oratória?

A pregação enfrenta essa terrível questão: ela deve, por um lado, assegurar que o discurso conciliar ou bíblico se torne eficaz nos comportamentos e nas crenças; e, por outro, restaurar a aliança entre os Padres da Antiguidade e a multidão atual. Na junção desses termos separados, existe a "ação" do orador, a presença mediadora de sua voz, o seu corpo feito sacramento "religioso", ou seja, capaz de religar. Essa concepção eucarística da *rhetorica ecclesiastica* situa a pregação no centro da atividade episcopal – *"prædicatio est præcipuum episcoporum munus"*, dizia Trento[223] – ou sacerdotal: os padres são *"velut perpetuum quoddam prædicandi genus"*[224]. Eis o que é repetido à porfia pelos tratados contemporâneos: por exemplo, o capítulo 7 do famoso *Stimulus pastorum* (1565) de Frei Bartolomeu dos Mártires, cujo manuscrito, além de outras duas edições, se encontrava na biblioteca de Borromeu (SABA, *op. cit.*, p. 29 e 38).

Considerando a importância subsequente da retórica borromeana, pode-se sublinhar algumas de suas características que esboçam também, em uma estreita relação entre a *oratio* pública e a *oratio* em privado, entre o ato oratório e a oração, a espiritualidade pastoral de São Carlos Borromeu. Essa retórica refere-se, em primeiro lugar, a um problema político, aliás, constatado pelos tratados contemporâneos[225]: enquanto os discursos técnicos ou literários se desenvolvem no recinto confinado de uma elite, no interior de uma ordem social estável, a retórica, por sua vez, estabelece uma relação necessária com a linguagem comum e retorna nos momentos de instabilidade política quando se impõe restaurar, com o povo, contratos substituíveis àqueles que entram em colapso. Ela corresponde a períodos "democráticos". O discurso persuasivo deve restabelecer com as vontades afetadas, seduzidas ou ensinadas por ele, uma ordem que, daí em diante, depende da adesão

---

223. *Concilium Tridentinum...*, t. II, 1911, p. 242.
224. *Ibid.*, t. IX, 1924, p. 1.086.
225. SPERONI, 1542 e 1596. • CAVALCANTI, 1549 e 1574. • PATRIZI, 1562. • ROMEI, 1586 etc.

das mesmas[226]. Ele inscreve-se em uma política da palavra e pela palavra que é fundamental na pastoral pós-tridentina; aliás, os seus dois polos são explicitados pelos dois livros de Giovanni Botero (1589 e 1585), discípulo de Borromeu. Entre as elites e o povo lentamente separados no decorrer dos últimos dois séculos, trata-se de sair da especialização dialética para instaurar contratos de linguagem entre "católicos" (termo que, por toda a parte, substitui o de "cristão"): portanto, a tarefa da pregação consiste em produzir a instituição. A retórica é institucional e institucionalizante, assim como a instituição é retorizante.

Desse modo, a pregação transforma a relação com a verdade: é uma arte do relativo, ou seja, do estabelecimento da relação, vinculado à "conjuntura" (à natureza do público, às circunstâncias etc.). É uma ciência tanto de assuntos quanto de situações: ambos não conhecem verdades definitivas, mas o ajuste sutil da inteligência a "casos" concretos. É uma tática de manipulação à medida que ela confronta incessantemente uma técnica da confiabilidade (um "fazer acreditar") e do *affectus* – um despertar a emoção ["émouvoir"] que é movimento ["mouvoir"] – com as vontades dos destinatários. Essa força para convencer, ao estabelecer uma "sociedade", comprova também a sua verdade mediante e em sua própria operação ou, como se diz, pela "ação" (oratória). Ela serve-se do provável, em vez do que é certo, pressupondo assim a impossibilidade de um conhecimento perfeito que triunfa da "sombra das ideias" (Giordano Bruno). A produção de vínculos sociais toma o lugar do reconhecimento de verdades instituídas.

Se, na *ecclesiastica rhetorica* – tão apreciada por Borromeu, Luís de Granada e um grande número de outros autores –, o privilégio dos métodos é patente; se, aliás, a esse respeito, o *modus* ou *ratio concionandi* – daí em diante, base de uma cultura clerical –, corresponde ao *ars orandi* ou ao *modus loquendi* dos espirituais; em suma, se a relação com a revelação explicita-se concretamente como uma prática da linguagem em vista da produção de efeitos, ela refere-se por toda a sua organização à ideia, simultaneamente, mítica e necessária, de um Poder da Palavra que se direciona

---

226. GARIN, 1969: "Réflexions sur la rhétorique", p. 101-119.

para o *Christus orator perfectissimus* (Giovanni Botero, 1585). Que essa palavra seja eficaz no orador, é a oração; que ela o seja por seu intermédio, é a pregação. A questão consiste em saber como a palavra, essencialmente "voz", pode ser uma "ação". A questão do místico e a do orador estabecem uma estreita relação na retórica borromeana: ambas podem traduzir-se pela busca do *impetus*, da fonte motriz ou do que confere à palavra o seu poder de mover-se, mas a partir de uma fonte autêntica. A solução, com dupla face, diz respeito à enunciação: o seu tema, pela *inspiratio*; e o seu lugar, pela *missio*. O *affectus* ou a devoção do pregador irá insuflar força a seu discurso; a sua "missão" (a sua nomeação pelo bispo, o qual, por sua vez, está na posição ideal de escolhido e de "enviado") há de constituir a legitimidade dessa força (ALBERIGO, 1959, p. 291-335). Daí, as exigências de Borromeu em matéria de oração (a força vem do coração) e a sua intransigência em pretender designar e controlar os "seus" pregadores. É também a articulação entre a devoção "popular", cordial e afetiva, do santo e a sua certeza autoritária enquanto bispo pregador.

Desse equilíbrio instável que privilegia a enunciação em relação ao enunciado, mas compensa o relativismo em matéria de verdade por um rigor administrativo em matéria de delegação, pode-se reconhecer um efeito na relação entre a exegese literal dos textos conciliares e a exegese acomodatícia ou indefinidamente alegorizante dos textos bíblicos. As "palavras" evangélicas, superabundantes, fornecem, mediante um sentido qualquer, um *impetus* de piedade, mas no âmbito estrito de normas jurídicas que hierarquizam os lugares e especificam as práticas. O estilo oratório de Carlos Borromeu

> – "*un certo gonfiore spanolesco del periodare, le antitesi o troppo vive o troppo tirate, le distinzioni poco logiche o minuziose*"[227] –

corresponde nesse pregador às "loucuras" e aos "sonhos" em Teresa de Ávila, ou ao "poema" em São João da Cruz: deriva e "delírio" do coração, infância errante da piedade no próprio interior desse lugar episcopal de que São

---

227. NOVELLI, 1935, em particular, p. 321.

Carlos foi o mártir. Tal é, com efeito, a fonte de seu poder e da devoção popular que, desde a sua morte, previu a sua canonização em 1610. Mas quando essa voz desaparece para deixar apenas o modelo episcopal, um violino sem "alma", o personagem episcopal torna-se mármore e teatro ou converte-se no instrumento jurídico e narrativo de uma instituição[228].

---

228. Às indicações fornecidas nas notas de rodapé será adicionada a ampla bibliografia tanto de R. Mols (1953, col. 530-534) • quanto de H. Jedin (*op. cit.*, p. 63-71). • Cf. tb. GIANCOTTI, 2010 e 2012.

Capítulo 6
A reforma do catolicismo na França do século XVI*

1 O reformismo. Buscas e tentativas (1500-1540)

1.1 *A disciplina eclesiástica*

As pessoas incentivadas pela necessidade de renovação, na sua maioria, acabam por vislumbrá-la, em primeiro lugar, como uma reforma dos sacerdotes e dos religiosos: se o povo cristão perde o conhecimento e a prática dos mistérios, é porque os sacerdotes negligenciam a *cura animarum* e porque os religiosos já não lhe oferecem o testemunho de uma vida que prega o Evangelho. As múltiplas tentativas empreendidas nesse sentido visam renovar, no clero e entre os religiosos, a fidelidade aos preceitos que definem o respectivo papel a desempenhar e as suas tarefas apostólicas; elas procuram apoiar e promover um maior grau de conformidade com a disciplina eclesiástica, além de tenderem a reanimar e a caracterizar o espírito que servirá de sustentáculo a tal fidelidade.

A) Jan Standonck (1443-1504) e os "pobres clérigos" de Montaigu. Fiel ao espírito da "devoção moderna", Standonck dedica a sua vida à formação de um clero ainda jovem. O verdadeiro problema é, para ele, o dos párocos: sacerdotes pobres que venham a cuidar das pessoas mais vulneráveis, tal é o objetivo da Congregação de Montaigu (1490) e o tema de sua *Règle* (1503 [Regra]), "um dos monumentos mais importantes da reforma católica no início do século XVI"[229].

---

* Cf. a referência completa a respeito deste texto na "Introdução", p. 7ss.
229. RENAUDET, 1916, p. 341. • *Règle* editada em GODET, 1912, p. 143-170; de acordo com a cópia de 1513.

Esse intransigente reúne, ao seu redor, homens que estão preocupados igualmente em conduzir os clérigos de volta ao espírito de uma tradição mais antiga: o místico Jean Quentin († 1503), penitenciário de Notre-Dame; Jean Raulin que ingressou na Ordem de Cluny (1497) depois de ter dirigido o Collège de Navarre, em Paris; Olivier Maillard († 1502), pregador franciscano; o dominicano, Jean Clérée († 1507); além do pe. Preboste, Nicole de Hacqueville, advogado e financiador dos reformadores. A união entre todos esses homens é ditada pela mesma urgência; no entanto, o reformismo de Montaigu, de inspiração profundamente religiosa, acaba assumindo, devido à sua tendência ao moralismo, uma rigidez que irá acentuar-se com o conservadorismo de Noël Béda († 1537), sucessor de Standonck.

B) As antigas ordens religiosas estão preocupadas também em reencontrar a disciplina, mas a conformidade mais exata às regras inscreve-se, de preferência, na linha de uma conversão interior. Alguns, na esteira de J. Quimon (*Epistola ad difformatores status monastici responsiva*, 1494), chegam inclusive a achar como algo excessivo ou equivocado a importância atribuída por Standonck à pobreza material porque esta é passível de correr o risco de identificar a renovação com as suas manifestações exteriores. Mesmo que as tentativas dessa natureza tenham, portanto, um alcance mais "espiritual", elas situam-se no âmbito de instituições relativamente isoladas em que as pessoas são menos sensíveis ao aspecto pastoral da reforma; sem deixarem, no entanto, de pertencerem à época em que os reformistas estão empenhados, de acordo com a distinção proposta por Hans Küng, em uma "restauração", em vez de uma "renovação" (KÜNG, 1961, p. 69). Esse é o caso, por exemplo, de Guy Jouenneaux (*Reformationis monasticæ vindiciæ*, 1503) e de Michel Bureau († 1518, *Tractatus novus super reformationem status monastici*, s.d.).

Entre as monjas, o movimento suscitado por Marie de Bretagne († 1477) na Abadia de Fontevrault, a fim de refrear a resistência das religiosas recalcitrantes, recebe um novo ímpeto de Renée de Bourbon (1491-1533), apoiada pelo altivo cardeal d'Amboise († 1510); a abadessa retoma a obra reformadora, estendendo-a a trinta e sete mosteiros[230]. A influência de Fontevrault

---

230. Archives du Maine-et-Loire, 101 H 23.

faz-se sentir em outros mosteiros femininos, especialmente no Oeste da França e na região parisiense. Na Touraine, ela recebe o apoio incondicional dos bispos, J. Simon e, particularmente, É. Poncher, "cuja *Règle* acabaria conhecendo uma aceitação prolongada ao congregar os mosteiros femininos de sua diocese, atentidos pelos clunistas de Saint-Martin-des-Champs"[231]. Seria possível citar um grande número de casos semelhantes ao de Madalena d'Orléans, abadessa de Jouarre (1515-1543), colocada por Francisco 1º, durante algum tempo, em Fontevrault "para instruí-la na reforma que o rei pretendia que ela empreendesse em sua dita abadia de Jouarre, de acordo com a forma que ocorre nesse lugar"[232].

Os monges realizam um esforço paralelo ao das monjas de quem são, muitas vezes, os conselheiros (G. Jouenneaux, *La Règle de dévotion des Épitres de S. Jérôme à ses sœurs fraternelles de religion*, s.d. [A regra de devoção das Epístolas de São Jerônimo para suas irmãs fraternais de religião]). A obra de Peter du Mas († 1492) continua entre os beneditinos de Chezal-Benoît com Martin Fumée e, em seguida, com os letrados, tais como o originário de Le Mans, Guy Jouenneaux († 1507), e o originário de Bruges, Charles Fernand († 1517): se a reforma atinge apenas cinco abadias (Chezal-Benoît, Saint-Sulpice de Bourges, Saint-Allyre de Clermont, Saint-Vincent du Mans e Saint-Germain-des-Prés), limitada pela Concordata de 1516 que ainda admite a comenda e pela hostilidade dos parlamentos à filiação dos mosteiros, ela continua fiel ao espírito da Devoção Moderna e está cada vez mais enraizada em um retorno às fontes de sua tradição (G. Jouenneaux traduz a *Regula monachorum* o *Sancta Regula* para o francês, a *Règle de Saint Benoît*, em 1500; e Ch. Fernand vai comentá-la em sua *Epistola parænetica observationis regulæ disciplinæ...* de 1512); mas é possível também pressentir nesse movimento o quanto a cultura e, até mesmo, o conhecimento dos autores pagãos, pode apoiar uma renovação espiritual (esse é o caso de Ch. Fernand, *Confabulationes monasticæ bonæ eruditionis...*, 1516). Essa tendência é ainda

---

231. Informação fornecida por dom Chaussy.

232. *Mémoire de Fontevrault*, citado por Germaine Guillaume (CHAUSSY, 1961, vol. I, p. 135);
• e UZUREAU, 1923.

mais pronunciada em Cluny, ordem em que Jean Raulin († 1514), um professor universitário parisiense, promove um novo começo ao empreendimento iniciado por Jean de Bourbon e torna-se, em Saint-Martin-des-Champs de Paris, o "pilar" de um reformismo, cujo programa é exposto por ele em uma magnífica carta endereçada a Standonck (RAULIN, 1521, carta 5, f. 22).

Na França, o reformismo dominicano inspira-se na Congregação Holandesa (1464-1515), introduzida inicialmente em Évreux (departamento da Normandia) por Jean Clérée – em breve, eleito superior-geral de sua Ordem (1507) – depois de ter deixado nesse convento discípulos fiéis, tais como Guillaume Pépin e Guillaume Petit; a oposição dos parisienses a qualquer ingerência estrangeira não impedirá o movimento de conservar as posições adquiridas na Bretanha, Normandia ou Saboia (DE MEYER, 1947). O mesmo ímpeto, a mesma inspiração renano-flamenga, a mesma concentração no retorno à disciplina inicial da Ordem na família dos franciscanos: convém acrescentar a Olivier Maillard (SAMOUILLAN, 1891), o seu confrade, Michel Menot (NÈVE, 1924) e Jean Glapion, companheiro de Maillard em sua mal-sucedida intervenção em Le Mans e provincial da nova província de Paris (1519).

A espiritualidade franciscana, dominante no início do século, apresenta-se através do testemunho de um santo, o humilde Francisco de Paula († 1507), instalado por Luís 11º em Plessis-lez-Tours e fundador dos Mínimos, cuja vida penitente é bastante discreta, mas suscita o fascínio dos homens da elite[233]. É também um frade franciscano observante, o beato Gabriel-Maria († 1532), assistente de Joana de Valois na fundação da Ordre de la Vierge Marie dite de l'Annonciade (1501 [Ordem da Virgem Maria, conhecida como a Anunciada]) e redator de suas *Règles* (1502, 1515, 1517 [Regras]; cf. BONNEFOY, 1936).

Nessa florescência reformista que não há de resistir, de modo algum, aos distúrbios ocorridos a meados do século, os cartuxos acabam ocupando um lugar especial, durante um longo período: Vauvert [mosteiro situado no terreno ocupado, atualmente, pelo Jardin du Luxembourg, em Paris],

---

233. PRATESI, 1957; • PIANA, 1959.

Bourgfontaine e Mont-Dieu serão locais de encontro, focos de irradiação. Erasmo cita esses monges como modelos da perfeição cristã; Lefèvre d'Étaples vem a Vauvert para compulsar os "baús repletos de manuscritos das obras místicas que os religiosos deixam sem restrições à disposição dos interessados", cujo acervo mais precioso é constituído pelos místicos renanos. Diretor do Colégio de Montaigu e decano da Faculdade de Teologia da Sorbonne, Noël Béda, é amigo do impetuoso prior, Pierre Cousturier († 1537), ex-professor do colégio parisiense de Sainte-Barbe e designado como visitador da província da França, enquanto o prior do monastério de Grande-Chartreuse – casa-mãe da Ordem dos Cartuxos, fundada em 1084 –, Guillaume Bibaut († 1535), é considerado pelos humanistas como o seu defensor.

Em Vauvert, além dos textos de Harphius (1491), Suso (1493), São Bruno (1507-1524), Dionísio, o Cartuxo (1536), e Pseudo-Dionísio (1538), são publicadas as obras dos próprios religiosos – a *De Vita cartusiana* de Cousturier (1522) que define a tradição cartuxa da contemplação; o comentário *In Cantica canticorum* de Joannes Picus (1524); *Le jardin spirituel de la dévote* [O jardim espiritual da devota] de Michel Bongain (1528); o *Compendium divini amoris* de Jean Parceval (1530) – livros imbuídos de uma mística que, na devoção a Jesus, encontra a "humildade" de um amor silencioso e que tem receio de qualquer "elevação" do espírito. Em vez de erudição, trata-se aqui de um centro de animação em prol de uma cruzada espiritual que, em toda a Europa, dispõe de um grande número de outras filiais análogas: por exemplo, Estrasburgo, Colônia e Parma. Nesse local, os primeiros companheiros de Santo Inácio e de Pedro Fabro vieram orar e pregar todos os domingos, por volta de 1529-1536; e quarenta anos depois, cerca de 1570, Jean de la Barrière irá descobrir, no retiro, o princípio interior de sua futura fundação dos Feuillants[234] [uma das Congregações dos Beneditinos de Cister].

C) O clero secular. Apesar de se ter fixado também os objetivos de corrigir os costumes e de restaurar a disciplina, o reformismo não tem, entre o clero secular, uma doutrina tão clara. Isso ocorre, sem dúvida, por não se

---

234. FNSI, vol. 3, 1960, p. 616. • BERNARD-MAITRE, 1956; • MARCHAND, 1949.
Para a descrição completa das siglas, cf. quadro em "Referências bibliográficas", p. 425.

beneficiar de uma tradição religiosa recente que forneça a seus promotores uma espiritualidade bem definida, proporcional a seus objetivos. Mas, acima de tudo, o problema é, para eles, mais amplo: não o de um convento, mas o do povo cristão e de seus pastores. Assim, considerando que o seu trabalho é executado em circunstâncias em que a Igreja tem necessidade, primordialmente, de uma renovação, os seus esforços – menos auspiciosos, durante muito tempo, do que nas ordens religiosas mais antigas – irão culminar finalmente em um rápido desenvolvimento pastoral e missionário, aprovado pelo Concílio de Trento. Cristalizam-se já, em torno da ideia de "sacerdotes reformados" não monges, as iniciativas diocesanas ou particulares, assim como as dos bispos e as dos fundadores da Companhia de Jesus no decorrrer de sua estadia na França; nesse aspecto, a espiritualidade sacerdotal do século XVII pode ser considerada como um fruto dessa corrente cada vez mais caudalosa.

Além disso, os seculares estão inclinados – durante os anos precedentes ao endurecimento das oposições na França e à definição por Trento dos principais delineamentos da renovação católica – a buscar apoio do lado do humanismo espiritual e a abrir-se mais facilmente às ideias de "inovadores" que, aliás, pretendem o retorno à tradição bíblica e patrística. A preocupação com um rejuvenescimento na pastoral orienta, nesses sacerdotes ou nesses grupos apostólicos, o acolhimento reservado por eles às novas ideias; inversamente, as questões de natureza moral e os problemas de estrutura eclesiástica atraem a atenção dos letrados, impelindo-os a intervir nessas áreas em que eles podem lançar luz. Por ocasião do problema do celibato, por exemplo, são questionadas a situação do padre na sociedade, a natureza de sua tarefa e a relação da Igreja com o mundo.

As críticas e as expectativas concentram-se aos poucos no episcopado: a renovação deve começar por aí e – como escreve Jean Raulin a Louis Pinelle, seu mais próximo colaborador no Collège de Navarre – impõe-se operar, em primeiro lugar, o próprio olho da corporação eclesiástica (RAULIN, *op. cit.*, carta 12, f. 40). Constata-se já a tomada de posição de alguns bispos sensíveis a essa necessidade e dignos dessas esperanças: o cardeal d'Amboise[235]; Fran-

---

235. Cf. o verbete a seu respeito, VOGT, t. 2, 1914.

çois d'Estaing (BELMON, 1924); Claude de Seyssel, bispo de Marselha (1511) e, em seguida, arcebispo de Turim (1517). Ou alguns pastores da Igreja Normanda: Jean Le Veneur, em Lisieux (1505-1539); René de Prie (1498-1516) e Louis Canossa (1516-1539) em Bayeux; Jacques de Silly, em Sées (1511-1539), além de Robert Ceneau, o rígido bispo de Avranches (1532-1560)[236].

O mais notável é *Guillaume Briçonnet* († 1534): sobrinho e irmão de bispos, filho do primeiro dos cardeais-ministros do rei, abade de Saint-Germain-des-Prés (1507), Guillaume faz, no ano de sua nomeação para o bispado de Meaux, uma viagem a Roma (1516-1517). Nesta cidade, ao que parece, na tumultuada renovação que triunfa com o Concílio de Latrão (1517), é que ele descobre a sua missão e o espírito da obra que empreende após seu retorno: mediante as recorrentes visitas pastorais, ele acabou por impregnar-se de sua diocese, colocando os seus conhecimentos de humanista a serviço do povo e explicando-lhe, todos os domingos, a epístola e o evangelho do dia. Assim, a *cura animarum* é o tema de seu sermão-programa de 11 de outubro de 1526[237].

Ele rodeia-se de homens eminentes – tais como Lefèvre d'Étaples, Guillaume Budé, Pierre Caroli, Guillaume Farel, Michel d'Arande, Gérard Roussel, François Vatable – para envolvê-los na tarefa de pregadores ou confiar-lhes uma função pastoral: o primeiro é nomeado administrador de seu hospital (1521), ou seja, da caridade, e em seguida vigário geral da diocese (1523); quanto a Roussel e Vatable, eles recebem o múnus de párocos. Mediante a colaboração de todos esses eruditos, mobilizados a serviço da Igreja, a diocese de Meaux torna-se um lugar de fermentação que se serve de todos os recursos da exegese e de todas as tradições místicas: Lefèvre publica, em 1522, os seus *Commentarii initiatorii* sobre os evangelhos; o seu *Pseaultier*, em 1523; e, em 1525, as suas *Epistres et Evangiles pour les cinquante-deux dimanches de l'an, avec briefves et tresutiles expositions d'icelles*. Briçonnet manifesta a preocupação no sentido de que a sua obra reformadora tenha um

---

236. PITON, 1963 • e 1966, t. 61, n° 1 e n° 2.

237. Resumo contemporâneo publicado em BRETONNEAU, 1621, p. 164. • Cf. o *Sermo synodalis* (de 1519) *quo monetur quibus ovium cura credita est illis presentes invigilare* (BRIÇONNET, 1520).

fundamento espiritual e filosófico quando, inspirando-se nas *Opera* de Nicolau de Cusa, publicadas por Lefèvre (1514), ele envia a Marguerite d'Alençon as cartas místicas em que ele trata, conforme a firmação de W. Capiton, *"de essentia et potentia Dei ad morem Nicolai Cusani"*[238].

Sucesso fascinante, mas demasiado isolado, instável, efêmero. Desde 1523, o "centro" – pelo fato de não se situar em um conjunto mais amplo e de ser incapaz de manter o controle de seu próprio dinamismo – começa a dispersar-se, dividido pelas críticas, mas também pelas próprias vocações que ele havia despertado, alguns abrigando-se atrás de doutrinas mais seguras, enquanto outros deixavam-se impelir para muito além de seus primeiros objetivos: Farel em direção ao calvinismo, e Roussel para a Iluminismo. A reforma católica perde as suas energias por carecer ainda de uma estrutura e de uma doutrina[239].

D) Origens parisienses da Companhia de Jesus (1529-1536). O mesmo problema assombra o reduzido número de franceses, espanhóis e portugueses, agrupados em torno de Inácio de Loyola, mais maduro, e de Pedro Fabro, mais estreitamente vinculado aos diferentes círculos parisienses. "Tornarem-se sacerdotes", mas pobres e dedicados a serviço da Igreja, embora indignos de uma tarefa tão elevada[240]: tal é o objetivo desses jovens universitários que estão em contato com as diversas correntes reformistas da capital e que, em breve, hão de formar "a sociedade dos sacerdotes de Jesus"[241]. Bem longe de orientá-los para as ordens religiosas que estão ganhando um novo ímpeto, a experiência parisiense de cada um leva-os a esse apostolado "secular", cujas condições externas são estabelecidas pelo Concílio de Sens (1529), ajudando-os a esclarecer a intuição de sua futura fundação: o vínculo entre a busca de Deus e o colocar-se a serviço do pontífice romano; a união essencial entre a reforma interior e a reforma na Igreja; o apelo para "ajudar as almas", para estabelecer com esses irmãos abandonados o reino daquele que opera nos co-

---

238. Citado por SCHMIDT, 1845, p. 15.
239. Dois estudos de BECKER, reunidos em 1901. • Além de FEBVRE, 1957, p. 145-161; • LOVY, 1959.
240. CERTEAU, FPM, 1960, § 14-15, p. 115-116.
241. *Fabri Monumenta*, 1914, p. 119.

rações. Mais tarde, os horizontes desses homens hão de se expandir e a forma de seu apostolado tornar-se-á mais bem definida quando vierem a descobrir, em Roma, criações apostólicas e correntes espirituais; nessa época, Paris era incapaz de fornecer-lhes o equivalente de tudo isso[242].

1.2 "Teologia" e espiritualidade

Retorno às fontes e retorno ao coração: tal é a dupla característica da *theologia vivificans* ambicionada por Lefèvre d'Étaples ao publicar as obras do Pseudo-Dionísio (1499). Na elaboração dessa *theologia affectus* ou dessa *philosophia Christi* é que se exprime a espiritualidade da época, alimentada certamente pelo renascimento bonaventuriano do século XV e pela literalidade renano-flamenga, mas procurada mediante a experiência dos estudos que renovam o pensamento: os autores gregos e latinos, a Sagrada Escritura e os Padres da Igreja. As espiritualidades apresentam, para classificá-las de maneira bastante sumária, caminhos divergentes: a fidelidade ao Cristo atrai alguns para a tradição afetiva que os introduz na pureza do coração e que irá animar secretamente as suas reflexões. Nos outros, por sua vez, ela desenvolve-se através da "teologia positiva", surgida com o século (essa expressão aparece, ao que consta, por volta de 1509), tornando-se o meio de meditar sobre o Senhor nos textos que, pela primeira vez, tinham falado a seu respeito; ao enfrentar deliberadamente o racionalismo, ela é capaz de opor-lhe o racionalismo místico mediante o qual Guillaume Postel encontra, de maneira audaciosa, uma experiência que excede as ambições do averroísmo. Todas essas orientações dão testemunho, no entanto, de um procedimento purificador que aspira, para além das "coisas" espirituais ou das instituições sagradas, a uma "origem" e a um recurso: os *affectus* da alma que são moções de Deus, a Palavra que desperta incessantemente a fé e a iluminação que revela à inteligência a verdade universal.

Essas orientações da espiritualidade cruzam-se e misturam-se constantemente na fecunda confusão de todo esse período. Através da diversidade

---

242. BERNARD-MAITRE, 1950; • GRANERO, 1956; • CERTEAU, FPM, "Introduction", p. 15-40.

dessas buscas, é possível simplesmente identificar três temas mais importantes: a religião interior (A); a devoção ao Cristo (B); e a união com a insondável Vontade de Deus (C).

A) Religião interior. Vamos nos ater a alguns exemplos da literatura religiosa. Nos círculos universitários da capital, a influência espiritual dominante é dupla: por um lado, a da Congregação de Windesheim [Ordem dos Cônegos Regulares de Santo Agostinho]; e, por outro, a dos franciscanos que receberam a adesão dos Mínimos de Francisco de Paula.

O eco da primeira encontra-se, sobretudo, em Pierre Cornu († 1542); em *Instruction en forme de prier Dieu en vraye et parfaicte oraison* (1557) de um mestre de Navarra, François Le Picart († 1556); na obra de um discípulo de Clichtove, Luís de Carvajal, *De restituta theologia* (Colônia, 1545), a qual marca uma data na história da escolástica e define, na linha da *meditatio* bonaventuriana, um "método" adequado para "conduzir ao Cristo" ao "expurgar a teologia do sofisma e da barbárie"[243]. Em Lovaina, o agostinismo "moderno" de Jean Driedo († 1535) leva-o também a um método que se refere sempre ao movimento interior – "perspectiva personalista em que o teólogo tem sempre em vista a atitude global do sujeito" e a sua diligência espiritual (ÉTIENNE, 1956, p. 160).

Béda, por sua vez, está associado ainda mais intimamente à Devoção Moderna, chegando inclusive a empreender, em companhia de um frade da Vie commune [Vida comum] de Cambrai, Ch. Massieu, a crítica contra o origenismo (WALKER, 1959): ele pretende defender a "humilde" devoção dissimulada atrás da teologia tradicional quando ataca um padre que, no entanto, salvaguarda os seus admiradores das argúcias da Escola. Mas, para Béda e seus amigos, a teologia, em vez de ser a expressão, é sobretudo o abrigo da *pietas*: aqui, a devoção íntima pode aliar-se, portanto, ao conservadorismo porque, em um sentido estrito, ela é de natureza monástica, alheia ao "século". É ela que se apresenta ao professor quando este abandona os in-folio e abre o pequeno guia da vida interior, a *Internelle consolation* (1542), ou o opúsculo das *Dix belles et dévotes doctrines et instructions pour parvenir à*

---

243. Extratos em PRAT, 1856, p. 550-555.

Perfection (cerca de 1515-1520) que lhe ensina: "Pureza do coração. Buscar recinto secreto de oração. Exclusão de pensamento terrestre. Invocação do Espírito Santo para ter devoção [...]"[244]. Essa maneira de considerar o ensino como o baluarte exterior da devoção implica já, no entanto, uma crítica. Entre estes guardiões do passado – talvez, sem o seu conhecimento –, o movimento do coração está em conluio com o reformismo: é alheio à frente de combate em que é defendido.

B) Devoção ao Cristo. Esse é o âmago da espiritualidade "humanista". O conhecimento do Cristo e de sua obra, reencontrado no Evangelho com toda a sua pureza, chega a inspirar uma leitura cristã dos "teólogos" da Antiguidade, desde Mercúrio até Platão. Entre os humanistas, porém, essa devoção está mais focalizada no tema da *imitação*, mais marcante na Devoção Moderna. Em outros lugares, assume um estilo mais franciscano, o da *compaixão*, e trata-se principalmente de meditações sobre a Paixão propostas ao público pelos mestres e pregadores mais opostos aos "inovadores". A distribuição permanece, aliás, bastante arbitrária porque nunca houve um período que tivesse vivido mais intensamente o salmo *Miserere* – oração bíblica e cristã, cordial e "compassiva" –, cujas paráfrases e comentários são incalculáveis.

C) Providência e Vontade de Deus. Mais difícil de definir na experiência religiosa, o mistério da Vontade Divina permanece presente por toda a parte. À dialética nominalista, entalada na sutileza de uma razão que atinge somente as obras efetivas de Deus, mas nunca tem a certeza de alcançar a sua *Voluntas absoluta*; ao agostinismo de Driedo, fascinado pela transcendência das decisões divinas; e à doutrina da predestinação que, em Calvino, sistematiza essa incapacidade da razão, corresponde o surgimento do "paradoxo" que suplanta o "provérbio" do século XV e apresenta a sabedoria sob a forma de seu oposto (SAULNIER, 1950), ou ainda essa literatura da "loucura": o devoto Sebastian Brant publica a sua obra, *Das Narrenschiff* (em francês, *La Nef des fous*, 1494 [A nave dos loucos]); Jean Bouchet, *Les Regnars traversant les perilleuses voyes des folles fiances du monde* (Paris, 1500); J. Bade, *Stultiferæ naviculæ scaphæ fatuarum mulierum* (1498-1501); Th. Mürner, *Narrenbesch-*

---

244. HAUSER, 1909, p. 258-261; • e o necessário retificativo de ROSEROT DE MELIN, 1931, p. 35.

werung (1512, *La Conjuration des fous* [A conjuração dos loucos]); P. Gringore, *Le Jeu du Prince des sotz et Mère sotte* (1512 [O jogo do Príncipe dos Tolos e Mãe tola]) etc.

Através dessa abertura, simultaneamente inquietude e contestação, passam o sentimento da fragilidade humana e a expectativa relativamente aos caminhos imprevisíveis da salvação. Daí, o fideísmo de um grande número de humanistas que só depositam confiança na própria inteligência quando se trata do terreno sólido dos textos e dos fatos; daí, o sucesso prodigioso da "mística" que se torna alheia a essas desordens exteriores e designa, nas profundezas da alma, o lugar invisível e pessoal da presença divina. A obra, *Contemplationes Idiotæ* de Raymond Jourdain, publicada por Lefèvre d'Étaples, é impressa mais de dez vezes em trinta anos (1519-1547), sinal do caminho secreto que leva ainda ao encontro do Senhor. A ousadia de Guillaume Postel é que lhe permitiu retomar, desde o início, a obra de Nicolau de Cusa e mostrar na própria razão o sinal do Espírito. A maioria dos outros, guiados pela Sagrada Escritura e pela obra, *Dicta sanctorum*, procuram "seguir interiormente o que é agradável para Deus" (*Miroir de Perfection*, 1549, "Préface"), que é "fonte vital", embora insondável, *in intimis cordis*.

2 Uma "cruzada" espiritual. As reformas (1540-1590)

1540: é em torno desse ano que se verifica uma mudança do clima religioso. Desde 1538, o poder régio passa de uma política conciliatória para uma atitude combativa. Em 1541, Calvino retorna a Genebra e promulga a "constituição" dessa cidade com os decretos de 20 de novembro; ele acaba de publicar a primeira edição francesa de sua obra, *Institution de la religion chrestienne* (Estrasburgo, 1541 [A Instituição da Religião Cristã]). Os bispos franceses chegam ao Concílio de Trento em agosto de 1545. A nomeação de Matthieu Ory enquanto "inquisiteur général de la foy du royaume de France" (1536 [Inquisidor geral da fé do Reino da França]) é um indício, entre muitos outros, do endurecimento que acompanha, entre os bispos e os católicos, a consciência da heresia não mais ameaçadora, mas instalada. De ambos os lados, as posições já estão bem definidas. Uma mobilização católica está ocorrendo com vista a uma *reconquista*. Às tentativas que procuravam "uma reforma sem cisma" (VILLEY, 1923, p. 193), segue-se um confronto que vai implicar quarenta anos de guerras religiosas.

Ao limitar-nos a considerar o período subsequente apenas do ponto de vista da literatura espiritual, este é extremamente precário em obras originais e extensas. O mesmo acontece com os católicos e os calvinistas, já que os dois lados estão ocupados em forjar as armas da apologética e envolvidos nas batalhas que assolam o país. No entanto, um poderoso impulso anima essas lutas, cuja amplitude pode ser avaliada pelo sangue e pelo ardor espalhados, em nome da respectiva fé, por esses crentes apaixonados, assim como pela morte de um grande número de "mártires". Mas há uma concentração das forças espirituais e um dinamismo pastoral que despertam o interesse da história da espiritualidade. No catolicismo, é o período das reformas, das traduções e da literatura catequética.

2.1 As vias da reforma católica

A) Imigração católica. O amplo movimento que leva os católicos a buscar, no exterior, um apoio e uma inspiração corresponde a um fenômeno que, aliás, vai além do âmbito da história religiosa: a influência do Norte e, acima de tudo, a dos países católicos do Mediterrâneo, ou seja, a Espanha e a Itália. Se, efetivamente, os flamengos e os holandeses chegam a Paris em grande número, se a sua literatura espiritual difunde-se na França no momento em que os sucessos do calvinismo paralisam a sua expansão nos Países Baixos, se as traduções dos autores renano-flamengos ocorrem em grande número, particularmente no final do século, apesar disso, é para o Sul que se dirigem e é a partir daí que vêm os agentes, homens e livros, de uma intensa fermentação religiosa.

Na Igreja da França – sem mencionar o Comtat-Venaissin [Condado Venaissino, entidade territorial situada à volta da cidade de Avignon], feudo romano –, um grande número de bispados são dirigidos por italianos: os respectivos bispos designam compatriotas como párocos, cônegos ou vigários principais; em algumas regiões – por exemplo, na Bretanha –, as abadias, em sua maioria, estão nas mãos de italianos (MATHOREZ, 1922 e 1913). Eles tornam-se, muitas vezes, os mensageiros da reforma italiana, tais como A. Canigiani, arcebispo de Aix, o qual transmite, desde 1584, o obituário de Carlos Borromeu, recopiado, traduzido e difundido por César de Bus (RAYEZ, 1958, p. 195; cf. cap. 5); inversamente, em Roma, desde 1530, encontra-se uma considerável colônia francesa[245].

A onda que, daí em diante, sobe a partir do Sul vem igualmente da Espanha. Ocorre, inicialmente, às vezes, através da mediação da Itália (assim, M. Coyssard teria traduzido para o francês a obra de Diego de Stella a partir de sua tradução italiana). Mas diretamente, através de Bayonne, Toulouse, Lyon e Vienne, as obras religiosas espanholas difundem-se entre o público francês, precedidas e incentivadas pela "moda espanhola" e pelo sucesso prodigioso que encontram, em sua tradução para o francês, *El Reloj de Príncipes* de A. Guevara (Valladolid, 1529) – *L'Horloge des Princes* (Paris, 1531 [O relógio dos Príncipes]) –, assim como a novela de cavalaria, *Amadis* (1540), cuja edição mais antiga conservada, sob o título *Los quatro libros de Amadís de Gaula*, foi publicada em Zaragoza, em 1508. No final do século, com o historiador, escritor e político, Brantôme – e, sobretudo, na época de La Ligue [A Liga Católica, nas guerras de religião, na França, contra a heresia protestante] –, essa influência espanhola chegará a dominar, até mesmo, a contribuição transalpina, assim como o idioma de Santa Teresa de Ávila, o de Santa Catarina de Sena (CHAMPION, t. 1, 1941).

B) Traduções e tradutores. "O século XVI, especialmente em sua segunda metade, é o século das traduções" (HUIJBEN, 1930, p. 122). A literatura espiritual de importação ocupa, de fato, a maior parte de *La Bibliothèque* [A Biblioteca] de Antoine du Verdier, "contendo o catálogo daqueles que têm escrito ou *traduzido* para o francês" (1585), como no precioso *Ca alogue des livres spirituels* [Catálogo dos livros espirituais] de M. Coyssard[246] e, até mesmo, na biblioteca dos estudantes (DAINVILLE, 1947).

---

245. DELUMEAU, 1952. • PICOT, 1901-1918, *passim*; e 1906-1907.
246. *Practique spirituelle (La)*, 1588, p. 115-120.
N.T.: Esta obra refere-se a Maria de Portugal (1538-1577), neta do rei D. Manuel e, a partir de 1565, consorte de Alexandre Farnese, duque de Parma e Placência; durante a sua estada em Itália, ela

Assim, são publicadas traduções para o francês de *De imitatione Christi* (acima de 25 [*L'Imitation de Jésus-Christ*]); do teólogo e místico católico flamenco, Dionísio, o Cartuxo (acima de 30); do místico e pregador, Harphius (1549-1552); do monge e escritor alemão, Lansperge (1571, 1572); de *L'Apologie* [A apologia] do reformador beneditino e autor de tratados espirituais, Louis de Blois (1553, 1570); de *La Théologie germanique* (1556 [A teologia germânica]) – todas essas traduções, originárias do Norte, passaram pelo latim ou são oriundas desse idioma. Outras são elaboradas a partir do italiano: além de Savonarola, ainda amplamente lido (1543, 1584, 1588), são publicados, em francês, o poeta e dramaturgo, P. Aretino (1540, 1542); Carlos Borromeu (1574); o escritor e bispo, A. Caracciolo (1544); o filósofo, Marsílio Ficino (1541, 1572); o bispo e escritor hagiográfico, L. Lippomano (1557); o teólogo dominicano, Serafim de Fermo (1573, 1578); o teólogo franciscano, F. Zorzi (1578); ou ainda, de autores anônimos, *Cinq opuscules très salutaires* (1543 [Cinco opúsculos bastante salutares]), *La practique spirituelle ... de la Princesse de Parme* (1578 [A prática espiritual... da Princesa de Parma]) etc. Da Espanha mística, é "dado ao público", além de Guevara – do qual são editadas, quase anualmente, novas traduções (12 para o livro 3 das *Épîtres dorées* [*Epístolas Familiares*, 1539]; acima de 9 para o *Livre du Mont-Calvaire* [*Libro llamado Monte Calvario*, Salamanca, 1542]; mais de 6 para *Oratoire des religieux* [*Oratorio de religiosos y ejercicio de virtuosos*, Valladolid, 1542] etc.) –, Juan de Valdès, erasmista e escritor (1563-1565); Pedro Mexía, humanista e historiador (acima de dez edições francesas, entre 1554 e 1572) etc.

Acima de todos esses autores estrangeiros, emergem – inspiradores e mestres da vida religiosa na França – o dominicano, Luís de Granada (1505-1588) e o beneditino, Louis de Blois (1506-1566): o primeiro, mais "asceta", brilhante pedagogo, preocupado em abrir a todos o caminho da conversão e da oração, enquanto o segundo era mais "místico", fiel à tradição renano-flamenga e tendo contribuído para a sua disseminação, guia aprazível para

---

teve como confessor o pe. Sebastião de Moraes, S.J., originário do Funchal (Madeira). Cf. CARVALHO, p. 249-274.

o coração purificado pela atração de Jesus; o primeiro era mais popular[247], enquanto o segundo impelia as almas a avançarem ainda mais longe. Ambos, também, foram traduzidos – o primeiro do castelhano (de 1514 a 1590, acima de 16 traduções diferentes, reeditadas com muita frequência) e o outro do latim (de 1553 a 1596, mais de 10 traduções) –, além de terem preparado a subsequente renovação espiritual[248].

Durante esse período, a história da literatura espiritual começa por ser, portanto, a dos tradutores, cujas equipes, escolhas e mecenas ainda permanecem muito pouco conhecidos. Entre eles, existe um grande número de leigos, poetas, magistrados, cortesãos, tais como Gabriel Chappuys; Blaise de Vigenère, secretário pessoal do rei; Paul du Mont; Gilbert de la Brosse, "angevin" [originário de Angers]; os irmãos de La Boderie; Ch. de Saint-Simon, senhorio de Sandricourt etc. Existem párocos – por exemplo, René Benoist – e religiosos: G. Dupuyherbault; Antoine Estienne, frade menor de Vincennes; os irmãos de Billy – Jean, Jacques e Geoffroy –, o primeiro, cartuxo, e os outros dois, beneditinos; Jacques Froye, tradutor incansável de Louis de Blois; os jesuítas, E. Auger, M. Coyssard etc. Imenso trabalho que – salvo a tradução medíocre de P. Benoist (*La Sainte Bible,* Paris, 1566, 1568 [A Bíblia Sagrada]) –, se volta para a catequese e, desde logo, para a vida devocionista, em vez da Sagrada Escritura. Os tradutores são assim os iniciadores, e não tanto tributários, de uma nova época.

C) Recurso ao papa e introdução do Concílio de Trento. O fracasso parcial das primeiras tentativas reformistas e o sucesso do calvinismo estimulam o sentimento de que não haverá reforma sem a intervenção do papa. Assim, aparece – novidade na Igreja Galicana, pelo menos, com essa tonalidade – um apego ao pontífice romano que leva o cardeal de Tournon a escrever, em uma carta dirigida ao rei (1556): o papa exerce "sobre a minha alma um poder muito maior do que aquele que todos os príncipes seriam capazes de ter sobre o meu corpo"[249].

---

247. Para os colégios, cf. DAINVILLE, I - *La naissance de l'humanisme moderne,* 1940, p. 299-300.
248. LLANEZA, 1926-1928; • a completar com BUCK, 1930. • Além de *Louis de Blois,* vol. 1, 1927, p. 62-65. • BAIX, "Blois", t. 9, col. 241.
249. Citado por FRANÇOIS, M., 1951, p. 453.

O clero da França, reunido em Melun (1579), dirige ao rei – pela voz de N. Lancelier, bispo de Saint-Brieuc – uma quarta "Remontrance" [Admoestação] nestes termos:

> Temos tão urgentemente instado e ainda mais urgentemente exigimos e voltaremos a exigir, enquanto tivermos a capacidade de suplicar a Deus e a V. Majestade, a publicação do Concílio de Trento [...] para estabelecer e manter uma disciplina verdadeira, santa, integral e garantida, a qual é tão necessária e importante para a Igreja (MHCT, 1787, p. 246).

Esse apelo – que já havia sido proclamado em Blois, em 1576 – foi reiterado em 1586; no entanto, se a publicação solene do Concílio ocorre, em 1567, nos Países Baixos (CLAEYS BOUUAERT, 1960), a Assembleia do clero francês ainda irá esperar até 1615 para declarar que recebeu o Concílio (MARTIN, V., 1919, p. 385). No decorrer de vários anos, a aplicação dos decretos tridentinos há de ocorrer muito lentamente, tendo encontrado muitas vezes a resistência de um patriotismo que pode ser nacional, diocesano ou paroquial; do lado dos bispos, em geral, mais favoráveis às reformas, verifica-se também certa relutância em relação a qualquer ingerência romana nos assuntos da França.

Mas o que inspira a "contrarreforma" romana caracteriza também as reformas e as orientações espirituais desse período na França, mesmo que, por causa das guerras ou de uma legítima fidelidade às tradições locais, a corrente tridentina se difunda lentamente nesse território, misturando-se com as inovações oriundas da própria região.

2.2 Ruínas e inovações

Sem dúvida, a França teria começado por deparar-se com o espetáculo de suas ruínas: entre 1559 e 1572, a destruição de duas mil casas religiosas e de vinte mil igrejas. Esses números por si só indicam a amplitude da desestabilização que afeta a vida cristã[250]. Daí em diante, o trabalho de "restauração" efetua-se, entretanto, no espírito de "renovação" que anima os voluntários,

---

250. CARRIÈRE, 1936: "Les épreuves de l'Église de France au XVIᵉ siècle", t. 3, p. 247-509.

prelados, teólogos, pregadores ou religiosos: esses diferentes operários eram classificados, outrora, por Claude de Seyssel, entre os "perfeitos", assim como igualmente consagrados pela Igreja à proclamação do Senhor, à semelhança dos anjos de Belém[251]; é agora que os seus esforços se aliam em torno de uma doutrina e em prol de uma obra mais bem definidas.

A) O clero secular. Se, entre o episcopado, os bispos residentes são ainda raros, se a maioria das nomeações não são, de modo algum, conformes às prescrições de Trento, se um grande número desses personagens importantes, até mesmo, reformistas, são em primeiro lugar políticos e se assemelham a Granvelle (VAN DURME, 1953) ou ao cardeal de Tournon, "muito mais apaixonado pelo governo dos homens do que pelo cuidado das almas" (FRANÇOIS, M., 1951, p. 447-448), se inclusive o escândalo continua sendo moeda corrente, apesar disso, já existe uma opinião que ganhava um impacto cada vez maior para considerar tal situação como algo anormal (LESTOCQUOY, 1959). A função dos bispos, declara C. Guilliaud, é definida pelo *Pascite* do Evangelho: *"id est Docete et reficite verbo vitæ; aut Pascite, id est pastoraliter agite, ait Hilarius, gregem Dei"* (GUILLIAUD, 1548, p. 101).

Claude d'Espence († 1571) diz o mesmo em seu comentário *In Epistolam ad Titum* (1568), o qual desenvolve o tema de sua *Concio synodalis de officio pastorum*: esse reitor da Universidade de Paris deve ter reconhecido um eco do Apóstolo no *Jugement du Rd Seigneur François Richardot, evesque d'Arras, touchant la réformation générale de l'un et l'autre clergé en vertu des décrets du concile de Trente* (1566 [Julgamento do Rev. Senhor François Richardot, bispo de Arras, abordando a reforma geral de ambos os clérigos em virtude dos decretos do Concílio de Trento]), um dos mais belos textos espirituais da época (MHCT, t. 7, p. 169-192), dedicado inteiramente à reforma litúrgica, moral e disciplinar.

Outros bispos, talvez com menor erudição do que a de Richardot († 1574) – Pierre d'Épinac († 1599), cujo papel foi decisivo na Assembleia de Melun de 1579-1580 (RICHARD, 1901), ou Nicolas Psaume († 1575), bispo de Verdun etc. –, tentam corresponder ao ideal que havia sido definido em

---

251. *Tractatus de triplici statu viatoris*, 1518, f. 26 B. • Cf. PITON, 1966, p. 350-351.

Trento e do qual Frei Bartolomeu dos Mártires († 1590), arcebispo de Braga (Portugal), é ao mesmo tempo o inspirador, o teórico e o exemplo (cf. as edições parisienses de seu *Stimulus pastorum*, 1583, 1586; cf. PEREIRA, J., 2019).

É mais difícil apreender a vida espiritual do clero paroquial. Para a sua formação, foram criados os primeiros seminários (Reims, 1567; Toulouse, 1590) e abrem-se os cursos de teologia nas primeiras faculdades dos jesuítas, na França: Paris, em 1564; Bordeaux, em 1573; Pont-à-Mousson e Bourges em 1575[252]. As inquirições empreendidas durante as visitas pastorais, segundo parece, estão menos interessadas na limpeza dos presbitérios, na manutenção das igrejas ou no estado dos bens eclesiásticos do que na fé e nos costumes dos párocos e dos "coadjutores". Os textos publicados, muito raros, tais como o memorando de B. Pignoli sobre a diocese de Fréjus, em 1546, ou o relatório de B. Tiercelin sobre o seu clero de Luçon, em 1564[253], manifestam acima de tudo, no primeiro caso – e de acordo com as observações de fiéis que protestam –, o abandono bastante frequente do celibato, além de afirmações estranhas sobre a fé, talvez, chistes, mas sinais de um verdadeiro mal-estar; e, no segundo caso, a calamidade causada pela incessante guerrilha entre huguenotes e católicos[254]. Tal infortúnio, moral ou físico, ainda não tem remédios; mas já é experimentado como um desassossego, considerado pelos paroquianos como uma anomalia, e vivenciado por confrades – Jean Cotreau, em Tournai, René Benoist e Jean Talpin, em Paris – como uma preocupação que anuncia o importante movimento sacerdotal e pastoral do século XVII[255].

B) Os regulares. Pelo contrário, a renovação tridentina afeta profundamente os religiosos, suscitando novas congregações que promovem as primeiras equipes missionárias. Para esse fato – o que já explica a dependência mais estreita destas em relação a Roma –, a origem deve ser procurada no

---

252. Em relação à doutrina da Companhia a esse respeito, cf. LUKACS, pars I, 1960, p. 227; pars II, 1961, p. 79.
253. Sobre a diocese de Fréjus, cf. OUDOT DE DAINVILLE, 1924. • A respeito do clero de Luçon, cf. CARRIÈRE, 1938.
254. Cf. tb. GLAUMEAU, 1868.
255. Em relação a R. Benoist, cf. PASQUIER, 1913. • Cf. tb. a obra de TALPIN, 1573.

próprio Concílio que "foi uma grande assembleia de regulares" (DUPRONT, 1951, p. 269): a maioria dos teólogos, um grande número de definidores e de "Padres" (os dominicanos, por si só, constituem um terço dos bispos), numerosos conselheiros vinculados aos príncipes são religiosos (CHERUBELLI, 1946). Eles são os melhores apóstolos pelo fato de terem contribuído, em maior número do que os outros, para a definição de perspectivas que haviam constituído, aliás, a base para a realização desse evento.

Com certeza, na França, a situação do país vai refrear esse impulso que se manifesta em outros lugares. Assim, os dominicanos – visados, em particular, pelos calvinistas – são os religiosos, entre todos os outros, que têm o maior número de casas destruídas. Pela mesma razão, "em meados do século XVI, a situação do monaquismo beneditino não é muito brilhante" (SCHMITZ, vol. 3, p. 220); verifica-se a secularização de um grande número de mosteiros. No entanto, a abadia de Chezal-Benoît mantém-se em atividade; a congregação dos Exempts [ou seja, Isentos da jurisdição dos bispos do lugar], conhecida como "galicana", surge em Marmoutier, em 1580, e torna-se a origem de numerosas filiais, especialmente no Sul. Obras valiosas são elaboradas nas antigas abadias: as histórias dos Apóstolos (1552), de Jesus Cristo, da Virgem Maria e de João Batista (1553), dos Patriarcas (1555), dos Profetas (1565), escritas pelo beneditino Joachim Périon († 1559), tradutor latino do Pseudo-Dionísio (1556); o livro, *Trois livres de l'oraison ecclésiastique* (1568 [Três livros de oração eclesiástica]), a *Instruction pour aimer Dieu* (1584 [Instrução para amar a Deus]) de Maurice Poncet († 1586), beneditino que se tornou pároco de Saint-Pierre des Arcis [na ilha de la Cité, em Paris; igreja demolida no final do século XVIII]. No departamento de Haute-Garonne, na abadia cisterciense de Feuillant, Jean de la Barrière († 1600) instaura, por volta de 1577, a congregação "mais austera da época", cuja fundação parisiense, no faubourg Saint-Honoré, compreende, desde 1587, cerca de sessenta religiosos.

Na família franciscana, o albigense Melchior de Flavin († 1580) está preocupado, no espírito de Trento, em ensinar a realeza do Cristo, a necessidade da penitência e as primeiras etapas da vida cristã (*Catholica cantici graduum per demegorias enarratio*, 1568). Os mínimos, por sua vez, continuam a desenvolver-se: o seu estabelecimento em Vincennes, em 1584, constitui uma data importante na pré-história da "invasão mística".

De origem italiana e fundada em 1517, confirmada em 1542, a nova ordem dos capuchinhos, contemplativos e missionários de extraordinária vitalidade, transpõe os Alpes por volta de 1574; e Mattia Bellintani da Salò (1534-1611), nomeado em 1575 enquanto delegado-geral para a França, insufla nos religiosos da província de Paris o espírito de sua pregação, animada pela devoção eucarística e visando uma iniciação à oração de acordo com o seu livro, *Della pratica dell'Orazione mentale* (Bréscia, 1573; tradução francesa, Lyon, Arras, 1593 etc.). Em companhia deles, os grandes promotores da reforma tridentina são os jesuítas, cuja congregação foi aprovada em 1540; aliás, entre as duas ordens, há colaboração. Embora a Companhia dê a incumbência a alguns de seus mais destacados membros, tais como E. Auger, O. Manare, J. Pelletier e A. Possevino, para se dedicarem, na época, às missões populares e à controvérsia – é difícil, muitas vezes, estabelecer a distinção entre essas atividades –, ela especializa-se não só na divulgação de uma verdadeira "imprensa" catequética e espiritual, mas sobretudo nas tarefas educacionais, área em que, além de estar em jogo a reconciliação da cultura e da fé, deve encetar-se a renovação religiosa do país. Assim, é constituído "um baluarte de colégios para enfrentar a heresia": em Billom (1556), Pamiers (1559), Mauriac (1560), Tournon e Rodez (1561), Toulouse (1562), Lyon e Paris (1564), Avignon e Chambéry (1565), Bordeaux (1569) etc.[256]

2.3 Espiritualidade e pastoral

A *"reformatio"* – afirmava já o teólogo jesuíta, Diego Laínez, enquanto participante do Concílio de Trento – *"est duplex [...], interioris hominis qui consistit in Spiritu adoptionis, et reformatio exterioris hominis, quae est secundum temporalia"*[257]. A primeira é o tema principal da literatura espiritual: do mesmo modo que o retorno ao centro visível da Cristandade e a

---

256. FOUQUERAY, t. 1 – *Les origines et les premières luttes (1528-1575)*, 1910. • DAINVILLE, I – *La naissance de l'humanisme moderne*, 1940.

257. Citado por IRSAY, t. I – *Moyen âge et Renaissance*, 1933, p. 342.

consciência renovada de seu mistério haviam sido, para a Igreja, o ponto de partida para o seu rápido desenvolvimento missionário, assim também a conversão (a "penitência" evangélica) e o culto da Eucaristia, sinal visível e presença daquele que é o âmago da vida cristã, constituem o começo perpétuo evocado pelos autores espirituais aos fiéis para desencadear neles a promoção de qualquer apostolado. Mas, a atividade dos apóstolos é absorvida por estas necessidades: a catequese e o ensino. Se, no país, existe uma intensa vida religiosa, dispersa e como que pontual[258], ela limita-se a preparar e salvaguardar as premícias das messes vindouras. A sua expressão livresca fala, portanto, essencialmente da conversão, das práticas sacramentais e da iniciação à oração; militante, ela assume a forma de uma nova "cruzada", a da "imprensa" espiritual.

A) Penitência, eucaristia, oração. *La Croix de pénitence, enseignant la forme de se confesser, avec le cri du pénitent contenu au psalme pénitentiel De profundis clamavi* (1545 [A Cruz da Penitência, ensinando a forma de se confessar, com o grito do penitente contido no salmo penitencial *De profundis clamavi*]: no título desse livro, Pierre Doré apresenta o tema que retorna em inumeráveis publicações, tais como *Instruction à se bien confesser* [Instrução para fazer uma boa confissão], *Miroir de l'âme pécheresse* ou *pénitente* [Espelho da alma pecaminosa] ou [penitente]; em paráfrases sobre os *Psaumes de la pénitence* [Salmos da penitência]; e em tratados *De la pénitence* [Acerca da penitência].

Essas vozes exprimem simultaneamente o sentimento de culpa agravado pelos infortúnios coletivos, a violência das conversões após a violência das paixões (assim, no *Journal* [Diário] de C. de Bus, o relato de sua conversão), e o peso do qual esses homens procuram se libertar em busca "do repouso e da tranquilidade da alma" (Jean Cotreau, *Traicté du repos et tranquilité de l'âme...*, 1575). Desse modo, mantém-se também e espalha-se o espírito das "compagnies des Pénitents" [Companhias dos Penitentes], às quais vieram juntar-se – oriundas da Itália, instaladas em Lyon (1577) e, em seguida, em

---

258. H. Bremond (t. 2, 1918, p. 1-35), cujo otimismo excessivo será corrigido por ORCIBAL, ORJ2, 1947, p. 1-23.

Paris (1583) – as "Confréries des Pénitents" [Confrarias dos Penitentes], recomendadas a todos pelo franciscano, Christophe de Cheffontaines (*Apologie de la confrérie des penitens*, 1583) ou pelo jesuíta, Edmond Auger († 1591): *Metanœlogie*, Paris, 1584.

"A deploração da vida humana" deve dar origem à "disposição de receber o Santíssimo Sacramento com dignidade": é ainda Doré quem procede a essa demonstração em um livro – *La Déploration de la vie humaine, avec la disposition à dignement recevoir le Saint-Sacrement et mourir en bon Catholique* (1543) – reeditado em 1548, 1554, 1556 e 1561. Essa preocupação, tão presente em Bellintani da Salò ou em Auger quando pregam a devoção às "Quarante heures" [Quarenta horas], baseia-se, sem nenhuma dúvida, em uma inspiração mais tridentina e é encontrada, de preferência, no apostolado das ordens religiosas; ela tende a fixar o impulso agitado, sem deixar de ser profundo, da fé em Jesus na certeza de uma Presença e sobre a visibilidade do sacramento, ou seja, em última análise, no interior da Igreja.

Haveria, talvez, uma intenção análoga na insistência com que os tratados sobre a oração se empenham em definir os seus métodos, as suas etapas e os seus frutos, ou em fornecer-lhe como suporte as orações tradicionais da Igreja. Assim, para não mencionar Luís de Granada que excede todos eles, Claude d'Espence com o seu livro, *Paraphrase ou méditation sur l'oraison dominicale* (Lyon, 1547 [Paráfrase ou meditação sobre a oração dominical]), ou G. Dupuyherbault no livro em que este monge torna-se curiosamente o eco de seu tempo, *Règle et manière de prier Dieu purement, dévotement et avec efficace* (1568 [Regra e maneira de orar a Deus de maneira pura, devota e com eficácia]). O seu objetivo consiste em abrir os cristãos para a vida divina que carregam em seu interior; mas isso traduz-se, em breve, no desejo de fornecer-lhes os critérios que permitam o desenvolvimento da oração pessoal no seio da Igreja e nas expressões vivas de sua fé.

B) Espiritualidade militante. Viva durante todo esse período, a ideia de uma cruzada, voltada para o interior e fixando-se como escopo as igrejas ocupadas pelos huguenotes, subsiste como algo recorrente na literatura espiritual. Seria possível multiplicar os exemplos de imagens surgidas nas profundezas de uma sensibilidade e de um amplo movimento missionário; basta apontá-los, enquanto indício de uma espiritualidade militante.

Essa é a característica dominante que sobressai dos títulos frequentes em que aparecem as palavras "útil" e "eficaz"; dos numerosos "resumos", "Abc", "Epítome", "Breves discursos" e opúsculos "catequéticos", ou, ainda, todas as "Exposições", "Instituições" e "Instruções". Trata-se, com efeito, de instruir, de fornecer um ensino básico e "prático", além de prestar os primeiros socorros à ignorância comum. Para isso, todos os educadores formam uma única liga que poderia ser definida pela anotação adicionada – à *L'Instruction des curés composée par Maistre Jean Gerson, chancellier de Paris* – por um editor de Bordeaux (Simon Millanges, 1584):

> "nécessaire à tous, curez, vicaires, maistres d'Escole, mesme aux peres de famille pour instruire leurs enfants en l'Amour et crainte de Dieu" [indispensável para todos, párocos, vigários, mestres de escola e, até mesmo, para os pais de família a fim de instruírem os filhos no Amor e temor de Deus].

Daí, um tão grande número de "traités de prédication" [Tratados de pregação], mas, também, o uso de imagens ou o recurso aos espetáculos, mais "eficazes" do que as "pregações"; aliás, os escritos dão continuidade à fala e aos sermões "em todos os dias do ano".

C) Uma imprensa espiritual. Deve-se, sem dúvida, reconhecer – no que F. de Dainville designa como um "apostolado da imprensa" (DAINVILLE, I, 1940, p. 298, n. 7) – a literatura mais importante, além de ser mais inapreensível e menos estudada desse período: pequenos tratados, prospectos, catecismos, canções e alfabetos. O equivalente e, muitas vezes, a iniciativa, de todo esse material podem ser encontrados entre os protestantes (MEYLAN, 1957).

"Catéchèse" [Catequese], tais como os livros populares de piedade destinados por R. Benoist a seus paroquianos da igreja de Saint-Eustache (1564, 1573, 1575); "Manuels" (*Le Manuel des gens de religion* [O compêndio das pessoas religiosas] de G. Dupuyherbault, 1544, 1572; *Manuel de dévotion* [Devocionário] de S. Verrepé, nova ed. por P. Benoist, 1584 etc.); "Catéchismes" [Catecismos], em particular, o de Trento, ou o de Auger, do qual são vendidos, em oito anos, trinta e oito mil exemplares[259]; inumeráveis obras publicadas para crianças, por exemplo, J. des Caurres († 1587) ou todos os *ABC pour les enfans* [Abc para as crianças], *Instruction des enfans* [Instrução das crianças] etc.; "Chansons spirituelles" [Canções espirituais], tão puras quanto as de Légier Bontemps, mais pedagógicas como as de Le Fèvre de la Boderie ou de Michel Coyssard (GASTOUÉ, 1924, p. 131-163 e 237-259).

Essa "imprensa", cuja importância não deve ser minimizada, era convocada ardorosamente por Richardot, em 1566, ao fixar o programa literário da reforma católica:

> Opúsculos de devoção mediante os quais seria ensinado o que é o verdadeiro serviço de Deus, o uso legítimo dos sacramentos, outrossim como assistir e cooperar na missa com as outras cerimônias da Igreja. Da mesma forma, algum outro opúsculo contendo determinados salmos ou hinos elaborados com gosto e de maneira fidedigna, os quais poderiam ser cantados por eles não na igreja, mas em suas casas, ao executarem as suas tarefas domésticas, em lugares honestos ou de outra maneira [...] ou, até mesmo, lê-los em silêncio quando estiverem na igreja. [...] Da mesma forma, parece ser apropriado, para despertar o gosto do povo, mandar imprimir o Antigo e o Novo testamentos, apresentados de maneira fidedigna com alguns breves e fáceis escólios ou anotações para os trechos obscuros e perigosos. [...] O mesmo poderá ser feito com vários Padres da Igreja, gregos ou latinos (MHCT, t. 7, p. 180).

---

259. Cf. HÉZARD, 1900, p. 203-204. • E o índice dos catecismos em BUISSON, 1886, p. 728.

Capítulo 7
História dos jesuítas*

1 A reforma interna no tempo de Acquaviva

A partir do trabalho de transformação que ocorreu durante o período em que Claude Acquaviva (1581-1615) foi o Superior Geral da Companhia de Jesus, vamos fixar-nos em uma data simbólica: 1606, ano em que, a pedido de Acquaviva, chegam a Roma os resultados de uma inquirição empreendida em todas as residências dos jesuítas sobre os "déficits" da Companhia. Documento excepcional. Cinquenta anos após a morte do fundador (1556), manifesta-se por toda a parte a convicção de que se impõe uma reforma interna dessa ordem religiosa. De todas as províncias, sobe a Roma uma inquietação da consciência coletiva, a qual parece contrastar, em 1606, com a importante obra de organização administrativa e de elaboração doutrinal, promovida durante os vinte e cinco anos iniciais do mandato de Acquaviva[260].

1.1 Refluxo sobre a espiritualidade

De fato, esse trabalho é acompanhado, inclusive em Roma, por sérias tensões entre as autoridades do alto escalão. Nessa cidade, assim como em outros lugares, questiona-se: a fidelidade às *origens*, ao passo que se verifica a mudança de natureza na atividade dos jesuítas; as formas da *relação com o mundo* que se "seculariza"; a *unidade* de uma ordem cujo desenvolvimento

---

* Cf. a referência completa a respeito deste texto na "Introdução", p. 7ss.
260. Sobre Acquaviva, ainda deficientemente estudado, cf. GUIBERT, 1953, p. 219-237; • e, sobretudo, ROSA, 1960, p. 168-178. • Existe uma biografia manuscrita elaborada pelo historiador F. Sacchini (ARSI, *Vitae 144* I), assim como documentos preparatórios para uma *Vida* (ARSI, *Vitae 145* e *146*). • E ainda SOMMERVOGEL, t. I, col. 480-491; t. 8, col. 1.669-1.670. • DHCJ, 2001. Para a descrição completa das siglas, cf. quadro em "Referências bibliográficas", p. 425.

quantitativo (acima de 13.000 membros em 1615) – além de sua diversificação e, em particular, de sua crescente dependência em relação aos nacionalismos – conduz a um patamar qualitativo. A escolha seja da repetição ou do abandono das origens seria, de qualquer modo, uma atitude nefasta. Em 1600, o universo já havia deixado de ser aquele, ainda medieval, em função do qual Inácio tinha construído uma linguagem. Em um ponto crucial, em particular, há uma ruptura do equilíbrio: a ação a partir da qual se articula o "espírito do Instituto" já não é a mesma. A especialização profissional e local das tarefas implica distorções nas instituições unitárias da ordem.

Esses problemas reconduzem à espiritualidade. O seu fortalecimento deve contrabalançar a lógica "exterior" das ocupações e de sua diversificação. Por isso mesmo, também, acabará sobressaindo uma especificidade que constitui simultaneamente uma identidade interna e uma diferença; ela permitirá resistir seja à influência das tarefas (pedagógicas, científicas etc.), cujas regras escapam a uma determinação religiosa, seja à pressão das filiações ou das jurisdições regionais que se tornam mais restritivas. Assim, sob o mandato de Acquaviva, assiste-se a uma multiplicação das codificações internas.

Por exemplo: a regulamentação do noviciado (*Règles du Maître des novices*, 1580 [Regras do Mestre dos noviços]); a generalização do "juniorato" que, após o respectivo noviciado, isola os jovens estudantes das comunidades (1608); o estabelecimento de um *triduum*, ou retiro de três dias, bienal, antes da renovação dos votos para os não professos (1608); a regularização do "terceiro ano" ou terceiro ano de noviciado ao final dos estudos (*Ordinatio generalis* 3, cap. 3, aprovada pela 5ª Congregação Geral, 1593-1594); a obrigação da hora diária de oração (1581) e do retiro anual de oito a dez dias (1608) etc. Essa organização visa alinhar mais estreitamente do lado das práticas espirituais uma ordem que se dissemina do lado das tarefas objetivas. Um trabalho análogo efetua-se, certamente, no setor dos estudos com a *Ratio studiorum* (primeiro projeto em 1585), mas sem que este exerça um papel tão importante; somente mais tarde, essa composição de métodos e de lugares pedagógicos irá formar um segundo círculo que acabará por se tornar mais determinante do que as regras religiosas.

Como afirmava Bernard De Angelis, então secretário da Companhia, essa codificação é uma "administração espiritual" que continua sendo um conjunto de procedimentos reguladores que deixam por resolver a questão essencial: a possibilidade para a ação de ser, como no início da Companhia, a linguagem de um espírito comum. É difícil recorrer às próprias atividades pelo fato de estarem cada vez mais vinculadas às leis sociais e técnicas de uma exterioridade. Há, portanto, refluxo em direção a uma linguagem do interior, indício do que é "peculiar" à ordem e do que é "distinto" das tarefas. *A construção de um "interior"* é o trabalho mais urgente, organizando-se em torno de uma fronteira a encontrar e que se elabora entre os dois polos, repetidos constantemente, nos documentos da época: *nostrum* e *alienum* (ou *peregrinum*), o que é nosso e o que é alheio. É a partir desse corte que vai emergir uma verdadeira literatura espiritual; ela desenvolve-se ao indicar com precisão, progressivamente, o que é "alheio ao espírito de nosso Instituto". Tarefa delicada pelo fato de tratar-se, por um lado, de uma questão de definir algo de *misto* (uma vida ativa e contemplativa) e, por outro, algo de *peculiar* (uma especificidade interior que se distingue espiritualmente das obras")[261].

1.2 Dois problemas: os nacionalismos e o interior

Acquaviva persegue um objetivo global que se explicita ao longo de seus trinta e cinco anos de governo: constituir uma linguagem comum. Ele vai esboçá-lo, desde o início, com a reconstrução e a conclusão dos *Directoires dos Exercices spirituels* (1585-1599). Ele pretende chegar a uma "doutrina comum" sobre o método que afeta de mais perto a prática espiritual característica dos jesuítas. Desse modo, o seu apoio aos historiadores da Companhia (em particular, a F. Sacchini) ou a sua carta sobre a oração (1590) obedecem ao mesmo objetivo: ele instala assim uma interpretação oficial das origens, estabelecendo a vida interior do jesuíta entre a meditação discursiva e a passividade contemplativa. Essas medidas tendem igualmente a definir *um dis-*

---

261. A respeito dos debates a esse propósito, cf. mais adiante. Algumas reflexões gerais em LUNDBERG, 1966, p. 219-229. • Sobre a administração espiritual, cf. sobretudo, LETURIA, 1957, t. 2, p. 189-378.

curso ortodoxo e unitário: essa será a *via regia* que há de tornar-se o referente, repetido indefinidamente, das discussões e dos debates no decorrer do século XVII.

Essa política espiritual responde a duas formas complementares da mesma crise: a sua face externa e a sua face interna. Por um lado, o pluralismo das nações introduz-se na ordem através de uma reação contra a predominância espanhola; e, por outro, a "laicização" do pensamento e da ação traduz-se em divergências fundamentais sobre a relação do "espírito" inaciano com as tarefas submetidas, em um grau cada vez maior, às leis da sociedade civil. Essas duas questões referem-se igualmente à evolução do mundo em que se desenrola a ação dos jesuítas.

A) A crise espanhola confronta a organização religiosa com a forma (nacionalista) da atualidade política, além de questionar a fidelidade a origens consideradas como "castelhanas" ou "espanholas", em vez de bascas, enquanto o próprio Inácio era ainda vivo. Se a "preponderância espanhola" reflete na Companhia uma situação europeia, ela é credenciada entre os jesuitas de um privilégio relacionado à fundação; assim, ela seria evidente por toda a parte, por exemplo, na hierarquia romana da ordem ou, nas províncias italiana e francesa, entre os professores chamados "dos quatro votos" (o grau mais elevado).

Essa posição privilegiada – contestada sob Acquaviva, nascido na Itália – beneficia-se do apoio do papa Sisto V († 1590) que precisa de Filipe II da Espanha. Em Roma, cidade em que vitórias e derrotas são avaliadas em exílios ou em retornos, as influências podem ser calculadas de acordo com as presenças: assim, de volta a Roma graças ao rei da Espanha, José de Acosta, provincial do Peru, trabalha em favor da causa espanhola. Ele entra em entendimento com Francisco de Toledo (exercendo uma forte influência na cúria e o primeiro jesuíta a ser elevado ao cardinalato, em setembro de 1593), o qual não era alheio ao projeto que, em 1595, consiste em livrar-se de Acquaviva com a sua nomeação para o bispado de Cápua.

A estrutura da ordem está em jogo: a sua coerência resistirá às filiações de seus membros? O "lugar" religioso sobreviverá às divisões nacionais? Em

15 de dezembro de 1592, Clemente VIII decide convocar uma 5ª Congregação Geral, imposta praticamente a Acquaviva. Ela deve diagnosticar os "males" e estudar os "remédios" relativos às instituições; aliás, ela é reforçada por um comitê *Ad detrimenta cognoscenda*. De 3 de novembro de 1593 a 18 de janeiro de 1594, essa congregação oscila entre medidas que visam ora controlar a independência do Superior Geral (em 3 de dezembro, propõe-se a reunião periódica de congregações gerais), ora garanti-la (por exemplo, em 21 de dezembro de 1593, contra os compromissos políticos dos jesuítas). A espiritualidade começa por exprimir-se nessas formas práticas de vida religiosa; mas uma verdadeira literatura crítica e "reformista" – quase sempre, de origem espanhola – precede, acompanha ou segue esse debate sobre a unidade.

Desde 1579, Juan Maldonado, nomeado visitador da província francesa, fala de suas "lágrimas sinceras vertidas sobre a Companhia que está em perdição". Por volta de 1590, verifica-se o incremento da desunião entre as autoridades romanas da Companhia. O assistente da Alemanha, o impetuoso Paul Hoffaeus, multiplica os memorandos contra as inovações, sobre a divisão das mentes e sobre os *remedia: De unione animarum in Societate, De impedimentis quæ obstant institutioni futurorum superiorum*[262] etc. Ele pede a demissão em 1591.

Outro exemplo, mais tardio: o português, Fernando de Mendonça, elabora o seu relatório – em breve, traduzido e publicado em francês, *Advis de ce qu'il y a à réformer en la Compagnie des Jésuites*, 1609[263] [Opiniões sobre o que há para reformar na Companhia dos Jesuítas] – "apresentado ao papa e à Congregação Geral" de 1608. Ele propõe que o mandato do Superior Geral deixe de ser vitalício; "que exista como que um geral na Espanha para todos os assuntos desta província"; "que, se um Superior Geral for um *estrangeiro* [grifo de M. de Certeau], que o próximo seja espanhol"; que o tempo da formação seja reduzido a fim de evitar que "tantas pessoas abandonem a Companhia, como ocorre todos os dias, ao termo de vinte e trinta anos, de modo que os seus membros sejam em maior número fora do que dentro" etc. São

---

262. Respectivamente, em AHSI, t. 29, 1960, p. 85-98; t. 26, 1957, p. 46-48.
263. Paris, BN, Fonds français 15781, f. 356-384 v.

publicados outros Memorandos, tais como *Discours du Père Jean Mariana, jésuite espagnol. Des grands défauts qui sont en la forme du gouvernement des jésuites*: Traduict de l'Espagnol – manuscrito original redigido, em 1605 – editado em 1624 ou 1625[264].

B) A crise espiritual. O termo *estrangeiro* qualifica também a corrente "espiritualista" que se amplifica no final do século, na Itália: divergentes em relação às instituições, essas irrupções "místicas" e peregrinas tornam-se imediatamente suspeitas para as autoridades; o que vai ocorrer, com uma frequência cada vez maior, ao longo de todo o século XVII. Entre os jesuítas, elas convergem, sem dúvida, para os vínculos originários da Companhia com os *alumbrados* espanhóis e com os círculos franceses ou renanos da devoção afetiva. Mas, no final do século XVI, trata-se de discrepâncias que afastam a experiência atual dos textos estabelecidos. Nos escritos romanos, opõe-se um "extraordinário" ao "ordinário"; o "estrangeiro" à regra. *Linguarum confusio*, afirma P. Hoffaeus a esse propósito, de um termo ambivalente que ele traduz por desordem (*confusio babilonica*) e no qual outros reconhecem um sinal pentecostal. Sob o mandato de Acquaviva, enquanto Superior Geral, três elementos intervêm no mal-estar representado por essas ocorrências[265].

1º) Para começar, como vimos, verifica-se *um cisma entre as "obras" e o "espírito"*. Impregnados por essas obras transformadas em tarefas, inúmeros "espirituais" (uma palavra pejorativa, assim como os adjetivos "novos" ou "místicos" que lhes são colados) esboçam um movimento de recuo e questionam-se a respeito da compatibilidade entre a lei desses trabalhos e a da união com Deus. Eles reivindicam um retorno à trilogia primitiva dos ministérios designados, muitas vezes, em Inácio, por estes três verbos: *pregar*, "*conversar*" (conversação e direção espiritual) e *dar os Exercícios*. Essa trilogia indicava, na época, a maneira como o "contemplativo na ação" poderia "encontrar Deus em todas as coisas". No entanto, dizem eles, essas diretrizes já não correspondem ao que se faz realmente: as ciências, as controvérsias, a retórica

---

264. Ver, sobretudo, SCHNEIDER, 1957 e 1958. • A respeito dos antecedentes, DEMOUSTIER, 1968 (o mal-estar provocado pela "seleção" no interior da Companhia).

265. A sublinhar, em especial, os debates sobre a oração. Cf. COEMANS, 1936; • e BERNARD--MAÎTRE, 1961.

ou a organização pedagógica divergem de Deus. Tais ocupações – para eles, *novas* –, mundanas e perigosas para a pureza do coração, devem ser substituídas por obras "puramente espirituais". Trata-se de um debate fundamental sobre o que se tornou a "ação" e sobre aquilo em que pode converter-se a "contemplação" em uma sociedade diferente daquela que tinha servido de postulado à espiritualidade original.

O debate torna-se complicado pelas reviravoltas que afetam o sentido das mesmas palavras. Os espirituais consideram *novas* as tarefas, daí em diante, colocadas sob o signo tradicional das "obras", mas as suas críticas contra a ação escandalizam os seus oponentes como se fosse uma traição e uma novidade em relação à doutrina tradicional. Ou, então, a mesma fórmula inaciana – "abandonar a Deus por Deus"[266] – vai designar seja a "desapropriação perfeita" na desolação (BLONDO, 1587, p. 55), seja a justificativa do trabalho à custa da oração (cf. CERTEAU, JJS2, p. 1.575). As fórmulas antigas já não garantem o espírito.

2º) Para elucidar essas questões, *ainda não há grandes textos doutrinais*. As obras existentes dizem respeito essencialmente à prática, provêm de sermões ou *pláticas* e continuam sendo obra de *minores*. A Companhia alimenta-se, portanto, com obras importadas, antigas ou recentes, que são escolhidas de acordo com a sua "utilidade" para "o exercício" da oração, e a partir das quais as autoridades jesuíticas tentam eliminar (aliás, segundo critérios bastante instáveis) o que é "alheio" ao "espírito de nosso Instituto". Procede-se à reinterpretação dessas obras, quanto dos autores da Antiguidade. A linguagem própria continua sendo uma relação com a linguagem dos outros; é apenas indiretamente que ela se explicita, por meio de seleção e pelo enunciado das "maneiras" de processar um texto ou de utilizar uma tradição diferente, ou seja, pelas regras de uma prática, a *prælectio*.

Os escritos internos contrastam, portanto, com os escritos místicos que chegam do Norte ou do Sul, dos renano-flamengos ou da escola carmelita, e destas "amantes de Jesus Cristo": Gertrudes de Helfta, Ângela de Foligno, Catarina de Gênova, Madalena de Pazzi etc. Essas vozes contemplativas

---

266. Cf. RIBADENEYRA, 1586, 5ᵉ parte, cap. 10.

assombram os grupos "espirituais", liberando das restrições impostas pelos *Diretórios* a qualquer interpretação mística dos *Exercícios* (cf. MHSI, 1955, p. 301-302). Ao lado de uma literatura precária, essa literatura fecunda do exterior abre janelas nas residências, aparecendo também como uma fuga *ad extra*. Tais leituras operam partidas secretas para o exterior, as quais são, para alguns, tão perigosas quanto o é, para outros, a dissipação no exterior[267]. Um trabalho intenso, no início do século XVII, há de colmatar essa lacuna e constituir um *corpus* de doutrinas[268].

3°) Por fim, o *próprio sucesso* parece desenvolver um mal-estar, cujas manifestações internas na Companhia juntam-se às críticas que lhe são dirigidas de fora. Próximos ainda de seu fundador ("um homem deste século", afirmará Surin cinquenta anos mais tarde), não teriam sido eles, de acordo com a acusação que lhes é feita por Roma, arrastados por seus trabalhos para longe das "virtudes sólidas" que ele pretendia para a sua "pequena companhia"? De maneira mais sutil, o sucesso dos "filhos" implica uma diferença crescente em relação às origens e – o que é sugerido, aliás, por um grande número de textos – a inquietação impregnada do sentimento de culpa de atraiçoar o pai.

1.3 A inquirição De detrimentis Societatis (1606)

Em 27 de setembro de 1585, Acquaviva solicita a Lorenzo Maggio para elaborar um dossiê sobre o assunto. O Memorando, concluído no final de novembro do mesmo ano e entregue em 24 de janeiro de 1586, analisa as deficiências da Companhia, as suas causas e os seus remédios[269], insistindo sobre a urgência de uma formação tendo em vista a oração. Em 1593-1594, a questão é retomada pelo comitê *Ad detrimenta cognoscenda*.

Enfim, é tomada a decisão de empreender uma inquirição geral que, ao mesmo tempo, deve fazer circular as questões latentes, além de atualizar

---

267. Sobre as leituras espirituais, GUIBERT, 1953, p. 204-208. • DAINVILLE, 1954.
268. ALVAREZ DE PAZ, 1608; • RODRIGUEZ, 1609; • SUAREZ, 1608-1625; • COTON, 1608; • LA PUENTE, 1615; • LESSIUS, 1616 e 1620; etc.
269. *De nævis Societatis et remediis*, ARSI, *Inst. 107*, f. 1-38.

a linguagem que serve a exprimir as indagações ou as aspirações espirituais. Cada congregação provincial deve reunir-se e enviar um relatório sobre os "déficits" constatados por ela, sobre os "remédios" já experimentados e os resultados obtidos, assim como, finalmente, sobre os meios de garantir no futuro uma maior fidelidade. Cada jesuíta tem também a possibilidade de enviar para Roma um memorando sobre os mesmos assuntos. O dossiê da inquirição *De detrimentis* (1606), sondagem de uma riqueza excepcional, encontra-se em Roma[270].

Os diversos capítulos propostos para essa análise (governo, fidelidade às regras, caridade fraterna, pobreza, formação interna, zelo pela oração etc.) estão representados, de forma desigual, em cada província: por exemplo, nas províncias da Alemanha ou de Lyon, a atenção está focalizada, de preferência, nas instituições e nas regras objetivas, ao passo que, em Paris ou na Aquitânia, verifica-se a predominância dos problemas de natureza espiritual.

De acordo com esses memorandos – elaborados, quase sempre, por homens eminentes (por exemplo, os relatórios franceses são assinados por Louis Richeome, Pierre Coton, Étienne Charlet etc.) –, o julgamento proferido por uma geração a respeito de si mesma é severo. Entre os déficits anotados com maior frequência na espiritualidade, sobressaem em particular estes dois pontos.

1º) O autoritarismo dos superiores que demonstram pouca preocupação com a formação espiritual, limitando-se à administração. Uma escolha mais criteriosa de superiores aparece, inclusive, em um ou outro relatório, como *o* remédio por excelência. A doença do corpo deve ser curada a partir da cabeça: tal ponto de vista, encontra-se então no *Brevis tractatus De adhibendo remedio iis malis quæ aut jam in Societate irrepere aut in eandem irrepere in posterum passent* ou em P. Hoffaeus[271].

---

270. ARSI, *Hist. Soc. 137*. Acquaviva há de servir-se, várias vezes, desse procedimento: por exemplo, em 1611, para uma consulta geral dos teólogos, *Pro soliditate atque uniformitate doctrinæ per universam Societatem* (ARSI, *Inst. 213,* documento em que as respostas são classificadas por províncias).
271. *Brevis tractatus...*, ARSI, *Inst. 186 d,* f. 42-52. • HOFFAEUS, *Congr. 20 a.*

2°) O crescente desequilíbrio *entre os "exercícios espirituais" e as tarefas apostólicas*: estas ocupam, em um grau cada vez maior, o interesse e a vitalidade dos jesuítas, ao passo que os "exercícios" se esvaziaram de sua substância, tornando-se formais, até mesmo, nas congregações em que ainda são adotados (aliás, por toda a parte, observa-se um recuo na prática da oração e da leitura espiritual).

Para nos limitarmos às categorias que organizam a maior parte desses textos – ou seja, as de *dentro* e de *fora* –, podemos afirmar que, na ordem, tal inquirição diagnostica o perigo de esparramar-se para fora: uma *effusio ad exteriora*. Bastante frequente, essa expressão evoca também uma hemorragia e um dispêndio excessivo.

1.4 *O perigo da expansão "para fora"*

Nesses textos, existe uma reação que tem a ver com o essencial: a corporação inteira – impelida, há muito tempo, por uma extraordinária força centrífuga, criadora de obras e missões em condições frequentemente aleatórias e miseráveis – parece experimentar o *receio de se perder* em sua atividade e de alterar-se na relação aos outros. O detalhe das respostas indica, por toda a parte, um gesto de retraimento: a necessidade de um recentramento, de uma identidade e de um agrupamento internos – um retorno a si mesmo. Após sessenta anos de *missão*, começa o tempo da *espiritualidade*, o qual há de corresponder igualmente ao da *instalação*.

O movimento que se traduz mediante a sondagem de 1606 tem uma significação semelhante ao trabalho de centralização que está em curso, então, na ordem: fixa-se a vitalidade dos primeiros tempos; localiza-se o "espírito"; as instituições adquirem um arcabouço; constitui-se uma ortodoxia própria. Nessa inquirição, tudo isso aparece apenas no negativo; entretanto, os "perigos" e os "déficits" já esboçam, como o seu avesso, a obra de *preservação* efetuada pela administração. Na Companhia presente no continente europeu do século XVII, o estabelecimento sucede às obras ambiciosas e, até mesmo, imprudentes, do século XVI: assim, as "missões" ("estrangeiras" ou "populares") hão de passar por uma exterioridade em relação aos "estabelecimentos", europeus e urbanos. Da mesma forma, em relação às normas doutrinais que serão impostas ao ensino superior sob a alçada dos jesuítas, na Europa, a audácia intelectual há de exilar-se nas universidades e fundações longínquas (Lima, Pequim etc.); a mística, por sua vez, será reencontrada nas zonas rurais ou entre os "selvagens" etc.

A ordem ganha estrutura ao fortalecer um *interior* (em que a espiritualidade "em conformidade com o nosso Instituto" desempenha um papel essencial) distinto de um *exterior* que, além dos "outros", inclui a faceta da atividade religiosa voltada para o mundo ou para o estrangeiro. Uma lógica da interioridade contrabalança, então, com a da disseminação apostólica.

Essa reação é provocada pelo que pode ser designado como o perigo de crescer, afetando, durante muito tempo, a organização da Companhia de Jesus. Ela inscreve-se, sem dúvida, na continuidade da evolução que levava já Inácio a equilibrar, mediante uma forte autoridade, a dispersão peregrinante dos membros. Mas, começa uma nova etapa. A relação do centro com a expansão torna-se, na própria ordem, uma combinação entre uma interioridade consolidada e uma externalidade movediça. A solidez de um *corpus* de regras ou de textos "para todos" é o postulado que permite a flexibilidade de uma adaptação relativa aos outros ou proporcional à "utilidade das almas". A maleabilidade dos jesuítas às necessidades de cada sociedade pressupõe a sua ancoragem em um local protegido e fixo, o qual, por sua vez, não depende da relação com os outros. Uma área reservada, e de estrita observância, cria a distância que permite vislumbrar o "mundo" sob o modo do "útil". Uma restrição afeta, portanto, a participação, multiplicando as suas possibilidades na medida em que reduz o seu risco.

Além disso, as formas assumidas pela adesão às tarefas sociais ou à cultura contemporânea permaneceriam, em princípio, uma linguagem secundária, da qual se exclui *a priori* a seriedade de um desafio total e o brilho de uma criação original. Isso será reconhecido, em breve, em determinado conformismo no pensamento filosófico, assim como na cor um tanto inexpressiva ou, inversamente, na luminosidade superafetada da escrita. Outro indício: a ação e a expressão jesuíticas privilegiam, em suas orientações, *uma lingua-*

gem para os outros (pedagogia, teatro, "missão popular" etc.) ou a linguagem objetiva da erudição e da ciência. Por esse viés, elas atribuem o "estilo" da Companhia a uma arte "barroca" da fachada, permitindo também grandes sucessos na ordem do saber objetivo. Mas elas deixam intacta *uma linguagem do interior*, ou seja, a linguagem primitiva e fundamental, preservada nas "residências" e constituindo o lugar em que são dirimidas as questões decisivas.

Não é, portanto, surpreendente que, em uma ordem ativa, a linguagem espiritual venha a assumir tal importância durante o século XVII. Nesse campo, os debates questionam a base do sistema, especialmente quando solapam a própria distinção entre as duas linguagens, seja conformando as tarefas às normas da espiritualidade (tendência "mística"), seja alinhando a espiritualidade com a "utilidade" que orienta os movimentos da adaptação (tendência laxista). Seja qual for o futuro da estrutura implementada durante o mandato de Acquaviva, ela estabelece uma segurança interna com uma doutrina e um conjunto de regulamentos institucionais. Assim, constitui-se uma maneira de "refúgio". O movimento que, no século XVII, irá implicar uma ruptura com o "mundo", encontra já aqui um equivalente sob o modo dessa distinção entre duas linguagens: a primeira, estável, para o interior; enquanto a outra é ajustável de acordo com as circunstâncias. A diferença, no caso da Companhia, reside no fato de que o corte não é posicionado no mesmo lugar. O que é exigido pela sondagem de 1606 confirma, em suma, a política de Acquaviva: a construção de uma fronteira e de um lugar interior; o fim da itinerância.

1.5 O retrato do Pai e a literatura interna

Dois indícios desse estabelecimento podem ser sublinhados: o aperfeiçoamento de uma imagem oficial do fundador e a multiplicação de uma literatura *"ad usum nostrorum tantum"*, ou seja, um retrato do Pai e uma linguagem familiar.

A) A imagem do fundador. A obra, *Vita Ignatii Loiolæ* de Pedro de Ribadeneyra, testemunha da primeira equipe inaciana, marcou uma época: até a beatificação (1609) e a canonização (1622) do fundador, temos sete edições latinas (Nápoles, 1572; Madri, 1586; Antuérpia, 1587; Roma, 1589; Ingolstadt,

1590; Lyon, 1595; Colônia, 1602), sete edições espanholas (1583, 1584, 1586, 1594, 1595, 1596, 1605), duas italianas (1586 e 1587), três francesas (1599, 1607, 1608), uma alemã (1590) e uma inglesa (1622). Com o seu lançamento no Sul e tendo permanecido predominantemente espanhola, essa difusão é cadenciada pelas modificações do texto: elevando-se a 500 exemplares reservados para o uso exclusivo dos jesuítas (1572), essa primeira edição de *Vita* provoca ressalvas que explicam a forma revisada sob a qual ela será reeditada durante o mandato de Acquaviva e, desde 1573, o início de outra *Vie* [Vida], solicitada a Gian Pietro Maffei (FNSI, t. 3, 1960, p. 209-216).

Acquaviva exige, com efeito, a Ribadeneyra (pouco entusiasta) a correção de seu livro (por exemplo, em 1584, no que diz respeito às instituições e, em particular, às casas de formação). Ele manda publicar o manuscrito de Maffei, pronto desde 1579, *De vita e moribus Ignatii Loiolæ* editado em 1585, simultaneamente, em Roma, Veneza, Colônia e Douai. Tal lançamento europeu coloca em circulação um retrato mais oficial e também mais objetivo, menos familiar e pessoal do que o de Ribadeneyra, além de representar uma visão mais "governamental" (ele depende de Polanco, secretário de Inácio de 1547 a 1556, intérprete do fundador na linguagem da moral antiga e da tradição cristã). De forma recorrente, será estabelecida a oposição entre essas duas obras: imagem duplicada e, aos poucos, alterada[272]. Do mesmo modo, em 1573-1574, Luís Gonçalves da Câmara revê o seu retrato de Inácio, esboçado em 1555, acrescentando a seu primeiro texto (em espanhol) "lembranças" (em português), as quais insistem no "rigor" e na firmeza do governo inaciano; aliás, a sua memória corresponde à conjuntura[273].

Na iconografia inaciana, passamos também do cavaleiro, do peregrino, do superior com toga romana, ou dos episódios próximos do *Flos sanctorum* e de Ribadeneyra, para o fundador em paramentos sacerdotais, o

---

272. RIBADENEYRA, FNSI, t. 4, 1965: sobretudo os *Prolegomena*, p. 1-54, e o texto das "censuras" da obra, de 1572 a 1609, p. 933-998. • Cf. GRETSER, 1599.

273. Texto editado por F. Zapico e C. de Dalmases, FNSI, t. 1, 1943. • CÂMARA, 1966. • Cf. RODRIGUES, t. II – vol. I: Livro II, cap. II: "Rigor ou brandura?", 1938, p. 293-329.
N.T.: A respeito do pe. Luís Gonçalves da Câmara, S.J., nascido no Funchal (Madeira), cf. http://aprenderamadeira.net/camara-luis-goncalves-da/.

pontífice, ou para a demonstração dos *textos* legislativos garantidos pela inspiração divina[274]. As modificações do retrato de Inácio dizem respeito não só ao retorno às fontes (cada geração concebe à sua imagem uma imagem das origens), mas também o modo a partir do qual é possível ser fiel ao espírito inicial. A exemplaridade da vida, tal como é representada por Ribadeneyra, inscreve-se na concepção que torna a "vocação" do jesuíta em uma derivação permanente da graça *pessoal* do fundador (como pensava um de seus principais colaboradores, J. Nadal). Essa visão, que coloca "o espírito" na continuidade da graça manifestada pelos episódios de uma vida, é substituída gradualmente por aquela que torna os textos e as regras na mediação objetiva do espírito: trata-se de uma fidelidade mais *institucional*, portanto, e também mais *técnica*. Ela passa por leis e por uma escrita. Mais tarde, os "novos espirituais" do século XVII hão de criticar essa conformidade com instituições e com um saber para promover uma fidelidade através da iluminação interior e do conhecimento espiritual "das grandezas desse grande santo oculto, inclusive, para a maioria de seus filhos"[275]. A representação do fundador exprime a definição que a ordem adota a seu respeito[276].

B) Uma literatura interior. Desenvolve-se – ainda deficientemente estudada sem deixar de ser considerável e multifacetada – uma literatura "reservada ao uso dos nossos" e circulando nas redes internas da Companhia de Jesus, da qual ela especifica o espírito e as práticas. Literatura de bolso: trata-se, quase sempre, de livrinhos de fácil manuseio. São *Regras*, *Máximas*, *Sentenças*, *Apotegmas*, *Epístolas* de superiores gerais, *Industriæ* e *Epitome*, *Formulæ*, *Decreta*, *Indiculi* ou *Censuræ*, "extratos" e "antologias", em suma, uma literatura árida, sólida e pouco modificável, que acompanha o jesuíta

---

274. VENTURI, 1929; • GRANDMAISON, 1930. • Cf. as vidas ilustradas de Inácio, tais como a *Vita B.P. Ignatii*, Lancicius & Rinaldi (eds.), 1609, 1622, com 82 pranchas gravadas, diz-se, à maneira de Rubens; • ou a *Vita B. Ignatii Loyolæ... ad vivum expressa*. Anvers, 1610, 1622; Paris, 1612, inspirada no texto de Ribadeneyra com as quatorze gravuras de Cornélis e Théodore Galle etc., à maneira das pinturas de Juan de Mesa. • Cf. RIBADENEYRA, FNSI, t. 4, 1965, p. 41-43.
275. P. Chauveau, Relatório de 1631, ARSI, *Franc. 33*, p. 104.
276. Cf. GILMONT, 1964; • e CERTEAU, 1966.

por toda a parte, além de organizar secretamente a sua atividade[277]. Essas publicações são devidas aos tipógrafos-impressores das principais cidades em que os jesuítas estavam instalados.

Duas características, no mínimo, devem ser sublinhadas. Por um lado, esses opúsculos contêm, muitas vezes, anotações na margem; aliás, eles sugerem frequentemente tal prática mediante as páginas deixadas em branco. Há uma continuidade entre o texto oficial e a opinião pessoal. O anonimato da regra ou da máxima articula-se, portanto, visivelmente, a partir de uma experiência espiritual. Esses aditamentos são, quase sempre, muito gerais, dando a impressão de indicar uma superação do *corpus* jesuítico. Assim, em uma cópia da obra, *Règles de la Compagnie de Jésus*[278] [Regras da Companhia de Jesus], o usuário observou [ortografia do original]: "Tu ne prenderas [prendras] point le nom de dieu ton dieu en vin [vain]" [Não dirás o nome de Deus em vão] etc. A lei do Decálogo é transcrita *na margem*, abrindo no texto da Companhia um espaço religioso mais amplo. Há um grande número de anotações desse tipo, mas conviria ser capaz de situá-las em um contexto.

Por outro lado, a fixidez dos textos é apenas aparente. A seleção que privilegia documentos e autores mostra uma rápida evolução durante o mandato de Acquaviva: os seus textos são, de longe, os mais citados nas antologias de documentos oficiais. O *corpus* estabelecido por ele apaga a lembrança das origens ou, o que equivale ao mesmo, dá testemunho da rapidez com a qual foi criada uma distância em relação ao trabalho das primeiras gerações. Assim, um exemplo entre uma infinidade: em *Les Epistres des Pères Généraux. Aux Pères et Frères de la Compagnie de Jésus* (ANGELIS, 1609 [As Epístolas dos Superiores Gerais. Aos padres e irmãos da Companhia de Jesus]), temos apenas duas cartas de Inácio, uma de Laínez e outra de Borgia, para oito de Acquaviva que ocupa cerca de 500 das 620 páginas do volume. As circunstâncias de determinada época e uma doutrina acabam por impor-se.

---

277. A primeira lista dessas edições em SOMMERVOGEL, verbete "Loyola", t. 5, col. 81-124.
278. Pont-à-Mousson: chez Melchior Bernard, 1614, 231 p., 6 x 10.

2 O século XVII da *Compagnie de Jésus* na França[279]

2.1 *Uma geografia da prática*

O Édito de Rouen (1603) restabelece os jesuítas banidos, em 1594, da jurisdição de quatro parlamentos (ou seja, Tribunais Regionais de Justiça de Paris, Rouen, Grenoble e Rennes): em seu art. 4, impõe-se aos religiosos um juramento de fidelidade ao rei. Tal documento inaugurou um desenvolvimento muito rápido que será marcado pela ambiguidade da proteção régia; essa nova situação ocorre a partir do Sul, com os "restos do naufrágio" de 1594 "em nossas cidades de Guyenne e de Languedoc" (RICHEOME, 1602).

Relatórios contemporâneos permitem esclarecer perfeitamente a situação, em particular, os memorandos que Pierre Coton († 1626) apresenta a Henrique 4º em 1605[280]. Esse padre jesuíta – renomado pregador e confessor dos reis Henrique 4º e Luís 13º – indica o conteúdo desse texto (constituído a partir de dossiês enviados, individualmente, por vários colégios) quando ele escreve para L. Maggio (15 de fevereiro de 1605): "Ofereci, há oito dias, um duplo catálogo a Sua Majestade: o primeiro relativo a toda a Companhia, e o outro com as rendas das casas e dos colégios existentes na França".

Em 1608, a 6ª Congregação Geral acrescenta às quatro "assistências" da Companhia (Itália, Espanha, Alemanha, além de Portugal que compreende o Brasil e as Índias) uma assistência da França, tendo sido nomeado Louis Richeome como o seu primeiro superior. Henrique 4º, do qual é lida uma carta a essa Congregação Geral, tinha informado Acquaviva de que ele pretendia "ter um quinto (assistente), em particular, para o meu reino em que a dita ordem é agora tão incrementada" (6 de janeiro de 1608)[281]. Por fim, é criada (1608) a quarta província francesa: a da Aquitânia. Ela acentua a predominância do Sul (três províncias: Aquitânia, Toulouse, Lyon) em relação ao Norte (província conhecida como "França"). Essa *polarização*

---

279. Cf. PRAT, 1876-1878; • FOUQUERAY, *op. cit.*; • GUIBERT, 1953, cap. 8 e 9. • Além de BREMOND, HLSR, sobretudo os volumes I e V; • LE BRUN, 1964; • COGNET, 1966, cap. 11; • e CERTEAU, FAM, 1982.

280. Paris, BN, Fonds Dupuy, vol. 74, f. 7-24.

281. Citado em FOUQUERAY, *op. cit.*, t. 3 – Époque de progrès (1604-1623), p. 83.

mediterrânea e sulista irá manter-se, mas atenuando-se, durante a primeira metade do século.

Por ocasião da morte de Henrique IV, em 1610, havia 1.379 jesuítas inscritos nos catálogos das províncias francesas (tal número será mais do dobro em 1700): 213 na Aquitânia, 267 em Toulouse, 437 em Lyon e 462 na "França". Os locais com maior concentração encontram-se no Sul: 124 jesuítas em Bordeaux, 107 na cidade de Toulouse, 97 em Avignon, 93 na cidade de Lyon, 68 em Tournon etc. Na metade Norte, os dois pontos fortes são os colégios de Pont-à-Mousson (80) e de La Flèche (63). Há 42 jesuítas em Paris. A média de idade desses religiosos é relativamente elevada em comparação com a população francesa (em 1606, na província de Lyon, ela é de 34 anos: 40% dos jesuítas têm acima de 40 anos). Ao levar em consideração algumas sondagens, o seu recrutamento começa por ser, principalmente, no mundo dos serviços (advogados, juízes, procuradores, notários régios etc.), mas assiste-se, no início do século XVII, ao incremento da proporção de filhos de burgueses ou de togados[282].

A sua formação é profundamente marcada pela Itália, em particular, e pela Espanha: literatura religiosa, estadias, presença de jesuítas italianos ou espanhóis etc., multiplicam os intercâmbios através dos Alpes e dos Pirinéus. Com exceção de Avignon, Nancy e Toulouse, foi necessário esperar pelo início do século para a criação de "casas de provação", centros de uma elaboração espiritual própria (Rouen, 1604; Lyon, 1605; Bordeaux, 1606; e Paris, 1608).

O esforço de instalação é tão absorvente que, ao contrário do que se passa na Espanha, há poucas partidas de missionários para o exterior, as quais começam por orientar-se para os "turcos", interlocutores tradicionais do Mediterrâneo (Missão de Constantinopla, 1609) e, em seguida, para os "selvagens" do Novo Mundo (Canadá: primeira partida em 1611; primeiro estabelecimento em 1625). Marginal até as consideráveis emigrações de recrutas franceses para o Canadá (1644, 1653 e 1659), essa experiência tem

---

282. DAINVILLE, 1956; • e DEMOUSTIER, 1968.

acima de tudo uma repercussão ideológica com a introdução de *Relations de la Nouvelle-France* (1632-1672) na literatura interior.

Entretanto, no momento em que as cartas de missão privilegiam a experiência e a observação, o ensino francês vai utilizá-las em uma perspectiva doutrinal e livresca (DAINVILLE, II, 1940, p. 496-498): as primeiras fornecem a descrição das *particularidades locais*, enquanto o segundo explica um saber comum e os "bons" usos, difunde uma "regra" (parisiense, nacional, romana) e, à semelhança do que se passa na geografia, manifesta "uma ausência de curiosidade regionalista"[283]. A própria França, desde as guerras da religião, aparece como uma região em que está em jogo o equilíbrio europeu entre dois cristianismos[284]; portanto, ela acaba mobilizando localmente o espírito "missionário". A esse respeito, sublinhemos estas duas datas importantes: 1628, tomada da cidade de La Rochelle; e 1685, revogação do Édito de Nantes.

Um reduzido número de "colégios" reúne enormes comunidades: tal é o modelo organizacional antes que, no decorrer do século, se verifique a diversificação em estabelecimentos especializados em todo o espaço francês (em 1610, 45 estabelecimentos, incluindo 38 colégios; em 1700, 115, dos quais 91 colégios). No centro desses amplos colégios (de 500 a 1.000 alunos, em 1610), os professores representam, por si só, 50% dos jesuítas franceses, ministrando um ensino bastante estruturado que conduz da gramática à teologia, cujo eixo contínuo é o latim. Essa é a base a partir da qual são articulados os ministérios da pregação ou da direção espiritual, assim como os trabalhos de erudição. A esse respeito, o *humanismo devocionista* é, antes de mais nada, o efeito de uma organização que ordena as atividades em torno da pedagogia (núcleo do "método" jesuítico) e da *lectio* dos autores antigos ou cristãos; a vida religiosa dos jesuítas franceses está enraizada nessa prática "fundamental", alternadamente, objeto explícito ou referente tácito de seus discursos.

A ruptura no meio do século (1650-1660) não chega a interferir nessa base. A segunda metade do século XVII terá como postulado unicamente a

---

[283]. DAINVILLE, II – *La géographie des humanistes*, 1940, p. 503. • Cf. ROCHEMONTEIX, 1895-1896; • MELANÇON, 1929; • e CAMPEAU, I – *La première mission d'Acadie (1602-1616)*, 1967.
[284]. Cf., em relação aos anos 1540-1615, o mapa de SZILAS, 1970.

situação *adquirida* através do trabalho efetuado durante a primeira metade: de 1600 a 1650, o número dos estabelecimentos passa de 20 para 95, elevando-se, em 1700, a 115. Assim, em relação à mobilização, à concentração e também às intolerâncias do primeiro período, o segundo é caracterizado, na própria sociedade francesa estabilizada, por uma divisão entre *herdeiros* e *os que partem*: os primeiros, continuadores ou defensores de uma posição adquirida, constituem a maioria; e os outros que promovem novas vias (missionários, místicos, intelectuais) nos limites de um sistema que os provoca, mas ainda os carrega e, com facilidade, consegue tolerá-los.

2.2 Retórica e espiritualidade

O "humanismo devocionista" é o produto de uma técnica: a retórica. A abundante literatura designada como tal por Bremond explicita os princípios e os efeitos dessa prática (HLSR, I). A retórica jesuítica tornou-se mais precisa no decorrer de três etapas principais: a introdução do *modus parisiensis* no colégio-piloto de Messina (1548); a obra, *De arte rhetorica – Libri tres ex Aristotele, Cicerone & Quintiliano præcipue deprompti* (Conimbricæ, 1562) de Cipriano Soarez; e a *Ratio studiorum* (1599), cujas prescrições são observadas fielmente na França até 1660[285].

A retórica estabelece a distinção entre as *res* (significados: *quæ significantur*) e as *verba* (significantes: *quæ significant)*, além de indicar com precisão, mediante regras (*præcepta*), as suas possíveis combinações. De fato, as *res* (coletadas pela *eruditio*) destinam-se a fornecer material de "assuntos", "lugares" e "ideias"; as *verbas*, por sua vez, permitem que esses assuntos sejam tratados de acordo com procedimentos que engendram "estilos" e têm a ver com a *elocutio*. Esse sistema pressupõe uma verdade dada em outro lugar; a retórica limita-se a fornecer-lhe conhecimentos objetivos (*res*) e a ilustrá-la graças a uma arte de falar (as *artes dictaminis*). Ela torna-se uma "ciência do ornamento": o seu objetivo consiste em *produzir efeitos de estilo* (por exemplo, uma "maneira nobre") que visam *produzir sentimentos* (amor, reverência

---

285. CODINA MIR, 1968; • DAINVILLE, I - *La naissance de l'humanisme moderne*, 1940 • e 1968.
• Para uma análise teórica, KUENTZ, 1970.

etc.) *e ações* (adesão, práticas religiosas etc.) nos destinatários. Trata-se de uma técnica de persuasão.

Eis o que Louis Richeome explica de maneira magistral:

> É uma coisa humanamente divina e divinamente humana de saber, de modo digno, abordar um assunto com espírito e servindo-se da língua, [...] arrumar os seus pensamentos em uma ordem criteriosa, revestindo-os com uma linguagem exuberante, [...] emplacar novas opiniões e novos desejos nos corações, desenrraigando os velhos, flexionar e dobrar as vontades empedernidas [...] e obter êxito em persuadir e dissuadir de acordo com a pretensão do orador (RICHEOME [1614] t. 2, 1628, p. 648).

Desde o tempo do primeiro colégio, fundado por J. Nadal, em Messina (CODINA MIR, *op. cit.*, p. 298-300), a retórica é desconectada da lógica e da dialética. As "verdades cristãs" constituem uma condição prévia, extraída das vicissitudes de uma linguagem que é, em última análise, duvidosa. Não há nenhuma teoria verdadeira da significação: na época, uma doutrina da verdade é substituída, entre os teólogos jesuítas, por um "moralismo" (DE LUBAC, 1946, p. 281-285), o qual ressurge no humanismo devocionista. A verdade que serve de base à retórica é externa a esta: na prática, está investida e é garantida por regras *ad pietatem et bonos mores*, mola propulsora e norma íntimas da vida religiosa ou escolar. Significada por uma organização das ações e da afetividade (*opera* e *affectus*), a verdade é conservada aí, no interior, por um conjunto de práticas; assim, as operações retóricas teriam o objetivo de produzir fora, entre os leitores ou os ouvintes, comportamentos e afetos (*mores* e *pietas*) semelhantes aos que lhes servem de apoio. A literatura devocionista não pode ser considerada isoladamente; essa parte "retórica" implica a outra metade, a qual é, por sua vez, interna e ascética. Uma estrita "disciplina" condiciona a "perfeição da eloquência", elogiada por Richeome.

Esse sistema repete a estrutura contemporânea da Companhia, combinando, na realidade, duas "maneiras de fazer": a regulamentação do agir e a construção de uma linguagem. No entanto, a primeira é rígida porque diz respeito e "ocupa" o lugar da verdade. A segunda, por sua vez, pode ser bastante flexível pelo fato de exercer uma função instrumental e técnica; ela proporciona procedimentos literários ao tipo de destinatários que constituem o alvo pretendido. Desse ponto de vista, três aspectos chamam sobretudo a atenção nessa literatura devocionista, em que figuram Louis Richeome (1544-1625), Étienne Binet (1569-1639), Jean Suffren (1571-1641), Paul de Barry (1587-1661) etc.

1°) A sua relação com o ceticismo contemporâneo, ainda mais visível na controvérsia (por exemplo, no jesuíta François Véron, 1578-1649)[286]. A questão da verdade, reduzida alhures ao respeito pelas "autoridades" (pela impossibilidade de ser abordável do ponto de vista filosófico), é aqui objeto de uma elipse entre uma prática devocionista e uma prática literária. Ela é também regulada *indiretamente*, seja pela *erudição*, inventário cumulativo de materiais antigos e modernos, seja pela confirmação de que passa pelas convicções a capacidade de *convencer* os outros. Esse ceticismo latente substitui uma linguagem reconhecível da verdade por uma linguagem que é fabricada, articulando-se simultaneamente a partir de um *estoicismo* na prática, da necessidade de *persuadir* (combater ou sensibilizar) e de um *enciclopedismo* do saber[287].

2°) A organização do humanismo devocionista sob o modo de teatro na vida religiosa, na "luta espiritual" e nas controvérsias. A literatura é apenas um aspecto – minoritário – do enorme espaço ocupado pelo teatro na atividade dos colégios. O espetáculo prolifera nas capelas e, em seguida, fora delas, nas *salas de ações* e nas praças públicas, fornecendo à religião um local de representação que se articula a partir da realidade pelo papel que desempenha em tais circunstâncias (à semelhança do que ocorre nos livros) a referência à realeza, pedra angular do sistema político e simbólico. Essa encenação vai preencher – com heróis e santos, "ações" milagrosas e "invenções" maravilhosas – um mundo concreto desértico, entregue ao "ateísmo" e esvaziado de Deus. Por toda a parte, uma atividade compensatória e teraôêutica acaba

---

286. Cf. FÉRET, *Époque moderne*, t. IV, 1906, p. 53-92; • POPKIN, 1968, p. 70-79.
287. POPKIN, *op. cit.* • ANGERS, 1970; • do mesmo autor, ver os seus estudos (1953 e 1954) sobre o estoicismo dos jesuítas: Julien Hayneufve e Nicolas Caussin, respectivamente.

colmatando, pela produção superabundante de figuras (anjos, santos, devoções), a desestruturação de um mundo da Presença. Por fim, o teatro remete a operações: as do trabalho literário que o constroem e as da piedade que ele pretende produzir. Apesar das instruções romanas, o virtuosismo técnico e jubilatório da "criação" teatral há de suprimir os "temas" religiosos que, inicialmente, eram privilegiados pela encenação[288]. O vocabulário beligerante ocupa os títulos: *Char* [Carruagem de combate], *Conquête* [Conquista], *Gloire* [Glória], *Triomphe* [Triunfo], *Punition* [Punição], *Vengeance* [Vingança], *Victoire* [Vitória] etc.[289]

3°) Finalmente, trata-se de um discurso das paixões. A apologia do herói e do santo transforma essa literatura em uma poética da vontade; em muitos autores (por exemplo, Hayneufve), ela é acompanhada por uma reabilitação das paixões. Nesses textos, predomina a exemplaridade, persuasiva e exortadora, vinculada a uma escrita que multiplica a exclamação ou a interjeição. Mais fundamental, porém, é a aliança, na "devoção", entre a *afetividade* e o *imaginário*. Dessolidarizada de uma razão que se desintegra com a escolástica tardia ou encontra as suas inovações através da organização metódica das práticas, a piedade situa os movimentos do coração nos espaços da representação. Ela isola-se. Os sentimentos compõem o teatro multifacetado e cintilante do culto. Daí, a proximidade desse cenário com o seu oposto e o seu semelhante, o "teatro" do Sabá, o qual não deixa de obcecar a literatura piedosa: as figurações diabólicas e devocionistas são contíguas e, às vezes, tomam o lugar umas das outras, como se fossem duas linguagens imaginárias do *affectus*[290].

---

288. MÜLLER, 1930. • Cf. tb. os artigos de F. de Dainville, J. Hennequin e A. Stegmann. In: JACQUOT, vol. II, 1968, p. 433-467. • DAINVILLE, 1951.

289. Sobre a relação entre a sensibilidade religiosa e o gosto pelo espetáculo (a pompa, a eloquência) do público francês, consultar, por exemplo, LOTTIN, 1968, p. 294-303; • e TAPIÉ, 1972, p. 243-286. • P. Charpentrat demonstrou que "a falsa aparência [*trompe-l'oeil*] tende a substituir a imagem transparente pela intratável opacidade de uma Presença" (1971, p. 162).

290. A respeito das paixões nos autores jesuítas, LEVI, 1964, p. 165-201. • O livro de P. Bénichou (1948) continua sendo importante.

2.3 A "mística reformada" desde o Pe. Coton até J.-J. Surin

Irônica no texto do padre jesuíta, Nicolas du Sault (1600-1655), essa expressão designa de maneira bastante apropriada uma "nova espiritualidade" (DU SAULT, 1655, p. 196) que aparece entre os anos 1625 e 1640, sobretudo nas regiões em que afluem as influências carmelitas (espanholas) ou renano--flamengas (nórdicas): Sudoeste, Lorena e Paris. É um aspecto e uma reação à invasão "mística" na França, no início desse século; segundo parece, ela desaparece por volta de 1640, suprimida pelas preocupações (a moral, o jansenismo e a expressão do cristianismo em uma sociedade "civil") de outra geração. De fato, ela localiza-se, então, em tarefas particulares (missões internas ou no exterior, casas de retiro), tendo ressurgido na época do quietismo, no final do século (1685-1705), sob a forma de um *corpus* doutrinal póstumo, constituído a partir de uma plêiade de homens notáveis (Louis Lallemant, Jean Rigoleuc, Jean-Joseph Surin etc.): essa literatura, dotada de uma atraente apresentação clássica, vem a lume na Bretanha e, daí em diante, vai circular de preferência nas províncias e missões estrangeiras[291].

Na esteira dessa corrente, que atravessa e reflete as paisagens sucessivas do século XVII, é possível questionar-se para saber como, representado inicialmente pelos personagens e pelos documentos oficiais, modifica-se aos poucos em marginalismo "místico" do qual se distingue, no lado oposto, uma ortodoxia predominante.

A) Pierre Coton (1564-1626) e o "desenvolvimento interior". As respostas francesas à sondagem de 1606 são unânimes em sublinhar a necessidade de um retorno à vida interior e à oração. A mais extensa é a de Pierre Coton[292], ou seja, um condensado da doutrina exposta em seus tratados (sobretudo a obra, *Intérieure occupation*, 1608 [Ocupação interior]) e, ainda quase sempre com maior firmeza, em seus sermões. Para ele, a prioridade do "coração"

---

291. CERTEAU, 1965, p. 339-386 (sobre o período 1625-1635); • e "Surin et la 'nouvelle spiritualité'". In: CERTEAU, JJS2, 1966 (sobre os anos 1638 a 1640). • Consultar também BREMOND, HLSR, XI, p. 170-183 (ele ignora a documentação manuscrita, a qual é, no caso concreto, essencial). • Sobre o contexto espiritual, cf., em particular, ORCIBAL, 1959; • e CERTEAU, t. 40, 1964; • além de KOLAKOWSKI, 1969.

292. Texto publicado em CERTEAU, 1965, p. 347-351. • Cf. COTON, 1609.

relativamente às tarefas – do *affectus* sobre o *effectus* – exige uma "pureza" preservada do mundo (*immaculatum se custodire a sæculo*) e uma oração mais contemplativa do que discursiva (*Deo frui*). Uma expressão resume a experiência e o escopo deste Gagliardi francês (cf. cap. 12, p. 324), mais sedutor e menos profundo do que o italiano: a *interna cultura*.

Em decorrência dos anos que passou em Milão e em Roma, Coton convive com os místicos italianos (Achille Gagliardi e Isabella Bellinzaga, Belarmino, Ceccotti e Luís de Gonzaga); em Paris, ele participa da santa aliança dos reformistas que, nesse momento, conseguem o que o Cercle de Meaux* havia tentado, sem sucesso, no século XVI. Confessor do rei (1608-1619), ele é jesuíta e "francês" – dois *status*, na época, antagônicos. Místico e político, ele chega a conciliar os opostos com uma facilidade discreta, sem deixar de ser um tanto insípida, exceto quando é atiçado pela controvérsia e faz brilhar o seu estilo. Com certeza, ele encontra cumplicidades nessa sociedade habitada pela crença em fenômenos extraordinários e cujo despertar é acompanhado por uma consciência aguda da "aparência ilusória" das coisas. O seu discurso vai insinuar-se por toda a parte e ser confundido com a linguagem comum para a criação da qual ele tinha contribuído. Figura cuja sedução reside no homem e não tanto na força de sua obra, esse sucesso é, no entanto, efêmero: os elementos que ele chega a conciliar um tanto apressadamente acabam dissolvendo-se após a sua passagem.

Ele tem um grande número de homólogos entre os superiores jesuítas: Étienne Binet, Étienne Charlet e, de novo, Louis Richeome etc., menos vigorosos, mais pitorescos, tão charmosos quanto ele, mas cujas sínteses efêmeras permanecem afetadas por uma espécie de superficialidade[293].

---

* O Cenáculo de Meaux – fundado em 1521, a pedido de Guillaume Briçonnet, bispo dessa cidade, por Lefèvre d'Étaples – é constituído por humanistas e teólogos para refletir na reforma da Igreja à luz da Bíblia, traduzida em vernáculo; tendo suscitado a reação dos doutores em teologia da Sorbonne, responsáveis pela ortodoxia dos textos sagrados, tal iniciativa é dissolvida em 1525. Cf. VEISSIERE, 1986 [N.T.].

293. Vamos chamar a atenção para a biografia do pe. Coton escrita por P.-J. d'Orléans (1688) que faz parte de uma tradição espiritual. • Convém ler *De interiori doctrina* ou *Breve Compendio* de A. Gagliardi (1952) para avaliar o que foi recebido e filtrado por Coton desse autor milanês.

B) Uma "nova espiritualidade" (1625-1640). Quem diz "novo", diz suspeito. Os indícios de inovações são traçados no mapa pelas censuras, "inquietudes" e intimidações que, de Roma, em 1626-1627, visam casos "muito perigosos" de "devoções extraordinárias", inicialmente, em Nancy, Dijon, Poitiers e depois em Bordeaux, Limoges, Lyon e Paris. Esses dossiês crescem de volume durante os anos 1626-1632 até depois de 1640 para algumas cidades (Bordeaux e Nancy). Os sintomas de um espírito "estrangeiro" situam-se, portanto, principalmente em regiões fronteiriças ou em encruzilhadas de influências.

Eles aparecem inclusive no âmbito dos amplos colégios jesuítas. Mas, são elaborados por indivíduos, em sua maioria, jovens religiosos: Jean d'Argombat, Achille Doni d'Attichy, Jean-Jérôme Baïole, Claude Bernier, Jean Bonet, Pierre Cluniac, André Dabillon, Bernard Dangles, Jean Jacquinot, Jean Labadie, Étienne Petiot, Charles Séglière, J.-J. Surin, Jacques du Tertre, René de Trans etc., alguns dos quais começam, assim, uma existência excepcional (Labadie, Surin). As cartas e as confissões autobiográficas deles são analisadas cuidadosamente por Muzio Vitelleschi (superior geral de 1615 a 1645, mais devoto e menos ousado do que o predecessor, Acquaviva) e pelos assistentes que se mantêm vigilantes em relação ao "tesouro" interior da *via regia*. Mas, aquém e além dos Alpes, as preocupações deixaram de ser convergentes. O primeiro movimento dos superiores franceses consiste em evitar a dramatização das coisas: eles são condescendentes, minimizam o caso e atenuam as punições, adivinhando nessas experiências os sinais exorbitantes de verdadeiras urgências. A resistência manifesta-se, de preferência, através dos professores que se transformam em inquisidores (tais como Léonard Champeils, em Bordeaux; cf. CERTEAU, JJS2, p. 433-460) e, ainda mais, das comunidades laboriosas que rechaçam esses aventureiros. Em 1640, eles vão reencontrar o seu lugar na Companhia de Jesus ou abandoná-la (Argombat, Cluniac, Dabillon, Labadie), ou serão enviados como missionários para as zonas rurais e para o exterior (F. Ragueneau para o Canadá etc.), ou levados a formar associaçõe secretas.

O que procuram, então, esses Polieutos da espiritualidade, impregnados pelo *ardor cordis*? Claude Bernier formula o programa dos mesmos quando, no cabeçalho de seu diário espiritual, escreve esta frase: *Puritas, puritas, puritas. Cor mundum crea in me, Deus* (ARSI, *Franc. 33*, 84). Mas sob que forma serão eles capazes de viver esse "amor puro"? A linguagem é solapada pelo ceticismo e alterada para um cenário literário rejeitado por eles; em contrapartida, as práticas assumiram um voluntarismo também detectado e denunciado por eles. Resta-lhes a via desses *affectus* aos quais os autores "devotos" remetiam, em última análise, os respectivos leitores. Mas privados do contrapeso silencioso das "regras" objetivas (que eles cumprem sem atribuir-lhes uma pertinência espiritual), eles são captados pelos movimentos do desejo, agitados por um oceano sem terra firme.

Essa experiência interior, linguagem do corpo e do coração, dispõe, no entanto, de seus fiadores, inscrevendo-se para eles em uma tradição, a qual irá reconduzi-los, pensam eles, à origem oculta da doutrina inaciana: as "moções". Mas é também a linguagem de um tão grande número de mulheres santas, "místicas" famosas ou conterrâneas, que abrem então para tantos clérigos uma saída diferente da atividade intelectual e ascética. Essas revelações femininas são encontradas em toda a parte, tanto em Francisco de Sales, Pierre de Bérulle e muitos outros autores, quanto nos jesuítas: Coton e Marie de Valence, Arnaud Bohyre e Agnès de Langeac, Barthélemy Jacquinot e Jeanne Chézard de Matel etc. A leitura de Santa Teresa ou de Santa Catarina de Gênova adquire sentido somente nesse contexto. Os próprios estudantes dos colégios carregam nos bolsos os textos de Santa Teresa; além disso, a sua vida é indicada pelos professores jesuítas como tema de redação (CERTEAU, 1965, p. 357, 374-375).

Visões, moções, ardores "extraordinários" não deixam de ser, no entanto, ambivalentes. Quem estaria na sua origem: Deus ou o diabo? Como seria possível proceder a tal discernimento, uma vez que foram relativizadas as garantias objetivas? Dissociada das instituições, a experiência oscila entre os dois por razões semelhantes ao que se passa com os possessos ou os feiticeiros. Fazem falta critérios de "verdade" devido à carência de referências sociais pertinentes. Assim, os encontros entre os "místicos" e os "diabólicos" (du Tertre, no Béarn; Surin, em Loudun; Trans, Argombat e Séglière, em Nancy etc.) não são um acaso: unidos tanto pelo mesmo tipo de questão quanto pela mesma rejeição. A uma contestação espiritual das instituições eclesiásticas por uns e pelos outros, responde o reflexo social de um exorcismo que os confunde na mesma excomunhão; mas "pode acontecer que, em última análise, os vencidos não estejam equivocados" (LOISY, t. 3, 1931, p. 252).

Os documentos oficiais introduzem aos poucos os espirituais em uma história da magia. Fato generalizado. Pierre de Lancre classifica na feitiçaria os "iluminados" espanhóis (1622, p. 20-22), já tratados como "ateus" no século XVI. Vinculada a eles por seus começos, a Companhia reage mais fortemente diante dessa ameaça interna. Os "novos" espirituais aparecem nos textos como o fantasma dos *alumbrados*; além disso, Roma está preocupada com o retorno dessa origem recalcada. Constitui-se um lugar comum que associa a mística com a heresia diabólica. Em certo sentido, ele exprime a verdade: a magia negra, a blasfêmia e a condenação eterna assombram todos os "santos" (os místicos) dessa época[294].

C) Uma plêiade mística: desde L. Lallemant até P. Champion. Esses "santinhos" dispersos formam o próprio círculo do qual emerge a constelação *literária* designada por uma tradição posterior como "l'école du P. Lallement" [a escola do pe. Lallemant], tendo passado para a posteridade sob o nome daquele que havia sido para muitos deles (Bernier, Chauveau, Cluniac, Rigoleuc, Surin etc.) professor e amigo (1626-1632). Sessenta anos depois, a "nova espiritualidade" culmina na publicação das Vies [Vidas] e obras de Rigoleuc (Paris, 1686), Lallemant (Paris, 1694), Surin (Nantes, 1695, 1698, 1700), Vincent Huby (Nantes, 1698), pelo mesmo homem ousado e modesto, soterrado em suas admirações: *Pierre Champion* (1633-1701). De Vannes e de Nantes, ele constituiu em "doutrinas" os textos que lhe foram transmitidos por duas gerações de redes espirituais: além de dignificá-los, aprimorá-los, expurgá-los das polêmicas e do que é contingente, ele conseguiu revisti-los com a sua prosa admirável, acabando por torná-los em obras imemoriais.

A Bretanha, região em que ele preparava as suas edições, vai assim coletar e exportar a herança mística que é, na época, objeto de suspeita para

---

294. Alguns estudos históricos: DELCAMBRE & LHERMITTE, 1956. • CERTEAU, POL, 2005.

a maioria antiquietista dos jesuítas de Paris ou de Lyon (e que é defendida, por outras razões, pelos jesuítas de Cambrai e nórdicos). Mas, esse deslocamento para o Far West francês, ponto culminante de meio século de história religiosa bretã, acentua a localização dessa "École" nas províncias e terras longínquas (é possível encontrar manuscritos e edições no Canadá, na China, na Malásia etc.). As excelentes máquinas impressoras de Champion estão instaladas na orla marítima e nos pontos de partida fora dos lugares em que "a corte e a cidade" exigem uma *Moral prática*. Afinal de contas, não é verdade que os "pequenos profetas" (N. du Sault) de 1630 já falavam de viagens e para viajantes?

P. Champion (1633-1701): uma figura de articulação, à semelhança do tradutor René Gaultier ou do editor Pierre Poiret. O próprio nome e a própria obra perdem-se voluntariamente no texto dos outros; apesar disso, as suas *Vies* revelam a sua arte, enquanto as suas cartas dão testemunho de uma espiritualidade de pessoa ativa orientada para a "simples visão de Deus". Não tendo conseguido embarcar para o Canadá, ele é sucessivamente professor, pregador itinerante, capelão da frota, diretor de casas de retiro. Ele mantém uma correspondência assídua com as Antilhas, o Canadá, a Mesopotâmia e a China, tendo publicado os místicos e, ao mesmo tempo, traduzido, diz-se, a *Vie de Dom Jean de Palafox*. Essa pessoa modesta aprecia os "príncipes do exílio" e os exploradores de regiões fronteiriças. Em 28 de junho de 1685, dez anos antes de editar Lallemant, ele escreve o seguinte:

> O pe. Seurin [...] é um dos grandes santos do paraíso e o homem mais esclarecido deste século. [...] Vou trabalhar, daqui em diante, exclusivamente para deixar os seus escritos em condição de virem a lume. Mas isso é um segredo [...][295].

As suas publicações relativas a Rigoleuc, Lallemant e Huby enquadram-se em uma longa frequentação de Surin e são influenciadas por esta[296]. A edição

---

295. *La vie du R.P. P. Champion*, p. 114 v., manuscrito anônimo (Chantilly, Archives SJ) que é de Louis Jobert († 1719). • Cf. o texto de POTTIER (1938) bastante incompleto. • As cartas de Champion podem ser encontradas em *La vie* escrita por Louis Jobert, p. 39-45, 94-128 etc.; • na biografia de Pottier, 1938, p. 211-247 e *passim;* • além de POTTIER, 1937.

296. Sobre a presença oculta de Champion em suas edições de místicos, cf. JIMÉNEZ, 1963 (demasiado restritivo); • e CERTEAU, JJS2, p. 71-84.

da biografia de Palafox, traduzida por Champion – em que o "primeiro livro" é o único a ser entregue ao impressor, em 1688 – acabou sendo suspensa[297].

Na impossibilidade de apresentar, aqui, as testemunhas dessa plêiade em que brilha particularmente o gênio de Surin, bastará sublinhar alguns aspectos que os diferenciam e, por outro lado, algumas características comuns do "radicalismo místico" (GRANDMAISON, 1921, p. 141) desses autores.

Louis Lallemant (1588-1635) é o ancião e também o docente para um bom número dos outros: alunos em teologia (em Paris, 1626-1628) ou orientandos no "terceiro ano" (em Rouen, 1628-1631). No decorrer de toda a sua vida, ele foi professor, "instrutor" ou superior, enquanto os outros são missionários e pregadores (Surin, Rigoleuc etc.). Por ofício, é um comentador de textos, mas em seu ensino religioso, são raras as suas citações: em primeiro lugar, a Sagrada Escritura ("É um grande abuso ler, por um lado, tantos livros espirituais e, por outro, muito pouco a Escritura"; LALLEMANT, 1959, p. 201); os "autores" clássicos, Padres da Igreja, teólogos antigos e modernos; em seguida, apenas alguns "livros espirituais", fidedignos e, sobretudo, de autores jesuítas. Em suma, a sua cultura é tradicional, muito diferente daquela (extremamente ampla em Surin) que alimenta a geração seguinte e em que a literatura mística desempenha o papel principal (especialmente, João da Cruz, autor que entrou na França por Bordeaux, ignorado por Lallemant, importante para Surin e, mais ainda, para Rigoleuc).

Esse homem tão erudito, paradoxalmente, tem poucos livros, mas o lugar do conhecimento que lhe serve de base para a sua elocução, leva-o a privilegiar a *contemplação*: "A oração é que nos une com Deus" (*Ibid.*, p. 255). Ele apoia-se na tradição inaciana, como se tratasse de uma vivência inscrita na continuidade da experiência mística de Inácio (de quem ele repete que "se tivesse ocorrido a perda das Sagradas Escrituras, nada teria sido perdido para ele"; *Ibid.*, p. 361), mas uma experiência vivida muito marcada pelos círcu-

---

297. Ela será utilizada na confecção de *Histoire de Dom Jean de Palafox*, vol. 4 de *Morale pratique des Jésuites (La)*, 1690, p. 5-50 (cf. p. 2-3) e remanejada pelo abbé Dinouart (1767; cf. SOMMERVOGEL, *op. cit.*, t. 2, col. 1.055).

los "nórdicos" com os quais havia convivido, durante dez anos, no departamento de Lorena (1605-1614), além de três anos em Paris. É com base nessa experiência que ele elucida o vínculo entre ação e contemplação de acordo com o esquema (parecido com o de J. Nadal) que consiste em encontrar, em primeiro lugar, "dentro de nós [...] uma vida infinita" e "muito perfeita"; "em seguida [...] ir para fora" (*Ibid.*, p. 249). A sua espiritualidade visa, no interior, um "vazio" oferecido ao "universal" que o "preenche" e "age no exterior" mediante "produções".

Esse mundo em que a "rarefação" ascética está orientada para a plenitude "passiva" atribui pouco espaço a uma forma de experiência que é decisiva para a geração seguinte: *o encontro do outro*. Para *Surin* em particular (e, em menor grau, para Rigoleuc), o conhecimento de Deus passa da "aniquilação" individual para a "abundância" da caridade graças a esse outro imprevisível que é o interlocutor oriundo de alhures, figura que emerge de áreas estranhas aos círculos da cultura clerical: a mulher, o selvagem, o analfabeto, o pobre, o louco. No itinerário que conduz Surin do desapossamento interior para o "dispêndio" inesgotável no serviço, o outro é a mediação necessária que possibilita a ação e a fala. A relação apostólica adquire assim uma pertinência existencial: ela é a única que permite articular a experiência mística. Detalhe significativo: do mesmo modo que, na bibliografia de Lallemant, não há mulheres (salvo Santa Teresa), assim também não há, em sua vida, as místicas orientandas, cujo papel é crucial nos outros e a quem se deve também a preservação dos textos de que elas eram as destinatárias.

As diferenças criadas pelas filiações históricas, pelos temperamentos e pelos tipos de transmissão são múltiplas. Assim, em Lallemant, predomina a "doutrina", enquanto em Surin é a peregrinação exposta a riscos e a "ciência experimental". No primeiro, temos a instauração de um discurso a partir de uma raridade; no segundo, a distância em relação a uma profusão literária. A problemática de Lallemant privilegia o Mesmo; a de Surin, o Outro. Lallemant é acima de tudo a testemunha do interior; Surin, o aventureiro de uma "perda" que é o "triunfo do amor"; Rigoleuc, o profeta austero da ruptura. No entanto, os três possuem uma característica comum: eles organizam a espiritualidade em torno de *um corte*, momento subsidiário em relação à prática cristã e única via de acesso à "contemplação" (que é "uma visão de Deus – ou das coisas divinas – simples, livre, penetrante, fidedigna, que procede do amor e tende para o amor"; *Ibid.*, p. 348). Uma *reforma* condiciona qualquer vida *mística*.

"Dar o passo" da "segunda conversão", afirma Lallemant. "Minha única canção consiste em deixar o coração completamente vazio", escreve Surin: "salto", "primeiro passo", "grande ousadia" do verdadeiro "começo". "Renúncia", segundo Rigoleuc, "com uma vontade determinada de alcançar o objetivo a qualquer preço" [...]. Então, inauguram-se a purificação efetiva e o discernimento espiritual que remontam desse primeiro gesto ou das práticas baseadas nos "motivos" da ação. "O essencial" ocorre aquém de uma linguagem inteiramente mundana ou de tarefas ambivalentes, fora do cenário da objetividade social, na "pureza da *intenção*", no "*formal*" da ação (Surin).

Outros elementos comuns e fundamentais: a aniquilação do Verbo, os dons do Espírito, a articulação moral da vida "interior" etc.[298]

3 Trabalhos apostólicos: a ordem social e o seu "outro"

A) Congregações, missões e retiros. O mesmo gesto organiza os grupos de "místicos reformados" e as formas de ação, populares ou espirituais, promovidas a partir de 1630. Missões e retiros referem-se também a uma *partida*. Uma série de fundações – congregações, casas de retiro, residências missionárias etc. – irá duplicar, como o seu contraponto, o desenvolvimento dos colégios, à maneira como a "nova espiritualidade" se afasta do "humanismo". Sob diferentes formas, essa partida é igualmente uma *retirada*: a sua origem tem a ver com o levar a sério a laicização social que obscurece a linguagem e

---

298. GRANDMAISON, 1921, sobre Lallemant e Surin. • Em relação a Lallemant, cf. a introdução de F. Courel à sua edição de *La Doctrine spirituelle* (LALLEMANT, 1959, p. 7-36; • e 2011); • JIMÉNEZ, 1964, • além de seu artigo, 1963. • No que se refere a Surin, cf. HARENT, 1924; • DAINVILLE, 1957; • as introduções de M. de Certeau a suas edições de JJS1, p. 7-61, • e de JJS2, p. 27-89; • CERTEAU, t. 40, 1964 e t. 41, 1965; • assim como 1968; • e 1970b. • A respeito de Jean Rigoleuc, místico "selvagem" e pascaliano, ainda precariamente estudado: HAMON, 1924. • Em relação a Jean Suffren, cf. COGNET, 1966, p. 442-445. • E no que se refere a Jean-Baptiste Saint-Jure, *ibid.*, cf. 445-452.

politiza as instituições. As novas expansões da ação pretendem renunciar à conciliação de um "interior" espiritual com um "exterior" que deixou de ter visibilidade ou transparência. Trata-se também de movimentos separatistas, equivalentes, internamente no que se refere à França, a emigrações cristãs: assembleias secretas, exílios para as zonas rurais ou para longe, exercícios de retiro. Verifica-se a imposição, sobretudo, de três tipos; essas formas de apostolado, apesar de serem tradicionais, desenvolvem-se na França a partir de iniciativas exteriores à Companhia (as congregações surgidas em torno dos Oratorianos ou Ordem de São Filipe Néri, os retiros e as missões dos lazaristas etc.), mas retomadas e sistematizadas pelos jesuítas.

1º) *As congregações da Sainte Vierge* [Santa Virgem], cuja evolução é caracterizada por uma especialização por idade (sobretudo a partir de 1630) e, em seguida, por categorias socioprofissionais (artesãos, marinheiros, comerciantes, burgueses, eclesiásticos, nobres etc.), reproduzem a organização da sociedade, mas atribuindo a cada unidade uma diferença que lhe é peculiar. Elas permanecem essencialmente masculinas: trata-se de grupos, muitas vezes, poderosos que, às práticas de piedade, acrescentam um intervencionismo bastante puritano. Um comportamento moral, cuja orientação é bastante determinada pelos imperativos de cada círculo, torna-se a marca social de uma filiação religiosa[299].

2º) *As missões* focalizam-se em outra distinção social, ou seja, aquela que, em plena expansão, estabelece a clivagem entre cidade e zona rural: elas dirigem-se "às zonas rurais", ambientes em que acabam por multiplicar-se (375 missões de Julien Maunoir, na Bretanha, de 1640 a 1683), durante um período, às vezes, de três ou quatro semanas, mas em áreas limitadas. Elas utilizam técnicas comprovadas de agrupamento social e de pedagogia popular. Os seus primeiros objetivos são a aprendizagem das orações essenciais, base de uma linguagem, e a prática dos sacramentos, articulação visível de uma pequena cristandade: desses dois sinais objetivos, os sacerdotes resi-

---

299. Consultar GUIBERT, 1953, p. 286-292. • Uma literatura profusa de compêndios e livros de preces, meditações etc., foi lançada por congregações da Santa Virgem, em particular, a oferta de livros de meditação como "prenda de Ano Novo": cf. SOMMERVOGEL, t. 10, col. 438.

dentes devem, na sequência, garantir a manutenção. As missões visam assim estabelecer uma espécie de "reduções" em terra camponesa e "pagã". Essas "fundações" de pioneiros, análogas a numerosas outras instituições contemporâneas, inspiram-se em uma grande utopia pedagógica que só atingirá a sua plena realização no Paraguai (HAUBERT, 1969). Mas elas constituem já "refúgios": os territórios rurais, percebidos como "o outro" em relação "à corte e à cidade", acabam recebendo a significação ambivalente de serem diabólicos (superstições, feitiçaria etc.), além de reservas "naturais" de novos começos para a Igreja.

De fato, esse apostolado apoia-se, como ocorria na Bretanha, em um florescimento prévio de espirituais reunidos, inicialmente, pela cidade regional: assim, em Vannes, Jeanne l'Évangeliste, Marguerite de Sainte-Agathe, Nicolazic, Armelle Nicolas, Pierre de Kériolet ou Jean de l'Isle (cf. MARSILLE, 1955). Ele pressupõe também tradições locais menos diabólicas e mais cristãs; o que os missionários levam os aldeões a confessar ou a sua percepção a respeito dos mesmos está longe de corresponder aos documentos sobre a vida rural[300].

3°) A organização dos *retiros* coletivos prolonga as missões. Às casas de retiro para homens – a primeira das quais havia sido fundada, em 1660, em Vannes, por Vincent Huby e Louis Eudo de Kerlivio († 1685) –, adicionam-se casas análogas para mulheres: assim, em Vannes, em 1675, sob a direção de Catarina de Francheville († 1689). Considerando que a Companhia se recusa inicialmente a dirigir retiros de mulheres (numerosos textos na correspondência com o Superior Geral da Companhia, Jean-Paul Oliva, muito firme nesse ponto até a sua morte, em 1681), esses retiros são organizados

---

300. Cf., em relação à Bretanha, desde Noël du Fail (1965), até DUBUISSON-AUBENAY, 1898-1902. • Além de KERBIRIOU, 1933; • BREMOND, HLSR, VI, p. 66-117, sobre Maunoir e Le Nobletz. • Entre os manuscritos, chamamos a atenção, sobretudo, para *Journal latin des missions de V. P. Maunoir* (Chantilly, Archives SJ, AG 3, copie), o qual explica um método centrado nos comportamentos, além de procurar a separação entre dois espaços religiosos, o cristão e o diabólico. • No que se refere aos compêndios, opúsculos, imagens, folhetos de missão, arte, cf. verbete, "Images et imagerie de piété" (1971); • e publicações comparáveis em MARTIN, H.-J., 1969, p. 793-797. • Sobre as missões de São João Francisco Régis (saint Jean-François Régis, † 1640) no território de Velay [departamento de Haute-Loire], cf. a sua biografia por GUITTON, 1937; • além de BOLLON, 1990.

por "comunidades" laicas, providas ulteriormente (a partir de 1688 em relação a Vannes) com pregadores jesuítas. Trata-se de "refúgios" de oração que repetem, mas a partir de um modelo transitório, uma estrutura monástica; a sua meticulosa programação reintroduz, aliás, a preocupação moderna com a *técnica* e com a eficácia sociais no retiro *espiritual*[301].

Essas criações representam uma corrente que, na França, dispõe de um grande número de outros sinais; ou dito por outras palavras, a diferença ou a oposição *institucional* – entre diferentes ordens religiosas, entre jesuítas e jansenistas ou, até mesmo, entre católicos e protestantes – sobrepõe-se a clivagens *espirituais* (e sociais) mais profundas. Apesar da influência exercida sobre estas, ela não determina o que, nas experiências pessoais ou coletivas, responde à situação global. A verdadeira partilha que atravessa as corporações religiosas parece estabelecer a separação, de preferência, entre "*emigrantes*" – os quais procuram no estrangeiro do interior ou de fora uma figura social da experiência cristã – e *técnicos* (eruditos, cientistas e pedagogos) que, assumindo a responsabilidade das novas práticas, visam reorientá-las, corrigindo-as a partir de dentro ou colocando-as a serviço de objetivos religiosos; aliás, essas duas tendências misturam-se, de acordo com combinações em que o papel da instituição se torna decisivo.

Nas práticas jesuíticas suscetíveis de serem colocadas sob a rubrica da *emigração*, convém sublinhar estas duas características. Por um lado, congregações marianas, casas de retiro e missões representam a vontade de criar um *espaço* livre no qual os *sinais cristãos* tenham a possibilidade de ressurgir; o que já é indicado pelo vocabulário – "refúgio" ou "retiro" – utilizado com frequência nos textos. No entanto, as medidas de proteção destinadas a deixar o "mundo" à distância e que regulam uma iniciação progressiva nas atividades, nas celebrações ou nos segredos do grupo, isolam também e acabam preenchendo sempre um lugar suscetível de garantir um valor específico às expressões cristãs: elas devem permitir a demonstração da fé, além de possibilitar-lhe um espaço de enunciação.

---

301. DE LA PILETIÈRE, ms. 3264: um texto-programa; • MARTIN-CHAUFFIER, 1922; • THÉRY, 1956 (resenha de BLET, 1958); • HÉDUIT, Préface du Père Gabriel Théry, 1957.

Por outro lado, nas representações ideológicas ou nas localizações da ação, esse espaço tem a característica de ser *estrangeiro*. Ele é definido pelo "outro" social: a infância, a loucura, o selvagem e, acima de tudo, o "pobre povo das zonas rurais", no qual e a partir do qual se designa uma ruptura com o "mundo". À semelhança do "selvagem", *o povo – o analfabeto, o ignorante* etc. – permite à fé falar por seu intermédio, oferecendo novas possibilidades culturais. Ele é, ao mesmo tempo, o lugar ainda *vazio* que se opõe à sociedade saturada das cidades, o novo mundo cujas profundezas incultas carregam *em germe* a Verdade divina, mas também a terra a *ser cultivada*, o objetivo de uma educação. Desse ponto de vista, os escritos provenientes das missões longínquas desempenham internamente o papel de uma referência simbólica[302].

Retorno aos "tesouros" ocultos nas "minas" das zonas rurais, a missão – enquanto forma ativa do que é desenvolvido igualmente por uma espiritualidade – é também educadora e conquistadora: ela pretende revelar o que os pregadores esperam encontrar; faz com que o "outro" diga o que eles já sabem; coloca em ordem e procede à triagem das confirmações aguardadas por eles em relação aos "simples". Aos poucos, a utilidade desses "lugares" populares na luta contra a descrença ou entre "religiões", assim como o desenvolvimento da organização eclesiástica em uma sociedade estabilizada farão com que, no século XVIII, prevaleça a lógica das conquistas em relação à dos "refúgios". O refinamento dos métodos e a sistematização do discurso catequético ou administrativo hão de impedir que se faça ouvir, efetivamente, a palavra do "outro", seja ele camponês ou selvagem.

Nessa evolução, deveria ser levado em conta, sem dúvida, o fato de que as práticas aparecem, daí em diante, mais importantes do que as palavras. Assim, a pregação visa a prática sacramental ou devocionista: o confessionário focaliza o discurso na conversão. As marcas sociais do cristianismo

---

302. Cf. as *Lettres* [Cartas] enviadas da China, do Japão e das Índias, 1573-1606; • as *Nouvelles des choses...* par la diligence des Pères Jésuites, 1607; • a *Histoire des choses plus memorables advenues...* de Pierre du Jarric, 1608-1614; • as célebres *Relations de la Nouvelle-France*, de 1632 a 1672; • e inclusive as *Lettres édifiantes et curieuses...*, a partir de 1711. • Além de ATKINSON, 1924; • BAUDET, 1965; • e CERTEAU, 1968.

tornam-se sinais de diferenciação mais fidedignos do que profissões de fé; reciprocamente, o ensino catequético e as "instruções" de retiros reorganizam aos poucos o conhecimento religioso de acordo com as clivagens inscritas nesse saber pelas divisões entre grupos ou "partidos" (cf. DHOTEL, 1967). A prática prevalece e, por seu intermédio, as técnicas de ação que conduzem a concretizá-la; no entanto, o resultado não deixará de ser, nas zonas rurais, um cristianismo prático que, durante muito tempo, tinha permanecido impermeável às novas ideologias.

B) A erudição e a ciência, no outro extremo da atividade apostólica, articulam também uma espiritualidade a partir de práticas e técnicas[303].

Apesar de muita relutância, e até o século XVIII (cf. DE LAUBRUSSEL, 1710), assiste-se ao deslocamento de uma ideia de verdade. Para esses eruditos, "é importante que os cristãos não tenham de adorar fantasmas" (Ch. Du Cange): deve-se, portanto, proceder à triagem das "coisas verdadeiras" na "falsa crença dos povos". Uma verdade histórica e "positiva" "ocupa" o lugar da verdade. Mas, nos métodos que servem de critério para essa tarefa, deixa de ser introduzida a vida religiosa, exceto como objeto (religioso) estudado ou como lugar social do erudito (o autor é "da Companhia de Jesus") ou, finalmente, como piedade que é adicionada exteriormente a esse trabalho. Cartas e textos devocionistas desses estudiosos manifestam um deslocamento: a respectiva espiritualidade orienta-se seja para as *virtudes morais* implicadas na erudição (uma moral é investida no trabalho científico), seja para as *virtudes religiosas* externas à obra técnica, mas específicas ao lugar (jesuíta) em que se efetua, seja para a *utilidade* (apologética) e a "glória" que, por seu intermédio, podem ser auferidas pela ordem[304].

A erudição – enquanto cruzada empreendida para recuperar uma "verdade" que não havia sido modificada – desempenha o papel de uma *ética* científica, ancorada somente no porto da vida religiosa por devoções estra-

---

303. Assim, FRONTON DU DUC († 1624), 1624; • PÉTAU († 1652 – em latim, Dionysius Petavius), 1627; • SIRMOND († 1651), 1629 etc. • O primeiro volume dos bollandistas ostenta a data de 1643: cf. DE GAIFFIER, 1968.
304. Trata-se de um tema central de *Imago primi sæculi Societatis Iesu...*, 1640.

nhas a esse trabalho. Ser "bom religioso" e ser erudito: essas duas coisas combinam-se, mas têm dificuldade para se articularem, situando-se em redes sociais cada vez mais distintas. O mesmo acontece com os jesuítas cientistas, tais como os matemáticos C. Clavius († 1612), Grégoire de Saint-Vincent († 1667), G. Saccheri († 1733) e L.-B. Castel († 1757). Os seus trabalhos valem por si mesmos. O elemento religioso assume a forma seja de uma ortodoxia que estabelece limites, seja de virtudes religiosas pessoais ou jesuíticas; além dos prefácios de suas obras científicas, há infelizmente poucos documentos, fato já significativo (cf. PHILIPS, 1939).

C) Os deveres atinentes à condição social [*devoir d'*état] de cada um simbolizam a tendência que serve de estrutura à espiritualidade mais difundida. Numerosos escritos, tendo surgido com a especialização das congregações e dos apostolados (populares, pedagógicos etc.), são dedicados às obrigações de cada qual em decorrência de sua condição social. Trata-se, em geral, de obras de vulgarização, cujos temas são as *virtudes peculiares* das diversas situações de vida [états]: príncipes, aristocratas, professores, soldados, empregados domésticos, camponeses, cônjuges, viúvas, alunos etc.[305]

A palavra *état* chega sobrecarregada com uma tradição teológica e espiritual que designa uma "disposição anímica" habitual, um "grau" ou uma "ordem" da graça divina, ou seja, uma das etapas ou "vias" de um itinerário cristão ou místico. Tal classificação relativa a uma evolução religiosa ou espiritual é revezada parcialmente por uma classificação de acordo com uma ordem *social*. A hierarquização das funções eclesiásticas ou dos graus espirituais dá lugar à hierarquização dos *états* socioprofissionais que, nessa literatura, se torna um código das práticas. As virtudes são redistribuídas em conformidade com a ordem estabelecida e com uma organização das tarefas; por exemplo, a justiça é atribuída ao patrão, a fidelidade ao empregado etc. O aprofundamento da vida cristã encontra-se aqui associado ao lugar ocupado e à função exercida na sociedade. Uma ética social insinua-se na espiritualidade.

---

305. Cf. SOMMERVOGEL, *op. cit.*, t. 10, col. 497-507. • E, base doutrinal dessa espiritualidade, DE LA PUENTE, 1612-1616.

A *casuística* tentará, portanto, proporcionar à lei fundamental de cada *état* uma diferença cristã, sempre relacionada a uma situação[306]; inversamente, uma reação contra essa "ordem" política que se impõe à moral irá traduzir-se por um retorno à positividade do Evangelho e pela vontade de determinar comportamentos cristãos a partir da exegese (HAMEL, t. 52, 1971).

D) Correspondências e direção espiritual. *Cartas*. Nos escritos espirituais do século XVII, uma imensa área tornou-se de novo silenciosa: uma literatura epistolar, publicada de maneira fragmentária e, em grande parte, desaparecida, constituiu, no entanto, a múltipla mediação entre os textos publicados na época e as conversações perdidas da direção espiritual. Editados ou editáveis, em parte, possuímos elementos da correspondência de J.-B. Saint-Jure, Paul Le Jeune († 1664), J.-J. Surin, Fr. Guilloré, Pierre Champion e, mais tarde, Cl.-Fr. Milley († 1720), Claude Judde e J.-P. de Caussade[307]. Gênero literário muito desenvolvido nesse período, a carta dá testemunho também de uma verdadeira tradição na Companhia de Jesus, instituição em que, desde a sua origem, uma série de *De scribendis epistolis* duplica as 6.500 cartas que restam de Santo Inácio.

Essas cartas circulam: no começo, elas têm frequentemente vários destinatários, passando para as mãos de outras pessoas; são, portanto, quase sempre doutrinais e, por outro lado, são danificadas e modificadas à medida que se amplia o círculo dos leitores. Na sua maioria, os destinatários são mulheres: esse fato não resulta somente de uma preservação mais bem garantida pelas correspondentes. Por seu número e extensão, essas cartas são testemunhas majoritariamente de uma experiência feminina, mais independente da tradição teológica ou clerical, formando, à semelhança do que ocorre com a *Introduction à la vie dévote* (1608 [Introdução à vida devota]) de Francisco de Sales, a base e, com frequência, todo o conteúdo dos tratados espirituais. Assim, a doutrina elabora-se a partir de questões (que, em geral, não foram conservadas): ela fala a linguagem dessas questões que constituem o núcleo gerador das respostas, além de ser a recíproca de indagações e de orientações,

---

306. A respeito da casuística, COUMET, 1970.
307. Cf. SOMMERVOGEL, *op. cit.*, t. 10, col. 1.335-1.337.

sobretudo, femininas, cuja linguagem inicial desapareceu. Esse discurso dialogal, em que metade se perdeu em determinado texto, ressurge em outro lugar sob a forma de *Dialogues* [Diálogos], aliás, título que é dado a numerosos tratados.

Uma prática da linguagem do outro. Essas cartas constituem o indício de uma situação mais generalizada, permitindo que, por uma rede de "correspondências", sejam explicados dois aspectos da espiritualidade jesuítica na França do século XVII: por um lado, a sua linguagem renova-se a partir daquela à qual ela responde e da qual recebe profusamente os seus termos e temas. Por outro, nessa nova elaboração, a relação com o outro desempenha um papel essencial: "verdades" e experiências já não são enunciadas no interior de um corpus literário estável – à semelhança do que ocorria com a espiritualidade monástica medieval –, mas graças à retomada, por um homem de discernimento [clerc], da linguagem diferente que vem das mulheres, das zonas rurais ou dos selvagens. Nesse sentido, uma hermenêutica do outro é, para ela, fundamental, ou seja, uma prática espiritual da linguagem do outro.

No momento em que a exegese se torna ciência positiva, parece que a exegese espiritual ressurge nas correspondências, biografias e cartas de missionários muito mais do que na leitura alegorizante da Sagrada Escritura. Um exemplo entre uma infinidade dessas biografias de hermeneutas espirituais que, no entanto, não deixa de ser um livro apreciável: a *Vie de M. de Renty*, de J.-B. Saint-Jure (1651). Da mesma forma, a *Vie de Armelle Nicolas – la bonne Armelle* [Armelle, a empregada doméstica] –, inspirada por V. Huby (1676), além da *Vie de Madame Hélyot*, de J. Crasset (1683), e um grande número de outras análogas: diálogos exegéticos em que o outro é o princípio de uma linguagem espiritual interpretativa.

3.1 Conflitos e debates doutrinais

No século XVII, a história dos jesuítas está repleta de controvérsias, assim como a sua literatura espiritual. Não é apenas o efeito do sucesso e das resistências suscitadas por este, nem o resultado de uma pura oposição entre doutrinas. Já marcada na vontade de "ruptura" e de "reforma", a agressividade tem a ver mais profundamente com o fato de que cada posição é definida em uma relação à outra, diferente de si. A rejeição do "partido" oposto é o modo a partir do qual se determina um grupo. Essa dependência de um "exterior" vai convertê-la no que especifica a expressão do "interior" por uma inversão ou contradição. Mais do que em outras épocas, a fronteira organiza as regiões separadas por ela.

Essa pertinência do corte exerce uma influência considerável na elaboração doutrinal dos jesuítas pelo fato de que, por um lado, o *próprio*, "o interior", é aí preferencialmente de ordem *prática* e, por outro, a linguagem segue, portanto, mais docilmente a lei de uma determinação recíproca. Mas, da mesma forma, esses discursos antinômicos, relacionados estreitamente uns aos outros, revelam coerências que situam a Companhia em conjuntos mais amplos. São as determinações socioculturais da época, e os problemas assim impostos à experiência cristã, que aparecem nesses debates; portanto, as crises que marcam a segunda metade do século – jansenismo, quietismo – remetem, ao mesmo tempo, às indagações desse período e à reação particular dos jesuítas.

A) Jansenismo e jesuítas. Se a interpretação de Santo Agostinho (cuja autoridade, a partir de 1640, substitui a do Pseudo-Dionísio) fornece ao debate os seus pontos de referência ideológicos e lexicais, a questão em aberto diz respeito mais fundamentalmente às possibilidades do cristianismo na sociedade que está em via de se constituir. Na sua maioria (esse não é o caso dos "reformadores" místicos), os jesuítas optam pela adaptação, enquanto os jansenistas opõem-lhes o radicalismo profético de um corte em relação com o "mundo". De fato, as coisas são mais complexas.

Em primeiro lugar, a mesma *condicionante de uma ruptura* é imposta a todos. Para os jesuítas, a adaptação baseia-se na possibilidade de uma separação entre práticas interiores, estabelecidas com a maior solidez, e a mobilidade dos discursos e comportamento exteriores; portanto, a ruptura existe também, mas dissimulada pelas tarefas objetivas. A tentação consiste em esquecê-la, reduzindo essa combinação à lógica da atividade "exterior". Entre os jansenistas, o movimento, em plena expansão, relativiza bastante rapidamente a sua expressão profética ou teológica original para definir-se, desde Antoine Arnauld e Pierre Nicole, mediante uma ética própria. Em ambos os lados, o debate concentra-se no campo da *moral prática*.

Movendo-se no mesmo terreno – o das maneiras de comportar-se –, os dois "partidos" situam-se diferentemente em relação aos comportamentos sociais. Os jesuítas formam uma corporação já constituída (uma ordem) que se apoia em práticas internas a fim de "sair" para o exterior; por sua vez, os jansenistas, "seculares" e leigos, baseiam-se em uma teologia berulliana, doutrina sacerdotal e mística da "hierarquia" eclesiástica, modelo solidamente estruturado de uma cristandade em redução, e pretendem proporcionar-lhe uma efetividade social. O "refúgio", enquanto postulado da ação jesuítica, constitui o projeto da doutrina jansenista; a esse respeito, ele é a retaguarda dos *religiosos* e a vanguarda dos *seculares*.

Assim, de ambos os lados, a *relação da teologia com as práticas* é abordada de maneira diferente: para os jesuítas, a prática é o "lugar protegido" a partir do qual são produzidos discursos e ações. Para os jansenistas, se a prática é também o teste decisivo, ela decorre da doutrina: a abordagem deles é, portanto, mais bem delineada na linguagem, mais "racional" e também mais elitista (bispos e intelectuais são os seus primeiros propagadores, acalentando a expectativa de que ela se espalhe entre os sacerdotes esclarecidos do século XVIII), menos soterrada na opacidade de uma corporação, portanto, suscetível de uma maior difusão e manifestando mais claramente a questão formulada a todos.

Por fim, a intervenção nos comportamentos sociais não está localizada nos mesmos lugares. Os jansenistas privilegiam o aspecto *cultual*, linguagem visível de opções teológicas e, tendo como pano de fundo a sociedade, eles inculcam práticas da natureza sacramental e bíblica. Os jesuítas, por sua vez, visam a vida *civil*, correspondendo a circunstâncias em que uma educação espiritual da vontade se articula a partir de tarefas efetivas, deixando aí a sua marca. O trabalho indefinido da casuística consistirá em especificar a modificação introduzida pelo exercício de uma interioridade nas leis objetivas de cada situação. A "moral dos jesuítas" continua servindo-se da dicotomia para superá-la. Mas o conjunto dessa literatura confessa a dificuldade da tarefa, resvalando cada vez mais para o lado das práticas de "devoção". Os inúmeros títulos em que aparece o binômio – *piedade* e *moral* – já denunciam, pela própria conjunção, o ponto da ruptura.

B) O quietismo. À primeira vista, a querela do quietismo repete, no final do século, o antimisticismo da década de 1640-1650: mesmos temas e mesmas referências.

O seu marco oficial é o *Guía espiritual...* de Miguel de Molinos (1675)[308]. À semelhança do que tinha ocorrido quarenta anos antes, a ofensiva contra os "contemplativos" desencadeia-se em Roma, em 1685, culminando em 1687 com a condenação ao Index da "nova teologia mística" de Molinos e com a publicação da bula pontifícia *Cœlestis Pastor* (20 de novembro de 1687), "estatuto do antiquietismo do final do século XVII" (LE BRUN, 1972, p. 514). Tendo-se tornado o especialista da espiritualidade com o seu *Traité de l'oraison* (1679 [Tratado da oração]) – reproduzido como o *Traité de la prière* [Tratado da prece], em 1695 –, Pierre Nicole é "um dos intermediários através dos quais passa, na França, esse antimisticismo romano que corresponde perfeitamente a seus princípios"[309].

Os jesuítas estão divididos: no primeiro nível, eles são, na sua maioria, antimísticos; no entanto, contra o "partido" jansenista, eles são os aliados objetivos dos quietistas. Mas essa divisão é mais grave. Alguns "espirituais" jesuítas são denunciados como quietistas: tal é o caso tanto de François Guilloré – apologista caloroso de François Malaval, perseguido por P. Nicole que havia reunido extratos de seus textos "em que há coisas horríveis"[310] – quanto de Surin, mencionado por Fénelon e cujo *Catéchisme* [Catecismo], em sua tradução italiana, é condenado ao Index, em 1695. De 1697 a 1700, um grupo de jesuítas defensores do quietismo, na província gaulesa-belga, deixa bas-

---

308. Tradução italiana no mesmo ano, enquanto a tradução francesa deve-se a J. C. De La Croze (1688).
309. LE BRUN, 1972, p. 460. • No que se refere às intenções de P. Nicole, cf. NEVEU, 1969, p. 647.
310. ARNAULD, t. 2., 1775, p. 766. • Cf. NDIAYE, 1991.

tante inquieto T. Gonzalez, o superior geral dos jesuítas (cf. HILLENAAR, 1967, p. 309-313).

Pelo contrário, a doutrina jesuítica é hostil à "beatice" dos "novos iluminados". O antiquietismo de P. Segneri[311] limita-se a preceder aquele que se encontra em Dominique Bouhours ou Louis Bourdaloue[312]. *A priori*, esse antiquietismo é normal: o abandono opõe-se à eficácia; a passividade espiritual à meditação metódica; o amor puro à "utilidade". No entanto, de maneira mais radical, com o amor puro, com a negação de uma relação necessária entre a experiência espiritual e a felicidade celestial, com a crítica dos objetos de conhecimento, com a apologia do "vazio" e do afetivo, o quietismo pressupõe ou professa a deterioração de uma cosmologia religiosa, a impossibilidade de articular o desejo a partir de um mundo (futuro e presente) e de formulá-lo em termos correspondentes às mudanças que afetaram o saber e a sociedade. Tendo passado pelo teste da experiência, esse corte é mais fundamental do que a ruptura, ética e social, promovida por Port-Royal em nome de uma teologia mística da hierarquia eclesiástica: ela esboça *o fracasso secreto do reformismo pós-tridentino* que pretendia reinscrever a graça divina em uma figura de natureza sacramental, visível e social.

Se a hostilidade entre jesuítas e jansenistas marca uma oposição entre duas épocas, entre duas teologias ou entre "seculares" e regulares, ela desdobra-se no âmbito do campo criado pela missão pós-tridentina, essencial também para esses irmãos inimigos. Ela é, portanto, secundária relativamente à questão formulada pelo quietismo, desanexando das linguagens sociais o radicalismo do desejo espiritual. Os jansenistas aperceberam-se disso com lucidez e, ao proceder assim, afastaram-se, em companhia de A. Arnauld e P. Nicole, do profetismo paradoxal do abbé Saint-Cyran, outro importante divulgador do jansenismo na França. No geral, usufruindo de um maior grau de segurança em suas residências, menos sensíveis aos problemas doutrinais, os jesuítas não deixaram, no entanto, de ser bastante reservados, ex-

---

311. SEGNERI, 1682; trad. fr., 1687. • Cf. PATERNOSTRO & FEDI, 1994-1995.
312. BOUHOURS, 1686, p. 80-81. • De Bourdaloue, cf. o seu célebre "Sermon sur la prière" (1688). In: BOURDALOUE, t. 2, 1922; • e, de Charles de la Rue: *Panégyrique de sainte Thérèse* (1698). In: LA RUE, t. 1, 1740.

ceto quando ficaram obnubilados pelo imbróglio das batalhas antijansenistas ou quando a sua experiência, ao radicalizar-se, os conduzia para as proximidades do quietismo[313].

Em breve, o jansenismo, ao politizar-se, e a corrente jesuítica, ao submeter-se à divisão entre tarefas técnicas e práticas devocionistas, fornecem uma espécie de confirmação à experiência quietista ao desarticular o movimento espiritual da objetividade social ou intelectual. É, de qualquer forma, sob essa forma que, no final do século, ressurgem os debates sobre a Humanidade do Cristo que haviam marcado o seu início (ORCIBAL, 1959).

C) Teólogos e espirituais. Esses debates gerais reproduzem-se no interior da Companhia, em particular, com conflitos entre teólogos e espirituais. Em um de seus aspectos, o antiquietismo defende a teologia eclesiástica contra a "ciência dos santos" (os "santos" referem-se, então, ao que hoje atribuímos o qualificativo de "místicos"), e não é por acaso que Fénelon faz deslisar a teologia para uma teodiceia.

O cardeal jesuíta italiano, São Roberto Belarmino († 1621), representa o tempo de uma concordância ao considerar os místicos não tanto equivocados, mas sobretudo obscuros (*De scriptoribus ecclesiasticis*, Roma e Lyon, 1613; Paris, 1617 etc.). Mas, desde as grandes discussões espanholas (desde o *Index* de Gaspar de Quiroga, em 1588, até a oposição de João de São Tomás a Suarez e ao carmelita, Tomás de Jesus, em 1637 etc.), a mística é um pomo de discórdia em que retorna, mas de acordo com a experiência cristã, "a interminável e onipotente questão da graça divina" (CHAUNU, 1966, p. 461): ela interroga-se, ao mesmo tempo, sobre o papel da *experiência* relativamente às instituições doutrinais (ou seja, a natureza eclesiástica da verdade) e sobre a relação entre *natural* e *sobrenatural*. Essas duas questões sobrepõem-se constantemente e tornam-se cada vez mais intrincadas mediante a interferência de uma hierarquização antropológica a ser estabelecida entre vontade e inteligência; no entanto, elas não deixam de ser distintas.

---

313. KOLAKOWSKI (*op. cit.*) procede a uma análise panorâmica do problema. • LE BRUN (1972, p. 439-695) fornece a apresentação mais precisa, até o dia de hoje, dessa querela (1685-1699). • Em relação ao abbé Saint-Cyran, cf. mais abaixo, cap. 9.

1º) *A experiência*. Nas discussões, a instituição – apresentada inicialmente (a partir de uma perspectiva dionisiana e berulliana) como uma "ordem" da graça divina – aparece cada vez mais sob a forma mediadora da *tradição*, ou seja, de uma objetividade histórica fornecida pela "teologia positiva". Esse deslocamento do cosmos espiritual para o texto tradicional é significativo.

Daí em diante, o *fato* da experiência opõe-se ao *fato* do que havia sido sempre objeto do crer. Debate entre a voz e a escrita, entre o irredutível da experiência vivida e a positividade estável do texto. Ainda mais, a "experiência" entre os espirituais refere-se à atualidade de uma *enunciação* que seria o próprio lugar em que o Espírito fala; a "tradição" entre os teólogos implica o dado de *enunciados* imutáveis (escriturísticos, conciliares etc.), cuja verdade original seria preservada graças ao rigor dos raciocínios que desenvolvem as suas consequências ou graças à permanência das instituições eclesiásticas. Mediante a coerção das controvérsias, os espirituais são obrigados, aliás, a situar-se também no terreno da tradição e a constituir uma "tradição mística", composta essencialmente por "modernos".

2º) Uma tese teológica sobrecarrega o debate: o *"natural"* seria o único aspecto suscetível de experiência, uma vez que, de acordo com uma posição frequente que impele ao extremo a teoria do sobrenatural enquanto pura "modalidade", a ordem da graça divina é adicionada à da natureza (posição que não se encontra em teólogos, tais como Belarmino ou Suarez). Para um grande número de doutores em teologia – impregnados, muitas vezes, de nominalismo e preocupados em combater a "persuasão interior" protestante –, a autoridade extrínseca de postulados revelados coordena-se com a autonomia da razão natural. Pelo contrário, os espirituais referem-se a um "instinto" fontal, imergindo progressivamente a experiência, ao qual, dependendo do caso, atribuem diferentes qualificativos: "desejo" agostiniano, "fundo" renano-flamengo ou "vontade" que é o aquém absoluto, inacessível, de qualquer pensável. Assim, para Surin, o espiritual seria "... o amante no amor absorvido / Que, em vez de graça divina ou natureza, / Vê somente o abismo em que caiu"[314].

---

314. SURIN, 1664: cântico 5, estrofe 19, p. 24.

Esses dois polos organizam as disputas que não cessam de se multiplicar (ver CERTEAU, JJS1, p. 39-50). No entremeio, situam-se os jesuítas impelidos pela própria experiência e pela experiência da direção espiritual a *conciliar* a posição doutrinal com o seu conhecimento de angústias e de orações mais radicais. Com efeito, parece que uma concepção demasiado estreita do conhecimento, o peso exercido pela busca positiva e a suspeita que assombra a ortodoxia dos místicos paralisaram, no final do século, a elucidação de uma experiência que, por sua vez, é afetada por tudo isso. Sem dúvida, conviria também deixar por conta de um pudor clássico a reação dos religiosos assustados com os excessos afetivos dos "místicos" contemporâneos. Em sua maioria, os escritores acusados de quietismo têm *um estilo*, arqueológico, que esbarra em uma discrição urbana, a qual, além de induzi-los em erro, denuncia uma incapacidade da linguagem.

Entre esses homens do equilíbrio incerto: Jean Crasset (1618-1692), confessando, a meias palavras, "feridas" que são "núpcias", poeta dissimulado atrás do biógrafo do Sr. e da Sra. Hélyot (1683)[315]; François Guilloré (1615-1684), autor de *Secrets de la vie spirituelle* (1673 [Os segredos da vida espiritual]), um livro cuja perspicácia se torna ainda mais sutil por ser habitada pelo respeito às vias do Insuspeito; Louis Bourdaloue (1632-1703), associado intimamente a Crasset e que é *o* pregador da Corte. Bremond escreve a seu respeito – mas que se aplica também a um grande número de outros autores – o seguinte:

> Místico em pessoa, mas que se ignora, seja pelo fato de ter sido incapaz de identificar a filosofia implicada em sua experiência pessoal, ou por sua negligência – desencorajado no início por alguns termos insólitos ou demasiado promissores na aparência – em aprofundar os escritos dos mestres[316].

Em breve, também, Claude Judde (1661-1735), na expectativa de Jean-Pierre de Caussade (1675-1751), o qual irá decifrar o segredo confinado nesses discursos contidos pela prudência.

---

315. Cf. BREMOND, HLSR, VIII, p. 289-309; e IX, p. 311-339.
316. *Ibid.*, VIII, p. 352. • Cf. DAESCHLER, 1927.

Nessa circunspecção moralizante e reverente, pode-se reconhecer o indício de um problema mais geral: *a carência de uma teoria* que viesse articular essas experiências. Mas não é certo que esta já tivesse sido possível na linguagem social da época.

3.2 O "coração" e a política

A) La Colombière (1641-1682). Em uma carta de 1671 ao confrade D. Bouhours, Claude La Colombière ataca um capítulo de *La vie de Dom Barthélemy des Martyrs* (1663, livro 1, cap. 4 [A vida de Dom Bartolomeu dos Mártires]) em que o autor, Pierre-Thomas du Fossé, mostra como esse dominicano "junta a oração e a meditação à ciência da teologia escolástica" (LA COLOMBIÈRE, t. 6, 1902, p. 277-279). Aspecto significativo. Os dois correspondentes – em outros pontos, tão diferentes –, deixaram de ser sensíveis ao grande projeto de uma aliança entre a teologia e a piedade, tal como havia sido definida por Louis Bail (*Théologie affective*, 1638-1650 [Teologia efetiva]), Louis Chardon (*La croix de Jésus*, 1647 [A Cruz de Jesus]) e Guillaume de Contenson (*Teologia mentis et cordis*, 1668-1669). Eles fazem parte de uma geração que já não acredita nisso. Para esses estudiosos integrados à sociedade da época através de suas atividades e cultura, essa "teologia" passa por ser um extrinsecismo. Daí em diante, a tensão situa-se entre os *objetos* da ciência ou da ação e o *vazio* do ego, do qual os moralistas denunciam a vacuidade. Um desejo é delineado, mas através de uma crítica indefinida da ilusão.

A acribia desmistificadora, aprendida entre os "escrupulosos", conduz La Colombière a um despojamento de modo a torná-lo próximo da "arraia-miuda", dos "iletrados" e "tolos" (1962, p. 97). Até mesmo o zelo apostólico é suspeito (*Ibid.*, p. 169), assim como "o encanto que se experimenta em modificar os corações": restam "os lugarejos e as aldeias" que representam para essse letrado uma geografia do sentido (*Ibid.*, p. 158). A confiança renasce nas profundezas da suspeita quando o empobrecimento se transforma em admiração diante do gesto de quem chega e dá incondicionalmente.

B) O *Sacré-Cœur* [Sagrado Coração]: espiritualidade e política. De maneira ainda mais acentuada, essa devoção privilegia a relação do *coração* (a interioridade individual) com a sociedade *civil* (ainda considerada pela maioria dos católicos como uma figura da Cristandade). Em relação a essa articulação da experiência íntima a partir da organização global do território, as mediações eclesiásticas perdem a sua importância (mesmo que os defensores da devoção estejam empenhados em prové-la de uma expressão *pública* – 1672: ofício e missa do "divino Coração de Jesus" etc.). Na literatura, a iconografia e as práticas que, a partir de Margarida Maria de Alacoque (revelações divinas de 1675), reutilizam e metamorfoseiam uma tradição muito antiga, limitemo-nos a chamar a atenção, do ponto de vista que nos interessa, para estas duas características.

A devoção ao Sagrado Coração recebe o seu cariz afetivo e dolorista apenas a partir do século XIX. No século XVII, ela conota de preferência o dever para o católico (*coração* designa, na época, a pessoa e não mais, à semelhança do que ocorria na Idade Média, a Igreja) de participar da "reparação da honra" exigida pela "revolta" do "povo escolhido" contra a "boa vontade" do "rei poderoso" que é Jesus. Trata-se de uma reação diante da evolução da França. A partir de 1673-1675, mediante um vocabulário jurídico e político já arcaizante, a devoção do Sagrado Coração associa o sentimento de uma responsabilidade (há uma "desonra" a ser reabilitada) e uma leitura providencialista das grandes crises nacionais (sobretudo, 1688-1689), consideradas como castigos. Inspirada pela esperança da "salvação" que seria desencadeada pela restauração de uma ordem política cristã, ela estará cada vez mais marcada pelo fracasso dessa *reconquista* religiosa.

Por outro lado, o "coração" recorta, na concretude do mundo, um espaço interior no qual seriam implantados os sinais cristãos e seria professada a fé. Essa espacialização do espiritual retoma a problemática das "moradas" (teresianas) ou das "residências" (berullianas). Ela reproduz nas representações o trabalho que serve de fundamento aos "refúgios". O projeto de tornar o social (demasiado) *cheio* em algo *vazio* limita-se a criar, no entanto, um lugar utópico (ou a-tópico). O coração, lugar do paradoxo, reconcilia os contraditórios (o coração designa uma coisa e o seu oposto), sem conteúdo próprio. Ele traça, de preferência, uma clivagem e uma reduplicação em todos os seres (o importante não é o homem, mas o seu coração; não é Deus, mas o coração de Deus; assim também o coração de Deus está no homem; o coração do homem está em Deus etc.): o coração está aquém de toda a realidade, a marca indefinida de uma *ruptura*, o não lugar de todos os lugares.

Na iconografia popular, o essencial é a separação entre o coração interior e o espaço mundano; é a pele-carapaça do coração que pode ser, ou não, atravessada, perfurada, aberta. Assim já, *Le cœur dévot* (1627 [O coração devoto]), obra em que Étienne Luzvic († 1640) comenta as gravuras de A. Wierix[317].

C) A política dos jesuítas. A politização da vida religiosa é uma recíproca dessa interioridade, revestimento invisível da realidade individual ou social.

Um indício: o papel desempenhado pelos confessores do rei, em particular, por François de la Chaise, confessor de Luís XIV durante trinta e um anos (1675-1706), e que exerce uma influência decisiva em todos os assuntos da província francesa da Companhia. A sua autoridade excede amplamente o que havia sido previsto, em 1602, pela Instrução de Claude Acquaviva sobre os confessores dos príncipes[318]. Semelhante prática implica também mudanças doutrinais: a "submissão política" prevalece em relação à obediência religiosa. Em carta enviada, em 1681, ao superior geral Jean-Paul Oliva, o pe. de la Chaise escreve que as ordenanças régias "são obrigatórias em consciência pelo fato de tratar-se do direito mais antigo, divino e humano, natural e positivo", além de serem prevalecentes relativamente às ordens do superior geral, as quais devem ser observadas apenas "em virtude da piedade e dos votos professados de maneira espontânea"[319].

Alguns anos mais tarde, um memorando coletivo de jesuítas franceses faz a seguinte afirmação:

> Em caso de concorrência entre duas ordens opostas – uma oriunda do rei, e a outra do legítimo superior – dirigidas a um religioso francês [...] é um pecado grave contra a religião, a fi-

---

317. Cf. LE BRUN, 1971; • além de LEGARÉ, 1976. Cf. tb. NERI, 2020.

318. *Institutum societatis Iesu*. t. 3, 1893, p. 281-284.

319. ARSI, *Gall*. 72, f. 68. Eis o resumo do secretário romano: "*Jussa regis obligant ex jure divino et humano, naturali, positivo. Mandata superiorum ex voto sponte suscepto*" (ibid.).

delidade e a justiça obedecer ao (superior) geral ou local em detrimento da ordem do rei.

Em 1698, no Colégio Romano, censura-se a tese do jesuíta espanhol, Juan Bautista Gormaz: *"Religiosus plus tenetur obedire suo regi quam præposito generali"*[320]. Trata-se de casos extremos, mas em toda a parte o nacionalismo transforma-se na forma social da vida religiosa[321].

Essa politização apoia-se, simultaneamente, na teologia tradicional que considera o poder político como o mediador de uma ordem divina (o rei é um "princípio inseparável da verdadeira religião"); nas teorias modernas que estabelecem a autonomia do "natural" e do direito positivo; e, ainda mais, na experiência cotidiana de uma sociedade em via de secularização. Ela é acelerada, no decorrer das controvérsias, pelo apoio que, desde Henrique IV (1589-1610), a Companhia espera do poder; mas ela é compensada por um fortalecimento das práticas religiosas no interior das "residências", por um confinamento e por uma opacificação da linguagem espiritual nesses lugares de segurança em que se desenvolvem virtudes silenciosas. Essa combinação, estabelecida com grande solidez desde o início do século, vai tornar cada vez mais difícil a elaboração de uma linguagem espiritual no século XVIII. A experiência é investida nas *práticas*: práticas sociais ou técnicas no "exterior"; práticas de piedade no "interior".

---

320. ARSI, *Fondo gesuitico 672*, f. 637.
321. Cf. GUITTON, 1959; • BLET, 1960.

Capítulo 8
O pensamento religioso na França
(1600-1660)*

1 A religião na sociedade

Deslocamentos estruturais. Durante os dois primeiros terços do século XVII, uma laicização da sociedade acaba produzindo, no cristianismo francês (em sua maioria, católico), dois efeitos aparentemente contrários: o fortalecimento das práticas religiosas e a transformação dos sistemas de pensamento. Essa distorção deve-se a uma crescente diferenciação entre as zonas rurais – regiões em que se verifica a progressão da prática – e as cidades, redutos em que se diversificam, ao se dessacralizarem, os procedimentos de reflexão. Aliás, o reformismo cristão é, em grande parte, um fenômeno urbano e laico, elaborando-se nas cidades (um quinto da população) que desempenham o papel decisivo na reorganização econômica e política, além de se formarem em "sociedade" cada vez mais distinta do "povo" das zonas rurais. O retorno à vida camponesa será um objetivo, antes de tudo, econômico, do século XVIII. O século XVII urbaniza-se; e, também, o pensamento religioso que traz em seu bojo as características de seu lugar de produção, lugar "civil" e político em que se inauguram as conquistas de uma burguesia.

De maneira recíproca, as zonas rurais tornam-se, para as Igrejas, um *objeto* de assistências públicas (as "obras caritativas") e de organizações evangelizadoras (as "obras de missão") que visam consolidar a base de gestos e de hábitos da filiação a uma comunidade cristã. Assiste-se, portanto, ao desenvolvimento das práticas religiosas que garantem, aliás, um controle urbano

---

* Cf. a referência completa a respeito deste texto na "Introdução", p. 7ss.; e a Bibliografia deste capítulo, p. 265-267. As outras citações encontram-se em "Referências bibliográficas".

sobre a vida rural. Apesar dos resultados alcançados pelo imenso trabalho missionário, uma laicização geral da cultura manifesta-se também nos ambientes populares pela permanência e, às vezes, pelo ressurgimento de um imaginário mais antigo que o cristianismo, ou pelo progresso de uma sabedoria experimental e profana que cadencia a vida cotidiana, além de emancipá-la paulatinamente das normas eclesiásticas.

A expressão cristã obedece a essa clivagem, diferenciando-se aos poucos de acordo com uma redistribuição sociocultural que a orienta para uma espiritualidade de citadinos ou para um enquadramento pedagógico das zonas rurais. No decorrer desse período, ela reconstrói-se seja em torno de uma "honestidade" civil, crítica e moralizante que se articula a partir da socialização urbana, seja com base em uma vontade de manter (ou restaurar) a "ordem" e o "teatro" religiosos a serviço de uma sacralidade nacional. Certamente, ao lado dessas duas correntes majoritárias, há uma terceira, profética ou mística, mais reformista, anunciadora de futuras revoluções, embora minoritária, cujo fluxo situa-se em torno da década de 1620-1630 e o refluxo por volta de 1660: o radicalismo de uma ruptura traduz-se por um movimento em direção ao "pobre" povo do interior ou em direção do território longínquo das nações "selvagens", e pela criação de "refúgios" (um motivo recorrente da literatura espiritual) decalcados no modelo de associações secretas, eremitérios, fundações na forma de "retiros", além de experiências "dissimuladas ao mundo".

No pensamento, uma mutação diferente, mas paralela, estabelece a distinção entre o início do século e a década de 1660. O centro da reflexão desloca-se do dogma para a moral. O sistema que converte as crenças no quadro de referência das práticas, além de estabelecer divisões entre igrejas, é substituído lentamente por uma ética capaz de regulamentar as atividades sem depender das diferenças doutrinais. Os debates, tendo começado por fixarem-se sobre o problema da heresia – disputas entre Igrejas em que cada uma está preocupada em estabelecer a primazia do sistema dogmático de suas verdades –, dizem respeito, em breve, aos comportamentos mais do que às convicções, gravitando em torno da *moral prática*. No final do século, o quietismo há de conferir ao problema ético a forma extrema de uma oposição entre um cristianismo alinhado com uma organização histórica e moral das práticas, e aquele que promove a dissociação entre a atividade social ou intelectual e a experiência espiritual do "amor puro". É o sintoma da evolução que, de fato – se não de direito –, descarta as convicções cristãs do reino objetivo em que práticas sociais se articulam a partir de uma ordem moral; deste modo, esboça-se uma modernidade que transforma tanto a relação entre a moral e a religião quanto o papel da prática na teoria.

Dois aspectos da situação francesa exercem uma influência decisiva na metamorfose que se inicia no decorrer desses anos: a divisão das igrejas e o surgimento do Estado.

O trabalho da divisão. No final do século XVI e no começo do século XVII, a oposição entre católicos e reformados acelera uma "desagregação dos princípios e das estruturas de base da Idade Média" (LORTZ, 1962). As evidências referenciais em que se apoiam o pensamento e a ação estão expostas à suspeita, despojadas de sua autoridade. Trata-se de um segundo tempo, depois das guerras de religião. Os paradigmas sociais resistem muitas vezes às críticas de que são objeto, como se a erosão produzida aí pela contestação tivesse ficado, durante um primeiro momento, dissimulada pelas lutas entre defensores e atacantes. Aos poucos, no entanto, a dúvida emerge nas certezas que pareciam estar ameaçadas apenas do exterior; ela revela uma relativização que as destrói a partir do interior.

Agressividade e ceticismo caracterizam, com efeito, a literatura religiosa do início do século. A divisão relativiza cada uma das duas Igrejas inimigas, provocando entre elas uma multiplicidade de posições intermediárias e de pequenas Igrejas. Proliferam os panfletos. Por toda a parte, ressoa um vocabulário belicoso. Mas as *demonstrações* polêmicas denunciam as dúvidas: as *Respostas* e as *Defesas* mais sólidas são incapazes de reparar o que nos ataques atinge uma credibilidade. As certezas são deterioradas por essas querelas, assim como pelas passagens ou "conversões" de um campo para o outro, pela multiplicação de "verdades" que se tornaram discutíveis sem serem demonstráveis ou por disputas indefinidas no decorrer das quais uma "vitória" sobre o adversário é, muitas vezes, o substituto efêmero de uma certeza interior. A isso, aliás, soma-se o efeito das grandes descobertas no exterior: o mais vigoroso dos *Cinq dialogues faits à l'imitation des anciens* (1673 [Cinco diálogos cuja elaboração imita os antigos]) de F. de La Mothe Le Vayer exibe o seguinte título: "De la diversité des religions" [Acerca da diversidade das religiões]. Associadas pelos relatos de viagens a sociedades oferecidas como modelos a essa França dilacerada, as religiões do Novo Mundo, da Ásia ou da África relativizam as pretensões do cristianismo, na expectativa de que, a partir de meados do século, elas se tornem para as missões católicas o espaço de um expansionismo evangelizador e compensatório.

As partidas efetivas para longínquos destinos – ao mesmo tempo, rupturas, fugas e conquistas de outras terras – têm, no século XVII, menos impacto do que a literatura de viagem, inspirada pelas mesmas, e que se difunde na França. Por um lado, desde a *Histoire d'un voyage faict en la terre du Brésil* (1578 [História de uma viagem feita na terra do Brasil]) do reformado Jean de Léry, "breviário do etnólogo" (LÉVI-STRAUSS, 1957, p. 80), ela valoriza a experiência e a observação, privilegiando as peculiaridades locais, além de fornecer à erudição científica os seus preâmbulos conceituais e uma informação. Mas, por outro, independentemente de ser proveniente do Brasil[322], de Madagascar[323] ou do Canadá[324], essa literatura descreve os missionários enquanto pedagogos dos "povos rudimentares", dotados de um estatuto de autoridade e de saber que irá repetir-se, em breve, na prática "esclarecida" adotada pelos clérigos em relação às zonas rurais na França; outrossim, ao combater as "superstições" selvagens, ela distancia-se das religiões estrangeiras, transformadas em sistemas objetivos, submetidos a uma análise polêmica, além de fabricar o aparelho que a crítica francesa vai assestar contra as Igrejas.

"Partidos" no Estado. Assombrado pela fragilidade de seus postulados e pela urgência de uma *reconquista*, esse pensamento combativo recebe da

---

322. ABBEVILLE, 1614; • cf. DAHER, 2018.
323. NACQUART, Ch. "Lettre... à M. Vincent [de Paul]", 1650. In: GALIBERT, 2007.
324. *Relations des Jésuites de la Nouvelle France*, 1632-1672.

conjuntura uma forma literária e social que sobreviverá ao tempo das guerras. A controvérsia vai determinar a expressão religiosa, como se um trauma inicial organizasse, daí em diante, em "partidos" (o "partido devocionista", o "partido" jansenista ou jesuítico etc.) os diversos movimentos que surgem no âmbito de cada tradição. A forma defensiva e ofensiva adotada por determinada Igreja perante a "outra" repete-se no interior de cada uma, nas relações estabelecidas entre elas pelas respectivas tendências doutrinais. A diferença é tanto inevitável quanto intolerável. Cada "Igreja", seja de grande ou de pequeno porte, aparece como uma "heresia" em um espaço público em que nenhuma "ortodoxia" religiosa é comumente reconhecida.

Essa contestação recíproca suscita em todos os planos um recurso ao poder régio. Ao adquirir a força administrativa e moral que condiciona cada vez mais a sobrevivência, audiência e rápido desenvolvimento das Igrejas, o Estado monárquico preenche também o vazio deixado pela ausência dessa ortodoxia. Na teoria dos juristas franceses, assim como na prática governamental, a unidade assume uma forma nacional mais do que religiosa. A arbitragem política impõe-se progressivamente às instituições cristãs. Aliás, leigos e pastores transferem para o poder civil uma parcela do valor "sacramental" atribuído até então às jurisdições eclesiásticas. A relutância francesa diante dos decretos do Concílio de Trento (recebidos tardiamente por ocasião dos Estados Gerais de 1614 e exclusivamente pela "ordem" do clero), o apelo quase "mágico" (A. Dupront; cf. Bibliografia, p. 265) às "liberdades da Igreja Galicana", o papel desempenhado pela "Agência Geral" em uma tomada de consciência dos deveres do clero em relação ao Estado, a lenta colonização dos assuntos religiosos pelas jurisdições civis: eis outros tantos indícios, entre numerosas situações, do que simboliza a pessoa do rei, enquanto "bispo do exterior". Uma eclesiologia política substitui a cristandade de outrora e prepara o Estado de amanhã.

Resistindo a esse movimento de fundo, elabora-se uma teologia do sacerdócio no próprio meio em que, em torno de Bérulle, se defende uma política de cristandade oposta à de Richelieu. Ela inspira-se em uma cosmologia unitária, mística, hierárquica e política. Essa construção admirável irá definhar, por volta de 1660, em decorrência das transformações que afetam o "partido devocionista"; a sua posteridade, desta vez, duradoura, há de ocorrer apenas no interior do ambiente eclesiástico, o qual, mediante essa doutrina, organiza – com "Monsieur Olier", fundador do seminário de Saint-Sulpice; Louis Tronson, 3º superior geral da Congregação de Saint-Sulpice etc. – os instrumentos e o discurso de um clero "separado" (os seminários, a valorização do culto, uma espiritualidade para eleitos). De fato, a sacerdotalização das instituições eclesiásticas e a socialização das práticas cristãs seguem-se a par e passo. Desde Francisco de Sales (1567-1622) até Pierre de Bérulle (1575-1629) e, em seguida, desde Pierre de Bérulle até Jean-Jacques Olier (1608-1657), a Igreja Católica concentra-se cada vez mais em seu clero pelo simples fato de que ela se torna uma organização particular no Estado.

2 Figuras do ceticismo

A incapacidade da razão. Nas controvérsias entre católicos e reformados, a discussão abandona rapidamente a arquitetura antiga de uma verdade unificadora e totalizante (será necessária a audácia de Bérulle para proceder a esse retorno pela via dos Padres Gregos e de uma transposição mística), a qual é substituída pelo recurso a positividades: o texto inspirado (a Bíblia), entre os reformados; a tradição patrística e conciliar, entre os católicos. É verdade que, aos poucos, a apologética católica arrasta os protestantes, minoritários, para esse terreno, de modo a acuá-los na discussão a respeito da Eucaristia a partir dos Padres da Igreja quando a problemática dos reformados era definida, em primeiro lugar, pela doutrina da justificação, além de ser baseada na interpretação da Sagrada Escritura. Verifica-se um deslocamento sensível, por exemplo, entre *Le dernier désespoir de la Tradition contre l'Écriture* de Paul Ferry (1618 [O último desespero da Tradição contra a Escritura]) e o *Traité de l'emploi des Saints Pères pour le jugement des différends qui sont aujourd'hui en la religion* de Jean Daillé (1632 [Tratado do uso dos Santos Padres para o julgamento das disputas atuais na religião]. Aliás, esse deslocamento irá inverter-se com a crescente importância das traduções e da interpretação da Bíblia no âmbito do catolicismo durante a segunda metade do século: o símbolo desse retorno das Sagradas Escrituras, após o seu recalcamento, será o oratoriano, Richard Simon, com a sua obra, *Histoire critique du Vieux Testament* (1678 [História crítica do Antigo Testamento]).

Cinquenta anos antes dessa busca "crítica" por uma verdade histórica, algo disso já é perceptível nas discussões sobre as relações entre documentos *positivos* e uma verdade *universal*. A verdade está vinculada a realidades *particulares*: para os protestantes, a um texto primitivo no qual se anuncia uma revelação dessolidarizada da lei natural; e, para os católicos, a "autoridades" patrísticas e conciliares apreensíveis apenas enquanto análise "positiva", uma vez que o princípio da unicidade entre o sistema cosmológico e uma revelação histórica tinha deixado de ser legível na prosa do mundo. A reflexão mobiliza-se, portanto, a partir desse ponto estratégico: a interpretação dos textos e das instituições. Eis, em sua essência, o que, na época, é designado como "teologia positiva".

Baseando-se na tradição humanista da *veritas evangelica*, a exegese protestante mantém, a despeito da oposição encontrada, o princípio de uma relação essencial entre a Escritura inspirada e o crente justificado pela fé, e, por conseguinte, entre a verdade do texto e a da consciência. Colocada diante de uma multiplicidade de documentos, a apologética católica deve constituí-los em uma série sem solução de continuidade desde as origens até o presente, a fim de refutar o desvio do qual a Igreja é acusada. Ela serve-se de dois procedimentos: o primeiro visa mostrar a conformidade do presente com os tempos primitivos, mas os instrumentos historiográficos são deficientes de modo que a demonstração permanece indefinida, discutível; quanto ao outro procedimento, inaugurado pelo padre jesuíta, Juan Maldonado, sublinha as incertezas da razão, a sua incapacidade para apreender o sentido da Escritura, além da natureza ilusória da hipótese segundo a qual seria possível reencontrar a verdade evangélica perdida há dez séculos. Essa é "a nova máquina de guerra". Assim, Francisco de Sales, em suas *Controverses* (1672 [Controvérias]):

> Não tenho dúvidas se é preciso acreditar na Sagrada Escritura [...]. O que me deixa preocupado é a maneira de compreender essa Escritura [...]. O absurdo dos absurdos [...] é o seguinte:

no pressuposto de que a Igreja inteira tenha estado equivocada, durante mil anos, em relação ao entendimento da Palavra de Deus, como é que Lutero, Zwingli e Calvino podem ter a certeza de entendê-la corretamente [...]. Se cada um é passível de se equivocar na compreensão da Escritura, como se explica que isso não acontece com eles? (1892, p. 120 e 262).

O erudito jesuíta e pregador do rei, François Véron, insiste vigorosamente nesse aspecto em sua obra, *La victorieuse Méthode pour combattre tous les ministres par la seule Bible* (1621 [O método vitorioso para lutar contra todos os ministros unicamente pela Bíblia]), assim como Jean Gontery etc. A argumentação deve conduzir à necessidade de uma Igreja, mas ela não deixa de postular e agravar uma "crise de natureza cética" (R.H. Popkin; cf. Bibliografia, p. 267). Com toda a razão, o reformado, Jean Daillé, acusa Véron de tal procedimento, mas o seu colega Dumoulin é passível do mesmo diagnóstico. Ocorre a difusão de um ceticismo que é, ao mesmo tempo, causa e efeito desses debates. Essa é a base a partir da qual os pensamentos são escritos mesmo que alguns teólogos protestantes, pela lógica da contradição, acabem defendendo a força do raciocínio natural.

"Religião sem certeza", afirma Véron: ao julgar que se refere ao outro, afinal, ele está falando, sem o saber, da sua, recebida "por autoridade e por mandamento", de acordo com a expressão de Montaigne. Desde a "Apologie de Raymond Sebond" (MONTAIGNE, 2, cap. XII) até as obras de seu amigo, teólogo e moralista, P. Charron – por exemplo, *Les trois veritez*, 1595 [As três verdades]; *De la Sagesse,* 1645 [Acerca da sabedoria] –, o pirronismo instala-se no âmago da reflexão religiosa, antes de ser abandonado, como é o caso de La Mothe Le Vayer. A irracionalidade da religião é o princípio das apologias ao defenderem a "tradição" cristã como uma situação *de fato* que, no entanto, não deixa de ser uma salvaguarda da *incerteza* total. Essa aliança entre o catolicismo e o ceticismo reencontra-se inclusive em Francisco de Sales ou em seu discípulo, Jean-Pierre Camus, bispo de Belley, autor de um "Essai sceptique" (1606 [Ensaio cético]).

Mais tarde, ocorre uma reviravolta de origem filosófica. Com a obra, *L'Impiété des Déistes, Athées et Libertins de ce temps combattue et renversée de point en point par raisons tirées de la philosophie et de la théologie* (1624 [A impiedade dos deístas, ateus e libertinos dessa época combatida e derrubada ponto por ponto com razões tiradas da filosofia e da teologia]), o padre da Ordem dos Mínimos, teólogo, matemático e filósofo, M. Mersenne, inaugura uma cruzada contra o ceticismo. Em breve, esse tema é abordado por M. Amiraut, J. Boucher, C. Cotin, Y. de Paris, J. Bagot, J. de Silhon, C. Sorel e ainda por outros autores, nos anos 1628-1634 que precedem a publicação de *Discours de la méthode* (1637 [Discurso sobre o método]); é também a ocasião do lançamento do texto, *De veritate religionis christianæ* de Grotius (1620), modelo e inspirador da apologética "moderna".

A religião como "hábito". Problemática comum até então: os discursos dogmáticos e as referências englobantes, oriundos da tradição, aparecem como se fossem *particularidades*. Na própria experiência dos crentes, trata-se de elementos entre outros, em um contexto em que tudo fala da unidade perdida. O que era *totalizante não passa de uma parte* em uma paisagem em desordem. Os critérios de cada comunidade religiosa são apenas locais. Na reflexão, a incerteza, grande problema da época, está associada, por toda a parte, à divisão; a dúvida emerge da pluralidade. "Vejo várias religiões opostas umas às outras e, por conseguinte, todas falsas" (1678, p. 25), dirá o matemático, filósofo moralista e teólogo, Pascal (1623-1662), tornando-se o eco do libertino. Quanto ao padre e racionalista, Malebranche (1638-1715), ele definirá a sua tarefa, enquanto filósofo, em função dessa "dúvida": "Descobrir pela razão, entre todas as religiões, aquela que foi estabelecida por Deus" (MALEBRANCHE, 1871, p. 373-374).

De fato, para reencontrar a certeza com a unidade, assiste-se a uma extrema diversificação de vias ou "métodos": ou retornar a uma religião natural mais fundamental do que as religiões históricas, todas contingentes (posição de um grande número de "libertinos"); ou tentar reconduzir a uma dessas religiões todas as rivais, consideradas "falsas", graças ao estabelecimento de "critérios" garantindo a "verdadeira" (à semelhança do que faz a apologética, desde Duplessis-Mornay, um dos mais eminentes teólogos reformados); ou buscar na "razão do Estado" e, até mesmo, na erudição científica ou ainda

alhures, um "meio de unir" suscetível de desempenhar o papel exercido, até então, pela religião; ou então, com Descartes, instalar-se, durante o tempo da busca, nessa "moral por provisão" cuja primeira regra consistia, para ele, em
> "obedecer às leis e costumes de meu país, mantendo constantemente a religião em que Deus me deu a graça de ser instruído desde a minha infância" (1637, 3ª parte).

A religião começa a ser percebida do exterior, sendo classificada na categoria tanto do "hábito" quanto das contingências históricas; como tal, ela distingue-se da Razão ou da Natureza, as quais estão "alhures". Essa positividade sócio-histórica pode continuar a ser o lugar de uma fé (mas incapaz de se pensar a si mesma como "verdadeira"), além de começar a ser compreendida, criticada ou situada de acordo com critérios que deixaram de ser os seus. Assim, o *quod creditur* (o que se crê) dissocia-se sub-repticiamente da *fides qua creditur* (a fé que leva a crer); entre os libertinos eruditos, ele transforma-se em "crença"; ou seja, em um *objeto* suscetível de ser analisado a partir de uma colocação à distância do ato de crer.

"Ateísmos": libertinagem, mística, feitiçaria. Entre os crentes, fideísmo e ortodoxia apoiam-se mutuamente. Para Charron, "o erudito ou o cético nunca serão herejes". O discípulo dos mestres do ceticismo, na Antiguidade, acredita muito pouco na verdade para sair do lugar de seu nascimento, para afirmar uma exigência própria e confiar em seu julgamento. "O grande número de seitas e divisões, produzidas por nosso século" (MONTAIGNE, *op. cit.*), acabou desvalorizando todas elas. O ceticismo que se estende e, finalmente, facilita o estado das coisas, corresponde à valorização da *memoria*, conhecimento que escapa à razão, apoia-se nas "autoridades" e implica a docilidade do intelecto a uma tradição positiva. Daí, o esforço dos contemporâneos no sentido de exumar, depurar e tornar inatacáveis as "autoridades" nas quais está respaldada uma crença. A erudição (que faz parte do que, então, era designado como a "positiva") assume, portanto, uma tarefa eclesiológica – eclesiologia é o discurso que trata das estruturas e do sentido da Igreja –, cuja pesada herança exercerá influência sobre o seu futuro, tributária indefinidamente em relação à teologia.

Desse conjunto, destacam-se três correntes, ainda relacionadas com a aliança entre o ceticismo e o catolicismo, mas para reagir contra os seus efeitos. O diabolismo, a mística e a "libertinagem", acusados alternadamente de "ateísmo" (um rótulo, diga-se a verdade, atribuído com demasiada facilidade), desenvolvem-se quase nas mesmas datas e desaparecem juntos por volta de 1660. Ao confirmarem a impossibilidade de referências totalizantes, eles se abrem a uma busca, cujo princípio consiste em colocar à distância o mundo recebido – escapismo[325] diabólico, interioridade mística, retirada crítica – e que assume a forma de "viagens" balizadas por acontecimentos "extraordinários" ou por "curiosidades". Surgem relatos de percursos que atravessam os saberes da tradição e as doutrinas de "partidos". Instaura-se uma narratividade – muitas vezes, autobiográfica e colecionadora de "raridades" –, a qual, aliás, é o novo estilo da antiga *ars inveniendi*. Verifica-se a proliferação das "Histórias verdadeiras": cada uma é proporcional a itinerâncias que descrevem as suas sucessivas descobertas e se acumulam aos poucos umas ao lado das outras à semelhança dos arquivos experimentais de um interrogatório que não deve ser esquecido na instauração do processo em busca da verdade.

Outro aspecto comum a essas três figuras históricas: a dissolução dos elementos que, outrora, estavam ligados organicamente. Entre os libertinos, os procedimentos de uma erudição em busca de pontos de certeza dissociam-se explicitamente da crença que, no passado, servia de fundamento à razão. Entre os espirituais, a experiência subjetiva desbrava caminhos em que as normas institucionais e teológicas deixam de ser pertinentes, salvo como um estímulo exterior para a virtude. Na feitiçaria, e ainda na condição de possesso que lhe é subsequente, a simbólica religiosa deixa de ser propriedade da Igreja e inverte-se para constituir o léxico de uma antissociedade do desejo, opaca a si mesma. Essa fragmentação doutrinal atribui um maior peso às filiações sociais que desempenham um papel determinante na distribuição das formas de experiência. Numerosos libertinos pertencem à burguesia letrada das cidades, enquanto um grande número de místicos são oriundos

---

325. Escapismo: movimento de fuga para fora. O diabolismo e a feitiçaria representam uma saída interna, antes que as sociedades ocidentais se tornem o lugar de partida para países longínquos.

da nobreza de toga, mais tradicionalista, mas em via de perder o seu poder. Quase todos os feiticeiros são camponeses, e a própria condição de possesso tem a ver com a arte barroca na qual o historiador modernista, V.-L. Tapié (1957), reconhece – com toda a razão, no caso francês – uma arte das zonas rurais. Tudo se passa como se, desorbitados de um sistema integrador, os seus elementos – que haviam permanecido, em grande parte, religiosos – seguissem a lógica das clivagens socioeconômicas. A evolução inscreve-se ainda no contexto de uma cultura tradicional; no entanto, já se manifesta através das reorganizações promovidas aí por ela.

Os movimentos que habitam esse período fecundo e conturbado parecem mostrar os cortes que o cartesianismo eleva ao estatuto de distinções necessárias. Descartes coloca à parte a religião, classificada ao lado das circunstâncias de tempos e de lugares que são favores outorgados aos homens, estabelecendo uma ética independente, destinada a regulamentar as práticas; ele constrói, a partir do sujeito pensante, um procedimento metodicamente heurístico. O que é essa tripartição, a não ser a implementação das fragmentações exibidas, mas em desordem, no início do século? A "tradição" dos cristãos, assim como o "hábito" dos libertinos, reduzem a religião a uma positividade histórica, colocada fora do campo da razão. As práticas organizam-se de acordo com princípios autônomos, independentemente de serem carregadas por uma problemática do excesso (heroico, "precioso", político), ou conduzidas pelo estoicismo que renasce por ocasião de cada grande crise da sociedade, ou inscritas em um cálculo (nova "razão das práticas") pelo maquiavelismo que se institucionaliza, sob Richelieu, com a apologia da "razão do Estado". Por fim, desde Francisco de Sales até Van Helmont, místicos ou eruditos associam etapas de investigação a "conversões" interiores: diversas "maneiras" de atravessar o mundo recebido encontram o seu fundamento em experiências que nos levam a questionar-nos sobre o conhecimento do sujeito.

3 Teologias reformadas

A "condição de possesso", ou a experiência espiritual. Uma imensa produção elabora a história das reformas espirituais, colocadas por Henri Bremond[326] sob o signo (um tanto superlativo) de uma *invasão mística*. Ela gravita em torno de um ponto focal: a experiência interior. Ora, esse centro de um renascimento fundador do sujeito aparece também, nas narrativas e nos tratados, como uma "possessão" ambivalente. Trata-se de uma atitude de *submissão* [*pâtir*], de uma estranheza oriunda do mais profundo do ser, de uma alteração inovadora. Luta contra um anjo desconhecido, à noite, longe das terras familiares do saber e do trabalho às quais se retorna, com marcas, ao alvorecer. Um "arrebatamento" desperta o que, sem *isso*, teria permanecido inacessível. Mas, afinal, de que se trata? Nas descrições contemporâneas – independentemente de se referirem a humildes "devoto(a)s", a "possesso(a)s" célebres ou aos "santos" mais patenteados (Francisco de Sales, o pe. Coton, o próprio Vicente de Paulo, "Monsieur Olier", é claro etc.) –, a experiência oscila entre um polo "místico" e um polo "diabólico". Uma ambiguidade está vinculada à percepção da alteridade interior. Movimentos contínuos carregam a consciência de um extremo para o outro. "Felicidade" e "desespero", "céu" e "inferno" aliam-se ou sucedem-se, momentos contraditórios mediante os quais se manifesta uma diferença que institui o sujeito enquanto questão da impossível identidade.

Numerosos textos, *Explications, Guides* ou *Examens* [Explicações, Guias ou Análises], indicam um trabalho de discernimento que visa nomear a "coisa" vivenciada, mas não conhecida, classificá-la ou exorcizá-la e, portanto, construir discursos que estabeleçam a separação entre uma "verdade" espiritual e uma "ilusão" diabólica. Essa é uma tarefa teológica. Mas aquém dessas distinções (não destituídas de fundamento), a experiência descrita apresenta um conjunto de características comuns às suas formas noturnas ou luminosas. A possessão pelo Espírito Santo e a possessão pelo demônio, "notoriamente simétricas" (JARRY, 1952, p. 29) – durante muito tempo, instáveis, muitas vezes, misturadas ou intercambiáveis –, tornam visíveis alguns questionamentos destinados a modificar a maneira de pensar.

1) A linguagem de tais possessões fala de um começo *presente*. O "nascimento" em questão é sempre um "agora". A autoridade de uma positivida-

---

326. Cf. Bibliografia, p. 265. Cf. tb. mais acima, cap. 3.

de passada, de uma história primitiva ou de textos fundadores perde a sua pertinência. Em última análise, o místico pode declarar que, inclusive sem Evangelhos nem textos sagrados, ele conhece esse Deus que vem devastar as suas terras ao revelar-se por intermédio disso.

2) A instituição deixa de ser decisiva. A questão diz respeito ao *sujeito*; ela não tem, portanto, "nenhuma proporção" (J.-J. Surin) com a normalidade dogmática, legislativa ou científica. *Chrétiens sans Église* [Cristãos sem Igreja], segundo L. Kolakowski (cf. Bibliografia, p. 265): expressão exagerada se ela pressupõe que todos os "espirituais" vivem fora das estruturas eclesiásticas, mas exata na medida em que os princípios da "radicalização" mística já não dependem dos discursos nem das práticas de uma Igreja.

3) A experiência enquanto indício comum à expressão mística ou diabólica pode ser especificada, em termos linguísticos, pelo privilégio da *enunciação* em relação ao enunciado. O lugar do sujeito locutor é, nesse caso, mais importante do que o conteúdo das proposições; a sua "inspiração", mais do que a verdade destas; um "estilo", mais do que a coerência. Tudo está organizado em torno da pergunta: "Quem fala?" Uma "maneira de falar" – paradoxal, "oximórica", construída a partir da "coincidência dos contrários" – impele a linguagem para "excessos" e para um ponto de fuga indefinido; ela pretende que o discurso confesse o que é incapaz de dizer, forçando-o a deixar a sua marca ao perder-se. Daí, um conflito perpétuo das estabilidades racionais ou naturais. O discurso resultante é performático, visando engendrar as condições de sua leitura; ele esforça-se por introduzir o destinatário no procedimento que, objeto do relato, é o único a fazer com que os enunciados se tornem inteligíveis.

4) O *desejo do outro* – e, portanto, a diferença sexual – caracteriza, enfim, essa expressão que reintroduz incessantemente no discurso a sua relação com a carência, a violência e a fruição. O discurso da "possessão" – relacionado às "santas amantes" nas quais ele se inspira (Teresa de Ávila, Catarina de Gênova, Madalena de Pazzi etc.), inscrito em uma genealogia feminina, situando os maiores escritores (Francisco de Sales, Bérulle, Surin etc.) e um grande número de autores na posição de intérpretes em relação ao que lhes

vem de carmelitas, freiras, devotas ou pastoras – exprime o "corte" e a diferença; a sua retórica metamorfoseia a linguagem em teatro do corpo alterado pela fruição ou pela carência; a sua simbólica está povoada por personagens "estranhos" (o louco, a criança, o analfabeto, o selvagem) anunciando a relação que o sujeito mantém com o que – sem nunca deixar de ser outro – constitui o seu desejo.

A "mística" e a "possessa" – dois tipos de mulher tão próximos na literatura, a qual consegue convertê-las em "vedetes" – distinguem-se no ponto em que a experiência – inicialmente, oral – passa, ou não, para o que designarei como *a escrita*. A mística, com efeito, tende a *inscrever* no texto social o que *fala* em si mesma. O lugar isolado que ela ocupa em decorrência de uma fala "extra-ordinária" não é a sua morada. O seu itinerário vai conduzi-la a transitar da "coisa" excepcional, de que ela havia sido impregnada, para uma "vida comum", fiel ao Espírito oculto na efetividade da rotina diária. Retorno à história, portanto, sob a forma da "caridade" e de uma discrição nas tarefas cotidianas. O desejo ganha forma nos sistemas objetivos: torna-se um escrito. A "douta ignorância" mística articula-se a partir do discurso social.

O pensamento religioso judaico percorre, aliás, um caminho semelhante. O século XVII marca o fim de sua Idade Média. Enquanto indício dessa mudança, o messianismo tradicional é o lugar de uma partilha. Grupos de grande influência suscitam a preocupação em toda a Europa, desde Esmirna até a França, com o anúncio de que o tempo da espera chegou ao fim e de que o Messias esperado inscreve-se no presente: é Sabbatai Zevi, personagem paradoxal, cuja missão começa em 1648, ano do massacre de judeus na Polônia. Por outro lado, núcleo de uma imensa literatura, o hassidismo orienta o messianismo para uma interiorização pessoal a "serviço de Deus" e valoriza – como se fosse a plena realização já instaurada – a "comunhão com Deus" (*devekut*), claramente contemplativa. Nessas duas correntes, a experiência atual leva a melhor em relação à paciência diante de tal expectativa e ao trabalho do tempo. A figura (messiânica) do sentido é um presente e assume uma forma pessoal. Mas, durante esse mesmo período, ocorre o fortalecimento do cabalismo ortodoxo, as comunidades constituem "guetos" que são, simultaneamente, rupturas e "refúgios"; além disso, desde Samuel ben Meir (1083-1174), mais conhecido como Rashbam, até David Qimchi (1160-1235) cujo acrónimo é RaDaK, a exegese judaica concentra no sentido literal (o *pchat*) as "práticas do texto", a qual vai inspirar cada vez mais a exegese cristã "positiva". Essa dialética da interioridade pessoal e da objetividade textual, segundo parece, encontra-se em todas as comunidades religiosas.

"A ciência experimental". Inúmeras "conversões" e "iluminações" disseminadas por todo o país marcam os pontos de partida do movimento reformista em cujo interior se constitui um discurso teológico, o de Francisco de Sales, de Bérulle, de Surin, do abbé Saint-Cyran (cf. cap. 9) etc. Ao dar a um de seus tratados (ao mesmo tempo, autobiográfico e teórico) o título, *Science expérimentale* (1632-1638 [Ciência experimental]), Surin designa adequadamente um novo estilo de pensamento. A diversidade dos conteúdos incentiva demais a esquecer a problemática comum a todos eles. Seja qual for a influência (determinante, é verdade) exercida pelos místicos renano-flamengos traduzidos, na época, para o francês, ou as duas referências doutrinais alternadamente predominantes e quase patronímicas (em primeiro lugar, o Pseudo-Dionísio até cerca de 1640 e, em seguida, Santo Agostinho), todos os escritos originais desse período têm a característica de ser *uma hermenêutica da experiência*. Eles produzem-se a partir de signos em que se exprime a experiência de interlocutores e de correspondentes; a sua linguagem renova-se, assim, pelo fato de receber os seus termos e temas das itinerâncias, descobertas e indagações às quais fornece uma resposta. *Lettres, Entretiens, Dialogues* [Cartas, Entrevistas, Diálogos] definem não somente um gênero literário que se desenvolve nas circunstâncias em que as relações devem compensar a instabilidade das evidências religiosas, mas também o modo mediante o qual é engendrado o texto que se torna *Traité* [Tratado] ou *Discours* [Discurso]. Em sua primeira edição (1608), a *Introduction à la vie dévote* [Introdução à vida devota], a obra mais famosa de Francisco de Sales, é uma simples coletânea de cartas espirituais [dirigidas à esposa de um primo, Mme de Charmoisy], enquanto o seu *Traité de l'amour de Dieu* (1616 [Tratado sobre o amor de Deus]) acompanha, a par e passo, a evolução espiritual de Joana de Chantal.

O mesmo ocorre com um grande número de *Opuscules* de Bérulle (apesar disso, o mais pessoal de todos) e, *a fortiori*, com os discursos do abbé Saint-Cyran ou com os tratados de Surin que se formam e amadurecem no interior de sua *Correspondance* (CERTEAU, JJS2).

A experiência do outro é, de maneira especial, o lugar "descentrado" a partir do qual se produz essa escrita teológica. O terreno privilegiado da reflexão católica reformada é a "direção espiritual": uma "direção" que se dirige essencialmente às mulheres, e que se transforma – às vezes, se inverte – em uma "reverência" atenta a testemunhas vivas das quais se deve aprender a ler os segredos e a discernir o sentido espiritual. Esse é o caso de Francisco de Sales, diretor espiritual de Joana de Chantal. E também o de Bérulle que recebe "aberturas divinas" junto de Mme Acarie (1566-1618) – animadora de um círculo religioso que, por ocasião de sua viuvez, ingressa no Carmelo sob o nome de Marie de l'Incarnation –, assim como junto de Anne de Saint-Barthélemy, de Madeleine de Saint-Joseph, ou de "moças do povo" iluminadas; aliás, a iniciação mística (a direção espiritual) é – como foi sublinhado acertadamente por P. Cochois (cf. Bibliografia, p. 265) – o eixo de sua obra. Enfim, é o caso de um grande número de outros diretores espirituais. O discurso é o produto do trabalho que, nas tradições estabelecidas, inscreve todos esses nascimentos inesperados. Desta forma, ele deixa entrar, no saber clerical, as mais fortes expressões femininas, populares e laicas do cristianismo tal como este é vivenciado pelos contemporâneos.

De maneira explícita ou implícita, ele refere-se à forma biográfica. Ao conceber o seu *Traité*, Francisco de Sales pensava no livro de F. de Ribera – *La vida de madre Teresa de Jésus* (1590) –, traduzido para o francês (*La vie de la Mère Thérèse de Jésus*, 1602), um dos livros de referência desse meio século. A sua obra é, com efeito, uma historiografia do amor divino, abrindo, ainda que discretamente, uma ampla série na qual pode ser incluído o interesse de Bérulle pela vida de Madeleine de Jésus e a sua extensa *Dédicace* [Dedicatória] para o livro, *La vie de sœur Catherine de Jésus* (1628 [A vida da Irmã Catarina de Jesus]) redigida por Madeleine de Jésus [ou de Saint-Joseph]. Nesse gênero, o número de textos notáveis é superabundante: a *Vie de*

Madame Duverger por Surin (1632), a *Vie de Madame Acarie* por A. Du Val (1647), a *Vie de Monsieur de Renty* por Saint-Jure (1651) e ainda um grande número de outros títulos. A *Vie* serve de modelo porque é, ao mesmo tempo, discurso (*discorso*), ou seja, uma articulação cronológica das ocorrências factuais, e uma exegese teológica de uma experiência diferente. Em muitos aspectos, essa interpretação na forma de "relato" substitui a antiga exegese espiritual. No momento em que o texto bíblico se torna objeto de uma ciência "positiva" e em que o sentido literal é ofuscado diante das técnicas da erudição, a *história* biográfica ou autobiográfica assume o papel de "ler" o Espírito nas experiências atuais. Mas a revelação está fragmentada, daí em diante, em uma multiplicidade de "revelações" e separada sub-repticiamente do *corpus* escriturístico. Pelo contrário, ela é indissociável das relações humanas entre homens e mulheres, adultos e crianças, clérigos e leigos, citadinos e camponeses. Essas figuras sociais adquirem, assim, uma nova pertinência no vocabulário e nas categorias da teologia espiritual, até mesmo nas circunstâncias em que o modelo gerador já não é visível no discurso manifestado. Assim, organiza-se (aliás, durante um período bastante curto) a "ciência" construída a partir de uma nova relação entre "experiências", redes de relacionamento ou de "correspondências", por um lado, e, por outro, um *corpus* tradicional.

No entanto, ela não tem o mesmo conteúdo. Em Francisco de Sales, ela edifica-se, no meio de uma proliferação sutil, poética e psicológica, sobre uma filosofia da "vontade": um querer fundamental, oriundo de Deus, deve ser reconduzido pela "indiferença" à sua "simplicidade" originária. Quanto à imensa trilogia projetada por Bérulle – e da qual redigiu apenas o *Discours de l'état et des grandeurs de Jésus* (1623 [Discurso da condição social e das grandezas de Jesus]), nave da catedral inacabada –, ela está ordenada a partir da patrística grega, adotando uma metafísica cristã da Encarnação como base de uma espiritualidade de "adesão" aos "estados" do Deus encarnado, "aniquilado", servo e "enfant" (*in-fans* [criança]). Duas grandes obras que estão na origem de uma fecunda posteridade; no entanto, as oposições entre uma e outra indicam a evolução que conduz o pensamento cristão a reencontrar uma razão própria e a marcar, de maneira mais evidente, a sua diferença em relação a uma nova ordem social.

A Sagrada Escritura e o sacramento. A hermenêutica das experiências cristãs desenvolve-se sobretudo entre os católicos. Ela afeta com valor sacramental a "santidade" – um termo cuja significação é mutável e acaba designando os místicos (a "doutrina dos santos", a "prática dos santos", as "máximas dos santos"). Uma mutação substancial converte a natureza humana dos santos na metáfora da Eucaristia. As interpretações da "linguagem desconhecida" dos santos vão associá-la a esse fundamento sacramental; assim, elas remontam ao centro da teologia do Concílio de Trento que visa restaurar uma relação real da revelação à ordem visível das coisas. Mas esse descentramento em direção à multiplicidade das existências humanas "consagradas", poemas barrocos e proteiformes da graça divina, confessa também a dificuldade de pensar diretamente um realismo sacramental. O princípio da "presença real", mantido sempre, é abordado de viés, desde que as exigências da polêmica antiprotestante sejam substituídas pelo trabalho de decifrar os "segredos de Deus" na concretude das vidas humanas e das relações sociais. O "psicologismo" criticado por L. Cognet nessas análises decorre das restrições exercidas pela seriedade de um mundo constituído aos poucos em ordem autônoma. A leitura dos sinais divinos torna-se mais complexa e fica embotada com a lentidão imposta pelo corpo social. As digressões eruditas da biografia e a sofisticação psicológica do discernimento rechaçam para uma distância cada vez maior o acesso ao mistério designado como o objetivo do conhecimento e o postulado da experiência. De legível, a presença torna-se cada vez mais "mística", ou seja, oculta; desse modo, teria ela aparecido nas igrejas barrocas. Um amontoado sutil e contrastante de anjos e de santos, retórica agitada, dirige os gestos e os olhares para o seu ponto focal, no meio da "glória" que está na parte superior do altar: é um vazio, sigla da presença eucarística. A "manifestação" torna-se mais fecunda, técnica e opaca; o seu núcleo de sentido esquiva-se em direção a um limite que é a ausência.

Uma evolução paralela constata-se a partir da Sagrada Escritura. Esse "lugar teológico", cuja conexão com o sacramento constituía o nó essencial da tradição cristã, foi desvinculado dele pela Reforma e, desde então, especifica o pensamento protestante. O "cisma", ou o corte, entre a Escritura e o sacramento abre uma etapa "moderna" na dialética das relações entre a linguagem (*verbum*) e a realidade (*res*), ou, em breve, entre o "texto" e o "fato". As discussões a esse respeito referem-se já, mas em termos religiosos, às questões que hão de organizar a reflexão sobre a linguagem ou sobre a história. O pensamento protestante é construído sobre o princípio formulado por Calvino na *Institution de la religion chrétienne* (1541 [Instituição da religião cristã]), a saber: a autoridade eclesiástica está sujeita à da Sagrada Escritura e as "Profissões de fé" das Igrejas são obrigatórias apenas na medida em que manifestam o conteúdo da Bíblia, que é o único livro inspirado. Entre os teólogos reputados, tais como Moyse Amyraut (o professor da Académie de Saumur, de 1626 a 1664), os debates do século XVII não interferem nesse postulado. Certamente, acuados na defensiva, alguns lutadores menos independentes adotam as armas dos adversários e, apoiando-se nos cânones de Dordrecht (1619), retornam às tradições eclesiásticas e, até mesmo, escolásticas e aristotélicas. Mas a verdadeira dificuldade vem de outras áreas; de maneira mais fundamental, ela tem a ver com uma sociedade na qual, por um lado, se verifica uma mudança progressiva na economia da escrita e, por outro, se introduz uma relação técnica com o texto. Os protestantes – "pessoas do livro" (A. Dupront; cf. Bibliografia, p. 265) – são particularmente afetados, rejeitando a exegese "mística" pelo fato de transformar o texto em metáfora de "verdades" recebidas da tradição, do dogma ou da experiência, portanto, estranhas à "letra". *Cavete ab Allegoriis*. A *veritas evangelica* implica um retorno à literalidade. Para Calvino, "a fé deve ser construída a partir da história": *Ex historia aedificanda est fides*. Ora, eis que o livro, desembaraçado dos comentários eclesiásticos ou pessoais, descobre a estratificação de suas camadas redacionais, a complexidade de sua história, além da obscuridade de seu vocabulário e de sua sintaxe peculiares; afinal de contas, um assunto sério e complexo. O "sentido literal" deixa de ser acessível e legível diretamente no texto; ele se esquiva. Impõe-se ir à sua procura – empreendimento de eruditos a quem ele designa um objetivo sempre evasivo em relação à modéstia de seus resultados. O pastor, delegado da interpretação eclesiástica, deve ceder o seu lugar ao exegeta, novo mediador entre a Escritura e o crente, mas de uma forma que converte o sentido no produto (parcial) de um trabalho (indefinido). A "verdade evangélica", portanto, esquiva-se: dissimulada – no texto que se obscurece ao assumir uma concretude histórica – e fragmentada em uma multiplicidade de estudos temporários.

Manifestação de uma tendência, essa mudança de perspectiva explica, tanto no protestantismo quanto no catolicismo, uma reação eclesiológica. Cada comunidade pretende e deve "segurar" as interpretações necessárias para a sua coerência. Entre os católicos, como já vimos, a crítica contra a razão começou por apoiar um retorno à instituição. Em seguida, a Escritura, subtraída à "temeridade crítica" dos fiéis, parece que deve ser removida também de suas mãos, pelo menos, durante um período de preparação: é necessário, dirá Fénelon, que

> eles estejam repletos de seu espírito antes de ver a sua letra. [...] Por fim, a Sagrada Escritura só deve ser dada àqueles que, restringindo-se a recebê-la das mãos da Igreja, pretendem buscar nela apenas o sentido da própria Igreja ("Lettre à l'évêque d'Arras", 1707).

A letra tornou-se perigosa. Na esteira de um grande número de eruditos católicos, Richard Simon (1638-1712) continua também convencido de que as verdades da Igreja poderiam, em última análise, apoiar-se somente na tradição, sem a necessidade de estarem fundamentadas na Sagrada Escritura; ele pensa, portanto, estar em condições de promover a sua tarefa de natureza crítica sobre o texto sagrado. Paradoxalmente, o seu adversário Antoine Arnauld era, do ponto de vista teológico, mais audacioso, em 1643, ano em que colocava a Escritura acima do sacramento, julgando que a leitura da Bíblia possui

> uma virtude para nos fortalecer semelhante àquela do próprio corpo do filho de Deus, que é apenas a principal obra de sua palavra (*La Fréquente communion*).

Veremos a importância da Bíblia na espiritualidade e no trabalho dos "Messieurs" de Port-Royal (cf., mais adiante, cap. 9); com efeito, a prioridade da Escritura em relação ao sacramento é a do leigo relativamente ao padre.

Entre os protestantes, apesar dos esforços de hebraizantes ultracalvinistas (Pfeiffer, Buxtorf etc.) no sentido de manter intacto um texto diretamente inspirado e divino, inclusive em seu estilo ou em sua ortografia (os pontos vocálicos do hebraico), a Sagrada Escritura é submetida a uma exegese filológica e histórica em que, à semelhança do que se passa com Grotius, as preocupações dogmáticas são substituídas por um objetivo moral. Em Saumur, Louis Cappel manifesta interesse pela descoberta do *Urtext* (o texto primitivo) e acha inadmissível defender a inspiração dos livros sagrados (*Critica sacra*, 1650). Assim, constitui-se aos poucos um campo em que a *razão* (crítica) se articula a partir de uma ética (social e pessoal). Nesse lugar científico, as divisões entre Igrejas deixam de ser pertinentes, a não ser no que se refere ao avanço técnico dos protestantes em relação aos católicos, ou às intenções apologéticas adventícias que fornecem aos trabalhos uma coloração local. A colaboração dos rabinos judeus continua sendo, aliás, mais valiosa e importante. A clivagem separa não tanto comunidades doutrinais, mas círculos sociais por uma distinção entre uma elite e "os povos". As reações de preservação por parte das Igrejas refreiam essa evolução, mas são de preferência esterilizantes. As instituições deixam escapar para fora de suas definições a compreensão espiritual dos fiéis relativamente à Bíblia. Eis o que, em breve, há de afirmar um pastor:

> Quando lhes confesso que acreditamos todos externamente no mesmo símbolo, não lhes garanto que a crença de todos nós coincida igualmente no que refere ao mistério desse mesmo símbolo [...]. *O mesmo texto está sujeito a diversas interpretações*; o fato de não haver nenhuma diferença em relação à letra, nem sempre pode levar à conclusão de que haja acordo entre todos.

Hemorragia do sentido, sob a manutenção do texto. Aqui, a letra torna-se cenário eclesiástico em relação a uma disseminação das crenças. Entre a "razão" científica e as leituras privadas – entre as práticas da Sagrada Escritura por profissionais e as práticas da Bíblia por crentes –, as determinações eclesiásticas limitam-se a ocupar a posição de corpos intermediários, mesmo que a sua influência seja ainda considerável (pregação, enquadramento institucional).

Fundamentalmente, a Sagrada Escritura não exprime a presença, mas a distância – uma morte – do que ela designa, na medida em que já não é recebida como sacramento, como ocorrência da realidade, mas como a produção de um trabalho. Assim, não seria surpreendente que, a partir da distinção – "moderna" – entre a Escritura e o sacramento, se tenham introduzido simultaneamente outra concepção da Escritura, uma tensão entre a Escritura e a corporação (eclesiástica), uma perda "mística" da presença e uma nova pertinência das práticas na área da reflexão.

4 Socialização da moral

A "razão de Estado". O fortalecimento efetivo e teórico do Estado – inaugurado, sob Richelieu, em meio a "tumultos" e no contexto do ceticismo circundante – "desestabiliza as antigas estruturas mentais" (E. Thuau; cf. Bibliografia, p. 265), pelo fato de reorganizar as maneiras de se comportar. Para o que era percebido como necessário e inexistente no meio de crenças incertas, o Estado vai oferecer e impor uma "razão das práticas". É preciso uma axiomática da ação. A sua elaboração ocupa a ciência e a filosofia; assim, sob o nome de *"métodos"*, estas constroem diversas maneiras de definir e de articular, do ponto de vista racional, o campo das práticas. O problema teórico corresponde ao do *fazer*.

A "razão de Estado" preenche, do ponto de vista social, esse vazio. Os juristas que tratam do assunto, instalando-se no "país de Maquiavel e de Tácito" (BALZAC, 1665, t. 2, p. 111), pretendem regulamentar, desse modo, os comportamentos e, através de um tratamento político dos conflitos, superar de fato – no terreno das práticas – a contradição entre a razão e a violência. Uma "ordem" deve ser imposta, submetida ao poder régio e gerenciada por personagens importantes (os únicos a quem "compete apreciar" os "negócios de Estado"). O ceticismo – e não tanto o seu postulado, ou seja, o cinismo – é que há de habitar o humanismo clássico e que, desmistificador de ideologias, "lúcido em perscrutar os vícios da natureza" (BÉNICHOU, 1948, p. 223), promotor de virtudes sociais destinadas a encobrir as paixões e as sutis perversões do "coração", será tributário à filosofia mais do que à religião. Na base da ordem, há, portanto, a força, "rainha de todas as virtudes". Como pensa Hobbes, qualquer legitimidade tem a sua origem na ilegitimidade de uma violência. O discurso deve explicitar a relação da razão com a violência, condição para chegar às práticas. Tal é o discurso da razão de Estado. Ele constrói o círculo do Estado assente em três polos: os "negócios" (práticas), os "personagens importantes" (um poder social) e uma "ordem" (uma política). Essa organização está representada no rei, "deus mortal" desse cosmos. Associada à passagem de uma França rural para uma França mercantil e burguesa, baseada na vontade de controlar a natureza social, trata-se de "uma das primeiras formas do empreendimento capitalista" (E. Thuau; cf. Bibliografia, p. 265): "a razão do século XVII emerge, em grande medida, da ação coletiva e das necessidades práticas do sistema estatal" (*Ibid.*).

Essa socialização racional é o oposto da "revolução atomística", expressão utilizada por Nietzsche para definir a Reforma, mas ela tem a ver igualmente com a segunda característica observada por esse mesmo filósofo: a "desconfiança" em relação à "*vita contemplativa* cristã", ou seja, a uma poética da vida. O individualismo profético das exigências da consciência, ou o misticismo, refluxo da *vita contemplativa* em direção à experiência pessoal, opõe-se de fato, como o contrário e o complementar de ambos, uma valorização do "querer fazer" sob uma modalidade política. A "razão de Estado" promove o operatório, enfrenta o desafio de uma racionalidade eficaz e pretende ser capaz de "fazer história"; com certeza, ela acaba teorizando uma nova função do Estado em relação às práticas sociais, não deixando de simbolizar, de maneira mais geral, todas as buscas empreendidas pela vontade de gerenciar ações em vista de realizações. Assim, ela forneceria um modelo (e um enquadramento) tanto às congregações religiosas que se multiplicam – na época, em função de objetivos pedagógicos, missionários ou hospitalares – quanto àquelas, já antigas, que se reformam assumindo tarefas sociais com um maior grau de especificidade. Eis o que, de maneira mais precisa, elas têm em comum: um "espírito de organização" (DELUMEAU, 1971, p. 103-109) legível em um grande número de *tratados* ou de *constituições*, dedicados aos "métodos" de oração e de ação, uma especialização profissional, uma espiritualidade que privilegia a ação – uma ação estruturada e "aceita sob o prisma da obediência" para ser eficaz. Eis a tendência majoritária, em meados do século. Apesar da ilusão óptica criada, mais tarde, pelas obras voltadas para a "vida contemplativa" – tal como, publicada tardiamente, a *Doctrine spirituelle* de Louis Lallemant (cf. mais acima, cap. 7, p. 188) –, elas marcam "pausas" em uma mobilização das atividades. Trata-se de avisos locais, designando uma carência, em vez da descrição de determinada situação.

A teoria e a prática religiosas mostram igualmente que o sistema de Estado assume o valor de um modelo. Assim, para o cardeal jesuíta, Roberto Belarmino (1542-1621) – o importante eclesiólogo e controversista de Roma –, a instituição da autoridade pontifícia é justificada por causa de sua conformidade com os modelos políticos. Na prática das Igrejas, desenvolvem-se, entre os protestantes, um "culto monárquico" e uma "religião do rei" (E. Léonard; cf. Bibliografia, p. 265); por sua vez, entre os católicos, uma "docilidade" em relação ao poder. O termo "culto" exprime perfeitamente o alcance desses fenômenos, irredutíveis à bajulação ou a táticas. O príncipe detém a capacidade de *levar os súditos a crer*, mola propulsora do poder. Quanto a Mersenne, ele chega a reconhecer o direito de exercer uma "manutenção dos espíritos". Ponto nevrálgico das controvérsias no início do século, o "crível" abandona a religião e é assumido pelo príncipe, o qual anuncia daí em diante "a grande promessa de que o poder nos ama" (LEGENDRE, 1974). A racionalização das práticas compõe o teatro de um novo "pai", imagem do Ego ideal e "absoluto". O príncipe "consegue promover" as práticas pelo fato de "levar" os súditos "a crer". Uma ciência da ordem funciona, uma vez mais, graças a uma "crença do amor". Lugar estratégico do sentido, o corpo imaginário do rei adquire o papel, já celebrado em toda a parte, de um mito suscetível de fazer simbolizar as operações sociais entre si.

Haverá algo de surpreendente na multiplicação de manuais do tipo *Morales du prince* [Princípios de natureza moral do príncipe]? Tais sistemas dizem respeito ao vínculo entre o sentido e a formação das práticas. Haverá algo de surpreendente no fato de que "a instrução do príncipe" se torne o terreno por excelência em que se elucida essa relação e em que se estabelece uma linguagem social de referência? Naquele período, Pascal afirmava, a propósito da instrução do príncipe,

> que nada havia que lhe suscitasse tanto desejo de contribuir, no caso de estar envolvido com essa tarefa, e que ele sacrificaria voluntariamente a sua vida em prol de uma atividade tão importante.

O dever de Estado [devoir d'état]. O agir socializa-se e o mesmo ocorre com a ética. Um dos indícios mais impressionantes é o papel que o "dever de estado" começa a desempenhar na moral cristã. Uma considerável literatura lhe é dedicada: obras catequéticas, missionárias ou espirituais, a meio caminho entre os tratados literários e os folhetos ambulantes, mas apoiadas em "autores" entre os quais é possível incluir Luis de la Puente ou Francisco de Sales. Ela define alternadamente os "deveres dos príncipes", os dos "aristocratas", dos "professores", dos "soldados", dos "artesãos", dos "empregados domésticos", dos "pobres" ou, ainda, os dos cônjuges, dos pais de família, das viúvas, dos estudantes etc. Temos aí uma galeria de todas as categorias sociais, estabelecida por especialistas do assunto (R. Dognon, P. Colet, C. Fleury, Girard de Villethierry etc.).

A palavra *état* chega sobrecarregada com uma tradição teológica em que significava uma disposição anímica habitual, um grau ou uma "ordem" da graça divina, uma etapa de um itinerário espiritual. Trata-se de uma unidade que serve para classificar etapas nos "caminhos da perfeição". No século XVII, é utilizada frequentemente pela "ciência dos santos" para estabelecer distinções nas peregrinações místicas; e pode designar também a situação civil do cristão. Em suma, ela cria uma transição estável nos percursos ou nas esferas de influência de uma história religiosa. Trata-se de uma palavra de ordem.

Ora, a moral imobiliza-se, instalando-se nessa encruzilhada das práticas e de uma razão. Acima de tudo, essa unidade – utilizada outrora para classificar funções no âmbito da instituição eclesiástica ou graus espirituais – é definida daí em diante pelas categorias socioprofissionais da época. Uma ordem social, e não mais religiosa, torna-se o princípio da redistribuição das virtudes: a obediência cabe ao empregado doméstico; a justiça, ao patrão etc. O recorte socioeconômico determina as virtudes a cultivar. Problema de fundo porque o *état* faz as vezes do que representava o *ser* nas metafísicas antigas. Utilizava-se a expressão, *operatio sequitur esse*: a operação segue o ser; não só deriva, mas depende deste. Daí em diante, a situação social desempenha o papel de servir de fundamento às operações e de avaliá-las. A organização da sociedade assume o valor de código moral para as práticas, reorganizando-as de acordo com uma lei que é sua: a da *estabilidade* (cada um em seu lugar); a da *utilidade* (conseguir o máximo possível) e, portanto, a de um *trabalho* hierarquizado (o serviço aos personagens importantes é serviço ditado pela razão e pelo bem comum). O acesso ao sentido (moral) está vinculado à função que alguém exerce no corpo social. O que se esboça mediante essas espiritualidades do dever de estado terá um longo futuro na civilização ocidental, sob modalidades que acabaram deixando de ser cristãs. Uma ética definida por distribuições econômicas e tarefas sociais irá exprimir, em breve, que a participação no sentido (da história) depende do trabalho feito no lugar que é ocupado por determinado indivíduo.

Seja qual for esse futuro, o pensamento religioso é um indício, entre outros, do deslocamento que ocorre em todo o país. Veremos mais adiante (cap. 9) que os conflitos entre jansenistas transferem os debates doutrinais para o terreno das maneiras de agir. Trata-se de identificar, no âmago da nova ordem, não só o tipo de práticas específicas da fé cristã, mas também a diferença efetiva que é a sua "característica". Os "Messieurs", de origem laica ou secular, afirmam a necessidade de lugares objetivamente cristãos, delimitados por medidas mais restritivas no acesso aos sacramentos, além de serem preenchidos por um trabalho ascético; por sua vez, os outros, filiados a uma ordem religiosa, apoiam-se na corporação de que já fazem parte e tentam determinar a modificação introduzida em cada situação civil por uma educação espiritual do querer. A diferença entre os partidários dessas duas orientações de natureza moral traduz, certamente, duas concepções do cristianismo, aliás, inscritas nas tradições às quais eles se referem; mas ela é o efeito de posições sociais distintas ocupadas no interior do sistema que, ao organizar a razão das práticas, define antecipadamente os elementos dos problemas encontrados pelos cristãos, além de distribuir, de acordo com as suas próprias categorias, as opções possíveis.

Bibliografia

ARIÈS, P. *L'Enfant et la vie familiale sous l'Ancien Régime*. 2. ed. Paris: Éditions du Seuil, 1975 [Ed. bras.: *História social da criança e da família*. Trad. a partir da 3. ed. do orig., 1975, por Dora Flasksman. 2. ed. Rio de Janeiro: LTC – Livros Técnicos e Científicos Editora S.A., 1981].

BARONI, V. *La Bible dans la vie catholique depuis la Réforme*. Lausanne: aux Editions du Clocher, 1955.

BREMOND, H. *Histoire littéraire du sentiment religieux en France depuis la fin des guerres de religion jusqu'à nos jours (1916-1936)*. Paris: Librairie Bloud et Gay, 1916-1933; 2. éd. 11 vols. Paris: Armand Colin, 1967. Cf. Bibliografia de Henri Bremond: https://livres-mystiques.com/partieTEXTES/Bremond/index.htm.

BUSSON, H. *La pensée religieuse française de Charron à Pascal*. Paris: Vrin, 1933.

CERTEAU (de), M. *La Possession de Loudun* [1970]. Edição revista por Luce Giard. Paris: Gallimard, 2005.

_____. "Mystique au XVIIe siècle. Le problème du langage mystique". In: *L'Homme devant Dieu*. Mélanges offerts au Père Henri de Lubac. t. 2 – *Du Moyen âge au Siècle des Lumières*. Paris: Aubier, 1964, p. 267-281.

CHAUNU, P. *La Civilisation de l'Europe classique*. Paris: Arthaud, 1966.

COCHOIS, P. *Bérulle et l'École française*. Paris: Paris: Éditions du Seuil, col. "Maîtres spirituels", n° 31, 1963.

COGNET, L. *L'Essor de la spiritualité moderne: 1500-1650*. Paris: Aubier, col. "Histoire de la spiritualité chrétienne" IV, 1966.

DAVID, M.V. *Le Débat sur les écritures et l'hiéroglyphe aux XVIIe et XVIIIe siècles et l'application de la notion de déchiffrement aux écritures mortes*. Paris: S.E.V.P.E.N., 1965.

DUPRONT, A. *Genèses des temps modernes. Rome, les Réformes et le Nouveau Monde*. Ph. Boutry et D. Julia (eds.). Paris: Seuil-Gallimard, col. "Hautes Études", 2001.

_____. "Vie et création religieuses dans la France moderne XVIe-XVIIIe siècles". In: FRANÇOIS, 1972, p. 491-577.

_____. "Réflexions sur l'hérésie moderne". In: LE GOFF, 1968, p. 291-300 (texto reproduzido na coletânea de A. Dupront: *Genèses des temps modernes*, 2001, p. 113-121).

_____. *P.-D. Huet et l'exégèse comparatiste au XVIIe siècle*. Paris: Leroux, 1930.

FOUCAULT, Michel. *Folie et déraison. Histoire de la folie à l'âge classique* [1961]. 2. ed. Paris: Gallimard, 1972 [Ed. br.: *História da loucura na idade clássica*. Trad. José Teixeira Coelho Netto. São Paulo: Perspectiva, 1978].

FRANÇOIS, M. (sob a dir. de). *La France et les Français*. Paris: Gallimard, Encyclopédie de la Pléiade, 1972.

GINZBURG, C. *I Benandanti. Ricerche sulla stregoneria e sui culti agrari tra Cinquecento e Seicento*. Torino: Einaudi, 1966 [Ed. bras.: Os andarilhos do bem – Feitiçaria e cultos agrários nos séculos XVI e XVII. Trad. de Jônatas Batista Neto. São Paulo: Cia das Letras, 1988].

GOLDMANN, L. *Le Dieu caché. Étude* sur la vision tragique dans les "Pensées" de Pascal et dans le théâtre de Racine. Paris: Gallimard, 1955.

GROETHUYSEN, B. *Origines de l'esprit bourgeois en France* [1927]. t. I: *L'Église et la bourgeoisie*. 4. ed. Paris: Gallimard, 1956.

HIRSCH, E. *Geschichte der neuern evangelischen Theologie in Zusammenhang mit den allgemeinen Bewegungen des europäischen Denkens*. 2 vols. Gütersloh, 1949-1951.

Histoire spirituelle de la France. Spiritualité du catholicisme en France et dans les pays de langue française des origines à 1914. Paris: Beauchesne, 1964.

Homme devant Dieu (L'). Mélanges offerts au Père Henri de Lubac: t. 1 – *Exégèse et patristique*, 1963; t. 2 – *Du moyen âge au siècle des lumières*; t. 3 – *Perspectives d'aujourd'hui*. Bibliographie du père Henri de Lubac, par E. Haulotte, p. 347-356. Paris: Aubier, 1964.

KOLAKOWSKI, L. *Chrétiens sans Église. La conscience religieuse et le lien confessionnel au XVIIe siècle*. Trad. do polonês por Anna Posner. Paris: Gallimard, 1969 [Orig.: Świadomość religijna i więź kościelna. Studia nad chrześcijaństwem bezwyznaniowym siedemnastego wieku. Warszawa, 1965].

KRAUS, H.J. *Geschichte der historisch-kritischen Erforschung des Alten Testaments von der Reformation bis zur Gegenwart*. Neukirchen: Verl. d. Buchh. d. Erziehungsvereins, 1956.

LAJEUNIE, E.-J., O.P. *Saint François de Sales, l'homme, la pensée, l'action*. 2 vols., Paris: éd. Guy Victor, 1966.

LAPLANCHE, F. *Orthodoxie et prédication. L'œuvre d'Amyraut et la querelle de la grâce universelle*. Paris: P.U.F., 1965.

LE GOFF, J. (ed.). *Hérésies et sociétés dans l'Europe pré-industrielle 11e-18e siècles*. Communications et débats du Colloque de Royaumont, 27–30 Mai 1962. Paris et La Haye: Mouton & Co / École pratique des hautes études, 1968.

LÉONARD, E.-G. *Histoire générale du protestantisme*. t. II: *L'Établissement (1564-1700)*. Paris: P.U.F., 1961.

LEVI, A., S.J. *French Moralists. The Theory of the Passions, 1585 to 1649*. Oxford: Clarendon Press, 1964.

MOURS, S. *Les Églises réformées en France*. Paris-Estrasburgo: Oberlin, 1958.

ORCIBAL, J. *Le Cardinal de Bérulle. Évolution d'une spiritualité*. Paris: Les Editions du Cerf (col. "Tradition et Spiritualité", 9), 1965.

POPKIN, R.H. *The History of Scepticism from Erasmus to Descartes*. 2. ed. New York: Harper & Row, 1968.

RAVIER, A., S.J. (ed.). *La Mystique et les mystiques*. Préface de Henri de Lubac, S.J. Paris: Désclée de Brouwer, 1965.

Religion, érudition et critique à la fin du XVIIe siècle et au début du XVIIIe (Colóquio organizado pelo Centre d'*études* supérieures spécialisé da Universidade de Estrasburgo). Paris: PUF, 1968.

SCHMIDT, A.-M. "Pensée protestante et génie français durant les deux premiers siècles de la Réforme". In: *Protestantisme français*. Paris: Plon, col. "Présences", 1945, p. 56-77.

THUAU, E. *Raison d'État et pensée politique à l'époque de Richelieu*. Paris: Armand Colin, 1966.

VILAR, P. "Les primitifs espagnols de la pensée économique. Quantitativisme et bullionisme", *Mélanges offerts à Marcel Bataillon par les hispanistes français*. Numéro spécial du *Bulletin hispanique*, tome 64 bis, *Annales de la Faculté des lettres de Bordeaux*, 1962, p. 261-284.

VŒLTZEL, R. *Vraie et fausse Église selon les théologiens français du XVIIe siècle*. Paris: PUF, 1956.

Capítulo 9
Do abbé de Saint-Cyran ao Jansenismo
Conversão e reforma*

Semelhantes aos peregrinos em romagem a Port-Royal-des-Champs, a sudoeste de Paris, numerosos historiadores manifestam interesse pelas origens do jansenismo. Os primeiros hão de visitar o recinto da memória, recortado no vale de Chevreuse. As suas tílias, o seu prado e as suas veredas são designados para eles como o lado oposto de outra paisagem: "O claustro, aí; o cemitério, lá [...]". Era aqui, diz a voz, mas não o que estão vendo à sua frente; a história conduz o olhar para além do que este é capaz de apreender. Ela ocupa, secretamente, esse recanto da zona rural, como se tratasse de um silêncio e de um enigma a desvendar; talvez, esse silêncio tenha sido um apelo, deixado em suspenso por ele, dirigido aos historiadores, cujo número não cessa de crescer. Mas eles o perscrutam. À semelhança do guia de Port-Royal, eles atribuem um nome a essas coisas invisíveis, soterradas sob as ruínas das guerras do passado.

O trabalho erudito de A. Meyer sobre *Les premières controverses jansénistes en France* (1917 [As primeiras controvérsias jansenistas na França]) marcou o início dessas investigações sistemáticas. Mas, na história dos historiadores de Port-Royal, a data mais importante é a tese magistral de J. Orcibal sobre *Les Origines du Jansénisme* (1947-1989, 6 vols. [As origens do jansenismo]), seguida de perto pela impressionante coleção de *in-octavo* representada por *Jansenistica* (1950-1962, 4 vols.) e *Jansenistica minora* (1951-1979, 13 vols.) do pe. Ceyssens, ou pela monumental *Bibliotheca janseniana belgica* (1949-1951, 3 vols.) do pe. Willaert. Na mesma época, era lançado o

---
* Cf. a referência completa a respeito deste texto na "Introdução", p. 7ss.

boletim da *Société des amis de Port-Royal* (1950 [Sociedade dos Amigos de Port-Royal), enquanto o abbé Louis Cognet publicava as primeiras de suas obras atraentes, mas apoiadas em uma sólida pesquisa: *La réforme de Port--Royal* (1950a [A reforma de Port-Royal]), *Claude Lancelot, solitaire de Port-Royal* (1950b [Claude Lancelot, solitário de Port-Royal]) e *La Mère Angélique et saint François de Sales* (1951 [A madre Angélica e São Francisco de Sales]). Desde então, verificou-se a multiplicação dos estudos, ampliando o campo das pesquisas científicas e encontrando também no público um eco cada vez maior, como chegou a ser testemunhado pelo sucesso da peça de teatro, *Port-Royal*, de Henry de Montherlant (1954) ou pela excelente reedição de *Port-Royal* – história da abadia de Port-Royal-des-Champs, desde a sua origem até a sua destruição – do crítico literário, Ch.-A. Sainte-Beuve, na coleção de La Pléiade (1953-1955, 3 vols.).

Nos últimos três anos [texto publicado em 1963], a produção não desacelerou: "O interesse manifestado pelo jansenismo está bem consolidado" (CHAUNU, 1962, p. 115). Resultado de longas e minuciosas investigações, têm sido publicados volumes respeitáveis: *Pasquier Quesnel et les Pays-Bas*, de J.A.G. Tans (1960); *Le jansénisme en Lorraine*, de René Taveneaux (1960 [O jansenismo na Lorena]); *Entre jansénistes et zelanti: le "tiers-parti" catholique au XVIIIe siècle*, de Émile Appolis (1960 [Entre jansenistas e zelanti, o "terceiro-partido" católico no século XVIII]); o primeiro volume de *La première bulle contre Jansénius*, do pe. Lucien Ceyssens (1961 [A primeira bula contra Jansênio]); as *Lettres inédites* e *La vie d'Abraham*, de Saint-Cyran, editadas por Annie Barnes (vol. 4 de *Les Origines du Jansénisme*, 1962 [Cartas inéditas / A vida de Abraão]); e *La spiritualité de Saint-Cyran*, de Jean Orcibal (vol. 5 de *Les Origines du Jansénisme*, Paris, 1962 [A espiritualidade de Saint--Cyran]). Mesmo deixando de lado a literatura dedicada a Pascal, conviria acrescentar ainda as obras destinadas a uma mais ampla divulgação, tais como *Le jansénisme* do abbé Cognet (1961 [O Jansenismo]) ou *Saint-Cyran et le jansénisme* de Jean Orcibal (1961 [Saint-Cyran e o Jansenismo]), além de inúmeros artigos, dos quais uma cinquentena se beneficia da erudição sutil de J. Orcibal, esse Tillemont do século XX, "mas um Tillemont mais crítico com opiniões originais e uma dialética inexorável" (POMMIER, 1951, p. 69; cf. p. 46, n. 65, NEVEU, 1966).

Vemos que em torno do "silêncio" de Port-Royal constrói-se uma muralha de livros; essa literatura diz respeito a um período longínquo, mas trata-se de um fato atual, retornando, aliás, a disputas que, desde o século XVII, não deixaram de criar a separação entre os autores porque tinham a ver com relevantes orientações espirituais. Mas esse imenso trabalho já nos permite apreender em melhores condições a verdadeira natureza do debate, livrando-nos dos pré-julgamentos tenazes que acabaram interferindo consideravelmente nessa discussão. Os historiadores forçam-nos a abandonar tais posições de combate que, aos poucos, se tinham tornado reflexos: ao reconstituir a história antiga, à semelhança dos geólogos na exploração do subsolo – "terra incógnita" – da geografia contemporânea, eles nos levam a compreender alguns dos problemas religiosos desencadeados a partir do século XVII pelo início da descristianização. Ao reconduzir as antigas querelas à objetividade, eles nos libertam de nossas reações superficiais, "demitologizando" esse passado reconstruído em vista de necessidades imediatas. Gostaríamos de apresentar aqui, rapidamente, alguns dos problemas que, na produção dos últimos anos, abordam a espiritualidade: seja para resumir a evolução de um profetismo que culmina na política religiosa; seja para analisar a atitude sugerida, em relação a esse passado religioso, pelos historiadores contemporâneos.

1 Um reformador

"Quem vier a estudar a vida, o caráter ou a doutrina de Saint-Cyran há de deparar-se em toda a parte com contradições" (ORCIBAL, ORJ2, p. 632). Ele próprio afirmava ser "composto pela oposição entre coisas contrárias" (citação, *ibid.*, n. 6): a sua atitude é "complexa" (ORJ5, p. 123); o seu pensamento é impulsionado pela "dialética de tendências opostas" (*ibid.*, p. 129). Mas certamente estaria equivocado a respeito de sua doutrina se alguém não a referisse à pessoa e não procurasse no mistério do homem o sentido de suas afirmações. Aliás, as palavras permanecem para Saint-Cyran um instrumento sempre ambíguo: gritos da alma, ditos espirituosos, extravagâncias da imaginação, trata-se de instantes sucessivos e de bruscas "saliências", como se fosse uma flama emergindo aqui ou ali fora das paredes que a dissimulam. "A pessoa é muito mais considerável em um discurso do que o som das palavras [...]. Ficarei muito à vontade se o leitor julgar sempre as minhas palavras por mim e não a minha pessoa pelas minhas palavras" (ORJ2, p. XII): esse "abbé"* retorna várias vezes a esse tema. A sua insistência, eco de uma experiência conturbada e violenta, não se limita a fornecer a chave de seus inúmeros textos, mas indica também, cremos nós, o princípio de sua espiritualidade.

Certamente, depois de um tão grande número de estudos, a sua pessoa permanece enigmática. "Os dois Saint-Cyran" (*Ibid.*, cap. 12): o prof. Orcibal definia assim um homem em quem "havia a união entre o fogo e a água", "alternadamente, arrogante e humilde, severo e amável, razinza e sedutor" (p. 643). Para proceder a um julgamento a partir de sua história, é possível encontrar não apenas dois, mas vários personagens: o homem da trintena que se retira, durante seis anos, em Camp-de-Prats, perto de Bayonne (1611-1616), para passar doze e quatorze horas por dia no estudo de Santo Agostinho em companhia do amigo Jansênio (p. 138-139); a "brilhante inteligência" (p. 659) que desenvolve teses inusitadas a partir da heterogeneidade de conhecimentos adquiridos no decorrer de sua formação escolástica; o discípulo, colaborador e sucessor de Bérulle à frente do "partido devocionista", mas também, impelido pelo ardor desse novo zelo, o polemista que defende o Oratoire** servindo-se de "insultos dirigidos contra o pe. Garasse" e de "invectivas contra os regulares" (p. 660); o "Oracle du cloître Notre--Dame" [Oráculo do claustro Nossa Senhora] que mantém quase todos os seus amigos da corte e da aristocracia (p. 378-379), mas cuja influência reformadora continua a se difundir entre o clero secular e regular; o "mártir" encarcerado, em Vincennes, por Richelieu (1638), afetado em sua atividade enquanto erudito, em sua reputação e nos vínculos que o ligam a seu público, invadido

---

* Cf. N.T. * na p. 12, 1º parág., 6ª linha.
** Cf. N.T. * na p. 68, 2º parág., 6ª linha.

inicialmente pela vertiginosa "ruína" de seu passado e, em seguida, encontrando na solidão, desse mesmo lugar, uma espécie de plena realização, além de descobrir em sua "biblioteca interior" (ORJ5, p. 112) a fonte dos pensamentos – coletados pelos discípulos do mestre injustamente perseguido – que circulam clandestinamente por toda a parte.

A despeito do historiador, H. Bremond (cf. mais acima, cap. 3), é impossível descobrir a sua personalidade se nos limitarmos ao que, sem dúvida, havia nele de "mórbido" (ORJ2, p. 644-648). Além disso, apesar da dupla ruptura de suas conversões, através da flutuação de suas ideias, aparece uma continuidade mais essencial: assim, as teorias preconizadas em seus primeiros livros "são opostas completamente às que ele defendeu mais tarde", mas "a aversão à atitude de não tomar partido" é "constante" (p. 644, n. 2). Para além de suas sucessivas tomadas de posição, há uma originalidade como que primitiva emergindo de um fundo "selvagem" (p. 659) e que há de continuar sendo a forma de seu reformismo; uma originalidade antipática para a sutileza demasiado clássica de Bremond, originário de Aix-en-Provence, cujo intelecto havia sido moldado pela luminosidade de sua Provença natal. Apesar de ser também demasiado sistemático, J. de Arteche consegue ficar, ao que parece, mais perto da verdade: à semelhança de Santo Inácio com quem ele o compara, Saint-Cyran – nascido em Baiona – seria, acima de tudo, um basco (ARTECHE, 1958, p. 167). Na realidade, basco pela mãe, ele é gascão pelo pai. No entanto, a hipótese aponta com maior precisão, como um símbolo, para a figura do "abbé": ele habita em um território fechado. Sendo capaz de "encontrar razões em toda a parte"[327], é bastante "profuso em brilhantes pensamentos" (ORJ2, p. 389, n. 2) para defender todas as causas, mas, pela experiência dessa região interior, ele não se deixa envolver por essa diversão. Carregando em si o próprio silêncio – distância em relação ao mundo, além de disponibilidade para a intercorrência social das ideias e das relações –, ele adapta-se às circunstâncias, sem fazer a mínima concessão, oferecendo resistência a qualquer influência porque defende o seu segredo. Ele sabe tam-

---

327. De acordo com o historiador, pe. E. Griselle (1861-1923), citado em ORCIBAL, ORJ2, p. 644, n. 4.

bém como "acomodar-se", além de ser "bastante tolerante diante de qualquer tipo de pessoas"[328], em particular, daquelas despertadas pelo estrépito de suas descortesias ou que se deixam conduzir por sua batuta "ríspida, breve, sem demasiados discursos" (ORJ2, p. 598, n. 3). Exercendo fascínio, escapa sempre a se impor. Apesar de sua boa índole, não deixa de manter-se – de acordo com uma palavra utilizada constantemente por ele – "separado". Ele é "aliás" cidadão do território silencioso que ele é e que permanece misterioso para ele, ou seja, manancial, mas não posse de seu estranho poder.

Um estilo atormentado, permeado incessantemente por rompantes transitórios e que emergem em imprevisíveis pontos do horizonte; um pensamento inexorável e, ao mesmo tempo, fugaz; uma forma de argumentar que pode ser designada seja como bizarra ou como socrática[329]: tudo isso traduz a experiência, certamente bastante profunda, de uma vida interior e como que "selvagem", alheia e, no entanto, aberta à vida social. Mas se o temperamento, a doença, a prisão e a ausência de responsabilidades pastorais (ORJ2, p. 675) acentuaram essa experiência, ela só se explica realmente ao ser reposicionada em um momento de crise religiosa, na época em que as instituições continuam sendo cristãs, mas o espírito cessa progressivamente de manifestar tal orientação. A linguagem cristã, as estruturas objetivas da Igreja, a prática dos sacramentos tornam-se um hábito mental e um dado cultural; ora, muitas vezes, já não se verifica aí o envolvimento com a fé nem, inclusive, com os bons costumes. Seria possível indicar um bom número de exemplos dessa situação, sobretudo nos círculos frequentados por Saint-Cyran. Eis a sua maneira de reagir:

> É necessário, neste período em que se tem expandido tanto a prática do sacramento da penitência, quando se vê que este em nada contribui para a correção dos pecados cotidianos dos justos, deve-se separá-los, às vezes, dessa prática, assim como do Santíssimo Sacramento, a fim de reduzi-los à penitência (ORJ5, p. 318).

---

328. *Ibid.*, p. 618. • Cf. ORJ5, p. 65 e 464.
329. A respeito da admiração de Saint-Cyran por Sócrates: ORJ2, p. 160 e 165.

Apesar de algumas atenuações – "às vezes", "quando se vê [...]" –, pressente-se aqui a emergência de uma solução extrema que irá sistematizar-se para se tornar um dos artigos fundamentais do jansenismo.

Antes de proceder a um julgamento, convém entender o que se passa. Na época em que Saint-Cyran escrevia, quase todos os "espirituais" – os jesuítas (tais como Surin, Hayneufve, Du Sault, Nouet, Rigoleuc ou Saint-Jure), assim como os outros –, criticam esse conformismo e procuram, em primeiro lugar, através de seu ensino e de sua ação, suscitar uma renovação interior que restitua o sentido às práticas ainda mantidas em uma sociedade oficialmente cristã. Crítica das "falas", insuficiência do "exterior", ambiguidade do que define a "materialidade" das ações e dos gestos cristãos, apelo à conversão e a dar um passo decisivo, pureza do coração, "novo mundo" da vida "mística": tais proposições são constantes e comuns. Temas arriscados, é claro, se a ruptura não for seguida por uma reconciliação mais radical, através da qual a fidelidade ao Espírito venha a restaurar tanto a unidade interior da experiência quanto a coesão entre o "temporal" e o "espiritual". Mas o cisma é, em primeiro lugar, um estado de fato social, no momento em que as práticas se descolam, à semelhança de um verniz, do espírito que deveriam consagrar e nutrir. Um problema geral é formulado a todos aqueles que compreendem a seriedade da vida cristã. Que a França tenha conhecido, então, uma extraordinária onda de eremitismo; que os cristãos fervorosos se tenham especializado frequentemente em obras particulares, além de se terem agrupado em sociedades diferentes, mas igualmente confinadas e secretas, eis alguns indícios de uma ruptura suscetível de ser reencontrada em todos os níveis da vida religiosa. A esse respeito, por sua insistência na anterioridade da atitude interior em relação ao gesto "exterior", por sua condenação das "virtudes de fachada" (ORJ5, p. 365) e dos remédios "simulados" (p. 336), por sua desconfiança relativamente aos ritos e às palavras (p. 289, 305-306, 366), por sua nostalgia em relação ao isolamento e sua atração pelo ideal cartuxo[330], Saint-Cyran não passa de um caso particular.

---

330. Consultar PASCAL, P., 1941, p. 233-236 e 242-243.

2 A espiritualidade do abbé Saint-Cyran

Essa cruzada em favor da conversão (ou da "penitência") é conduzida por ele em função de suas tendências pessoais. A sua contribuição mais original reside, ao que parece, em três aspectos dessa campanha espiritual: a prática das "renovações"; fidelidade à "vocação" pela adesão aos "movimentos interiores"; o retorno à "santa antiguidade". O primeiro, aliás, serve de preparação para o segundo e é justificado pelo terceiro.

A "renovação" é, "antes de tudo, um procedimento psicológico destinado a exercer impacto sobre o fiel e a tornar a sua conversão em um estado estável"[331]: o cristão "retira-se", abandonando provisoriamente a sua situação social e a prática dos sacramentos, encontrando-se, assim, em um estado intermediário, análogo ao dos "penitentes" na antiga disciplina da Igreja. Ele deixa o mundo, mas coloca-se também fora da sociedade de Jesus Cristo formada pela comunhão em seus sacramentos. Esse exílio purificador vai perdurar apenas um período, mas, de alguma forma, trata-se de um tempo vazio e em um lugar de solidão: as práticas do "século" e os sinais visíveis da participação na comunidade cristã são também excluídos. Como é demonstrado pela história de Port-Royal, tal "procedimento" pode provocar um "choque psicológico" (ORJ5, p. 121), capaz de fornecer aos convertidos uma consciência mais penetrante de sua indignidade e uma ideia mais elevada dos sacramentos; no entanto, ele é, de fato, mais "psicológico" do que teológico. A unidade do mistério deixa de estar presente nas etapas organizadas em vista de uma tomada de consciência. Trata-se, daí em diante, de dois tempos diferentes, tais como a compreensão e a participação, ou a contrição e a confissão: "Impõe-se que Jesus Cristo revigore a alma antes que esta seja absolvida pela Igreja"[332]. Nessa instrução, há, sem dúvida, um remédio eficaz contra a ilusão que consiste em considerar a objetividade da religião como a sua verdade. Mas o aprofundamento espiritual já não se opera na própria prática, a qual deixa de consistir em perceber aos poucos, por sua comunhão, o sentido vivificante dos sacramentos. Verifica-se a justaposição do aspecto

---

331. COGNET, 1950b, p. 41. • Cf. ORJ2, p. 425-427; • e ORJ5, p. 121-122.
332. Citado em ORJ5, p. 353; cf. p. 305-306, 360 etc.

exterior com o aspecto interior do mesmo mistério: a ausência do primeiro torna-se a condição para o acesso ao segundo.

O mesmo ocorre, embora sob uma forma diferente, com a totalidade da vida cristã "porque as ações exteriores, tanto mais que elas são aparentemente excelentes, são capazes de ferir o interior da alma" (ORJ5, p. 259). Flores inodoras (p. 327), virtudes de fachada, essas belas "aparências" servem de diversão para o olhar, mas no fundo não passam de presunção. Saint-Cyran continua, portanto, repetindo "uma única coisa": "Os cristãos só precisam de viver na penitência" (p. 187-189). É necessário fazer penitência, abandonar a comédia e ingressar no silêncio para aderir aos acontecimentos de dentro, aos "movimentos do interior" e aos "sentimentos secretos". Há, no fundo da existência, uma animação subterrânea. Nesse aspecto, Deus conduz uma história que nos leva a um lugar que nos é desconhecido e cujo trajeto é balizado, etapa após etapa, por intervenções misteriosas; aliás, uma atenção vigilante consegue discernir os sinais das mesmas. *Gratia ad singulos actus datur*: a graça divina é outorgada para cada uma de nossas ações, repete Saint-Cyran na esteira de Santo Agostinho (p. 124). É através desses "sinais" – "afetos, instintos, inspirações" (p. 56) e também por meio de um encontro, de uma página do Evangelho aberta ao acaso (ORJ2, p. 647, n. 1) – que o fiel se sente impelido a tal decisão, convocado a retirar-se ou a abeirar-se dos sacramentos; que o cristão se reconhece como "eleito imediatamente" (ORJ5, p. 370) para o sacerdócio por uma "vocação interior"[333]; ou que o diretor espiritual discerne a "vocação particular" indispensável para a aceitação de "cada pessoa que se apresenta à sua frente" (p. 312), e recebe "do alto" as "luzes particulares e extraordinárias", prescrevendo-lhe a maneira como deve "levar as almas para onde ele vê que Deus as convoca" (p. 62-64 e 234). Uma dependência contínua reúne assim todos os aspectos da vida espiritual na adesão a uma "vocação" composta por sucessivos chamados e oculta sempre no mistério dos desígnios divinos. A razão pode ser despistada por esses cha-

---

333. ORJ5, p. 419, 575. Opondo-se às designações inspiradas pelo interesse ou pela necessidade, Saint-Cyran fala também da "eleição interior e imediata de Jesus Cristo" (p. 191) ou de "missão interior" (p. 539): ela distingue o padre que recebeu "realmente a vocação" de Deus (p. 304) daquele que "não a recebeu" (p. 221, 222, 226) ou que exerce "mal a sua função" (p. 225).

mados, muitas vezes, contraditórios; no entanto, ela deve ceder à lei interior que o fiel aprende progressivamente a "cumprir". Por fim, "a Lei não é feita para o justo"[334], ou seja, para a alma caritativa; ele é a sua própria lei e obedece-lhe de maneira ainda mais rigorosa – seguindo os movimentos interiores de seu amor – do que a todas as leis e regras exteriores que, porventura, lhe fossem dadas" (ORJ5, p. 499-500).

A distância criada assim entre o exterior e o interior – ou entre as "aparências" e a "vocação" – traduz-se em Saint-Cyran pela distância que, em nome de um passado, ele toma em relação ao presente. "Ao alardearmos que vivemos como os primeiros cristãos [...], devemos separar-nos deles [os grã-finos]"; e essa separação assume a forma de um "retiro" em relação à sociedade cristã porque, na realidade, aqueles que dominam hoje no interior teriam estado, outrora, "separados do corpo da Igreja" (p. 373). O tempo, por uma lenta degradação da antiga disciplina, inverteu a situação: outrora, a vida interior manifestava-se nas estruturas de uma sociedade de fiéis; atualmente, ela deve ser reconstituída à margem de uma comunidade invadida por cristãos que nada têm além desse nome. Outrora, os "desertos" do Egito serviram de correia de transmissão à comunidade dos "mártires" quando o mundo havia entrado na Igreja com Constantino. A expressão adequada da "verdade", transigente e soterrada no presente, encontra-se, portanto, apenas no passado:

> Temo por aqueles que, sem pretenderem ascender à origem e ao curso da tradição apostólica – a única maneira de conhecer a verdade na Igreja –, se contentem em seguir o uso comum, e que Jesus não lhes diga, um dia, como havia afirmado aos judeus: *Ab initio non fuit sic*[335].

Através de um trabalho árduo e solitário, Saint-Cyran tem um conhecimento íntimo das "origens". Entre essa familiaridade com os Padres da Igreja e com Santo Agostinho, por um lado, e, por outro, a percepção do que existe de superficial na religião presente, a disparidade é evidente; aliás, isso é o que

---

334. 1ª Epístola a Timóteo 1,9.
335. Em ORJ2, p. 603, n. 3. • Cf. Evangelho de Mateus 19,8: "No princípio, não foi assim".

pensam todos os patrólogos e exegetas. Ainda para mais, qual é o cristão que, ao ler a descrição da primeira comunidade apostólica, seria capaz de compará-la, sem nostalgia, com o que ele conhece? Em Saint-Cyran, essa nostalgia, bastante profunda, é ainda mais aguçada pela angústia congênita, por uma imaginação livresca e pela perseguição, assim como pela falta de experiência pastoral ou pela raridade de verdadeiros místicos entre os seus dirigidos (ORJ5, p. 33); ele avança, portanto, mais longe. O culto dos "primeiros séculos" justifica a condenação desse século; a disciplina antiga comprova a necessidade de uma ruptura com a realidade presente. Uma "ilha" dos "santos" (p. 433) – designação atribuída, desde a segunda geração, aos fundadores de Port-Royal[336] – corresponde, em meados do século XVII, ao milagre da "santa antiguidade". E do mesmo modo que os movimentos oriundos do interior perpassam e transformam aos poucos a vida do cristão, assim também a "pureza" primitiva, mediante o seu ressurgimento em alguns lugares santos, deve modificar progressivamente o mapa do cristianismo decadente. A antiguidade e a interioridade: esses dois aspectos da mesma recusa, ou do mesmo testemunho, estão associados também na condenação proferida, em nome da Sagrada Escritura e da "piedade", contra uma filosofia que se tornou "completamente humana e complacente" (p. 523); a "memória", retorno ao passado e retorno ao coração, é o princípio da verdadeira "sabedoria cristã"[337].

Ainda em vida, Saint-Cyran foi acusado de enveredar por "vias particulares e excessivamente eminentes" (ORJ5, p. 32), além de ter sido considerado um "iluminado", o que é demonstrado pelos estudos e textos publicados: no fundo, esses ataques estavam mais próximos da verdade do que outros, mais recentes, conectando-o ao jansenismo e combatendo nele o moralismo ou o sistema extrinsecista da graça divina em decorrência de uma natureza destituída de sua autonomia original. Trata-se de um ponto pacífico, segundo parece, aquele que estabelece a nítida distinção entre Saint-Cyran e o jansenismo teológico. Com certeza, conviria evitar a afirmação, de maneira

---

336. "Os santos da casa", "os santos modernos", afirma a madre Angélica de Saint-Jean (ORCIBAL, 1957, p. 19).

337. JANSENIUS, 1641, t. II, liber prooemialis (para o qual Saint-Cyran deu a sua contribuição), p. 4.

demasiado absoluta, de que o agostinismo do primeiro é, "na realidade, o de Bérulle e não o de Jansênio"[338]: encontra-se, por exemplo, em Saint-Cyran – assim como em Jansênio –, a ideia de que, mais saudável e sólida, a vontade de Adão pressupunha uma menor dependência de Deus (ORJ5, p. 244-245). No entanto, essas posições comuns não desempenham, de modo algum, o mesmo papel em ambos: para o primeiro, trata-se apenas de alusões quando, afinal, a sua espiritualidade está orientada para a conversão presente e para a docilidade aos movimentos interiores; por sua vez, para o segundo, dotado de "um intelecto conciso, austero, metódico, além de uma obstinação inigualável" (ORJ2, p. 138), é uma peça essencial de seu sistema[339]. Portanto, continua sendo verdadeiro que "a influência exercida sobre o destino de Saint-Cyran deve-se, de preferência, às suas relações com Bérulle e não tanto com Jansênio" (COGNET, 1961, p. 22).

No ardor de sua primeira conversão, ele ficou deslumbrado com a ampla síntese do fundador do Oratoire; além de ter cooperado com ele, tornou-se o seu defensor. Mas fica a impressão de que, se ela foi o lugar de uma descoberta determinante, acaba deixando poucos vestígios nos textos dos últimos anos: alguns "temas" berullianos ainda subsistem nesses escritos, mas a própria doutrina – ontologia da vida cristã – desaparece por trás das preocupações mais imediatas e subjetivas, afastadas dos problemas de mística e de política que Bérulle teve de enfrentar. Saint-Cyran é a testemunha de uma experiência mais do que de uma doutrina. Sem dúvida, essa seria precisamente a sua fraqueza – e o que permite a seus discípulos associar teorias a seu reformismo espiritual, as quais o "enfraquecem" (ORCIBAL, 1961, p. 53), revelando a sua instável mobilidade. Se evitarmos julgar simplesmente a partir dos paradoxos e das "saídas" desconcertantes que emanam de um homem "demasiado enérgico em sua compleição"[340], a sua espiritualidade tende a restaurar o sentido interior das estruturas da Igreja. Como tal, ela é uma expressão da Contrarreforma, mas uma expressão exacerbada, que

---

338. COGNET, 1961, p. 22. • Cf. ORCIBAL, 1961, p. 52-53.
339. Cf. DE LUBAC, 1946, p. 53-54 e 77-81.
340. Antoine Arnauld, citado em ORCIBAL, ORJ2, p. 595, n. 3.

assume a forma de uma dicotomia entre o invisível e o visível. Reação contra uma situação de fato, tradução da experiência íntima, ela substitui o déficit circundante por um espiritualismo, em vez de assumir a existência cristã em sua unidade por uma visão que seria também mais teológica e mística. O "interior" ganha, portanto, ascendência em determinados setores privilegiados no campo da realidade humana: os "desertos", a afetividade e o passado. Ele justapõe-se ao resto, como algo diferente. A cisão entre "o interior" e "o exterior" aprofunda-se, implicando um isolamento dos "puros", uma inflação dos sentimentos e um arcaísmo do pensamento. Impõe-se, portanto, fazer esta crítica, mesmo que ela pudesse parecer escandalosa para Saint-Cyran: ele esteve longe de ser o melhor teólogo de seu reformismo; ou, então, faltou-lhe a consciência teológica implícita que pode ser auferida de uma experiência pastoral e mais eclesiástica. Aliás, ele chegou a afirmar:

> Confesso que não tenho, de modo algum, a missão de pregar (às multidões), tampouco de exercer qualquer função de pastor; sou convocado apenas para exprimir a verdade [...] para aqueles que me formulam questões (ORJ5, p. 312).

Essa "verdade" é autêntica, cristã em sua inspiração. Na esteira de Saint-Cyran, inúmeras testemunhas fizeram questão de insistir sobre o fato de que a Igreja é uma "sociedade organizada [*cité*] diferente". No entanto, temos o direito de sublinhar – tomando as devidas providências para evitar os excessos contrários – que o vigor com o qual o nosso personagem defende a sua santidade é passível de prejudicar a sua catolicidade.

3 O Jansenismo

O mundo descrito pelos trabalhos eruditos do pe. Ceyssens ou dos pesquisadores, E. Appolis e R. Taveneaux, é algo bastante diferente: história de polêmicas religiosas; difusão do agostinismo entre os "católicos esclarecidos" e as suas inumeráveis alianças com as tendências intelectuais da época; além de redes cada vez mais secretas, constituídas a partir de um movimento não só de resistência à mentalidade circundante, mas também de reforma das estruturas eclesiásticas. No primeiro autor mencionado, os substratos das discussões teológicas entre Roma e os Países Baixos – "a nação da Jansenia", mas também a dos jesuítas – revelam uma prodigiosa complexidade. O segundo pesquisador segue, com sutileza, através da Europa até a América, os matizes que acabam colorindo o pensamento de intelectuais simpatizantes aos jansenistas, confundidos durante muito tempo com eles; a tal corrente, ele atribui o qualificativo de "terceiro-partido". Quanto a R. Taveneaux, ele empreendeu um estudo que nos faz lembrar o trabalho de contraespionagem: em relação ao território da Lorena, este historiador reconstitui a geografia, a circulação e os "bastiões" do jansenismo teológico, cujo recurso às tradições escriturísticas e patrísticas constitui o tema central, além de difundir uma "teologia bem simples" aberta às inovações cartesianas. Evidentemente, está fora de questão retomar, aqui, análises tão minuciosas. Mas quanto mais se estuda, tanto mais se descobre a multiplicidade do jansenismo que é variável segundo os homens ou os países: o de Barcos, sobrinho de Saint-Cyran, opõe-se ao de Arnauld (GOLDMANN, p. 23-35); na Lorena, é quase exclusivamente teológico (cf. TAVENEAUX, p. 727-729), enquanto na Espanha será principalmente político e monarquista (cf. RICARD, p. 162).

É compreensível que, no final de um esboço histórico, o abbé Cognet verifique "a quase impossibilidade de dar um conteúdo intelectual preciso à palavra jansenismo" (1961, p. 123). Quando, por sua vez, o pe. Ceyssens pretende delimitar, em toda a sua compreensão, uma palavra cuja trajetória começa em Lovaina, em 1641 – apenas dois anos antes da morte de Saint-Cyran – e que está associada, desde o início, à "ideia de heresia"[341], ele encontra-se, por assim dizer, no caso de São Pedro que vê à sua frente como uma grande toalha dentro da qual havia toda a espécie de quadrúpedes e répteis da terra, além de aves do céu"[342]. E ele cita uma declaração que, de acordo com um representante jansenista em Roma, o cardeal de Aguirre teria afirmado, em 1688, ao amigo pe. Tirso González, superior geral dos jesuítas: haveria

---

341. CEYSSENS, *Jansenistica minora*, 1957, 3 – fasc. 24, p. 5.
342. *Ibid.*, p. 27. • Cf. Atos dos Apóstolos, 10,11-12.

"três tipos de jansenistas. Os membros do primeiro tipo – diz ele – são aqueles que defendem as cinco propostas (resumo da doutrina de Jansênio) e os erros condenados pela Igreja nas mesmas; ora, o seu número é efetivamente bastante reduzido porque, até agora, ainda não foi possível convencer ninguém, do ponto de vista jurídico, a respeito de tais proposições. Os do segundo tipo são aqueles que têm zelo pela retidão moral e pelas severas regras da disciplina; ora, esses, apesar do relaxamento do século, existem em grande número. E os do terceiro tipo são aqueles que, seja de que maneira for, se opõem aos jesuítas; ora, o número desses é incontável"[343].

Piada amigável, essa classificação proposta por um simpatizante não está desprovida de humor, correspondendo, aliás, perfeitamente ao que sobressai do volume enorme de documentos publicados recentemente. Quarenta e cinco anos após a morte de Saint-Cyran, que espécie de reformismo teria ele inspirado? Um sistema teológico, uma moral austera, uma guerrilha religiosa. Resumidos sumariamente, os mais recentes historiadores tiram a mesma conclusão: um intelectualismo, um rigorismo e a oposição entre dois movimentos que estão empenhados, igualmente, na "restauração católica", mas com um espírito muito diferente. Trata-se ainda de uma reforma, mas – ao invés de uma espiritualidade de conversão – ela visa, daí em diante, uma renovação do pensamento, uma disciplina mais estrita e determinado tipo de comportamento em relação ao mundo. Através dessa passagem da experiência do "espiritual" para a sua inscrição na concretude da história, pode aparecer a relação entre uma espiritualidade e o seu tempo. Mas convém especificar, de antemão, as características do jansenismo que nos é apresentado.

A respeito do próprio convento de Port-Royal, em que Jacqueline Pascal viera procurar como ser "freira de maneira razoável" (ORCIBAL, 1957, p. 120), tem sido mencionado com frequência, "o intelectualismo circundante" (Ibid., p. 27). Se existem exceções – por exemplo, a religiosa Flavie Passart (cujo misticismo é "de natureza bastante ruim"; p. 119) –, não são observadas aí, de modo algum, as diretrizes indicadas por Barcos para promover uma devoção mais afetiva e fidedigna ao espírito de seu tio. O texto,

---

343. Ibid., p. 7-8.

Occupations intérieures ou *L'Image d'une vraie religieuse...* (1665 [Ocupações interiores ou A imagem de uma verdadeira religiosa] da abadessa, madre Agnès, assim como o *Traité de l'oraison* (1679 [Tratado da oração]) de P. Nicole, obras de referência para o ensino espiritual no convento ou entre os *Solitaires* [homens piedosos que preferem a vida isolada em Port-Royal], falam menos de "vocação" e de "inspirações" do que da "utilidade dos bons pensamentos" e de "métodos" para uma oração discursiva. As freiras têm necessidade de "razões" e não de "carícias"[344]. Da mesma forma, os *Messieurs* [Senhores de Port-Royal] "eram inteligentes" e também "intelectuais a ponto de apreciarem a lógica, de serem terrivelmente juristas, formalistas e demandistas, além de terem paixão pelas sutilezas da filosofia e da teologia" (DORIVAL, 1955, p. 189-190). É o inverso de um sucesso que, mais tarde, se produziu só raramente com tamanho brilho: encontro da fé e da inteligência, essa reunião de eminentes exegetas, historiadores e juristas fez com que a comunidade de Granjes de Port-Royal revivesse, em pleno século XVII, a academia formada outrora, em Cassiciacum, por Santo Agostinho. Não é verdade que havia aí Pascal, Arnauld, Lemaistre, Nicole, Saci, Tillemont – grupo em que se destaca o poético Hamon, humilde médico "enfiado na bagagem do exército", de acordo com a sua própria expressão? (SAINTE-BEUVE, 1954, t. II, p. 757). Existiam outras instituições equivalentes em importância a Port-Royal, embora menos famosas – as abadias de Hautefontaine (região de Champagne) e de Orval (Luxemburgo) que começam a ser mais bem conhecidas –, ou na faculdade de Lovaina, em Utrecht ou em Roma. Na opinião de Taveneaux, essas "academias", "centros de teologia positiva e de estudos agostinianos" (TAVENEAUX, p. 137) – em Sainte-Menehould, Beaulieu, Saint-Mihiel ou Senones – haviam sido na Lorena os divulgadores e "arsenais" do jansenismo teológico que se espalhou por essa região. Em Roma, também, os "católicos esclarecidos" do "terceiro partido" contam em suas fileiras, sobretudo, com "homens de estudo" (APPOLIS, p. 37), a exemplo dos cardeais Bona, Noris ou Tommasi; eruditos e cientistas, eles seguem fielmente essa teologia agos-

---

344. ORCIBAL, 1957. Esse despojamento fleumático era compensado, aliás, pela "avidez por relíquias" ou por um recurso frequente a revelações sensíveis e a milagres (*Ibid.*, p. 19, 21 e 119).

tiniana "sem atenuar as suas consequências, nem dissimular os aspectos que suscitam dúvidas" (*Ibid.*, p. 18).

Trata-se, portanto, de reformismo intelectual; houve quem falasse de "heresia erudita". Aparentemente, ele é contraditório: antigo em seu objeto, é moderno em seu espírito. Não será isso verdadeiro para qualquer retorno às fontes? Os jansenistas, com certeza, têm todos o mesmo "zelo pelas sagradas tradições contra as novidades escandalosas"[345]. Mas se é possível atribuir a cada um deles o que nos diz o admirável epitáfio do abbé J. Besson – "ardoroso amador da santa antiguidade" –, eles limitam-se a rejeitar, de fato, algumas "novidades" porque adotam visceralmente uma atitude moderna e inovadora em relação às fontes tradicionais, abordando-as com uma mentalidade mais científica e histórica, além de mais crítica, se entendermos por essa palavra a vontade de detectar o verdadeiro sob o lendário, de ler os textos de acordo com os métodos da história literária e de deixar de lado qualquer pressuposto teórico. Trata-se de "positivos", os antepassados dos historiadores que os estudam hoje; sem dúvida, o intelectualismo que caracteriza a sua oração ou serve de base a seu antimisticismo seria simplesmente uma extensão dessa atitude na área privada da vida interior. Ainda mais, fixados no passado e em um setor bastante limitado da patrística, apaixonados "pelo elogio da Antiguidade e decididos a investir contra a novidade" (TAVENEAUX, p. 148), eles só conseguem libertar-se da escolástica recente ao lerem os seus autores em função de uma doutrina ainda mais recente. De acordo com um dos mais vigorosos promotores do movimento, "a filosofia de Descartes, tendo sido expurgada de suas lacunas, tem uma ligação particular com a verdadeira e antiga teologia derivada da Sagrada Escritura e da tradição, e sobretudo das obras de Santo Agostinho"[346]. Os vínculos entre o cartesianismo e o jansenismo são bem conhecidos, e "tudo acontece como se o renascimento do agostinismo filosófico, na segunda metade do século XVII, fosse devido à nova luz suscitada pela leitura de Descartes" (RODIS-LEWIS, p. 134). O arcaísmo apresenta-se, portanto, também como um modernismo e, por um aparente

---

345. Dom H. Monnier [1677]. In: TAVENEAUX, *op. cit.*, p. 148.
346. Dom Desgabets, citado por TAVENEAUX, *op. cit.*, p. 122, n. 42.

paradoxo, os adversários – a quem esses "amadores da santa antiguidade" reprovam as suas "novidades escandalosas" – vão atribuir-lhes o qualificativo de "novos teólogos" e de "novos doutores".

Se a acribia intelectual desses estudiosos os leva a "abrirem-se amplamente às ideias de sua época, sem se deixarem assustar pelas novidades" (APPOLIS, p. 18), é também porque eles são solitários – "eremitas" de Port-Royal[347], monges dessa congregação beneditina que havia transmitido o jansenismo na Lorena, religiosos austeros nas bibliotecas romanas. Eles vivem em clausura, situação em que o seu trabalho obstinado é acompanhado por uma rigorosa disciplina; mas, além de uma exigência moral, esse enquadramento constitui uma segurança. Para eles, as ideias que exprimem uma renovação mais alinhada com a imagem da Igreja primitiva não estão comprometidas pela maneira como são utilizadas pelo mundo do qual estão separados. A sua audácia baseia-se em uma garantia – a de suas virtudes, bem como a de sua solidão – e em alguma inexperiência advinda, mediante o racionalismo circundante, das concepções das quais se tornam, muitas vezes acertadamente, os defensores. Eles não se mantêm, à semelhança do que ocorre com outros polemistas, tensos em posições defensivas de isolamento, mas, sob a sua generosidade, há também ingenuidade; acolhem com a maior facilidade a sua época da qual se sentem protegidos pela robustez dos muros ou pelas frondosas árvores de sua clausura. E, mais profundamente, se eles atribuem tanta importância à razão, é porque, em seu domínio "natural", ela dispõe de direitos independentes da fé, além de ser incapaz de invadir um territótio que lhe é estranho. O cartesianismo, em suma, corresponde à sua situação. Entre essas duas áreas do pensamento, entre a fé e a razão, assim como entre o antigo e o presente, constata-se inclusive uma ruptura semelhante àquela existente entre o mundo e essas "academias" ou, nesse mesmo mundo, entre as crenças religiosas e as atividades profanas.

Conviria, certamente, comparar esse comportamento àquele dos bispos jansenistas que – tais como Pavillon ou Caulet, no sul da França; Hocquincourt ou de Fieux, na Lorena – enfrentam precisamente um povo descristia-

---

347. Saint-Cyran, em ORCIBAL, ORJ5, p. 324.

nizado. Eles exigem a seus cristãos uma preparação pessoal para a recepção dos sacramentos, impondo provações e testemunhos preliminares. Desse ponto de vista, eles anunciam, e pelas mesmas razões, os limites e as condições que, hoje, uma pastoral missionária tende igualmente a exigir dos cristãos "de fachada": a prática religiosa não deve ser uma simples formalidade. Por conseguinte, nessas regiões semipagãs, eles criam também, segundo o modelo paroquial ou diocesano, ilhotas autenticamente cristãs análogas às "solidões" intelectuais dos jansenistas eruditos e, igualmente, às associações secretas que, na época, agrupam leigos fervorosos – comunidades silenciosas e ativas, ocultas no mundo à semelhança de correntes subterrâneas – e nas quais o jansenismo desempenhou um papel, durante muito tempo, predominante. O mesmo isolacionismo reencontra-se em toda a parte, do qual a terra santa de Port-Royal é o sinal e, em breve, o mito. Ele exprime de inúmeras maneiras uma ruptura profunda entre o cristianismo e a sociedade, aliás, semelhante àquela que explica, em parte, como vimos, a reação espiritualista de Saint-Cyran.

Em relação a essa lacuna, distinguem-se no catolicismo dois tipos de reformismo, definidos (de maneira bastante ambígua) como um "agostinismo" e como um "humanismo"; eles enfrentam-se incessantemente no decorrer das polêmicas em que – conforme o pe. Ceyssens mostrou com tanta frequência e acertadamente – o antijansenismo é indissociável do jansenismo. As querelas endureceram as diferenças e, por fim, dissimularam a sua verdadeira natureza por trás das lutas por influência, das antipatias pessoais e das questões de interesse. Mas, os lances e a fumaça dessas batalhas impedem de discernir duas opções divergentes na maneira de remediar a disfunção de determinada época: a primeira tenta agrupar as forças cristãs dentro do recinto em que a descristianização parece reduzi-la, a fim de constituir "bastiões" dos quais há de irradiar uma intensa verdade cristã; a outra, pelo contrário, manifesta-se na área em que o cristianismo se dissolve e busca extrair do naturalismo circundante – correndo o risco de transigir com ele – as superações que lhe são inerentes e que podem ser esperadas de uma graça concedida a todos. Duas soluções são igualmente possíveis: a primeira visa, de preferência, o isolamento e a "interioridade"; a outra, por sua vez, propõe uma lenta convalescença apoiada pelos sinais visíveis que manifestam a presença do cristianismo e balizam com práticas os recomeços da piedade. Por um lado, um tipo de Contrarreforma mais "setentrional" e "subjetivo"[348], que permanece próximo – embora de uma forma muito diferente – da tradição espiritual representada pela *Imitação de Jesus Cristo* (TOUSSAERT, 1963, p. 651); e, por outro, um tipo mais "meridional", mais preocupado em restaurar, em sua visibilidade, uma Igreja que significa a verdade do homem no mistério do Homem-Deus, portanto, mais objetivo e imerso nas realidades deste mundo. De ambos os lados, havia perigos: algumas teses jansenistas tiveram de ser condenadas e a igreja de Utrecht – local em que "se respirava o ar puro da Antiguidade"[349] – acabou por separar-se do catolicismo; mas algumas teses "laxistas" foram também objeto da censura eclesiástica. No entanto, um julgamento proferido a partir desses excessos implicaria o desconhecimento em relação à amplitude do debate e à gravidade do problema; e, acima de tudo, deixaria de reconhecer a lição e a questão que, através dos historiadores, estamos ainda em condições de aprofundar.

4 Os historiadores perante a história

Graças aos trabalhos desses pesquisadores, a história do jansenismo torna-se mais compreensível, além de mais próxima, permitindo-nos ler, ao mesmo tempo, o que pode ligar uma espiritualidade aos problemas de uma época e como, por ricochete, determinadas concepções intelectuais ou apostólicas dizem respeito a opções íntimas. Desse ponto de vista, apesar dos desníveis palpáveis na passagem do espiritualismo saint-cyraniano para o movimento jansenista, há constantes de um para o outro; é impossível dissociar completamente a reforma do pensamento ou das instituições e a conversão pessoal, mesmo que um desses dois aspectos seja negligenciado.

No entanto, é característico que, no momento em que os historiadores nos fornecem os elementos necessários para a compreensão dessa história,

---

348. Cf. CEYSSENS, 1957, 3 – fasc. 24, p. 74. • APPOLIS, p. 44 etc.
349. Tallevannes [1726]. In: TAVENEAUX, *op. cit.*, p. 728.

eles parecem, por conta própria, negar a sua coerência secreta. Port-Royal, de acordo com J. Orcibal, não teria "sobrevivido a não ser na medida em que se distingue do jansenismo" (1961, p. 167); haveria, entre o primeiro e o segundo, uma solução de continuidade. Inversamente, no estudo de L. Goldmann (1956), a espiritualidade de Port-Royal não passa de um epifenômeno de uma crise econômica e social; ela deixou de ter, propriamente falando, uma significação peculiar. A atitude do historiador, ao tratar-se de explicar a coerência do jansenismo, torna-se, portanto, um indício do problema estudado: que relação haveria entre a realidade "mundana" do jansenismo e a sua realidade "espiritual"? A análise da solução adotada por este ou aquele desses especialistas ainda pode, portanto, mostrar a atualidade das questões suscitadas – através do jansenismo, até mesmo para além da relação entre a sua espiritualidade e a sua inscrição na história objetiva – pela cisão que ocorreu entre o "mundo" e a vida religiosa.

Não sem alguma desenvoltura, H. Bremond limitava-se a considerar o jansenismo como uma série de acidentes. Teólogo que se tornou psicólogo e historiador, ele tinha em suas mãos a ficha sinalética da "seita" e, perscrutando os rostos, procurava reconhecer o tipo: quem é, portanto, "jansenista" entre vocês? O texto – *L'École de Port-Royal* [t. IV de sua *Histoire littéraire du sentiment religieux en France*] – é construído sobre esse tema, como um romance de suspense: será que esse é o abbé de Saint-Cyran? Não, de modo algum. É então o A. Arnauld? Também não. Nesse caso, será o P. Nicole? Também não. E o seu livro chega ao fim quando o leitor diz para si mesmo: talvez seja o pe. Quesnel, sucessor de A. Arnaud na frente da resistência jansenista... O analista das almas limitava-se a deparar com "casos", diferentes do modelo teórico e ligados entre si por acasos. Apresentados uns em cima dos outros como que arrastados por uma onda imprevisível, os seus personagens não tinham, na realidade, uma história comum. Em sua época, que posição poderia ser ocupada por esses heróis solitários a não ser aquela que lhes era fixada pela ironia das circunstâncias?

Quanto a J. Orcibal – que se havia impregnado tanto do universo complexo de Saint-Cyran –, este pesquisador nada encontra, ao compará-lo ao jansenismo, além de um "mal-entendido". Aliás, ele analisou, em várias ocasiões, o equívoco que acompanha a difusão de uma obra ou de uma experiência excepcional. Manipulando com precisão o enorme aparato de sua prodigiosa erudição, ele compulsa as camadas redacionais; detecta a deformação infinitesimal sofrida pelas palavras e ideias no decorrer de sua transferência, e está em condições de diagnosticar a sua evolução. Assim, ele persegue, através dos textos "primitivos" e das "fontes inéditas", o mistério dessas "origens" que pontuam a história como os seus verdadeiros eventos, mas que se degradam, apenas vindas a lume, no dogmatismo ou na política. Saint-Cyran, Canfeld, Bérulle ou São João da Cruz: esses são os lugares "místicos" nos quais se apoiam e para os quais nos levam os livros que balizam essa caminhada análoga a um trabalho de sapador. É, em suma, uma tentativa no sentido de alcançar, nas profundezas da história, um além de sua atualidade visível – repuxos secretos sob a superfície, a qual os altera no exato momento de sua aparição. Trata-se, por fim, de situar a verdade da história em uma "pureza primitiva" que foge à sua realidade.

Pelo contrário, para L. Goldmann, esse segredo não passa de um mito, de uma propriedade do corpo social que exprime assim as tensões que o afetam. Ao sublinhar o vínculo entre uma espiritualidade e a estrutura de uma sociedade – postulado que pode ser subscrito por um cristão –, o autor, marxista, limita-se a considerar, na segunda, o seu aspecto econômico, reduzindo a primeira a ser um eco intelectual do mesmo. Independentemente do que for depositado em seu chapéu de prestidigitador, L. Goldmann há de retirar sempre daí o aspecto econômico; desde então, o jansenismo torna-se a ideologia de uma crise social e a linguagem "trágica" de parlamentares a quem a nova política régia estava fechando progressivamente o futuro. História da sociedade e vida espiritual: a questão deixa de ter sentido com a eliminação de um dos termos. No jansenismo, o cristianismo apresentava-se como algo "estranho"; para o historiador do jansenismo, esse território situado fora das fronteiras desse mundo é riscado do mapa. Tudo o que resta é uma linguagem morta, cuja significação é, na realidade, diferente do que ela julgava estar dizendo.

Assim, o passado continua colocando o observador diante do problema que o jansenismo procurava resolver: qual é, qual deve ser a situação do cristianismo no mundo?

Se o jansenismo desperta ainda interesse, não é apenas por causa de seu lugar na literatura e na história francesas, tampouco porque os *Solitaires* haviam adquirido a pureza dos mortos – que se presta a todos os cultos – ou a grandeza dos mártires – que convida a declarar: "Pertencerei ao partido que será ameaçado pelo destino." A própria intransigência com que defenderam a santidade da Igreja e, em seguida, os direitos da consciência ainda é apenas um sinal; com efeito, se considerarmos o jansenismo pelo que ele é em primeiro lugar, ou seja, um reformismo cristão, haveremos de reconhecer a sua fidelidade que se exprime de acordo com o modelo do isolamento, que se baseia na experiência de uma irredutível originalidade e que, finalmente, completa e torna evidente uma profunda ruptura entre o cristianismo e a sociedade circundante.

Com certeza, não há entrada na Igreja sem uma saída do "mundo", não há conversão sem o abandono da situação anterior: nenhum cristão consegue evitar tal deslocamento e tanto as instituições quanto o pensamento católicos devem manter a realidade e a necessidade dessa "passagem". Mas a verdade, cuja descoberta ocorre mediante essa conversão, ficará confinada nas fronteiras que lhe fixa uma sociedade descristianizada? De que modo a Igreja há de manifestar também, por um reformismo igualmente oposto às condescendências e a essas delimitações, que Jesus Cristo compreende em si a totalidade da existência? Que ela é portadora da salvação para todos, ou seja, para todos os pecadores? Que nada do que é justo e bom pode ser estranho a ela? Que ela está presente nas realidades humanas, sem se identificar com as mesmas? Enfim, que ela é católica? De que modo, por sua vez, o cristão será conduzido, pela graça de uma verdadeira conversão, a servir e a significar essa "catolicidade" em todo o campo de sua experiência? De que modo a verdade que não é do mundo aparecerá como a verdade desse mesmo mundo? A seriedade dessas indagações, na época do jansenismo, continua tendo ainda ampla repercussão nos dias de hoje.

3ª Parte – MÍSTICA E ALTERIDADE

Capítulo 10
O espaço do desejo ou O "fundamento" dos *Ejercicios espirituales**

O *libretto* dos *Exercícios espirituais* é um texto feito para uma música e diálogos que não são fornecidos por ele, estando coordenado com um "hors-texte" [algo fora-do-texto, encarte] que é, no entanto, o essencial; assim, ele não ocuparia o lugar desse essencial. Ele não toma o lugar das expressões orais: além de não antecipá-las, ele não pretende "exprimi-las", nem metamorfoseá-las em *escrita*. Não sendo o relato de um itinerário, também não é um tratado de espiritualidade. Os *Exercícios* limitam-se a fornecer um conjunto de regras e de práticas relativas a experiências que não são descritas, nem justificadas, tampouco introduzidas no texto, e das quais não é, de modo algum, a representação pelo fato de considerá-las como exteriores a ele sob a forma seja do diálogo *oral* entre o instrutor e os exercitantes, ou da história *silenciosa* das relações entre Deus e esses dois correspondentes.

1 Uma maneira de proceder

A melhor definição dos *Exercícios* nos é dada por Pedro Fabro, o qual é de longe o mais importante intérprete, divulgador e, até mesmo, corredator do texto nas origens de sua história[350]. Trata-se, diz ele, de "uma maneira

---

* Cf. a referência completa a respeito deste texto na "Introdução", p. 7ss.

350. A recente edição científica das versões do texto *Sancti Ignatii de Loyola Exercitia Spiritualia* (apud MHSI, 1969) sublinha a importância de Pedro Fabro [Pierre Favre (1506-1546)] na elaboração e divulgação dos *Exercícios espirituais de Santo Inácio* [daqui em diante: EESI]. A descoberta ou o conhecimento mais aprofundado dos primeiros textos tornam cada vez mais evidente o papel desempenhado por esse homem que, tendo falecido aos 40 anos, ficou soterrado imediatamente nos alicerces do edifício.
Para a descrição completa das siglas, cf. quadro em "Referências bibliográficas", p. 425.

293

de proceder"[351]. De maneira ocasional, Inácio de Loyola fala da *orden de proceder*, da *forma de proceder*, ou do *modo* que caracteriza um *proceder*[352]. Independentemente das palavras, o método pressupõe o que ele não representa – digamos, em suma, as vozes do desejo – e tem o objetivo de articulá-las. Outrora, pensava-se que as consoantes tivessem a função de articular vogais e, deste modo, de compor palavras. Da mesma forma, aqui, uma frase – uma linguagem – deve articular a voz do desejo. Mas a frase será uma *trajetória* que leva da posição inicial do exercitante para uma posição final. O que torna possível a travessia de uma série de lugares é uma mudança de comportamento, de *status* ou de modo de vida.

O "procedimento" inaciano, além de implicar um "desejante" – o exercitante impelido por um desejo e em busca de uma decisão a ser tomada –, visa dotá-lo dos meios para nomear, hoje, provisoriamente, o seu desejo. Ele o conduz do lugar em que o exercitante se encontra, à partida, para um lugar com um maior grau de verdade, mediante uma elucidação que se efetua nos termos de práticas efetivas. Ele organiza lugares proporcionados a uma viagem do exercitante, fornecendo-lhe pontos de referência, e não a história da viagem. Ele desenvolve as possibilidades, as alternativas e as condições de um deslocamento assumido pelo próprio exercitante.

Esse texto é, portanto, um discurso de lugares – uma série articulada de *topoi*, caracterizando-se por "composições de lugares" de toda a espécie, distribuídas em quatro "Semanas" (como se tratasse de quatro "atos" de uma peça): lugares tradicionais de oração (por exemplo, recortes e esquemas evangélicos); encenações artificiais (por exemplo, as meditações inacianas do "Reino", das "Bandeiras" etc.); composições gestuais (comportamentos e atitudes do orante); indicações a respeito de iluminação que há de especificar um lugar (obscuridade, na Terceira Semana, ou luz na Quarta); trajetórias de retorno e de recuperação (os "ensaios" de meditação); simulações que pedem ao exercitante para agir como se estivesse em outras disposições (interiores)

---

351. Cf. CERTEAU, FPM, "Introduction", p. 7-101, cf. p. 73-76: "Notre manière de proceder" [Nossa maneira de proceder].

352. EESI nº 119, 204, 350 etc.

N.T.: Para esta tradução, foi compulsado o texto, *Exercícios espirituais de Santo Inácio*, 2015.

ou em uma situação diferente (a morte) daquelas que são as suas nesse momento etc. Mas toda essa organização topológica serve-se de um "princípio" complementar – e, aparentemente, contraditório – que é a condição de seu funcionamento: um *não lugar*, designado como "o fundamento".

2 Um espaço para o desejo

O procedimento que articula um deslocamento do sujeito graças a uma encenação (fictícia e operacional)[353] de lugares relacionados uns aos outros começa com um "princípio e fundamento" que consiste essencialmente em *abrir um espaço destinado ao desejo, em deixar o sujeito falar do desejo* em uma posição que não é um lugar e não tem nome. Esse começo não faz parte da série dos dias e das horas: o "princípio" escapa da fragmentação do tempo[354], não pertencendo à sequência de "lugares", iniciada com a Primeira Semana. Ele é o seu postulado e a sua mola propulsora permanente; além disso, pode ser mais ou menos explicitado de acordo com as necessidades. Aliás, como veremos, ocorrem chamadas ou equivalentes mais discretos desse "princípio" em todo o período de duração dos *Exercícios*.

O sentido do "Fundamento" consiste em operar uma ruptura inicial na qual se baseia todo o desenvolvimento subsequente: ele é o retorno ao desejo e espaço reservado para a enunciação. Nos *Exercícios espirituais*, esse movimento exprime-se em função do clima cosmológico e ideológico da época. O movimento que reconduz a Deus como ao "fim para que somos criados" (EESI nº 23, p. 29) é o meio de retrogredir da particularidade dos conhecimentos ou das atividades de natureza religiosa a seu inapreensível princípio e fim; ele é descrito nos termos do universo solidamente arquitetado que é, em grande parte, o da época e, de qualquer modo, ainda o de Inácio. Uma problemática "filosófica" do "fim" e dos "meios" visa – à semelhança do que

---

353. Trata-se de um *simulacro*, à semelhança de qualquer modelo que vise organizar uma operação.
354. De acordo com os primeiros Diretórios sobre os *Exercícios*, uma vez que o "Fundamento" é apresentado, não há (diferentemente do resto do retiro) duração fixada para a meditação (cf. *Directoria Exercitiorum Spiritualium*, MHSI, 1955, t. II, p. 102, 434 etc.). Trata-se de um texto destinado a abrir um espaço de disponibilidade.

ocorre com Erasmo[355] – relativizar e corrigir os "meios" em relação ao "fim": trata-se de uma tática moral destinada a favorecer a "indiferença" em vista de uma revisão dos meios adotados para alcançar o "fim".

Mas essa tática executa, aqui, como que uma espécie de refluxo em relação às práticas concretas ou às afirmações doutrinais do exercitante. Essa problemática – não especificamente cristã e já desvinculada de qualquer particularidade teológica – tem a função de *deixar exprimir-se o desejo fundamental*, de revelar algo que não é da ordem das escolhas objetivas ou das formulações. O cristão é desenraizado das preocupações relativas ao aprimoramento do *fazer* ou do *dizer*. O "Fundamento" cria um ponto de fuga em relação às coisas suscetíveis de ser analisadas e aperfeiçoadas, remetendo a um "fim" que não tem nome apropriável, ou a um "princípio" que é delineado em um desejo mais "fundamental" do que todos os seus sinais ou objetos.

Existe aqui, portanto, uma maneira de des-regionalizar o desejo investido neste ou naquele local de trabalho ou comportamento. A quem vem fazer retiro com a ideia de que Deus o "quer", de preferência, aqui em vez de lá, ou que isto seria melhor em vez daquilo, é apresentada uma operação de decolagem – de desinvestimento: o desejo de você é sem nome, impossível de circunscrever, insólito em relação aos lugares que você lhe fixa, vindo d'aquém e avançando para além de qualquer determinação. A quem se diz – "Deus quer isto ou aquilo de mim" –, a primeira resposta é a seguinte: Não, de modo algum, Deus é indiferente, "maior"[356] do que os encontros – verdadeiros ou supostos – de você com ele. Assim, conviria começar reconhecendo essa *infância* irredutível ao que se diz ou faz, selvagem em relação à linguagem – no entanto, necessária – das fórmulas ou das ações. Só então tornar-se-á possível articulá-la nos termos limitados e provisórios de uma decisão. Retornar ao "princípio" é confessar – através de metáforas que falam, alternadamente, de uma *grande abertura* [*béance*]

---

355. Em particular, é impressionante o paralelismo entre o "Fundamento" e o *Enchiridion militis christiani* [Manual do cavaleiro cristão] de Erasmo; aliás, aspecto sublinhado com frequência. Cf. *Exercitia Spiritualia*, MHSI, 1969, t. I, p. 56-58.

356. Cf. a respeito do alcance desse comparativo indefinido, CERTEAU, 1970a (texto reproduzido em sua obra, EUD, p. 1-12).

e de uma *festa* – um desejo *alheio* ao ideal ou aos projetos que estavam sendo forjados. É aceitar ouvir o murmúrio do mar.

3 A "vontade"

Na antropologia e na teologia, subjacentes ao texto inaciano, há um ponto de fuga em relação à ordem do mundo: a "vontade". Assim, para os teólogos da época, o universo hierarquizado não passa de uma ordem de fato, relativa ao que Deus havia efetivamente estabelecido, mas poderia ser *totalmente diferente* se essa fosse a vontade de Deus. Tal referência a um querer insondável introduz um verme no fruto do conhecimento. A racionalidade do mundo fica trincada pelo incognoscível da vontade divina. A própria "potência absoluta" escapa ao que a ordem – criada por ela – revela de si mesma; ela é "isentada", preservada da coerência de sua obra, desligada (*absoluta*) da ordem em que se manifesta algo dela[357]. Há uma alteridade da vontade em relação àquilo de que ela é a origem.

Essa concepção teológica do tempo remete à "vontade" assim como ao "princípio e fundamento" incognoscível de tudo o que pode ser conhecido. O mesmo ocorre com o homem. As "moções", em Inácio de Loyola, são precisamente as irrupções desse querer que permanece *diferente* em relação à ordem manifestada. No homem, algo inesperado começa a falar, que surge do incognoscível, agitando a superfície do conhecido e desestabilizando-a. Essa será a origem de um novo "ordenamento da vida"[358]. Qualquer instauração de uma ordem inaugura-se a partir da "vontade".

Pelo procedimento que apaga todas as particularidades da vida cristã e faz remontar a seu ponto derradeiro – ou seja, ao Deus criador, ao *outro* da ordem –, o "Fundamento" explicita o princípio efetivo do que procura o exercitante que vem para colocar em ordem a sua vida. Exumar o *desejo* é a condição de uma *ordem*.

---

357. Cf. CERTEAU, FPM, "Introduction", p. 21ss.
358. "Para corrigir e reformar a própria vida e estado", diz o texto, n° 189, p. 104.

Arrancar as ervas daninhas da "vontade": eis, portanto, o começo. No século XVI, isso pareceu algo bastante inovador. Os primeiros interlocutores e exercitantes de Inácio de Loyola, de Pedro Fabro ou de Francisco Xavier ficaram surpreendidos com o que eles designavam como *theologia affectus*, uma "teologia do coração". Bem longe de ser um conjunto de discursos que deveriam ser "aplicados" na vida, de modo que a afetividade e a prática se tornassem as consequências e as dependências de conhecimentos comprovados, essa teologia tinha como "princípio" o *affectus*: o "logos" (a colocação em ordem discursiva) construía-se a partir de um querer fundamental que conferia força e impulso à tarefa de reorganizar a própria vida[359]. As regras e "composições de lugares" destinadas a esclarecer essa revisão no campo dos estados de vida ou das práticas possíveis atuam em função de um "fundamento" diferente delas: o incógnito da "vontade". Os métodos ou os "exercícios" são "espirituais" apenas se estiverem articulados a partir de um princípio *ab-solutamente diferente*.

4 A ruptura e a confissão do desejo

O "Fundamento" introduz uma ruptura na sequência dos raciocínios ou das práticas. Ele opera um efeito dissuasivo, tornando imprestável o caminho que já conduz o exercitante de um modo de vida insatisfatório para a necessidade de outro melhor, ou de sua existência dispersa para a utopia religiosa de um lugar unificador. Ele começa por neutralizar o discurso que desenvolve a mesma lógica. Ocorre uma pausa que proíbe o caminho que leva diretamente de uma situação para a seguinte. Entre as duas, entre aquela abandonada pelo exercitante e aquela que será assumida em decorrência da decisão permitida pelo retiro, há um ponto de fuga. Esse espaço vago oferecido ao desejo é o equivalente a uma festa: passagem por efusão desmesurada e suspensão momentânea de qualquer esforço. Entre um passo e outro, há um instante de desequilíbrio.

---

359. Cf. CERTEAU, FPM, p. 26: "*Magistri in affectus*", era a expressão utilizada para falar dos primeiros companheiros. "A árvore de ponta-cabeça" – imagem de origem platônica (o homem, "planta celestial") – é, em Pedro Fabro, o símbolo arquetípico dessa teologia; cf. *ibid.*, p. 89-90.

Nada tem de surpreendente que esse instante seja precisamente um limiar. No texto, o Fundamento é uma área fronteiriça, já estranha ao lugar que se deixa para vir ao retiro e, no entanto, independente da lei que organiza em quatro Semanas o local e os horários do retiro. Trata-se de uma beirada, de um entremeio.

Sem dúvida, essa seria a razão pela qual algo é confessado aí, que não se diz na regularidade dos lugares organizados e que só pode ser dito em trânsito, na passagem pelo limite. Sabemos que, nas conversações cotidianas (à semelhança do que se passa nas curas psicanalíticas), as palavras importantes são pronunciadas, quase sempre, no limiar da porta, no instante final ou na passagem entre dois lugares. *É por ocasião das rupturas que o importante é falado*. O mesmo acontece inclusive na vida das sociedades. A ruptura abre aos desejos um espaço na linguagem estabelecida: palavras e festas revolucionárias. O verdadeiro problema consiste em saber se essa fala que emerge da ruptura estará completamente desvinculada (ab-soluta) da ordem que vem ou retorna em seguida, e, portanto, "esquecida" como uma festa efêmera; ou, então, se e como é possível articular a partir de outro "lugar" e de uma nova ordem o que havia sido falado no entremeio, no momento da passagem.

Inácio empenha-se em tratar precisamente desse problema no que diz respeito ao exercitante quando ele conjuga a passagem ao mais absoluto limite com uma organização bastante estrita de regras, de lugares bem específicos, de representações compensatórias e de "chicanas"[360]: a primeira torna possível a fala de desejo que a segunda conduz a uma maneira de colocar em ordem a sua vida. O texto dos *Exercícios* foi implementado, aliás, no momento em que o próprio Inácio passa de seu tempo de "iluminado" (*alumbrado*) para o seu ingresso na vida estudantil, eclesiástica e, em breve, administrativa, ou seja, no momento em que ele mesmo põe em prática tal articulação.

O "Fundamento" (limito-me a esse aspecto) mantém, portanto, a ruptura, funcionando exatamente como o retorno ou a passagem para o *zero*, o que permite a constituição de uma *série*. Parece, com efeito, que se tem

---

360. É o "cenografista", o "fundador de língua" ou *logothète*, o organizador de *texto*, analisado por Roland Barthes, em "Exercices" (BARTHES, 1971, p. 43-80).

acesso a um maior grau de "verdade" da fala, ao que especifica em melhores condições o *dizer* em relação ao *fazer*, nas circunstâncias em que a fala é, no mais elevado grau, dessapossada da coisa, em que é dissociada da residência e da filiação, no risco e na lacuna do entremeio, no momento em que *dizer* é precisamente não *ter* lugar ou deixar de ter outro lugar além da própria fala. Então, reflui na linguagem, para se tornar fala [*parole*] – talvez, por meias-palavras [à *demi-mot*] – o que já não consegue ser possuído na presença, na frequentação e nas apropriações secretas implicadas em qualquer prática. A "fala" está vinculada à separação: ela surge em todos esses interstícios em que está registrada a relação do desejo com a morte, ou seja, com o limite. É a ausência, ou o desapossamento, que induz a falar.

Essa experiência pode ter diferentes sistemas. Ela é adotada no limiar do retiro como um princípio, ocorrendo chamadas ou citações, a seu respeito, em todo o período de duração dos *Exercícios*. Assim, no final das grandes encenações das "meditações" ("o chamamento do rei temporal", "a encarnação", as "duas bandeiras" etc.), os "colóquios" (ou orações) parecem abrir novamente um ponto de fuga, mas daí em diante relativo a determinado lugar: trata-se, então, de uma *saída*, enquanto o "Fundamento" situa-se na acolhida do exercitante, como uma *entrada*, antes das Semanas destinadas às meditações.

5 O fundamento de um itinerário

De qualquer modo, o "Fundamento" – em vez da apresentação de uma verdade universal, ou de um discurso geral do qual fosse possível, em seguida, tirar conclusões particulares – é o esquema de um movimento ou, se preferirmos, de um desprendimento. Relativo às aderências que identificam o desejo com um objeto, um ideal, um estado de vida ou uma linguagem religiosa, ele efetua uma decolagem, criando em relação a todos esses objetivos ou "lugares" uma distância que assume a forma da fala precária e fundamental. *O esvaecimento do determinado* cria o equivalente do que Rilke designa como "a linguagem da ausência"[361]. "O aberto é o poema". O desaparecimento

---

361. Carta em francês de 26 de novembro de 1925, endereçada a Sophy Giauque (RILKE, 1946, p. 83).

das coisas e o retorno ao silêncio abrem o espaço em que aparece o poema – "o espaço da morte e o espaço da fala" (BLANCHOT, 1968).

Mas enquanto Rilke mantém o poema nesse espaço e define um pelo outro, aqui a confissão do desejo não é poema, mas ponto de partida de *uma trajetória*. Ela enceta uma re-travessia e uma reorganização dos comportamentos efetivos, enunciando o próprio princípio segundo o qual uma nova articulação das práticas vai ou deve efetuar-se no decorrer do retiro. Mediante o que se *torna possível* pelo "Fundamento", pode-se reconhecer o funcionamento em determinado número de procedimentos dos *Exercícios*. Como exemplos, limito-me a indicar dois que me parecem ser particularmente importantes (e que conviria comparar com a prática da Sagrada Escritura em Inácio de Loyola)[362]: a construção do objeto a partir do desejo e a prática do distanciamento.

O primeiro procedimento refere-se à "vontade", tal como era entendida no século XVI. Nos *Exercícios*, a sua marca é o *id quod volo* (*lo que quiero*: o que eu quero) que tem sido sublinhado tantas vezes nos preâmbulos das meditações inacianas. Ele baseia-se no postulado de uma fé cristã: o que há de mais profundo e de menos conhecido em Deus (a inquietante estranheza de sua vontade) é o que há de mais profundo e de menos conhecido no homem (a inquietante familiaridade de nossa própria vontade). Assim, a tática inaciana reconduziria o exercitante ao indeterminado desse querer em vista de uma nova determinação de seus objetos. Vamos do *volo* para o seu objeto, itinerário possível graças ao movimento que consistia, antes de mais, em fazer com que o desejo do exercitante seja desembaraçado das primeiras representações em que estava fixado e, até mesmo, imobilizado. Nesse sentido, *a construção do objeto a partir de um "querer"* inscreve-se na linha do "Fundamento".

---

362. No essencial, essa prática da Escritura – ou operação de leitura – decompõe-se em dois momentos complementares. Há a Escritura enquanto ela *me leva a falar*: desperta em mim o que eu não teria conseguido dizer a meu respeito sem ela; e extrai de nós uma fala, mas fala de *fé* por ser indissociável da alteridade que a torna possível. Há também a Escritura enquanto *objeto destinado a produzir efeitos*: como tal, em vez de aparecer como um discurso da verdade, a Escritura manifesta-se como um *meio* de *fazer* a verdade; ela é, portanto, "tratada" (como se "trata" a bauxita), recortada e utilizada em função de regras que não dependem dela, estando todas relacionadas a uma produção.

O mesmo ocorre com a *prática do distanciamento*: aspecto ainda mais característico e complementar do precedente. As encenações e os tempos previstos para as estadias sucessivas do exercitante em cada um desses lugares não compõem a apresentação de uma doutrina, mas de preferência uma série de distanciamentos relacionados, em cada circunstância, à posição anterior. O importante não é a "verdade" de cada lugar – como se tivéssemos de levar em consideração os artigos de um *credo* ou de um catecismo –, mas o nexo criado, em relação ao lugar em que está o exercitante, pela "composição" de um novo lugar. As encenações (as meditações) ou as indicações de movimento (por exemplo, os pedidos sugeridos ao exercitante) reiteram o trabalho de uma diferença e desempenham o papel de um passo *suplementar* a ser dado. Em vez de verdades, essa série organiza operações, articulando não ideias, mas práticas (ou "exercícios") com o único objetivo de produzir um efeito de distanciamento proporcional à prática anterior.

Tal é o tipo de "discurso" inaugurado pelo "Fundamento" ao abrir um espaço livre para o desejo e ao colocar à distância as pretensões ou as representações imediatas do exercitante.

6 Um "discurso" organizado pelo outro

Há efetivamente "discurso", mas no sentido em que é entendido pelo texto: um discurso de práticas. O termo (*discurso*) intervém sobretudo no final dos *Exercícios*, nas "Regras para um maior discernimento dos espíritos"[363]. Ele designa uma série e o curso dos pensamentos: por um lado, uma relação entre momentos da experiência ("consolações", "desolações") ou entre lugares a percorrer (os pontos a serem meditados) e, por outro, o *sentido* ou a orientação da série. Assim, a "consolação" – ou a "desolação" – não poderia ser considerada por si só; é impossível atribuir um sentido a uma ou à outra,

---

363. EESI n° 333-334, p. 178-180; e n° 336, p. 181. Nos outros usos (n° 19, p. 23-24; e n° 243, p. 135), ele designa também um percurso a seguir, a ordem de um desenrolar.
N.T.: "O termo 'espíritos', empregado nas regras seguintes [n° 314ss., p. 169], significa, em sentido amplo, os vários movimentos, impulsos, chamamentos, apelos e atrações da alma; são nossas experiências espirituais concretas, consideradas em relação à sua fonte original (boa ou má)". Cf. *Exercícios espirituais*, 2015, p. 169, n. 113.

considerada isoladamente, como se a primeira exprimisse a "aprovação" de Deus e a segunda, o seu "descontentamento". O sentido é o resultado da *relação* entre elas e da *direção* indicada por esta. O único sinal a ser levado em conta é o curso dos pensamentos (EESI n° 331, p. 178; e n° 333, p. 178-179).

Em sua singularidade, nenhum momento tem valor; nenhum lugar é verdadeiro ou falso; nenhuma objetividade é, portanto, sagrada; nenhuma linguagem é invulnerável. Eles só *adquirem sentido* inscritos em uma relação dinâmica, dependendo das *trajetórias* do exercitante.

A recíproca dessa análise do modo sob o qual se manifesta o sentido é uma produção técnica: o texto multiplica artificialmente as diretrizes destinadas a fazer aparecer séries, graças à intercorrência de tentativas, variantes, hipóteses arbitrárias e contramedidas[364]. O objetivo consiste não em esgotar todos os recursos de uma verdade, mas em construir um discurso que organiza, mediante uma sucessão de distanciamentos, a manifestação do desejo na efetividade de uma situação: essa será a "eleição" ou a escolha. Em suma, um cálculo permite a produção do sentido.

Em cada etapa, o sistema que estabelece um lugar claramente delineado vai convertê-lo, portanto, no meio de *deixar o lugar* para um outro, e assim por diante. Esses lugares estão separados, por conseguinte, mediante uma ruptura que não é superada por nenhuma explicação ou ideologia e que, em última análise, remete ao itinerário efetuado pelo exercitante: a ruptura entre os lugares é, no texto, o vestígio do outro para o qual ele é destinado. Já dessa maneira, a composição de lugares permite o desdobramento de diligências diversificadas, sem substituí-las. Por isso, ela deixa o lugar para a experiência da qual organiza a explicitação; assim, ela não descreveria a experiência. O relato é proibido, marcado somente nesses interstícios que indicam o *lugar do outro*, fora do texto [*hors texte*].

No decorrer dos *Exercícios* previstos para decorrerem no período de quatro "Semanas", assim como no princípio e fundamento deles, tudo

---

364. Por exemplo: se você está inclinado a fazer deste modo, tente o oposto etc. Cf. em BARTHES, *op. cit.*, p. 76-79 ("La balance et la marque" [A balança e a marca]) a análise desse sistema: "Um paradigma de dois termos é dado; um dos termos define-se contra o outro".

pressupõe o desejo (ou a "vontade") que vem de alhures, circula, procede a várias tentativas e se manifesta em uma série de relações aos objetos apresentados pelo libreto. O próprio texto funciona, portanto, como *uma expectativa do outro*, um espaço colocado em ordem pelo desejo. Ele é o jardim construído para um andarilho vindo de alhures. Mediante rupturas e silêncios, ele marca esse lugar que não ocupa. O que reúne as peças ordenadas em vista de um discernimento é a ausência do outro – o exercitante – que é o seu destinatário, mas que é o único a fazer a viagem. Uma viagem para a qual não existe nenhuma descrição, nem teoria.

Convém reconduzir igualmente a totalidade dos *Exercícios* a essa estrutura, cujas composições de lugares fornecem um primeiro indício. O livro é composto por grandes blocos. A implementação das quatro "Semanas" é apenas um deles: o segundo. Ele é precedido por um bloco de *Anotações* e seguido por um bloco que reúne *maneiras de rezar*[365], além de outro constituído por uma sequência de esquemas e de seleções *evangélicos*; e, finalmente, por uma série de *Regras*. Esses conjuntos correspondem a diferentes funções: nenhuma lei inscrita no texto procede à sua hierarquização ou à sua verificação em torno de um enunciado que seria o centro ou a "verdade" dos *Exercícios*. No entanto, eles obedecem a uma lei comum, mas situada fora deles e fora do texto. As conexões entre eles definem-se pela relação que cada um estabelece com uma extra-textualidade, com um não enunciável. Essa distribuição ordenada "mantém-se" por seu exterior. O que significa também que essa pluralidade adquire o seu sentido global como outro. O texto é estruturado por esse *outro* que ele não exprime – a experiência do exercitante – que não é substituído por nenhum saber e para o qual, mediante todas as disposições previstas, se reserva o lugar.

Essa "maneira de proceder" é uma maneira de deixar espaço para o outro. Ela mesma inscreve-se, portanto, no processo do qual vem falando desde o "princípio" e que, em seu desdobramento total, consiste, para o texto, em deixar espaço para o "Diretor"; para o diretor, em deixar espaço para o exer-

---

365. Bloco do qual faz parte a "Contemplação – para alcançar o amor" *(EESI nº 230-237, p. 129-132).*

citante; para este, em deixar espaço para o desejo que lhe vem do Outro. A esse respeito, o texto faz o que diz. Ele se constitui abrindo-se. Ele é o produto do desejo do outro. É um espaço construído por esse desejo.

O texto que articula assim o desejo sem tomar o seu lugar só funciona se for praticado pelo outro e se houver um Outro. Ele depende de seu destinatário que é também o seu princípio. O que acontece com este texto quando lhe faz falta o seu Outro? O discurso não passa de um objeto inerte quando não vem o visitante que ele aguarda, e se o Outro é apenas uma sombra. Nada resta disso além de uma ferramenta ainda marcada por presenças desaparecidas, se, fora dele, deixa de haver espaço para o desejo que o havia organizado. Ele não dá o que pressupõe. Trata-se de um espaço literário que só adquire sentido mediante o desejo do outro.

Capítulo 11
Montaigne: "Dos canibais"*

> "Teríamos necessidade de topógrafos..."
> (*Ensaios*, I, 31, p. 258)[366]

Se dermos crédito a Montaigne, o próximo dissimula algo estranho. Assim, o "cotidiano" apresentaria "efeitos tão admiráveis quanto aqueles que vamos coletar em países estrangeiros e de outras épocas" (II, 12, p. 195). Para retomar o ensaio, sobejamente conhecido, "Dos canibais" (I, 31), estou partindo do pressuposto de que esse texto familiar tenha a capacidade de surpreender. Ele questiona-se precisamente sobre o *status* do estrangeiro: quem é "bárbaro"? O que é o "selvagem"? Em suma, qual é o lugar do outro?

1 Topografia

Essa indagação questiona tanto o poder à disposição do texto para compor e distribuir lugares, além de se tornar um relato do espaço[367], quanto a necessidade, para ele, de definir a sua relação com o assunto abordado, ou seja, de construir o seu próprio lugar. O primeiro aspecto diz respeito ao espaço do outro; o segundo, por sua vez, ao espaço do texto. Por um lado, o texto efetua uma operação espacializante, cujo efeito consiste em fixar ou deslocar as

---

* Cf. a referência completa a respeito deste texto na "Introdução", p. 7ss.
366. Cito o texto de *Essais* em MONTAIGNE, *Œuvres complètes*. M. Rat (ed.). Paris: Gallimard, Bibliothèque de la Pléiade 1962, recorrendo, se necessário, à edição preparada por P. Villey ou por A. Armaingaud; as citações sem referência explícita remetem ao ensaio "Des Cannibales" (I, 31). N.T.: Para esta tradução, cf. MONTAIGNE, *Ensaios* – livro I, II, III. Trad. de Sergio Milliet, 2. ed., 1987.
367. Cf. CERTEAU, IDQ1, "Relatos de espaço", p. 199.
Para a descrição completa das siglas, cf. quadro em "Referências bibliográficas", p. 425.

fronteiras que delimitam campos culturais (o familiar *versus* o estranho). Ele trabalha as distribuições espaciais que subentendem e organizam uma cultura[368]. Mas para modificar, fortalecer ou desestabilizar essas fronteiras socioculturais ou etnoculturais, é necessário um espaço de intercorrências que estabeleça uma diferença do texto, torne possível as suas operações e sirva de fundamento a seu "crédito" junto aos leitores, distinguindo-o de suas condições (um contexto) e de seu objeto (um conteúdo). Esse ensaio de Montaigne funciona simultaneamente como um *Index locorum* (uma redistribuição do espaço cultural) e como a afirmação de um lugar (um local de enunciação); no entanto, esses dois aspectos só são dissociáveis formalmente, uma vez que, de fato, o trabalho do texto a partir do espaço produz, ao mesmo tempo, o espaço do texto.

O livro IV, "Melpômene", da *História* de Heródoto, dedicado aos citas – mencionado duas vezes no ensaio "Dos canibais", do qual constitui uma condição prévia fundamental (em uma história "arqueológica" do "selvagem") –, adota um procedimento semelhante, combinando uma *representação do outro* (que opõe o nômade da Cítia ao citadino ateniense, ou o não lugar bárbaro à *oikouméne* grega) com a fabricação e o credenciamento do *texto como testemunha do outro*. Ao descrever o cita é que o texto de Heródoto constrói o seu próprio lugar: ao especificar as operações que produzem um espaço "bárbaro" distinto do grego, ele multiplica as marcas enunciativas ("vi", "ouvi" etc.) e as modalizações (é evidente, suspeito, inadmissível etc.) que, a propósito das "maravilhas" relatadas (o *thôma*), organizam o lugar a partir do qual ele pretende ser ouvido e tornar-se crível (cf. HARTOG, F., 1980). Temos a produção simultânea de uma imagem do outro e de um lugar do texto.

Atribuindo-se uma função de intermediário, ou de saber (*histôr*, aquele que sabe), entre o *logos* grego e o seu outro bárbaro, o livro de Heródoto desenvolve-se também em uma dinâmica sobre os intermediários. No plano da história relatada, o intermediário é o persa que penetra no território dos citas antes de atacar os gregos, além de desempenhar o papel de terceiro e de revelador entre uns e os outros. No plano da produção de uma verdade ou de um

---

368. Cf. em particular, os estudos de Yuri Lotman. In: LOTMAN & OUSPENSKI, 1976.

histórico verossímil, ou seja, da produção do próprio texto, o intermediário é constituído pelas testemunhas, pelos intérpretes, pelas lendas e pelos documentos – dizeres dos outros sobre o outro – manipulados e modalizados por Heródoto mediante uma prática sutil e permanente do distanciamento, de maneira a distinguir aí o seu próprio "testemunho", o entremeio em que se edifica a ficção do discurso que, destinado aos gregos, aborda simultaneamente o grego e o bárbaro, um e o outro.

O ensaio "Dos canibais" increve-se nessa tradição heterológica em que o discurso sobre o outro é o meio de construir um discurso autorizado pelo outro, apresentando as mesmas características estruturais do IV livro de Heródoto, embora a utilização delas seja diferente. Desse ponto de vista heterológico, ele remete ainda mais à "Apologia de Raymond Sebond" (II, 12). Esses dois ensaios emergem da mesma problemática: uma circularidade entre a produção do Outro e a do texto. Deus e o canibal – igualmente, inapreensíveis – recebem do texto o papel de serem a fala em nome da qual uma *escrita* tem lugar, mas um lugar incessantemente alterado pelo fora-do-texto [*hors-texte*] inacessível que permite a sua existência.

2 Um relato de viagem

O ensaio desenrola-se em três etapas que lhe conferem a estrutura de um relato de viagem[369]. Há, em primeiro lugar, a viagem de ida: busca do estrangeiro, supostamente diferente do lugar que lhe fixa, à partida, o discurso da cultura. Esse *a priori* da diferença, postulado da viagem, implica uma retórica de distanciamento nas narrativas, sendo ilustrado por uma série de surpresas e discrepâncias (monstros, tempestades, períodos de tempo longos etc.) que, ao credenciar a alteridade do selvagem, habilitam também o texto a falar de alhures e a se tornar crível. Em Montaigne, a partir do mesmo postulado inicial (a não identidade entre o canibal e a sua designação), a travessia tem aparência linguística. Ela consiste em tomar distância em relação às representações próximas: em primeiro lugar, a opinião (aquele que fala

---

[369]. A respeito dessa estrutura, cf. CERTEAU, ECH, p. 215-248: "Ethno-graphie. L'oralité ou l'espace de l'autre: Léry".

de "bárbaros" e de "selvagens"); em seguida, as fontes antigas (a Atlântida de Platão e a ilha do Pseudo-Aristóteles); e, por fim, as informações contemporâneas (as cosmografias da época, Thévet etc.). A respeito desses discursos cada vez mais admissíveis, o ensaio repete: não se trata disso, nada mesmo... A crítica das vizinhanças afasta de nossas regiões tanto o selvagem, quanto o narrador.

Segue-se um esboço da sociedade selvagem, tal como ela é em si mesma, revelada por uma testemunha "verdadeira". Para além das palavras e dos discursos, aparece o "corpo" selvagem, bela organicidade natural em que se equilibram a conjunção (um grupo "indiviso") e a disjunção (guerra entre homens, diferença de funções entre os sexos). À semelhança da obra de Jean de Léry, *Histoire d'un voyage fait en la terre du Brésil* (1578 [História de uma viagem à terra do Brasil]), esse quadro "etnológico" situa-se entre o relato de uma ida e o de uma volta. Uma imagem a-histórica, pintura de um corpo novo, é emoldurada por duas histórias (a ida e a volta) que têm o valor de metadiscurso pelo fato de que a narrativa fala aí de si mesma. Nos relatos de viagem, esse "enquadramento" histórico mantém uma relação dupla com a pintura de que ele é a moldura: por um lado, ele é necessário para garantir a estranheza da pintura. E, por outro, ele tira dessa representação a possibilidade de se transformar a si mesmo: o discurso que tinha ido em busca do outro com a tarefa impossível de dizer o que é verdadeiro volta de lá com a autorização de falar em nome do outro e de se tornar crível. Essa propriedade peculiar tanto à história (metadiscursiva), quanto à pintura (descritiva) para se habilitarem mutuamente, vamos encontrá-la em Montaigne, mas tratada à sua maneira.

A pintura da sociedade selvagem está conectada, por outra característica, aos relatos de viagem, organizando-se em torno de duas questões estratégicas: a antropofagia e a poligamia. Essas duas diferenças cardeais utilizam não só a relação da sociedade selvagem com a sua exterioridade (a guerra) e com a sua interioridade (o casamento), mas também o *status* tanto do homem, quanto da mulher. Montaigne inscreve-se em uma longa tradição (antes e depois dele) ao transformar essas duas "monstruosidades" em formas de uma "beleza" relativa a serviço do corpo social; no entanto, ele confere valor ético ao que se apresenta – por exemplo, em Jean de Léry – como uma beleza do tipo estético e técnico.

A terceira etapa é a da volta, retorno do viajante-narrador. Nesse ensaio, é o próprio selvagem – considerado inicialmente como alguém ausente das representações comuns, antigas ou cosmográficas – que, por sua vez, retorna ao texto. À semelhança do que se passa com Kagel (*Mare nostrum*), ele introduz-se em nossas linguagens e em nossos territórios. Ele vem para o relato. Ou melhor, a sua fala torna-se cada vez mais próxima por suas "canções", pelas "opiniões" e "respostas" dirigidas por ele, em Rouen, a interlocutores próximos ao narrador; enfim, pelo que "ele me diz". O texto restitui essa fala que passa por ser um espectro no nosso palco. O relato torna-se o dizer do outro ou, pelo menos, torna-se *quase* isso, visto que a mediação de um intérprete (e sua "estupidez"), as vicissitudes de uma tradução ou os lapsos da memória estabelecem – como em Léry (1580, cap. 20) –, uma fronteira *linguística* entre a fala do selvagem e a escrita do viajante.

3 O colocar à distância, ou à defecção do discurso

A primeira etapa relata uma série de desaparecimentos. Os canibais escapam às palavras e aos discursos que lhes fixam um lugar, assim como, no início do livro IV de Heródoto, os citas desaparecem dos lugares sucessivos nos quais o exército persa tenta capturá-los. Eles não se encontram no lugar em que andam à sua procura[370]; eles nunca estão *aí*. O nomadismo não é um atributo do cita ou do canibal, mas a sua própria definição; é estrangeiro o que escapa ao lugar.

Desde o início, esse ensaio estabelece a dissociação entre o nome e a coisa. Tal postulado nominalista, que subentende também o discurso místico da época, tem a ver com uma posição firme: "Há em tudo o nome e a coisa; o nome é uma palavra que *remerque*[371] e significa a coisa: não faz parte desta,

---

370. Nomadismo análogo ao de Montaigne: "Não me encontro onde me procuro..." (I, 10, p. 126).
371. Marca, designa.

nem de sua substância, mas é um acessório estranho que se lhe junta e vem de fora" (II, 16, p. 319). É a "coisa", em primeiro lugar, que é algo estranho; nunca está no lugar que lhe é atribuído pela palavra. Dessa diferença generalizada, o canibal seria apenas uma variante, mas típica pelo fato de que, supostamente, estabelece uma fronteira. Assim, ao trapacear as identificações, ele introduz uma desordem que questiona todo o simbólico. A delimitação global de "nossa" cultura pelo selvagem diz respeito, de fato, ao total esquadrinhamento do sistema que se apoia nessa fronteira e pressupõe, como no *Ars memoriæ* (cf. YATES, 1966), que há um *lugar* para cada *figura*. O canibal é, à margem, uma figura que sai dos lugares e, assim, provoca um tumulto em toda a ordem topográfica da linguagem.

Essa diferença, progredindo através dos códigos à maneira de uma rachadura, é abordada por esse ensaio no duplo nível da palavra ("bárbaro", "selvagem"), unidade elementar da nomeação, e do discurso, considerado sob a forma dos testemunhos referenciais (antigos ou contemporâneos). As identidades formuladas nesses dois níveis pretendem definir o lugar do outro na linguagem. Montaigne, por sua vez, limita-se a detectar aí "ficções" que são os efeitos de um lugar; para ele, esses enunciados não passam de "contos" relacionados com os lugares particulares da respectiva enunciação; em suma, eles significam não a realidade de que estão falando, mas aquela que lhes serve de ponto de partida e é dissimulada por eles, ou seja, o lugar de sua elocução.

Essa crítica não pressupõe, no texto de Montaigne, uma garantia da verdade que viesse a permitir-lhe julgar os contos. A defecção dos nomes e discursos deve-se unicamente à sua aproximação. Ao serem colocados em contato, eles destroem-se reciprocamente: cacos de espelhos, defecção de imagens, em cadeia.

No plano do discurso, ou dos testemunhos, o texto leva três referências importantes a interferirem umas nas outras: a opinião comum (a *doxa*, que é também o recebido, o verossímil, ou seja, o discurso do outro); a opinião dos Antigos (a tradição); e a dos Modernos (a observação). A operação envolve três tempos: a "opinião vulgar" ou "voz comum" é rejeitada por estar privada da "razão", testemunhada pelos exemplos da Antiguidade (Pirro, os gregos, Philippus [Filipe 5º da Macedônia] etc.). Por sua vez, os Antigos (Platão citando Solon que cita sacerdotes egípcios, e Aristóteles – se é que se trata dele – citando os cartaginenses) são descartados em nome das informações fornecidas pelos viajantes e cosmógrafos contemporâneos. Esses modernos, "pessoas eruditas", são finalmente rejeitados por falta de fidelidade: eles exageram na descrição dos "contos" que visam valorizar a respectiva posição, além de substituírem uma observação parcial por uma globalidade fictícia[372]. Por conseguinte, voltamos ao homem "simples", mas enquanto ele é viajante (o que faz falta aos Antigos) e fidedigno (o que faz falta aos Modernos). Esse artesão da informação será o pivô do texto.

Percorrendo sucessivamente as três autoridades do discurso, esse *travelling* crítico descreve também, à semelhança de uma curva, as três condições do testemunho (razão, informação, fidelidade), mas elas apresentam-se exteriores umas das outras: na circunstância em que uma está presente, a outra faz falta. Trata-se de uma série de disjunções: fidelidade sem razão, razão sem conhecimento, conhecimento sem fidelidade. Ela funciona a partir da extraposição das partes cuja conjunção seria necessária. Dessa totalidade disseminada em particularidades estranhas umas às outras, permanece apenas a forma, relíquia obcecante, modelo repetido nas "invenções" da poesia, da filosofia ou da impostura: o esquema totalizante exerce aí uma restrição sobre conhecimentos particulares, tomando o seu lugar. Em última análise, "abarcamos tudo, mas só conseguimos segurar vento". O "simples", pelo contrário, confessa a particularidade de seu lugar e de sua experiência; nesse aspecto, ele já esboça o selvagem.

Os discursos rejeitados por esse ensaio apresentam-se como uma série de positividades que, feitas para estarem juntas (simbólicas), encontram-se desencaixadas (dia-bolizadas) por uma distância entre elas. A exterioridade que leva cada uma a transigir é a própria lei do espaço. Colocada sob o signo

---

[372]. Ao dirigir aos historiadores a crítica que já havia feito contra os cosmógrafos, Montaigne prefere também, na história, "os simples que não acrescentam ao texto algo de seu" (II, 10, p. 159). Cf. I, 27; II, 23; III, 8. • Cf. tb. CÉARD, 1977, p. 424ss.

da disjunção paradigmática, a sequência composta por três elementos desarticulados visa o impossível ponto central de sua conjunção, o qual constituiria um verdadeiro testemunho – o dizer da coisa. Aliás, é notável que essa "sequência" tenha a estrutura do discurso *escrito*: disseminação *espacial* dos elementos destinados a uma impossível simbolização, o escrito conduz também à inacessibilidade (pela própria exterioridade dos grafos, uns em relação aos outros) a unidade que ele visa (a coisa ou, então, o sentido), assim como aquela que ele pressupõe (o locutor).

A mesma operação repete-se no campo do nome, efetuando-se em uma paisagem de coisas agitadas, movediças e desfalecidas: a Atlântida submersa, o conjunto Itália/Sicília desconjuntado, o território da Gasconha com a orla marítima variável, a delimitação oscilante do departamento da Dordonha, ou o autor refugiando-se sob o suposto texto de Aristóteles. A partir desses corpos, além da incerteza da ruptura, a realidade é instável. Como será possível determinar margens que permitam distinguir um outro relativamente a cada um deles? A tarefa da nomeação consiste em fixar o próprio de cada qual e em estabelecer limites para a sua deriva.

Assimilada à separação entre a terra e as águas, a diferença instaurada pelo termo "selvagem" é o gesto que, em princípio, inaugura a gênese de uma linguagem da "cultura". Assim, tornar-se-ia o tema de um grande debate contemporâneo (cf., por ex., BITTERLI, 1976). Nesse ensaio, o conjunto "bárbaro e selvagem" é *recebido* da opinião como um *fato* de linguagem, mas é estilhaçado pelo trabalho do texto do mesmo modo que a unidade Itália-Sicília (*tellus una*) havia sido "desconjuntada" pelo trabalho do mar. Esse trabalho remove a palavra de seu uso corrente (o selvagem, ou o bárbaro, é o outro) para desdobrar a sua polissemia, desenraizando-a das convenções sociais que a definiam, a fim de restitui-la à sua mobilidade semântica. Então, "selvagem" deriva em direção a "natural" (assim, os frutos selvagens) e vem opor-se seja ao "artifício" que altera a natureza, seja à "frivolidade". Em ambas as hipóteses, esse deslizamento afeta a palavra "selvagem" com uma conotação positiva. O significante move-se, esquiva-se e troca de lado*.

---

* E o original prossegue: "Il court, il court, le furet"; cf. mais acima, N.T., cap. 1, p. 42.

Por sua vez, a palavra "bárbaro" abandona o seu valor substantivo (os bárbaros) para adquirir um valor adjetivo (cruel etc.). A análise de Montaigne deixa a palavra solta, evitando atribuir-lhe outra definição. Mas se ela observa uma essência incerta afastar-se da palavra – e, portanto, recusando-se a dar nome a *seres* –, acaba questionando-se sobre as modalidades às quais pode convir tal *predicado* (um adjetivo). Ela procede assim a partir de um modo triplo que revela ainda mais nitidamente a inadequação da palavra a seu suposto referente: a ambivalência ("bárbaros" são tanto os canibais por sua "ingenuidade original" quanto os ocidentais por sua crueldade); a comparação (as nossas práticas são mais bárbaras do que as deles); a alternativa (temos de decidir se os bárbaros são eles ou nós, e não são eles).

O termo, portanto, desfaz-se, funcionando como um adjetivo relacionado com lugares que têm o valor de substantivos indefinidos. Ele estilhaça-se em pedaços disseminados pelo espaço, dispersando-se em significações contrárias, afetável igualmente a categorias outrora separadas cuidadosamente: assim, "selvagem" pode permanecer lá em seu território, mas com um sentido invertido, enquanto "bárbaro" pode retornar aqui, atribuído ao próprio lugar que o excluía. Dessa forma, o lugar dos canibais está esvaziado – vacante e distante. Onde é que eles estão? Essa primeira parte do ensaio vai colocá-los fora de alcance.

Aliás, a intercorrência relativa aos discursos e às palavras vai produzir, além desse distanciamento, o próprio espaço do texto, mas sem baseá-lo em uma autoridade ou em uma verdade peculiar. A "ida", geradora desse espaço textual, tem a forma de um metadiscurso: trata-se de uma crítica da linguagem em nome unicamente dela mesma. Análoga a uma crítica textual, ela desdobra-se em uma série de "testes" negativos (como nos contos folclóricos ou nos relatos de viagem) que constituem a linguagem como relação ao que ela é incapaz de apropriar-se, ou seja, como relação a um *hors-texte*. Um trabalho linguístico produz assim uma primeira figura do outro.

4 Do corpo à fala, ou a enunciação canibal

É efetivamente enquanto *hors-texte*, enquanto imagem, que o canibal aparece na segunda parte desse ensaio. Após a viagem crítica através das linguagens do tornar crível, eis que "vemos" a sociedade selvagem, oferecendo à "experiência" presente uma realidade mais surpreendente do que as ficções do mito (a era de ouro) ou as concepções da filosofia (a *República* de Platão). Esse esboço é introduzido por um ator simples (um "homem simples e rústico"), além de familiar ("... que tive durante muito tempo a meu lado" e "o meu informador") que faz gravitar o texto, permitindo-lhe que passe desses discursos fragmentados para a fala fidedigna. O texto troca de registro. Daí em diante, há de desenvolver-se em nome de uma fala: em primeiro lugar, a do homem simples; e, em seguida, a do selvagem. De uma para a outra, há continuidade: elas têm em comum o fato de serem fidedignas, apoiadas em um corpo que experimentou a provação – a da viagem (a testemunha) ou a do combate (os canibais) –, além de não estarem alteradas pela habilidade do discurso para ocultar o particular sob a ficção da generalidade (em relação à primeira, ela é "incapaz de inventar", e no caso dos segundos, "nenhum tipo de literatura"). O homem que "havia permanecido dez ou doze anos nesse outro mundo" possui virtudes semelhantes às dos selvagens: o que eles são em seu território, ele o é aqui.

Esse "analfabeto" que apoia a sua fala no que o seu corpo havia experimentado e que não adiciona à sua descrição nenhuma "glosa", assume desde o século XIV a figura (antiteológica e mística) do *Idiotus*, que se havia tornado famosa pela história estrasburguesa do "Ami de Dieu" [Amigo de Deus], oriundo de Oberland – portanto, selvagem –, e que conhece por experiência a seu respeito mais do que todos os doutores em teologia, incluindo o influente místico e pregador alsaciano, Tauler (CERTEAU, t. 44, 1968). O canibal irá alojar-se nesse lugar do *Idiotus* que, há dois séculos, é o único a permitir "uma nova linguagem". Mas, a aparição do canibal nesse lugar esvaziado – preparada, de acordo com essa mesma tradição, por uma crítica contra os discursos estabelecidos – é anunciada pela testemunha que "havia feito a viagem" e que, profeta analfabeto, limita-se a certificar o que o seu corpo tinha *experimentado* e *visto*. Por esse discreto – e, no entanto, fundamental – mediador entre o *Idiotus* do velho mundo e o selvagem do novo, Montaigne não especifica apenas, à semelhança dos teólogos místicos da época, a fala (do ponto de vista qualitativo) diferente em nome da qual um discurso pode ser "reformado" e/ou inovar; graças ao Atlas anônimo que carrega o espelho da sociedade selvagem, ele confere a essa representação um conteúdo que servirá de metáfora para o seu próprio discurso.

É possível questionar-se sobre o motivo pelo qual o texto dissimula, sob a autoridade dessa fala "simples", as fontes literárias que lhe servem de substrato: Gómara[373], Thévet (1557 e 1575), provavelmente Léry, mas com certeza ainda não Las Casas (BATAILLON, 1959) etc. Nenhuma citação desses autores[374]. Sem dúvida, por essa obliteração de informações de segunda mão, Montaigne estaria adotando a "maneira" de alguns desses relatos rejeitados por ele e que pretendem (a exemplo de Léry) limitar-se a falar em nome da experiência – ao passo que outras narrativas (aliás, assim como os mapas) combinam explicitamente os dados recebidos da tradição com os da observação. Um apelo aos sentidos (ouvir, ver, tatear) e uma relação com o corpo (tocado, gravado ou testado pela experiência) parecem ser as únicas maneiras capazes de aproximar e garantir, sob formas singulares, embora irrecusáveis, a realidade perdida pela linguagem. Uma proximidade é, portanto, necessária, a qual assume em Montaigne a dupla forma do viajante e da coleção privada que, além de estarem nele, lhe pertencem. Desse ponto de vista, a conformidade com os livros deixa de ser pertinente; trata-se de uma (auspiciosa) coincidência. Pelo fato de "esquecê-los" e de mantê-los à distância, o texto modifica o *status* deles (mesmo que a erudição, hoje, compete às fontes ao acreditarem explicá-lo). Ele desloca o que reivindica autoridade,

---

373. À obra – *Historia General de las Indias* de Francisco López de Gómara (1552), traduzida para o francês por Martin Fumée (1584) –, conviria, aliás, acrescentar a tradução do livro em italiano de Girolamo Benzoni (1565) por U. Chauveton (1579); • assim como a tradução por Simon Goulard, *Histoire de Portugal* (1587), do original em latim, J. Osório (1571) etc.

374. Sem mencionar outras referências, desta vez, antigas, a começar pela *Odisseia* (VII-XIII), cujos Ciclopes (acantonados nas ilhas Lipari, ao que parece, entre a Itália e a Sicília) fornecem um modelo de "selvagens" (sem leis nem comércio, antropófagos etc.) que se parece muito com o dos viajantes – ou do próprio Montaigne – no século XVI. • Cf. DION, 1969.

mesmo que, como sempre, não deixe de repetir fatos conhecidos e discursos anteriores.

Apresentando-se assim, por toda a parte, como o discurso indireto de um dizer "fidedigno" (apesar de ter deixado de citá-lo)[375], o quadro da sociedade selvagem começa revelando um belo corpo "indiviso" que não é dilacerado pelo comércio, nem pela partilha de bens, nem pela hierarquia, tampouco pela mentira. A descrição refere-se inteiramente a esse corpo e gira a seu redor – um corpo unificado, glorioso ("sem ninguém que seja epiléptico, remeloso, desdentado ou curvado pela idade"), correspondente à "visão apolínea" do selvagem que está competindo, então, nos relatos de viagem, com a sua figuração diabólica (cf. LESTRINGANT, 1978)[376]. Afirma-se uma presença de corpo. Uma realidade tangível (Montaigne "provou" a mandioca deles) e visível (ele vê em sua casa os móveis e ornamentos deles). No início, há esse corpo, primeiro no tempo ("são homens que saem das mãos dos deuses *viri a diis recentes*"), e no qual tem origem um novo discurso.

O acúmulo quase rabelaisiano de detalhes relacionados a esse físico do protótipo apresenta duas exceções que encetam uma virada: a primeira diz respeito à moradia simbólica dos mortos (as almas que bem mereceram dos deuses estão alojadas no Oriente, do lado do Novo Mundo onde o sol se levanta, enquanto as "amaldiçoadas" no Ocidente, do lado em que um mundo chega ao fim); e a segunda exceção, o castigo dos "sacerdotes e profetas" que abusam da linguagem em assuntos incognoscíveis e, portanto, servem-se disso à maneira dos discursadores ocidentais. Desse modo, anuncia-se o motivo essencial do desenvolvimento subsequente: o corpo selvagem obedece a uma lei, a da fala fidedigna e verificável.

Eis o que mostra a análise dos dois únicos "artigos" contidos na "ciência ética" dos selvagens: "a coragem contra os inimigos e a afeição por suas esposas". Por ser considerada sob a perspectiva da vítima (o heroísmo do derrotado) e não do carrasco, a antropofagia revela na guerra uma ética da

---

375. Salvo uma vez, no início da argumentação: "de acordo com o que me disseram as minhas testemunhas"...
376. Cf. LESTRINGANT, 1978; • Cf. tb. 1994.

fidelidade; pelo fato de ser vislumbrada também do ponto de vista do serviço (a "solicitude" das mulheres) e não do poder masculino, a poligamia desvela igualmente um grau mais elevado da fidelidade conjugal. Esses dois pontos escandalosos da sociedade, supostamente bárbara, constituem na realidade *uma economia da fala*, cujo preço é pago pelo corpo. Uma reviravolta de perspectiva transforma o corpo solar do selvagem em um valor sacrificado à fala. Assim, Donatello, no final de sua vida, quebrando o corpo apolíneo, inventado por ele mesmo, para esculpir nessa peça a dor do pensamento. Verifica-se também a mudança do estilo: de uma nomenclatura bulímica, dicionário do corpo selvagem, passamos para uma argumentação ampla e bem delimitada, construída com bastante minúcia, alternadamente veemente e lírica:

 - Tese: A sociedade selvagem é um corpo a serviço do dizer. Ela é o *exemplum* visível, palpável e verificável, que realiza à nossa frente uma ética da fala.

 - Demonstração: A antropotrofagia é o ponto culminante de uma guerra que não visa a conquista de novas terras ou um interesse qualquer, mas o "desafio" à honra e a obtenção da "confissão" do vencido até a morte. "A recompensa do vitorioso é a glória". A poligamia, por sua vez, pressupõe o maior desprendimento por parte das mulheres que trabalham juntas, sem ciúmes, a serviço da "coragem" e da "virtude" do marido. Em ambos os casos, o valor da fala é afirmado pela "perda" de interesse e pela "ruína" do próprio corpo; tal valor define-se como uma "derrota triunfante". A comunidade canibal está fundada nessa ética. Ela vive também disso porque a fidelidade heroica à fala é precisamente o que produz a unicidade e a continuidade do corpo social: o guerreiro devorado alimenta os adversários com os seus próprios antepassados; além disso, as mulheres contribuem para a reprodução dos homens dotados de maior valentia. A ética da fala é também uma economia.

 - Ilustração: para avaliar a virtude do antropófago, convém levar em consideração os exemplos mais heroicos da coragem grega (Leônidas ou Íscolas); para compreender a generosidade exigida pela poligamia, é preciso recorrer às mais elevadas figuras femininas da Bíblia (Leia, Raquel, Sara), acompanhadas pelas figuras da Antiguidade (Lívia, Estratonice). O ouro mais puro da tradição serve de auréola a esses canibais.

- Poética: duas "canções" – uma de caráter bélico, e a outra de amor –, confirmam a análise por uma beleza que já não vem do corpo, mas que é aquela, consciente e criativa, do poema[377]. Um cântico surge da paixão ética. O belo corpo selvagem só está lá para dar origem, ao morrer, à fala elegante; ele chega ao fim com um poema, novo *Mythos*. Assim, retorna a Fábula – o Dizer – instauradora de um recomeço de história, mas ela é verídica, presente, e há de tornar-se eloquente para nós.

Essa Fábula canibal já não pertence aos discursos, não dependendo dos enunciados (verdadeiros ou falsos), mas é *um ato enunciativo*. Ela nada transmite e não se transmite: tal ato é instituído ou, então, ela não existe. Desse modo, ela não seria manipulada como uma lenda ou uma narrativa, nem destacável de um lugar particular (trata-se de "um conhecimento especial"), de um desafio interlocutório (em face do inimigo) e de uma perda que é o preço a pagar por ela (um desapossamento). No entanto, fala fidedigna em vez de sua enunciação, ela ergue-se ao perder o que lhe serve de apoio. A epifania do corpo selvagem é apenas uma mediação necessária para garantir a passagem do enunciado (um discurso transportável e interpretável de um lugar para outro, além de ser, por toda a parte, enganador) para a enunciação (ato enraizado na coragem de dizer e, por conseguinte, verídico). Tendo assumido o lugar da positividade maligna do discurso, enunciado móvel e mentiroso, a enunciação metade-divina e metade-animal do belo corpo é trocada pela enunciação humana e mortal do poema, desafio e dedicatória ao outro.

Pela morte do guerreiro ou pelo serviço da esposa, o corpo transforma-se em poema. A canção simboliza o corpo social em sua integralidade. A do guerreiro transforma o seu corpo devorado na memória genealógica do grupo e na comunhão com os antepassados pela mediação do inimigo: você vai comer "a sua própria carne". Espírito do grupo, ela exprime o além do que é próprio, restituindo-o à circulação comum. A canção do apaixonado trans-

---

[377]. A respeito dessas duas canções (retomadas ulteriormente por Goethe), cf. CÂMARA CASCUDO, 1975; • e FRANÇON, 1975.

forma a cobra (uma serpente de divisão?) em "cordão" que conecta os vínculos de sangue ("minha irmã" e eu) aos do amor (eu e "minha amiga") e torna uma "pintura" no dom da fala que passa, como se fosse uma aliança, do parentesco para o casamento. O dizer poético articula, assim, as diferenças que havia criado.

Tal digressão pelo Novo Mundo não reconduziria a um modelo medieval em via de extinção? A ordem do dizer (os *oratores*) prevalecia em relação à dos guerreiros (os *bellatores*) e à dos trabalhadores (*laboratores*); a "honra" fazia coincidir aí a fala com as armas, e deveria ser servida pela transformação nutriente das coisas; a luta obedecia aí às regras simbólicas de um código de honra que a limitava ao campo confinado de uma "batalha" e não lhe permitia invadir o espaço social sob a forma, "bárbara" e moderna, de uma guerra total (cf. DUBY, 1978, p. 105-140; etc.). Tudo, portanto, articulava-se aí sob o signo de um discurso simbólico, sacramento da presença espiritual de uma sociedade a si mesma... Submersa à semelhança da Atlântida, essa sociedade medieval, parcialmente sonhada, reapareceria entre os selvagens nessa pluralidade orgânica ligada por uma Fala.

De fato, se o modelo antigo é perfeitamente reconhecível nesse novo mundo e se, como sempre, o seu lento desaparecimento histórico cria o lugar vazio em que se aloja uma teoria do presente, há, desde o medieval até o canibal, perda dos conteúdos e passagem de uma verdade do mundo (um *dito*) para a coragem de apoiar a sua fala (um *dizer*) – passagem de uma *dogmática* baseada em um discurso verdadeiro para uma ética que produz o poema heroico. No surgimento de uma nova história nas praias de outro mundo, tudo acontece como se o homem tivesse de encarregar-se da elocução divina e pagar, mediante o seu sofrimento, o preço de sua "glória". Aqui, já não há a garantia, "extraordinária" e presunçosa (tal como a dos sacerdotes e profetas), de *segurar uma verdade* "fora do nosso conhecimento", mas o dever de *cumprir a sua palavra* em uma "derrota triunfante".

5 Da fala ao discurso, ou a escrita de Montaigne

A exemplo da viagem de Alcofrybas Nasier (anagrama de Françoys Rabelais) na boca de Pantagruel – Novo Mundo no qual um "homem simples" revela ao turista a estranha familiaridade de um território desconhecido[378]–, a viagem de Montaigne, circulando no espaço da oralidade canibal, descobre aí o suficiente para permitir um novo discurso no velho mundo. Ela chega ao fim no retorno, aquele mesmo esboçado em várias oportunidades pela letra do texto: "para voltar ao meu assunto", "para voltar à nossa história" etc. Se o "assunto" consiste, em última análise, em saber *de onde* pode emergir em nós uma escrita diferente das "falsas invenções", proliferação da impostura no Ocidente, o retorno à "nossa história" produz-se *com* os selvagens, pela chegada da fala deles até nós e pelo crédito que ela fornece à escrita baseada em seu modelo.

A fala deles, cujo começo é longínquo, "selvagem" como um primeiro fruto da natureza, aproxima-se aos poucos do lugar de produção do texto que a "cita": trata-se, inicialmente, das canções desse território que haviam atravessado o Oceano; em seguida, a entrevista concedida pelos interlocutores em Rouen; e, por fim, as respostas dirigidas ao próprio autor. Em Rouen, eles exprimem a sua surpresa (somos, portanto, os selvagens deles) perante a desordem *física* da sociedade francesa: homens de alta estatura usando barba que se sujeitavam a obedecer a uma criança; além disso, a uma "metade" ("em sua maneira de se expressar [...], eles chamam os homens de 'metade' uns dos outros"; p. 266) "emagrecida e esfaimada", corresponde a sua "metade bem alimentada, gozando as comodidades da vida". Em Montaigne, o "rei" ou "capitão" deles responde que a sua "superioridade" consiste em ter o privilégio, em tempos de guerra, de "estar à frente" e, em tempos de paz, "de passar bem confortavelmente" pelas veredas abertas para ele através da floresta. A fala deles, por um lado – crítica contra a injustiça que divide o nosso corpo social –, profere um julgamento a nosso respeito. Por outro, pioneira, organizadora e transversal em seu próprio espaço, ela nos precede, andarilha e transeunte; ela nunca deixa de estar na frente e de se escapulir de nós.

---

378. RABELAIS, 153, II, cap. 32: "Como Pantagruel cobriu um exército inteiro com sua língua, e o que o autor viu em sua boca".

De fato, um branco em sua memória (semelhante àquele que, na *Utopia* de Morus, acaba "esquecendo" o nome da ilha)[379] ou a estupidez do "intérprete" mantém um atraso permanente do texto em relação à fala que ele cita e acompanha. Mais precisamente, no texto, essa fala só aparece fragmentada e deturpada: está aí sob o modo de uma "ruína". O corpo desfeito era a condição da fala que ele defendia até a morte; da mesma forma, essa fala derrotada, retalhada pelo esquecimento e pela interpretação, "alterada" pelo combate interlocutório, é a condição da escrita que lhe serve de suporte. Ela permite a escrita ao perder-se nela, induzindo-a. Mas o discurso escrito que cita a fala do outro não é, nem pode ser o discurso do outro; pelo contrário, ao escrever a Fábula que o autoriza, ocorre a sua alteração. Se a fala leva a escrever o texto, ela própria é que paga o preço, tal como o corpo do guerreiro deve pagar com a sua morte a fala do desafio e do poema. Por sua vez, a morte da fala autoriza a escrita que se torna manifesta, desafio poético.

Essa lei aplicar-se-ia à própria escrita? A resposta é afirmativa. O *corpus* textual sofre, por sua vez, uma defecção para que o outro se exprima aí. Ele deve ser alterado por uma disseminação para que o seu interlocutor ou "autor" deixe aí a sua marca. Uma "ruína" da obra – obra plural e nunca *aí* – condiciona a manifestação da fala diferente que simboliza o texto, mas fora dele mesmo e que – posicionado na frente e através da floresta à semelhança do canibal – se chama "eu". À maneira do corpo selvagem, o *corpus* do escrito está fadado à "derrota triunfante" que permite o dizer do "eu".

A derradeira observação desse ensaio diz respeito à fala tanto do canibal, quanto de Montaigne. Última ironia, impaciente: o texto volta-se, bruscamente, para seus leitores, figuras potenciais do adversário – por toda a parte, temido, quase obsessivo – que é o intérprete[380]. Assim, nas pinturas de Hieronymus Bosch, o olhar, em recuo, que acompanha o espectador e o

---

379. O esquecimento do nome, reduplicação da tosse que o torna inaudível, reproduz em relação ao texto de Thomas Morus a destruição de algumas páginas de Teofrasto pelo macaco. A respeito dessas alterações do texto, cf. MARIN, 1973, p. 226ss.

380. "Sinto grande desprazer em ser considerado diferente do que sou pelas pessoas a quem suceda conhecer-me de nome" (III, 5, p. 184). • E a respeito da interpretação: "Interpretar as interpretações dá mais trabalho do que interpretar as coisas [...]. Há profusão de comentários, mas escassez de autores" (III, 13, p. 352).

desafia. "Tudo isso não é assim tão ruim: mas, que diacho, eles não usam calções!" (p. 266)

Eis o que Montaigne repete na "Apologia de Raymond Sebond":

> Vi outrora entre nós homens vindos por mar de longínquos países; como não compreendíamos a sua língua, além de que os seus costumes, as suas atitudes e as suas vestimentas não se assemelhavam aos nossos, quem entre nós não haveria de considerá-los como selvagens e estúpidos? (II, 12, p. 196).

Quem não compreende a linguagem, limita-se a prestar atenção à roupa: é o intérprete. Ele não reconhece o que o corpo desfeito exprime *para além disso*. Desde então, a profusão de "comentários" toma o lugar do "autor" desconhecido (III, 13, p. 352). O que Montaigne percebeu de um corpo *que fala* mais do que *visível* nos selvagens, será que os seus leitores *vão entendê-lo* ao *verem*, ou lerem, o belo corpo textual que se apoia e é desmantelado por uma fala de autor? A pergunta é assombrada por um luto: La Boétie, único verdadeiro ouvinte, tinha falecido. Assim, o texto haveria de permanecer para sempre ameaçado pela exegese, a qual só sabe identificar um corpo e ver os calções.

Por fim, o dizer que leva a escrever e o ouvido que sabe escutar designam o mesmo lugar, o outro[381]. O canibal (que fala) e La Boétie (que escuta) seriam a metáfora um do outro: o primeiro longínquo, o segundo próximo, mas ambos ausentes – outros. O texto, com efeito, não se baseia apenas na abordagem de uma fala sempre ausente; ele postula também, antes dele, um leitor que lhe faz falta sem deixar de permitir a sua existência. Ele produz-se em uma relação com esse presente ausente, com esse outro que fala e escuta. A escrita surgiria da separação que torna, por um lado, essa presença no outro inacessível ao texto e, por outro, o próprio autor (o "eu") em um transeunte múltiplo e iconoclasta em sua obra fragmentada. A ética selvagem da fala dá origem a uma ética ocidental da escrita – uma escrita apoiada pela impossível fala que trabalha o texto. Por não ser o canibal, resta a possibilidade de escrever, arriscando a própria vida.

---

381. Sobre o problema do *outro* em Montaigne, cf. tb. as observações de WILDEN, 1970, p. 462 e 472-478.

Capítulo 12
Política e mística René de Voyer de Paulmy, conde d'Argenson (1596-1651)*

René d'Argenson[382] distingue-se por pertencer simultaneamente à política e à espiritualidade: à primeira, mediante uma carreira como intendente – ou seja, agente do rei investido de poderes policiais e da arrecadação de impostos – e embaixador que durou mais de vinte anos, sob o reinado de Luís XIII e durante a regência (1630-1651); à segunda, por obras religiosas, em que a principal – *Traicté de la sagesse chrestienne* [Tratado da sabedoria cristã]–, redigida em 1640, revela uma experiência pessoal intensa e ponderada. Ele pode, portanto, ser abordado em um ou no outro desses dois pontos de vista. Os seus memorandos e as suas cartas fornecem amplas informações sobre a instituição, ainda recente, dos intendentes, assim como sobre a fermentação social e as orientações políticas desse período; quanto aos seus livros, estes representam um precioso marco entre duas grandes épocas da literatura religiosa. Mas, aqui, gostaríamos de estudar a relação desses dois aspectos: enquanto superintendente do rei e servo de Deus, esse homem teria experimentado a sensação de uma dupla fidelidade? E na medida em que o aspecto espiritual e a dimensão política estavam unificados em sua pessoa, como esse acordo teria sido concebido e vivenciado por ele? Se conseguiu entregar-se inteiramente aos assuntos de seu príncipe, bem como aos de seu Deus, se pretendeu resolver em termos espirituais as suas dificuldades en-

---

* Cf. a referência completa a respeito deste texto na "Introdução", p. 7ss.
382. No final do capítulo, p. 366-371, encontra-se a **Documentação** consultada para a elaboração deste texto, escrito no âmbito do Seminaire de recherche [Seminário de pesquisa] de Roland Mousnier na Sorbonne, frequentado por M. de Certeau, entre 1959 e 1963; com efeito, um dos objetivos desses seminários consistia precisamente em proporcionar a cada participante as condições de produzir um ensaio histórico em vista de sua publicação. Cf. FREIJOMIL, 2017.
Cf. em "Referências bibliográficas", os títulos que não constam desta documentação.

quanto administrador ou diplomata, e abordar a perfeição de acordo com a sua experiência, ele pode nos ajudar a compreender o que poderia ser, em sua lógica interna, o "mundo vivido" de um homem da nova política; mais amplamente, ele é suscetível de nos ensinar como se conectam concepções religiosas e formas políticas contemporâneas quando, afinal, postulados metodológicos ou convicções *a priori* levar-nos-iam a dissociá-las.

1 O serviço do rei

A sua carreira conheceu uma rápida ascensão. O pai, Pierre de Voyer – escudeiro, *seigneur* de Baillolière e, em seguida, d'Argenson (território herdado da mãe, Jeanne Gueffault) – é, desde 1586, bailio desse território e ducado de Touraine; ele morre em 1616. Quanto à mãe, Elisabeth Hurault, que irá falecer muito mais tarde, em 1645, tinha parentesco com as grandes famílias da alta magistratura parisiense: por parte do pai, Jean Hurault, referendário e primo germano do chanceler; por parte da mãe, cujo nome de solteira é Allegrain, filha de uma senhorita Briçonnet; e pelo irmão, Christophe, que se casou com Marie, filha de Claude de Bérulle e sobrinha do presidente do Parlamento de Paris, Pierre Séguier. As suas relações constituem, portanto, um apoio valioso para o filho mais velho, René, e explicam certamente que este tenha sido "o primeiro da casa de Paulmy que deixou a espada para seguir a magistratura"[383].

Com efeito, René de Voyer, nascido em 1596, foi recebido em 11 de novembro de 1615 como advogado no Parlamento de Paris[384]. Em 15 de novembro de 1619, ele é conselheiro no mesmo parlamento, após a renúncia do tio, Jean de Bérulle, irmão do futuro cardeal – Pierre de Bérulle –, que obtém ainda nesse ano o cargo de referendário vacante pela morte do cunhado,

---

383. Paris, *Bibliothèque de l'Arsenal* [daqui em diante: **Ars.**], ms 4161, f. 84 [cf. documentação, p. 367: A.].
384. De acordo com ANSELME DE SAINTE-MARIE, t. 7, 1730, p. 601 [cf. documentação, p. 370: B. 2]. A consulta de todos os documentos originais confirma as datas e as indicações fornecidas nesse apontamento sucinto, mas bastante sério.
N.T.: Vale lembrar que, nessa época, o termo "Parlement" [Parlamento] refere-se a um Tribunal Regional de Justiça; os seus integrantes eram personalidades importantes dispondo de recursos para comprar tal função.

M. de Saint-Hilaire (cf. HOUSSAYE, 1874, p. 299, n. 2). Em 2 de janeiro de 1622, "René de Voyer, *seigneur* d'Argenson, conselheiro do rei em sua corte do parlamento, em Paris, além de conselheiro de contas nessa instituição, residente na cidade de Paris, na rue Vieille du Temple", assina contrato de casamento com Hélène, filha de "Maître Barthélémy de la Font, conselheiro e secretário do rei"[385]. Do ponto de vista social, trata-se de um "bom casamento": os secretários do rei são pessoas privilegiadas, em número reduzido, bem aquinhoadas, desfrutando da transmissibidade da respectiva nobreza e do poder de renunciar a seus cargos em favor de um membro da família. René d'Argenson continua escalando os graus do "curriculum honorum". Conselheiro de Estado por provisão régia de 2 de agosto de 1625, referendário em 17 de abril de 1628[386], tendo permanecido durante algum tempo no cerco de La Rochelle[387], ele recebe em 22 de novembro de 1629 o encargo de demolir a cidadela dessa urbe, assim como as fortificações da cidade de Bergerac. Por fim, em 17 de outubro de 1630, ele é incumbido da intendência do Daufinado e dos territórios adjacentes em vista da guerra da Itália e de Saboia. Em 1631, de volta a Paris, ele é nomeado procurador-geral junto da Câmara do Arsenal, encarregada de reprimir traficantes e falsos moedeiros[388]. Mas ele permanece apenas um curto período de tempo na rue Vieille du Temple: em 12 de agosto de 1632, ele assume o posto de superintendente de justiça, polícia e finanças junto de Monsieur le Prince de Condé nos departamentos de Limousin, assim como de Marche Alta e Baixa[389]; em 8 de janeiro de 1633, enquanto intendente de Saintonge e de Poitou, recebe o encargo de arrasar e

---

385. Paris, *Archives nationales* [daqui em diante: **Arch. N.**], Y 167, f. 146 v [cf. documentação, p. 368: A.].

386. É possível que essa função lhe tenha sido transmitida ainda pelo tio Claude de Bérulle; não conseguimos verificar tal informação. Mas, na época, esse personagem tinha necessidade de grande quantidade de dinheiro: ele emprestava ao irmão o suficiente para sustentar as despesas exigidas por seu recente cardinalato (80.000 libras em 1627-1628), achando que esse "cardinalato lhe custava caro". Cf. HOUSSAYE, 1875, p. 431.

387. Paris, *Bibliothèque Nationale*, Manuscritos [daqui em diante: **BN**] Fds fr 6384, f. 660 r [cf. documentação, p. 367: A.].

388. Cf. BARBIER, 1885, p. 6 [cf. documentação p. 370: C.].

389. Paris, *Archives de la Guerre* [daqui em diante: **Arch. G.**], A^1 14, n° 33 [cf. documentação, p. 368: A.].

demolir o castelo de Aubusson; e, em 12 de junho, vários castelos do departamento de Auvérnia e do ducado de Bourbon. Intendente de Auvérnia em 30 de junho de 1634, e de um dos exércitos comandados pelo rei em 1635, ele deixa esse posto em 12 de setembro de 1636 para assumir a intendência do exército comandado pelo marechal de La Force e dirige-se para a comuna de Corbie, no departamento de Somme, que se encontrava nas mãos dos espanhóis. Em 21 de março de 1637, nova missão: a intendência do exército na fronteira da Itália. Conselheiro de Estado durante um período de seis meses em 20 de março de 1638, ele é assistido na Itália pelo primo, René de Paulmy, *seigneur* de Dorée[390].

Em agosto de 1640, no momento em que ele organizava o abastecimento do exército do Piemonte, é feito "prisioneiro entre Turim e Pignerol pelos inimigos e conduzido para o castelo de Milão"[391]. Desde setembro, Le Tellier vai substitui-lo na intendência. Enquanto era negociada a sua libertação – obtida, finalmente, graças a um resgate de 10.000 ecus enviados pela corte (cf. MAROLLES, t. 3, p. 228) –, René d'Argenson passa seis meses em retiro e meditação. Essa solidão não é, aliás, absoluta: ele recebe visitas. Assim, o marquês de Leganez, aproveitando dessa estadia na fortaleza espanhola, envia-lhe o abbé Vasquez com a missão de convencer o intendente a orientar a sua ação contra a Saboia[392]. Apesar de seu fracasso, tal iniciativa não ficou sem efeito visto que, após a sua saída da prisão, René d'Argenson haverá de tornar-se, segundo parece, suspeito para o príncipe Tomás de Saboia e terá de ser convocado de volta para a França (Ars., ms 8591, f. 45). É, no entanto, durante esse período que ele elabora uma tradução da *Imitação de Jesus Cristo*[393]; além disso, tendo anotado no dia a dia algumas reflexões, ele se serviu desses textos para redigir um livro sobre a "sabedoria cristã"[394].

---

390. Arch. G., A¹ 49, n° 196 (17 nov. 1638).
391. Carta do sieur Bidaud ao cardeal de Sourdis, 17 de outubro de 1640; BN Fds fr 6383, f. 497.
392. Cf. Ars., ms 8591, ff. 37 v-39.
393. Texto editado posteriormente: *Nouvelle traduction de l'Imitation de Jésus-Christ Notre-Seigneur* (1664 e 1681) [cf. documentação, p. 369: B. 1].
394. Cf. *Traicté de la sagesse chrestienne*: "Avis au chrestien" (1651), não pag. [cf. documentação, p. 369: B. 1].

Mas essa pausa é de curta duração; tendo voltado para Paris, ele é enviado, de imediato, para a Catalunha[395]. O rei, por sua vez, escreve ao prelado Henri de Sourdis em 16 de fevereiro de 1641:
> De acordo com o parecer que recebi acerca das disposições urgentes dos estados e povos da Catalunha, envio o sieur d'Argenson, meu conselheiro pessoal, além de conselheiro de Estado e privado, para coletar os elementos da situação e empenhar-se na sua resolução; além disso, enquanto intendente da justiça, da polícia e das finanças de minhas forças armadas de terra e de mar, e no país da Catalunha, ocupar-se do pagamento e da subsistência das tropas, e mantê-las sob a mais estrita disciplina de modo que elas não venham a servir de pretexto para qualquer reclamação por parte desses povos.

Trata-se, acrescenta ele, de "uma pessoa em quem deposito total confiança"[396]. As negociações em vista de uma união da Catalunha à França exigem ao delegado francês muita habilidade, já que o orgulho catalão é suficientemente desconfiado, além da reivindicação de um grande número de privilégios[397]. A ligação entre a frota de Sourdis e o exército de La Mothe-Houdancourt esbarra também em intransigências pessoais que se tornam quase irredutíveis em razão do ponto de honra defendido encarniçadamente por um e pelo outro, enquanto o abastecimento das tropas revela-se cada vez mais difícil pelos Pirineus ou por mar[398]. Em relação a essa última tarefa, o *seigneur* de Dorée é designado para coadjuvar e substituir o primo[399]. Tendo chegado a um acordo, d'Argenson retorna a Paris, cidade em que é nomeado conselheiro permanente, em 8 de março de 1643.

Em breve, ele recebe novos mandados: no dia 1º de abril de 1644, o de intendente para a justiça, polícia e finanças em Poitou, Saintonge e Angoumois, assim como para as eleições de Saintes e de Cognac, embora essas

---

395. Cf. o mandado de 18 de fevereiro de 1641; Arch. N. A¹ 67, n° 76.
396. BN Fds fr 6384, f. 88; cf. BN, *Correspondance*..., 1839, t. 2, 530 [cf. documentação, p. 367: A.].
397. A propósito desses privilégios, René d'Argenson escreve a Sourdis, em 5 de abril de 1641: "Falar desse assunto contraria os sentimentos deles de tal modo que, no mínimo, torna-se tão perigoso quanto falar contra São Marcos em Veneza". BN Fds fr. 6384, f. 167 v.
398. Cf. BN, *Correspondance*..., op. cit., ff. 88-514.
399. Em 12 de novembro de 1641; Arch. G., A¹ 67, n° 234.

cidades pertençam à circunscrição administrativa de Bordeaux[400]; em 22 de março de 1646, o de "negociar em nome do rei com o papa, o grão-duque da Toscana e outros príncipes da Itália, em conjunto com o príncipe Tomás de Saboia [...] e o marquês de Brézé"[401]. Em 4 de abril de 1646, ele recebe também a intendência de justiça, polícia, finanças e abastecimento do exército que embarca para a Itália sob o comando do príncipe Tomás de Saboia[402], o qual terá de renunciar à tomada de Orbitello[403]; em 3 de janeiro de 1647, o de participar da Assembleia dos Três Estados da província de Languedoc[404]; em 1649, certamente no final de março ou início de abril[405],

---

400. Arch. G., A¹ 86, n° 113. Cf., em 4 de dezembro de 1645, um mandado concede a d'Argenson o poder de subdelegar o filho para a sua intendência de Poitou etc. (Arch. G., A¹ 155, n° 70). Dois episódios curiosos marcam o desempenho dessa função. O primeiro é relatado por Olivier Lefèvre d'Ormesson que anota em seu *Journal* [Diário]: "Na segunda-feira, 23 de janeiro (1645), fomos informados de que, mediante missão autorizada pelo Sr. Chanceler na véspera, o Sr. d'Argenson havia sido preso em Poitiers por causa de sua intendência mais favorável ao marechal de La Mothe" (CHÉRUEL, t. 1, 1860, 248 [cf. documentação p. 371: C.]). Talvez, essa prisão – se é que se trata de algo que teria ocorrido realmente – esteja relacionada com o processo intentado contra Sourdis e, em seguida, contra La Mothe no rescaldo da derrota de Tarragona; se houve dúvidas a respeito da atitude assumida por René d'Argenson na Catalunha, a sequência de sua carreira parece mostrar que elas eram infundadas.
Por outro lado, A. Barbier (*op. cit.*, 20 [cf. documentação p. 370: C.]) relata que, de acordo com as crônicas da cidade de Poitiers (*Manuscrits* de Dom Fonteneau. Poitiers, 1839, t. 33, p. 72), o mandado de intendente atribuído a René d'Argenson teria sido revogado em 1646 "a pedido dos partidários que conseguiam resolver os assuntos pendentes em melhores condições com de Villemontée, seu predecessor". Embora a convocação do intendente a Paris, em março de 1646, tenha sido motivada por seu envio à Itália, é possível que a atitude do intendente tenha algo a ver com isso: a sua determinação em levar os "partidários", coletores de tributos, a restituírem tais recursos deveria suscitar a oposição dos mesmos; além disso, ele próprio já não tinha confessado sentir "aversão pelas ações destinadas a pressionar os povos e a servir-se de (seu) ministério para as coletas de impostos que são feitas nas províncias?" (cit., *ibid.*, 22).

401. O mandado não foi encontrado. Mas o próprio René d'Argenson cita as cartas enviadas de Paris em 22 de março de 1646 pelo rei e pelo secretário de Estado da Guerra, Michel Le Tellier. Tendo deixado Poitiers, ele chega a Paris no sábado santo para receber as ordens de Mazarino e dirigir-se, imediatamente, para a Provença. Cf. *Relation du siège d'Orbitello*, 1861, 721 [cf. documentação p. 369: B. 1].

402. Arch. G., A¹ 96, n° 138.

403. Cf., a carta do príncipe Tomás a René d'Argenson, 18 de julho de 1646, em *Relation du siège d'Orbitello*, loc. cit., 740-741.

404. O mandado não foi encontrado, mas tal participação é indicada em ANSELME DE SAINTE-MARIE, *op. cit.*, 601 [cf. documentação, p. 370: B. 2].

405. Na falta do mandado, temos o memorando redigido por René d'Argenson. Esse texto é citado, aliás, por CHÉRUEL, 1879, p. 240-244; • e foi publicado por esse mesmo autor: *Relation sur les troubles de la Fronde à Bordeaux*, 1862 juillet-déc., 605-617 [cf. documentação p. 369: B. 1].

o de pacificar a Guyenne, província em que a intolerância do governador, o duque de Épernon, tem o único condão de excitar os primeiros membros da Fronda em Bordeaux. "Os artigos da paz negociados entre os Srs. do Parlamento de Bordeaux e o Sr. d'Argenson" no dia 1º de maio[406] não conseguem evitar a sangrenta arruaça do dia 26. Apercebendo-se de que Épernon, general impetuoso, mas lamentável político, não sabe nem pretende juntar à sua vitória a clemência necessária para uma aproximação, René d'Argenson sente-se "inútil" e obtém autorização da corte para deixar a comuna de Cadillac, em setembro[407].

Ele tem um grande número de outros projetos. Nos documentos notariais desse período, outro personagem aparece, e como que uma história diferente. Ele cede, então, os seus bens "mediante o esforço de um pai que não teve dificuldade em se despojar para o avanço do filho"[408]. Tendo já herdado, em 1648, do tio Claude, padre, vereador, capelão do rei, a soma de 90.970 libras[409], ele recebe do pai, em 2 de janeiro de 1649 – portanto, antes de sua partida para Bordeaux –, as terras e os senhorios d'Argenson, ou seja, La Baillolière e Châtres em Touraine, o senhorio de Vueil-le-Mesnil em Berry, as casas parisienses da rue Vieille du Temple e as 36.000 libras da venda do cargo de conselheiro no Parlamento da Normandia[410], o que, adicionadas as 16.000 libras recebidas pelo jovem René na época de seu casamento, em 24 de junho de 1650[411], representa a soma de 139.000 libras. O resto da fortuna paterna é dividida entre os outros quatro filhos: Louis, Pierre, Madeleine e Jacques. Esse desprendimento marca os seus primeiros passos em direção ao sacerdócio, tal como ele o entende: apesar de ter sido nomeado embaixador em Veneza, desde a primavera de 1650, e encarregado de missão diplomá-

---

406. Cf. *Articles de la paix accordée entre MM. du Parlement de Bourdeaux et M. d'Argencon (sic)*. Paris, 1649, pièce.
407. Cf. o memorando redigido por René d'Argenson, editado por CHÉRUEL, *loc. cit.*, p. 617.
408. Arch. M.C., LXIV, 92, tabelião Pierre Derivière, 6 de sept. de 1651, Testamento, f. 4 v [daqui em diante: Test.; cf. documentação p. 368: A].
409. Arch. N. Y 186, f. 229; Registro de doação de 15 de abril de 1648.
410. Arch. N. Y 186, f. 395; Registro de doação de 2 de janeiro de 1649.
411. Mencionado no testamento de René d'Argenson; Arch. M.C., *loc. cit.*, ff. 3 v e 4 v.

tica em Turim[412], ele só deixa Paris depois de ser ordenado padre, em 24 de fevereiro de 1651 (cf. AUBINEAU, vol. 2, p. 122, n. I), e de ter feito o seu testamento em 28 de abril, cumprindo assim o seu desígnio, diz ele, "de nada reservar para mim além do simples uso do necessário para garantir o meu resguardo, para viver e dar aos pobres", tendo tomado a decisão de "morrer sem nada que me pertença além do meu adorabilíssimo salvador, Jesus Cristo". (Testamento, Arch. M.C., loc. cit., f. 9 r.)

Tendo chegado a Veneza em 18 de junho de 1651, é afetado, ao celebrar a missa, de uma febre violenta (cf. LAMBERT, 1751, p. 400) da qual acaba morrendo, em 14 de julho de 1651, antes mesmo de ter tido a sua primeira audiência (Ars., ms 8591, f. 46). O filho, que o acompanha e lhe sucede como embaixador, vai enterrá-lo na igreja dominicana dedicada ao pobre Jó, no momento em que ressoa a eloquência barroca do tio prior: "Ehu Monstra, Ehu Chimeras, Ehu Cerberos, Ehu agmen Eumenidum, [...] horresco memorans"[413].

2 A "filosofia sobrenatural"

O contraste entre essa "pompa funebris" e as últimas vontades do padre que nada queria possuir além de Jesus Cristo[414] ecoa, no momento da morte, o aparente paradoxo dessa vida. Para avaliá-lo, convém agora abrir os seus

---

412. Cf. "Instruction au sieur d'Argenson, conseiller du roi en ses conseils". In: HORRIC, t. 1, 1898, p. 16-23 [cf. documentação, p. 370: B. 2].

413. ARGENSON (d'), C. de V. *Triumphus sui* (Limoges, 1651), texto publicado também separadamente em Veneza, nesse mesmo ano [cf. documentação, p. 370: B. 2].

414. "Meu corpo serviu tão precariamente a Deus que tenho vergonha de cuidar de sua sepultura porque ele não mereceria estar na terra benta se Deus não fosse mais infinitamente misericordioso quanto o homem pode ser um grande pecador. Mas como ele foi, com frequência, o templo do Espírito Santo recebendo um tão grande número de sacramentos, peço ao meu filho mais velho ou ao mais velho de seus irmãos que estiver no lugar em que Deus vier a dispor de mim para mandar enterrá-lo em alguma igreja na passagem dos fiéis, com a menor marca possível, para suscitar a lembrança deles a meu respeito em suas santas orações. O epitáfio e as exéquias são inúteis para os defuntos, enquanto os vivos retiram daí mais presunção do que consolação. Desejo também que não haja oração fúnebre nem cerimônia no meu enterro, e que se observe simplesmente o que é praticado para os maiores pecadores, tais como as missas anuais e as outras missas e sufrágios que deixo por conta da caridade de meus filhos e dos servos de Deus meus amigos mais chegados ou outros [...]" (Test., Arch. N., *loc. cit.*, f. 2 v.).

"memorandos interiores" – o opúsculo escrito, em 1640, no cativeiro de Milão, e publicado em dois formatos, in-8º e in-12º, em Paris, pela editora S. Huré, em 1651: *Traicté de la sagesse chrestienne, ou de la riche science de l'uniformité aux volontez de Dieu*[415] [Tratado da sabedoria cristã, ou da fecunda ciência da uniformidade às vontades de Deus].

O pensamento desenrola-se em um contexto de pessimismo, aspecto que logo chama a nossa atenção, como se René d'Argenson tivesse procurado o seu caminho no meio de um mundo em mudança e enganador, sem nenhuma solidez nem certezas. Ele não consegue encontrar o que, outrora, os humanistas haviam considerado tão respeitável, ou seja, as verdades na sabedoria dos filósofos e os exemplos nas virtudes humanas. Os filósofos, "falsos eruditos que viviam com tamanha presunção e cegueira em sua filosofia" (II, 3, p. 87), foram desaprovados por Deus "ao terem acreditado que havia neles e em sua natureza uma prudência que se encontra apenas n'Ele" (III, 1, p. 173). O próprio estoicismo não ilude ninguém que conheça "a nossa alma com todos os seus meandros" (IV, 2, p. 265); os "filósofos da natureza", por sua vez, "buscaram todos a própria glória e o menosprezo a respeito de si mesmos não passa de aparência" (IV, 3, p. 276). Se eles trapaceam, não é pelo fato de mentirem: o mal é mais radical. Apesar da moderação do tom, o observador experiente nunca se cansa de afirmar a vaidade "natural" do homem: "Não há virtude que mereça esse nome por excelência se ela não vier puramente de Deus" (III, 2, p. 172); "Não há amor que mereça esse nome entre os homens se estes não são fiéis a Deus" (IV, 2, p. 267-268). Assim, afirma ele,

> o amor profano é indigno de ocupar espaço nesta conversação (sobre a sabedoria cristã); quero limitar-me a considerá-lo como um macaco que tem algo do homem; mas ele não tem razão para se comportar, nem a fala articulada para se fazer escutar. As suas impaciências, os seus termos obscuros, os seus desesperos e as suas alegrias convulsivas são propriamente os gestos de um animal que dispõe apenas da parte sensitiva para o seu modo de comportar-se (IV, 1, p. 257).

---

415. BN D. 1761 (in-8º) e BN D. 23705 (in-12º). Daqui em diante, citaremos a edição in-8º (os algarismos indicam a parte, o capítulo e a página); aliás, os dois textos são idênticos.

"Um macaco": o homem precipita-se em cima do objeto de sua cupidez, e o que tem de inteligência fica nele a serviço do animal. Será que o cristão – analisado também sem raiva nem condescendência – escapa desse egoísmo "dono de si" e autossuficiente? Com certeza, ele próprio sabe e pode "dizer" que a sabedoria é exatamente o oposto; mas o que se tornam as suas nobres intenções "na prática?" (II, 4, p. 101-102). Ele deixa-se levar pelo "encanto" dessas "figuras talismânicas" que são "os bens da terra, os amigos e o espírito da natureza" (II, 4, p. 98); e tergiversa com a sua consciência, adotando "as linhas curvas mediante as quais se avança até a corte para acompanhar a fortuna e adquirir os seus favores" (III, 4, p. 198). Mesmo sincero em sua busca de Deus, ele ainda assim está à procura de si mesmo porque "é quase impossível para o homem desejar algo sem um movimento próprio: a natureza, que nunca esquece de tirar as suas vantagens, acaba por encontrá-las aí; e leva em conta a si mesmo aquele que adota um querer correspondente ao de Deus" (I, 3, p. 29). Os discursos e as instituições não lhe servem de garantia contra a força insinuante e pérfida de sua natureza animalesca. Assim, René d'Argenson respeitaria – sem acreditar em sua eficácia – as teorias ensinadas pelos "teólogos da escola"[416], assim como "as conversações das coisas espirituais em que há apenas belos termos" (II, 5, p. 111). Mesmo quando essas doutrinas não resvalam para contemporizações rejeitados por ele[417], René d'Argenson

---

416. IV, 5, p. 300. Observemos, a propósito da Escola, a interpretação que inverte o sentido do axioma escolástico: "Nihil est in intellectu quod non prius fuit in sensu". O que, na Escola, servia de fundamento ao valor da atividade sensorial e conferia ao corpo uma significação positiva, torna-se em René d'Argenson o sinal de uma corrupção que, dos sentidos, passa para o espírito: "Como nada existe naturalmente em nossa alma que não tenha passado pelos sentidos, não deve ser motivo de surpresa se as espécies das coisas cheguem aí alteradas. Tal penetração ocorre por vias tão corrompidas que ela fica surpreendida, em cada instante, por sua falsa bondade ou beleza, em vez da verdadeira [...]" (IV, 1, p. 254).

417. A propósito da "desproporção" existente entre o sobrenatural e a natureza, entre o "eterno" e "o que tem pouca duração", ele acrescenta: "Sei pertinentemente que alguns autores fazem distinções para tirar dos cristãos o que podem; eles dizem que o amor de preferência ou de estima acima de todas as coisas reservado unicamente a Deus é compatível com aquele mediante o qual é possível amar as coisas criadas. É para impelir aos poucos à perfeição aqueles que têm tanta dificuldade para renunciar a si mesmos. Mas isso é algo demasiado delicado. Há perigo de que alguém tenha afeição por si fora de Deus [...]" (III, 8, p. 240). Quais são os conciliadores que ele julga assim com tamanho rigor e tamanha serenidade? Sem dúvida, os proponentes de uma moral "humanista", os casuístas e os representantes jesuítas dessa corrente.

não reconhece na mais elevada das linguagens a força para criar uma sabedoria viva; ele não se limita também às instituições eclesiásticas, nem às manifestações litúrgicas, tampouco aos sacramentos[418], compatíveis igualmente com o egoísmo dos fiéis que, ao participar deles, "são cristãos apenas pelo nome" (III, 4, p. 201). Nada disso responde a seu problema. Tudo permanece exterior em relação ao mal secreto que tem, no homem, a própria vitalidade da natureza e que não pode ser curado por nenhuma realidade objetiva. Tendo sido formulada em tom moderado, a crítica não deixa de ser total, uma vez que o autor, impulsionado pelo desejo da sabedoria em perscrutar avidamente os apoios que lhe viriam de fora, encontra somente sinais e figuras que lhe falam de seu bem, o qual não chega a lhe ser dado.

"Tudo o que vem da natureza do homem é apenas cegueira, inconstância e imperfeição": eis o que "sabe" a "pessoa sensata"[419]. Esse saber – tal como o do Eclesiastes (Coélet) – não deixa de ser o fruto tanto do desejo quanto da experiência; é apenas um aspecto do movimento que tende para uma verdadeira renovação, buscando não a ciência dos "grandes doutores em teologia", mas aquela que "reside de preferência no coração e na vontade, em vez do entendimento" (II, 1, p. 69-70). O procedimento não culmina, portanto, em uma constatação lúcida e desoladora, evitando imobilizar-se na observação da sociedade criada pelo amor-próprio; pelo contrário, livra-se disso ao abandonar os objetos em que o olhar não reconhece o que ele procura. Ela vai da "inquietação" ao "repouso", e essas duas palavras reaparecem nos momentos essenciais da meditação como se fossem ressurgências que revelam tanto a sua tensão interior quanto a sua corrente profunda. Esse "repouso" não é, de modo algum, satisfação da consciência ou segurança do espírito, mas em primeiro lugar, no sentido agostiniano, paz da alma e verdadeira vida[420]: o "repouso", em um mundo atormentado por paixões, sujeito a ilusões, desordem universal – exatamente o oposto do "cosmos" que situa os antigos ou

---

418. René d'Argenson limita-se a falar de um sacramento, a penitência (IV, 6, p. 312-313), e somente para sublinhar que "a apreensão do pecador" deve "converter-se em amor pela força desse mistério" (p. 313).
419. I, 1, p. 3-4. • Cf. I, 3, p. 22: "Tudo o que vem da natureza está corrompido".
420. Cf. a esse respeito, as sutis observações de FRAISSE, p. 562.

os humanistas em uma hierarquia de valores –, significa a estabilidade reencontrada na comunhão com as fontes da vida autêntica. E considerando que o mundo e a natureza limitam-se a oferecer as imposturas do egoísmo ou os sinais frágeis da verdade, o movimento que vai da "inquietação" ao "repouso" conduzirá do exterior para o interior; isso consistirá em um aprofundamento que, da periferia para o "centro", vai encontrar em um grau cada vez mais elevado, dissimuladas no coração do homem, a vida – e com esta –, a alegria, a liberdade e a sabedoria que nascem de Deus. Para quem não consegue descobrir esse "centro", o mundo continuará sendo uma impostura ou um caos; a quem retorna à fonte oculta, ele será o lugar em que se difunde essa vida com origens misteriosas.

Essa, ao que parece, é a experiência que René d'Argenson tenta descrever delineando as condições e as etapas de uma transformação tanto mais completa quanto ela se inaugura em profundidades mais divinas. Seria importante, mesmo assim, não se equivocar a respeito do sentido do que ele designa como a sua "filosofia sobrenatural"[421]. O retorno ao coração não é, para ele, uma retirada para uma vida "abstrata" e contemplativa, mas uma comunhão com o poder criativo que, origem do ser, há de renovar também toda a atividade se alguém se conformar com o seu impulso vivificador. "Volta para a essência de tua alma [...]: hás de encontrar aí Deus mais presente do que tu próprio"[422] – Deus menos contemplado em sua Essência do que reconhecido em seu advento; e menos procurado para além de tudo do que presente em sua ação misteriosa. Se ele escapa aos sentidos (cf. III, 7, p. 227), não é tanto como um Objeto que vai além do mais purificado olhar, e sim como o Vivo oculto na vida disseminada por ele. Na realidade, ele próprio é o "centro", Origem única, "imutável", mas onipresente e, por toda a parte, atuante. A verdadeira vida, portanto, só existirá seguindo o movimento que emerge do "abismo" do coração ou, como afirma René d'Argenson, de acordo com as "linhas" dessa irradiação divina:

---

421. "Avant-propos" [Preâmbulo], não pag.
422. "Advis au chrestien", não pag.

> Os nossos desejos devem ajustar-se às linhas do círculo imutável; o seu centro está em toda parte, é ele próprio; e a sua circunferência não se encontra em lugar algum. Empenhemo-nos a estudar os seus movimentos; disponhamo-nos a segui-los [...] (I, 4, p. 39).

A dialética interna explicitada por essa fórmula tradicional traduz-se também, no *Traité*, pela justaposição de dois símbolos que se retificam mutuamente: Deus é "centro" e "fogo": enquanto "centro", ele permanece idêntico a si mesmo em tudo o que dá; enquanto "fogo", é o ato infinito de se dar. Essa vida que não deixa de ser centro na totalidade da circunferência, essa interioridade infinita que se torna presente em tudo o que ela cria fora de si, é descrita por René d'Argenson como uma experiência, em vez de convertê-la em teoria. Uma vez que o fiel se libertou das aparências e diversões exteriores, ele reconhece que esses movimentos – que estão nele sem ser dele e que o impelem a executar ações no exterior – são oriundos, com efeito, da "essência da alma"[423], ou do "fundo" (III, 2, p. 182), ou do "ponto mais elevado da alma" (III, 7, p. 227). Essas obras são exteriores, mas como que uma difusão da vida interior; elas são do homem, sem deixarem de ser as de Deus nele. Nutrida pela seiva que circula no interior, a obra "é um fruto da árvore da vida, da árvore mística da qual não se encontra algo semelhante nas florestas; e é uma produção da Cruz"[424]. A imagem da árvore, imagem biológica, traduz perfeitamente o que parece ser o âmago dessa espiritualidade: tendo aparecido para a consciência como "instinto" ou "inspiração", o imenso fluxo de vida que brota das profundezas divinas – aliás, todas as suas criações constituem apenas um "grande espelho da soberania da caridade" (III, 2, p. 185) – anima, de maneira múltipla e una, um "corpo místico" (III, 2, p. 186) erguido do interior por esse impulso sobrenatural. Toda a ordem da caridade

> "deriva dessa elevada e sublime fonte que flui em nossos corações; é tão fecunda que recebemos dela o ser; é o amor que nos deu um Redentor, na pessoa do qual as duas naturezas, divina e humana, se uniram; é ele mesmo quem produz, enquanto causa

---

423. "Advis au chrestien", não pag. • Cf. II, 8, p. 148.
424. II, 2, p. 79-80. • Cf. II, 5, p. 114.

eficiente, os atos do puro amor que se formam em nossas almas" (III, 2, p. 183-184).

Mesmo assim, "corpo *místico*"; "mística" também, a árvore simbólica da caridade (II, 2, p. 79); "mística", a "justiça" que ela suscita (II, 3, p. 86); e "mística", a "teologia" que a enuncia (III, 2, p. 184). As inspirações divinas permanecem secretas. A "ordem" (III, 2, p. 186) da caridade constitui um "Estado" no qual reina o silêncio (II, 5, p. 111). Em relação ao mundo, transformado pela natureza humana no campo confinado do egoísmo, é, se quisermos, um segundo fluxo, destinado a cobrir o primeiro e sendo oriundo da mesma fonte, mas de outra natureza e sem "proporção" com a organização humana das realidades visíveis. Existe, entre a natureza e a graça divina, uma descontinuidade que se traduz pelo caráter secreto da segunda, mesmo quando ela suscita as obras do amor fraterno e da adoração filial:

> A graça que impele a fazer essas boas ações é, na verdade, tão secreta que, frequentemente, nenhuma marca garantida é exibida nem mesmo por aqueles que a recebem. [...] A graça fala por parte de Deus sem expressão de fala e sem qualquer som de voz; a alma escuta e entende também sem que o ouvido tenha qualquer percepção disso; os sentidos, em muitas ocasiões, estão fora desse segredo e as inspirações penetram, às vezes, na alma e a convencem absolutamente sem ter passado por suas moradas. O entendimento está repleto de uma grande luz que ilumina e carrega agradavelmente a vontade para o verdadeiro bem, e o homem não consegue discernir de que modo nem por onde ela entrou em suas nobres faculdades (III, 6, p. 216 e 220).

Os acontecimentos obedecem também a essa ação divina, mas manifestam uma ruptura semelhante entre a ordem natural e a ordem da graça divina: os caminhos de Deus não são os nossos. René d'Argenson cita, a esse respeito, a tomada de Casale (1640), operação de que havia sido testemunha: não tendo encontrado os guias que lhes permitiriam atacar, à noite, os espanhóis pela planície, os franceses são obrigados, ao contrário de seu primeiro plano, a passar pela colina e, por esse motivo, conseguem uma vitória de surpresa sobre os sitiados. E o nosso autor tira a seguinte conclusão:

> É assim que a ordem divina deixa propor aos homens os seus desígnios a fim de dispor dos mesmos como lhe aprouver; ao conduzi-los insensivelmente para o lado contrário do que haviam planejado, ele executa tal ação com uma força tão branda que essa mudança não é menos agradável do que vantajosa para eles (I, 5, p. 48).

A "desproporção" aparece aqui na distância que separa caminhos "contrários", do mesmo modo que ela se exprime alhures em termos de "mística", mas está presente por toda a parte. As vontades de Deus, simultaneamente desconcertantes e benéficas, exigem, portanto, uma docilidade atenta e flexível que acompanhe a graça imprevisível e se deixe moldar pelo acontecimento interior ou exterior; elas excluem qualquer *a priori* e qualquer sistema. O fiel é, de alguma forma, o "observador"[425] e o continuador de uma vida que se manifesta a ele dia após dia. Esse pragmatismo místico revela outro aspecto do que, na ausência de outra palavra, pode ser designado como um ceticismo em relação ao mundo: do mesmo modo que a desvalorização das instituições e das realidades sociais levava René d'Argenson a buscar a verdadeira sabedoria no segredo da alma, assim também a infinita caridade, dispondo a seu bel prazer dos acontecimentos, exige uma submissão que nunca se inscreve em uma "ordem" diferente dessa impenetrável gratuidade. O que Deus pede por meio de um homem não implica que este ocupe um lugar sagrado em uma hierarquia da graça ou da revelação. O que se impôs hoje como a vontade de Deus não instaura, no mundo natural, nenhuma regra definitiva, nem consagra nenhuma instituição, tampouco serve de fundamento a qualquer sistema. A instabilidade geral não é, portanto, modificada, mesmo que se torne o lugar de uma estabilidade interior que é de uma natureza diferente. A vida divina que, por todos os lados, abre caminhos neste mundo, não representa uma justificativa nem uma transposição de seus valores naturais. O reino que se estende por toda a parte com a caridade só pode ser um Estado "místico".

Tal assertiva não constitui um problema para René d'Argenson: é a própria evidência, o implícito que é para ele o "conhecido pertinentemente", sem

---

425. Deve-se, segundo René d'Argenson, "observar" os movimentos da graça divina: I, 3, p. 30.

necessidade de qualquer explicação. Diretamente, o seu intuito é diferente: ele pretende mostrar a maneira como se unir a essa vida profunda – caridade pacificadora, ativa e universal. O seu tema é "a bela ciência da uniformidade às leis de Deus" (II, 2, p. 74) ou, como indica mais fielmente o seu título: "La riche science de l'uniformité aux volontés de Dieu" [A fecunda ciência da uniformidade às vontades de Deus].

Mesmo que a verdadeira natureza da vontade divina permaneça inacessível, e cada vez mais reconhecida como tal à medida da purificação do espírito, ela não deixa de ser perceptível para qualquer homem. Observemos, aliás, que o homem, no *Traité*, parece ser sempre um cristão e que ainda o mais empedernido continua aprovando o que ele não faz. Essa característica situa René d'Argenson em um ambiente em que a infidelidade já atingiu a alma, mas ainda não os hábitos sociais que se tornam os ritos e as ideias, museu humano das grandes correntes espirituais. No entanto, o apelo da graça divina permanece, portanto, presente. A consciência carrega sempre em germe a fecunda ciência da uniformidade por "ser uma amiga fiel que nunca trapaceia: ela conserva o resto da pura razão que não deixa de se fazer sentir até mesmo em nossas desordens; e ela adverte-nos sempre a respeito do que é melhor" (III, 1, p. 199). Uma aliança secreta, selada pela Encarnação, liga essa "razão pura", animada pelo Espírito, à consciência humana. Para falar sobre isso, o diplomata sabe como encontrar palavras inimitáveis:

> A graça divina nunca exerce pressão para forçar a liberdade do homem. Ele deve segui-la com toda a franqueza e deliberadamente: é uma espécie de tratado que a bondade de Deus introduz para reconciliá-lo com ele, utilizando para isso o agente mais confiável de seus segredos e o mais poderoso em seu Reino. O conciliábulo ocorre na essência da alma, refúgio da razão desvalida, e essa pessoa impotente recebe, se quiser, o poder de fazer o bem do qual já não tinha além de conhecimento e aprovação (III, 6, p. 219).

A partir desse primeiro "conciliábulo", Deus conduz até a união mais íntima porque a fé – ao colocar o entendimento "em uma auspiciosa obscuridade" – leva-lo-á a passar "para outra que lhe mostra a ciência dos santos;

trata-se de um conhecimento ensinado por uma noite a outra, no Profeta[426]: ela revela à alma do justo a vontade essencial de Deus" (II, 2, p. 84). Para ser introduzido nessa "noite" mais verdadeira do que o dia das aparências, deve-se começar renunciando ao que é – em nossos gostos, nossos desejos ou nossas ideias – "pessoal" ou "particular". O amor "puro", que é a caridade, opõe-se à vontade "própria" ou ao amor-próprio[427], o qual retém para si o bem destinado a se espalhar e que se confina a seu interesse. Ao amor "universal" – universal em sua origem, uma vez que tudo pode significar isso; universal em seu termo, uma vez que abarca todos os seres –, opõem-se os "gostos particulares" (cf. I, 2, p. 11), cujos limites restritos impedem a difusão da caridade e, ao mesmo tempo, asfixiam a vida da alma.

O inimigo é, portanto, a "vontade própria" (I, 7, p. 65-66); a sabedoria só pode ser alcançada pela "renúncia a si mesmo" (*id*., p. 65). Eis o motivo pelo qual René d'Argenson insiste de maneira recorrente a respeito da "indiferença" (cf. II, 7-9, p. 130-162): em vez de uma forma de apatia ou rigidez interior, trata-se de uma abertura incessante ao inédito e de uma disponibilidade a tudo o que é sugerido pela caridade divina e imprevisível. Com essa "pobreza" do coração, que acolhe a fecunda multiplicidade da mesma graça, vem a paz da alma (cf. II, 3, p. 86), sinal garantido da união com Deus. Pela indiferença, as almas "permanecem envoltas na grandeza de sua fonte infinita" (IV, 4, p. 291). Para falar a seu respeito, a prosa da testemunha eleva-se e expande-se em um poema: "Mar tranquilo sem tempestade, abismo agradável em que não há vento nem se deseja corrente para sair dele: considero felizes aqueles que, na opinião do mundo, se perdem nele [...]" (II, 7, p. 138-139). O abandono à graça divina conduz ao "amor de caridade" (IV, 1, p. 260) do qual Jesus Cristo é o modelo e o princípio, e que ama "puramente por causa do motivo que inflama o coração" (*Ibid*.). Então, realiza-se "a fecunda pobreza do espírito" (IV, 3, p. 274), "ciência da cruz" (III, 4, p. 196) e "ciência dos santos" (II, 2, p. 84); então, "a graça divina que é o começo e o termo de tudo o que é bom

---

426. Alusão ao Salmo 19 (18),3: "Et nox nocti indicat scientiam" [E a noite conta a notícia a outra noite].

427. Cf. p. ex., I, 3, p. 21, 24, 25.

promove a paz universal em nosso pequeno mundo" (I, 3, p. 31). O sofrimento e as dificuldades não conseguem interferir nessa felicidade que é "o centro de todas as coisas capazes de tornar uma alma feliz"[428].

A obra termina com a descrição das derradeiras formas assumidas pela união com Deus, elaborada com uma estranha nitidez, embora a análise não seja detalhada. Ao retomar a linguagem dos místicos – a imagem do "ferro em brasa" renovado pelo fogo[429], a comparação entre a união da alma com Deus e a do corpo com a alma (IV, 9, p. 339) –, ele não deixa de conferir-lhe um vigor bastante pessoal e coerente para sublinhar tanto a liberdade descoberta assim pelo fiel, quanto a "mistura sem confusão" (*ibid.*) que lhe serve de fundamento. Por um lado, com efeito, "a liberdade perfeita encontra-se apenas no estado da alma governado pelo Espírito de Deus" (III, 9, p. 243). Já concreta na origem, mediante a aquiescência inicial do fiel, ela cresce com a plena realização da nova vida: a graça divina restaura a natureza a partir do interior;

> o enlevo produzido nas almas pela verdade conhecida vai elevá-las; a extrema satisfação que recebem por meio de tal saber abre as suas faculdades para as luzes infalíveis; elas excitam as suas afeições mediante o conhecimento de Deus que lhes é revelado por elas, e sua beleza mostra-se a elas de uma maneira misteriosa em tudo o que ele tirou do nada (IV, 1, p. 256-257).

Mas, por outro lado, essa "santa liberdade" (III, 9, p. 249) é comunhão, dilatação em uma graça que transfigura o homem sem destruí-lo (IV, 9, p. 339), levando-o a juntar-se à sua Origem para nunca mais deixar de renascer:

> A vontade da criatura torna-se tão absolutamente a de Deus que já nada existe além de um Todo. É verdade que não é um Todo inteiro, mas um Todo unido em que a alma deixa de ser o que havia sido anteriormente[430]. É algo separada dela e de sua unidade; ela é como que transfundida naquela de Deus em que é con-

---

428. III, 5, p. 209. • Cf. IV, 6, p. 306-310.
429. IV, 9, p. 338-339. • Cf. III, 9, p. 250-251.
430. René d'Argenson pretende dizer que o homem não está todo inteiro no momento em que a sua vontade está unida a Deus. Isso ocorre na "essência da alma", e a própria alma não participa do mistério de sua existência salvo de uma maneira que a coloca fora de si.

tida sem compreender o que se passa, e aquele que ama assim é como alguém ausente e fora de si mesmo (IV, 5, p. 300-301).

Esse livro em que a paixão de Deus, emergindo de tais profundezas, só chega até nós mediante frases comedidas à semelhança das últimas ondas do mar à praia, é realmente uma bela meditação. Antes de fechá-lo, deixemos que ele nos reconduza ao autor, dissimulado em sua obra: ao descrever o comportamento da pessoa sensata no mundo, não será que ele esboça o retrato do homem que ainda temos de descobrir?

> Quando (o cristão) fez o que depende dele, a sua alma deve voltar a entrar em si mesma sem inquietação. Eis o princípio e o fim de qualquer sabedoria cristã. Ela é tão amável em sua maneira de comportar-se que a amargura não tem, de modo algum, acesso a ela: tudo aí é divino e sobrenatural. O seu governo identifica-se com a justiça; no entanto, a bondade ainda é mais utilizada, e é um reinado de verdadeira liberdade. Aquele que segue suas ordens não ofende ninguém; ele julga tardiamente, e sem paixão, as intenções de outrem; evita sempre o mau comportamento, e se a sua fraqueza dá motivo para suscitar a emoção nos outros, ele busca imediatamente os meios para se reconciliar com eles. Eis os frutos da paz que Jesus Cristo deu aos seus na terra, separando-se deles: esse germe divino rende o cêntuplo àqueles que renunciam a tudo para se unirem com o seu princípio, e ele enriquece aqueles que nada pretendem além de desfrutar de sua abundância (III, 5, p. 211-212).

3 A vida privada. *La Compagnie du Saint-Sacrement*

Esse homem – intendente a serviço do rei e autor de textos espirituais – teria dois rostos? Nada além de sua vida pode indicar-nos em que medida há concordância entre o serviço do rei e a sua "filosofia sobrenatural". Mas bem longe de resolver a questão, ela acaba por torná-la ainda mais acutilante pelo fato de que volta a aparecer o paradoxo: não é verdade que esse alto funcionário régio é um membro – e um membro ativo –, de La Compagnie du Saint-Sacrement [A Companhia do Santíssimo Sacramento], ou seja, de uma "cabala", de acordo com a palavra utilizada por

Mazarino[431], o qual irá suprimi-la, em 1660, em nome da razão do Estado: "Em política digna desse nome, coisa semelhante não deve ser tolerada em um Estado"[432]. Alguns anos antes, aliás, aos amigos que propunham a Bochart de Champigny – na época, controlador das finanças – a fundação de uma sociedade de devotos em que desempenharia a função mais importante, ele respondia "ter a certeza de que não há outra devoção a praticar para um cristão além da obediência à Igreja e da fidelidade ao rei", acrescentando "achar inclusive que, nos cargos ocupados por eles, haveria indecência em promover assembleias secretas de acordo com determinados métodos sofisticados que teriam a aparência, sobretudo, de cabala e não de uma verdadeira piedade"[433].

René d'Argenson pensa e vai agir de maneira diferente.

Desconhecemos a data de seu ingresso na Compagnie. Mas, em 1638, essa sociedade – preocupada com as assembleias realizadas pelos huguenotes, todas as segundas-feiras, em Paris – solicita aos Srs. de Morangis e d'Argenson "para conversarem a respeito disso e agir de comum acordo a fim de cancelar esses novos empreendimentos"[434]. Morangis era então referendário

---

431. Mazarino – cardeal, estadista italiano radicado na França, país em que desempenhou a função de primeiro-ministro de 1642 até a sua morte, em 1661 – utilizou frequentemente essa palavra para se referir à Compagnie [termo que, daqui em diante, designará essa instituição]. Entre outras testemunhas, René de Voyer d'Argenson (filho do intendente) relata o fato em *Annales de la Compagnie du Saint-Sacrement*, 1900, p. 261 [cf. documentação, p. 370: B. 2]. As referências a esse livro serão mencionadas, daqui em diante, simplesmente por *Annales*, com a indicação da página na edição citada acima.

432. *Annales*, p. 205. Le Tellier manifestava, então, a mesma firmeza, acusando diante de Conti essas "companhias de devotos" que agem "contra o serviço do Estado" (*ibid.*, p. 261).

433. RAPIN, p. 179. Trata-se de Jean Bochart de Champigny (1561-1630).

434. *Annales*, p. 78-79. Da mesma forma, durante a sua intendência em Poitou, ele é "avisado" e "solicitado pela Compagnie de Paris" a propósito do "colégio para a língua latina", fundado pelos protestantes em La Rochelle (1645). De imediato, ele "escreveu a esse respeito, com argumentos contundentes, para a corte, tendo recebido ordens contra tal empreendimento. De modo que ele procedeu a severas proibições aos hereges para continuar a instalação desse colégio, tendo impedido a matrícula nas artes e ofícios a um aprendiz da R.P.R.*. A Compagnie ficou de tal modo desvanecida com o sucesso da solicitação que agradeceu ao Sr. d'Argenson com uma carta datada de 25 de julho" (*Annales*, p. 95). Tal gesto, abominável para nós, de natureza religiosa para ele, deve ser capaz – em decorrência exatamente dessa discrepância –, de nos ensinar algo sobre a sua mentalidade e a de seu tempo. Teremos de voltar a esse assunto.

* Sigla de "Religion Prétendue Réformée" [religião pretensamente reformada], fórmula utilizada para identificar os reformados nos registros das igrejas católicas [N.T.].

e tornar-se-á inspetor das finanças; d'Argenson, por sua vez, acaba de receber, em março, as suas credenciais enquanto conselheiro de Estado por um período de seis meses. Eles pertencem à mesma corporação, fazendo parte da mesma sociedade; é então, sem dúvida, que ambos "visitam as prisões, informando-se das necessidades e libertando os mais merecedores" (cf. ALLIER, 1902, p. 59). Em breve, enviado para a Catalunha (início de 1641) e ausente dos *Annales* da Compagnie de Paris, René d'Argenson reaparece em sua história a propósito da fundação, em 1642, da Compagnie de Poitiers: "Pouco tempo depois, ele foi encarregado da intendência dessa província", o que se situa em 1644, "tendo sido recebido nessa cidade em companhia do irmão, Monsieur l'abbé, inclusive prior de Saint-Nicolas de Poitiers"[435]. As suas viagens permitiram-lhe assim dar apoio à expansão da Compagnie; em 1650, será também "encarregado pela Compagnie de Paris da instalação" de uma filial em Angoulême (*Annales,* p. 120); em 1651, "prestes a partir para a embaixada de Veneza, (ele) solicitou os estatutos da Compagnie para utilizá-los no caso em que fosse possível estabelecê-la em algumas cidades da Itália". Como a entrega dos estatutos é algo sério e contrário à prática da sociedade, impõe-se uma deliberação; por fim, é atendido em sua demanda e, mais tarde, o primogênito irá devolver o documento antes de ser, por sua vez, "recebido na Compagnie, em 1656" (*Annales,* p. 124). Como podemos ver, a adesão do intendente não permanece isolada: o irmão Claude é membro do mesmo "partido"; o filho René será o seu diretor principal e cronista. Trata-se, enfim, de um assunto de família.

Em 31 de agosto de 1651, uma circular da Compagnie relata, portanto, o "óbito do Sr. d'Argenson, embaixador do rei em Veneza, da C. de Paris" (REBELLIAU, 1908, p. 85). O testamento redigido pelo embaixador em Paris, em 28 de abril de 1651, antes de sua partida para a Itália, especifica tal filiação[436]: o testador dá "a soma de 300 libras para libertar o maior número possível de detentos das prisões da Conciergerie ou do Grand Chatelet" (Test.,

---

435. *Annales,* p. 87. Na realidade, Claude de Voyer d'Argenson só tomou posse do priorado de Saint-Nicolas, em 1648.

436. O original do testamento encontra-se em Arch. M.C., LXIV, 92 (tabelião Pierre Derivière), 6 de sept. de 1651 [cf. documentação p. 368: A].

f. 3 v.) – ou seja, as próprias prisões, sobretudo a Conciergerie – de que se ocupa especialmente a Compagnie du Saint-Sacrement[437]; "100 libras para o Hôtel-Dieu (Test., f. 3 r.), frequentado por esses senhores[438]; "uma soma semelhante para o hospital de La Charité no faubourg Saint-Germain" (Test., f. 3 r.), instituição que, apesar da desconfiança dos religiosos de La Charité, recebe regularmente a visita dos membros da Compagnie (cf. *Annales*, p. 79); "100 libras para as instituições de caridade secretas de algumas pessoas de bem, nossas amigas, aliás, bem conhecidas dos eclesiásticos, o Sr. Renart ou o Sr. de Caux [...]" (Test., f. 3 r.). Ora, com efeito, nesse mesmo ano, de acordo com os *Annales*, esse "Sr. Renart, grande servo de Deus", dá "200 libras que, segundo as suas próprias palavras, são esmolas secretas do defunto Sr. d'Argenson, falecido embaixador em Veneza"[439]. Eis o que permite identificar essas "pessoas de bem, nossas amigas" mencionadas já uma vez no testamento, a propósito das "ajudas" entregues "à caridade de meus filhos e dos servos de Deus, meus amigos mais chegados [...]" (Test., f. 2 v.): aliás, essa é a expressão utilizada, habitualmente, pelos confrades da Compagnie para se referirem a si mesmos[440].

Quanto a François Renart (ou Renar), capelão das freiras de Saint-Thomas, ele foi – pelo menos, de 1642 a 1651[441] –, "diretor" da Compagnie de Paris. Durante muito tempo, vizinho de René d'Argenson pelo fato de ter residido vários anos no marais du Temple[442], ele teria tido a oportunidade de se relacionar com o conselheiro; é provável que esse eminente diretor, responsável dos "amigos" do ponto de vista religioso, o tivesse tra-

---

437. Cf., p. ex., ALLIER, 1902, p. 69-71. A própria Compagnie garantiu, até 1654, a visita dessas prisões e a liberação dos prisioneiros por dívidas.

438. Cf. *Annales*, p. 79; • ou ALLIER, 1902, p. 56-58.

439. *Annales*, p. 128. • Cf. ALLIER, 1902, p. 61.

440. As expressões – "les amis" [os amigos], "nos amis" [nossos amigos], "chers amis" [caros amigos] –, frequentes na correspondência dos confrades, designam os membros ou os dirigentes da Compagnie. Cf. "Lettres de Duplessis-Montbard à Laurent de Brisacier". In: CROULBOIS, p. 539, 540, 541, 547, 550, 555, 558 etc.

441. Cf. REBELLIAU, *op. cit.*, p. 22 (para 1642); p. 82 (para 1651). • E igualmente, ALLIER, 1909, p. 234 (para 1648).

442. Cf. ABELLY, s.d. (1649), p. 144. O biógrafo afirma também que o Sr. Renart pregava, com frequência, na igreja "dos capuchinhos do marais du Temple" (*ibid.*, p. 155).

tado como filho espiritual. De qualquer modo, missionário "em Poitou, Auvérnia, Touraine e Saintonge" (ABELLY, *op. cit.*, p. 54) – territórios em que o embaixador tinha sido intendente –, além de pregador e confessor nos hospitais de Paris (*ibid.*, p. 56), ele teve muitas oportunidades de simpatizar com o homem que lhe implorava para ser, *post mortem*, o seu intermediário junto à Compagnie.

Ainda desses "amigos", monsenhor Charles de Noailles – falecido em 1648 como bispo de Rodez e, durante muito tempo, bispo de Saint-Flour (1610-1646), além de governador interino da Auvérnia – deveria ter mantido, portanto, relações de natureza administrativa com o intendente dessa província ou dos territórios vizinhos: ele escreveu de acordo com o espírito da fundação – dois anos depois de ter feito parte do grupo dos fundadores da Compagnie, em 1630 (*Annales*, p. 14) –, *L'empire du juste selon l'institution de la vraie vertu*[443] [O império do justo segundo a instituição da verdadeira virtude], obra que se encontrava na biblioteca de René d'Argenson[444]. Membro da Compagnie também[445], o "doutor da Sorbonne, Jean Coqueret, a quem presto homenagem pela virtude e bom comportamento", declara d'Argenson, o qual lhe havia confiado a educação de seu caçula, Jacques (Test., f. 7 v.): este padre com fama de santidade[446], diretor do collège des Grassins, é, aliás – em companhia de Nicolas Cornet –, um dos dois "aprovadores" do *Traicté de la sagesse chrestienne*, em 10 de janeiro de 1650[447]. O papel desempenhado pelas relações pessoais na designação dos aprovadores dá importância à aparição desses dois personagens no círculo das amizades, reunidos pela voz do além-túmulo.

---

443. Publicado em 1632, em Paris, chez Sébastien Cramoisy, o qual, em breve, torna-se-á membro da Compagnie.

444. O inventário dessa biblioteca encontra-se em Arch. M.C., *loc. cit.* [cf. documentação p. 368: A]. "L'empire du juste" é mencionado entre os in-4°, p. 10.

445. Cf. ALLIER, 1902, p. 36; • LA BRIÈRE, 1906, p. 30.

446. Trata-se de Jean Coqueret, e não de Philippe, como fica demonstrado pela inicial do prenome na "aprovação" du *Traicté* e pela indicação, no testamento, de seu papel no collège des Grassins. A respeito desse personagem, cf. LAUNOY, 1731-1732, t. 4, p. 764-765; • GRANDET & LETOURNEAU, 1897, t. 1, p. 73-77; • ou JOURDAIN, t. 1, 1888, p. 266.

447. *Traicté de la sagesse chrestienne*, "Approbation des docteurs".

Os dois doutores, conhecidos por sua relutância em relação ao jansenismo[448], não teriam exercido influência, nesse aspecto, sobre seu poderoso amigo? E, ainda mais, F. Renart que tinha enviado para "algumas pessoas particulares" a obra, *Remarques sur le livre "De la fréquente communion"* [Observações sobre o livro "Acerca da comunhão frequente"], texto rapidamente publicado (ABELLY, L., *op. cit.*, p. 162), além de entregar – "para as pessoas que ele achava terem necessidade de esclarecimento" (*ibid.*, p. 163) – "cópias" de uma coletânea, publicada posteriormente, em 1659, de *Maximes tirées de la doctrine des Conciles et des saints Pères opposées à celles du livre "De la fréquente communion" et à la conduite de quelques nouveaux directeurs*[449]? De qualquer modo, essa opinião é compartilhada por René d'Argenson. Em maio de 1651, de acordo com o núncio apostólico na Saboia,

> ele tem a intenção de dirigir-se a Roma por ocasião de sua viagem a Veneza para beijar os pés de Sua Santidade e para obter alguma disposição contra a nova doutrina dos jansenistas que está crescendo na França com o perigo muito grande de que venha a constituir-se um ateísmo a partir dessa seita, especialmente entre a nobreza[450].

A esse testemunho, pode-se acrescentar o do próprio embaixador que, em seu testamento, escreve o seguinte:

> Quero afiançar publicamente a vontade de completar o que resta da minha vida na mesma fé de Jesus Cristo e de sua Igreja Católica e Romana em que fui batizado, e renuncio a todas as seitas ou opiniões que lhe são contrárias e, até mesmo, aos erros daqueles que presentemente são chamados jansenistas, condenados pelos sagrados concílios e pelos papas (Test., ff. 1 v.-2 r.).

---

448. Assim, nesse ano de 1650, ambos teriam desaprovado a publicação da obra de "M. de la Place", um dos pseudônimos utilizados por Antoine Arnauld na clandestinidade: cf. GAZIER, 1905, t. 1: 1630-1652, p. 473-476. • Ainda conviria mencionar que J. Coqueret, em 1653, defenderá corajosamente o doutor Manessier, acusado de jansenismo, perante o próprio Séguier (*ibid.*, t. 2: 1653-1663, p. 20-24). • Sobre o jansenismo, cf. mais acima, cap. 9.

449. Literalmente: Máximas extraídas da doutrina dos Concílios e dos Santos Padres contrárias às do livro "Acerca da comunhão frequente" e ao comportamento de alguns novos diretores. RENAR, 1659; essas quarenta páginas formam o apêndice de ABELLY, *op. cit.*

450. Ars., ms 2007, p. 114. Desde 1646, o núncio era Alessandro Crescenzi que, em 1675, foi nomeado cardeal e patriarca de Alexandria.

Essa última observação poderia ser uma referência direta às *Maximes* de F. Renart.

As obras de caridade, a luta contra o protestantismo, a oposição ao jansenismo e as relações pessoais entrelaçadas em rede em todas essas atividades, eis realmente o que é a Compagnir do Saint-Sacrement tal como é possível conhecê-la e tal como é descrita por René d'Argenson. Para completar essa apresentação, de acordo com determinada ideia da Compagnie, ela carece apenas de um jesuíta nos bastidores e, atrás dele, um grande número de outros. Mas não há nenhum; pelo menos, em todos esses documentos, não há nenhuma indicação nesse sentido. Quando o conselheiro de Estado pensa em preparar-se para o sacerdócio, ele dirige-se aos padres de São Lázaro: desde 1648, sem dúvida, ou após o seu retorno de Bordeaux, em 1649, ele recita o ofício, discute sobre casos de consciência e aprimora a sua instrução em leis eclesiásticas e em seus deveres pastorais na Congrégation de la Mission[451]. Elaborada pelo irmão, essa descrição – apesar de nos ocultar inúmeros detalhes sob a toga de sua grandiloquência latina – diz o suficiente para designar as "conférences" [conferências] que reúnem um tão grande número de padres em torno de Monsieur Vincent[452]. Foi nessa ocasião, às terças-feiras, às três horas, que René d'Argenson se junta a alguns dos "amigos" que já se encontram semanalmente, às quintas-feiras, às duas horas: Monsieur Vincent, Renart[453], Olier e muitos outros. Para todos esses homens, o jansenismo é, na época, não tanto o inimigo, mas um excesso contra o qual cada um deve precaver-se; os jesuítas, por sua vez, são menos seguidos do que usados na pessoa deste ou daquele padre realmente espiritual, tais como Suffren ou Saint-Jure. Além de escutarem os seus conselhos, vão

---

451. ARGENSON, *Elogium Renati de Voyer...*, 1651, p. 24-25 [cf. documentação, p. 370: B. 2].
N.T.: A Congregação da Missão, ou Padres Lazaristas, foi fundada em 1625 pelo pe. Vicente de Paulo – Monsieur Vincent – para a evangelização do "pobre povo do interior" da França.

452. Cf. COSTE, t. 2, p. 299-305; • ou, testemunho da época, BONNEFOUS, 1665, p. 274-276 (1. ed.), 1637).
N.T.: Através das famosas conferências das terças-feiras, Monsieur Vincent propunha retiros espirituais para leigos e sacerdotes.

453. A respeito da presença de F. Renart nas "conférences", cf. COSTE, *op. cit.*, t. 2, p. 306.

buscar o seu apoio, mas sem qualquer filiação à Ordem. As relações do intendente remetem-nos, de preferência, à Faculdade de Teologia, a Saint-Lazare, a Saint-Sulpice, ou seja, a esses grupos de padres e cristãos fervorosos, cujas aspirações religiosas e objetivos apostólicos estão vinculados ao Oratoire[454] e, de maneira mais secreta – talvez, mais intensa – ao Carmelo[455].

Por enquanto, trata-se apenas de amizades feitas a partir de atividades comuns. A obra literária e as leituras do conselheiro permitem-nos acompanhá-lo mais longe, fora de Paris, e entrar no domínio mais íntimo de suas simpatias espirituais, nas circunstâncias em que se enraízam as colaborações e em que se estabelece uma comunhão de almas. Quais são, portanto, as obras acrescentadas por ele próprio à biblioteca familiar[456] que se relacionam com a espiritualidade ou a teologia? Além dos *Concilia generalia* (BINIUS, 1638), da *Galia christiana*[457], dos *Concilia antiqua Galliæ*[458], dos *Sancta D. N. J. C. Evangelia*[459], livros básicos; além do *Perfecto confesor y cura de almas* do cônego Machado de Chávez, tratado de moral e de casuística publicado em Barcelona no mesmo ano de sua missão na Catalunha (1641) e, talvez, recebido como cortesia, à semelhança de *L'empire du juste*

---

454. Esse vínculo da Compagnie com o Oratoire foi observado e sublinhado, acertadamente, por CAREY-ROSETT, 1954, p. 208, n. 9. Cf., em relação ao "Oratoire", * N.T. (p. 68, 2º parág., 6ª linha).

455. Coqueret era, em companhia de Gibieuf, superior do Carmelo. O Carmelo parece ser o encontro místico de um grande número de alianças apostólicas: em uma casa de Santa Teresa, é que, em Beaune, uma carmelita recebe as confidências e as diretrizes do barão de Renty, "superior" da Compagnie de Paris – e, durante mais de quinze anos, inspirador de seus empreendimentos –, o qual trata, em suas cartas, o chanceler Séguier como "meu irmão Pierre", além de ter sido guia espiritual do famoso advogado no Parlamento de Paris, Christophe Duplessis-Montbard. Em um Carmelo, é que se encontra a irmã do chanceler Séguier; a filha de Marillac que é ministro da Justiça; tal como a esposa do duque de Ventadour, fundador da Compagnie; e a própria filha do barão de Renty. Seria possível citar um grande número de outros exemplos.

456. Embora esse critério seja necessariamente demasiado restrito e insuficiente, vamos considerar como tais – entre as obras listadas pelo inventário de 1651 – aquelas que são posteriores a 1610.

457. Não nos referimos à edição dos frères de Sainte-Marthe, publicada em 1656, mas à de Claude Robert, 1626.

458. Obra publicada por SIRMOND, 1629.

459. A obra, publicada em Paris, 1610, é de Jacques d'Auzoles de Lapeyre (cf. *Le Mercure charitable*, 1638), o adversário do pe. Petau (1636).

[O império do justo] de Charles de Noailles[460]; ele adquiriu a *Bibliotheca cluniacensis* de dom Martin Marrier, editada pelo famoso André Du Chesne (1614), recheada com as façanhas desses monges construtores da cristandade; o *Compendio de las tres gracias de la Santa Cruzada* de A. Pérez de Lara (1610), cujo assunto se relaciona curiosamente com os desígnios desses cruzados vestidos de calções que são os *Messieurs* da Compagnie; mais conhecida, mas sem dúvida menos característica, *La perfection du chrestien* [A perfeição do cristão], obra póstuma do cardeal de Richelieu (1646)[461] a quem o conselheiro de Estado havia prestado serviço durante muito tempo e com quem, talvez, tivesse tido algum parentesco[462]. Mas, deve-se chamar a atenção, sobretudo, para as *Obras* tanto de Alonso de Orozco[463] quanto de Luís de Granada[464]: a doutrina do primeiro, profusa em símbolos, moderada quanto ao essencial, analisa as etapas da vida espiritual, desde a obediência e os mandamentos até a união contemplativa, além de mostrar analogia com a "filosofia sobrenatural" do *Traicté de la sagesse chrestienne*. No entanto, parece que René d'Argenson esteja mais familiarizado com Luís de Granada, cujo misticismo atenuado desfruta na Espanha de uma influência e difusão semelhantes às do Francisco de Sales da *Introduction à la vie dévote* [Introdução à vida devota]: no período em que esteve preso em Milão, René d'Argenson compulsa a tradução espanhola da *De imitatione Christi*

---

460. Da mesma forma, em 1645, Guez de Balzac (1597-1654) – escritor bastante reputado pela qualidade de sua prosa – oferece alguns de seus livros a René d'Argenson: um "Discours de la gloire" (1644) e, pouco tempo depois, um opúsculo em latim sobre Roma (cf. 1647, p. 37; carta de 8 de outubro de 1645 endereçada a René d'Argenson).

461. Dois exemplares na biblioteca de René d'Argenson.

462. Uma anotação manuscrita de Gabriel de Voyer, sobrinho do intendente e bispo de Rodez em 1666, afirma que ele havia sido "criado com o cardeal de Richelieu seu parente" (BN, Dossiers bleus, 678, "Voyer"). Não encontramos nenhuma confirmação para um parentesco reivindicado, na época, por um tão grande número de famílias.

463. A presença dessa obra na biblioteca de René d'Argenson deve estar relacionada com a sua estada em Espanha (1641), embora o livro seja mais antigo; trata-se, com efeito, de la *Recopilación de todas las obras* (Alcala, 1570; 1. ed., Valladolid, 1555), • ou da *Segunda parte de las obras* (1570). O bem-aventurado Alonso de Orozco tinha falecido em 1591.

464. Entre as numerosas edições espanholas de Luís de Granada, não existe nenhuma, pelo que sabemos, com o título de *Obras*.

desse autor para elaborar, por sua vez, a versão francesa do mesmo texto[465]; a obra inteira é conservada perto dele no setor religioso de sua biblioteca[466], lugar do recolhimento em sua residência parisiense.

Nenhum desses livros, no entanto, teria conseguido explicar a René d'Argenson os segredos místicos descritos em seu *Traicté*. Sem dúvida, a experiência é suficiente para essa percepção. Mas ele mesmo menciona os "espirituais" que lia durante a sua detenção milanesa:

> Acabei observando que todas as conclusões dos mais espirituais tendem a tornar as nossas vontades uniformes às de Deus; eu relia, frequentemente, essas adoráveis verdades; recebia daí muita consolação, e minha alma ficou convencida de que a sabedoria cristã e essa uniformidade nada tinham de diferente além das palavras utilizadas para designá-las[467].

Claude d'Argenson designa essas obras dedicadas à doutrina da uniformidade em termos velados quando indica que essa época corresponde à iniciação do irmão às "*arcana theologiæ*"[468]; o conselheiro de Estado refere-se também a isso ao fazer alusão a "tudo o que a teologia mística se esforça em explicar com tão grande número de belas palavras"[469]. De que "espirituais" e de que "teologia mística" estaria falando o autor? Além de ser avaro de citações, a sua única indicação continua sendo imprecisa: "Alguns escrevem que Santa Catarina de Sena morreu desse excesso de amor"[470]. "Alguns": é incontestável que René d'Argenson não manifesta grande interesse por seus

---

465. "Ele serviu-se, felizmente, de Granada, o qual havia traduzido essa obra para o espanhol", diz o prefaciador, na 2ª edição da tradução de *Nouvelle traduction de l'Imitation de Jésus-Christ* (1681 [cf. documentação, p. 369: B. 1]). A 1ª edição, sem esse prefácio, data de 1664 [*ibid.*, B. 1]; a aprovação foi assinada, em Paris, em 24 de março de 1650, por "F. C. de La Haye, beneditino" e "F. Yves Pinsart, prior do convento de S. Jacques des Frères Prêcheurs [São Tiago dos Irmãos Pregadores]". É estranho o atraso da aprovação para a 1ª edição; talvez tivesse existido uma edição anterior à de 1664.

466. No inventário, os livros de espiritualidade são indicados sucessivamente. O tabelião deve ter estabelecido a sua lista de acordo com a ordem em que as obras estavam enfileiradas nas prateleiras; a espiritualidade deveria ter, portanto, o seu próprio espaço.

467. *Traicté*, "Avant-propos" [cf. documentação, p. 369: B. 1].

468. ARGENSON, *Elogium Renati de Voyer...*, 1651, p. 9 [cf. documentação, p. 370: B. 2].

469. *Traicté, op. cit.*, III, 2, p. 184.

470. *Ibid.*, IV, 8, p. 329.

historiadores! Mas essa doutrina da uniformidade, os símbolos utilizados (fogo, raio, centro etc.) e o vocabulário técnico (essência da alma, vontade essencial de Deus, indiferença e puro amor etc.) remetem a uma tradição bem determinada da qual a testemunha mais importante é o *Breve compendio*, ou *Abrégé de la perfection* [Compêndio da perfeição], resultante da colaboração entre o pe. Gagliardi e a "senhora milanesa", Elisabella Bellinzaga, transposto para o francês por Bérulle[471] e difundido amplamente nos círculos espirituais franceses. A partir desse opúsculo, reencontra-se no *Traicté* o tema central da uniformidade, a renúncia à "propriedade" e, como afirma René d'Argenson, os "degraus" "dessa escada mística que conduz do nada ao Todo"[472] até um êxtase "prático" da vontade despojada de si mesma[473]. Seria possível multiplicar as equiparações, particularmente impressionantes, com *L'échelle de la perfection* [A escada da perfeição], apêndice do *Abrégé*[474]. Se o texto de René d'Argenson parece lírico, comparado com a nitidez um tanto árida do *Abrégé*, esse é sem dúvida o eco da "consolação" que ele encontrou aí e da experiência que a prolongou. Talvez também outras leituras – tais como *La Règle de perfection* [A regra da perfeição] do capuchinho inglês, Benedito Canfeld – tenham conseguido abrir-lhe o coração de forma mais ampla para essa doutrina. Vamos apostar, portanto, sem medo de qualquer equívoco que o *Abrégé*, à semelhança da *Imitação*, encontrava-se nesses pacotes de livros in-4º, in-8º e in-12º, cujo inventário não especifica o conteúdo. Para seu proprietário, a leitura desses textos é certamente mais familiar do que a do Antigo Testamento em sua *Biblia sacra Antverpiæ*: ele assimilou profundamente a espiritualidade do tratado italiano, mas confunde Davi com Saul[475] e, desses

---

471. Cf. DAGENS, p. 136-149; • além de LALLEMANT, 2011.

472. *Traicté, op. cit.,* II, 6, p. 123.

473. Cf. GAGLIARDI, Introduzione e note di Mario Bendiscioli, 1952, p. 35. • Cf. tb. GIOIA, 1994.

474. Entre os seis *Exercices pour atteindre la perfection* [Exercícios para alcançar a perfeição] – apêndice intitulado *L'échelle de la perfection* [A escada da perfeição] na edição francesa de 1613 –, os três últimos são dedicados à "conformidade", à "uniformidade" e à "deiformidade". Quanto ao fundo e à forma, o *Traicté* assemelha-se bastante a essas três meditações, tais como elas se encontram, por exemplo, em POIRET, 1690, première partie, p. 173-191.

475. "O homem irritado nunca pratica uma justiça ponderada, diz-se no *Traicté*. Davi, que nos fornece tal ensinamento, talvez tenha encontrado o segredo disso: no entanto, ele sentia-se bastante

livros anteriores ao Cristo e abandonados aos protestantes, parece conhecer apenas os trechos reproduzidos em seu breviário[476].

O *Abrégé* italiano – sem dúvida, conhecido por René d'Argenson há muito tempo, graças aos Bérulle – foi relido e mais bem compreendido em 1640. Esse texto poderia muito bem ter sido interpretado à luz de prováveis contatos com os "espirituais" que, na mesma época de sua detenção, agrupavam-se em torno de Giacomo Casolo, o leigo místico, no Oratório de S. Pelágia de Milão (cf. PETROCCHI, p. 32-33 e 149-150): esses "pelagini" – que visitavam os doentes e os prisioneiros, preconizavam a "pobreza de espírito" e reivindicavam a tradição oratoriana –, deveriam, em vários aspectos, despertar o interesse de um homem que, nesse momento, estava empenhado na busca da vontade divina e sempre atento, enquanto membro da Compagnie, aos "devotos" entre os quais – à semelhança do que se passava em relação a seus confrades – ele procurava fazer "amigos"[477]. Isso é apenas uma hipótese, a qual, em suma, acaba suscitando problemas em vez de fornecer soluções. Mas essas proximidades espirituais conjugadas com tais encontros geográficos, em uma época em que a influência da Itália ainda é predominante na França, atribuem ao caso do intendente René d'Argenson a amplitude de um indício. Não é um acaso se – enquanto obras sem relação com as suas atividades profissionais – a sua biblioteca contenha um tão grande número de livros italianos, desde Castiglione, Ariosto, Tasso, até a *Italia*, de Magno, a *Italia illustrata* e *La ricchezza della lingua volgare*. Se, como foi demonstrado pelo especialista do século XVII, R. Pintard, essa Itália em fermentação alimenta, mediante uma grande quantidade de vias secretas, a "libertinagem" francesa, não será que ocorreu uma infiltração análoga e a circulação de informações, por sua vez, dissimuladas, que teriam influenciado – até mesmo entre os "de-

---

comovido, às vezes, para agradar a Deus no momento em que pedia a sua música para suavizar o seu espírito" (III, 5, p. 207).

476. Todas as referências ao Antigo Testamento, no *Traicté*, são bastante imprecisas: Jó e Davi (p. 149); Isaías e Davi (p. 293). Esse "Davi" é, evidentemente, o do Saltério.

477. Vimos que René d'Argenson estava preocupado em expandir a Compagnie: para Poitou, Angoulême e Itália; o mesmo acontece com os seus confrades. A respeito das tentativas análogas de Brisacier em Roma, alguns anos depois, cf. as cartas que lhe envia Duplessis-Montbard: "Lettres de Duplessis-Montbard à Laurent de Brisacier". In: CROULBOIS, 1904.

votos" de Paris ou de província – as correntes "espirituais" do Piemonte, da Lombardia ou da Úmbria, na expectativa de que, meio século mais tarde, os quietistas napolitanos viessem a identificar-se com Bernières, Malaval, Surin, Fénelon e Mme. Guyon?

Para voltarmos a René d'Argenson, vamos finalmente sublinhar a estreita semelhança de sua "filosofia" com o que as cartas publicadas pelo pe. Saint-Jure nos ensinam sobre a espiritualidade do barão de Renty[478]: a mesma "conformidade"; o mesmo abandono de si à vontade de Deus até o voto de "escravo", central igualmente para o barão e para o embaixador[479]; o mesmo êxtase "prático" em decorrência da invasão da caridade divina na alma esvaziada de si mesma. Deve-se acrescentar também: a mesma autenticidade, perceptível em textos em que a única contenção para a violência da paixão religiosa é a "honestidade" do homem do mundo. Será uma pura coincidência? De modo algum; a *Vie de M. de Renty* [Vida do Sr. de Renty], "recebida com aplausos" pela Compagnie após a sua publicação, no mesmo ano do falecimento de René d'Argenson,

> serviu, com bastante frequência, de leitura nessa instituição e, por ter parecido de grande utilidade, acabou sendo enviada para todas as Compagnies com a exortação para que fosse lida a fim de incentivar os confrades a uma sólida piedade, ao zelo e à prática das boas obras; ora, tal resolução foi executada com a maior solicitude (*Annales*, p. 125).

Essa é a "filosofia sobrenatural" do grupo. Além de ser difundida, ela é vivenciada, traduzindo não só a experiência de um homem, mas de vários: a obra e a vida de René d'Argenson dão testemunho disso, e se esse acordo

---

478. SAINT-JURE, 1651. As *Mémoires* [Memórias] de Renty foram publicadas por iniciativa de Louys Dufournel, doutor da Sorbonne e outro membro da Compagnie, em 1662. Um projeto de reedição (que envolve uma difusão bastante ampla do livro) é mencionado em *Les papiers des devots de Lyon* (GUIGUE, 1922, p. 71). Hoje, esse volume é inencontrável.

479. Voto de "escravidão" ao Menino Jesus por Renty, no dia de Natal de 1643 (SAINT-JURE, *op. cit.*, p. 179; • cf. *ibid.*, p. 42-43, 204, 241). Voto de "escravidão" à Nossa Senhora por d'Argenson: "Renovo – escreve ele em seu testamento – os votos que fiz de minha escravidão à rainha dos anjos, o asilo dos pecadores" (*loc. cit.*, f. 2 r; • cf. *ibid.*, f. 1 v sobre a sua "liberdade" "consagrada" a Nosso Senhor, • e f. 8 v no qual aparece, a propósito do mundo, o termo "escravo"). Aliás, essas duas formas de voto são igualmente apreciadas por Bérulle.

indica com precisão a sua fisionomia e a sua situação na sociedade religiosa da época, ele permite também fixar um pouco melhor o inapreensível espírito de homens que, antes de mais nada, pelo segredo de sua associação, estimulam a inquietude, a curiosidade ou a desconfiança do poder político – e do historiador.

"Rezo ao meu bom anjo para cuidar da maneira de me comportar pelo resto dos meus dias a fim de torná-la uniforme ao puro querer de Deus" (Test., f 2 v.): essa última oração dá o seu peso humano e pessoal à "fecunda ciência da uniformidade às vontades de Deus", desenvolvida no *Traicté*; ela junta-se, pelo movimento da alma, à de outro "escravo" do amor, o barão de Renty, e provavelmente à de um grande número de outros que constituem a Compagnie dos "queridos amigos". Sem dúvida, comparada com a segunda geração dessa entidade que esteve mais envolvida com as lutas religiosas, mais confinada em si mesma no interior de uma sociedade que havia passado por rápidas mudanças, além de mais propensa, em decorrência desse mesmo isolamento, a forjar uma política de acordo com o seu espírito, e, finalmente imobilizada como uma "cabala" condenada a desaparecer ou a sobreviver apenas em *Tartuffe* [Tartufo, comédia de Molière], a primeira geração – a de Renty ou d'Argenson – parece mais conectada com os grandes movimentos espirituais do início desse século, mais sintonizada com as aspirações dos contemporâneos e, por fim, mais mística. Basta, para ter essa sensação, avaliar a distância entre o barão de Renty e Duplessis-Montbard, ou simplesmente entre o pai e o filho na família dos d'Argenson. Mas, independentemente dessa evolução ulterior, um melhor conhecimento do pai permite-nos voltar à sua atitude política para confrontá-la, de maneira mais precisa, com as suas convicções e com as suas atividades religiosas.

4 A política de um espiritual

Em 5 de abril de 1641, de Barcelona – cidade para a qual o rei tinha enviado René d'Argenson para negociar um tratado entre a França e a Catalunha –, esse plenipotenciário escreve ao prelado Henri de Sourdis, capitão-mor do rei nas forças navais:

> Considerando que Vossa Eminência recebeu ordens muito específicas do rei que, aliás, me foram comunicadas ao deixar a corte, não há ninguém aqui que ouse ou pense em propor algo diferente, sabendo também o quão importante é o desígnio de Vossa Eminência. Quando já não houver um comando bem explícito, eu direi a Vossa Eminência o que, no meu entender, for o melhor procedimento para a glória de Deus, para o serviço de Sua Majestade e para a satisfação de Vossa Eminência, ou seja, três objetivos que encontrei sempre em plena harmonia e os únicos que correspondem às minhas intenções, sem estar cioso, no entanto, de que minhas opiniões prevaleçam, nem que sejam preferidas às dos outros, pelas quais tenho manifestado sempre todo o respeito, embora eu faça questão de dizer, uma vez que tem sido algo demasiado público, o seguinte: nos acontecimentos em que tive ocasião de intervir, aqueles que levaram em conta as minhas opiniões auferiram muito mais glória do que aqueles que acabaram por menosprezá-las. Não escrevo isso, Eminência, para valorizá-las nem sequer para convidar somente a escutá-las, mas para mostrar a Vossa Eminência a sinceridade das mesmas, o que pode ter o condão de torná-las, às vezes, aprazíveis para aquele que dispõe dos sucessos tal como lhe agrada[480].

Eis o princípio declarado: a glória de Deus e o serviço do rei "encontram- se" em "plena harmonia". Observemos, de imediato, que se trata de um "encontro". O intendente não afirma – aliás, nunca há de fazer tal afirmação – que o serviço do rei é idêntico ao serviço de Deus ou que ele é a sua regra. Ao contrário de seu "amigo" o marquês de Fénelon[481], ele também não sonha em reconstruir uma política de acordo com um ideal cristão[482]. Como já tinha sido demonstrado em seu *Traicté*, a sua "filosofia" não justifica nem critica o poder; ela é "sobrenatural" e situa-se em uma ordem diferente, convocando não para uma reforma das estruturas políticas, mas para uma purificação

---

480. BN Fds fr 6384, ff. 166 v-167 r. Cf. BN, *Correspondance...*, op. cit., t. 2, 551-552. [cf. documentação, p. 367: A.].

481. Cf. J. Calvet. In: KRAUS & CALVET, p. 31-32.

482. A atitude de René d'Argenson é, a esse respeito, totalmente oposta à do bispo de Cambrai, o qual – encontrando-se em uma situação, apesar de tudo, marginal em relação à vida política –, edifica uma "política cristã", profética do ponto de vista do futuro, mas utópica no presente (cf. MOUSNIER, 1951-1952). Quanto a René d'Argenson, ele não é um profeta, nem um utopista.

das "intenções" a fim de torná-las "agradáveis" a Deus, como escreve aqui na carta endereçada a Sourdis ou como afirma em seu *Traicté*: "uniformes às vontades de Deus".

Em seu vocabulário de homem honesto, eis aquilo a que ele atribui o qualificativo de "sinceridade", palavra recorrente em sua correspondência política e que exige um esclarecimento. Um exemplo contribuirá para apreender de forma mais compreensiva a natureza do que torna assim as suas opiniões "agradáveis para quem dispõe dos sucessos": em 22 de abril desse ano, ele escreve ao mesmo prelado, o qual não tinha chegado a acordo com o marechal de La Mothe-Houdancourt sobre o papel das forças navais diante de Tarragona: "Vossa Eminência e o Senhor de La Mothe poderíeis tomar a resolução que pareça a ambos ser mais útil a serviço de Sua Majestade, que deve ser o único objetivo de todos os seus servidores que o são também de Vossa Eminência"[483]. O serviço do rei de acordo com as ordens de Richelieu, tal é o único objetivo; aqui, nada que esteja relacionado com a religião. Mas de que modo alcançá-lo? Como discernir as "resoluções" suscetíveis de conduzir até esse objetivo? Claude d'Argenson informa-nos de que, nessa mesma época, no decorrer de negociações incessantemente complicadas ou suspensas em nome das suscetibilidades ou das tradições catalães, o seu irmão ia rezar frequentemente em Montserrat "para que a graça divina lhe concedesse o que o intelecto teria dificuldades para conceber"[484]. Ou dito por outras palavras, ele busca na oração o que lhe sugere a caridade divina, e é assim que irá determinar-se a tomar esta ou aquela "resolução" de acordo com os dados da situação. Tratando-se seja do cerco de Tarragona ou do tratado com a Catalunha, o objetivo lhe é fixado pela vontade do rei; mas do interior emerge o que é designado pelas cartas oficiais como "intenções" e pelo *Traicté* como "inspirações", as quais direcionam o comportamento do homem "sincero" ou "purificado", além de lhe permitirem delinear, na realidade externa, um caminho de acordo com o impulso divino.

---

483. BN Fds fr 6384, f. 221 v. • Cf. BN, *Correspondance...*, loc. cit., t. 2, p. 578.
484. ARGENSON, *Elogium Renati de Voyer...*, 1651, p. 12 [cf. documentação p. 370: B. 2].

As opiniões ou decisões do intendente chegam a nosso conhecimento mediante as suas cartas. Ainda a propósito de Tarragona, ele escreve ao cardeal:

> Sei pertinamente que aqueles que gostariam de tomar uma decisão diferente, entre os quais existe um grande número de pessoas que gostariam de agir e de adquirir glória em favor de seu interesse particular, hão de vociferar talvez contra nós; mas acredito que, ao afirmar e fazer sempre o que consideraremos ser o melhor para o serviço do rei, Deus estará a nosso lado e há de contribuir para o desfecho favorável dos acontecimentos[485].

O "melhor" aqui é o oposto do "particular". O serviço do rei ou – o que é equivalente para René d'Argenson – o bem universal preferido ao interesse pessoal: esse primeiro princípio de seu comportamento coincide, uma vez mais, com a sua "filosofia sobrenatural" e com a crítica contra o amor "próprio", exprimindo em termos políticos o movimento íntimo da alma, tal como traduz ainda a derradeira declaração do testamento:

> Reitero a súplica bastante humilde que, muitas vezes, lhe (a Deus) fiz durante a minha vida para não permitir que os homens disponham de mim em favor de seus interesses, e para fazer tudo o que lhe aprouver para a sua glória no tempo e na eternidade (Test., f. 1 v.).

Não constitui nenhuma surpresa o fato de que o intendente esteja esperando de Deus o "favor" que há de coroar com sucesso os desígnios surgidos de um movimento já divino em sua origem. E, sem dúvida, a rejeição de qualquer "seita", a sua luta contra a resistência da nobreza e a exploração do povo pelos "coletores de impostos", a violência súbita que ele manifesta a respeito dos "hereges"[486] seriam inspiradas pela mesma preocupação. Qualquer particularismo atraiçoa o bem comum, mas – característica marcante – condenado em nome de um princípio diretamente vinculado a uma concepção

---

485. BN Fds fr 6384, f. 313. • Cf. BN, *Correspondance...*, loc. cit., t. 2, p. 599.
486. "Eminência – escreve ele, em 13 de maio de 1641, a Henri de Sourdis –, fiquei extremamente feliz por saber, através de vossa carta do dia 11 deste mês, que continuais vencendo as vossas batalhas, e que esse navio inglês foi punido com o castigo merecido por um herege e um impostor (BN Fds fr 6384, f. 294. • Cf. BN, *Correspondance...*, loc. cit., t. 2, p. 589).

religiosa, ele tem, antes de tudo, uma significação política: o jansenismo "está crescendo [...]" particularmente entre a nobreza", "o inglês" é um "herege", e o "rigor" necessário a exercer contra os marinheiros que abastecem os espanhóis sitiados em Tarragona – tudo isso está em consonância com o que René d'Argenson tinha visto praticar "em La Rochelle e em outros lugares", ou seja, contra os protestantes[487]. Segundo parece, esse espiritual não chega a detectar, nos protestantes, aspirações semelhantes às suas. A sua "filosofia sobrenatural" situa-se no âmbito de sua tarefa política; se, por sua natureza, ela não reconhece ao poder a significação de uma estrutura religiosa, não é pelo fato de autorizar, tal como o "sobrenaturalismo" protestante, uma autonomia da lei interior ou uma crítica das instituições, mas por reconhecer aí um fato puro, como tal providencial, fixando as condições em que deve manifestar-se o movimento da caridade.

Por toda a parte, em sua maneira de comportar-se, ele pretende ser fiel aos fatos: "Por todas as considerações do mundo, eu não gostaria, ao falar ou escrever, de dissimular nem de esquecer nenhum aspecto da verdade quando chego a conhecê-la"[488]. Esse realismo é a manifestação, no campo político, do que, em sua doutrina, tinha a aparência de um pragmatismo espiritual. A adesão à conjuntura inscreve-se na própria esteira da aquiescência ao evento interior. Ainda a Henry de Sourdis, ele escreve o seguinte:

> Garanto a Vossa Eminência que escrevo em toda a parte as coisas como as conheço e vejo, sem nenhum disfarce, e que não sei se alguém pretendeu fazer a profecia, mencionada na carta de Vossa Eminência; as minhas referem-se apenas ao presente e ao que está à minha frente, deixando o futuro para Deus que é o único a conhecê-lo perfeitamente, e o passado para a história[489].

Nem procura calcular o futuro já que não há nenhuma "proporção" entre a vontade de Deus e os raciocínios ou os desígnios do homem, tampouco manter um passado desprovido de interesse prático em uma história composta por acontecimentos que se sucedem em vez de se encadearem; mas, dócil

---

487. BN Fds fr 6384, ff. 429 r e 660 r. • Cf. BN, *Correspondance...*, *loc. cit.*, t. 2, p. 652 e 660.
488. BN Fds fr 6384, f. 652 v. • Cf. BN, *Correspondance...*, *loc. cit.*, t. 2, p. 640.
489. BN Fds 6384, f. 361 r e v. • Cf. BN, *Correspondance...*, *loc. cit.*, t. 2, p. 615.

aos elementos fornecidos pela "observação" – aquela, imparcial, da situação; e aquela, depurada, das inspirações divinas –, trabalhar corajosamente nos empreendimentos sugeridos por eles, sem nunca entregar-se à ilusão de que a vontade de Deus possa ser, em última análise, idêntica ao conhecimento que o homem é capaz de ter a respeito dos mesmos ou aos desígnios concebidos com a maior "sinceridade". Para o resto, "há de ocorrer o que aprouver a Deus; com efeito, quando cada um faz e aconselha o que julga ser o melhor, ele fica em paz"[490].

Essa atitude flexível e positiva[491] implica certamente um profundo ceticismo, mas que não deveria ser motivo de surpresa depois da leitura do *Traicté*. Conciliante ou firme de acordo com as circunstâncias[492], assumindo as coisas tal como ele as constata, consternado sem ser crédulo, nem surpreendido com a malícia humana, René d'Argenson não conhece a ira seja do profeta ou do exasperado. Treinado na escola de uma experiência que lhe ensinou a sabedoria do *Eclesiastes* e, ao mesmo tempo, a do *Cântico dos cânticos*, ele é incapaz de manifestar a sua decepção: "Seja qual for a circunstância, nunca fico irritado"[493].

Essa "sabedoria" – implicando conhecimento da natureza humana, mas não menosprezado pelos homens – inspira ao intendente, aonde quer que ele seja enviado, um papel de conciliador que chamou a atenção dos con-

---

490. *Ibid.*, f. 328 v. • Cf. BN, *Correspondance...*, op. cit., t. 2, p. 606. Mais adiante, René d'Argenson acrescenta: "Tendo sempre as minhas intenções a serviço de Sua Majestade e ao consentimento de Vossa Eminência, nunca tenho receio de ser repreendido por aconselhar o que acredito ser o melhor" (*Ibid.*, f. 329 r).

491. Desnecessário indicar com precisão que o mesmo acontece em relação a Richelieu: "Os servidores do rei... são também os de Vossa Eminência" (BN Fds fr 6384, f. 221. • Cf. BN, *Correspondance...*, op. cit. t. 2, 578). A ordem do rei vem por intermédio do cardeal; é um fato que não se discute.

492. "Tratamos aqui as coisas com brandura e delicadeza, em vez da arrogante autoridade e firmeza que podem ser utilizadas alhures", de Barcelona, 15 de abril de 1641 (BN Fds fr 6384, f. 197 v. • Cf. BN, *Correspondance...*, t. 2, p. 563).

493. Em uma carta endereçada ao impulsivo Henri de Sourdis, René d'Argenson acrescenta no *post-scriptum*, mesmo que nada, nas considerações precedentes, tenha sugerido esta observação final: "Vossa Eminência levou-me – talvez, sem ter pensado nisso – a uma disputa acirrada com Monsieur de Machault; mas, seja qual for a circunstância, nunca fico irritado" (BN Fds 6384, f. 662 v. • Cf. BN, *Correspondance...*, t. 2, p. 656). Esse "talvez" é um achado maravilhoso de lucidez e serenidade.

temporâneos: "A gentileza e a bondade de Monsieur d'Argenson", escreve o duque de Épernon, na época, em discordância com as opiniões de seu intendente[494]. Todos os mandados, praticamente, vão colocá-lo no cerne de um conflito: por exemplo, em 1644, entre a "extrema violência" dos cultivadores de hortaliças de Saintonge e os "empresários" que os exploram[495]; em 1649, entre o revoltado Parlamento de Bordeaux e o "implacável" governador da Guyenne. Ou, então, entre homens cujo "orgulho" intransigente não suporta nenhum tipo de concessão, tais como Sourdis, Épernon e um grande número de outros interlocutores. O que subsiste de sua correspondência e de suas memórias manifesta, em uma enorme quantidade de detalhes, a delicada habilidade com a qual esse diplomata nato consegue apaziguar as raivas, evitar as suscetibilidades, além de conciliar os interesses envolvidos, sem se afastar de uma "sinceridade" que, aliás, inspira confiança e está a serviço de seus propósitos[496]. Basta citar uma página do relatório enviado à corte, em 1649, revelando a atitude adotada por René d'Argenson:

> O duque [de Épernon] limitava-se a insuflar a vingança [do Parlamento de Bordeaux], e nesse ponto é impossível deixar de dizer que o seu humor implacável e excessivamente altivo causou uma grande parte das desordens que estiveram na origem de tantas mortes na Guyenne. É verdade que, por sua vez, o parlamento esteve longe de utilizar a condescendência, mas seria necessário um espírito gentil para abordar essas pessoas irri-

---

494. Carta endereçada pelo duque ao chanceler Séguier, em 9 de maio de 1649 – Leningrado, Fds Dubrowski, 87, pièce 38 [cf. documentação, p. 366: A.] –, citada a partir dos extratos que o prof. Mousnier teve a gentileza de deixar à minha disposição.
N.T.: Na realidade, este texto sobre René d'Argenson enquadrava-se no tema pesquisado na época pelo prof. Mousnier, ou seja, os intendentes e, em particular, o chanceler Séguier (1588-1672); cf. BOURGEON, Enc. Universalis.
495. Cf. Carta de 26 de agosto de 1644, René d'Argenson a Séguier; BN Fds fr 17380, ff. 100-101.
496. Assim, de acordo com a correspondência com Sourdis, as diligências em vista do envio da frota para Tarragona, o caso da bandeira francesa, a questão de saber quem, da frota francesa ou dos catalães, há de proceder à primeira saudação, mostram em René d'Argenson uma paciência inalterável (cf. BN Fds fr 6384, ff. 145 sv.). Da mesma forma, em Bordeaux, de acordo com as cartas endereçadas por ele a Séguier (em *Lettres...*, por J. Hovyn de Tranchère, *op cit.* [cf. documentação p. 369: B. 1]). É necessário ser um *ormiste** muito tendencioso, à semelhança do advogado Fonteneil, para falar a esse propósito da "astúcia do sieur d'Argenson" (cf. FONTENEIL, p. 156). Essa obra, é verdade, foi redigida no meio dos combates e na fase mais acirrada da Fronda.
* Membro do partido de l'Ormée – cujas reuniões ocorriam em um olmedal [*orme* = olmo] –, grupo de adversários da monarquia, em Bordeaux, na década de 1650 [N.T.].

tadiças. [...] Era bem difícil que, em toda essa questão, o conde d'Argenson tivesse conseguido agir de acordo com os seus puros sentimentos; a corte obrigava-o a acompanhar os do duque de Épernon. Este limitava-se a dar ouvidos à sua vingança e ao seu descontentamento, e tudo o que restava a René d'Argenson consistia em atenuar um pouco a severidade que o duque pretendia usar contra os bordeleses[497].

Tal atividade conciliatória – coroada de êxito ou não – e vinculada, aliás, à missão coordenadora do intendente, não será uma das formas que, na política, pode ser assumida pela caridade?

Será que devemos também reconhecê-la na "aversão" testemunhada por ele "nos assuntos que deixam os povos sob pressão"[498] e no zelo que incrementou no sentido de defender os interesses dos mesmos? Os seus relatórios mencionam frequentemente esses "pobres habitantes" arremessados pela miséria e pelas restrições em uma "raiva extrema": "Estarei facilmente do lado das pessoas a quem desejo todo o conforto e alívio"[499]. A resistência encontrada entre os coletores de impostos; a imensa angústia desses camponeses maltrapilhos que, em seu desespero, destroem as colheitas; a impossibilidade de satisfazer as suas necessidades e, muitas vezes, de acalmar um medo que acaba tornando-se fúria – todas essas situações explicam, sem dúvida, que o intendente, considerando insuficiente o poder à sua disposição, tenha decidido servir-se de outros meios e que, enquanto membro da Compagnie du Saint-Sacrament, tenha prestado socorro aos doentes, visitado os prisioneiros e liberado os endividados: atividade marginal, mas de modo algum diferente, em seus motivos, de sua atividade política.

Por mais feliz e hábil em ter sucesso em tudo o que fazia a serviço do príncipe, mesmo assim ele conseguiu que, por toda a parte, a autoridade se tornasse respeitável. Mas se ele era o homem do rei, a sua bondade natural não lhe permitia esquecer que devia ser também o homem do povo: ele era o representante de

---

497. *Relation sur les troubles de la Fronde à Bordeaux, op. cit.*, 1862, p. 615-616 [cf. documentação p. 369: B. 1].

498. Arenga no Tribunal de Poitiers, em maio de 1644, citado em BARBIER, *op. cit.*, p. 22 [cf. documentação p. 370 : C.]; baseado nos *Manuscrits* de Dom Fonteneau.

499. René d'Argenson a Séguier, carta de 26 de agosto de 1644; • BN Fds fr 17380, f. 101 r.

suas necessidades, desvelava-se em fornecer-lhe os favores que, concedidos oportunamente, removiam às vezes toda a amargura dos encargos públicos[500].

Envolto na filantropia tão apreciada no século XVIII, René d'Argenson aparece, cem anos após sua morte, como o herói da "bondade natural". Ele não teria ficado zangado com semelhante reconhecimento porque não acreditava nisso. Sem que o seu rosto tenha sido deformado, mesmo assim ele perdeu a alma do olhar. Para adivinhar esse homem tal como ele foi, convém apreender, sem dissociar estes dois aspectos, o "devoto" místico e o intendente do rei, uma vez que tiverem sido encontrados os inúmeros detalhes biográficos destinados, de novo, ao esquecimento que não deixa, no entanto, de salvaguardar a sensação de um encontro.

*
* *

Em René d'Argenson, o parentesco da doutrina espiritual com a atividade política é perceptível em cada um de seus aspectos fundamentais. Do mesmo modo que o crente vive de sua relação imediata com a vontade de Deus, assim também o intendente é conduzido diretamente pelas ordens do rei; deste modo, a sua lei poderia ser explicada em termos de "uniformidade". Essa adesão a uma vontade soberana implica também, nessas duas vertentes, certa desvalorização das realidades intermediárias: do mesmo modo que a atividade de alto funcionário não está atrelada às tradições e aos privilégios de corporações hierarquizadas, assim também a sua vida espiritual não parece estar sensibilizada pelas instituições eclesiásticas; estas, respeitadas de acordo com o que a fé ensina aos cristãos a respeito das mesmas, não desempenham quase nenhum papel na "ciência

---

500. LAMBERT, *op. cit.*, t. 1, p. 399. Menos literário, mais compacto e verdadeiro, é o retrato esboçado pelo marquês d'Argenson, bisneto do embaixador: "[...] Meu bisavô, homem de grande mérito e capaz de se adaptar a qualquer circunstância, homem do mundo e bem recebido na corte, além de ser, no mínimo, homem probo e religioso [...]" (ARGENSON & MARQUIS d', 1859, p. 2 [cf. documentação p. 370: B. 2]).

dos santos", e é possível observar, como característica, a ausência quase total dos sacramentos, da hierarquia ou do Antigo Testamento, ou seja, da realidade social e cósmica da religião. Por fim, se o dever político não tem outra norma além das sucessivas decisões do soberano, a razão não pode vincular nenhuma lei pelos acontecimentos da graça divina, não tendo nenhuma certeza além da Vontade da qual nunca, e por nenhum motivo, será a proprietária.

Analogia, portanto, mas porque se trata, antes de tudo, de um paralelismo. Como vimos, o que o intendente qualifica como interesses particulares, sinceridade, intenções ou bondade, o espiritual vai servir-se de qualificativos, tais como amor-próprio, indiferença, inspirações ou puro amor; nas circunstâncias em que o primeiro fala de serviço, o outro diz uniformidade. Trata-se, em ambos os casos, de comportamentos e fatos que se referem às mesmas atitudes essenciais, mas a linguagem – enquanto inapreensível razão de uma sociedade –, vai separá-los em dois vocabulários. Eis o que não passa de um indício, mas remete à justaposição de duas "ordens" – uma, espiritual, e a outra, profana – que já não se encontram objetivamente unificadas ou integradas em um mundo sagrado, em uma cristandade. René d'Argenson acharia descabido interpretar uma derrota ou uma vitória como um julgamento de Deus, ou edificar uma política a partir de princípios espirituais. Essa ruptura, aliás, constata-se não somente nas fronteiras das duas ordens, mas no âmbito de cada uma delas. Na doutrina, também, a sabedoria "sobrenatural" opõe-se à presunção "natural"; o Estado "místico", ao reino deste mundo. Da mesma forma, o membro da Compagnie du Saint-Sacrament em sua atividade adere, mediante o segredo e a natureza de suas obras, a uma sociedade marginal em relação à outra e encontra aí, na própria concretude de sua vida e no tecido das relações mundanas, uma espécie de Port-Royal sem muros, nem terra santa.

Unidade do homem, mas dualidade da linguagem; coerência da experiência, mas cisão entre dois registros da expressão: seria possível resumir, assim, a estrutura interna de tal existência. O fato aparece ainda com maior evidência se o *Traicté* de René d'Argenson for comparado com a obra semelhante redigida por outro político, mas da geração precedente, *Les éléments de la cognoissance de Dieu et de soy mesme* [Os elementos do conhecimento de Deus e de si mesmo] do presidente do Parlamento de Paris, Pierre Séguier. O autor aqui empreende uma cosmologia religiosa em que o homem, situado no mundo natural e na história antiga e sagrada, participa da ordem universal que lhe revela Deus ao mesmo tempo que a sua própria grandeza. Certamente Séguier, tal como Bochart de Champigny, não teria experimentado a necessidade de uma sociedade de devotos, uma vez que a sua religião tinha no mundo uma linguagem adequada.

O mesmo não é válido em relação a René d'Argenson da geração subsequente: a sua vida é unificada, mas em uma sociedade dividida. Ele se serve de duas linguagens porque o religioso e o profano já representam, em sua própria experiência, dois mundos separados. As suas tarefas, enquanto administrador, nada têm a ver, como tais, com a sua "filosofia sobrenatural" e, inversamente, a sua espiritualidade, alheia à determinação de suas atividades, limita-se a orientar as intenções e a atitude "interior" do homem, cujo comportamento obedece, sem questioná-las, às leis "exteriores" da política. Aqui, constatamos o fato sem pretender colocá-lo em discussão. Estaríamos inclinados a acreditar que ele constitui o dado fundamental de uma sociedade, em breve, definida pela autonomia das duas ordens – dado fundamental no sentido em que se impõe ao indivíduo anteriormente a suas iniciativas e lhe fixa os problemas cuja solução deve ser encontrada pessoalmente por ele. O místico René d'Argenson é uma testemunha precoce dessa tensão porque ele se viu posicionado na vanguarda da nova política régia; eis o que, no mínimo, pode ser aventado como hipótese, na expectativa de conhecer em melhores condições a corporação dos intendentes e dos referendários da qual ele fazia parte. E, sem dúvida, conviria analisar se uma cisão semelhante não é a "estrutura" da sociedade em que os cristãos, mediante um esforço incessantemente renovado, procuram então viver e, sem subterfúgio, assumir como objeto de reflexão.

Documentação consultada sobre René d'Argenson

Personagens importantes da família "de Voyer de Paulmy d'Argenson"

1 - René 1º (1596-1651), intendente do rei e embaixador da França, em Veneza;

2 - Claude (1597-1679), conhecido como abbé d'Argenson, irmão do precedente;

3 - René 2º (1623-1700), embaixador da França, em Veneza, após a morte do pai; Membro eminente e memorialista da *Compagnie du Saint-Sacrement*;

4 - Marc-René (1652-1721), filho do precedente: superintendente geral da polícia de Paris (1697-1718); ministro da Justiça (1718-1720); membro (1718) da Académie française.

5 - René-Louis de Voyer (1694-1757), marquês d'Argenson, filho mais velho de Marc-René: ministro de Estado das Relações exteriores (1744-1747); membro honorário da Académie des Inscriptions (1733).

A. FONTES MANUSCRITAS
 – Leningrado (São Petersburgo), Bibliothèque Saltykow-Stschedrin, col. Dubrowski
 – Paris, *Bibliothèque de l'Arsenal* [**Ars.**]
 – Paris, *Bibliothèque Nationale*, Manuscritos [**BN**]
 – Paris, *Archives de la Guerre* (mandados confiados a René d'Argenson) [**Arch. G.**]
 – Paris, *Archives nationales* [**Arch. N.**]
 – Paris, *Archives nationales, Minutier central* [**Arch. M.C.**]
B. TEXTOS ANTIGOS. EDIÇÕES
 1 - Obras de René d'Argenson (1596-1651)
 2 - Textos sobre René d'Argenson
C. BIBLIOGRAFIA MODERNA

A. FONTES MANUSCRITAS

– Leningrado (São Petersburgo), *Bibliothèque Saltykow-Stschedrin,* col. Dubrowski

- Ms 87 ("Recueil de lettres... de Bernard, duc d'Espernon, à M. de Seguier, chancelier de France, 1643-1649", 70 lettres ["Coletânea de cartas... de Bernard, duque de Espernon, a P. de Seguier, chanceler da França, 1643-1649", 70 cartas]);

- Ms 107 (peças 94 e ss., Cartas de René d'Argenson a Séguier, 1649). O prof. Roland Mousnier teve a gentileza de *colocar à minha disposição* as suas anotações a respeito desses manuscritos.

– *Paris, Bibliothèque de l'Arsenal [***Ars.***]*

- Ms 4.161, ff. 12-93: " Généalogie de M. le marquis d'Argenson"
- Ms 2.007, " Extrait des 18 tomes in-fol. Sur l'affaire des Jansénistes"
- Ms 8.591, ff. 1-31: "Raccolta delle negotiationi ed amministrazioni degli illustrissimi Signori Di Argensone padre e figlio" de acordo com G. BRUSONI...; ff. 33-79, id. trad. do italiano por abbé Du Hamel, com observações [Remarques].

– *Paris, Bibliothèque Nationale, Manuscritos: [***BN***]*

- Peças originais, 89 ("Argenson") e 3.041 ("de Voyer"); Dossiers bleus [dossiês azuis], 29 ("Argenson") e 678 ("de Voyer"); Carrés d'Hozier, 31 ("Argenson") e 643 ("de Voyer") .
- Fds fr. 1.226, cartas sobre os tumultos de Bordeaux.
- Fds fr. 6.383 e 6.384, Cartas dirigidas a Sourdis, arcebispo de Bordeaux.

A edição desses dois manuscritos – *Correspondance de Henri d'Escoubleau de Sourdis...*, et accompagnée d'un texte historique, de notes et d'une introduction sur l'état de la marine en France sous le ministère du cardinal De Richelieu, par Eugène Sue. 3 vols. Paris, de l'Imprimerie de Crapelet, 1839 – foi compulsada com o original; salvo alguns detalhes, os quais exigem o recurso aos manuscritos, ela é fidedigna.

- Fds fr. 17.370, t. IV, f. 65 e 208 (Cartas a Séguier).
- Fds fr. 17.371, t. V, f. 66. *(Id.).*

- Fds fr. 17.380, t. XIV, ff. 100-101 *(Id.)*.

- Fds fr. 18.752, f. 46 r-71 r (Relatório de M. d'Argenson a respeito do mandado de se dirigir a Cadillac e a Bordeaux junto de M. d'Épernon, 1649), além de ff. 72 e 74 (doc. sobre o caso de Bordeaux, 1649).

- Col. Dupuy, 568, f. 164, Carta de d'Argenson a M. Bidaud, sobre a conclusão do Tratado relativo à Catalunha, 11 de out. de 1641.

- Col. Dupuy, 590, ff. 138-147 (sobre o cerco de Tarragona, 1641); ff. 160-162 (relatório do que se passou nas forças navais do rei... diante de Tarragona, ... maio de 1641).

– Paris, Archives de la Guerre (missões confiadas a René d'Argenson) **[Arch. G.]**

- A^1 14, n° 33 (12 de agosto de 1632); A^1 49, n° 196 (17 de nov. de 1638); A^1 67, n° 76 (18 de fevereiro de 1641); A^1 86, n° 113 (1° de abril de 1644); A^1 155, n° 70 (4 de dez. de 1645); A^1 96, n° 138 (4 de abril de 1646); A^1 96, n° 137 (4 de abril de 1646).

– Paris, Archives nationales **[Arch. N.]**

- Y 167, ff. 146 v-147 v, Contrato de casamento de René d'Argenson, 17 de julho de 1622.

- Y 186, f. 229, Doação de Claude d'Argenson ao sobrinho René, 15-4-1648.

- Y 186, f. 395, Doação de René d'Argenson ao filho René, 2-1-1649.

- Y 183, f. 414; Y 192, f. 212; Y 194, f. 99: sobre Madeleine d'Argenson.

– Paris, Archives nationales, Minutier central **[Arch. M.C.]**

- Étude 64, liasse 92: 6 de setembro de 1651, Inventário e testamento de Mr. René de Voyer d'Argenson.

B. TEXTOS ANTIGOS. EDIÇÕES

1 Obras de René d'Argenson

- *Articles de la paix accordée entre MM. Du Parlement de Bourdeaux et M. d'Argenson*. Paris, chez la veuve Musnier, 1649, in-4º (BN, Lb 37 1.245).

- *Lettres* [Cartas] de Voyer d'Argenson a Séguier sobre os casos de Bordeaux (1649). In: *Les dessous de l'histoire: curiosités judiciaires, administratives, plitiques et littéraires*. Coletadas e anotadas por J. Hovyn de Tranchère. t. 1, 445 a t. 2, 57. Paris: Leroux / Bordeaux: Feret et Fils, 1886.

- *Nouvelle traduction de l'Imitation de Jésus-Christ Notre-Seigneur...* Paris: Jean Guignard, 1664, in-8º (BN, D 1.633); e Paris: Quinet, 1681, in-8º (BN, D 16.334).

- *Relation du siège d'Orbitello*. In: *Journal d'Olivier Lefèvre d'Ormesson... par M. Chéruel*. Cf. CHÉRUEL, 1861, t. II, 720-741 [mais abaixo: C.].

- *Relation succincte des choses plus importantes que j'ai faictes pour le service du roy...* (1º de junho de 1633). In: HANOTAUX, G. *Origines des intendants de province, d'après les documents inédits*. Paris: Champion, 1884, 358 ss.; nesta obra, encontra-se também editado – p. 316-321 – o mandado de 1632.

- *Relation sur les troubles de la Fronde à Bordeaux*. A. Chéruel (ed.) em *Revue des sociétés savantes*, 2ª Série, t. 8, 1862 juillet-déc., 605-617.

- *Traicté de la sagesse chrestienne, ou de la riche science de l'unifonnité aux uolontez de Dieu, divisé en 4 parties*. Paris: S. Huré, 1651, in-8º e in-12 (BN, D 17.671 e D 23.705).

- *Trattato della sapienza cristiana, o della ricca scienza dell'uniformità al uolere di Dio*. Venise: Pietro Pinelli, 1655, in-16.

(Consta que, do mesmo tratado, teria sido publicada também uma tradução em castelhano até agora inencontrável).

2 Textos sobre René d'Argenson

- ANSELME DE SAINTE-MARIE (frade agostiniano descalço). *Histoire géographique et chronologique de la Maison royale de France...* 3ª ed. Paris: Compagnie des Libraires, t. 7, 1730, 601-602.

- ARGENSON (d'), Claude de V. (irmão do intendente). *Elogia illustrium virorum hujus sœculi...* Limoges: J. Thoreau e J. Fleuriau, 1651, in-8º (BN Ln[29]). No final, encontra-se

- *Elogium Renati de Voyer D. d'Argenson...*;

- *Pompa funebris memoriæ Renati de Voyer D. d'Argenson* etc.

- *Triumphus sui. Oratio in funere illustrissimi... Renati de Voyer...*; texto publicado nesse volume e, separadamente, em Veneza, 1651, in-4º (BN Ln[27] 600).

- ARGENSON (d'), R. de V. (filho do intendente). *Annales de la Compagnie du Saint-Sacrement*. Dom H. Beauchet-Filleau (ed.). Marselha: Imp. Saint-Léon, 1900.

- ARGENSON (marquês d'), R.-L. de V. (bisneto do intendente). *Journal et mémoires du marquis d'Argenson*; texto publicado pela 1ª vez a partir dos manuscritos autógrafos de bibliothèque du Louvre pela Société de l'histoire de France, por E.J.B. Rathéry. 9 vols. Paris: chez Vve J. Renouard, 1859-1867.

- HORRIC DE BEAUCAIRE (Le Comte). *Recueil des Instructions données aux ambassadeurs et ministres de France depuis les Traités de Westphalie jusqu'à la Révolution française*. Paris: Félix Alcan, 1898, t. I, cap. II, 15-23 ("Instruction au sieur d'Argenson, conseiller du roi en ses conseils", p. 16).

C. BIBLIOGRAFIA MODERNA

- BARBIER, A. *Notice biographique sur René de Voyer d'Argenson, intendant d'armée du Poitou – ambassadeur à Venise (1596-1651)*. Lue à la séance publique de la Société des Antiquaires de l'Ouest du 4 janvier 1885. Poitiers: Impr. générale de l'Ouest, 1885, in-16, 40 p.

- CHÉRUEL, A. (ed.). *Journal d'Olivier Lefèvre d'Ormesson et Extraits des Mémoires d'André Lefèvre d'Ormesson*. 3 tomos. Paris: Imprimerie Impériale, 1860-1861.

- HANOTAUX, G. (duc de La Force). *Histoire du cardinal de Richelieu*. Paris: Plon, 1935, t. 4, 197-204.

N.B. – Sobre os memorandos de René d'Argenson, conservados na Bibliothèque du Louvre e destruídos por ocasião do incêncio de 1871, cf. PARIS, L. *Les manuscrits de la Bibliothèque du Louvre brûlés dans la nuit du 23 au 24 mai 1871 sous le règne de la Commune*. Paris, au Bureau du Cabinet Historique, 1872, n° 237 ("Papiers de Voyer d'Argenson", LXI Tomes), p. 41-46.

– A *Biographie universelle (Michaud) ancienne et moderne: histoire, par ordre alphabétique, de la vie publique et privée de tous les hommes qui se sont fait remarquer par leurs écrits, leurs actions, leurs talents ou leurs crimes* (nova ed. Paris, chez Mme C. Desplaces / Leipzig: Librairie de F. A. Brockaus) faz menção – a propósito de seu filho – a um manuscrito, até agora inencontrável: "O mais curioso de seus escritos, o qual nunca chegou a ser impresso, exibia o seguinte título: *Le sage chrétien. Sur la vie de M. d'Argenson père, par son fils* [O cristão sensato. A respeito da vida do Sr. d'Argenson pai, por seu filho]" (t. 44, c. 143).

Capítulo 13
Os magistrados diante dos feiticeiros do século XVII*

A feitiçaria, imensa transgressão social e cultural – mas uma transgressão sonhada e fantasiada, dissimulada na linguagem do passado –, introduziu-se na sociedade dos séculos XVI e XVII como o lobo da lenda: ela vem sob a figura do "lobisomem" nórdico; forma, no entanto, lastimável de uma contestação decorrente de resistências desconhecidas; emergência do "pânico" tão apreciado pelo historiador e antropólogo, Alphonse Dupront (1905-1990), além de ser revelador de obscuridades subterrâneas. Ela pertence ao que a romancista franco-belga, Françoise Mallet-Joris (1930- 2016), designa como "as idades da noite". Um tempo diferente daquele da história. Robert Mandrou procede à análise de tais irrupções noturnas, posicionando-se deliberadamente do lado da luz, daquele em que há textos, leis, processos, em suma, uma razão, ou seja, do lado dos magistrados[501].

Mas o seu estudo de "psicologia histórica" mostra precisamente como, no decorrer de um século de debates, produziu-se um "questionamento dos grandes princípios" nos quais estava fundada a lei de uma época. As testemunhas da justiça certificam e, em grande parte, determinam uma mutação da "ordem" que elas defendiam contra a "desordem". No entanto, questiono-me para saber se não se deve afirmar, de preferência, que elas garantem o acesso da rebelião surda, *já* declarada pelos "endemoniados", ao *status* de uma normalidade. Sob esse viés, os magistrados endossam o que, inicialmente, era

---

* Cf. a referência completa a respeito deste texto na "Introdução", p. 7ss.
501. MANDROU [1968], 1979. Todas as indicações de página no texto referem-se a esta obra. • Cf. MALLET-JORIS, 1968; • CAVAILLÉ, 2019; • SILVA, "Robert Mandrou (1921-1984)". In: BENTIVOGLIO & AVELAR, 2016, p. 151-163. • Em relação ao Brasil Colonial e feitiçaria: SOUZA, 2009 e 1993.

combatido por eles, a saber, um mal-estar de natureza religiosa e cultural, mas fornecendo-lhe uma racionalização aceitável e, daí em diante, não religiosa. No termo de uma evolução que culmina no "Século das Luzes", os magistrados normandos pressentem perfeitamente, em 1670, que estavam introduzindo "uma nova opinião contrária aos princípios da Religião" (citação p. 450). Essa não será a sua maneira de *dar razão* à mutação da qual a feitiçaria havia sido um dos primeiros sinais?

Robert Mandrou não aceitará provavelmente que semelhante interpretação seja fornecida a respeito de sua minuciosa investigação. Ele considera esses juízes como a "elite intelectual do reino" (p. 445) e os promotores de uma tomada de consciência pela qual se insinua e, em seguida, se afirma uma nova "razão" sociocultural. O enorme dossiê que ele apresenta pressupõe de novo – desta vez, no terreno mais fundamental de uma sociedade que se define ao organizar a sua justiça –, a "defasagem evidente entre duas culturas" – a primeira, acadêmica, enquanto a outra, seria popular (cf. p. 98-99) –, constatada por ele na literatura de cordel [*colportage*] da Bibliothèque bleue de Troyes[502]. O "progresso" teria descido aos poucos da elite para as massas, das magistraturas supremas para as clientelas rurais: é óbvio, se considerarmos as *concepções* que operam e traduzem um "desencanto" do cosmos medieval ou do material imaginário da feitiçaria. Mas, ao vislumbrar essa crise da civilização em sua globalidade, parece que o deslocamento ou a "inquietação" do solo cultural é também e, talvez, em primeiro lugar, representado pelas "emoções" populares quando, afinal, ele aparece no vocabulário arcaico do diabólico, antes de receber um *status* racional com a elaboração de uma filosofia comum e de um novo direito.

Essa hipótese, diferente das conclusões extraídas por R. Mandrou de seu estudo a respeito dos magistrados, foi-me sugerida pela análise, talvez mais detalhada[503], de uma seção bastante curta da imensa literatura compulsada por ele. Pela amplitude de sua investigação, ele reintroduz no período

---

502. MANDROU, 1964; • cf. CHARTIER, 2005.

503. CERTEAU, JJS2, 1966. A respeito de Loudun, cf. sobretudo p. 241-414, 1.721-1.748; • e CERTEAU, POL, 2005.

Para a descrição completa das siglas, cf. quadro em "Referências bibliográficas", p. 425.

de longa duração as interferências entre uma cultura "popular" e uma cultura erudita. Ele modifica os dados do problema e, ao mesmo tempo, fornece-lhes uma maior precisão, mostrando esse nexo redobrado por uma relação entre o que pode ser designado, às pressas, como uma religião da "massa" e uma "descristianização" das elites. Ele obriga-nos, portanto, a reexaminar o uso, na história moderna, dos conceitos de *massa* e de *elite*, através de um confronto dos juízes (e da respectiva ideologia) com um fenômeno social que, para eles, se tinha *tornado* aberrante: a feitiçaria.

Isso não é tudo. Segundo as suas próprias palavras:
> Este livro pretende [...] marcar uma nova etapa no desenvolvimento dos estudos de mentalidades coletivas e, por isso mesmo, na renovação dos métodos e dos objetivos da ciência histórica, que vem acontecendo há quase meio século (p. 12).

De fato, ele supera uma dicotomia entre a antropologia e a história: entre os "modelos" estáticos ou os clichês sincrônicos que a primeira tende a adotar e a poeira dos acontecimentos que a segunda coloca em ordem, muitas vezes, de acordo com incontroláveis continuidades no tempo. Por um lado, ele mostra a lenta e complexa gênese de configurações mentais – um nascimento, uma evolução –; e, por outro, detecta no consciente e nos atos explícitos o que A. Dupront designava como "as subjacências antropológicas"[504] das estruturas profundas.

1 "Uma análise aprofundada da consciência judiciária"

O confronto entre os representantes da justiça (os magistrados) e os excomungados ou os "hereges" de uma sociedade (os feiticeiros) representa – no decorrer de todo esse século, mediante uma lenta variação de natureza das convicções e pressões coletivas – a história de uma mutação fundamental: ela levou a passar de uma *oposição*, de sua forma arcaica e religiosa (demonológica), para um *status* político (as rebeliões) ou psicológico (as doenças mentais), tendo conduzido uma sociedade a *pensar*, de maneira diferente, a

---

504. DUPRONT, 1965, p. 14; a propósito das relações entre antropologia e história, p. 19-29.

sua relação ao mundo e a si mesma, colocando critérios científicos ou políticos – e, em seguida, o poder humano sobre as coisas –, no lugar da leitura dos sinais que indicavam a imanência de forças naturais e sobrenaturais.

O historiador, relativamente a esse "objeto" incerto, imenso, limita-se a mostrar o *apreensível*. Daí, decorrem as suas escolhas. "Foi necessário deixar de lado as sobrevivências e mutações das crenças populares" (p. 17), ou seja, o essencial, mas fazem falta os documentos datados. Da mesma forma, os feiticeiros não têm, nem podem ter, a posição prometida pelo título desse livro: a sua intervenção ocorre unicamente quando estão presos na rede da justiça, e tais como são entendidos por seus examinadores, tais como se apresentam a estes: eles são vistos *desse lado* da história (do lado dos oficiais de justiça), confinados nos textos dos magistrados como haviam estado em suas prisões e, em seguida, em seus hospitais. Trata-se de uma terrível desvantagem da história. De que modo atribuir a esses "estrangeiros" do interior uma posição que não seja a de suspeitos ou condenados?[505]. De acordo com a observação de R. Mandrou (p. 448), a bruxaria rural não conseguiu, de modo algum, fazer-se escutar: enquanto o demônio não havia atingido as "famílias honradas" e não se pôs a falar a língua delas, enquanto ele não se introduziu nas cidades e nos conventos, os "possessos" e feiticeiros só eram levados em consideração para serem castigados, não tendo conseguido nunca exprimir diretamente as suas opiniões. A massa dos pobres diabos continua sendo uma folha em branco na historiografia. Convém proceder a tal constatação, e não voltar a esquecê-la, porque se trata de uma "opinião preconcebida" que vai ressurgir, na sequência, em todos os resultados.

Ao analisar esse fenômeno pelo avesso, R. Mandrou instala-se nos arquivos existentes para tentar "um estudo aprofundado da consciência judiciária no século XVII" (p. 18)[506] ou, mais precisamente, "uma investigação de psicologia coletiva sobre um grupo social específico: o mun-

---

505. Um dos raros trabalhos científicos sobre este ponto: DELCAMBRE, 1954.
506. Sobre esse tema, as reflexões foram iniciadas por Étienne Delcambre com o seu notável estudo publicado em 1953.

do da magistratura e, especialmente, dos parlamentares"* (p. 445). Ele confina-se, com efeito, nesse grupo bastante restrito *para garantir o rigor de seu estudo*. Lamentemos estar confinados nos tribunais com essa categoria social. As reações do público diante dos julgamentos proferidos ou dos fatos evocados são superficialmente indicadas (cf. p. 186). Teria sido possível reservar um maior espaço para a contribuição – capital – representada pelos depoimentos das testemunhas. Uma discrepância *externa* faz falta à descrição das ideias ou dos conflitos entre os parlamentares sobre o tema. Único indício mencionado, mas capital: acusados, camponeses ou camponesas, recusam-se a acreditar nas "provas" da bruxaria apresentadas pelos juízes (cf. p. 89-92). À lógica irresistível utilizada contra eles, um em cada dez, segundo Delcambre – 5%, no cálculo de Mandrou – teriam resistido: seria esse o sinal de que eles adotam os mesmos critérios, mas rejeitam estar implicados nessa acusação – ou, então, que não os aceitam e apreciam as suas ações de acordo com outros princípios? Impossível responder, já que temos sempre o ponto de vista dos magistrados para decidir a esse respeito.

Em compensação, as diferenças *internas* ao grupo são analisadas com o mais elevado grau de sutileza, segundo as clivagens geográficas, sociais e cronológicas. Essa articulação interna da magistratura é mostrada através da valorização de uma ampla gama de filiações sociais, de localizações significativas (relações Paris-província, províncias entre si, cidade-zona rural) e de *status* profissionais (hierarquia da magistratura). Em relação a uma história sociocultural, eis um excelente exemplo do interesse por parte da história das ideias. Nesse sentido, trata-se de um "modelo" metodológico. A análise dos processos torna-se aqui uma pedra de toque, um instrumento de diferenciação, tanto mais que, tendo como objeto essencialmente as sentenças, ela baseia-se nas decisões que os togados haviam tomado por *maioria* e, portanto, "a expressão coletiva de suas convicções" (p. 17). Esse relativo apagamento dos indivíduos nos julgamentos profe-

---

* Vale lembrar que, nessa época, os "parlamentares" eram os integrantes de um "Parlement", ou seja, Tribunal Regional de Justiça [N.T.].

ridos em decorrência de uma função e de uma corporação é favorável ao estabelecimento de uma sociologia mental do grupo profissional. Mas será que a sentença proferida com toga e em comum nos permite tirar conclusões a respeito das "convicções" desses homens quando estão fora do tribunal? Ela refere-se a um papel social, exercendo uma coação; ela pode ser também um álibi. R. Mandrou observa que "os parlamentares abstêm-se com prudência de tomar posição individualmente quando a dúvida começou a penetrar seus espíritos" (p. 18). A essa dificuldade, ele responde, por um lado, dando aos documentos coletivos o contraponto dos juristas-autores, ou seja, dos indivíduos de quem ele estuda as obras. E, por outro, negando que os magistrados tenham *conseguido* "estabelecer duas partes em suas existências": uma coisa em sua profissão – "atolados em sua ignorância" –, e outra em suas atividades extraprofissionais, ou seja, "esclarecidos e ávidos de saber" (p. 446). Afirmação global que, em sua generalidade, pode ser considerada verossímil, mesmo que a atitude contrária tenha sido adotada, no século XVII, em bom número de casos[507]. Mas faltam as provas; é impossível saber *até onde* essa afirmação é verdadeira ou *qual é a natureza* da unidade intelectual assim estabelecida – problemas, no entanto, capitais se quisermos apreciar, por exemplo, a pressão das instituições em relação à evolução das ideias pessoais ou, então, se procurarmos detectar o tipo de coerência que podia levar determinados magistrados a tomar medidas – para nós, contrárias, mas para eles conformes – a uma organização de suas funções públicas e de suas vidas privadas. Para ser concreta, a unidade da existência pode apresentar-se, nesses togados, sob uma forma estranha às definições que lhes daríamos hoje. Continua sendo difícil, portanto, *situar* os resultados desse trabalho, seja em relação à vida privada dos próprios juízes, seja em relação a seus interlocutores no (ou fora do) tribunal, os feiticeiros e os possessos.

---

507. Eis o que se constata, p. ex., na dicotomia que é testemunhada pela vida de alguns intendentes; cf., mais acima, o cap. 12 sobre René d'Argenson. Outro caso, que aborda de maneira mais específica a magistratura, foi analisado por Jacques Le Brun (1961) ao estudar a Académie Lamoignon: desse grupo constituído, sobretudo, por pessoas de toga (referendários, conselheiros, advogados), a audácia intelectual emerge a partir das discussões *privadas* de uma "academia".

2 O espaço nacional

Em geral, R. Mandrou oferece-nos o quadro das continuidades e descontinuidades detectáveis na região e no nível que lhe serviram de objeto de estudo – daí, a acuidade das distinções reveladas –, em vez da elucidação da relação que esse conjunto mantém com outros tipos de análises ou de outras regiões isoláveis na concretude da mesma história. Será que isso é possível? Aqui aparece, uma vez mais, a dificuldade de conciliar a compreensão (no âmbito de *um setor* rigorosamente delimitado) e a *extensão* (o rastreamento das *relações* entre grandes unidades sócio-históricas – períodos, ambientes etc. – ou entre tipos de investigação: econômico, sociológico, cultural etc.). Quanto ao estudo de R. Mandrou, ele abarcaria, no mínimo, a França inteira e durante mais de um século, de modo que os movimentos constatáveis nessa vasta área continuam a referir-se a uma evolução mais "global" (a modificações sociais, econômicas e políticas) que, além de dar conta dos fatos observados nesse domínio específico, poderá ser verificada, ou corrigida, por eles.

Desse ponto de vista, e para nos limitarmos aos problemas suscitados pela delimitação e pela apresentação do tema, lamentaremos que essa pesquisa não confira maior ênfase ao fato de ser *nacional*. Por exemplo, teria sido pouco oneroso, para o autor, estabelecer o mapa das bruxarias e das pessoas vítimas de possessão, além de avaliar assim a respectiva importância e as suas localizações sucessivas (quais províncias? cidades ou zonas rurais?), de acordo com dois ou três recortes no tempo. A respeito das feitiçarias, ele escreve: "A onda não poupou, ao que parece, nenhuma região da França" (p. 113). A dúvida denunciada, aqui, pela expressão – *ao que parece* – não poderia ter sido removida por mapas baseados na estatística dos processos, na enumeração das produções demonológicas ou nas contabilidades antigas de casos relatados? O autor aprecia o vocabulário das "ondas" que se espalham ou das "vagas" que se estendem "através da França inteira". Uma topografia teria permitido, sem dúvida, acompanhar essas ondas, controlar algumas omissões da obra (não se diz quase nada acerca da Bretanha, região em que se verifica a proliferação do diabólico se, pelo menos, dermos crédito aos numerosos relatórios das missões no século XVII), comparar (aspecto que me parece ser capital) as sombras projetadas no mapa da França pelos sortilégios com aquelas (contemporâneas? de preferência, posteriores) delineadas aí pelas revoltas populares nos mapas elaborados pelo historiador soviético, B. Porchnev, em relação ao segundo terço do século XVII[508] – ou com as manchas (muitas vezes, anteriores) que circunscrevem as guerras de religião (VENARD, *op. cit.*, p. 458). A representação gráfica desempenha o papel de uma *verificação* pelo fato de revelar a maneira como a pesquisa abrange o campo da investigação, além de ter uma função *heurística* visto que suscita novos problemas, abrindo a possibilidade de comparações (por exemplo, aqui, entre feitiçarias, revoltas populares e guerras de religião) quando, afinal, estas permanecem alheias ao objetivo de um estudo necessariamente limitado por ser rigoroso[509].

É certamente paradoxal chamar a atenção, a propósito de R. Mandrou, para a heurística geográfica, da qual ele é um dos defensores mais convencidos, ou para a obra de Porchnev apresentada por ele ao público francês e à qual acrescentou "um conjunto de mapas anuais que se esforçam em restituir as ondas do movimento". Há uma legibilidade geográfica da história.

---

508. PORCHNEV, 1963, p. 665-676. • Cf. tb. VENARD, 1967, p. 344.

509. A propósito da apresentação, convém sublinhar o interesse das indicações fornecidas sobre as fontes manuscritas e impressas do assunto (p. 15-62). Por ter compulsado, durante muito tempo, essa literatura múltipla e oculta, manifesto a minha admiração diante dessa bibliografia: ela constitui, em particular no que diz respeito às minutas dos documentos e aos tratados antigos, uma contribuição essencial para uma história do livro. Tenho a deplorar apenas o fato de que R. Mandrou tenha indicado raramente os editores antigos e os lugares da edição dessas "minutas", quase sempre, publicadas em várias cidades e em várias ocasiões: a circulação ou a difusão desses panfletos faz parte de sua história e, com frequência, é detectável sem a necessidade de se empenhar na operação policial que consiste em localizar os opúsculos "s.l.n.d.". O mesmo acontece em relação às traduções francesas de obras estrangeiras: o seu número, os lugares de sua edição, a identidade dos tradutores (como o autor indica, na p. 348-351, em relação ao caso do jesuíta renano, F. Spee, traduzido pelo médico de Besançon, F. Bouvot), são elementos importantes. Em compensação, parece que, às vezes, as diferentes edições do mesmo texto são apresentadas como obras distintas (cf. na bibliografia, os números 30, 336 e 337). Mandrou abre assim uma pista (transmissão e variantes dos textos), despertando ele próprio a nossa curiosidade e acabando por frustrá-la. Ele refere-se também a manuscritos quando, afinal, já existem excelentes edições dos mesmos: por exemplo, a carta de Laubardemont a Séguier (p. 219, n. 10) foi publicada por Tamizey de Larroque (1879, p. 15-16) etc. Teríamos apreciado também ficar sabendo, em relação a esses opúsculos de difícil acesso, o local em que eles são conservados e a possibilidade de serem consultados.

3 Clivagens socioprofissionais

O autor apresenta-nos uma "elite" com os seus estratos e as suas diferenciações em microgrupos; ela destaca-se a partir de um pano de fundo popular de miséria e de "desespero". Assim, muito atrás da corporação dos magistrados, mas referenciado no texto dos relatórios oficiais, esse rapaz bordelês (com 14 anos!), vestido com uma pele de lobo, "abandonado e expulso pelo pai [...] deambulando pelos campos sem guia e ninguém para cuidar dele, mendigando o seu pão" (p. 153-155). Quantos desses emigrantes do interior estão deambulando pelos campos que constituem o horizonte do quadro? Essa é a parte opaca da história. É o sussurro que o historiador não consegue introduzir em seu texto.

Em compensação, os togados ocupam o proscênio, distinguindo-se entre si e de outras profissões de gabarito semelhante, algumas em declínio (tais como a dos teólogos), enquanto as outras se encontram em plena ascensão (por exemplo, a dos médicos).

Em primeiro lugar, *entre eles*. A esse respeito, R. Mandrou comprovar em várias oportunidades que o Parlamento de Paris desempenha um papel de "precursor" (p. 162) em relação aos parlamentos da província. Assim, por volta de 1600, Louis Servin, advogado-geral do rei, obteve um acórdão proibindo a "prova pela água"[510]; além disso, nos juízes de primeira instância, ele critica a tendência para "reprimir a magia" mediante uma "contramagia", e opõe-se a "um zelo que não estaria de acordo com a ciência" (citação p. 150). Por fim, uma "ciência" é oposta pelo parisiense à tradição adotada como referência pelas jurisdições subalternas. A diferença é grande; no imediato, esta não será colmatada, como mostra também "a precária difusão dos escritos contestatários" (p. 156). Essa falta de circulação do livro corresponde às intransigências locais, por exemplo, encontradas entre médicos parisienses e os da província, "médicos da aldeia" que não saíram de seu buraco (cf. p. 226).

---

510. Servin retoma o caso de bruxaria julgado em Dinteville (perto de Chaumont, na região de Champagne) em 1594. Os seus argumentos sobre esse assunto foram publicados em sua obra, *Actions notables et plaidoyez...* (1629; "última edição", de acordo com a observação de Mandrou, p. 47, sob o nº 319). O julgamento de apelação no Tribunal de Paris ocorreu em novembro de 1601, e a sentença foi proferida no dia 1º de dezembro do mesmo ano.

Isso é, sem dúvida, o indício da pressão exercida pela comunidade local sobre as suas personagens importantes (cf. p. 318). Mas, através das ressalvas e, em seguida, das sanções do Parlamento de Paris contra juízes "subalternos" (cf. p. 288-295, 324 etc.) e, por fim, a sentença geral que exige o recurso automático ao parlamento para os crimes de feitiços que resultem em morte ou tortura, fica evidente que a clivagem geográfica é mais determinante do que a homogeneidade profissional. A distância em relação a Paris assume uma significação cultural, dando a medida de um atraso em relação ao "progresso".

O mesmo se passa entre os parlamentos. Isso é relativamente novo – indício de uma crescente centralização e de uma perda que precede, nas províncias, os golpes desferidos contra as instituições parlamentares. Mandrou chega a apreciar os magistrados bordeleses com base em sua sensibilidade às "discussões parisienses" (p. 153), por volta de 1603, descrevendo a maneira como parisienses e provinciais são levados, aos poucos, a julgarem-se reciprocamente. Trinta anos depois, a propósito de um caso na cidade de Lyon, o procurador-geral de Paris estabelece como inovador o seu próprio Tribunal, "o qual não crê verdadeiramente, de maneira tão fácil e leviana, nesse enorme crime e não o pune, de primeira mão, como se faz alhures" (citação p. 284). Esse *alhures* oculta o privilégio de um *aqui*. Uma nova distribuição opera-se entre a "facilidade" provincial e o "conhecimento" parisiense; entre a "magia" e a "ciência" (p. 150), uma distribuição atribui a primeira à província e a outra a Paris[511]. Uma nova mentalidade torna os magistrados nos cúmplices da centralização, antes que eles cheguem a se defender, mas tarde demais, contra as formas régias e administrativas de um poder central[512].

Outra maneira de detectar a evolução dos parlamentares: as suas relações com os teólogos e com os médicos, mas também com o clero, com os in-

---

511. A respeito do novo papel a desempenhar por Paris, cf. MOUSNIER, 1962.

512. As intervenções régias dos anos 1670-1672 (MANDROU, 1979, p. 360-378) e a Ordenança Geral de 1682 (*ibid.*, p. 378-394) não devem ser interpretadas apenas como o triunfo de uma posição "esclarecida" e parisiense que já não admite nada além de uma "pretensa magia". Ao contornar as convicções parlamentares nessa matéria, elas marcam uma etapa importante no conflito, já antigo, entre as jurisdições locais e as decisões confiadas aos funcionários do rei. Tal questão foi analisada, em várias oportunidades, por R. Mousnier: cf., p. ex., a propósito dos intendentes (1964, p. 42-51).

tendentes etc., em suma, com todos os envolvidos nos processos de bruxaria. Em vez de me limitar às ideias explicitadas, chamo a atenção para as posições recíprocas das quais elas são um sinal; ainda neste aspecto, R. Mandrou contribui com um grande número de novos elementos que, talvez, não tenham sido suficientemente sublinhados, nem agrupados, por ele.

As diferenças entre corporações profissionais parecem obedecer a duas leis opostas, dependendo do fato de estarem relacionadas com Paris ou com a província, e tal diferença é tanto maior quanto mais "recuadas" forem as regiões levadas em consideração. No próprio âmbito da evolução geral que tende para a desmistificação do diabólico, dá a impressão de que essas diferenças diminuem em Paris e crescem na província. Ou ainda – o que, sem dúvida, equivale ao mesmo – elas têm em Paris, ou no pessoal dos escalões mais elevados, um alcance cada vez mais *político* (ou seja, situam-se no contexto comum dos conflitos de poder), enquanto na província continuam sendo, com maior frequência, *doutrinais* nos debates sobre feitiçarias e, em seguida, sobre as vítimas de possessão. Tudo se passa como se determinadas conivências intelectuais, entabuladas em "academias" ou em redes de feição cultural, reunissem em Paris magistrados, médicos e, até mesmo, prelados ou teólogos – por exemplo, os de Port-Royal (cf. p. 264) ou os participantes da Académie Lamoignon[513] – em uma adesão comum à "ciência" e às "leis" naturais. Em vez disso, os conflitos surgirão de prerrogativas em jogo e, por exemplo, da autonomia que o clero pretende conservar nas circunstâncias em que, daí em diante, o magistrado leigo pretende reivindicar uma jurisdição.

Na província, as oposições parecem ser ainda de um tipo diferente, mais "doutrinal" – se levarmos em consideração a maneira como elas são formuladas. Ocorre uma série de deslocamentos: a associação entre o magistrado e o teólogo (R. Mandrou não relata suficientemente esse fato e a importância dos laços familiares entre os dois grupos) contra o médico;

---

513. LE BRUN, 1961, p. 158. Convém equiparar o que Mandrou nos ensina a respeito da posição de d'Ormesson em Louviers (p. 185) com o que J. Le Brun desvelou das atividades do mesmo personagem na Académie Lamoignon (*op. cit.*, p. 157 e cf. p. 163-164).

os magistrados opõem-se aos funcionários do rei (cf. p. 442-444); o conselho da cidade solicita uma consulta médica, ao passo que tal iniciativa não é tomada pelo juiz subalterno (p. 78-79). Apesar da descontinuidade dos tempos, há aqui continuidades imperceptíveis que se baseiam em tradições religiosas e, sem dúvida, mais fundamentalmente, em diferentes tipos de relação com o mundo, mesmo que elas signifiquem também conflitos de poder.

4 Uma reorganização social do saber

Dois fenômenos, em particular, chamam a atenção: em primeiro lugar, a atitude "possessionista" (favorável à realidade da possessão) de alguns intendentes, enquanto os magistrados do lugar já têm convicções opostas; em seguida, a lenta, consistente e "ameaçadora" promoção do médico.

Quanto aos primeiros, os "possessionistas" (Laubardemont, Bouchu etc.), não tenho a certeza de que o seu comportamento possa ser explicado somente por sua fidelidade a uma decisão central que antecipa a jurisdição dos parlamentos, nem que "a paixão da autoridade monárquica faça com que o intendente defenda as posições menos esclarecidas" (p. 443-444). Considerando as diferenças de índoles, parece-me que, em muitos casos, o intendente procede a uma total distinção entre duas áreas de sua vida, o *público* e o *privado*: ele adota a "razão do Estado" como a ética da primeira; e a religião como a determinação da segunda[514]. Nessa medida, ele confirma uma situação *mais* "moderna" do que os magistrados cuja defesa de convicções religiosas continua definindo as decisões jurídicas; ou, então, ele representa *uma* forma desse modernismo ao classificar no privado o aspecto milagroso que ele exclui da política, enquanto alguns magistrados fornecem a esse respeito uma forma *diferente* ao procurarem um compromisso institucional mediante a racionalização dos considerandos e das sentenças. Esse é o caso do próprio Laubardemont: independentemente de sua moralidade, as suas convicções religiosas não suscitam a mínima dúvida, mas têm uma expressão localizada

---

514. Cf. mais acima, o cap. 12 sobre René d'Argenson.

e tanto mais acolhedora do extraordinário ou do "milagre", na medida em que as consequências políticas são excluídas em tais circunstâncias[515].

Entre esses intendentes e esses magistrados, a diferença pertinente não é que uns sejam menos "esclarecidos" do que os outros (julgamento que se limita a adotar um aspecto particular do equilíbrio pessoal), mas reside na área da mudança: para os primeiros, a naturalização da política[516]; e, para os segundos, a moralização do direito e, quase sempre, das crenças que permanecem investidas na função judiciária. Dessa forma, distinguem-se também das mentalidades profissionais e é possível avaliar o maior ou menor grau do impacto de uma modificação nacional e estrutural sobre as diversas corporações do país de acordo com a crescente ou decrescente participação das mesmas nos assuntos públicos.

A evolução dos médicos é mais complexa. No entanto, uma vez mais, a tentativa de distribui-los de acordo com as suas ideias sobre a feitiçaria ou as pessoas vítimas de possessão é pouco confiável: aquém de um fecundo leque que vai dos "crédulos" aos "céticos", incluindo também "conversões" curiosas – à semelhança desse médico borgonhês, inicialmente, cético e, em seguida, deslumbrado por feiticeiros que lhe fornecem muito mais informações do que Martín Del Rio [jurista, filólogo e exegeta jesuíta, nascido na Flandes de uma família de juristas espanhóis] e todos os livros (p. 211-212, n. 119) –, há em primeiro lugar a posição que lhes é atribuída, ou seja, o poder que lhes é assim reconhecido. O médico, partidário ou crítico, torna-se o recurso; ele é o homem da "ciência" e da "experiência" – aliás, as duas não passam de uma só coisa. Diante do diabólico, assim como diante do milagre[517], o seu "testemunho" ou a sua "certificação"

---

515. A respeito de Laubardemont, cf. MOUSNIER, 1964, p. 1.207; • CERTEAU, JJS2, p. 277-279, 301-302 etc. e o Índice.

516. Aspecto analisado na importante obra de Étienne Thuau – *Raison d'État* (1966 [Razão de Estado]) –, sob o signo do que ele designa como a "corrente estatal" (expressão que associa bem depressa uma corrente enaltecedora do Estado com outra que estabelece a distinção entre a Igreja e o Estado). Cf. em particular, o cap. X: "Les caractères de l'esprit étatiste", p. 359-409.

517. As numerosas pesquisas apresentadas por Henri Platelle – *Les chrétiens face au miracle*, 1968 [Os cristão diante do milagre] – dão testemunho desse apelo ao médico: a sua postura, por toda a parte, não é a da decisão, mas a do *saber* (aqui, não tem importância que este tenha sido utilizado ou recalcitrante, eliminado ou predominante).

torna-se indispensável e, contra ele, as pessoas recorrem não ao teólogo, mas a outro médico. *Verifica-se o deslocamento do lugar do saber*. Mesmo que não seja explicitamente reconhecido, mesmo que seja combatido (mas, então, com as suas próprias armas ou mediante expedientes que são autoritários ou políticos e já não "científicos" ou teóricos), o saber da medicina define aos poucos o campo em que, daí em diante, vão ocorrer os debates; o próprio vocabulário das disputas denuncia o seu predomínio que se insinua sob as oposições teóricas. O médico situa-se entre elas na medida em que ele "certifica" e "dá testemunho" (as palavras têm aqui um peso particular) do que ele vê. No interstício, na fenda que é criada entre ideologias opostas, ele recebe e assume por sua conta o papel de dizer o que "observa". Que a sua "ciência" tenha, muitas vezes, o aspecto de um patoá e esteja ainda abarrotada de teologia (cf. p. 231-232), o fato é secundário em relação à *função* que ele ocupa em debates cada vez mais focalizados na identificação do que é *real*. E desse ponto de vista, os inúmeros relatórios de médicos ou de cirurgiões – cujos extratos são citados por R. Mandrou – operam uma modificação: no lugar do critério da *vista* (tornado suspeito a partir do momento em que feiticeiros e possessos descrevem também as respectivas visões, e em que o objeto visto pode ser objeto sonhado ou alucinação de "melancólico"), eles colocam *o controle do ver pelo tato* ou pelo olfato. Eles são as testemunhas de uma nova maneira de ver que suprime o equívoco decorrente da distância entre o olho e o objeto, além de converter, através de um reviramento cartesiano[518], o *contato* na garantia e na imediatidade da evidência, do *intueri*.

Esse poder (que deve ser comparado com aqueles que aparecem em outros setores) corresponde não somente ao fato de que a acusação de bruxaria, assim como a sátira de Molière, começa a visar o médico (por exemplo, em Nancy, p. 202-206), mas sobretudo a posição de mediadores assumida pelos médicos (entre os "supersticiosos" e os "ateus e libertinos", há "os médicos que permanecem no meio"; citação p. 246). Ainda mais importante, o título que serve de fundamento a suas "prerrogativas". "Nesse caso, os médicos dispõem de grandes prerrogativas em relação aos eclesiásticos porque *eles*

---

[518]. Em um breve e vigoroso estudo sobre a *IX Regra para a direção do espírito*, Michel Serres acaba de analisar, em Descartes, o movimento que o leva a remontar da visão, modelo da intuição, para o tato, modelo da visão: "L'évidence, la vision et le tact", 1968.

sabem..."[519]. Em vez de uma mera substituição de personagens no exercício do mesmo papel, o da autoridade científica, essa nova postura – mediadora, ainda não ocupada e, daí em diante, reivindicada pelos médicos – remete para uma reorganização geral das funções[520].

5 Problemas teóricos: a natureza, a realidade, a experiência

Que juízes leigos tenham tido a sensação de estarem "investidos de uma missão divina" (p. 121) e que, inversamente, padres ou pregadores tenham protestado, por exemplo, contra a vontade dos parlamentares no sentido de "submeterem uma demoníaca à jurisdição temporal" (cf. p. 138, 141-142 etc.), esses fatos são, simultaneamente, a causa e a consequência das questões para as quais eles têm de encontrar uma solução. Questões fundamentais, mesmo quando estão dissimuladas em problemas de caráter processual. Com efeito, elas referem-se a três capítulos que têm a ver com a natureza do conhecimento: o que é sobrenatural, ou seja, em que consiste a *natureza*? O

---

[519]. Descrição de Pierre Yvelin, em 1643 (citação, p. 235). Mandrou observa essa "audácia dos médicos que se defrontam com os teólogos, em Louviers notadamente" (p. 253) – cidade que, entre 1643 e 1647, havia sido tumultuada pelo caso das possessões.

[520]. A essas clivagens socioprofissionais reveladas pela análise dos processos judiciais, devemos acrescentar as novas relações do oficial de justiça com o leigo (por exemplo, no que diz respeito à jurisdição do magistrado ou do intendente em questões de bruxaria) e os deslocamentos nas relações entre padres seculares e regulares. A oposição cidade-zona rural ou Paris-província volta a encontrar-se, certamente, no interior das congregações religiosas; no entanto, a oposição essencial é, de preferência, aquela que estabelece a separação entre padres forçados a defender a realidade do diabólico (como, em outros casos, a do milagroso) para *se oporem ao "ateísmo"* e padres impelidos, mediante um novo nacionalismo, a fazer prevalecer uma "razão" (social e natural) contra a ingerência dos poderes eclesiásticos em uma questão que, daí em diante, lhes parece ser *da alçada do Estado*. É também frequente o caso de membros do "baixo clero" que oferecem resistência aos prelados (associados a poderes centrais) opondo-lhes a realidade da experiência demoníaca *local*: as tensões sociais e geográficas organizam um número cada vez maior de debates teóricos, mas de acordo com critérios que, paulatinamente, cessam de ser "religiosos". Quanto aos "confrontos entre seculares e regulares" (p. 198), eles são constantes, mas Mandrou vai simplificá-los em seus quadros panorâmicos: por exemplo, interpreta – como se tratasse de uma eliminação dos religiosos (p. 186) – uma medida clássica que atribui os postos de confessores "extraordinários", nos conventos femininos, a padres tanto seculares, quanto regulares. Da mesma forma, à maneira de parêntese, é inexato que, diferentemente dos capuchinhos e dos jesuítas, "nenhum dos mestres de Port-Royal" está interessado pelo problema da feitiçaria (p. 255, 264): assim, em Camp-de-Prats, o abbé Saint-Cyran (e também Jansênio) manifestou "um interesse apaixonado" em vários casos de feiticeiras e, nesse ponto, compartilhou a opinião então comumente difundida (cf. ORCIBAL, ORJ2, p. 140-144).

que é *realidade* e como se pode reconhecer a ilusão? Por fim, o que é, portanto, a *experiência*? À semelhança daqueles que o romancista, Vercors, imaginava em Les Animaux dénaturés (1952 [Os animais desnaturados]), esses magistrados devem decidir, em última instância, diante de bruxas ou possessas, a respeito do que é possível ou não, do que é crível ou não e, finalmente, do que é humano.

Eles discutem sobre esse tema com os instrumentos à sua disposição. Em seu entender, a hipótese da "simulação" e do "artifício" (p. 248) é, muitas vezes, uma explicação fácil que lhes evita (não só a eles, mas também posteriormente a um grande número de historiadores) encontrar a solução para semelhantes questões; entretanto, na maior parte dos casos, ela é inconsistente. Impossível também apoiar-se no compromisso, oscilação do espírito que atribui o sabá, "às vezes", ao imaginário e, "outras vezes" à realidade (cf. p. 246). O problema consiste em saber se o sabá é *possível*, e a resposta será afirmativa se, pelo menos, em uma vez, corresponder à realidade. O discernimento efetuar-se-á, de preferência, baseado na natureza dos "fatos" extraordinários em pauta: alguns fenômenos – tais como o sabá para o juiz de Bordeaux, Pierre de Lancre – são "bastante variáveis e bastante reais", enquanto outros – por exemplo, a mutação do homem em lobo (a licantropia) –, não passam de "ilusão" (citação p. 117-118).

A essa distribuição geográfica, instauradora de fronteiras, entre fenômenos reconhecidos como sobrenaturais ou diabólicos e fenômenos considerados como naturais, acrescenta-se outra que levará a melhor e que poderia ser qualificada como vertical: o visível torna-se o domínio específico do natural, enquanto o místico, o "interior" e o oculto, o do sobrenatural. É notável que, entre magistrados e médicos, qualquer conhecimento pode ser creditado ao "natural" sem que este seja verdadeiramente modificado. É assim que os voos noturnos, a capacidade de falar línguas, a insensibilidade à dor são, alternadamente, explicados pelo "diabo" ou pela "melancolia", sem que a observação seja questionada. Um novo sistema de explicação parece preceder as inovações da análise. O recurso teórico é antecipado às técnicas que lhe serão proporcionais.

Desse ponto de vista, a noção de "progresso", utilizada por R. Mandrou, duplicando-a com a de "audácia", deve ser manipulada com cautela. Posições opostas não podem ser escalonadas em uma linha em que seriam organizadas de acordo com a sua relação ao saber de que somos os detentores (o que seria propriamente falando referir-se ao "progresso"). Na realidade, concepções contemporâneas enfrentam-se, em função de estruturações que elas retomam: deslocam-se mutuamente, sem que sejamos capazes de distribuir a umas e às outras o qualificativo de "progresso". Pode haver aí uma capacidade de observação mais sutil, e mais determinante, naqueles que ainda adotam concepções "sobrenaturalistas"; pelo contrário, a exclusão do diabólico pode reutilizar todas as lendas antigas atribuindo-lhes apenas o sinal "melancolia". É a combinação mutante dessas posições que nos permite constatar uma profunda mudança, e raros são os pensamentos que formulam essa evolução de maneira coerente, ou seja, como um problema *que abarca todos os aspectos.*

Ocorre que se deve, tal como procede R. Mandrou, restituir aos assuntos de bruxaria o seu aspecto profissional e técnico de antemão e a fim de desvelar aí um lugar filosófico. Assim, a identificação do extraordinário (natural ou sobrenatural?) está conectado a um problema de competência: o que é da alçada do médico? E o que deve ser tratado pelo ministro da Igreja? Torna-se necessário, para encontrar a resposta, "reconhecer a parte do Diabo e a da natureza" (p. 107, a propósito do médico humanista, Jean Wier). A triagem será feita de acordo com argumentações em que o livresco, as lendas e a observação constituem um repertório homogêneo ("as leis do discurso e da ciência"; citação p. 141). Todo o mundo se serve disso. O aspecto surpreendente é menos as oposições doutrinais (sublinhadas por Mandrou, por exemplo, a propósito de J. Wier e do jurista, Jean Bodin) do que a homologia dos sistemas em função dos quais as fronteiras do diabólico são deslocadas, ou as teses, invertidas. Há aqui um *continuum* epistemológico que cria a possibilidade de concepções *opostas* – problema que recebeu um *status* científico por parte de M. Foucault[521] – mas também, ainda mais característica, uma disfunção

---

521. Cf. em particular, FOUCAULT (1967, cap. II: "A prosa do mundo", p. 34-69). Em sua obra, *História da loucura na idade clássica* (1978), ele esboça um projeto de história da feitiçaria na Idade

entre o "repertório" proporcional a determinado número de questões que ela permite resolver e, por outro lado, a nova questão que lhe permanece estranha. Como o sistema à disposição dos homens dessa época não é feito para essa questão, eles mobilizam os respectivos conhecimentos de acordo com critérios que lhe são externos.

E como o diabólico é, na experiência, a presença de um fim dos tempos (fim de uma ordem, e fim do mundo), ele acua o saber até o seu limite, levando-o a se questionar sobre *o possível*. Desde J. Wier até Cyrano de Bergerac, dir-se-á, por exemplo, que só se deve acreditar, em relação às confissões dos "feiticeiros", naquilo que é "possível". Mas como determinar, para o homem ou para as coisas, o possível? Sem a possibilidade de ser eliminado da *percepção*, o extraordinário será, quase arbitrariamente – ou, de preferência, por razões que ainda não são racionalizáveis – *compreensível* (e, portanto, *possível*) somente nas ciscunstâncias em que se pode *admitir* um ponto de fuga, um indefinido de poderes ocultos, uma ausência de cerceamento para o conhecimento; ele será creditado, portanto, por alguns a Satã ("desconhecemos o quão grande é o saber e a experiência dos Demônios", afirma o juiz, H. Boguet, citado na p. 125) ou, por outros, à natureza ("nada é possível de direito que não o seja por natureza", declara Wier que inverte a problemática e, a partir do "fato" extraordinário como possível por ser real, vai atribui-lo à natureza; citação, p. 110). Ou dito por outras palavras, diante de uma alternativa tão perigosa, é a organização do possível e do impossível que vacila e se transforma: o "fato" permanecendo aceito como "visto", é classificado do lado em que o conhecimento renuncia a excluir o desconhecido, nas circunstâncias em que são *admissíveis* uma lacuna da ciência e uma riqueza indefinida da realidade. O saber começa por deslocar-se fixando novos lugares ao não saber, atribuindo-se outra topografia de seu limite.

Clássica: "Mostraremos em outro estudo como a experiência do demoníaco e a redução que dele se fez, do século XVI ao XVIII, não deve ser interpretada como uma vitória das teorias humanitárias e médicas sobre o velho universo selvagem das superstições, mas sim como a retomada, numa experiência crítica, das formas que, outrora, haviam veiculado as ameaças de aniquilação do mundo" (p. 34, n. 82).

Outro tipo de solução consiste em suspeitar que o fato escapando às regras do cotidiano seja ilusório; dessa forma, o milagroso já não diz respeito ao real, mas apenas ao imaginário. Essa perspectiva, aparentemente menos teórica, é, no entanto, mais radical pelo fato de questionar a própria percepção; aliás, inaugura uma nova concepção da *experiência* (qualquer "experiência" permanecendo inscrita em um sistema de interpretação)[522], a partir de uma crítica do *ver*. Às testemunhas que "veem e observam" o que supera a natureza (cf. p. 140-141) ou que afirmam (a propósito da mesma Marthe Brossier) "não ter visto nem observado [nessa mulher] nada acima das leis comuns da natureza" (citação, p. 143), será oposta uma suspeita: um "pensamento" discutível insinuou-se na brilhante evidência da observação. Assim, em 1649, um médico parisiense, B. Pardoux, questiona-se a respeito daqueles "que *pensam* ter visto o que não viram" (citação, p. 269, n. 30).

Na simples relação do olhar com o seu objeto, a dúvida insinua-se com essa crença que perturba a visão e com este objeto que é apenas o espelho de um pensamento equivocado. A "ilusão" começa por visar a realidade observada (trata-se de um objeto ilusório); em seguida, remonta ao sujeito cognoscente (a ilusão do espírito). A impostura lança a sua sombra sobre a experiência; assim, acaba sendo solapado o antigo argumento segundo o qual – de uma das inumeráveis "histórias extraordinárias" relatadas no início desse século – afirmava que seria "difícil crer nisso se não fosse o testemunho daqueles que, tendo visto o caso, vieram no-lo informar" (citado, p. 64, n. 1). Eis que *ver* é simplesmente afetado a um *crer*. O "testemunho" acaba sendo também suspeito. A dúvida que se manifesta a partir da substituição do tetesmunho pelas provas desvela-se, em breve, com uma crítica do próprio testemunho. A ordem que conjugava a razão e o fato na experiência encontra-se desestabilizada; ela deve ser revista o que há de ocorrer através da modificação dos trâmites processuais, ou seja, dos critérios investidos nos modos da verificação.

---

522. Cf. p. ex., CERTEAU, t. 2, 1964, p. 267-281.

6 A sociedade da feitiçaria

Será que a agitação constatável nessa face esclarecida da Idade Clássica deve ser considerada como o aspecto positivo e "progressista" de uma evolução? A sua face obscura, diabólica e "supersticiosa" limitar-se-ia a representar o que uma sociedade rejeita, o que envelhece e vai sucumbir. A partilha entre o que se passa em pleno dia e essa vida noturna esboçaria a linha que, aos poucos, estabelece a separação entre um futuro e um passado.

Essa interpretação precipitada e "cientista" opõe-se ao fato de que a bruxaria não é somente o que uma sociedade rejeita *de si mesma* para *fazer* disso uma "superstição" e um arcaísmo, mas é, *nela*, uma massa informe, múltipla, oriunda de toda a parte e, muitas vezes, inapreensível, que a contesta. Os feiticeiros *tornaram-se* um grupo homogêneo em decorrência da repressão, por causa dos "modelos" intelectuais que lhes eram impostos e das saídas constrangedoras que eram abertas a um mal-estar confuso para conduzi-los aos tribunais e praças em que deveriam ser executados. Mas, em primeiro lugar, eles são as testemunhas de uma "inquietação" cultural e de uma realidade que *escapa* aos controles institucionais, exprimindo um esboroamento das certezas políticas e religiosas.

Eles representam, portanto, uma *ameaça*, detectável nos olhos, nos pensamentos e na crueldade (muitas vezes, inconsciente, mas sempre implacável) dos magistrados[523]. Em 1602, o célebre demonólogo e legista, Henri Boguet, escreve o seguinte:

> Acho que os feiticeiros poderiam formar um exército igual ao de Xerxes que, no entanto, era constituído por 180 mil homens. [...] Há milhares de feiticeiros andando por toda parte, multiplicando-se como as lagartas em nossos jardins (BOGUET, "Préface").

Eis que se ergue uma imensa resistência, e perigosa, refletida nas fantásticas descrições dos parlamentares; estes vão designá-los em uma única categoria imaginária (os feiticeiros são "inimigos de Deus e do rei", mas também

---

523. P. de Lancre (1622, Dédicace à Louis XIII, p. 7) proclama, na frente desses feiticeiros, que pretende "ser, para eles, durante toda a sua vida, cruel inimigo e severo perseguidor".

"inimigos da natureza humana") e combatê-los com o que R. Mandrou qualifica, de maneira auspiciosa, "o trâmite processual infalível" e as deduções "tautológicas" dos juízes (p. 78-89). Quando estes têm sempre razão, quando têm "uma resposta unívoca para todas as atitudes de seus adversários" (p. 87), quando são por definição inatacáveis, eles dão testemunho de uma ordem que se defende, que nada pode fazer além de *se repetir* e tornar essa repetição em uma lógica ou, de preferência, em uma implacável tautologia.

Em breve (desde 1655), as representações e a repressão que visavam os feiticeiros serão direcionadas para grupos secretos de operários e "maus" companheiros (cf. FOUCAULT, 1978, p. 74): deslocamento significativo na medida em que o mesmo tipo de defesa tem como alvo formas sucessivas de oposição a uma ordem pública. Desse ponto de vista, a feitiçaria não se limitaria a revelar uma doença social, uma "sociose" (de acordo com a expressão de A. Besançon, 1964, p. 247); por isso mesmo e tanto mais que os representantes da justiça recusam essa revelação de uma desordem latente, ela teria a função de uma *classe perigosa* e anunciaria *também* a mutação que, por tendência, será procurada exclusivamente do lado em que são elaborados decretos e modelos ideológicos.

Que o feiticeiro seja o "herege", eis o que é declarado por uma infinidade de textos da época. A expressão tem seu peso, podendo ser retomada em outro sentido, recente, desprovido de juízo de valor e designando somente a alteridade contestadora que denuncia uma sociedade impelida sempre a eliminá-lo. A linguagem da bruxaria é, de fato, a da inversão e é ainda um sinal da vacilação de uma cultura incapaz de determinar se essa linguagem é imaginária ou real: por exemplo, durante os primeiros vinte e cinco anos do século XVII, o sabá, festa de liberdade noturna e culpabilizante, inverte os signos sagrados e naturais (na época, quase identificados na experiência social): é a antimissa, a reviravolta das submissões hierárquicas, a ausência do trabalho, a inversão das relações sexuais, as relações "contranaturais" da mãe com o filho etc. Deboche monótono, o vocabulário do imaginário continua sendo precário, contentando-se em assumir o cotidiano no sentido oposto ao normal; o único luxo é a repetição. Ele reduz-se a elementos estereotipados que, progressivamente, vão subtilizar-se ("barroquizar-se") à medida que se introduz na literatura demonológica. O sabá é um remanescente da festa popular.

O essencial não está aí. Do ponto de vista funcional e independentemente de suas diversas representações, um *contramundo* – não diferente, mas contrário à ordem desestabilizada (pelas guerras de religião, pela fragmentação da cristandade etc.) – continua reproduzindo essa ordem no momento em que ele a toma a contrapelo[524]. Um contramundo destituído, portanto, de linguagem própria. Assim, as confissões dos feiticeiros não deveriam ser explicadas unicamente pela pressão dos juízes; já existe cumplicidade entre eles pelo fato de que a crítica ou o mal-estar, testemunhado pela bruxaria, não tem outras referências além daquelas referidas pelos magistrados. O que estabelece a separação entre eles não é fundamentalmente um conteúdo de pensamento ou de concepções diferentes, mas a reviravolta que leva a passar do anverso para o reverso de uma sociedade. Daí, a indecisão dos critérios que permitem saber se, sim ou não, alguém é feiticeiro, e quem o é. Daí também, a não resistência intelectual à mutação que leva um homem ou uma mulher a resvalar de um campo para o outro[525], sem que esse deslocamento venha a alterar a estrutura mental dessa pessoa. Daí, por fim, a importância decorrente, em primeiro lugar, da repressão à força e da manutenção da delimitação (ou da exclusão), por falta de um verdadeiro conteúdo que especifique as duas áreas e lhes forneça algo para se diferenciarem ou se defenderem em um terreno próprio.

---

524. Impõe-se reler, a esse propósito, os importantes estudos de M.G. Marwick– professor de Antropologia Social, na universidade de Witwatersrand, em Johannesburgo – sobre um aspecto atual e análogo desse fenômeno, em particular, "The Sociology of Sorcery in a Central African Tribe", 1963; • e as críticas ou os complementos formulados a respeito desses textos pela antropóloga britânica, especialista de antropologia da cultura, Mary Douglas (1967).

525. Isso é verídico não somente em relação à passagem para o diabólico, mas também para o procedimento inverso; não só para camponeses, mas também para magistrados. Convém equiparar essa homologia de experiências – que, no entanto, estão afetadas por indícios contrários – à mutação que converte uma "boa" em uma bruxa má (p. 98). A feitiçaria pode ter um caráter bonançoso ou assustador; no entanto, o que conta, em última análise, é o *poder* que ela detém e que, bem rapidamente, aparece como intolerável, ameaçador e competitivo, em relação a outros, também "sagrados", mas constitutivos da sociedade estabelecida.

7 Da emigração à confissão

A área "diabólica" não é menos perigosa: ela torna *possível* emigrar do interior e é a linguagem dessa emigração, dando lugar (mesmo que seja apenas no plano imaginário) a uma retirada social e a um novo desafio, a um descrédito em relação aos valores tradicionais, assim como a uma perda de confiança na sociedade estabelecida. Ela escapa e, ao mesmo tempo, assemelha-se à ordem; ela prepara tanto as "emoções populares" quanto a crítica intelectual. Sob uma forma arcaica, ela enuncia também a mutação.

A esse respeito, convém sublinhar a importância privilegiada da *confissão* exigida pelos processos judiciários, além de ser necessária para que a condenação seja proferida: "Sem confissão, não há fogueira" (p. 128). Para isso, vou propor uma significação fundamental: a confissão é o retorno à sociedade de onde o feiticeiro havia emigrado. À semelhança da conferência dada pelo aventureiro em sua terra natal, no final de suas viagens, ela consiste em reconhecer que o termo é o ponto de partida. Ela reconstitui a obrigação de fidelidade ao grupo, gratificando-o pelo próprio extravio visto que a "confissão" do fugitivo inspira confiança à sociedade contra a ameaça da exterioridade. A confissão restaura o *contrato social* desfeito durante um instante, na medida em que ela volta a costurar, através do discurso público, a linguagem dilacerada pelo "pacto com o diabo", além de submeter à lei do grupo o exilado que se havia retirado dele por desconfiança ou incerteza. Sonho ou realidade, a feitiçaria denuncia ou contesta essa linguagem, desestabilizando-a; ela pode ser simbolizada sempre por um ato que consiste em "pactuar" com o Inimigo. Ela é reprimida realmente apenas pela confissão que substitui o contrato diabólico pelo pacto social. Quando o feiticeiro reconhece como criminoso o gesto de "ter abandonado" os valores de seu grupo (Deus, o rei etc.), ele posiciona-se novamente sob a lei comum e liberta esse grupo da suspeita que questionava a sua lei.

Muitos outros elementos permitiriam esclarecer o equilíbrio instável de uma sociedade que se define sempre de acordo com o modo de excluir o seu oposto, sem deixar, no entanto de se referir a ele, como se tivesse ocorrido o seu desprendimento do fundo obscuro que ela rejeita e postula.

8 Feitiçaria, possessão, bucólicas

Entre as continuidades e as substituições que se oferecem à análise na história unicamente do século XVII e através do destino ou dos deslocamentos da feitiçaria, a primeira a ser observada – aquela que constitui o fundo da mutação cujos aspectos são descritos pelo autor – é a passagem da feitiçaria para a possessão. Mas, sem dúvida, conviria expandir o problema.

Quem diz *possessão* não diz *feitiçaria*, mesmo que as duas sejam associadas e, até mesmo, confundidas pelos tratados da época. Em primeiro lugar, aparece a feitiçaria (as epidemias de feiticeiros e de feiticeiras) que se estende dos últimos 25 anos do século XVI (1570, Dinamarca; 1575-1590, Lorena etc.) até o primeiro terço do século XVII (1625, na Alsácia; 1632, em Wurzburg; ou 1630, em Bamberg etc.) com prolongamentos até 1663 em Massachusetts, até 1650 em Neisse (Saxônia) ou 1685 em Meiningen (também na Saxônia). Ela alastra-se pela França (Alsácia, Béarn, Franco-Condado, Lorena, Poitou, Saboia etc.), pela Alemanha (Baviera, Prússia, Saxônia), pela Suíça, Inglaterra, Países Baixos, mas não, ao que parece, pela Espanha nem pela Itália (exceto na região nórdica e montanhosa de Como). Durante o período da grande "revolução psicológica", entre 1590 e 1620 (cf. FEBVRE, 1958), ela parece dividir a Europa em duas regiões: a do Norte e a do Sul[526]. Por fim, é, acima de tudo, um fenômeno rural: mesmo que os tribunais competentes se ocupem na cidade dos grandes processos, eles devem delegar representantes e juízes (tais como Boguet, de Lancre, Nicolas Rémy etc.) para as zonas rurais.

Uma espécie diferente do gênero decuplica, mais tarde, a feitiçaria e acaba tomando o seu lugar. Ela começa por aparecer, de maneira intermitente, com Nicole Aubry, Jeanne Féry e, sobretudo, Marthe Brossier (1599). Ela ganha finalmente o seu modelo com o processo de Gaufridy em Aix-en-Provence (1609-1611), de imediato orquestrado pelo livro do

---

526. Seria necessário questionar-se para saber se a feitiçaria, característica da Europa do Norte e Continental, não tem equivalentes – por exemplo, os *alumbrados* – em países do Mediterrâneo. Ou se a aparição do feiticeiro não está associada a uma mentalidade "anticlerical" (com uma ambiguidade decorrente do fato de que ele é, alternadamente, o rebelde à autoridade, o antipadre e o "sacerdote de maus costumes"). Parece que não houve feitiçaria em países pouco afetados pelo confronto de duas religiões: a católica e a protestante.

pe. Sébastien Michaëlis, o qual define a nova série: *Histoire admirable de la possession et conversion d'une pénitente, séduite par un magicien* (1612 [História admirável da possessão e conversão de uma penitente seduzida por um feiticeiro]). Hão de ocorrer outras "possessões" – Loudun (1632-1640), Louviers (1642-1647), Auxonne (1658-1663) etc. –, cada qual acompanhada por sua própria literatura. Essa espécie já não é rural, mas urbana; também não é selvagem, maciça e sangrenta, mas focalizada somente em algumas vedetes. Ela é, portanto, do tipo mais personalista (trata-se de indivíduos ou microgrupos). Os personagens são oriundos de um ambiente mais "mediano" e há uma menor diferença social entre juízes e réus. Estes últimos são, muitas vezes, sacerdotes ou letrados, às vezes, considerados "libertinos" que infringem, portanto, de uma nova maneira, a imagem tradicional ou popular do pároco, do capelão ou do médico[527]. Passando da violência contra os bruxos para uma curiosidade compadecida em relação a suas vítimas, a "possessão" – localizada nos conventos, em vez de charnecas e lugarejos perdidos; tendo-se tornado menos vingativa, menos punitiva e, em vez disso, mais apologética e predicante; transformando a sua atitude de "guerra" contra os feiticeiros em um espetáculo (uma *commedia dell'arte*) que se inspira no circo e na missão popular (festa que, no entanto,

---

527. Sob a análise da acusação, há, creio eu, uma diferença bastante profunda entre os padres-feiticeiros do início desse século (cf. p. 186-192) e os sacerdotes "libertinos" acusados, mais tarde, de bruxaria no decorrer das possessões. Em relação aos primeiros, convém ler na íntegra o notável documento apresentado por Pierre de Lancre (1612, livro IV, discursos 1 a 4, p. 399-525). Mesmo que ele fosse parcialmente imaginário ou exagerado, o padre-feiticeiro é um personagem *social*, *institucional* – e, muitas vezes, "normal" –, que desempenha o papel tanto do curandeiro (ou *xamã*) quanto do oficiante ou líder da comunidade religiosa; ele vacila de um para o outro, dependendo dos períodos, mas porque é, em ambos os casos, o homem dotado de um *poder sobrenatural* que serve de fundamento ao grupo. Quanto aos segundos, eles são de preferência diretores espirituais. O seu poder é *psicológico*; trata-se de uma influência exercida sobre indivíduos e em nome de um saber adquirido. A acusação dirigida contra eles é de natureza diferente e – fato característico – tem como alvo igualmente o médico (por exemplo, em Nancy), o qual é, por sua vez, também letrado e em via de tornar-se um novo "diretor espiritual". Ela é, aliás, uma das formas assumidas, na época, pela *rebelião* ou pela promoção das *mulheres*: dissimuladas sob o disfarce das "possessas", as "Amazonas" do século XVI acusam o seu "diretor" que se tinha convertido em um diabo e conseguem ganho de causa. No mínimo, há um aspecto significativo das possessões; de qualquer forma, trata-se, de preferência, de mudanças nas relações internas do grupo, e não tanto do próprio equilíbrio deste.

continua exigindo uma condenação à morte) – representa uma nova etapa que, por sua vez, conduz aos processos políticos de envenenadoras[528].

Esses dois momentos representam apenas um segmento em uma evolução mais ampla. A bruxaria rural de outrora vai metamorfosear-se, dispersando-se: em uma de suas vertentes, ela vai dissolver-se na astrologia e nas bucólicas; na outra, irá expandir-se à medida que se desloca, enquanto a resistência popular se exprime em tumultos ou em participações políticas. Independentemente de suas circunstâncias ou dessa análise de acordo com o curso da duração, convém sublinhar igualmente as coesões sincrônicas: uma delas, que vai suscitar mais interesse para a história religiosa, é o estranho encontro que promove a associação, em um número bastante grande de casos, dos "possessos" ou "possessionistas" às comunidades de "espirituais". No mapa francês de meados do século XVI, já é possível encontrar, muitas vezes, nos mesmos lugares, os casos de possessão e os grupos mais "devotos" (no sentido mais positivo dessa palavra): Nancy, Loudun, Évreux etc. Os abscessos diabólicos são também núcleos místicos. Não é um acaso que uma mutação cultural marginalize o sagrado – naquilo que este tem de mais suspeito ou de mais puro – ou que a desestabilização das instituições eclesiásticas deixe escapar ou obrigue a criar expressões religiosas – durante algum tempo, mantidas sob suspeita – "novas" (essa palavra tinha, na época, uma significação pejorativa) e bloqueadas em conjunto no mesmo lugar – o da "heresia" –, apesar de suas profundas diferenças qualitativas.

9 A educação repressiva

Outra coincidência, também significativa, associa a condenação do "feiticeiro" – enquanto ignorante, analfabeto ou instruído somente na "ciência" diabólica (oral e noturna) – a um movimento em favor da *instrução* das zonas rurais e da alfabetização do povo a partir do catecismo. Ao mesmo tempo em que o sentimento de culpa do "feiticeiro" é reduzido ao fato de carecer de "qualquer instrução" (citações, p. 154, 304-305 etc.), o pastor é mobilizado

---

528. Numerosas precisões, a respeito de um dos primeiros casos em que a acusação de feitiçaria é usada para fins políticos, encontram-se em MONGRÉDIEN, 1968.

para uma cruzada definida por uma palavra de ordem: "instruir", "educar". A própria instrução encontra-se posicionada sob o signo de um valor progressivamente dominante: o trabalho. Além disso, ela tende a combater o vício – em breve, capital – do ignorante, do feiticeiro ou do louco: a ociosidade. Dessa forma, os catecismos organizar-se-iam como o aprendizado de um saber[529], e de um saber socialmente útil, que postula por toda a parte (à semelhança de um tão grande número de tratados espirituais da época) uma ética do trabalho. Mas o problema é mais amplo. Os exorcismos convertem-se em catequese: "Todos haviam recebido uma grande quantidade de instruções para os costumes", afirma o geógrafo, historiador e tradutor, L. Coulon (1643), a respeito daqueles de Loudun (citação, p. 178).

A educação torna-se o trabalho que ensina o trabalho, por uma espécie de lógica a respeito da qual é possível se questionar para saber se ela já não substitui os valores religiosos como norma social. De qualquer maneira, os processos de bruxaria contribuíram para o sucesso da instrução, assim como esta havia cooperado para o estabelecimento de uma nova ordem, vencedora das resistências oriundas de profundidades e de distúrbios insuspeitos. A agitação diabólica provocou e encontrou uma nova supremacia, a de uma "razão" diferente (da qual Bodin é a testemunha tanto em sua obra demonológica quanto em seus outros textos); ora, a instrução foi uma das forças privilegiadas no estabelecimento desse predomínio. E tanto quanto a leitura e a escrita. A própria difusão da literatura demonológica criou uma homogeneização cultural: o boticário (p. 118), a camponesa Marthe Brossier (p. 135), Catherine Aubin (p. 207), o marceneiro Michel (p. 447) leem as "histórias extraordinárias" disseminadas como folhetins, das quais se alimentam também os magistrados e os teólogos. Longínquo precedente dos *mass media*, o escrito torna-se uma base comum, enquanto, ao mesmo tempo, as pregações se transformam em controvérsia e dividem um público, muitas vezes, inseguro. Um novo *tipo* de saber prepara outro *conteúdo* do saber...

Tais problemas não podem ser abordados unicamente no terreno da feitiçaria; eles indicariam, no mínimo, a importância – tanto do tema quanto

---

529. Cf. DHOTEL, 1967: "La prodigieuse ignorance", p. 149-284.

da contribuição – do livro de Robert Mandrou. Com certeza, não me parece possível considerar os magistrados como testemunhas privilegiadas: eles estão *também* a serviço de um conservadorismo cultural, confiantes de terem sempre razão porque a ordem está de seu lado, além de estarem envolvidos (não presos) na rede de uma "tautologia" social. Eles são, de preferência, parte integrante de uma mutação em que os "feiticeiros" ou os possessos são *também* os indicadores e os atores na exata medida em que emigram, despojados de um sistema em mudança.

Com eles, um "outrora" – "que havia sido o século dos milagres" (citação, p. 151) – fica cada vez mais distante. Começa um novo tempo – um tempo suplementar – que irá apresentar-se como o do progresso ou através da perda de um paraíso perdido. Ele suprime o face a face entre o magistrado e o feiticeiro, substituindo-o por outros. A eliminação do feiticeiro não assinala o fim da "superstição" (de acordo com o sentido que lhe é atribuído, em geral, nos últimos anos do século XVII), mas somente o fim de um século.

Capítulo 14
Mística*

À análise elaborada por Freud a respeito da religião em seu livro, *Die Zukunft einer Illusion* (1927 [O futuro de uma ilusão]), Romain Rolland opunha uma "sensação religiosa que é bem diferente das religiões propriamente ditas": "sentimento do eterno", "sentimento oceânico" que pode ser descrito como um "contato" e como um "fato"[530]. E, em 1929, ele enviava-lhe, por ocasião do respectivo lançamento, os três volumes de sua obra: *Essai sur la mystique et l'action de l'Inde vivante* [Ensaio sobre a mística e a ação da Índia viva]. Freud respondeu a essa objeção no primeiro capítulo de *Das Unbehagen in der Kultur* (1930 [O mal-estar na civilização]). Aliás, ao "amigo", ele escrevia o seguinte: "Quão estranhos para mim são os mundos em que o Sr. evolui! A mística é algo tão inacessível para mim quanto a música" (20 de julho de 1929). Mais tarde, ele rejeitava a assimilação de seu método ao de Jung, o qual, dizia ele, "é em si mesmo um tanto místico e, há já muitos anos, deixou de pertencer a nosso grupo" (carta a R. Rolland, 19 de janeiro de 1930).

Debate significativo que se inscreve em um conjunto particularmente fecundo de publicações dedicadas à mística, durante trinta anos, mediante a contribuição da etnossociologia: por exemplo, na França, desde *Les Formes élémentaires de la vie religieuse* (1912 [As formas elementares da vida religiosa]), de Émile Durkheim, até *L'expérience mystique et les symboles chez les primitifs*, 1938, de Lucien Lévy-Bruhl [A experiência mística e os símbolos entre os primitivos]) ou a fenomenologia (desde Heiler até Rudolf Otto e Mircea Eliade); além da história literária (desde *The Mystical Element of Religion*, 1908 [O elemento místico da religião] do filósofo, exegeta e escritor

---

* Cf. a referência completa a respeito deste texto na "Introdução", p. 7ss. Cf. tb. a Bibliografia deste capítulo, p. 422-424; para as outras citações, cf. "Referências bibliográficas".
530. Carta a S. Freud, 5 de dezembro de 1927 (ROLLAND, 1967, p. 264-266).

católico austro-inglês, Friedrich von Hügel, até os onze volumes da *Histoire littéraire du sentiment religieux*, 1917-1932, de Henri Bremond [História literária do sentimento religioso]); da filosofia (nomeadamente com William James, em 1906, Maurice Blondel e Jean Baruzi, em 1924, além de Henri Bergson, em 1932); e da difusão na Europa Ocidental do hinduísmo ou do budismo indiano, cujo conhecimento foi promovido por intermédio de Romain Rolland, René Guénon, Aldous Huxley, assim como de Louis de La Vallée-Poussin, Olivier Lacombe, Louis Renou... Essa abundante produção de textos comporta posições bastante diferentes, mas parece ter tido em comum o fato de atribuir a mística à mentalidade primitiva, a uma tradição marginal e ameaçada no âmbito das Igrejas ou a uma intuição que se tornou alheia ao entendimento ou, então, ainda a um Oriente no qual se ergueria o sol do "sentido" ao passo que, no Ocidente, ele se encaminha para o ocaso: a mística começa por ter aí, como lugar, um *alhures* e, como signo, uma *antissociedade* que, apesar disso, representaria o *fundamento* inicial do homem. Nesse período, tem origem a maneira de vislumbrar e definir a mística que continua impondo-se a nós; esse é o clima em que se situa a reação de Freud.

A dissidência que se manifesta, entre 1927 e 1930, nas cartas e obras desses dois correspondentes é característica das perspectivas que opunham e continuam opondo um ponto de vista "místico" a um ponto de vista "científico": nos aspectos em que Romain Rolland descreve, à maneira de Bergson, um *dado* da experiência – "algo ilimitado, infinito, em uma palavra, oceânico" –, Freud detecta apenas uma *produção* psíquica decorrente da combinação de uma representação com um elemento afetivo, por sua vez, susceptível de ser interpretado como uma "derivação genética". E nos aspectos em que o primeiro se refere a uma "fonte subterrânea da energia religiosa", distinguindo-a de sua captação ou canalização pelas Igrejas, o segundo remete à "constituição do ego" de acordo com um processo de separação relativamente ao seio materno e de diferenciação em relação ao mundo exterior. Com certeza, ambos recorrem a uma origem: no entanto, para o primeiro, esta aparece na forma do *todo* e tem a sua manifestação mais explícita no Oriente; enquanto para o outro, é a experiência *primitiva* de um desprendimento, constituindo o começo da história individual ou coletiva. Em suma, para Romain Rolland, a origem é a *unidade* que "aflora" à consciência; enquanto para Freud, é a *divisão* constitutiva do ego. Para ambos, no entanto, o fato que deve ser explicado é do mesmo tipo: uma dissidência do indivíduo em relação ao grupo; uma irredutibilidade do desejo na sociedade que o reprime ou recupera sem eliminá-lo; um "mal-estar na civilização". As relações instáveis entre a ciência e a verdade gravitam em torno desse fato.

1 O estatuto moderno da mística

Independentemente do que se pense a respeito da mística, e mesmo que se reconheça aí o surgimento de uma realidade universal ou absoluta, a sua abordagem só é possível de acordo com uma situação cultural e histórica particular. Tratando-se do xamanismo, hinduísmo ou de Mestre Eckhart, o ocidental tem uma maneira peculiar de levá-la em consideração; ele fala a esse respeito de algum lugar. Não seria possível, portanto, endossar a ficção de um discurso universal sobre a mística, esquecendo que a concepção e a prática relativamente ao que designamos por essa palavra são diferentes para o indiano, o africano ou o indonésio.

1.1 Determinação geográfica e condicionamentos históricos

Nas análises empreendidas por europeus, mesmo que estas tenham a ver com tradições estrangeiras, a atenção prestada à mística dos outros é conduzida, de maneira mais ou menos explícita, por indagações ou contestações internas: por exemplo, a busca científica do hinduísmo ou do budismo foi e continua sendo habitada pela "inquietação" – em decorrência, na Europa, da irrupção de diferentes universos e do apagamento das crenças cristãs –, pela nostalgia de referências espirituais desvinculadas das subserviências eclesiásticas ou, ao contrário, pela vontade não só de conseguir uma melhor adaptação ao Oriente para a difusão do pensamento europeu, mas também de restaurar um universal que já não estaria apoiado no poder, mas no conhecimento dos ocidentais. A relação que o mundo europeu estabelece consigo mesmo e com os outros desempenha, portanto, um papel determinante na definição, na experiência ou na análise da mística. Essa constatação não nega, de modo algum, a autenticidade a essa experiência, nem o rigor a essas análises, mas limita-se a sublinhar a particularidade das mesmas.

Essa localização de "nosso" ponto de vista obedece também a determinações históricas. No decorrer de nossa história, "um" lugar foi atribuído à mística, fixando-lhe, no conjunto da vida social ou científica, uma área, determinados objetos e itinerários, além de uma linguagem peculiares. Em particular, desde que a cultura européia deixou de se definir como cristã, ou seja, desde o século XVI ou XVII, já não se designa como místico o modo de uma "sabedoria" elevada ao pleno reconhecimento do mistério já vivenciado e anunciado em crenças comuns, mas um conhecimento experimental que se desvinculou lentamente da teologia tradicional ou das instituições eclesiásticas, além de se caracterizar pela consciência, adquirida ou recebida, de uma passividade plena em que o eu se perde em Deus. Em outras palavras, torna-se místico o que se afasta das vias normais ou correntes; o que já não se inscreve na unidade social de uma fé ou de referências religiosas, mas à margem de uma sociedade que se laiciza e de um saber que se constitui com objetos científicos; o que aparece, portanto, simultaneamente na forma de fatos extraordinários, inclusive, estranhos, e de uma relação com um Deus oculto ("místico" em grego, significa "oculto"), cujos sinais públicos desaparecem, extinguem-se ou, até mesmo, deixam de ser efetivamente críveis.

Um indício desse isolamento (no sentido em que um corpo está isolado) aparece no fato de que é somente no século XVII que se começa a falar da "mística": o recurso a esse substantivo corresponde ao estabelecimento de um domínio específico. Anteriormente, "místico" era apenas um adjetivo que qualificava outra coisa e poderia afetar todos os conhecimentos ou objetos em um mundo religioso. A substantivação dessa palavra, na primeira metade do século XVII, período em que prolifera a literatura mística, é um sinal da divisão que ocorre no saber e nos fatos: daí em diante, um espaço delimita um modo de experiência, um gênero de discurso e uma área do conhecimento. Ao mesmo tempo em que aparece o nome próprio (que designa, diz-se então, uma novidade), a mística contitui-se em um lugar à parte, circunscrevendo fatos isoláveis (fenômenos "extraordinários"), tipos sociais (os "místicos", outro neologismo da época), uma ciência particular (aquela elaborada por esses místicos ou aquela que se serve deles como objeto de análise).

O que é novo, em vez da vida mística – porque ela se inaugura, sem dúvida, nos mais longínquos primórdios da história religiosa –, é o seu isolamento e a sua objetivação diante do olhar daqueles que começam a ser incapazes de participar ou de acreditar nos princípios que lhe haviam servido de base.

Ao se tornar uma especialidade, a mística fica confinada, de maneira marginal, em um setor do observável, tendo sido submetida ao crescente paradoxo de uma oposição entre fenômenos particulares (classificados como excepcionais) e o sentido universal – ou o Deus único e verdadeiro –, de quem os místicos se dizem testemunhas. Ela será compartilhada, progressivamente, entre fatos estranhos – que se tornam objeto de curiosidade, alternadamente, devota, psicológica, psiquiátrica ou etnográfica –, e o Absoluto do qual os místicos falam e que será situado no invisível, concebido como uma dimensão obscura e universal do ser humano, considerado ou experimentado como uma realidade oculta sob a diversidade das instituições, das religiões ou das doutrinas. Sob esse segundo aspecto, tende-se para o que Romain Rolland designa como o "sentimento oceânico".

A situação atribuída à mística, nos últimos três séculos, pelas sociedades ocidentais exercerá, portanto, a sua coação sobre os problemas teóricos e práticos formulados à experiência mística. Mas ela determina também a óptica segundo a qual a mística (independentemente da época ou da civilização a que se faça referência) será daí em diante considerada: uma organização específica à sociedade ocidental "moderna" define o lugar a partir do qual falamos a seu respeito.

1.2 A tradição e a psicologização da mística

Essa determinação implicou dois tipos de efeitos, perceptíveis igualmente na experiência dos místicos, tal como eles a descrevem e nos estudos que lhes são dedicados: a constituição de uma tradição própria e a "psicologização" dos estados místicos.

A partir do lugar que lhes era atribuído, os místicos, os seus apologistas ou críticos constituíram uma tradição que responde à unidade recém-isolada, em consonância com o que se constata em outros campos da pesquisa. Assim, uma vez definida a biologia nos séculos XVII e XVIII, ela serve de base para uma triagem do passado, do qual se leva em conta tudo o que anuncia problemas análogos aos que ela aborda. Em obras antigas, distingue-se (mediante um corte que teria surpreendido realmente os seus autores) o que é "científico" e pode entrar na história da biologia e o que é teológico, cosmológico etc. Assim, uma ciência moderna adota uma tradição própria que ela recorta, segundo seu presente, na concretude do passado. Da mesma forma, a mística recém-"isolada" é dotada, desde o século XVII, de uma verdadeira genealogia: uma identificação das semelhanças apresentadas por autores antigos permite o agrupamento de diversas obras sob o mesmo nome ou, pelo contrário, a fragmentação do mesmo *corpus* literário segundo as categorias modernas da exegese, da teologia e da mística. Em um escritor da Patrística, em um grupo medieval ou no âmbito de uma escola nórdica, distingue-se uma parte que tem a ver com a mística, e um nível de análise que lhe corresponde. Constelações de referências – os "autores místicos" – esboçam, daí em diante, o objeto de acordo com um ponto de vista. Em três séculos, formou-se um "tesouro" que constitui uma "tradição mística", obedecendo cada vez menos aos critérios de pertencimento eclesial. Testemunhos católicos, protestantes, hindus, antigos e, em última análise, não religiosos encontram-se reunidos sob o mesmo substantivo no singular: a mística. A identidade desta, uma vez estabelecida, criou pertinências, impôs uma reclassificação da história e permitiu o estabelecimento dos fatos e textos que, daí em diante, servem de base para qualquer estudo sobre os místicos. A reflexão e a própria experiência são determinadas agora pelo trabalho que coletou um tão grande número de informações e referências sobre um lugar circunscrito em função de uma conjuntura sociocultural.

Essa conjuntura provocou também, como vimos, uma localização da vida mística em uma série de "fenômenos". Fatos excepcionais caracterizam, de fato, a experiência a partir do momento em que, em uma sociedade que se descristianiza, ela é acuada a uma migração para o interior. Dissociado necessariamente tanto das instituições globais que se laicizam, quanto das instituições eclesiásticas que se miniaturizam, o sentido vivenciado do Absoluto – Deus universal – encontra os seus indícios privilegiados, internos ou externos, em fatos de consciência. A percepção do in-finito serve-se, como sinal e pontuação, do experimentado. A experiência manifesta-se e é decifrada em termos mais psicológicos. Além disso, pela incapacidade de dar crédito às palavras religiosas (o vocabulário religioso continua circulando, mas desvinculado progressivamente de sua significação original por uma sociedade que lhe atribui, daí em diante, usos metafóricos, utilizando-o como um repertório de imagens e lendas), o místico é transferido, mediante o que ele vive e a situação em que se encontra, para uma linguagem do corpo. Através de uma nova intercorrência entre o que ele reconhece interiormente e o que é externamente (do ponto de vista social) reconhecível de sua experiência, ele é levado a tornar esse léxico corporal no referente inicial do lugar em que ele se encontra e da elucidação que recebe. Do mesmo modo que a luxação da coxa de Jacó é a única marca visível de seu encontro noturno com o anjo, assim também o êxtase, a levitação, os estigmas, a ausência de comida, a insensibilidade, as visões, os toques, os odores etc. fornecem a gama de uma linguagem própria a uma música do sentido.

1.3 O sentido "indizível" e os "fenômenos" psicossomáticos

O místico serve-se de todos esses "fenômenos" psicológicos ou físicos como recurso para soletrar um "indizível"; ele fala assim de "algo" que já não pode dizer-se realmente com palavras. Ele procede, portanto, a uma descrição que percorre "sensações" e, deste modo, permite medir a distância entre o uso comum dessas palavras e a verdade a ser atribuída, por sua experiência, às mesmas. Essa defasagem de sentido, indizível na linguagem verbal, pode tornar-se visível pelo contraponto contínuo do psicossomático extraordinário. As "emoções" da afetividade e as mutações do corpo tornam-se, assim, a indicação mais cristalina do movimento que se produz aquém e além da estabilidade dos enunciados intelectuais. A linha dos signos psicossomáticos é, desde então, a fronteira graças à qual a experiência se articula a partir do reconhecimento social, além de oferecer uma legibilidade aos olhares incrédulos. Desse ponto de vista, a mística encontra, mediante o corpo, a sua linguagem social moderna, enquanto em muitos aspectos um vocabulário espiritual estável havia sido o seu "corpo" medieval.

Essas manifestações psicossomáticas foram levadas a sério pela observação científica, tendo fornecido a um exame – alternadamente, médico, psicológico, psiquiátrico, sociológico ou etnográfico – o que ele poderia apreender da experiência: "fenômenos" místicos. No século XIX, em particular, o Dr. Jean-Martin Charcot (1825-1893) é um bom exemplo do olhar lançado pelo psiquiatra sobre um conjunto de casos e de fatos em que ele diagnosticava uma estrutura histérica. Associada à sua linguagem corporal, a mística está muito perto da doença ou chega a permeá-la, tanto mais que o caráter "extraordinário" da percepção se traduz, cada vez mais, no século XIX, pela "anormalidade" dos fenômenos psicossomáticos; por esse viés, a mística ingressa no hospital psiquiátrico ou no museu etnográfico do que é inexplicável do ponto de vista racional.

Se, por sua lógica própria, a análise científica cai então na cilada de um positivismo que atribui antecipadamente valor de verdade aos fatos "objetivos" de acordo com a sua definição, ela não deixa, no entanto, de corresponder à situação sociocultural concreta da experiência. Não é que os crentes acabam confundindo a mística com o milagre ou o extraordinário? Finalmente, a observação médica ou etnológica extravia-se menos (uma vez que pretende permanecer no campo dos fenômenos) do que o mais importante teólogo da época, o pe. Augustin Poulain, o qual, para explicar o sentido da mística, desenrola sem limites uma coleção de estigmas, levitações, "milagres" psicológicos e curiosidades somáticas – *Des grâces d'oraison. Traité de théologie mystique* (1901 [Graças de oração. Tratado de teologia mística]). A significação vivenciada aí é avaliada pelo grau da consciência psicossomática do extraordinário; por fim, ela está soterrada sob a abundância de estranhezas que são amontoadas, de comum acordo, pelos apologistas eclesiásticos e pelas observações científicas.

A reação apresentada por uma posição tão extrema continua repetindo, desde há cinquenta anos, a ruptura entre os "fenômenos" místicos e o radicalismo existencial da experiência; à segunda é que estão vinculados os grandes estudos de natureza filosófica e religiosa, tais como os de Jean Baruzi (*Saint Jean de la Croix et le problème de l'expérience mystique*, 1924 [São João da Cruz e o problema da experiência mística]); de Bergson (*Les deux sources de la morale et de la religion*, 1932 [As duas fontes da moral e da religião]); e de Louis Massignon (*Passion d'al-Hallâj: martyr mystique de l'islam*, 1922 [A paixão de al-Hallâj, mártir místico do Islã]). Na produção cristã, eles equiparam-se às obras do pe. Maurice de La Taille (1919), do pe. Joseph Maréchal (1924 e 1937), de Dom Stolz (1937) entre outros autores, que restituem à mística a sua estrutura e o seu alcance doutrinais. Mas, sem dúvida, essa "reinvenção" da mística está confinada demasiado exclusivamente na análise filosófica e teológica dos textos, abandonando de maneira bastante rápida à psicologia ou à etnologia a linguagem simbólica do corpo.

2 A experiência mística

2.1 Paradoxos

O místico aparece, assim, sob formas paradoxais: dá a impressão de resvalar, às vezes, para um extremo e, às vezes, para o outro. Por um de seus aspectos, ele está do lado do anormal ou de uma retórica do estranho; pelo outro, do lado de um "essencial", anunciado por todo o seu discurso, mas sem ser capaz de enunciá-lo. Assim, a literatura colocada sob o signo da mística é muito abundante, muitas vezes, inclusive, confusa e verborrágica. Mas é para falar a respeito do que não se pode dizer nem conhecer.

Outro paradoxo: os fenômenos místicos têm a marca da exceção e, até mesmo, da anormalidade. No entanto, aqueles que apresentam esses fatos extraordinários acabam por vivenciá-los como os vestígios locais e transitórios de um universal, como expressões sobrecarregadas pelo excesso de uma presença nunca possuída.

Por fim, essas manifestações muitas vezes espetaculares continuam referindo-se ao que permanece místico, ou seja, oculto. Dessa forma, a expressão "fenômenos místicos" promoveria a coincidência de dois opostos: é "fenômeno" o que aparece, algo visível; e é "místico" o que permanece em segredo, algo invisível.

A mística não pode ser reduzida a um ou ao outro dos aspectos que compõem sempre o seu paradoxo. Ela adquire a sua consistência na relação entre eles e é, sem dúvida, essa própria relação. Trata-se, portanto, de um objeto esquivo: alternadamemte, ele exerce fascínio e provoca irritação. Com esses fatos místicos, parece anunciar-se uma proximidade com o essencial. Mas a análise crítica penetra em uma linguagem sobre o "indizível"; e, se ela o rejeita como algo desprovido de rigor, como um comentário demasiado emaranhado de imagens e de impressões, ela limita-se a encontrar, no campo da observação, curiosidades psicológicas ou grupúsculos marginais. Para evitar essa alternativa entre um "essencial" – que acaba por esvair-se no "não dito", fora da linguagem – e determinados fenômenos estranhos que não podem ser isolados sem votá-los à insignificância, convém retornar ao que o místico diz a respeito de sua experiência, ao sentido vivenciado dos fatos observáveis.

2.2 O acontecimento

Os fatos psicossomáticos classificados como místicos criam algo de particular. Fenômenos extraordinários parecem especificar, antes de tudo, a mística: eles contrastam com a vida comum, recortando-se no observável como os sinais de uma língua estrangeira. Mas essa irrupção de sintomas estranhos limita-se a sinalizar momentos e patamares que, de fato, são particulares. A vida mística comporta experiências que a inauguram ou modificam. Esses "momentos" têm a caraterística de abrir uma janela no lugar onde se está, de garantir um novo bem-estar, além de permitir a respiração à vida que se estava levando. Trata-se de experiências decisivas, indissociáveis de um lugar, de um encontro ou de uma leitura, mas não redutíveis ao que havia sido o local de passagem: o canto do pássaro que revela a vocação ao xamã; a fala que transpassa o coração; a visão que transforma a vida... "Foi *aí*", pode dizer o místico porque, em sua memória, ficam gravadas as menores circunstâncias daquele instante: eis o que é demonstrado pela precisão de suas lembranças, em qualquer "vida" ou "autobiografia". Mas ele acrescenta: "Não foi *isso*" porque trata-se, para ele, de algo diferente de um lugar, de uma impressão ou de um conhecimento.

Esses acontecimentos privilegiados reencontram-se alhures, não se limitando à vida mística. Assim, por exemplo, o momento descrito por Julien Green (1900-1998) em seu *Journal* [Diário], coincidindo com o "sentimento oceânico" de Romain Rolland (1866-1944):

> 18 de dezembro de 1932. Há pouco, sob um dos pórticos [da praça] do Trocadéro [em Paris], detive-me para olhar a perspectiva do Champ-de-Mars. Estava um tempo de primavera com uma névoa luminosa flutuando acima dos jardins. Os sons tinham essa qualidade harmoniosa exclusiva dos primeiros dias de bom tempo. Durante dois ou três segundos, revivi uma parte inteira da minha juventude, meu décimo sexto, décimo sétimo ano. Isso suscitou em mim uma impressão estranha, mais dolorosa do que agradável. No entanto, havia um acordo tão profundo entre mim e essa paisagem que eu me perguntei, como outrora, se não seria delicioso aniquilar-se em tudo isso à semelhança de uma gota de água no mar, despojar-se do próprio corpo, conservando a consciência suficiente para ser capaz de pensar: "Sou uma parcela do universo. O universo está feliz em mim. Sou o céu, o sol, as árvores, o Sena e as casas em suas margens..." Esse pensamento bizarro nunca me abandonou totalmente. Afinal, é talvez algo assim que nos espera do outro lado da morte. E, de repente, senti-me tão feliz que, ao entrar em casa, tive a sensação de que era necessário conservar, como uma coisa rara e preciosa, a memória dessa grande miragem (GREEN, 1938, p. 102).

A surpresa é estranheza, mas ela também liberta, trazendo à tona um segredo da vida e da morte. Na consciência, insinua-se algo que não é ela, mas a sua aniquilação, ou o espírito do qual parece ser a superfície, ou uma lei insondável do universo. Esse insuspeito, que tem a violência do inesperado, agrupa, no entanto, todos os dias da existência, como o assobio do pastor agrupa o rebanho, e os reúne na continuidade de uma relação inquietante com o outro.

A experiência mística assume, muitas vezes, a mesma forma, ainda que estabeleça habitualmente uma relação diferente com o que se impõe a ela. Com efeito, o que a define, de preferência, no Ocidente, é a descoberta de um Outro como inevitável ou essencial; no Oriente, será, sobretudo, o dilaceramento da fina película de uma consciência in-fundada, sob a pressão de uma realidade que a engloba. Sem dúvida, é impossível nomear o que acontece e, no entanto, parece remontar de algum insondável da existência, como de um mar que começou antes do homem. O próprio termo Deus (ou absoluto) recebe daí o seu sentido, em vez de fornecer referências à experiência. Por isso mesmo, a sua linguagem será renovada; e, em decorrência disso, a sua vida já se encontra modificada. "Quando os toques divinos afluem em ti, ela desestabiliza os teus hábitos", dizia Ibn 'Atā' Allāh de Alexandria, místico muçulmano do século XIII. E ele citava uma surata do Alcorão: "Se os reis invadem uma aldeia, eles acabam por devastá-la" (XXVII, 34).

Sob o choque de uma experiência análoga, Jean-Joseph Surin escrevia em 1636:

> O seu trabalho consiste em destruir, devastar, abolir e, em seguida, refazer, restabelecer e ressuscitar. Ele é maravilhosamente terrível e maravilhosamente amável; e quanto mais ele é terrível tanto mais é desejável e atraente. Em suas execuções, ele é como um rei que, caminhando à frente de seus exércitos, submete tudo à sua passagem. [...] Se ele retira tudo, é para ele próprio se comunicar sem limites. Se promove a separação, é para unir a ele o que foi separado por ele de tudo o resto. Ele é avaro e liberal, generoso e cioso de seus interesses. Ele exige tudo e dá tudo. Nada pode satisfazê-lo e, ainda assim, ele contenta-se com pouco porque não precisa de nada.

Descrição da experiência, em vez de Deus, a narrativa relata uma manifestação que não recebe as suas evidências ou razões do exterior. A verdade que emerge não tem outra justificativa além de um "reconhecimento" que ainda é a sua marca registrada; de alguma forma, ela sai da própria adesão que provoca. "Como isso é verdade!": o místico não tem mais nada a dizer sob o golpe que tanto o machuca quanto o torna feliz. Coincidência entre o inaudito e o evidente; trata-se de uma alteração e de uma revelação. Impossível identificar o acontecimento com um instante por causa do que ele desperta na memória e de toda a vivência que emerge nesse momento particular. E também impossível reduzi-lo a ser apenas o produto de uma longa preparação porque ele chega inesperadamente, "dado" e imprevisível.

Ninguém pode dizer a esse respeito: "É a minha verdade" ou "Sou eu". O acontecimento impõe-se. Em um sentido bastante real, ele é alienante, da ordem do êxtase, isto é, do que transporta para fora de si. Ele exila do eu ao invés de reconduzi-lo a si. Mas tem a característica de abrir um espaço sem o qual, daí em diante, o místico é incapaz de viver. Indissociável do assentimento que é o seu critério, um "nascimento" extrai do homem uma verdade que é a sua sem ser oriunda dele nem se referir a ele. Assim, ele estaria "fora de si" no momento em que se impõe um Si mesmo. Uma necessidade ergue-se nele, mas sob o signo de uma música, de uma fala ou de uma visão oriundas de alhures.

2.3 O discurso do tempo: um itinerário

O paradoxo do "momento" místico refere-se a uma história. O que se impõe aí é algo que já foi dito alhures e dir-se-á de maneira diferente, que por si rejeita o privilégio de um presente e remete a outras marcas passadas ou vindouras. O Rastro percebido, associado a encontros, a aprendizados e a leituras, estende a rachadura de uma Ausência ou de uma Presença em toda a rede dos sinais costumeiros, os quais aparecem aos poucos incompreendidos. O acontecimento não pode ser reduzido à sua forma inicial, convocando um além do que havia sido apenas um primeiro desvelamento. Ele abre um itinerário.

A experiência irá desenrolar-se em discursos e em procedimentos místicos, sem ser capaz de deter-se em seu primeiro momento ou de contentar-se em repeti-lo. Uma vida mística inaugura-se quando ela volta a encontrar os seus enraizamentos e a sua desambientação na vida comum, quando continua descobrindo sob outros modos o que se apresentou pela primeira vez.

O além do acontecimento é a história feita ou a fazer. O além da intuição pessoal é a pluralidade social. O além da surpresa que atingiu as profundezas do afetivo é um desdobramento discursivo, uma reorganização dos conhecimentos mediante um confronto com outros saberes ou com outros modos de saber. Através desses diversos aspectos, a experiência – que havia tido a oportunidade de riscar a consciência à semelhança do que acontece com um relâmpago na obscuridade da noite – difunde-se em uma multiplicidade de relações entre a consciência e o espírito em relação a todos os registros da linguagem, da ação, da memória e da criação. Eis o que ocorre, pelo menos, para um grande número de casos; para os outros, em uma tradição mais oriental, é o silêncio que espalha progressivamente os seus efeitos e atrai para si, uma atrás da outra, as atividades do ser. De qualquer modo, para os místicos, isso mesmo que é reconhecido por eles não pode ser circunscrito nas formas particulares de um instante privilegiado. O Deus, cuja ausente proximidade havia sido percebida por eles sob a forma de um espaço que se abria em determinado recanto de suas vidas, não pode ser limitado a esse lugar. Ele não pode ser identificado nem retido no lugar que, no entanto, ficou com a sua marca. É impossível confiná-lo aí.

Essa exigência interna e essa situação objetiva da experiência permitem já estabelecer a distinção entre um sentido espiritual da experiência e as suas formas patológicas: é "espiritual" a diligência que não se detém em um momento, por mais intensa ou excepcional que seja; que não se dedica à sua busca como se tratasse da procura de um paraíso a ser encontrado ou preservado; e que não se extravia na fixação imaginária. Ela é realista, comprometida, como dizem os sufis, na *ihlās*, na via de uma autenticidade que começa pela relação consigo mesmo e com os outros. Ela é, portanto, crítica, relativizando o êxtase ou os estigmas como um sinal que se torna uma miragem se alguém se fixa nisso. O místico não identifica o essencial com os "fatos" que inauguraram ou balizaram uma percepção fundamental. O essencial não é o êxtase, nem os estigmas, tampouco algo de excepcional, nem mesmo a afirmação de uma Lei ou do Único. Eis o que escreve Al-Hallâj (857-922) – poeta e mestre sufi que contribuiu para os primeiros sucessos dessa corrente espiritual – em carta endereçada a um de seus discípulos, questionando todas as certezas a partir das quais é construída a comunidade dos crentes (a *umma* muçulmana):

> Meu filho, que Deus te esconda o sentido aparente da Lei e te revele a verdade da impiedade. Com efeito, o sentido aparente da Lei é impiedade oculta, enquanto a verdade da impiedade é conhecimento manifesto. Por conseguinte, louvor a Deus que se manifesta na ponta de uma agulha a quem lhe aprouver e se esconde nos céus e na terra aos olhos de quem lhe aprouver; de tal modo que um certifica "que ele não existe", enquanto o outro dá testemunho de "que nada existe além dele". Ora, tanto aquele que professa a negação de Deus não é rejeitado, quanto aquele que confessa a sua existência não é elogiado. O propósito desta carta é que não expliques nada por Deus, não tires nenhum argumento disso, não desejes amá-lo nem deixar de amá-lo, não confesses a sua existência e não te inclines a negá-lo. E acima de tudo, abstém-te de proclamar a sua Unidade!

O maior dos místicos muçulmanos não deposita confiança em nenhuma aparência; ora, a lei mais sagrada, a afirmação mais fundamental do crente continuam sendo da ordem das "aparências" em relação a uma Realidade que nunca é dada, "à toa", imediatamente, nem capturada na rede de uma instituição, de um saber ou de uma experiência.

No século XVII um francês, em companhia de mais de uma centena de pessoas famosas, Constantin de Barbanson (1582-1631) já relativiza não tanto a Lei, a qual é para o Islã a regra da fé, mas o "êxtase" e o "arrebatamento", princípios e referentes tradicionais da mística:

> É um toque atual da divina operação na parte superior do espírito, invadindo de tal modo, durante um instante, a criatura que, demovendo a sua atenção para as partes inferiores, ela é transportada totalmente para prestar atenção a uma tão eficaz operação que se faz no espírito com tal efeito que todos os sentidos exteriores [...], em suas operações, permanecem retidos, neutralizados e inativos. [...] O que sendo apenas um efeito exterior demasiado apelativo aos olhos dos homens – os quais não têm nenhuma admiração para além de semelhantes coisas extraordinárias – deve ser, de preferência, evitado, e não desejado (BARBANSON; cf. mais abaixo, Bibliografia).

Em sua linguagem, que estabelece a distinção entre sistemas psíquicos e sistemas espirituais de acordo com uma hierarquia de níveis, esse frade capuchinho tira a conclusão de que semelhante "operação", apesar de ser "admirada por muitos", é "sinal de que a alma, quanto à sua essência, ainda se encontra em um nível bastante baixo", mesmo que já se encontre em um nível "elevadíssimo". Conforme escreve Mestre Eckhart (c.1260-1328):

> E eu digo: Deus não é um ser, nem um ser intelectual, tampouco conhece isto ou aquilo. Assim, portanto, Deus está liberto de todas as coisas, e é precisamente por isso que Ele é todas as coisas (ALVES, p. 11; cf. mais abaixo, Bibliografia).

Essas vozes antigas referem-se a concepções do homem que se tornaram estranhas para nós. Mas, ao relativizar as certezas, institucionais ou excepcionais, elas manifestam a nitidez de toda a tradição mística. Em todos os lados, faz-se ouvir a mesma reação. Os maiores místicos, tais como João da Cruz e Teresa de Ávila, não cessam de repeti-lo; o que caracteriza a experiência mística não é o extraordinário, tampouco a sua conformidade com uma ortodoxia, mas a relação que cada um desses momentos estabelece com os outros, como uma palavra com outras palavras, em uma simbólica do sentido.

2.4 A linguagem social da mística

Cada uma das experiências do místico vai conduzi-lo a um aquém mais radical que se traduz também por um além dos momentos de maior intensidade. A unidade que "o puxa para dentro", de acordo com a expressão utilizada por alguns, impele-o para a frente, em direção a etapas ainda imprevisíveis das quais ele, ou outros, formarão o vocabulário, e em vista de uma linguagem que não pertence a ninguém. Alternadamente, ele diz: "O que vivenciei nada tem a ver com o que ocorre"; e "Outras testemunhas estão faltando no fragmento que é a minha experiência." A linguagem mística é uma linguagem social: assim, cada "iluminado" seria reconduzido ao grupo, impelido para o futuro, inscrito em uma história. Para ele, "reservar espaço" para o Outro consiste em reservar espaço a outros.

A natureza excepcional do que lhe acontece, em vez de ser um privilégio, torna-se o indício de uma posição particular ocupada por ele em seu grupo, em uma história, no mundo. Ele é apenas um caso entre outros. O mesmo movimento vai inseri-lo em uma estrutura social e levá-lo a aceitar a sua morte: são dois modos do limite, ou seja, de uma articulação com o Outro e com os outros. Sem dúvida, uma vida "oculta" encontraria a sua efetividade no momento em que se perde assim no que se revela nela maior do que ela. Dessa forma, as dificuldades, as "provações", os obstáculos e os conflitos teriam para o místico a significação de lhe indicar a sua morte, a particularidade de sua fala peculiar, além de sua verdadeira relação com o que lhe foi dado conhecer. Semelhante apagamento na linguagem de todos é, em última análise, o pudor do místico. Desse pudor, dá testemunho igualmente o seu soterramento na ignorância comum, à maneira discreta da qual fala um monge egípcio do século IV, nos *Apotegmas dos Padres do deserto*: "Realmente, abba José encontrou o caminho porque ele disse: 'Não sei.'"

As reconduções da vida pessoal para a vida social não passam de um retorno às fontes, não se limitando a serem gestos que manifestam a verdade do êxtase. Elas deixam remontar o que a havia precedido e tornado possível: uma situação sociocultural. Mas, elas revelam um sentido nesse anonimato dos fatos: o "Há" ou o "Houve" dos dados históricos, linguísticos ou mentais de uma situação altera-se por ser reconhecido como dado. No princípio de tudo, há um dado.

A percepção espiritual desdobra-se, com efeito, em uma organização mental, linguística e social que, ao precedê-la, vai determiná-la. Sem qualquer exceção – como sabemos desde o antropólogo norte-americano, M. Herskovits (1895-1963) –, "a experiência é definida do ponto de vista cultural", ainda mesmo que seja mística. Ela recebe a sua forma a partir de um ambiente que lhe serve de estrutura antes de qualquer consciência explícita, estando sujeita à lei da linguagem. Um neutro e uma ordem impõem-se, portanto, do mesmo modo que o sentido descoberto aí pelo místico.

Por essa "linguagem", não se deve entender somente a sintaxe e o vocabulário de uma língua – ou seja, a combinação de entradas e de oclusões, a qual determina as possibilidades de compreender –, mas também os códigos de reconhecimento, a organização do imaginário, as hierarquizações sensoriais em que o olfato ou a visão são predominantes, a constelação fixa das instituições ou das referências doutrinais etc. Assim, há um sistema rural ou urbano da experiência. Existem épocas caracterizadas pelas exorbitações oculares e por uma atrofia olfativa; e, outras, pela hipertrofia do ouvido ou do tato. Uma sociologia pode classificar também as manifestações e, inclusive, as visões místicas. Em um grupo minoritário, por exemplo, o testemunho assume a forma de uma verdade que é alvo de perseguição; a testemunha, a de um mártir; as representações, a de um coração transpassado ou do analfabeto iluminado...

Desse ponto de vista, o místico limita-se a falar uma linguagem recebida, mesmo que o "excesso" místico, a ferida e a abertura do sentido (ou o que, de acordo com Jacques Derrida pode ser designado como "momento hiperbólico") não sejam identificáveis com a estrutura histórica da qual dependem a sua forma e, inclusive, a sua possibilidade. Assim, com Catarina Emmerich (1774-1824), ocupada em levar os animais ao pasto, uma verdadeira linguagem emerge de uma Westfália silenciosa, dissimulada aos letrados e escritores, tendo despertado o fascínio no poeta romântico, Clemens Brentano, o qual se tornou o seu escriba: graças a essa aliança entre o poeta aristocrático e a mística do vilarejo, o discurso da "visionária" fez emergir, através de uma "literatura" escrita, a língua "selvagem" de um mundo rural. Uma organização subterrânea foi exibida em público, desvelando e multiplicando os recursos de uma tradição camponesa na experiência mística que emergia daí. Uma população camponesa, saindo de sua noite, exprime-se no poema de gestos e visões em que Catarina relata as cenas – para ela, contemporâneas – da vida de Jesus. As imensidades populares de que se faz eco são indissociáveis das "profundezas divinas" a partir das quais ela fala.

Sob diversas formas, as amplas estruturações latentes da linguagem articulam-se sempre, enquanto seu sítio e sua determinação, a partir do desejo e da surpresa do místico.

2.5 O corpo do espírito

Não basta referir-se ao corpo social da linguagem. O sentido tem como escrita a letra e o símbolo do corpo. O místico recebe de seu próprio corpo a lei, o lugar e o limite de sua experiência. O monge "experiente", Filoxeno de Mabugo (c. 440-523), não tinha receio de dizer o seguinte: "O sensível é a causa do conceitual; o corpo é a causa da alma e a precede no intelecto."

Assim, a oração seria, antes de tudo, um discurso de gestos.

> – Como devemos orar? – perguntavam os discípulos de Macário.
> – Não é necessário usar muitas palavras – respondia esse monge do século IV –. Basta manter as mãos levantadas.

Arsênio, outro "Padre do deserto", ficava de pé à noite, virando as costas para o sol poente. Ele estendia as mãos para o Nascente "até que o novo sol iluminasse o seu rosto: então, sentava-se". A sua vigilância física era a linguagem do desejo, à semelhança de uma árvore à noite, sem que houvesse necessidade de acrescentar a isso o murmúrio das palavras.

Isso é apenas um indício. De qualquer maneira, o místico "somatiza", interpretando a música do sentido com o repertório corporal. Ele não se limita a representar com o seu corpo, mas é representado por ele, como se o piano, ou a trompete, fosse o autor cujo intérprete seria apenas o instrumento. A esse respeito, os estigmas, a levitação, as visões etc. desvelam e impõem leis obscuras do corpo, notas extremas de uma gama nunca totalmente inventariada, nunca totalmente cativada e que despertaria a própria exigência de que ela é, alternadamente, o signo e a ameaça.

Uma proximidade perigosa – perigosa para as suas testemunhas e, ainda mais, para uma sociedade – estabelece a ligação, muitas vezes, nos limites da experiência, entre o "místico" e o "patológico". Entre a loucura e a verdade, os vínculos são enigmáticos e não constituem uma relação de necessidade. Mas é ainda mais errôneo manter o conformismo social como o critério da experiência espiritual. O "equilíbrio" psicológico responde a normas sociais (aliás, variáveis) que o místico não deixa de enfrentar, à maneira como Jacó atravessou o vau do Jaboc, capturado durante um instante na outra margem pelo anjo noturno.

Do "corpo profundo", e por seu intermédio, surge sem dúvida o movimento que, em última análise, caracteriza a linguagem "mística": o de confessar um essencial segundo o modelo de um distanciamento. O seu gesto consiste em ir além, através dos "fenômenos" que estão sempre em risco de serem confundidos com a própria "Coisa".

Na realidade, as manifestações místicas enunciam o que Nietzsche visava também ("Sou um místico – afirmava ele – e não acredito em nada") ao remeter a um além que emerge na fala: *Es spricht*, escrevia ele ("isso fala"); um não sujeito (alheio a qualquer subjetividade individual) desmistifica a consciência; as águas de profundezas agitadas tumultuam a sua superfície cristalina. Na obra, *Sein und Zeit* [O Ser e o Tempo], Heidegger refere-se também a um *Es gibt* – o que significa não somente dizer "há", mas "isso dá": existe algo dado que é também doador. É a partir dessa plena perda que, por sua vez, Surin fala quando coloca o seu *Cantique spirituel* [Cântico espiritual] sob o signo de uma "criança perdida" e "andarilha".

> Feliz morte, feliz sepultura
> Desse amante no Amor absorvido
> Que, em vez de graça divina ou natureza,
> Vê unicamente o abismo em que caiu.

Um itinerário desconcertante [*déroutant*] – conviria dizer: extraviado [*dérouté*]) –, de desvio em desvio, é o modo histórico sob o qual se insinua e se manifesta o que canta também Tukaram (1598-1650) – místico da região do Maharashtra e um dos expoentes do movimento bhakti – no final de seus *Abhanga* [Salmos do peregrino], para conferir sentido a seus itinerários nas estradas [*routes*] da Índia:

> Vou dizer o indizível
> Vivo a minha morte
> Sou por não ser (TOUKÂRÂM, 1956; cf. mais abaixo, Bibliografia).

3 A mística e as religiões

Em 1941, o poeta, indianista e dramaturgo, René Daumal (1908-1944), escrevia o seguinte:

> Acabei de ler sucessivamente textos sobre o bhakti, citações de autores hassídicos e um trecho de São Francisco de Assis; acrescento algumas mensagens budistas e, uma vez mais, fico impressionado com a semelhança entre tudo isso (cit. em *La Mystique et les mystiques*; cf. RAVIER, mais abaixo, Bibliografia).

Mas não será que esse singular da mística, oposto ao plural das religiões, se deve ao fato de tratar-se do mesmo leitor?

Por um lado, não existe nenhum lugar de observação a partir do qual seja possível vislumbrar a mística independentemente das tradições socioculturais ou religiosas e, portanto, especificar "objetivamente" a relação que ela estabelece com essas tradições. Não há, para "leva-lá em consideração", um ponto de vista fora da realidade; qualquer análise ocidental está situada, queira ou não queira, no contexto de uma cultura marcada pelo cristianismo. Por outro lado, a mística implica, seja na ciência ou na experiência ocidentais, um distanciamento em relação a subserviências eclesiásticas; ela designa a unidade de uma reação moderna e profana diante das instituições sagradas. Essas duas coordenadas determinam o lugar de uma reflexão atual sobre a mística e as religiões.

3.1 A pluralidade das estruturas religiosas

Os estudos asiáticos ou africanos, mesmo que incidam igualmente sobre *a* mística, restauram a pluralidade quando reinterpretam a mística ocidental com base em referências que lhes são peculiares. Essa distância entre análises heterônomas faz aparecer diferenças que especificam tradições inteiras e podem ser classificadas de acordo com três tipos de critérios.

A relação com o tempo é, antes de tudo, decisiva, ao distinguir uma tradição ocidental de origem cristã, baseada em um acontecimento e, portanto, na pluralidade da história. A Antiguidade, ou a civilização hindu, apresenta uma forma de mística mais "henológica", caracterizada pela ascensão em direção ao *Uno*, ou pela porosidade do mundo: a história está aberta à realidade imanente que ela encobre com aparências. Determinadas teologias correspondem a essa diferença: existe aquela que coloca uma Trindade no cerne do mistério, estabelecendo, pelo menos, entre Deus e o homem, o corte da criação e considerando uma comunidade como a forma privilegiada da manifestação; quanto à outra, orientada pelo sol de um Princípio único, ela anuncia em todos os seres a difusão do Ser, além de destinar cada um à não distinção final.

Em segundo lugar, as tradições que se referem a uma Escritura diferenciam-se daquelas que conferem a primazia à Voz. Há aqui uma espiritualidade da Lei (demasiado pouco evocada porque ela própria rejeita o nome de "mística") que lança, entre a transcendência de Deus e a fidelidade do servo, a barreira de uma "letra" a ser observada: mística judaica do Salmo 108, mística surgida de um pudor que recusa ao homem a pretensão de "tornar-se Deus", além de estabelecer "filhos" no amor reverencial do Pai. Uma importante tradição protestante mantém essa inacessibilidade do Deus prometido, mas não dado a crentes, os quais são chamados, sem serem justificados. A essa tendência opõe-se uma mística da Voz, ou seja, de uma presença que se entrega em seus sinais humanos e que eleva toda a comunicação inter-humana, investindo-a verdadeiramente.

Por fim, as experiências e as doutrinas distinguem-se de acordo com a prioridade que cada uma atribui à visão (contemplação) ou à fala. A primeira corrente enfatiza o conhecimento, o radicalismo do exílio, as iniciações inconscientes que libertam da consciência, a inabitação do silêncio e a comunhão "espiritual": místicas "gnósticas" e místicas do *Eros*. Por sua vez, a segunda corrente conecta o chamado com uma práxis; a mensagem com a sociedade organizada [*cité*] e com o trabalho; o reconhecimento do absoluto com uma ética; a "sabedoria" com os intercâmbios fraternos: mística do Ágape.

3.2 A unidade de um distanciamento das religiões

O interesse pelos místicos ou o fascínio exercido por eles implica outro tipo de relação com as religiões. Certamente, no Ocidente, o estudo é atualmente menos determinado pela necessidade de se defender contra Igrejas, hoje, cada vez mais minoritárias. Mas, por isso mesmo, ele está inclinado a considerar a linguagem mística como o símbolo – e, até mesmo, a metáfora – de uma "Essência" oculta a ser reconhecida, do ponto de vista filosófico, ou de um "sentido da existência" a ser elucidado nos conceitos de uma sociedade que deixou de ser religiosa.

Desse ponto de vista, a mística não é tanto uma heresia ou uma libertação da relação, mas o instrumento de um trabalho destinado a desvelar, *na* religião, uma verdade que teria começado por ser enunciada sob o modo de uma margem indizível em relação aos textos e às instituições ortodoxas; ora, daí em diante, seria possível exumá-la das crenças. O estudo da mística permite, então, uma exegese não religiosa da religião, dando lugar também, na relação histórica do Ocidente consigo mesmo, a uma reintegração que liquida o passado sem perder o seu sentido.

Como a esfinge de outrora, a mística continua sendo o encontro de um enigma, de modo que é possível situá-la, mas não classificá-la. Apesar das diferenças entre civilizações, ocorrem cruzamentos que, no Ocidente, atribuem prestígio espiritual às tradições indianas ou budistas, enquanto, no Oriente, difundem seduções judaicas e cristãs através de suas metamorfoses marxistas. Algo irredutível permanece, no entanto, em que a própria razão vai apoiar-se: ao desmistificar esses fenômenos pela deslocação dos mitos, no entanto, ela não consegue desinfetar uma sociedade dos mesmos. As relações entre o exotismo e o "essencial", talvez, nunca serão esclarecidas do ponto de vista social. Eis o desafio ou o risco que corre o místico ao levá-las a essa "nitidez", aliás, considerada por Catarina de Sena como a marca derradeira do espírito.

Bibliografia

ALVES, J.M. "Mestre Eckhart, Sermão da pobreza", março de 2018. Disponível em: < mestre-eckhart-sermao-da-pobreza-sermao-n-52.pdf >

ANAWATI, G.C. & GARDET, L. *Mystique musulmane. Aspects et tendances. Expériences et techniques* [Études musulmanes, VIII]. Paris: J. Vrin, 1961.

BALTHASAR (von), H.U. *La Gloire et la Croix*. 2 vols. Trad. do alemão por R. Givord & H. Bourboulon. Paris: Aubier, 1965-1968 [Orig.: *Herrlichkeit. Eine theologische Ästhetik*. 3 Bände. Johannes, Einsiedeln, 1961-1969].

BARBANSON (de), C. *Les Secrets sentiers de l'Esprit divin* [1613]. Manuscrit précédant *Les Secrets sentiers de l'Amour divin*. Introduction et annotations par Dominique Tronc. col. "Chemins Mystiques", 2014.

BEHR-SIGEL, E. *Prière et sainteté dans l'Église russe*. Paris: Éditions du Cerf, 1950.

BRUNNER, E. *Die Mystik und das Wort. Der Gegensatz zwischen moderner Religionsauffassung und christlichem Glauben dargestellt an der Theologie Schleiermachers* [1924]. Tübingen: Mohr Siebeck, 2nd ed., 1928.

BUBER, M. *Les récits hassidiques*, trad. do alemão [*Die Erzählungen der Chassidim*, 1949] por A. Guerne. 2 vols. Paris: Eds du Rocher, 1963 [Cf. ed. bras.: *O caminho do homem*: segundo o ensinamento chassídico. Trad. de Claudia Abeling. São Paulo: É Realizações, 2006].

CERTEAU (de), M. *La Fable mystique, XVIe-XVIIe siècle*. Paris: Gallimard, 1982.

ELIADE, M. *Le chamanisme et les techniques archaïques de l'extase*, 2. éd. augm., Paris: Payot, 1968 [Ed. bras.: *O xamanismo e as técnicas arcaicas do êxtase*. Trad. de Beatriz Perrone-Moisés & Ivone Castilho Benedetti. São Paulo: Martins Editora Livraria, 2002].

FREUD, S. *O futuro de uma ilusão* [*Die Zukunft einer Illusion*, 1927]. *O mal-estar na civilização* [*Das Unbehagen in der Kultur*, 1930] e outros trabalhos. Vol. XXI (1927-1931). Trad. do alemão e do inglês, sob a direção de Jayme Salomão. Trad. de José Octávio de Aguiar Abreu. Rio de Janeiro: Imago Editora Ltda., 1969.

GORCEIX, B. *Flambée et agonie. Mystiques du XVIIe siècle allemand*. Sisteron: éd. Présence, 1977.

KOLAKOWSKI, L. *Chrétiens sans Église. La conscience religieuse et le lien confessionnel au XVIIe siècle*. Trad. do polonês por Anna Posner. Paris: Gallimard, 1969 [Orig.: *Świadomość religijna i więź kościelna. Studia nad chrześcijaństwem bezwyznaniowym siedemnastego wieku*. Warszawa, 1965].

LECLERCQ, J. *L'amour des lettres et le désir de Dieu. Initiation aux auteurs monastiques du Moyen âge*. Paris: Éd. du Cerf, 1957.

LOSSKY, V. *Théologie négative et connaissance de Dieu chez Maître Eckhart*. Paris: J. Vrin, 1960.

MOREL, G. *Le sens de l'existence selon saint Jean de la Croix*. 3 vols. [I. *Problématique*; II. *Logique*; III. *Symbolique*]. Paris: Aubier, 1960-1961.

NICHOLSON, R.A. *Studies in Islamic Mysticism*. Cambridge (MA): At The University Press, 1921.

ORCIBAL, J. *Saint Jean de la Croix et les mystiques rhéno-flamands*. Bruxelas-Paris: Desclée de Brouwer, 1966.

OTTO, R. *Mystique d'Orient et mystique d'Occident: distinction et unité*. Trad. do alemão por Jean Gouillard. Paris: Payot, 1951 [Orig.: *West-östliche Mystik: Vergleich und Unterscheidung zur Wesensdeutung*. Leopold Klotz, Gotha, 1926].

RAVIER, A., S.J. (éd.). *La Mystique et les mystiques*. Préface de Henri de Lubac, S.J. Paris: Desclée de Brower, 1965, 1.122 p.

RITTER, H. *Das Meer der Seele* – Mensch, Welt Und Gott in Den Geschichten Des Fariduddin Attar: Nachdruck Der Erstausgabe. Leyde: E. J. Brill, 1955.

Spiritualité (La) – Divers chemins pour vivre une même réalité dans l'Esprit, tel est l'ensemble, multiple et un, que recouvre le terme spiritualité. *Communio* [Revue catholique internationale], t. XIX, 3, n° 113, mai-juin 1994.

THOMAS, E.J. *The History of Buddhist Thought*. Londres: Routledge And Kegan Paul Limited., 1933; 2. ed., 1951.

TOUKÂRÂM. *Psaumes du pèlerin*. Trad. do marathi por G. Deleury. Paris: Gallimard / UNESCO, col. UNESCO d'œuvres représentatives – Connaissance de l'Orient, 1956.

Referências bibliográficas

SIGLAS (por ordem alfabética)

AHSI = *Archivum Historicum Societatis Iesu* [revista semestral na qual são publicados artigos científicos sobre a história universal da Companhia de Jesus] < http://www.istitutodatini.it/biblio/riviste/a-c/ahsi9.htm >

ARSI = *Archivum Romanum Societatis Iesu*. Cf. < http://www.sjweb.info/arsi/Archives.cfm >

DHCJ = *Diccionario Histórico de la Compañía de Jesús*. Biográfico-Temático. Charles E. O'Neill, S.I. & Joaquín Mª. Domínguez, S.I. (sob a dir.). Roma: IHSI / Madrid: Universid Pontificia Comillas, 2001. Disponível em: < http://www.sjweb.info/arsi/documents/DHSI_complete.pdf >

DHGE = *Dictionnaire d'histoire et de géographie ecclésiastiques*. Enciclopédia científica de referência para a história do Cristianismo; 1º fascículo, Paris, 1909.

FNSI = *Fontes narrativi de Sancto Ignatio de Loyola*. Cf. **MHSI, 1969**, "Sancti Ignatii de Loyola Exercitia Spiritualia"; **MHSI, 1955**, "Directoria Exercitiorum Spiritualium (1540-1599)".

MHCT = *Monumentorum ad historiam Concilii Tridentini, potissimum illustrandam spectantium amplissima collectio*, t. 7. J. Le Plat (éd.). Lovanii, Ex Typographia Academica, 1787. Disponível em: < https://books.google.com.br/books?id=iIIfAQAAMAAJ&printsec=frontcover&hl=fr&source=gbs_ge_summary_r&cad=0#v=onepage&q&f=false >

MHSI, 1969 – Monumenta Historica Societatis Iesu, vol. 100. Monumenta Ignatiana, Series Secunda, *Exercitia Spiritualia S. Ignatii de Loyola et eorum Directoria*. Nova editio. Tomus I – "Sancti Ignatii de Loyola Exercitia Spiritualia" – Textuum antiquissimorum. Nova Editio. Lexicon textus hispanici. Opus inchoavit Iosephus CALVERAS, S.I., absolvit Candidus DE DALMASES, S. I. Romæ: Institutum Historicum Societatis Iesu, 1969. < https://babel.hathitrust.org/cgi/pt?id=mdp.39015024561238&view=1up&seq=10 >

MHSI, 1955 – Monumenta Historica Societatis Iesu, vol. 76. Monumenta Ignatiana, Series Secunda, *Exercitia Spiritualia S. Ignatii de Loyola et eorum Directoria*. Nova editio. Tomus II – "Directoria Exercitiorum Spiritualium (1540-1599)". Edidit, ex integro refecit et novis textibus auxit Ignatius IPARRAGUIRE, S.I. Romæ: Monumenta Historica Societatis Iesu, 1955. < https://babel.hathitrust.org/cgi/pt?id=mdp.39015024561246&view=1up&seq=11 >

RAM = *Revue d'ascétique et de mystique* (no nº 189, troca de nome para *Revue d'histoire de la spiritualité*). Lançada pelos jesuítas de Toulouse (França), 1920.

RHdEF = *Revue d'histoire de l'Église de France*. Revista universitária, publicada com o apoio do Ministère de la Culture, pela Société d'histoire religieuse de la France, desde 1910.

RHEc = *Revue d'histoire ecclésiastique*. Revista científica dirigida por professores da Universidade Católica de Lovaina e da Katholieke Universiteit Leuven, 1900.

RSR = *Recherches de science religieuse*. Revista editada pelo Centre Sevres, Paris, 1910.

SCA = *La scuola cattolica*. Rivista teologica del Seminario Arcivescovile, Milano, 1873.

SVEC = *Studies on Voltaire and the Eighteenth Century*. Voltaire Foundation, University of Oxford, 1955.

ABBEVILLE (d'), C. *Histoire de la mission des pères Capucins en l'isle de Maragnan et terres circonvoisines où est traicté des singularitez admirables & des mœurs merveilleuses des Indiens habitants de ce païs* [...]. Paris; F. Huby, 1614 [Ed. bras.: *História da missão dos padres capuchinhos na ilha do Maranhão e suas circumvisinhaças*. Trad. e annotada pelo Dr. Cezar Augusto Marques. São Luiz: Typ. do Frias, 1874. Disponível em: https://www2.senado.leg.br/bdsf/item/id/221724].

ABELLY, L. *L'idée d'un véritable prestre de l'Église de Jésus-Christ, et d'un fidèle directeur des âmes, exprimée en la vie de Mr Renar, directeur des religieuses du monastère de S. Thomas*. Paris, s.d. (1649).

Acta Ecclesiæ Mediolanensis [1ª ed., a cura di Carlo Borromeo, Milano, 1582]. IX ed., a cura di Achille Ratti. Milano, 1890-1897.

AGULHON, M. *Pénitents et francs-maçons de l'ancienne Provence: essai sur la sociabilité méridionale*. Paris: Fayard, 1968.

ALBÈRI, E. *Relazioni degli ambasciatori veneti al Senato durante il secolo decimosesto*. Vol. X (Serie II – Tomo IV). Firenze: Società Editrice Fiorentina, 1857.

_____. *Relazione di Roma di Girolamo Soranzo. Letta in Senato il 14 Giugno 1563.* In: ALBÈRI, 1857, p. 65-160.

ALBERIGO, G. *I vescovi italiani al concilie di Trento (1545-154)*. Firenze: G. C. Sansoni, 1959.

ALLIER, R. *Une société secrète au XVIIᵉ siècle. La Compagnie du Très Saint-Sacrement de l'autel à Marseille*. Paris: Champion, 1909.

_____. *La cabale des dévots. 1627-1660,* Paris: A. Colin, 1902.

ALSTON, W.P. *Philosophy of Language*. Englewood Cliffs, N.J.: Prentice Hall, 1964.

ALVAREZ DE PAZ, J. *De Vita spirituali, eiusque perfectione*. Lyon: Horatium Cardon, 1608.

Analyse du langage théologique (L'). Le nom de Dieu. Actes du colloque de Rome 1969. Paris: Aubier-Montaigne, 1969.

ANDRÉ-VINCENT, P. *Las Casas, apôtre des Indiens*. Paris: éd. de la Nouvelle Aurore, 1975.

ANGELIS (de), B. *Epistres des Pères Généraux (Les). Aux Pères et Frères de la Compagnie de Jésus*. Tolose: Colomiez, 1609 [*Epistolæ praepositorum generalium. Ad Patres et Fratres Societatis Jesu*. Romæ, in Domo Professa, quinto Decembris 1606. Omnium servus in Domino. Bernardus de Angelis].

ANGERS (d'), J.-E. *L'humanisme chrétien au XVIIᵉ siècle: saint François de Sales et Yves de Paris*. La Haye: M. Nijhoff, 1970.

_____. "Sénèque et le stoïcisme dans la *Cour sainte* du jésuite N. Caussin (1583-1651)", *Revue des sciences religieuses*, t. 28, fasc. 3, 1954, p. 258-285.

_____. "Sénèque et le Stoïcisme dans le *Traité de l'Ordre de la Vie et des Mœurs* de Julien Hayneufve, S. J. (1639)", RSR, t. 41, n° 3, juillet-septembre 1953, p. 380-405.

ANTUNES FERREIRA DE ALMEIDA, G. "Mística como poética social. A fábula de Michel de Certeau", TEOLITERARIA – Revista de Literaturas e Teologias, [S.l.], v. 9, n° 17, p. 212-242, maio 2019. ISSN 2236-9937. Disponível em: <http://revistas.pucsp.br/teoliteraria/article/view/42084>

APPOLIS, É. *Entre jansénistes et zelanti: le "Tiers-parti" catholique au XVIIIe siècle*. Paris: A. et J. Picard, 1960, 603 p.

ARNAULD, A. *Œuvres de messire Antoine Arnauld, docteur de la maison et société de Sorbonne*. 43 vols. A Paris: chez Sigismond d'Arnay & co., 1775-1783.

_____. *De la Fréquente communion ou les sentiments des pères, des papes et des conciles touchant l'usage des sacrements de pénitence et d'eucharistie sont fidèlement exposés pour servir d'adresse aux personnes qui pensent sérieusement à se convertir à Dieu et aux pasteurs et confesseurs zélés pour le bien des âmes*. A Paris, chez Antoine Vitré, 1648.

ARNAULD, A. & NICOLE, P. *La Logique ou l'Art de penser*. Paris: Flammarion, 1970 [publicado anonimamente. Paris: Chez Charles Savreux, au pied de la Tour de Notre-Dame, 1662, 473 p.].

ARON, R. *La philosophie critique de l'histoire. Essai sur une théorie de l'histoire dans l'Allemagne contemporaine* [1938]. Paris, Éd. du Seuil, 1971.

_____. *Introduction à la philosophie de l'histoire. Essai sur les limites de l'objectivité historique*. Paris: Gallimard, 1938.

ARTECHE (de), J. *Saint-Cyran (De caracteriología vasca)*. San Sebastian: Editorial Icharopena, 1958.

ATKINSON, G. *Les Relations de voyage du XVIIe siècle et l'évolution des idées. Contribution à l'étude de la formation de l'esprit du XVIIIe siècle*. Paris: Champion, 1924.

AUBINEAU, L. (éd.). *Mémoires du P. René Rapin de la Compagnie de Jésus sur l'Église et la société, la cour, la ville et le Jansénisme, 1644-1669*. 3 vols. Paris: Gaume Frères et J. Duprey, Éditeurs, 1865.

AUGER, E. *Metanœlogie sur le sujet de la congrégation des pénitens & de toutes les autres dévotieuses Assemblées en l'Église sainte*. Paris, 1584.

_____. *Catéchisme et sommaire de la religion chrestienne avec un formulaire de diverses prieres catholiques et plusieurs avertisments pour toutes manières de gens*. Lyon: Michel Jouve, 1563.

AUVRAY, P. *Richard Simon (1638-1712)*. Paris, PUF, col. "Le Mouvement des idées au XVIIe siècle", 1974.

AVELAR, A. de S. & BENTIVOGLIO, J. "Michel de Certeau (1925-1986)". In: BENTIVOGLIO & AVELAR, 2016, p. 103-118.

BACZKO, B. *Rousseau. Solitude et communauté*. Trad. fr. por Claire Brendhel--Lamhout. Paris-La Haye: Ecole Pratique de Hautes Etudes e Mouton, 1974, p. 14 [Orig.: *Rousseau: samotność i wspólnota*. Varsóvia: Wydawnictwo Naukowe PWN, 1964].

BADE, J. *Stultiferæ naviculæ scaphæ fatuarum mulierum*, 1498-1501.

BAIL, L. *La Théologie affective, ou Sainct Thomas en méditation, sur la troisiesme partie*. Paris: Vve P. Chevalier, 1638-1650.

BAIX, F. "Blois (Vénerable Louis de)", DHGE, t. 9, Paris, 1937, col. 228-242.

BALZAC (de), J.-L. GUEZ. *Œuvres*. t. 2. Paris: Thomas Jolly, 1665.

_____. *Lettres choisies du sieur de Balzac*. 2 vols. Paris: Aug. Courbé, 1647; 3. ed., 1658.

_____. "Discours de la gloire". Paris: Pierre Rocolet, 1644.

BARTHES, R. *Sade, Fourier, Loyola*. Paris: Éd. du Seuil, 1971 [Ed. bras.: *Sade, Fourier, Loyola*. Trad. de Mário Laranjeira. São Paulo: Martins Fontes, 2005].

BARUZI, J. *L'Intelligence mystique*. Textes choisis et présentés par J.-L. Vieillard-Baron. Paris, Berg International, 1985.

_____. "Introduction à des recherches sur le langage mystique", *Recherches philosophiques*, t. I, 1931-1932, pp. 66-82.

_____. *Saint Jean de la Croix et le problème de l'expérience mystique*. Paris, Alcan, 1924 [2ᵉ éd. revue et augmentée, 1931; éd. revue et corrigée avec les deux préfaces de Jean Baruzi. Paris: Salvator, 1999].

BASTEL, H. *Der Kardinal Pierre de Bérulle als Spiritual des Französischen Karmels*. Vienna: Wiener Dom Verlag, 1974.

BATAILLON, M. "Montaigne et les conquérants de l'or", *Studi francesi*, déc. 1959, p. 353-367.

_____. & SAINT-LU, A. *Las Casas et la défense des Indiens*. Paris: Julliard, 1971.

BAUDET, H. *Paradise on Earth. Some Thoughts on European Images of non-European Man*. New Haven: Yale Univ. Press, 1965.

BEAUCHAMP, P. *Création et séparation. Etude exégétique du chapitre premier de la Genèse*. Paris: Aubier-Montaigne, Éditions du Cerf, Delachaux et Niestlé, Desclée de Brouwer, 1970.

BECKER, Ph.-A. *Marguerite , duchesse d'Alençon et Guillaume Briçonnet, évêque de Meaux, d'après leur correspondance manuscrite (1521-1524)*. Paris: Société de l'histoire du protestantisme français, 1901 [Reunião de 2 estudos: "Marguerite de Navarre, duchesse d'Alençon, et Guillaume Briçonnet, évêque de Meaux, d'après leur correspondance manuscrite (1521-1524)", suivi d'un tableau chronologique, *Bulletin de la Société de l'histoire du protestantisme français*, t. XLIX, 1900, p. 393-477;

p. 661-667. • "Les idées religieuses de Guillaume Briçonnet", *Revue de théologie et des questions religieuses*, Montauban, 1900, p. 318-358; p. 377-416].

BÉDARIDA, H. (sob a dir. de). *Pensée humaniste et tradition chrétienne aux XVe et XVIe siècles*. Paris: Boivin, 1950.

BELLARMINO, R. Card. *De Scriptoribus ecclesiasticis*. Liber unus, cum adjunctis indicibus undecim & brevi chronologia ab orbe condito usque ad annum 1612. Lugduni: Sumptibus Horatij Cardon, 1613.

BELMON, C. *Le bienheureux François d'Estaing, évêque de Rodez (1460-1529)*. Grand Séminaire de Rodez, 1924.

BELMONT, N. *Les signes de la naissance*. Étude *des représentations symboliques associées aux naissances singulières*. Paris: Plon, 1971.

BENDISCIOLI, M. "Penetrazione protestante e repressione controriformistica in Lombardia all'epoca di Carlo e Federico Borromeo", *Festgabe J. Lortz*, Baden-Baden, 1958.

BÉNICHOU, P. *Morales du Grand Siècle*. Paris: Gallimard, 1948.

BENTIVOGLIO, J. & AVELAR, A. de S. (Orgs.). *Afirmação da História como ciência no século XX*: de Arlette Farge a Robert Mandrou. Petrópolis, RJ: Vozes, 2016.

BENOIST, P. *La sainte Bible* traduite en François par René Benoist. Paris: Sébastien Nyvelle, 1566.

BENZONI, G. *Historia del Mondo Nuovo*. Venezia, 1565.

BERGSON, H. *Les deux sources de la morale et de la religion*. Paris: F. Alcan, 1932.

BERLIÈRE, U. "La Congrégation bénédictine de Chezal-Benoit (1488-1790). Les écrivains de la congrégation", *Revue Bénédictine*, vol. 17, 1-4, 1900, p. 337-361. Disponível em: DOI: 10.1484/J.RB.4.01664

BERNARD-MAÎTRE, H. "La genèse de la lettre du P. Claude Aquaviva sur l'oraison et la pénitence", RAM, t. 37, 1961, p. 451-459.

_____. "Pierre Couturier dit Sutor", RAM, t. 32, 1956, p. 174-195.

_____. "Les fondateurs de la Compagnie de Jésus et l'humanisme parisien de la Renaissance", *Nouvelle revue théologique*, t. 72, 1950, p. 811-833.

BERRA, L. *L'accademia delle Notti vaticane fondata da S. Carlo Borromeo*: con tre appendici di documenti inediti. Roma: Max Bretschneider, 1915.

BERTOLOTTI, A. *Artisti lombardi a Roma nei secoli XV°, XVI° e XVII°: studi e ricerche negli archivi romani*. 2 vols. Milano: U. Hoepli, 1881.

BÉRULLE (de), P. *Discours de l'état et des grandeurs de Jésus, par l'Union ineffable de la Divinité avec l'Humanité*. Paris: Antoine Estienne, 1623.

BESANÇON, A. "Histoire et psychanalyse. À propos de Metabletica", *Annales ESC*, t. 19-2, 1964, p. 237-249.

BEUGNOT, B. *Le Discours de la retraite au XVII*[e] *siècle. Loin du monde et du bruit.* Paris: PUF, 1996.

Bibliothèque (La) de Antoine du Verdier, Seigneur de Vauprivas: Contenant le catalogue de tous ceux qui ont escrit, ou traduict en françois. Lyon: B. Honorat, 1585.

BINIUS, S. (com a colaboração de Gretser, Fronton du Duc, Colvener e Hurler). *Concilia generalia et provincialia: græca et latina quæcunque reperiri potuerunt; item epistolæ decretalis, et romanor. pontific. vitæ,* publ. por; edição de Paris, 1638.

BISPO, A.A. (ed.). "Reflexões sobre J.-F. Lafitau II: Conhecimentos nascidos da experiência, dos estudos históricos e o auto-aperfeiçoamento do pesquisador no contato com diferentes povos – a imagem de Ulisses". *Revista Brasil-Europa*, 128/16, 2010:6. Disponível em: <www.revista.brasil-europa.eu/128/Experiencia-e-historia.html >

BITTERLI, U. *Die "Wilden" und die "Zivilisierten": Grundzüge einer Geistes – und Kulturgeschichte der europäisch-überseeischen Begegnung* (Beck'sche Sonderausgaben). Munich: Verlag C.H. Beck, 1976.

BLANCHET, A. (ed.). "Claudel lecteur de Bremond", Études, t. 323, septembre 1965.

BLANCHOT, M. "L'œuvre et l'espace de la mort", *L'Espace littéraire,* Paris, 1968, p. 182-190.

BLANCKAERT, C. (ed.), *Naissance de l'éthnologie? Anthropologie et missions en Amérique, XVI*[e]*-XVIII*[e] *siècle.* Paris: Éditions du Cerf, 1985.

BLET, P. "Jésuites gallicans au XVIIe siècle?", AHSI, t. 29, 1960, p. 55-84.

_____. Resenha de THÉRY, G. *Contribution à l'histoire religieuse de la Bretagne au XVII*[e] *siècle – Catherine de Francheville, Fondatrice à Vannes de la première maison de retraites de femmes,* 1956, AHSI, t. 27, 1958, p. 385-392.

BLONDEL, M. *Carnets intimes (1883-1894).* Paris: Éd. du Cerf, 1961.

_____. "Le problème de la mystique", *Cahiers de la Nouvelle Journée,* n° 3. Paris: Librairie Bloud et Gay, 1925, p. 1-63.

BLONDEL, M. & VALENSIN, A. *Correspondance.* III – Extratos da correspondência de 1912 a 1947. Texto anotado por Henri de Lubac, S.J. Paris: Aubier-Montaigne, 1965.

BLONDO, G. *Essercitii spirituali del P. Ignatio.* Milano, 1587.

BODIN, J. *La Démonomanie des sorciers.* Paris: Chez Jacques du Puys, 1580.

BOGUET, H. *Discours exécrable des sorciers: ensemble leur procez, faits depuis deux ans en ça, en divers endroicts de la France. Avec une Instruction pour un jugement, en faict de sorcellerie.* Lyon: chez Pillehote, 1602.

BOIS, P. *Les Paysans de l'Ouest. Des structures économiques et sociales aux options politiques depuis l'époque révolutionnaire dans la Sarthe.* Paris: Éditions de l'École des hautes études en sciences sociales, 1971.

BOLLON, G. "J.-F. Régis et les protestants du haut Vivarais-Velay" (Actes du colloque du Puy-en-Velay, 16-17 novembre 1990: "Jésuites en Haute-Loire"), Centre culturel départemental, Puy-en-Velay, 1990.

BONGAIN, M. *Le Jardin spirituel de la dévote*. Paris, 1528.

BONNEFONS, A. *Le chrétien charitable*. Lyon, chez B. Loyson, 1665.

BONNEFOY, J.-F., O.F.M. "Le B. Gabriel-Maria, O.F.M., et ses sermons sur la règle des Annonciades. [Étude, suivie du Sermon des dix Marie et du Sermon des dix plaisirs héroïques du B. Gabriel-Maria", RAM, t. 17, 1936, p. 252-290.

BONNET, S. *Sociologie politique et religieuse de la Lorraine*. Paris: Armand Colin, 1972.

BONOMI, G.F. *Vita et Obitus Caroli Borromei*. Milano, 1587.

BORDIER, P.-H. *La Compagnie du Saint-Sacrement de Grenoble. 1652-1656*, mimeografado. Grenoble, 1970.

BOSSUET. *Œuvres oratoires: 1648-1670*. 7 vols. J. Lebarq (ed.). Paris: Desclée de Brouwer et Cie, 1914-1926.

BOTERO, G. *Della Ragion di Stato. Libri dieci, con tre libri delle cause della grandezza e magnificenza della città*. Appresso I Gioliti, Venetia, 1589.

_____. *De prædicatore Verbi Dei*. Paris: G. Chaudière, 1585.

BOTTE, B. et al. *Le Concile et les conciles: contribution à l'histoire de la vie conciliaire de l'Église* ["Introduction" par O. Rousseau. – "La collégialité dans le Nouveau Testament et chez les pères apostoliques", par B. Botte. – "Conciles anténicéens et conciles œcuméniques", par H. Marot. – "Les conciles œcuméniques des IVe et Ve siècles", par T. P. Camelot. – "La primauté des quatre premiers conciles œcuméniques", par Y. M.-J. Congar. – Les conciles œcuméniques V^e, VIe, VIIe et VIIIe", par H. S. Alivisatos. – "L'ecclésiologie des conciles médiévaux", par G. Fransen. – "Le conciliarisme aux conciles de Constance et de Bâle", par P. de Vooght. – "L'accord gréco-latin au Concile de Florence", par J. Gill. – "Le Concile de Trente", par A. Dupront. – "L'ecclésiologie au Concile du Vatican", par R. Aubert. – "Conclusion", par Y. M.-J. Congar]. Chevetogne, Belgique: Éditions de Chevetogne / Paris: Editions du Cerf, 1960.

BOUCHARD, G. *Le village immobile. Sennely-en-Sologne au XVIIIe siècle*. Paris: Plon, 1972.

BOUCHET, J. *Les Regnars traversant les perilleuses voyes des folles fiances du monde*. Paris, 1500.

BOUHOURS, D. *La vie de Madame de Bellefont, supérieure et fondatrice du monastère des religieuses bénédictines de Notre Dame des Anges établi à Rouen*. Paris: Sébastien Cramoisy, 1686.

BOURDALOUE, L. *Œuvres complètes*. 2 vols. Édition critique par Éugène Griselle. Paris: Bloud et Gay, 1919-1922.

_____. "Sermon sur la prière" (Carême, 1688). In: BOURDALOUE, 1922, t. 2.

BOURGEON, J.-L. "MOUSNIER ROLAND – (1907-1993)", *Encyclopædia Universalis*.

BRANT, S. *Das Narrenschiff*. Basileia, 1494.

BREDVOLD, L.I. *The Intellectual Milieu of John Dryden. Studies in some Aspects of Seventeenth-Century Thought*. Univ. Michigan: Ann Arbor Paperbacks, 1956.

BREMOND, A. "Henri Bremond", Études, t. 217, 5 octobre 1933.

BREMOND, H. **HLSR** = *Histoire littéraire du sentiment religieux en France depuis la fin des guerres de religion jusqu'à nos jours (1916-1936)*. Paris: Librairie Bloud et Gay, 1916-1933; 2. éd. 11 vols. Paris: Armand Colin, 1967. Cf. Bibliografia de Henri Bremond: < https://livres-mystiques.com/partieTEXTES/Bremond/index.htm >

_____. **INQR1** = *L'inquiétude religieuse*, 1ère série: *Aubes et lendemains de conversion*. Paris: Perrin, 1901; 2ª ed., 1903.

_____. **INQR2** = *L'inquiétude religieuse*. 2e série. Paris: Perrin, 1909.

_____. **IPHP** = *Introduction à la philosophie de la prière (Textes choisis)*. Paris: Librairie Bloud et Gay, col. "Etudes et documents pour servir à l'histoire du sentiment religieux", 1929.

_____. "Ascèse ou prière? Notes sur la crise des *Exercices* de saint Ignace", *Revue des sciences religieuses*, t. 7, 1927. 37« ANNEE.

_____. *Discours prononcé dans la séance publique tenue par l'Académie française pour la réception de M. l'Abbé H. Bremond, 24 mai 1924*. Paris: Institut de France, 1924.

_____. *Apologie pour Fénelon*. 2ª ed. Paris: Perrin, 1910.

_____. *L'évolution du clergé anglican*. Paris: Librairie Bloud et Gay, 1906.

_____. "La légende d'argent", *Revue du clergé français*, 1er novembre 1904.

_____. *Âmes religieuses*. Paris: Perrin, 1902.

_____. "*Christus vivit!* Le livre d'un siècle", Études, t. 83, avril-mai-juin 1900; reproduzido em BREMOND, INQR1.

BREMOND, H. – BLONDEL, M. *Correspondance*. Établie, présentée et annotée par André Blanchet: t. I – *Les Commencements d'une amitié (1897-1904)*, 1970; t. II: *Le Grand dessein d'Henri Bremond (1905-1920)*, 1971; t. 3 – *Combats pour la prière et la poésie (1921-1933)*. Paris: Aubier-Montaigne, 1971.

BRETONNEAU, G. *Histoire généalogique de la maison des Briçonnets, contenant la vie et actions plus mémorables de plusieurs illustres personnages sortis de cette estoc: cardinaux, evesques, ambassadeurs et officiers de la couronne*. Paris: Daumalle, 1621.

BRIÇONNET, G. *Sermo synodalis quo monetur quibus ovium cura credita est, illis presentes invigilare*. Paris: Henrici Stephani, 1520.

BROUTIN, P. *La réforme pastorale en France au XVIIe siècle. Recherches sur la tradition pastorale après le concile de Trente*. 2 vols. Paris: Desclée et Cie, 1956.

BROWN, H.O. "The displaced self in the novels of Daniel Defoe", *English Literary History*, 1971, p. 562-590.

BUCHER, B. *La Sauvage aux seins pendants*. Paris: Hermann, 1977.

BUCK (de), J.-M. "La bibliographie de Louis de Grenade", RAM, t. 11, 1930, p. 296-304.

BUISSON, F. *Répertoire des ouvrages pédagogiques du XVIe siècle*. Paris: Imprimerie nationale, 1886.

BUREAU, M. *Tractatus novus super reformationem status monastici*. Paris: chez Guyot Marchand, s. d.

CALVINO, J. *Institution de la religion chrestienne: en laquelle est comprinse une somme de pieté, et quasi tout ce qui est necessaire a congnoistre en la doctrine de salut*. Genève: Michel Du Bois, 1541 [Orig. em latim: *Christianae religionis institutio, totam fere pietatis summam et quicquid est in doctrina salutis cognitu necessarium complectens...* 1536; ed. bras.: *Instituição da Religião Cristã*. Editora Fiel, 2018].

CÂMARA (da), L.G. *Mémorial* [1555]. Trad. para o fr. e apresentado por R. Tandonnet. Paris. Desclée de Brower, 1965.

CÂMARA CASCUDO (da), L. "Montaigne et l'indigène du Brésil", *Bulletin de la Société des Amis de Montaigne*, Ve Série, n° 14-15, 1975, p. 89-102.

CAMPEAU, L. *Monumenta Novæ Franciæ*. I – *La première mission d'Acadie (1602-1616)*, 1967. II – *Établissement à Québec (1616-1634)*, 1979. III – *Fondation de la Mission Huronne (1635-1637)*, 1987. Roma: MHSI / Québec: Les Presses de l'Université Laval; IV – *Les grandes épreuves (1638-1640)*, 1989. V – *La bonne nouvelle reçue (1641-1643)*, 1990. VI – *Recherche de la paix (1644-1646)*, 1992. VII – *Le témoignage du sang (1647-1650)*, 1994. VIII – *Au bord de la ruine (1651-1656)*, 1996. IX – *Pour le salut des Hurons (1657-1661)*, 2003. Roma: IHSI Institutum Historicum Societatis Iesu / Montréal: Éditions Bellarmin.

CAMUS, J.-P. "Essay sceptique", 1606. In: CAMUS, 1610, Livro XV, cap. 3, f. 187 r – 372 v.

_____. *Quatriesme tome des Diversitez de Messire Jean-Pierre Camus*. Paris: chez Eustache Foucault, 1610.

CAPPEL, L. *Critica sacra, sive De variis quæ in sacris Veteris Testamenti libris occurrunt lectionibus libri VI*. Paris: Sebastianus Cramoisy et Gabriel Cramoisy, 1650.

CAREY-ROSETT, L. "À la recherche de la Compagnie du Saint-Sacrement à Montauban", *Revue d'histoire de l'Eglise de France*, RHdEF, t. 40, 1954, p. 206-228.

CARRIÈRE, V. "Le protestantisme en Poitou au XVIᵉ siècle suivi des remontrances du clergé de Luçon en 1564", RHdEF, t. 24, oct.-dec. 1938, p. 458-470.

_____. *Introduction aux études d'histoire ecclésiastique locale*. 3 tomos. Paris: Letouzey et Ané: t. I – *Les sources manuscrites*, 1940, LXXI-472 p.; t. 2 – *L'histoire locale à travers les âges*, 1934, 563 p.; t. 3 – *Questions d'histoire générale à développer dans la cadre régional ou diocésain*, 1936, 669 p.

CASSIRER, E. *Die Philosophie der Aufklärung*. Tübingen: Mohr, 1932 [Ed. bras.: *A filosofia do Iluminismo*. Trad. de Álvaro Cabral. Campinas: Unicamp, 1992].

CATTANEO, E. "La santità sacerdotale vissuta da San Carlo", SCA, 93, 1965.

_____. "Nel IV Centenario dell'ordinazione sacerdotale ed episcopale di S. Carlo Borromeo", SCA, 91, 1963, p. 305-315.

CARITÉ, M. *Francisque Gay, le militant*. Paris: Les Éditions Ouvrières, 1966.

CARVALHO, J.A. de F. "Sebastião de Morais, S.J.: o confessor da princesa de Parma – D. Maria de Portugal princesa de Parma (1565-1577) e o seu tempo", *Ler*, Faculdade de Letras, Universidade do Porto. Disponível em: < https://ler.letras.up.pt/uploads/ficheiros/artigo6311.pdf >

CAVAILLÉ, J.-P. "Possession et sorcellerie en France au XVIIᵉ siècle", *Archives de sciences sociales des religions*, 188, octobre-décembre 2019, p. 141-159.

CAVALCANTI, M.B. *La Retorica*. Venetia: Bartolomeo Robini, 1549 e 1574.

CÉARD, J. *La nature et les prodiges. L'insolite au XVIᵉ siècle en France*. Genebra: Droz, 1977.

CÉLIER, L. *Saint Charles Borromée*. Paris: J. Gabalda, 1912.

CENTLIVRES, P. (sob a dir. de). *Saints, sainteté* et *martyre: la fabrication de l'exemplarité*. Actes du colloque de Neuchâtel, 27-28 novembre 1997. Neuchâtel: Institut d'ethnologie / Paris: Maison des sciences de l'homme, 2001.

CERTEAU (de), M. – por ordem alfabética de siglas [títulos dos livros]; as outras referências do autor são indicadas, mais abaixo, por ordem decrescente da data de publicação:

_____. **ABH** = *L'Absent de l'histoire*. Tours: Mame, 1973, p. 15.

_____. **ECH** = *L'Écriture de l'histoire* [1975]. Paris: Gallimard, col. "Folio", 2002 [Ed. bras.: *A Escrita da história*. Trad. de Maria de Lourdes Menezes; revisão técnica de Arno Vogel. Rio de Janeiro: Forense Universitária, 1982].

_____. **EUD** = *L'Étranger ou l'union dans la différence* [Desclée de Brower, 1969]. Nova ed. Paris: Éditions du Seuil, 2005.

_____. **FAM** = *La Fable mystique, XVIe-XVIIe* [1982]. 2ª ed. Paris, 1987 [Ed. bras.: *A fábula mística séculos XVI e XVII*. Rio de Janeiro: Forense, 2015]. Cf. *La Fable mystique, XVIe-XVIIe*. vol. II (par les soins de Luce Giard). Paris: Gallimard, 2013.

_____. **FCR** = *La Faiblesse de croire*. Texto estabelecido e apresentado por Luce Giard [1987]. Paris: Éd. du Seuil, col. "Points", 2003.

_____. **FPM** = FAVRE, BIENHEUREUX P. [Pedro Fabro] *Mémorial*. Michel de Certeau (éd.). Paris, 1960.

_____. **HPF** = *Histoire et psychanalyse entre science et fiction* [1987], nova edição revista e aumentada. Paris, 2002 [Ed. bras.: *História e psicanálise*: entre ciência e ficção. Trad. de Guilherme João de Freitas Teixeira. Belo Horizonte: Autentica Editora, 2011].

_____. **IDQ1** = *L'invention du quotidien*: 1. *Arts de faire*. Nouv. éd. Paris: Gallimard, 1990 [Ed. bras.: *A invenção do cotidiano, 1 – Artes de fazer*. Trad. de Ephraim F. Alves. Petrópolis, RJ: Vozes, 1990; 22. ed, **201...**].

_____. **JJS1** = SURIN, J.-J. *Guide spirituel pour la perfection*. Michel de Certeau (ed.). Paris: Desclée de Brouwer, 1963.

_____. **JJS2** = SURIN, J.-J. *La Correspondance*. Michel de Certeau (ed.). Préface de Julien Green. Paris: Desclée de Brouwer, 1966.

_____. **PMQ** = *Politica e mistica. Questioni di storia religiosa*. Milano: Jaca Book, 1975.

_____. **POL** = *La Possession de Loudun* [1970]. Ed. revista por Luce Giard. Paris: Gallimard/Juillard, col. "Folio histoire", 2005.

_____. "Folie du nom et mystique du sujet: Surin". In: KRISTEVA, J. et al., *Folle vérité. Vérité et vraisemblance du texte psychotique*. Paris: Seuil, col. "Tel quel", 1979, p. 274-304.

_____. "Le silence de l'absolu. Folles et fous de Dieu", RSR, t. 67, 1979, p. 525-246.

_____. "L'idée de traduction de la Bible au XVIIe siècle", RSR, t. 66, 1978, p. 73-92.

_____. "Le corps folié. Mystique et folie aux XVIe et XVIIe siècles". In: VERDIGLIONE, A. (sob a dir. de). *La folie dans la psychanalyse. Documents du congrès international de psychanalyse*. Milan, 1-4 décembre 1976. Paris: Payot, col. "Traces", 1977, p. 183-203.

_____. "L'énonciation mystique", RSR, t. 64, 1976, p. 183-215.

_____. "L'opération historique ou la production de l'histoire". In: LE GOFF & NORA, 1974.

_____. "L'expérience spirituelle", *Christus*, t. 17, n° 68, 1970a, p. 488-498; reproduzido in CERTEAU, EUD, p. 1-18.

_____. "J.-J. Surin interprète de S. Jean de la Croix", RAM, t. 46, 1970b, p. 45-70.

_____. "Histoire et structure. Débat", Centre catholique des intellectuels français, *Recherches et Débats*, n° 68, 1970c, p. 165-195.

_____. "Ce que Freud fait de l'histoire. À propos de 'Une névrose démoniaque au XVIIe siècle' ", *Annales E.S.C.* [*Économies, sociétés, civilisations*], t. 25, 1970d, p. 654-667.

_____. "Faire de l'histoire", RSR, t. 58, 1970e, p. 481-520.

_____. "L'articulation du dire et du faire", Études *théologiques et religieuses*, t. 45, 1970f, p. 25-44.

_____. "Religion et société. Les messianismes", Études, avril 1969, p. 608-616.

_____. "L'illettré éclairé dans l'histoire de la lettre de Surin sur le jeune homme du coche (1630)", RAM, t. 44, n° 176, 1968, p. 369-412; texto retrabalhado e reproduzido no cap. 7 – "L'illettré *éclairé*" – de CERTEAU, FAM.

_____. "La spiritualité moderne", RAM, t. 44, n° 173, 1968, p. 33-42.

_____. "Les sciences humaines et la mort de l'homme. Michel Foucault", Études, mars 1967, p. 344-360.

_____. "L'épreuve du temps", *Christus*, t. 13, n° 51, 1966, p. 311-331, reproduzido com outro título "Le mythe des origines", em **FCR**, 1987, p. 53-74.

_____. "Surin et la 'nouvelle spiritualité'". In: CERTEAU, **JJS2**, 1966, p. 433-460.

_____. "Crise sociale et réformisme spirituel au début du XVIIe siècle: une 'nouvelle spiritualité' chez les Jésuites français", RAM, t. 41, 1965, p. 339-386.

_____. "Les œuvres de Jean-Joseph Surin: histoire des textes, I", RAM, t. 40, 1964, p. 443-476; e "Les œuvres de Jean-Joseph Surin: histoire des textes, II", RAM, t. 41, 1965, p. 55-78.

_____. " 'Mystique' au XVIIe siècle. Le problème du langage 'mystique' ". In: *Homme devant Dieu (L')*, t. 2 – *Du Moyen âge au Siècle des Lumières*, 1964, p. 267-291.

_____. "Un maître, le R. P. Henri de Lubac", *Ecclesia*, n° 187, 1964, p. 83-90.

_____. "Exégèse, théologie et spiritualité", RAM, t. 36, n° 143, 1960, p. 368.

_____. et CIFALI, M. "Entretien, mystique et psychanalyse", *Espaces temps*, n° 80-81 (*Michel de Certeau, histoire/psychanalyse. Mises à l'épreuve*), 2002.

CEYSSENS, L. (avec la collaboration de A. Legrand). *La première bulle contre Jansénius. Sources relatives à son histoire (1644-1653)*: Tomo 1. 1644-1649; Tomo 2. 1650-1653. Bruxelas: Institut historique belge de Rome, 1961-1962.

_____. *Jansenistica minora*. 1 – Extraits d'articles, fascicules n° 1 a 10, 1951; 2 – fasc. 11 a 19, 1953; 3 – fasc. 20 a 29, 1957; 4 – fasc. 30 a 39, 1958; 5 – fasc. 40 a 49, 1959; 6 – fasc. 50 a 52, 1962; 7 – fasc. 53 a 59, 1962; 8 fasc. 60 a 65, 1964; 8, Suppl. – fasc. 67 a 69, 1964; 9 – fasc. 70 a 79, 1966; 10 – fasc. 80 a 89, 1968; 11 – fasc. 90 a 100, 1973; 12 – fasc. 101 a 110, 1975; 13 – fasc. 111 a 120, 1979. Malines: Impr. Saint-François, 1951-1979.

_____. *Jansenistica*: études relatives à l'histoire du jansénisme. 1, 1950; 2, 1953; 3, 1957; 4 -L'introduction du formulaire antijanséniste en Belgique. Premier essai. Mechelen: St. Franciscus-Dr., 1962 (Malines, 1950-1962, 4 vols.).

CHAMPION, P. (1880-1942). "Henri III et les écrivains de son temps", *Bibliothèque d'Humanisme et Renaissance*, t. 1, 1941, p. 43-172.

CHAMPION, P. (1632-1701). *Vie du vénérable dom Jean de Palafox* [Juan de Palafox y Mendoza], *evêque d'Angélopolis, & ensuite evêque d'Osme*. A Cologne & se trouve à Paris, Chez Nyon, 1767.

_____. *La Vie des fondateurs des maisons de retraite: M. de Kerlivio, le P. Vincent Huby de la Compagnie de Jésus et Mlle de Francheville*. Nantes: J. Mareschal, 1698.

_____. *Doctrine spirituelle du P. Louis Lallemant de la Compagnie de Jésus, précédée de la vie de l'auteur*. Paris: É. Michallet, 1694.

_____. *Vie du Père Jean Rigoleuc de la Compagnie de Jésus: avec ses traitez de dévotion, et ses lettres spirituelles*. Paris: É. Michallet, 1686.

CHARDON, L. *La Croix de Jésus, où les plus belles véritéz de la théologie mystique et de la grâce sanctifiante sont* établies. Paris: A. Bertier, 1647.

CHARPENTRAT, P. "Le trompe-l'œil", *Nouvelle revue de psychanalyse*, n° 4, 1971, p. 161-168.

CHARRON, P. *Traicté de sagesse, plus quelques discours chrestiens du mesme aucteur, qui ont esté trouvez après son décez, avec son portraict au naturel et l'éloge ou sommaire de sa vie*. Paris: L. Feugé, 1645.

_____. *Les Trois Véritez contre les athées, idolâtres, juifs, mahumétans, hérétiques et schismatiques, le tout traicté en trois livres*. Paris: impr. de J. Du Corroy, 1595.

CHARTIER, R. "Leituras e leitores populares: a *Bibliotèque bleue* e a literatura de colportage", Revista *Desenredo*, Programa de Pós-Graduação em Letras da Universidade de Passo Fundo – UPF, v. 1, n° 1, 2005. Disponível em: < http://seer.upf.br/index.php/rd/article/view/480/292 >

CHAUNU, P. *Le temps des Réformes. Histoire religieuse et système de civilisation. La crise de la chrétienté. L'éclatement (1250-1550)*. Paris: Fayard, 1975.

_____. *La Civilisation de l'Europe des Lumières*. Paris: Arthaud, 1971.

_____. *La Civilisation de l'Europe classique*. Paris: Arthaud, 1966.

_____. "Jansénisme et frontière de catholicité (XVIIe-XVIIIe siècles). A propos du jansénisme lorrain", *Revue historique*, t. 227, 1962, p. 115-138.

CHAUSSY, Y. et al. *L'Abbaye royale de Notre-Dame de Jouarre*. 2 vols. Paris: Bibliothèque d'Histoire et d'Architecture Chrétiennes, 1961.

CHAUVETON, U. *Histoire nouvelle du Nouveau Monde, contenant en some ce que les Hespagnols ont fait jusqu'à présent aux Indes Occidentales, & le rude traitement qu'ils font à ces povres peuples-la. Extraite de l'italien de M. Hierosme Benzoni Milanois, qui ha voyagé XIII ans en ces pays-la: & enrichie de plusieurs Discours & choses dignes de mémoire*. Genève: E. Vignon, 1579.

CHEFFONTAINES (de), C. *Apologie de la confrérie des penitens, érigée et instituée en la ville de Paris par le tres chrestien roy de France et de Pollogne, Henry troisième de son nom*. Paris: M. Julian, 1583.

CHERUBELLI, P. *Il contributo degli Ordini Religiosi al Concilio di Trento*. Firenze: Vallecchi, "Studio teologico per laici", serie prima, 1, 1946.

CHÉRUEL, A., *Histoire de la France pendant la minorité de Louis XIV*, t. 3, Paris: Hachette, 1879.

CHINARD, G. *L'Exotisme américain dans la littérature française au XVIe siècle d'après Rabelais, Ronsard, Montaigne, etc.* Paris: Hachette, 1911.

CHOLVY, G. "Sociologie religieuse et histoire", RHdEF, t. 55, 1969, p. 5-28.

CLAEYS BOUUAERT, F. "À propos de l'intervention de l'Université de Louvain dans la publication des décrets du Concile de Trente", RHEc, t. 55, 1960, p. 508-512.

CODINA MIR, G. *Aux sources de la pédagogie des jésuites: Le "Modus parisiensis"*. Rome: Institut historique de la Compagnie de Jésus, 1968.

COEMANS, A. "La lettre du P. Claude Aquaviva sur l'oraison", RAM, t. 17, 1936, p. 313-321.

COGNET, L.: *L'Essor de la spiritualité moderne: 1500-1650*. Paris: Aubier, col. "Histoire de la spiritualité chrétienne" IV, 1966.

_____. *Le jansénisme*. Paris: PUF, col. "Que sais-je", n° 960, 1961.

_____. *La Mère Angélique et saint François de Sales (1618-1626)*. Paris: Éditions Sulliver, 1951.

_____. *La réforme de Port-Royal (1591-1618)*. Paris: Éditions Sulliver, 1950a.

_____. *Claude Lancelot, solitaire de Port-Royal*. Paris: Éditions Sulliver, 1950b.

Concilium Tridentinum, Diariorum, Actorum, Epistolarum, Tractatuum nova collectio. Soc. Gœrresiana (*éd.*), Freiburg i. Breisgau: Herder, 1901-1938.

CONTENSON (de), G. [ou também: Vincent Contenson]. *Teologia mentis et cordis seu speculationes universæ doctrinæ sacræ*. Lyon, 1668-1669.

Conteurs français du XVIe siècle. Pierre Jourda (*éd.*). Paris: Gallimard, 1965.

COSTE, P. *Le grand saint du Grand Siècle: Monsieur Vincent*. 2 tomos. Paris: Desclée de Brouwer et Cie, 1932.

COTON, P. *Intérieure occupation d'une âme dévote*. Par le R. P. Pierre Coton, prédicateur ordinaire du Roy, de la Compagnie de Jesus. Seconde édition augmentee, Presentee à la Royne. Paris: Claude Chappelet, 1608.

COTREAU, J. *Traicté du repos et tranquilité de l'âme, divisé en troys livres, contenans certains moyens propres pour nous réconcilier avec Dieu, et appaiser la tempeste de ce siècle tumultueux*. Paris: Guillaume Chaudière, 1575.

COULON, L. *L'Ulysse francois, ou Le voyage de France, de Flandre et de Savoye: contenant les plus rares curiosites des pays, la situation des villes, les moeurs & les facons de faire des habitants* [trad. parcial de *Ulysses Belgico-Gallicus fidus tibi dux et Achates per Belgium Hispan., Regnum Galliae, ducat*. Lugduni Batavorum, ex officina Elzeviriana, 1631, de Abraham Gölnitz]. Paris: Chez Gervais Clousier, 1643.

COUMET, E. "La théorie du hasard est-elle née par hasard?", *Annales ESC*, t. 25, 1970, p. 574-598.

Courants religieux et humanisme à la fin du XVe et au début du XVIe siècle (Colloque de Strasbourg, 9-11 mai 1957). Paris: P.U.F., 1959.

COURCELLE, P. *Entretien de M. Pascal et de M. de Sacy*. Paris: J. Vrin, 1960.

COUSTURIER, P. [Sutor]. *De Vita cartusiana*. Paris, 1522.

CRAIG, J. "Craig's Rules of Historical Evidence" [*Theologiae Christianae Principia Mathematica*. Londini: Child, 1699]. In: *History and Theory*, 1964, p. 1-31.

CRAPULLI, G. *Mathesis universalis. Genesi di un 'idea nel XVI secolo*. Roma: Edizioni Dell'ateneo, 1969.

CRASSET, J. *Vie de Madame Hélyot*. Paris: É. Michallet, 1683.

CRIVELLI, G. *Della giovinezza di S. Carlo Borromeo dietro le sue lettere di famiglia dai dodici ai ventisette anni*. Milano, 1893.

CROULBOIS, J. (éd.). "Lettres de Duplessis-Montbard à Laurent de Brisacier". In: CROULBOIS, 1904, p. 535-564.

_____. "L'intrigue romaine de la Compagnie du Saint-Sacrement", *Revue d'histoire et de littérature religieuses*, t. 9, 1904, p. 401-564.

DAESCHLER, R. "'L'Angoisse' de M. Bremond et Bourdaloue", RAM, n° 37-38, 1929, p. 200-213.

_____. *La spiritualité de Bourdaloue. Grâce et vie unitive*. Louvain, col. Museum Lessianum, 1927.

DAGENS, J. *Bérulle et les origines de la restauration catholique (1575-1611)*. Paris: Desclée de Brouwer, 1952.

DAHER, A. "L'union franco-tupi dans l'expérience mystique de la France Equinoxiale", *Nuevo Mundo Mundos Nuevos*, Débats, 2018. Disponível em: http://journals.openedition.org/nuevomundo/72250.

DAILLÉ, J. *Traité de l'emploi des Saints Pères pour le jugement des différends qui sont aujourd'hui en la religion*. Genebra: Pierre Aubert, 1632.

DAINVILLE (de), F. *L'éducation des jésuites (XVIe-XVIIIe siècles)*. Textos reunidos e apresentados por Marie-Madeleine Compère. Paris: Les Éditions de Minuit, 1978.

_____. "Allégorie et actualité sur les trétaux des jésuites". In: JACQUOT, t. II, 1968, p. 433-443.

_____. "L'évolution de l'enseignement de la rhétorique au XVIIe siècle", *XVIIe siècle*, revue publiée par la Société d'études du XVIIe siècle, n° 80-81, 1968, p. 19-43, reproduzido *in* DAINVILLE, 1978, p. 185-208.

_____. "La révision romaine du Catéchisme spirituel", RAM, t. 33, 1957, p. 62-87.

_____. "Le recrutement du noviciat toulousain des jésuites de 1571 à 1586", RHdEF, t. 138, 1956, p. 48-55, reproduzido *in* DAINVILLE, 1978, p. 74-80.

_____. "Pour l'histoire de l'Index: l'ordonnance du P. Mercurian SJ sur l'usage des livres prohibés (1575) et son interprétation lyonnaise en 1597", RSR, t. 42, 1954, p. 86-98.

_____. "Décoration théâtrale dans les collèges de jésuites au XVIIe siècle", *Revue d'histoire théâtrale*, t. III, 1951, p. 355-374, reproduzido *in* DAINVILLE, 1978, p. 488-503.

_____. "Librairies d'écoliers toulousains à la fin du XVIe siècle", *Bibliothèque d'humanisme et renaissance*, t. IX, 1947, p. 129-140, reproduzido *in* DAINVILLE, 1978, p. 267-278.

_____. *Les Jésuites et l'éducation de la Société française. I – La naissance de l'humanisme moderne* (XX-390 p.); *II – La géographie des humanistes* (XVIII-562 p.). Paris: Beauchesne, 1940.

DANIEL, G. *Histoire de France, depuis l'établissement de la monarchie françoise dans les Gaules, dédiée au Roy*. A Paris: Chez Jean-Baptiste Delepine, 1713.

DA SALÒ, M.B. *Della pratica dell'Orazione mentale*. Bréscia, 1573; edizione critica del P. Umile da Genova OFMCapp. Assisi, 1932.

DAVIS, N.Z. "Assistance, humanisme et hérésie. Le cas de Lyon". In: MOLLAT, 1974, t. 2, p. 761-822.

DE CARVAJAL, L. *De restituta theologia liber vnus. Opus recens aeditum, in quo lector videbis theologiam a sophistica & barbarie magna industria repurgatam*. Coloniæ: ex officina Melchioris Nouesiani, 1545.

DE GAIFFIER, B. "Hagiographie et critique. Quelques aspects de l'œuvre des Bollandistes au XVIIe siècle". In: *Religion, érudition et critique...*, 1968, p. 1-20.

DE LA CROZE, J.C. *Guide spirituel de Molinos.* In: DE LA CROZE, 1688.

_____. *Recueil de diverses pièces concernant le quiétisme et les quiétistes, ou Molinos, ses sentiments et ses disciples* . Amsterdam, 1688.

DE LA PILETIÈRE, J.-J. *Histoire de la première de toutes les maisons publiques de retraite,* ms. Paris, Bibliothèque Mazarine 3264.

DE LA PUENTE, L. *Tratado de la perfección en todos los estados de la vida del cristiano.* 4 vols. Valladolid e em seguida, Pamplona, 1612-1616.

DE LAUBRUSSEL, I. *Traité des abus de la critique en matière de religion.* 2 vols. Paris: chez Grégoire Du Puis, 1710.

DELCAMBRE, É. "La psychologie des inculpés lorrains de sorcellerie", *Revue historique du droit français et étranger,* vol. 31, 1954, p. 383-403 e 508-526.

_____. "Les procès de sorcellerie en Lorraine. Psychologie des juges", *Revue d'histoire du droit,* t. 21, 1953, p. 389-420.

DELCAMBRE, É. & LHERMITTE, J. *Elisabeth de Ranfaing, l'énergumène de Nancy, fondatrice de l'Ordre du refuge: un cas énigmatique de possession diabolique en Lorraine au XVIIe siècle; étude historique et psychomédicale.* Nancy: La Société d'archeologie Lorraine, 1956.

DE LUBAC, H. *Surnaturel. Études historiques.* Paris: Aubier, 1946.

DELUMEAU, J. *Leçon inaugurale* [Collège de France, 13 février 1975]. Nogent-le--Rotrou: Imp. Daupeley-Gouverneur, 1975.

_____. *Le Catholicisme entre Luther et Voltaire.* Paris: PUF, col. "Nouvelle Clio", 1971.

_____. *Vie économique et sociale de Rome dans la seconde moitié du XVIe siècle.* 2 vols. Paris: E. de Boccard, 1957.

_____. "Contribution à l'histoire des Français à Rome pendant le XVIe siècle", *Mélanges d'archéologie et d'histoire,* t. 64, 1952, p. 249-286.

DEMOUSTIER, A. *Les catalogues du personnel de la Compagnie de Jésus. Étude partielle pour la province de Lyon.* Tese inédita. Université de Lyon, 1968 ["Les Catalogues du personnel de la Province de Lyon en 1587, 1606 et 1636 , AHSI, XLII (1973), p. 1-105 e XLIII (1974), p. 3-84].

_____. "Difficultés autour de la profession en France sous Borgia et Mercurian", AHSI, t. 37, 1968, p. 317-334.

DE MEYER, A. *La congrégation de Hollande ou La réforme dominicaine en territoire bourguignon 1465-1515.* Liège: Soledi, 1947.

DEROO, A. *Saint Charles Borromée cardinal réformateur, docteur de la pastorale (1538-1584).* Paris: Éditions Saint-Paul, 1963.

441

DE ROSA, G. (ed.). *La Società religiosa nell'Età moderna*. Atti del Convegno studi di Storia sociale e religiosa, Capaccio-Paestum, 18-21 maggio 1972. Nápoles: Guida Editori, 1973.

DERRIDA, J. *Marges de la philosophie*. Paris: Éditions de Minuit, 1972 [Ed. bras.: *Margens da filosofia*. Trad. de Joaquim Torres Costa e António M. Magalhães; revisão técnica de Constança Marcondes César. Campinas, SP: Papirus, 1991].

_____. *De la Grammatologie*. Paris: Éditions de Minuit, 1967 [Ed. bras.: *Gramatologia*. Trad. de Miriam Chnaiderman e Renato Janine Ribeiro. São Paulo: Perspectiva/EdUSP, 1973].

DESCARTES, R. *Œuvres et Lettres*. Paris: Gallimard, Bibliotheque de la Pléiade, 1953.

_____. " 'Cinquièmes objections' (de Gassendi) aux *Méditations* et 'Cinquièmes réponses' ". In: DESCARTES, 1953, p. 470-518.

_____. *Discours de la méthode*, 1637 [Ed. bras.: *Discurso sobre o método*. Petrópolis, RJ: Vozes, 2018].

DESROCHE, H. *La Société festive. Du fouriérisme écrit aux fouriérismes pratiques*. Paris: Éd. du Seuil, 1975.

_____. *Les Religions de contrebande. Essais sur les phénomènes religieux en époques critiques*. Tours: Mame, 1974.

DES ESSARTS, N.d'H. *Amadis de Gaula* – vol. I. Paris: Denis Janot, 1540; o vol. VIII foi publicado em 1548.

DHOTEL, J.-C. *Les origines du catéchisme moderne d'après les premiers manuels imprimés en France*. Paris: Aubier, 1967.

DIBON, P. "Philosophie et critique biblique", *Annuaire de la IVe Section de l'EPHE* [École pratique des hautes études], 1970-1971, p. 586-600.

DIEGO DE JÉSUS. *Notes et remarques en trois discours pour donner une plus facile intelligence des phrases mystiques et doctrines spirituelles de notre père*. In: *Les Œuvres spirituelles du B. Père Jean de la Croix*. Paris: Chevallier, 1652 (paginação específica).

DIJKSTERHUIS, E.J. et al. *Descartes et le cartésianisme hollandais. Études et documents*. Paris-Amsterdam: PUF, Éditions françaises d'Amsterdam, 1950-1951.

DINOUART, J.A.T. *Vie du vénérable don Jean de Palafox, évêque d'Angelópolis et ensuite évêque d'Osme, dédiée a sa majesté catholique*. Cologne, 1767 [na realidade, abbé Dinouart limita-se a retocar o estilo do verdadeiro autor deste texto: P. Champion].

DION, R. *Les Anthropophages de l'Odyssée. Cyclopes et Lestrygons*. Paris: J. Vrin, 1969.

Dix belles et dévotes doctrines et instructions pour parvenir à Perfection, s.l.n.d. (cerca de 1515-1520).

DORÉ, P. *La Croix de pénitence, enseignant la forme de se confesser, avec le cri du pénitent contenu au psalme pénitentiel* De profundis clamavi. Paris: Jean Ruelle, 1545.

_____. *La Déploration de la vie humaine, avec la disposition à dignement recevoir le Saint-Sacrement et mourir en bon Catholique.* Paris: Jean Brouilly, 1543.

DORIVAL, B. "Pour et contre le Jansénisme", *Recherches et débats du Centre Catholique des intellectuels français*, cahier n° 13, octobre 1955.

DOUGLAS, M. "Witch Beliefs in Central Africa", *Africa: Journal of the International African Institute* (Londres), t. 37/1, 1967, p. 72-80.

DUBARLE, D. et al. *La recherche en philosophie et en théologie.* Paris: Éd. du Cerf, 1970.

DU BOS, C. *Journal*, t. V – 1929. Paris: Éditions Corréa, 1954.

DUBUISSON-AUBENAY, F. *Itinéraire de Bretagne, en 1636*, d'après le manuscrit original avec notes et *éclaircissements* par Léon Maître et Paul de Berthou. 2 vols. Nantes: Société des Bibliophiles bretons, 1898-1902.

DUBY, G. *Les Trois ordres ou l'imaginaire du féodalisme.* Paris: Gallimard, 1978 [Ed. port.: *As três ordens ou o imaginário do feudalismo.* Trad. de Maria Helena Costa Dias. Lisboa: Editorial Estampa, 1982; 2ª ed., 1994].

_____. "Conclusion", Colloque de Royaumont (27–30 Mai 1962). In: LE GOFF, 1968, p. 397-398.

DUCHET, M. "Discours ethnologique et discours historique: le texte de Lafitau", SVEC, t. 151-155, 1976, p. 607-623.

DUCROT, O.; TODOROV, T.; SPERBER, D.; SAFOUAN, M.; WAHL, F. *Qu'est-ce que le structuralisme?* Paris: Éd. du Seuil, 1968.

DU FOSSÉ, P.-Th. *La vie de Dom Barthélemy des Martyrs, religieux de l'Ordre de S. Dominique, Archevesque de Brague en Portugal.* Paris: Pierre Le Petit, 1663.

DUPLESSIS-MORNAY, P. *De la vérité de la religion chrestienne. Contre les athées, épicuriens, payens, juifs, mahumédistes & autres infidèles.* Paris: Jean Richer, 1583.

DUPRONT, A. *Genèses des Temps modernes. Rome, les Réformes et le Nouveau Monde.* Paris: Seuil-Gallimard, 2001.

_____. "Vie et création religieuses dans la France moderne (XIVe-XVIIIe siècles)". In: FRANÇOIS, 1972, p. 491-577.

_____. "De l'Église aux Temps modernes", RHEc, t. 66, 1971, p. 418-448; reproduzido em DUPRONT, 2001, p. 283-305.

_____. "De l'acculturation", Actes du XIIe Congrès international des sciences historiques, Vienne, 29 août – 5 septembre 1965. Rapports. I. Grands thèmes. Horn-Wien: Berger und Söhne, 1965, p. 7-36.

_____. "Le concile de Trente". In: BOTTE, 1960, p. 195-243.

_____. "Du concile de Trente: réflexions autour d'un quatrième centenaire", *Revue historique*, t. 206, 1951.

_____. *Pierre-Daniel Huet et l'exégèse comparatiste au XVIIe siècle*. Paris: Libr. Ernest Leroux, Bibliothèque historique des religions, 1930.

DUPUYHERBAULT, G. *Le Manuel des gens de religion*. Paris: Jean de Roigny, 1572.

_____. *Règle et manière de prier Dieu purement, devotement et avec efficace: et de s'addresser à luy en tous articles et necessitez* [Épître dédicatoire de l'auteur à Louise de Bourbon, abbesse de Fontevraud, datée de Hautebruière, 13 août 1548]. Paris: Jean de Roigny, 1548.

DURKHEIM, É. *Les Formes élémentaires de la vie religieuse: le système totémique en Australie*. Paris: Alcan, 1912.

DU SAULT, N. *Caractères du vice et de la vertu, pour faire un fidèle discernement de l'un et de l'autre*. Paris: S. Cramoisy, 1655.

DU VAL, A. *La vie admirable de sœur Marie de l'Incarnation religieuse converse de l'ordre de Notre-Dame du Mont-Carmel appelée au monde, la damoiselle Acarie* [1621]. Paris: Adrian Taupinart, 1647.

ELTON, G.R. *The Practice of History*. New York: Thomas Crowell, 1967.

_____. *Entretien de M. Pascal et de M. de Sacy*. Paris: éd. Courcelle, 1960.

ERASMO DE ROTERDÃ [Desyderii Erasmi Roterodami]. *Opera omnia*. Leyde: J.J. Clericus, 1703-1706.

ESPENCE (d'), C. *Commentarius in Epistolam Pauli ad Titum, cum alíquota digressionibus*. Paris: N. Chesneau, 1568.

_____. *Concio synodalis de officio pastorum* (Discurso proferido em 1534 perante o bispo de Beauvais e de seu clero), 1561.

_____. *Paraphrase, ou Méditation sur l'oraison dominicale*. Lyon: Jean de Tournes, 1547.

ESPINOSA (de), B. *Tratado Teológico-Político* [*Tractatus theologico-politicus*, 1670]. 3ª ed. Trad. de Diogo Pires Aurélio. Lisboa: Imprensa Nacional – Casa da Moeda, 2004 [Trad. de *Opera, Im Auftrag der Heidelberger Akademie der Wissenschaften*, herausgegeben von Carl Gebhardt. 4 vols. Heidelberg: C. Winter-Verlag, 1925].

ÉTIENNE, J. *Spiritualisme érasmien et théologiens louvanistes: un changement de problématique au début du XVIe siècle*. Louvain: Publications universitaires de Louvain, 1956.

Exercícios espirituais de Santo Inácio. Trad. de J. Pereira (com revisão de Iranildo B. Lopes). 14ª ed. São Paulo: Edições Loyola [1985], 2015.

FABRE, D. & LACROIX, J. *Communautés du Sud. Contribution à l'anthropologie des collectivités rurales occitanes*. 2 vols. Paris: Union Générale d'Editions, col. "10/18", 1975.

Fabri Monumenta. Beati Petri Fabri, primi sacerdotis Societatis Iesu, epistolæ, memoriale et processus ex autographis aut archetypis potissimum deprompta. Madrid, 1914. Disponível em: <https://digital.staatsbibliothek-berlin.de/werkansicht/?PPN=PPN680166025 >

FEBVRE, L. "Aspects méconnus d'un renouveau religieux en France entre 1590 et 1620", *Annales ESC*, t. 13, 1958, p. 639-650.

_____. *Au cœur religieux du XVIᵉ siècle*. Paris: S.E.V.P.E.N., 1957.

FÉNELON (de LA MOTHE-), F. de S. *Œuvres complètes*. Paris: éd. Gaume et Cie, 1848.

_____. "Lettre à l'êveque d'Arras sur la lecture de l'Écriture Sainte en langue vulgaire" [1707]. In: FÉNELON, 1848, t. 2, p. 190-201.

FENTON, W.N. & MOORE, E.L. [tradutores para o inglês de Joseph-François Lafitau]. *Customs of the American Indians compared with the Customs of the Primitive Times*. Toronto: The Champlain Society, 1974.

FÉRET, P. *La Faculté de théologie de Paris et ses docteurs les plus célèbres: Moyen âge*, t. I a IV, 1894-1897; *Époque moderne*: t. I – *XVIᵉ siècle. Phases historiques*, 1900; t. II – *XVIᵉ siècle. Revue littéraire*, 1901; t. III – *XVIIᵉ siècle. Phases historiques*, 1904; t. IV – *XVIIᵉ siècle. Revue littéraire*, 1906; t. V – *XVIIᵉ siècle. Revue littéraire (suite)*, 1907; t. VI – *XVIIIᵉ siècle. Phases historiques*, 1909; t. VII – *XVIIIᵉ siècle. Revue littéraire*, 1910. Paris: A. Picard et fils.

FERNAND, Ch. *Confabulationes monasticæ bonæ eruditionis et casti eloquii plenissimæ Venerandi et diserti admodum patris Caroli Fernandi monachi sancto Benedicto professi in quatuor libellos divisæ. Cum vocum et sententiarum quarundam explanatione a fronte posita*. Paris: Josse Badius, 1516.

_____. *Epistola Parænetica observationis regulæ disciplinæ, ad Sagienses monachos, F. Caroli Fernandi eiusdem instituitionis accuratissimi et disertissimi professoris*. Paris: Jean Petit et Josse Badius, 1512.

FERRY, P. *Le dernier désespoir de la tradition contre l'Escriture, où est amplement réfuté le livre du P. François Veron, jésuite, par lequel il prétend enseigner à toute personne, quoy que non versée en théologie, un bref et facile moyen de rejetter la parole de Dieu et convaincre les églises réformées d'erreur et d'abus en tous et un chacun poinct de leur doctrine*. Sedan: imprimerie de Jean Jannon, 1618.

FLANDRIN, J.-L. *Les Amours paysannes. Amour et sexualité dans les campagnes de l'ancienne France (XVIᵉ-XIXᵉ siècles)*. Paris: Gallimard/Julliard, 1975.

_____. *L'Église et le contrôle des naissances*. Paris: Flammarion, 1970.

FLAVIN (de), M. *Catholica cantici graduum per demegorias enarratio*. Paris: Ægidium Gorbinum, 1568.

FONTENEIL (de), J. *Histoire des mouvemens de Bourdeaux*. Bordeaux: J. Mongiron-Millanges, 1651.

FONTENELLE (de), B. LE B. *Œuvres complètes*. G. B. Depping (ed.). Reimpr. Genève: Slatkine, 1968.

_____. *De l'origine des fables* [1724]. In: *Œuvres complètes*, 1968, t. II.

_____. *Sur l'histoire*. In: *Œuvres complètes*, 1968, t. II.

FOUCAULT, M. *Vigiar e punir: nascimento da prisão* [1977]. Trad. de Raquel Ramalhete. 37ª ed. Petrópolis, RJ: Vozes, 2020 [Orig.: *Surveiller et punir. Naissance de la prison*. Paris: Gallimard, 1975].

_____. *História da loucura na Idade Clássica*. Trad. de José Teixeira Coelho Neto do texto publicado, em 1972. São Paulo: Perspectiva, 1978 [Orig.: *Folie et Déraison. Histoire de la folie à l'âge classique*. Paris: Plon, 1961; 2ª ed. reformulada, *Histoire de la folie à l'âge classique*. Paris: Gallimard, 1972].

_____. *As palavras e as coisas. Uma arqueologia das ciências humanas*. Trad. de António Ramos Rosa. São Paulo: Martins Fontes Editora, 1967 [Orig.: *Les mots et les choses. Une archéologie des sciences humaines*. Paris: Gallimard, 1966].

FOUQUERAY, H. *Histoire de la Compagnie de Jésus en France, des origines à la suppression (1528-1762)*. 5 ts. Paris: A. Picard et fils, 1910-1925; t. 1 – *Les origines et les premières luttes (1528-1575)*, 1910; t. 2 – *La ligue et le bannissement (1575-1604)*, 1913; t. 3 – *Époque de progrès (1604-1623)*, 1922; t. 4 – *Sous le ministère de Richelieu. Première partie (1624-1634)*, 1925; t. 5 – *Sous le ministère de Richelieu. Deuxième partie (1634-1645)*, 1925.

FRAISSE, S. "Le 'repos' de Madame de Clèves", *Esprit*, t. 29, 1961, p. 560-567.

FRANCASTEL, P. *La figure et le lieu. L'ordre visuel du Quattrocento*. Paris: Gallimard, 1967.

FRANÇOIS, M. (sob a dir. de). *La France et les Français*. Paris: Gallimard, col. "Encyclopédie de la Pléiade" (nº 32), 1972.

_____. *Le cardinal François de Tournon: homme d'état, diplomate, mécène et humaniste, 1489-1562*. Paris: De Broccard, 1951.

FRANÇOIS [Francisco] DE SALES. *Traité de l'amour de Dieu* [ed. princeps, 1616, IX, 12] ed. d'Annecy, 1894 [Ed. port.: *Tratado do Amor de Deus*. Petrópolis, RJ: Vozes, 2019].

_____. *Les Controverses* [1672]. vol I de *Œuvres complètes de saint François de Sales*. Ed. publicada pelas religiosas de La Visitation du 1º mosteiro de Annecy. Annecy: Imprimerie J. Niérat, 1892 [vol. II – Defense de l'Estendart de la sainte Croix; vol. III – Introduction à la Vie devote; vol. IV – Traité de l'Amour de Dieu; vol. V – Entretiens; vol. VI – Sermons; vol. VII – Lettres; vol. VIII – Opuscules].

_____. *Introduction à la vie devote* [Lettres spirituelles adressées à Mme de Charmoisy], 1608. Édition princeps de 1609 [Ed. bras.: *Filoteia: ou introdução à vida devota*. Petrópolis, RJ: Vozes, Edição de Bolso, 2012].

FRANÇON, M. "Note sur les chansons brésiliennes citées par Montaigne", *Bulletin de la Société des Amis de Montaigne*, Ve Série, n° 16, 1975.

FREIJOMIL, A.G. *Arts de braconner: une histoire matérielle de la lecture chez Michel de Certeau*. Préface de Roger Chartier. Paris: Classiques Garnier, 2020, 831 p.

_____. "Politique et mystique chez René d'Argenson. La lecture novatrice de Michel de Certeau", *Les Dossiers du Grihl* [Groupe de Recherches Interdisciplinaires sur l'Histoire du Littéraire], 2017-02.

FREUD, S. *Totem und Tabu: Einige Übereinstimmungen im Seelenleben der Wilden und der Neurotiker*, 1913 [Ed. bras.: *Totem e Tabu: Algumas correspondências entre a vida psíquica dos selvagens e a dos neuróticos*. Trad. de Renato Zwick. Porto Alegre: LP&M, 2013].

FRIEDMANN, Abbé A.; MOUSNIER, R.; SAMARAN, C.; GILLE, B. *Paris, fonctions d'une capitale*. Centre de Recherches pour l'enseignment de la civilisation. Cahiers de civilisation, col. "Colloques". Paris: Hachette, 1962.

FRONTON DU DUC. *Bibliothecæ veterum patrum, seu scriptorum ecclesiasticorum*. 12 vols. Paris, 1624.

FUCHS, H.-J. *Germanisch-romanische Monatschrift*, 22/1, 1972, p. 94-99.

_____. *Historisches Wörterbuch der Philosophie*. vol. 1 (A-C) e 2 (D-F). Bâle-Stuttgart: Schwabe-Verlag, 1971-1972.

FUMAROLI, M. "Les Mémoires du XVIIe siècle au carrefour des genres en prose", *XVIIe siècle*, 94-95, 1971, p. 7-37.

FUMÉE, M. *Histoire générale des Indes occidentales et terres neuves qui jusques à présent ont esté descouvertes*. Paris: M. Sonnius, 1584.

FURETIÈRE, A. "Histoire" [História], verbete no *Dictionnaire universel*, 1690.

GAGLIARDI, A. *Breve compendio di perfezione cristiana e "Vita di Isabella Berinzaga"*. Per la prima volta pubblicata con introduzione e note di Mario Bendiscioli. Firenze: Libreria editrice fiorentina, 1952, p. 35 [título original: *Breve compendio intorno alla perfettione christiana, dove si vede una pratica mirabile per unire l'anima con Dio, aggiuntavi l'altra parte con le sue meditazioni*, Brescia, per Francesco Marchetti, 1611].

GALIBERT, N. (éd.). *À l'angle de la Grande Maison. Les Lazaristes de Madagascar: correspondance avec Vincent de Paul (1648-1661)*. Paris: Presses de l'Université Paris-Sorbonne, 2007.

GARIN, E. *Moyen Âge et Renaissance.* Trad. do italiano por Claude Carme. Paris: Gallimard, 1969 [Orig.: *Mediœvo e Rinascimento*; studi e ricerche (Biblioteca di cultura moderna). Bari: Laterza, 1954].

GASTOUÉ, A. *Le cantique populaire en France. Ses sources, son histoire, augmentés d'une bibliographie générale des anciens cantiques et Noëls.* Lyon: Janin, 1924.

GAUTIER, J. "L'abbé Bremond. Un grand serviteur de l'Église", *Le Figaro*, 15 juin 1965.

GAZIER, A. *Mémoires de Godefroi Hermant, docteur de Sorbonne, chanoine de Beauvais, ancien recteur de l'Université, sur l'histoire ecclésiastique du XVIIe siècle (1630-1663).* 2 tomos. Paris: Plon, 1905.

GIANCOTTI, F. (a cura di). *Index dell'Opera Borromeo.* Glossario e dizionario da scritti e documenti editi e inediti di San Carlo Borromeo (1560-1584). Milano: Il Club di Milano, 2012.

_____. *Per ragioni di salute. San Carlo Borromeo nel quarto centenario della canonizzazione 1610-2010.* Milano: Il Club di Milano-Spirali, 2010.

GIARD, L. et al. *Le voyage mystique, Michel de Certeau.* Coletânea de textos extraídos da RSR, t. 76, n°s 2 e 3. Paris: Éd. du Cerf, 1988.

GILMONT, J.-F. "Paternité et médiation du fondateur d'ordre", RAM, t. 40, 1964, p. 393-426.

GINZBURG, C. *Il nicodemismo. Simulazione e dissimulazione religiosa nell'Europa del '500.* Turin: Einaudi, 1970.

GIOIA, M.: *Breve compendio di perfezione cristiana. Un testo di Achille Gagliardi S.I.* – Saggio introduttivo ed edizione critica. Roma-Brescia: Edizioni PUG, 1996.

_____. (éd.). *Per via di annichilazione. Un testo di Isabella Cristina Berinzaga, redatto da Achille Gagliardi S.I.* Edizione critica, introduzione e note (coll. Aloisiana, 25). Roma: Editrice Pontificia Università Gregoriana / Brescia: Morcelliana, 1994.

GIORGI, R. "Le langage théologique comme différence". In: *Analyse du langage théologique (L')*, 1969, p. 75-80.

GLAUMEAU, J. *Journal, 1541-1562.* Introduction et des notes par le président Hiver. Bourges: J. Bernard / Paris: Aubry, 1868.

GLIOZZI, G. *Adamo e il nuovo mondo. La nascita dell'antropologia come ideologia coloniale: dalle genealogie bibliche alle teorie razziali (1500-1700).* Firenze: La Nuova Italia Ed., 1977.

GODET, M. *La congrégation de Montaigu (1490-1580).* Paris: Champion, 1912.

GOLDMANN, L. *Correspondance de Martin de Barcos, abbé de Saint-Cyran, avec les abbesses de Port-Royal et les principaux personnages du groupe janséniste.* Paris: PUF, 1956.

GÓMARA (de), F.L. *Historia General de las Indias.* Zaragoza, 1552.

GOULARD, S. *Histoire de Portugal, contenant les entreprises, navigations, & gestes memorables des Portugallois, tant en la conqueste des Indes orientales par eux descouvertes, qu'es guerres d'Afrique & autres exploits, depuis l'an mil quatre cens nonante six, sous Emmanuel I Jean III & Sebastien I du nom.* Comprinse en vingt livres, dont les douze premiers sont traduits du latin de Jerosme Osorius, Evesque de Sylves en Algarve. Trad. do original em latim (cf. OSORIO, 1571) para o francês. Paris: Guillaume de La Noue, 1587.

GRANADA (de), Fray L. *Ecclesiasticæ Rhetoricæ sive De ratione concionandi libri sex nunc primum in lucem editi*. Olysippone: excudebat Antonius Riberius, 1576.

_____. *De officiis et moribus episcoporum* [Lisboa, 1565]. Paris, 1586.

GRANDMAISON (de), G. *Saint Ignace de Loyola*. Paris: H. Laurens, 1930.

_____. "La tradition mystique dans la Compagnie de Jésus", *Études,* t. 166, 1921, p. 129-156.

GRANDET, J. & LETOURNEAU, G. *Les saints prêtres français du XVIIe siècle*. Paris: Germain et G. Grassin, 1897, t. 1, p. 73-77.

GRANERO, J.-M. "Sentir con la Iglesia", *Miscelánea Comillas,* t. 25, 1956, p. 205-233.

GRANGER, G.-G. *Essai d'une philosophie du style*. Paris, 1968 [Ed. bras.: *Filosofia do estilo*. Trad. Scarlett Zerbetto Marton. São Paulo, Perspectiva/Edusp, 1974].

GREEN, J. *Journal 1928-1934*. Paris: Librairie Plon, 1938 [Cf. *Journal integral.* t.1, 1919-1940. Edition établie par Guillaume Fau, Alexandre de Vitry, Tristan de Lafond. Paris: Robert Laffont, col. "Bouquins", 2019, 1.352 p.].

GRETSER, J. *Libri qvinqve apologetici, pro Vita Ignatii Loiolæ, Fvndatoris Societatis Iesv, edita à Petro Ribadeneira – Contra calvmnias cvivsdam christiani simonis lithi miseni caluinistae*. Ingolstadt, 1599.

GRIFFITHS, R. *Révolution à rebours. Le renouveau catholique dans la littérature en France de 1870 à 1914*. Paris: Desclée de Brouwer, 1970 [Orig.: *The Reactionary Revolution: The Catholic Revival in French Literature, 1870–1914*. London: Constable, 1966].

GRINGORE, P. *Le Jeu du Prince des sotz et Mère sotte*. Joué aux Halles de Paris, le mardy gras, l'an mil cinq cens et unze. Paris, 1512.

GROTIUS, H. *De veritate religionis christianæ* [1620]. Versão definitiva em latim de 1627 a 1640. Lugduni Batavorum: ex officina Joannis Maire, 1640.

GUARNIERI, R. & BERNAND-MAITRE, H. (eds.). *Don Giuseppe De Luca et l'abbé Bremond (1929-1933). De "L'Histoire littéraire du sentiment religieux en France" à l'"Archivio italiano per la storia della pietà" d'après des documents inédits*. Roma: Edizioni di storia e letteratura, 1965.

GUETTGEMANNS, E. "*Text* und *Geschichte* ais Grundkategorien der Generativen Poetik", *Linguistica Biblica* (Bonn), nº 11-12, jan. 1972.

449

GUEVARA, A. *Oratorio de religiosos y ejercicio de virtuosos*. Valladolid, 1542.

_____. *Libro llamado Monte Calvario*. Salamanca, 1542.

_____. *Epístolas Familiares*, 1539.

_____. *El Reloj de Príncipes*. Valladolid, 1529.

GUIBERT (de), J. *La spiritualité de la Compagnie de Jésus: esquisse historique*. Roma: IHSI, 1953.

_____. Compte-rendu de *Histoire littéraire du sentiment religieux en France*, de Henri Bremond, t. VII et VIII, RAM, n° 37-38, 1929, p. 174-190.

GUIGUE, G. (ed.). *Les papiers des devots de Lyon: recueil de textes sur la Compagnie secrète du Saint-Sacrement, ses statuts, ses annales, la liste de ses membres (1630-1731): documents inédits publiés d'après les manuscrits originaux* Lyon: Librairie ancienne Vve Blot, 1922.

GUILLIAUD, C. *In canonicas Apostolorum septem epistolas, collatio*. Paris: Jean Roigny, 1548.

GUITTON, G. *Le Père de la Chaise, confesseur de Louis XIV*. 2 vols. Paris: Beauchesne, 1959.

_____. *Après les guerres de religion, Saint Jean-François Régis, 1597-1640*. Paris: SPES, 1937.

GUSDORF, G. *Dieu, la nature, l'homme au siècle des Lumières* [Les Sciences humaines et la pensée occidentale, vol. V]. Paris: Payot, 1972.

GUTTON, J.-P. *La Société et les pauvres. L'exemple de la généralité de Lyon. 1534-1789*. Paris: Société d'édition "Les Belles Lettres", 1970.

GUY, J.-C. "Henri Bremond et son commentaire des *Exercices* de saint Ignace", RAM, t. 45, 1969, p. 191-223.

HABERMAS, J. *Técnica e Ciência como "Ideologia"*. Trad. de Artur Mourão. Lisboa: Edições 70, 1994 [Orig.: *Technik und Wissenschaft als, Ideologie*". Frankfurt am Main: Suhrkamp Verlag, 1968].

HAMEL, E. "Retours à l'Évangile et théologie morale en France et en Italie aux XVIIe et XVIIIe siècles", *Gregorianum*, t. 52, 1971, p. 639-687.

HAMON, A. "Qui a écrit la *Doctrine spirituelle* du Père Lallemant?", RAM, t. 5, 1924, p. 233-268.

HARENT, S. "La doctrine du pur amour dans le '*Traité de l'amour de Dieu*' du père Surin", RAM, t. 5, 1924, p. 329-348.

HARTOG, C. "Authority and Autonomy in Robinson Crusoe", *Enlightenment Essays*, 1974, p. 33-43.

HARTOG, F. *Le Miroir d'Hérodote*. Essai sur la représentation de l'autre. Paris: Gallimard, 1980 [Ed. bras.: *O espelho de Heródoto*. Ensaio sobre a representação do outro. Trad. de Jacyntho Lins Brandão. Belo Horizonte: Editora da UFMG, 1999].

HARWOOD, J. *Styles of Scientific Thought: The German Genetics Community, 1900-1933*. Chicago: University of Chicago Press, 1993.

HAUBERT, M. "Indiens et jésuites au Paraguay. Rencontre de deux messianismes", *Archives de sociologie des religions*, n° 27, 1969, p. 119-133.

HAUSER, H. *La prépondérance espagnole (1559-1660)*. Paris: Alcan, 1933.

_____. *Études sur la réforme française*. Paris: Picard, 1909.

HÉDUIT, J. *Catherine de Francheville, Sa vie (1620-1689), Son œuvre – La Retraite de Vannes*. Préface du Père Gabriel Théry. Tours: Mame, 1957.

HELL, B. "L'Esclave et le Saint: les Gnawa et la baraka de Moulay Abdallah Ben Hsein (Maroc)", p. 149-174. In: CENTLIVRES, 2001.

HENNEQUIN, J. "Théâtre et société dans les pièces de collège (1641-1671)". In: JACQUOT, t. II, 1968, p. 457-467.

HERÓDOTO, *História*. Versão para o português de J. Brito Broca. Rio de Janeiro: W. M. Jackson Inc., Clássicos Jackson, 1950.

HÉZARD, *Histoire du catéchisme*. Paris: Librairie des catéchismes, 1900.

HILLENAAR, H. *Fénelon et les jésuites*. La Haye: Martinus Nijhoff, 1967.

Histoire des choses plus memorables advenues tant ès Indes orientales que autres pays de la descouverte des Portugais, en l'establissement & progrez de la foy chrestienne, & catholique: et principalement de ce que les religieux de la Compagnie de Iesus y ont faict, & enduré pour la mesme fin; depuis qu'ils y sont entrez jusques à l'an 1600, de Pierre du Jarric, Bordeaux, 1608-1614.

History and Theory. Studies in the philosophy of history. La Haye: Mouton & Co, vol. 4, Beiheft 4, 1964.

HODGEN, M.T. *Early Anthropology in the Sixteenth and Seventeenth Centuries*. Philadelphia: University of Pennsylvania Press, 1964.

HOFFÉE, P. *De creandis idoneis superioribus*, ARSI, *Congr. 20 a*, p. 289-295.

Homme devant Dieu (L'). Mélanges offerts au Père Henri de Lubac: t. 1 – *Exégèse et Patristique*, 1963; t. 2 – *Du Moyen âge au Siècle des Lumières*; t. 3 – *Perspectives d'aujourd'hui*. Bibliographie du père Henri de Lubac, par E. Haulotte, p. 347-356. Paris: Aubier, 1964.

HOUSSAYE, M. *Le cardinal de Bérulle et le cardinal de Richelieu, 1625-1629*. Paris: E. Plon et Cie, 1875.

_____. *Le père de Bérulle et l'Oratoire de Jésus, 1611-1625*. Paris: E. Plon et Cie, 1874.

HUBY, V. [Témoignagne du directeur d'Armelle Nicolas]. *Le Triomphe de l'amour divin dans la vie d'une grande servante de Dieu, nommée Armelle Nicolas*, décédée l'an de Notre-Seigneur 1671, fidèlement écrite par une religieuse du monastère de Sainte-Ursule de Vennes, de la Congrégation de Bordeaux [par Jeanne de la Nativité]. Vennes: J. Galles, 1676.

HUET, P.-D. *Demonstratio Evangelica*. Paris: Michallet, 1679.

HÜGEL (von), F. *The Mystical Element of Religion: as studied in Saint Catherine of Genoa and her friends*. 2 vols. London: J.M. Dent & Co, 1908.

HUIJBEN, J. "Aux sources de la spiritualité française du XVIIe siècle", *La vie spirituelle. Supplément*, t. 25, décembre 1930, p. 119-139.

HUPPERT, G. *L'Idée de l'histoire parfaite*. Trad. do inglês americano por Françoise e Paulette Braudel. Paris: Flammarion, 1973 [Orig.: *The Idea of Perfect History. Historical Erudition and Historical Philosophy in Renaissance France* Urbana/Chicago/London: University of Illinois Press, 1970].

"Images et imagerie de piété", *Dictionnaire de spiritualité*, t. 7 /2, 1971, col. 1.519-1535.

Imago primi sæculi Societatis Iesu a Provincia Flandro-Belgica eiusdem Societatis repræsentata. Antverpiae: Balthasaris Moreti, 1640.

Institutum societatis Iesu. t. 3 – Regulæ, Ratio Studiorum, ordinationes, instructiones, industriæ, exercitia, directorium. Florentiæ: Ex Typographia A SS. Conceptione, 1893.

Instruction des curés (L'), composée par Maistre Jean Gerson, chancellier de Paris. Bordeaux: Simon Millanges, 1584.

Internelle consolation. Imprimé à Paris, chez Arnoul Langelier, 1542; uma das 28 edições em idioma francês, no mínimo, conhecidas da *Imitatio Christi*, entre 1520 e 1550.

IRSAY (d'), S. *Histoire des universités françaises et étrangères des origines à nos jours*: t. 1 – Moyen âge et Renaissance, 1933; t. II – Du XVIe à 1860, 1935. Paris: A. Picard.

IVERSEN, E. *The Myth of Egypt and its Hieroglyphs in European Tradition*. Copenhague: Gec Gad publ., 1961.

JACQUOT, J. (ed.). *Dramaturgie et société: rapports entre l'œuvre théâtrale, son interprétation et son public aux XVIe et XVIIe siècles*. 2 vols. – Colloque international de Nancy, 14-21 avril 1967. Vol. 2. Paris: Édtions du CNRS, 1968.

JANSENIUS, C. *Augustinus*. Louvain: Jacob Zeger, 1641.

JARRY, A. *L'amour absolu* [1899]: suivi de *L'autre Alceste*. Paris: Mercure de France, 1952 [Ed. bras.: *O Amor Absoluto*. Trad. e notas de Carlito Azevedo. Rio de Janeiro: Imago, 1992].

JEANNERET, M. *Poésie et tradition biblique au XVIe siècle. Recherches stylistiques sur les paraphrases des psaumes de Marot à Malherbe*. Paris: Librairie José Corti, 1969.

JEDIN, H. *Carlo Borromeo*. Roma: Istituto della Enciclopedia Italiana, 1971.

JIMÉNEZ, J. "Précisions biographiques sur le P. Lallemant", AHSI, t. 33, 1964, p. 269-332.

_____. "En torno a la formación de la *Doctrine spirituelle* del p. Lallemant", AHSI, t. 32, 1963, p. 225-292.

JOBERT, L. *La vie du R.P. P. Champion* [manuscrito]. Chantilly, Archives SJ.

JOURDAIN, Ch. *Histoire de l'Université de Paris au XVIIe et au XVIIIe siècles*. Paris: Firmin-Didot et Cie / Hachette et Cie, t. 1, 1888.

JOURDAIN, R. *Contemplationes Idiotæ*. Lefèbvre d'Étaples, 1519.

JOUENNEAUX, G. [Guidonis Juvenalis]. *Reformationis monasticæ vindiciæ, seu defensio*. Parisiis: Geoff. Marnef, 1503.

_____. *Règle de Saint Benoît*, tradução de *Regula monachorum* o *Sancta Regula*, 1500.

_____. *La Règle de dévotion des Épitres de S. Jérôme à ses sœurs fraternelles de religion*, translatée de latin en français par Guy Juvénal, profès en la règle de Saint-Benoît. Paris: Marnef, s. d.

Journal latin des missions de V. P. Maunoir. Chantilly, Archives SJ, AG 3, cópia.

Jugement du Rd Seigneur François Richardot, evesque d'Arras, touchant la réformation générale de l'un et l'autre clergé en vertu des décrets du concile de Trente [1566], MHCT, t. 7, 1787.

JULIA, D. "L'enseignement primaire dans le diocèse de Reims à la fin de l'Ancien Régime", *Annales historiques de la Révolution française*, 1970, nº 2, p. 233-286; versão complementada pela publicação dos documentos em Actes du 95e Congrès national des Sociétés savantes (Reims, 1970), Section d'histoire moderne et contemporaine, t. I, *Histoire de l'enseignement de 1610 à nos jours*. Paris: Bibliothèque Nationale, 1974, p. 385-444.

_____. "La réforme post-tridentine en France d'après les procès-verbaux de visites pastorales". In: DE ROSA, 1973, p. 315-329.

_____. "Le prêtre au XVIIIe siècle, la théologie et les institutions", RSR, t. 58, 1970, p. 521-534.

_____. "Le clergé paroissial du diocèse de Reims à la fin du XVIIIe siècle": II – "Le vocabulaire des curés: essai d'analyse", *Études Ardennaises*, Société d'Études Ardennaises, nº 55, octobre-décembre 1968, p. 41-66.

_____. "Le clergé paroissial du diocèse de Reims à la fin du XVIIIe siècle": I – "De la sociologie aux mentalités", *ibid.*, nº 49, avril-juin 1967, p. 19-35.

_____. "Le clergé paroissial dans le diocèse de Reims à la fin du XVIIIᵉ siècle", *Revue d'Histoire moderne et contemporaine*, t. 13, n° 3, Juillet-septembre **1966**, p. 195-216.

_____. (em colaboração com D. McKee). "Les confrères de Jean Meslier. Culture et spiritualité du clergé champenois au XVIIᵉ siècle", RHdEF, t. LXIX, 1983, p. 61-86.

KÄLIN, K. *Indianer und Urvölker nach Jos. Fr. Lafitau, 1681-1746: Dissertation zur Erlangung der Doktorwürde der hohen philosophischen Fakultät der Universität Freiburg in der Schweiz* (Tese de doutorado). Fribourg (Suíça): Paulus Druckerei, 1943.

KELLEY, D.R. *Foundations of Modern Historical Scholarship: Language, Law, and History in the French Renaissance*. New York: Columbia University Press, 1970.

KEOHANE, N.O. "Non-conformist absolutism in Louis XIV's France", *Journal of the history of ideas*, vol. 35, 1974, p. 579-596.

KERBIRIOU, L. *Les missions bretonnes, histoire de leurs origines mystiques*. Brest, chez l'auteur, 1933.

KODALE, K.-M. "Pascals Angriff auf eine politisierte Theologie", *Neue Zeitschrift für systematische Theologie und Religionphilosophie*, t. 14, 1972, p. 68-88.

KOLAKOWSKI, L. *Chrétiens sans Église. La conscience religieuse et le lien confessionnel au XVIIᵉ siècle*. Trad. do polonês por Anna Posner. Paris: Gallimard, 1969 [Orig.: Świadomość religijna i więź kościelna. Studia nad chrześcijaństwem bezwyznaniowym siedemnastego wieku. Warszawa, 1965].

KRAUS, H.-J. *Geschichte der historisch-kritischen Erforschung des Alten Testaments von der Reformation bis zur Gegenwart*. Neukirchen: Kreis Moers, 1956.

KRAUS, J. & CALVET, J. (Hrsg.). *Fénelon. Persönlichkeit und Werk*. Baden-Baden: Verlag für Kunst und Wissenschaft, 1953 (Festschrift zur 300. Wiederkehr seines Geburtstages).

KUENTZ, P. "Un discours nommé Montalte", *Revue d'histoire littéraire de la France*, 71, 1971, p. 195-206.

_____. "Le 'rhétorique' ou la mise à l'écart", *Communications*, n° 16, 1970, p. 143-157.

KUES (von) N. [Nicolau de Cusa]. *Philosophisch-theologische Schriften*. Lateinisch-Deutsch, 3 Bd. Wien: Herder, 1964-1967.

KÜNG, H. *Concile et retour à l'unité*. Paris: Éd. du Cerf, 1961.

LA BRIÈRE (de), Y. *Ce que fut la "Cabale des dévots", 1630-1660*. Paris: Bloud et cie, 1906.

LABROUSSE, E. *L'Histoire sociale. Sources et méthodes*. Colloque de l'École normale supérieure de Saint-Cloud. 15-16 mai 1965. Paris: PUF, 1967.

LA COLOMBIÈRE, C. *Écrits spirituels*. A. Ravier (éd.). Paris: Desclée De Brouwer, 1962.

_____. *Œuvres complètes*. P. Charrier (éd.). 6 vols. Grenoble: impr. du Patronage catholique, 1900-1902 [1-4. *Sermons prêchés devant la duchesse d'York*. 1900-1901; 5. *Méditations. Réflexions chrétiennes. Prolusiones oratoriæ*. 1901; 6. *Retraites spirituelles. Lettres spirituelles*. 1902].

LADRIÈRE, J. "La théologie et le langage de l'interprétation", *Revue théologique de Louvain*, 1, 1970, p. 244-267.

LAFONT, R. *Le Sud et le Nord, dialectique de la France*. Toulouse: Privat, 1971.

_____. *Renaissance du Sud. Essai sur la littérature occitane au temps de Henri IV*. Paris: N.R.F., Gallimard, 1970.

LALLEMANT, L. *Doctrine spirituelle*. Nova edição aumentada, estabelecida e apresentada por Dominique Salin, S.J. Paris: Desclée De Brouwer, 2011.

_____. *La Doctrine spirituelle*. F. Courel (éd.). Paris: Desclée De Brouwer, 1959.

LAMBERT, C.-F. *Histoire littéraire du règne de Louis XIV*. 3 tomos. Paris: Chez Prault fils, 1751.

LA MOTHE LE VAYER (de), F. [Oratius Tubero]. *Cinq dialogues faits à l'imitation des anciens*. Liège: Grégoire Rousselin, 1673 [I. *De la Philosophie sceptique*; II. *Le Banquet sceptique*; III. *De la Vie privée*; IV. *Des Rares et éminentes qualités des asnes de ce temps*; V. *De la Diversité des religions*].

LANCRE (de), P. *L'incrédulité et mescréance du sortilège plainement convaincue. Où il est amplement et curieusement traicté, de la verité ou illusion du sortilège, de la fascination, de l'attouchement, du scopelisme, de la divination, de la ligature ou liaison magique, des apparitions: et d'une infinité d'autres rares et nouveaux subjects*. Paris: chez Nicolas Bvon, 1622.

_____. *Tableau de l'inconstance des mauvais anges et démons, ou il est amplement traicté des sorciers et de la sorcellerie...* Paris: chez Nicolas Buon, 1612.

LA PUENTE (de), L. *Vida del V. P. Baltasar Alvarez de la Compañia de Jesus*. Madrid: Por Luis Sanchez, 1615.

LANDUCCI, S. *l filosofi e i selvaggi 1580-1780*. Bari: Laterza, 1972.

LANGLOIS, C. "L'initiation aux 'sciences religieuses': Michel de Certeau au séminaire de Jean Orcibal (1956-1965), RHdEF, vol. 104, 2 / 2018, p. 247-260.

LAPEYRE (de), J. d'A. *Le Mercure charitable, ou Contre-Touche et souverain remède pour desempierrer le R. P. Petau, jésuite d'Orléans, depuis peu métamorphosé en fausse pierre-de-touche*. Paris: G. Alliot, 1638.

_____. *Sancta Domini Nostri Jesu Christi Evangelia, secundum evangelistas*. Parisiis, apud Petrum Chevalerium, 1610.

LA RUE (de), C. *Panégyriques des saints avec quelques autres sermons sur divers sujets*. 2 vols. Paris: P. Gissey, 1740.

_____. *Panégyrique de sainte Thérèse* [1698], ed. suspeita in: LA RUE, 1740, t. 1, p. 307-348.

LAS CASAS (de), Fray B. *Breuissima relacion de la destrycion de las Indias* / colegida por el Obispo do fray Bartolome de las Casas o Casaus de la Orden de Sacto Domingo. Sevilla: Sebastian Trugillo, 1552 [Ed. bras.: *O paraíso destruído: a sangrenta história da conquista da América Espanhola*. Trad. de Heraldo Barbuy. Porto Alegre. L&PM, 2011].

LAUNOY (de), J. *Opera omnia ad selectum ordinem revocata*. 10 vols. F. Granet (éd.). Cologne, 1731-1732.

LEBRETON, J. "La Métaphysique des saints", Études, t. 198, 1929, p. 129-140 (5 de janeiro de 1929).

_____. "La Théologie de la Prière", p. 284-312 (5 de fevereiro de 1929).

_____. "Correspondance à propos de 'La Métaphysique des saints' ", p. 544-555: "Lettre de M. Henri Bremond", p. 544-547; e, "Réplique du P. Lebreton", p. 547-555 (5 de março de 1929).

LEBRUN, F. *Les hommes et la mort en Anjou aux XVIIe et XVIIIe siècles. Essai de démographie et de psychologie historiques*. Paris: École pratique des hautes études / La Haye: Mouton, 1971.

LE BRUN, J. "Michel de Certeau historien de la spiritualité", RSR, t. 91, n° 4, 2003, p. 535-552.

_____. *La spiritualité de Bossuet*. Paris: Librairie G. Klincksieck, 1972.

_____. "Politique et spiritualité: la dévotion au Sacré-Cœur", *Concilium*, n° 69, 1971, p. 25-36.

_____. Verbete "France. VI. Le grand siècle de la spiritualité française et ses lendemains", *Dictionnaire de spiritualité*, t. 5, 1964, col. 917-953.

_____. "Le Père Pierre Lallemant et les débuts de l'Académie Lamoignon", *Revue d'histoire littéraire de la France*, t. 61, 1961, p. 153-176.

LEFÈVRE, F. *Une heure avec... Henri Bremond*. 3e série. Paris: Gallimard, 1925.

LEFÈVRE D'ÉTAPLES, J. [Jacobus Faber (Stapulensis)] *Epistres et Evangiles pour les cinquante-deux dimanches de l'an, avec briefves et tresutiles expositions d'icelles*. Meaux: Simon de Colines, 1525.

_____. *Pseaultier* [Trad. de seu *Quincuplex Psalterium*, 1513]. Meaux: Simon de Colines, 1523.

_____. *Commentarii initiatorii in quatuor Evangelia*. Meaux: Simon de Colines, 1522.

_____. (ed.). *Opera* de Nicolas de Cues. Paris: J. Bade, 1514.

LEGARÉ, Cl. *La Structure sémantique de "cœur" dans l'œuvre de Jean Eudes*. Tese mimeografada, 1972 [*La Structure sémantique: Le lexème cœur dans l'œuvre de Jean Eudes*. Montréal: Presses de l'Université du Québec, 1976].

LEGENDRE, P. *L'amour du censeur. Essai sur l'ordre dogmatique*. Paris: Éditions du Seuil, 1974 [Ed. bras.: *O amor do censor: ensaio sobre a ordem dogmática*. Trad. e rev. de: Aluísio Pereira de Menezes, M.D. Magno e Potiguara Mendes da Silveira Jr. do Colégio Freudiano do Rio de Janeiro. Rio de Janeiro: Forense universitária / Aoutra editora / Colégio Freudiano do Rio de Janeiro, 1983].

LE GOFF, J. "L'Histoire au-delà d'elle-même", *L'Arc*, n° especial dedicado a *Michelet*, n° 52, 1973.

_____. (ed.). *Hérésies et sociétés dans l'Europe préindustrielle XIe-XVIIe siècles*. Communications et débats du Colloque de Royaumont (27–30 Mai, 1962). Paris: Éditions de l'École des hautes études en sciences sociales / La Haye: de Gruyter, 1968.

_____. & NORA, P. (sob a dir. de). *Faire de l'histoire. Nouveaux problèmes, nouvelles approches, nouveaux objets*. Tome I: *Nouveaux problèmes*. Paris: Gallimard, 1974 [Ed. bras.: *História: novos problemas*. Rio de Janeiro: Francisco Alves, 1976].

LE HIR, Y. *Les Drames bibliques de 1541 à 1600: Études de langue, de style et de versification*. Grenoble: Presses universitaires de Grenoble, 1974.

Leibniz, 1646-1716. Aspects de l'homme et de l'œuvre. Journées Leibniz, organisées au Centre International de Synthèse, les 28, 29 et 30 mai 1966. Paris: Aubier-Montaigne, 1968.

LEMAY, E. "Histoire de l'antiquité et découverte du Nouveau Monde chez deux auteurs du XVIIIe siècle" (a saber, Lafitau e Goguet), SVEC, p. 1.313-1.328.

LEONDI, S. *Bibliografia di San Carlo Borromeo*. Disponível em: < https://aczivido.net/historia/leondibib1.html >

LE PICART, F. *Instruction & forme de prier Dieu en vraie & parfaite Oraison, faite en forme de Sermons*. Reims: Nicolas Bacquenois, 1557.

LÉRY (de), J. *Histoire d'un voyage faict en la terre du Brésil* [1578; 2ª ed., 1580]. Texto estabelecido, apresentado e anotado por Frank Lestringant. Precedido por uma entrevista com Claude Lévy-Strauss. Paris: Le Livre de Poche, 1994 [Ed. bras.: *Viagem à terra do Brasil*. Trad. integral e notas de Sérgio Milliet. Rio de Janeiro: Biblioteca do Exército Editora, 1961. Disponível em: < http://fortalezas.org/midias/arquivos/1713.pdf >

LESSIUS, L. *De perfectionibus moribusque divinis*. Anvers, 1620.

_____. *De summo bono et æterna beatitudine hominis*. Anvers, 1615.

LESTOCQUOY, J. "Les évêques français au milieu du XVIe siècle", *Revue de d'histoire de l'Église de France*, RHdEF, t. 45, 1959, p. 25-40.

LESTRINGANT, F. "Préface – Léry ou le rire de l'indien". *A la mémoire de Michel de Certeau*. In: LÉRY, 1994.

_____. "Les représentations du sauvage dans l'iconographie relative aux ouvrages du cosmographe André Thévet", *Bibliothèque d'humanisme et Renaissance*, t. 40, 1978, p. 583-595.

LETURIA (de), P. *Estudios ignacianos*. Roma: IHSI, vols. X e XI, 1957, t. 2 – *Estudios espirituales* [t. 1 – *Estudios biográficos*].

Lettres édifiantes et curieuses, écrites des Missions étrangères, par quelques missionnaires de la Compagnie de Jésus. 34 vols. 1703-1776.

LEVI, A. *French Moralists. The Theory of the Passions, 1585 to 1649*. Oxford: Clarendon Press, 1964.

LÉVI-STRAUSS, C. "Diogène couché", *Les Temps modernes*, mars 1955, p. 1.187-1.220.

_____. *Tristes trópicos*. Trad. de Wilson Martins – revista pelo autor. São Paulo: Editora Anhembi Ltda, 1957 [Orig.: *Tristes tropiques*. Paris: Plon, 1955].

LÉVY-BRUHL, L. *L'expérience mystique et les symboles chez les primitifs*. Paris: Alcan, 1938.

LIMA VAZ (de), H.C. *Experiência mística e filosofia na tradição ocidental*. São Paulo: Edições Loyola, col. CES, 2000.

LLANEZA, M. *Bibliografia del V.P. M. Fray Luis de Granada* (4 t.). Salamanca, 1926-1928.

LOISY, A. *George Tyrrell et Henri Bremond*. Paris: Nourry, 1936.

_____. *Mémoires pour servir à l'histoire religieuse de notre temps*: t. 1. *1857-1900*; t. 2. *1900-1908*; t. 3. *1908-1927*. Paris: Emile Nourry, 1930-1931.

_____. *La religion* [1917]. 2ª ed. Paris: Nourry, 1924.

LOTMAN, Y. & OUSPENSKI, B.A. *École de Tartu: Travaux sur les systèmes de signes*. Bruxelles: Éditions Complexes, 1976.

LORTZ, J. *Histoire de l'Église*. Paris: Payot, 1962.

LOTTIN, A. "Vie et mort du couple. Difficultés conjugales et divorces dans le Nord de la France aux XVIIe et XVIIIe siècles", *Dix-huitième siècle*, n° 102-103, 1974, p. 59-78.

Louis de Blois. Sa vie et ses traités ascétiques. 2 vols. Abbaye de Maredsous: Desclée de Brouwer & Cie, 1927-1932 [Vol 1: *Esquisse biographique. L'Institution spirituelle*, 1927; vol. 2: *Le miroir de l'âme. La consolation des âmes craintives*, 1932].

LOVY, A.-J. *Les origines de la Réforme française: Meaux, 1518-1546*. Paris: Librairie Protestante, 1959.

LOZAT, M. & PETRELLA, S. (sob a dir. de). *La Plume et le calumet. Joseph-François Lafitau et les "sauvages ameriquains"*. Paris: Classiques Garnier, 2019.

LUCKMANN, Th. *The Invisible Religion. The Problem of Religion in Modern Society*. New York: Macmillan, 1967.

LUKACS, L. "De origine collegiorum externorum deque controversiis circa eorum paupertatem obortis" – pars I: 1539-1556, AHSI, t. 29, 1960, p. 189-245; pars II: 1557-1608, t. 30, 1961, p. 3-89.

LUNDBERG, M. *Jesuitische Anthropologie und Erziehungslehre in der Frühzeit des Ordens (ca. 1540 – ca. 1650)*. Uppsala, 1966.

LUZVIC, É. *Le cœur dévot*. Douai: Balthasar Bellère, 1627.

MACHADO, N.J. "A Alegoria em Matemática", *Estudos avançados*, São Paulo, v. 5, n° 13, 1991, p. 79-100.

MADELEINE DE SAINT-JOSEPH. *La vie de sœur Catherine de Jésus, religieuse de l'Ordre de Notre Dame du Mont Carmel établi en France, selon la réformation de sainte Thérèse de Jésus: décédée au couvent du même ordre, dit de la Mère de Dieu, en la ville de Paris, le 19 février 1623. Avec un recueil de ses lettres et pieux écrits. Précédé d'une lettre de Pierre, cardinal de Bérulle, à la reine, mère du roi, 18 août 1628*. Paris: F. Dehors, 1628.

MAFFEI, G.P. *De vita e moribus Ignatii Loiolæ, qui Societatem Iesu fundavit*. Roma, Veneza, Colônia e Douai, 1585.

MAIOLI, G. "Temi di spiritualità episcopale e sacerdotale in S. Carlo Borromeo", SCA, 93, 1965.

MALEBRANCHE, N. *Œuvres*, t. I: *Entretiens sur la métaphysique* [1688]. Paris: Charpentier et Cie, 1871.

MALLET-JORIS, F. *Trois âges de la nuit*. Paris: Le Cercle du nouveau livre, 1968.

MANDROU, R. *Des humanistes aux hommes de science, XVIe et XVIIe siècles*. Paris: Éditions du Seuil, 1973.

_____. *Magistrados e feiticeiros na França do século XVII. Uma análise de psicologia histórica*. Trad. de Nicolau Sevcenko e G. Ginsburg. São Paulo: Editora Perspectiva, 1979 [Orig.: *Magistrats et sorciers en France au XVIIe siècle. Une analyse de psychologie historique*. Paris: Plon, 1968, 583 p.].

_____. *De la culture populaire aux XVIIe et XVIIIe siècles. La Bibliothèque bleue de Troyes*. Paris: Stock, 1964.

MARCHAND, L. *Essai historique sur Bourgfontaine ou La Fontaine Notre-Dame: ancienne chartreuse du diocèse de Soissons (1323-1792)*. Château-Thierry: M. Marchand, 1953.

MARCORA, C. "Corrispondenza del prevosto di Varese Cesare Porto con S. Carlo", *Rivista della Società Storica Varesina*, 1964.

_____. "Il processo diocesano informativo sulla vita di S. Carlo per la sua canonizzazione", *Memorie storiche della diocesi di Milano*, t. 9, 1962.

MARIANA (de), J. *Discours du Père Jean Mariana, jésuite espagnol. Des grands défauts qui sont en la forme du gouvernement des jésuites*: Traduict de l'Espagnol. Bordeaux, 1625 [Orig.: *Tratado de las cosas íntimas de la Compañía* ou *Discurso de las enfermedades de la Compañía*, 1605].

MARIN, L. *La critique du discours. Sur la "Logique de Port-Royal" et les "Pensées" de Pascal*. Paris: Éditions de Minuit, col. "Le sens commun", 1975.

_____. *Utopiques: jeux d'espaces*. Paris: Editions de Minuit, 1973.

_____. *Sémiotique de la Passion: topiques et figures*. Paris: Aubier-Montaigne, Éditions du Cerf, Delachaux et Niestlé, Desclée de Brouwer, 1971.

MAROLLES (de), M. *Les mémoires*: divisez en trois parties, contenant ce qu'il a vû de plus remarquable en sa vie, depuis l'année 1600: ses entretiens auec quelques-vns des plus sçauants hommes de son temps: et les genealogies de quelques familles alliées dans la sienne, auec vne brieue description de la tres-illustre maison de Mantouë & de Neuers [Paris, 1656]. Amsterdam, 1755.

MARRIER, M. *Bibliotheca cluniacensis: in qua SS. patrum abb. clun. vitae, miracula, scripta, statuta, privilegia chronologiaque duplex*. Paris: André Du Chesne, 1614.

MARSILLE, H. "Note sur les origines de l'école spirituelle vannetaise au XVIIe siècle", *Mémoires de la Société d'histoire et d'archéologie de Bretagne*, t. 35, 1955, p. 31-37.

MARTIMORT, A.-G. *Le Gallicanisme*. Paris: PUF, col. "Que sais-je?", 1973.

MARTIN, H.-J. *Livre, pouvoirs et société à Paris au XVIIe siècle (1598-1701)*. 2 vols. Genève: Libairie Droz, et Paris: Librairie Minard-Droz, 1969.

MARTIN, V. *Le gallicanisme et la réforme catholique. Essai historique sur l'introduction en France des Décrets du Concile de Trente (1563-1615)*. Paris: Picard, 1919.

MARTIN-CHAUFFIER, L. "La fondation de la première maison de retraite. Vannes (1660)", *Mémoires de la Société d'histoire et d'archéologie de Bretagne*, t. 3, 1922, p. 313-332.

MÁRTIRES (dos), D. Frei B. *Estímulo de Pastores* (bilíngue [*Stimulus pastorum*, 1565]). Braga: Edição do Movimento Bartolomeano, 1981.

_____. *Stimulus pastorum*. Catálogo biblio-iconográfico Biblioteca Nacional (Portugal).

MARWICK, M.G. "The Sociology of Sorcery in a Central African Tribe", *African Studies* (Johannesburgo), t. 22/ 1, 1963, p. 1-21.

MASSIGNON, L. *La Passion d'al-Hosayn-Ibn-Mansour al-Hallâj: martyr mystique de l'Islam, exécuté a Bagdad le 26 mars 922: étude d'histoire religieuse*. Paris: P. Geuthner, 1922.

MATHERON, A. *Le Christ et le salut des ignorants chez Spinoza*. Paris: Aubier-Montaigne, col. "Analyse et raisons", 1971.

MATHOREZ, J. "Le clergé italien en France au XVIe siècle", RHdEF, t. 8, 1922, p. 417-429.

_____. "Les Italiens à Nantes et dans le pays nantais", *Bulletin italien* (Université de Bordeaux), t. 13, 1913.

McLENNAN, J.F. *Primitive Marriage: An Enquiry into the Origin of the Form of Capture in Marriage Ceremonies*. Edinburgh: Adam & Charles Black, 1865.

MEINECKE, F. *L'idée de Raison d'État dans l'histoire des Temps modernes*. Trad. do alemão por M. Chevallier. Genebra: Droz, 1973 [Orig.: *Die Idee der Staatsräson in der neueren Geschichte*. München-Berlin: R. Oldenbourg, 1924].

MELANÇON, A. *Liste des missionnaires jésuites: Nouvelle France et Louisiane, 1611-1800*. Montréal, 1929.

MELCHIOR (de), F. *Catholica cantici graduum per demegorias enarratio*. Paris, apud Gilles Gourbin, 1568.

MENDOÇA (de), H. *Advis de ce qu'il y a à réformer en la Cōpagnie des Iesuites, presenté au pape & à la congregation generale, par le Père Hernādo de Mendoça du mesme ordre. Ensemble plusieurs Lettres des Indes Orientales, escrites par des Peres Iesuittes, & autres de l'Ordre de S. François, traduictes du Portugais* (s.l., s.p.).

MÈRE AGNÈS. *Occupations intérieures ou L'Image d'une vraie religieuse, où sont représentés les qualités d'une religieuse parfaite et les défauts d'une imparfaite. Occupations intérieures pendant toute la journée, pour des religieuses. Exercice de dévotion sur la passion de Notre-Seigneur, appliqué aux heures de l 'Office divin. Occupations intérieures pour les sœurs converses*. Paris: C. Savreux, 1665.

MERSENNE, M. *L'impiété des déistes, athées et libertins de ce temps, combatue et renversée de point en point par raisons tirées de la philosophie et de la théologie: ensemble la réfutation du "Poème des déistes"*. 2 parties en 2 vols. Paris: P. Bilaine, 1624.

MEYER (de), A. *Les premières controverses jansénistes en France (1640-1649)*. Louvain: J. Van Linthout, 1917.

MEYLAN, H. (Préface). *Aspects de la propagande religieuse*. Genebra: Librairie Droz, 1957.

MICHAËLIS, S. *Histoire admirable de la possession et conversion d'une penitente, séduite par un magicien*. Paris: Charles Chastellain, 1612.

MIRRI, F.S. *Richard Simon e il metodo storico-critico di B. Spinoza. Storia di un libro e di una polemica sullo sfondo delle lotte politico-religiose della Francia di Luigi XIV*. Fiorenze: Le Monnier, 1972.

MOLINOS, M. *Le Guide spirituel*. Introduction par Jean Grenier. Paris: Fayard, col. "Documents Spirituels" n° 2, 1970.

MOLINOS (de), M. *Guía espiritual que desembaraza al alma y la conduce por el interior camino para alcanzar la perfecta contemplación y el rico tesoro de la interior paz*. Roma: Miguel Hercules, 1675. Trad. italiana: *Il Guida Spirituale che disinvolge l'anima e la conduce per l'interior cammino all'acquisto della perfetta contemplazione e del ricco tesoro della pace interiore*. Roma: Michele Ercole, 1675 [Ed. bras.: *O Guia Espiritual*. Libertando a alma e a conduzindo à perfeita contemplação, em direção ao rico tesouro da paz interior. Trad. de Humberto Maggi. Rio de Janeiro: Safira Estrela, 1998].

MOLLAT, M. (ed.), Études *sur l'histoire de la pauvreté (Moyen âge – XVIe siècle)*: t. 1 – *Valeurs spirituelles, pauvreté et charité*; t. 2 – *Développement du paupérisme et organisation de l'assistance*. Paris: Publications de la Sorbonne, 1974.

MOLS, R. "Charles Borromée", DHGE, t. XII, Paris, 1953.

MONGRÉDIEN, G. *Léonora Galigaï: Un procès de sorcellerie sous Louis XIII*. Paris: Hachette, 1968.

MONTAIGNE (de), M. [1580]. *Ensaios* – v. 1, 2, 3. Trad. de Sergio Milliet [baseada na ed. de Albert Thibaudet. *Essays*. Paris: Gallimard, Bibliothèque de la Pléiade, n° 14, 1934]. Brasília: Editora UnB/São Paulo: Hucitec [1961], 2. ed., 1987.

_____. "Apologie de Raymond Sebond". In: MONTAIGNE, 1987, 2, cap. XII.

MONTALVO (de), G.R. *Los cuatro libros del virtuoso caballero Amadís de Gaula*. Zaragoza: Jorge Coci, 1508. Cf. para a tradução francesa, DES ESSARTS, 1540.

MONTFAUCON (de), B. *L'Antiquité expliquée et représentée en figures*. T. 1-5 em 10 vols. e 5 vols. de suplementos. Paris: Chez F. Delaulne, H. Foucault, M. Clousier, J.-G. Nyon, E. Ganeau, N. Gosselin, et P.-F. Giffart, 1719-1724.

MONTHERLANT (de), H. *Port-Royal*. Paris: Gallimard, 1954; peça de teatro representada pela 1ª vez, em 8 de dezembro de 1954, na Comédie-Française.

Morale pratique des Jésuites (La). *Représentée en plusieurs histoires arrivées dans toutes les parties du monde*. A. Arnaud & S.-J. Du Cambout de Pontchâteau. 8 vols. Cologne: chez Gervinus Quentel, 1690.

MOREAU, P.-F. *Spinoza*. Paris: Éd. du Seuil, 1975.

MORUS, T. *Utopia* [1516]: sobre a melhor condição de uma república e sobre a nova ilha *Utopia*. Trad. de Leandro Dorval Cardoso. Petrópolis, RJ: Vozes, 2016 (Coleção Vozes de Bolso).

MOSER, W. "Pour ou contre la *Bible*: croire et savoir au XVIIIe siècle", SVEC, t. 151-155, 1976, p. 1.509-1.528.

MOUSNIER, R. (éd.). *Lettres et Mémoires adressés au chancelier Séguier (1633-1649)*. Publications de la Faculté des lettres et sciences humaines de Paris. Série "Textes et documents", t. VI et VII. Travaux du Centre de recherches sur la civilisation de l'Europe moderne, fasc. 2 (1 et 2). Paris: PUF, 1964.

_____. "Paris, Capitale politique au Moyen-Age et dans les temps modernes". In: FRIEDMANN et al., 1962.

_____. "Les idées politiques de Fénelon", *XVIIe siècle* [Société d'Étude du XVIIe siècle – Bulletin de l'Association Guillaume Budé] numéro spécial sur Fénelon, 12-14, 1951-1952, p. 190-206.

MÜLLER, J. *Das Jesuitendrama in den Ländern deutscher Zunge von Anfang (1555) bis zum Hochbarock (1665)*. Augsbourg: Benno Filser Verlag, 1930.

MÜRNER, Th. *Die Narrenbeschwerung*. Matth. Hupfuff, 1512.

NDIAYE, A.R. *La philosophie d'Antoine Arnauld*. Avant-propos d'André Robinet. Paris: Vrin, 1991.

NÉDONCELLE, M. & DAGENS, J. (eds.). *Entretiens sur Henri Bremond*. Paris-La Haye: De Gruyter Mouton, 1967 [Volume contendo as Atas do Colloque de Cerisy-la-Salle, agosto de 1965].

NERI, M. "Sacro Cuore, una devozione", *Settimana News*, 19-06-2020. Disponível em português – "Sagrado Coração, uma devoção": < http://www.ihu.unisinos.br/600175-sagrado-coracao-uma-devocao-artigo-de-marcello-neri >

NÈVE, J. *Sermons choisis de Michel Menet, 1508-1518*. Paris: E. Champion, 1924.

NEVES, L.F.B. *O combate dos soldados de Cristo na Terra dos Papagaios: colonialismo e regressão cultural*. Rio de Janeiro: Forense Universitária, 1978.

NEVEU, B. *Sébastien Joseph du Cambout de Pontchâteau (1634-1690) et ses missions à Rome d'après sa correspondance et des documents inédits*. Publications de l'École Française de Rome. Paris: É. de Boccard, 1969.

_____. "Sébastien Le Nain de Tillemont (1637-1698) et l'érudition écclesiastique de son temps". In: *Religion, érudition et critique...*, 1968, p. 21-32.

NICOLE, P. *Traité de l'Oraison*. 7 livros. Paris: H. Josset, 1679 [Modificado e publicado, de novo, em 1695, com o título, *Traité de la Prière*].

NOAILLES (de), C. *L'empire du juste selon l'institution de la vraie vertu*. 2 vols. Paris, chez Sébastien Cramoisy, 1632.

NOËL DU FAIL. *Les Propos rustiques* [Texte original de 1547 – Interpolations et Variantes de 1548, 1549, 1573. Avec Introduction, éclaircissement et index par Artur de la Borderie, 1878]. In: *Conteurs français du XVIe siècle*, 1965.

Nouvelles des choses qui se passent en diverses et lointaines parties du monde, pour l'advancement de la saincte foy catholique, apostolique et romaine, par la diligence des Pères Jésuites. Paris, 1607.

NOVELLI, A. "San Carlo Borromeo oratore sacro", SCA, 61, 1935, p. 313-322.

OLENDER, M. (ed.). *Le racisme. Mythes et sciences (Mélanges Léon Poliakov)*. 34 autores. Bruxelas: Éditions Complexe, 1981.

ORCIBAL, J. *Le Cardinal de Bérulle*. Évolution *d'une spiritualité*. Paris: Les Éditions du Cerf, 1965.

_____. *Saint-Cyran et le jansénisme*. Paris: Éd. du Seuil, col. "Maîtres spirituels" n° 25, 1961.

_____. *La rencontre du Carmel thérésien avec les mystiques du Nord*. Paris. PUF, 1959.

_____. *Port-Royal entre le miracle et l'obéissance: Flavie Passart et Angélique de St-Jean Arnauld d'Andilly*. Paris: Desclée De Brouwer, 1957.

_____. *Les Origines du Jansénisme* [ORJ].

_____. **ORJ1**. *Correspondance de Jansenius*. Paris: Vrin, Bibliothèque de la société d'histoire ecclésiastique de la France, t. I, 1947, 648 p.

_____. **ORJ2**. *Jean Duvergier de Hauranne, abbé de Saint-Cyran, et son temps (1581-1638)*. Louvain: Bureaux de la Revue / Paris: Vrin, Bibliothèque de la *Revue d'histoire ecclésiastique* de Louvain, t. II, 1947, 688 p.

_____. **ORJ3**. *Jean Duvergier de Hauranne, Abbé de Saint-Cyran et son temps (1581-1638). Appendice, Bibliographie et Tables*. Paris: Vrin, Bibliothèque de la *Revue d'histoire ecclésiastique* de Louvain, t. III, 1948, 283 p.

_____. **ORJ4**. *Lettres inédites de Jean Duvergier de Hauranne* e *La vie d'Abraham, de Saint-Cyran*, editadas por Annie Barnes. Paris: Vrin, Bibliothèque de la *Revue d'histoire ecclésiastique* de Louvain, t. IV, 1962, 448 p.

_____. **ORJ5**. *La spiritualité de Saint-Cyran, avec ses écrits de piété inédits*. Paris: Vrin, Bibliothèque de la *Revue d'histoire ecclésiastique* de Louvain, t. V, 1962, 540 p.

_____. **ORJ6**. *Jansénius d'Ypres (1585-1638)*. Paris: Études augustiniennes, 1989, 360 p.

ORLÉANS (d'), P.-J. *La vie du Père Coton de la Compagnie de Jesus, confesseur des roys Henry IV et Louis XIII*. Paris: E. Michallet, 1688.

OROZCO (de), A. *Segunda parte de las obras*. Alcalá de Henares: en casa de Andrés de Angulo, 1570.

_____. *Recopilación de todas las obras Que Ha Escripto, El Muy Reu redo Padre Fray Aloso S Orozco*. Alcalá de Henares: en casa de Andrés de Angulo, 1570 (1ª ed., Valladolid: en casa de Sebastian Martinez, 1555).

OSÓRIO, J. *De Rebus, Emmanuelis Regis Lusitaniæ Invictissimi Virt te Et Auspicio Gestis*. Libri Duodecim. Auctore Hieronymo Osorio Episcopo Sylu ensi. Olysippone: Antonium G. Typographum, 1571.

OUDOT DE DAINVILLE, M. "Une enquête du Parlement de Provence sur le protestantisme et la vie des gens d'Église dans le diocèse de Fréjus, en 1546", RHdEF, t. 10, 1924, p. 67-85.

PARCEVAL, J. *Compendium divini amoris*. Paris, 1530.

PASCAL, B. *Œuvres complètes*, col. "Grands écrivains de France" – t. 9: "De l'Éducation d'un Prince". Paris: Hachette, 1914.

_____. *Pensées sur la religion et sur quelques autres sujets* [1669]. Nouvelle ed. Paris: Guillaume Desprez, 1678.

PASCAL, P. "L'abbé de Saint-Cyran, les Chartreux et les Solitaires de Port-Royal", *Revue historique,* 66e année, tome CXCI, 1941, p. 232-248.

PASQUIER, E. *Un curé de Paris pendant les guerres de religion: René Benoist, le pape des Halles, 1521-1608*. Étude *historique et bibliographique*. Paris: A. Picard, 1913.

PASTOR (von), L. *Histoire des papes depuis la fin du Moyen âge.* Obra escrita a partir de um grande número de documentos inéditos entre os quais aqueles extraídos dos arquivos secretos do Vaticano. 16 vols. Trad. do alemão por Furcy Raynaud, Alfred Poizat e W. Berteval. Paris: E. Plon, Nourrit et Cie, 1888-1934 [Orig.: *Geschichte der Päpste seit dem Ausgang des Mittelalters*. Freiburg i. B.: Herder, 1886-1961].

PATERNOSTRO, R. & FEDI, A. *Paolo Segneri: Un clássico della tradizione cristiana*. Atti del Convegno Internazionale di Studi su Paolo Segneri nel 300° anniversario dela morte (1694-1994). Nettuno, 9 dicembre 1994, 18-21 maggio 1995. Disponível em: < http://www.100libripernettuno.it/OPERE/segneri%20atti%20del%20convegno/indice.html >

PATRIZI, F. *Della Retorica: dieci dialoghi*. Venezia: Francesco Senese, 1562.

PATY, M. "Do estilo em ciência e em história das ciências", *Estudos avançados,* São Paulo, v. 26, n° 75, 2012, p. 291-308.

PEETERS, L. "Une hérésie orthodoxe: l'ascéticisme", *Nouvelle revue théologique,* t. 55, 1928, p. 740-752 (Réplica a H. Bremond).

PEREIRA, J.C.V. (sob a dir. de). *Le déplacement réel ou imaginaire dans le monde lusophone*: Migrations, exils et terres d'utopie. Actes de la Journée d'étude du 14 noembre 2012, Université Lumière – Lyon 2. Paris: Éditions des archives contemporaines, 2013.

PEREIRA, J. "Uma proposta de reforma para o Concílio de Trento: as *Petições* do Arcebispo de Braga d. Frei Bartolomeu dos Mártires", *Topoi*, Revista de História, Rio de Janeiro, v. 20, n° 41, p. 515-538, 2019. Disponível em: < https://doi.org/10.1590/2237-101x02004110 >

PÉREZ DE LARA, A. *Compendio de las tres gracias de la Santa Cruzada, subsidio y escusado que su Santidad concede a la sacra catolica Real Magestad del Rey Don Felipe*

III nuestro señor para gastos de la guerra contra infieles y la pratica dellas. Madrid: en la Imprenta Real, 1610.

PÉTAU, D. [Dionysius Petavius]. *La Pierre de touche chronologique, contenant la méthode d'examiner la chronologie, & en reconnoistre les défauts, verifiée par pratique & exemple. Où sont traitez les principaux poincts de ceste science.* Paris: S. Cramoisy, 1636.

_____. *Opus de doctrina temporum*. 2 vols. Paris: Sébastien Cramoisy, 1627.

PETROCCHI, M. *Il quietismo italiano del Seicento*. Roma: Edizioni di Storia e letteratura, 1948.

PHILIPS, E.C. "The Correspondance of Chr. Clavius", AHSI, t. 8, 1939, p. 193-222.

PIANA, C. "Gli statuti per la riforma dello studio di Parigi e statuti posteriori", *Archivum franciscanum historicum*, t. 52, 1959, p. 43-122.

PICOT, É. *Les Français italianisants au XVIe siècle*. 2 vols. Paris: Champion, 1906-1907.

_____. "Les Italiens en France au XVIe siècle", *Bulletin italien* (Université de Bordeaux), t. 1 ao 18, 1901-1918.

PICOT, J. [conhecido como Joannes Picus]. *In Cantica canticorum expositio*. Paris: Josse Bade, 1524.

PINY, A. *La clef du pur amour, ou Manière et secret pour aimer Dieu en souffrant, et pour toûjours aimer, en toûjours souffrant* [1682] 2ª ed. Paris, 1692.

_____. *La Vie de la Mere Madeleine de la Sainte Trinité, Fondatrice de l''Ordre de Notre-Dame de Miséricorde*. Annecy: J. Clerc, 1679.

PITON, M. "L'idéal épiscopal selon les prédicateurs français de la fin du XVe siècle et du début du XVIe", RHEc, t. 61, 1966: n° 1, p. 77-118 e n° 2, p. 393-423.

_____. *L'idéal épiscopal en France à la veille du Concile de Trente (1480- 1545)*. Tese inédita. Roma, Pontifícia Universidade Gregoriana, 1963.

PLATELLE, H. *Les chrétiens face au miracle, Lille au XVIIIe siècle*. Paris: Éditions du Cerf, col. "Chrétiens de tous les temps", n° 28, 1968.

POIRET, P. *La théologie du cœur ou Recueil de quelques traités qui contiennent les lumières les plus divines des âmes simples et pures*. Cologne: Jean de la Pierre, 1690.

PONCET, M. *Instruction pour aimer Dieu, extraite de la sainte Écriture, & spécialement des Cantiques de Salomon, & de la Doctrine des Auteurs sacrés & profanes*. Paris: Sébastien Molin, 1584.

_____. *Trois livres de l'oraison ecclésiastique, en forme de contemplation*. Paris: Michel Sonnius, 1568.

POMIAN, K. "Histoire culturelle, histoire des sémiophores". In: RIOUX & SIRINELLI, 1997.

_____. *Collectionneurs, amateurs et curieux. Paris, Venise: 16ᵉ-18ᵉ siècle*. Paris: Gallimard, 1987.

_____. "Médailles/coquilles = érudition/philosophie", SVEC, vol. 151-155, 1976, p. 1.677-1.703.

POMMIER, J. "La genèse d'*Esther*' et d'*Athalie*'. A propos d'un livre récent", RHLF, t. 51, n° 1, 1951, p. 69-77.

PONCET, M. *Instruction pour aimer Dieu*. Paris: Chez Sebastien Molin, 1584.

_____. *Trois livres de l'oraison ecclésiastique en forme de contemplation*. Paris: Michel Sonnius, 1568.

POPKIN, R.H. *The History of Scepticism from Erasmus to Spinoza*. 2 éd. New York: Harper & Row, 1968 [Ed. bras.: *História do ceticismo de Erasmo a Spinoza*. Trad. de Danilo Marcondes de Souza Filho. Rio de Janeiro: Francisco Alves, 2000].

PORCHNEV, B. *Les soulèvements populaires en France de 1623 à 1648*. Paris: S.E.V.P.E.N., 1963, p. 665-676 [trad. para o francês por Mme Ranieta e Robert Mandrou do texto original em russo, publicado em 1948].

POSSEVINO, G.B. *Discours de la vie de saint Charles Borromée,... archevêque de Milan..., avec l'oraison funèbre faite par le R. F. François Panigarolle,...* "Item" *les Miracles dudit saint vérifiés par le Saint Siège et cérémonies observées à Rome en sa canonisation*. Trad. do italiano por A. C. Bordeaux : impr. de S. Millanges, 1611.

_____. *Discorsi della vita, et attioni di Carlo Borromeo prete cardinale di santa Chiesa del titolo di santa Prassede arcivescovo di Milano*. Roma: Iacomo Tomieri, 1591.

POTTIER, A. *Le Père Pierre Champion, S.J., l'évangéliste du Père Louis Lallemant et de son École au XVIIᵉ siècle (1632-1701)*. Paris: Spes, 1938.

_____. "Quelques lettres spirituelles du P. Champion (1632-1701)", RAM, t. 18, 1937, p. 292-303.

POULAIN, A. *Des grâces d'oraison. Traité de théologie mystique*. Paris: V. Retaux, 1901.

POULAIN, J. "Le mysticisme du *Tractatus Logico-philosophicus* et la situation paradoxale des propositions religieuses". In: DUBARLE, 1970, p. 75-155.

PRAT, J.-M. *Recherches sur la Compagnie de Jésus en France du temps du P. Coton (1564-1626)*. 5 ts. Lyon, 1876-1878.

_____. *Maldonat et l'université de Paris au XVIᵉ siècle*. Paris: Julien, Lanier et Ce., 1856.

PRATESI, R. "L'introduzione della regolare osservanza nella Francia meridionale", *Archivum franciscanum historicum*, t. 50, 1957, p. 178-194.

Practique spirituelle de la dévote & religieuse princesse de Parme (La): fort utile a toutes dames pour vivre chrestiennement. Avecq briefves oraisons pour dire tout le loing du jour et la maniere de se bien confesser. Anvers: Christophe Plantin, 1588 [trad., pelo menos, em parte, para o francês pelo pe. Michel Coyssard do italiano: *Vita, e morte della serenissima Principessa di Parma, e Piacenza*, scritta dal R.P. Sebastião de Moraes, confessore della serenissima Principessa (Maria de Portugal)].

PREMOLI, O. "S. Carlo Borromeo e la cultura classica", SCA, 45, 1917, p. 430.

PRODI, P. "Charles Borromée, archevêque de Milan, et la papauté", RHEc, 62, 1967.

PROPP, V.J. *Morphologie du conte*. Paris: Éd. du Seuil, 1970 [Orig.: Морфолоςυя сказкυ. — Л.: Academia, 1928; ed. bras.: *Morfologia do conto maravilhoso*. Rio de Janeiro: Forense, 1984].

PSEUDO-DENYS l'Aréopagite. *Œuvres complètes*. Trad. fr., prefácio e notas por Maurice de Gandillac. Paris: Aubier, 1943.

PUECH, H.-C. (ed.), *Histoire des religions* – vol. 2: *Religions du salut (monde méditerranéen et Proche-Orient). Religions constituées (Occident)*. Paris: N.R.F., Gallimard, 1972.

QUIMON, J. *Epistola ad difformatores status monastici responsiva*. Paris: Guy Marchant, 1494.

RABELAIS. *Pantagruel. Les horribles et épouvantables faits et prouesses du très renommé Pantagruel, roi des Dipsodes, fils du Grand Géant Gargantua*. Lyon: C. Nourry, s. d. [1532].

RADCLIFFE-BROWN, A. R. *Method in Social Anthropology*. M. N. Srinivas (ed.). Chicago: University of Chicago Press, 1958.

RAPIN, R. *Mémoires*; cf. AUBINEAU, 1865.

_____. *Histoire du jansénisme depuis son origine jusqu'en 1644*. Domenech (éd.). Paris: Gaume Frères et J. Duprey, Éditeurs, 1861.

RAULIN, J. *Epistolarum... opus*. Paris: Antoine Aussourd, 1521.

RAYEZ, A. "Spiritualité du Vénérable César de Bus", RAM, t. 34, avril-juin 1958, p. 185-203.

REBELLIAU, A. *La Compagnie secrète du Saint-Sacrement. Lettres du groupe parisien au groupe marseillais*. Paris: Champion, 1908.

Règles de la Compagnie de Jésus. Pont-à-Mousson: chez Melchior Bernard, 1614, 231 p., 6 x 10.

Relations des Jésuites contenant ce qui s'est passé de plus remarquable dans les missions des Pères de la Compagnie de Jésus dans la Nouvelle-France. 3 vols. Paris: Sébastien Cramoisy, 1632-1672.

Religion, érudition et critique à la fin du XVIIe siècle et au début du XVIIIe (Colóquio organizado pelo Centre d'études supérieures spécialisé da Universidade de Estrasburgo). Paris: PUF, 1968.

RENAR, F. *Maximes tirées de la doctrine des conciles, et des saints peres, opposées à celles du livre De la frequente communion, & à la conduite de quelques nouveaux directeurs*. (éd.). Paris: Florentin Lambert, 1659.

RENAUDET, A. *Préréforme et humanisme à Paris pendant les premières guerres d'Italie (1494-1517)*. Paris: Champion, 1916.

RENOUARD, Ph. *Imprimeurs & libraires parisiens du XVIe siècle*: Ouvrage publié d'après les manuscrits de Philippe Renouard par le Service des Travaux Historiques de la Ville de Paris avec le concours de Bibliothèque Nationale. 1. Abada – Avril, 1964; 2. Baaleu – Banville, 1969; 3. Baquelier – Billon, 1979; 4. Binet – Blumenstock, 1986; 5. Bocard – Bonamy, 1991; Fascicule: Breyer, 1982; Fascicule: Brumen, 1984; Fascicule: Cavellat, Marnef & Cavellat, 1986; Jean Loys, 1995. Paris, Service des travaux historiques de la ville de Paris / Bibliothèque Nationale, 1964-1991.

RÉTAT, P. & SGARD, J. (sob a dir. de). *Presse et histoire au XVIIIe siècle. L'année 1734*. Paris: Éditions du CNRS, 1978.

REYNOLDS, L.D. & WILSON, N.G. *Scribes and Scholars. A Guide to the Transmission of Greek and Latin Literature* [1968]. Second Edition revised and enlarged. Oxford: Oxford University Press, 1974.

RIBADENEYRA (de), P. *Vita Ignatii Loyolæ* [1586]. C. de Dalmases (éd.). *Fontes narrativi de Sancto Ignatio de Loyola*, t. 4, MHSI. Roma, 1965.

RIBERA (de), F. *La vie de la Mère Thérèse de Jésus*. Nouvellement traduit d'espagnol en françois par J.D.B.P. et P. D.C.C. Paris: Vve de la Noue, 1602.

_____. *La vida de madre Teresa de Jesús, fundadora de las Descalzas y de los Descalzos Carmelitas*. Salamanca: Pedro Lasso, 1590.

RICARD, R. "Saint-Cyran vu par un écrivain basque espagnol. Sur le livre de M. José de Arteche, *Saint-Cyran (De caracteriologia vasca)*, Zarauz, 1958", RAM, t. 37, 1961, p. 157-166.

RICHARD, P. *La papauté et la ligue française: Pierre d'Épinac, archevêque de Lyon (1573-1599)*. Paris: A. Picard et Fils, 1901.

RICHELIEU (cardinal duc de), A.-J. Du P. *Traité de la perfection du Chrétien*. Paris: Vitré, 1646.

RICHEOME, L. *Œuvres de R. Pere Louis Richeome Provençal, religieux de la Compagnie de Iesus. Reveües par l'Autheur avant sa mort, et augmentées de plusieurs pieces non encore imprimées*. Divisées en deux Tomes: Le Premier, contenant les Defenses de la Foy; Le Second, les Traitez de Devotion. A Paris, chez Sebastien Cramoisy, 1628.

_____. *L'académie d'honneur dressée par le Fils de Dieu au royaume de son Église sur l'humilité, selon les degrés d'icelle, opposés aux marches de l'orgueil*: Dedié au Roy tres-chrestien de France et de Navarre Louis XIII. A Lyon, chez Pierre Rigaud, 1614.

_____. *Plainte apologétique au Roy tres-chrestien de France et de Navarre, pour la Compagnie de Iesus. Contre le libelle de l'auteur sans nom, intitulé: Le Franc et Veritable Discours, etc. Avec quelques notes sur un autre libelle dict le Catechisme des Iesuites.* A Bordeaux, chez S. Millanges, 1602.

RIGAULT, C. *Nouveaux Voyages, Mémoires, Dialogues* de Lahontan, 1703. Univ. de Sherbrooke, Canadá.

RILKE, R. *Rilke en Valais.* Daniel Simond (ed.). Lausanne: Éditions des Terreaux, 1946 [carta publicada no número especial da revista *Suisse Romande*, sept. 1939, p. 198].

RIOUX, J.-P. & SIRINELLI, J.-F. (sob a dir. de). *Pour une histoire culturelle.* Paris: Seuil, 1997.

RIVOLTA, A. *S. Carlo Borromeo. Note biografiche. Studio sulle sue lettere e suoi documenti.* Milano: A.R.A. Editrice di Giuseppe Gasparini, 1937.

ROBERT, C. *Gallia christiana: in qua regni Franciæ ditionumque vicinarum diœceses, et in iis præsules describuntur.* Lutetiæ Parisiorum: Sebastiani Cramoisy, 1626.

ROCHEMONTEIX (de), C. *Les Jésuites et la Nouvelle-France au XVIIe siècle d'après beaucoup de documents inédits.* 3 vols., Paris, 1895-1896.

RODIS-LEWIS, G. "Augustinisme et cartésianisme à Port-Royal. Du Vaucel critique de Descartes". In: DIJKSTERHUIS et al., 1950-1951, p. 131-182.

RODOCANACHI, E. *La Réforme en Italie.* Paris: Picard, 1921.

RODRIGUES, F. *História da Companhia de Jesus na Assistência de Portugal.* Tomo II – *Acção crescente da Província portuguesa, 1560-1615.* Vol. I: Livro I – *Expansão*; Livro II – *Vida Interna*; Livro III – *Ministérios*. Porto: Livraria Apostolado da Imprensa, 1938.

RODRIGUEZ, A. *Ejercicio de perfección y virtudes cristianas.* Sevilla, 1609.

ROLLAND, R. *Un beau visage à tous sens. Choix de lettres de Romain Rolland (1866-1944).* Paris: Albin Michel, 1967.

_____. *Essai sur la mystique de l'action de l'Inde vivante* [1929]. Vol. I: *Vie de Ramakrishna*. Vol. II: *Vie de Vivekananda, ou l'Évangile universel.* Paris: Librairie Stock, 1930.

ROMEI, A. *Discorsi del conte Annibale Romei gentil'huomo ferrarese di nuouo ristampati, ampliati, e con diligenza corretti.* Verona: Girolamo Discepoli, 1586.

ROSA, M. "Acquaviva (Claudio)", *Dizionario biografico degli Italiani*, t. 1, Roma, 1960, p. 168-178.

ROSEROT DE MELIN, J. "L'établissement du protestantisme en France, des origines aux guerres de religion", RHdEF, t. 17, 1931, p. 27-81.

R.P.R. [Religion Prétendue Réformée]. Informação disponível em: <http://www.archives-lyon.fr/archives/sections/fr/archives_en_ligne/les_lyonnais/registres_paroissiau/en_savoir_plus_sur_l/?aIndex=1 >

SABA, A. *La biblioteca di S. Carlo Borromeo*. Firenze: L.S. Olschki, 1936.

SACCHINI, F. ARSI, *Vitae 144* I.

SAINT-JURE, J-B. *Vie de Monsieur de Renty*. Paris, chez Pierre Le Petit, 1651.

SAINTE-BEUVE, Ch.-A. *Port-Royal*. 3 vols. Paris: Gallimard, Bibliothèque de La Pléiade, 1953-1955.

SAINTE THÉRÈSE DE L'ENFANT JÉSUS. *Manuscrits autobiographiques*. Office central de Lisieux: Livre de Vie, 1957, p. 254 [Ed. bras.: *História de uma alma: Manuscritos autobiográficos*. Trad. das Religiosas do Carmelo do Imaculado Coração de Maria e de santa Teresinha. São Paulo: Paulus, Série Espiritualidade, 1979; 30. Reimpr., 2013].

Sancti Ignatii de Loyola Exercitia Spiritualia – Textuum antiquissimorum nova editio. Lexicon textus hispanici. Opus inchoavit Iosephus CALVERAS, S.I., absolvit Candidus DE DALMASES, S. I., apud MHSI, Romæ, 1969.

SAMOUILLAN, A. *Olivier Maillard, sa prédication et son temps: étude sur la chaire et la société françaises au quinzième siècle*. Toulouse: Privat / Paris: Thorin, 1891.

SAULNIER, V.-L. "Proverbe et paradoxe au XVIe siècle. Un aspect majeur de l'antithèse: Moyen-Age – Renaissance". In: BÉDARIDA, 1950, p. 87-104.

SAUZET, R. "Considérations méthodologiques sur les visites pastorales dans le diocèse de Chartres pendant la première moitié du XVIIe siècle", *Ricerche di Storia sociale e religiosa*, Roma, n° 2, 1972, p. 95-137.

SCHAFF, A. *Histoire et vérité. Essai sur l'objectivité de la connaissance historique*. Trad. do polonês por Anna Kaminska e Claire Brendel. Paris: Éditions Anthropos, 1971 [Orig.: *Historia i prawda*. Warszawa: Książka i Wiedza, 1970 ; ed. bras.: *História e verdade*. Trad. de Maria Paula Duarte. 5ª ed. São Paulo: Martins Fontes, 1991].

SCHMIDT, C. *Gérard Roussel, prédicateur de la reine Marguerite de Navarre. Mémoires servant à l'histoire des premières tentatives faites pour introduire la réformation en France*. Estrasburgo: Silberman, 1845.

SCHMITT, J.-C. *Mort d'une hérésie. L'Église et les clercs face aux béguines et aux béghards du Rhin Supérieur du XIVe au XVe siècle*. Paris-La Haye-New-York: Mouton e École des hautes études en sciences sociales, 1978.

SCHMITZ, P. *Histoire de l'Ordre de saint Benoît*. 7 vols. Maredsous: Éd.de Maredsous, 1942-1956; vol. 3 – *Du Concordat de Worms au Concile de Trente*, 1948, VIII-296 p.

SCHNEIDER, B. "Der Konflikt zwiscen Claudius Aquaviva und Paul Hoffaeus. Ergänzungen und Berichtigungen", AHSI, t. 27, 1958, p. 279-306.

_____. "Der Konflikt zwischen Claudius Aquaviva und Paul Hoffaeus", *ibid.*, t. 26, 1957, p. 3-56.

SCHREBER, D.P. *Denkwürdigkeiten eines Nervenkranken.* Leipzig, 1903 [Ed. bras.: *Memórias de um doente dos nervos.* Trad. e introdução de Marilene Carone. 3ª ed. São Paulo: Paz e Terra, 2006].

SEGNERI *I sette principi su cui si fonda la nuova orazione de quiete riconosciuti per poco saldi, nella prattica facile che ne dà un direttore moderno alla sua Filotela.* Venezia, 1682.

_____. *Le quiétisme ou les illusions de la nouvelle oraison de quiétude.* Trad. do italiano por abbé H. Du Mas. Paris: Veuve de Sébastien Mabre-Cramoisy, 1687.

SÉGUY, J. "Du cultuel au culturel", *Annales E. S. C.*, t. 29, 1974, p. 1.280-1.290.

_____. "Les non-conformismes religieux d'Occident". In: PUECH, vol. 2, 1972, p. 1.268-1.293.

_____. "Possibilitat e Problèmas d'una istòria religiosa occitania", *Annales de l'I.E.O.* [Institut d'études occitanes], 4ᵉ série, nº 1, automne 1965, p. 5-26.

SERRES, M. "L'évidence, la vision et le tact", *Les Études philosophiques,* t. 23, 1968, p. 191-195.

SERVIN, Messire L. *Actions notables et plaidoyez; Avec les plaidoyez de A. Robert Arnault et autres, à la fin desquelz sont les arrests intervenus sur iceux.* Rouen, 1629.

SHAVAR, Sh.; MUNDY, J.; TAVIANI, H.; CHENU, M.-D.; SÉGUY, J.; VEYNE, P. "Hérésie et champ religieux", *Annales E.S.C.* [Économies, sociétés, civilisations], t. 29, 1974, p. 1.185-1.305.

SIGELMANN, E. Resenha a NEVES, 1978, *Arquivos Brasileiros de Psicologia*, Rio de Janeiro, v. 31, nº 4, p. 201-202, mar. 1979. Disponível em: < http://bibliotecadigital.fgv.br/ojs/index.php/abp/article/view/18252/16999 >

SILVA, W. "Robert Mandrou (1921-1984)". In: BENTIVOGLIO & AVELAR, 2016, p. 151-163.

SIMON, R. *Histoire critique du Vieux Testament* [Paris, 1678] 2ª ed. revista e aumentada. Rotterdam: R. Leers, 1685.

SIRMOND, J. *Concilia antiqua Galliæ: cum epistolis pontificum, principum constitutionibus & aliis gallicanae rei ecclesiasticæ monimentis.* 3 vols. Paris: Sébastien Cramoisy, 1629.

SOAREZ, C. *De arte rhetorica – Libri tres ex Aristotele, Cicerone & Quintiliano præcipue deprompti.* Conimbricæ: apud Ioannem Barrerium, 1562.

SOMMERVOGEL, C. *Bibliothèque de la Compagnie de Jésus.* 12 Tomos. Bruxelas, 1890-1930.

SORANZO, G. *San Carlo Borromeo*. 2 vols. Milano: Perinetti Casoni Editore, 1945.

SOUZA (e), L. de M. *O diabo e a Terra de Santa Cruz*: feitiçaria e religiosidade popular no Brasil Colonial [1986]. São Paulo: Companhia das Letras, 2009.

_____. *Inferno Atlântico*: demonologia e colonização (séculos XVI-XVIII). São Paulo: Cia. das Letras, 1993.

SPERONI, S. *Dialoghi del Sig. Speron Speroni,... di nuovo ricorretti. A quali sono aggiunti molti altri non più stampati e di più l'Apologia dei primi...* Venetia: R. Meietti, 1596.

_____. *I dialogi di Messer Speron Sperone*. Aldus Con privilegio del Senato Veneto. In Vinegia, M. D. XLII [1542].

SPOSATO, P. "I vescovi del Regno di Napoli e la bulla 'Ad Ecclesiam regimen' (29 nov. 1560) per la riapertura del concilio di Trento", *Archivio storico per le provincie napoletane*, n. s., 35, 1956.

STEGMANN, A. "Le rôle des jésuites dans la dramaturgie française du début du xviie siècle". In: JACQUOT, t. II, 1968, p. 445-456.

SUÀREZ, F. *De virtute et statu religionis*, 1608-1625.

SURIN, J.-J. *Cantiques spirituels de l'amour divin. Pour l'instruction et la consolation des âmes dévotes... Appropiez aux trois Vies, Purgative, Illuminative, & Unitive, & à la louange des Saints nouvellement canonisez*. Paris, 1664.

_____. "La Science expérimentale, ou l'Histoire véritable de la possession des religieuses Ursulines de Loudun... arrivée en l'année 1632 jusqu'en 1638, par le R. P. Jean-Joseph Surin. Ouvrage divisé en 3 parties, par un solitaire, et réduit en un meilleur ordre par un ecclésiastique". Cópia de ms. da Bibliothèque d'Amiens. Paris: Bureau de l'Association catholique du Sacré-coeur, 1828. Cf. *Triomphe de l'amour divin sur les puissances de l'enfer: en la possession de la Mère supérieure des Ursulines de Loudun; et Science expérimentale des choses de l'autre vie* [textos póstumos do P. Jean-Joseph Surin]. Jacques Prunair (ed.). Posfácio de Michel de Certeau [extraído do "Prefácio" à sua edição de JJS1]. Grenoble: J. Millon, 1990.

SZILAS, L. *Atlas zur Kirchengeschichte*. Fribourg-en-Brisgau, 1970.

TALPIN, J. *Instructions et enseignements des curés et vicaires*. Paris: Chesneau, 1573.

TAMIZEY DE LARROQUE, J.-Ph. "Document relatif à Urbain Grandier" [lettre d'Ismaël Boulliau à Gassendi], *Le cabinet historique*, série II, t. 25, vol. III, 1879, p. 1-16.

TANS, J.A.G. *Pasquier Quesnel et les Pays-Bas. Correspondance publiée avec introduction et annotations*. Groningen: J. B. Wolters / Paris: Librairie Vrin, 1960, 640 p. (Publications de l'Institut français d'Amsterdam, Maison Descartes, t. 6).

TAPIÉ, V.-L. *Baroque et classicisme* [1957]. Paris: PUF, 1972 [Ed. port.: *Barroco e Classicismo*. 2 vols. 2ª ed. Lisboa: Presença,1988].

TAVENEAUX, R. *Le jansénisme en Lorraine, 1640-1789*. Paris: Vrin, 1960, 760 p.

THEOBALD, C. "La 'théologie spirituelle'. Point critique pour la théologie dogmatique", *Nouvelle revue théologique*, 117 n° 2, 1995, p. 178-198.

THÉRY, G. *Contribution à l'histoire religieuse de la Bretagne au XVIIe siècle – Catherine de Francheville, Fondatrice à Vannes de la première maison de retraites de femmes*. Tome 1 (1620-1674), *Famille, adolescence et première période des retraites de Femmes*; Tome 2 (1674-1689). *La grande période de la Retraite*. Tours: Mame, 1956.

THÉVET, A. *La cosmographie universelle d'André Thevet, cosmographe du roy: illustrée de diverses figures des choses plus remarquables veues par l'auteur, & incogneuës de noz anciens & modernes*. Paris: G. Chaudiere, 1575 [Ed. bras.: *A cosmografia universal de André Thevet, cosmógrafo do rei*. Trad. de Raul de Sá Barbosa. Rio de Janeiro: Editora Batel, 2009].

_____. *Les Singularitez de la France antarctique, autrement nommée Amérique, et de plusieurs terres et isles découvertes de nostre tems*. Paris: Maurice de la Porte, 1557 [Ed. bras.: *Singularidades da França Antárctica*. São Paulo: Companhia Editora Nacional, 1944].

THIBAUDET, A. "Autour de *La Métaphysique des saints*", *Revue de Paris*, 1er janvier 1929.

THUAU, É. *Raison d'État et pensée politique à l'époque de Richelieu*. Paris: Armand Colin, 1966.

TILLEMONT (de), LE NAIN. *Histoire des empereurs, et des autres princes qui ont régné durant les six premiers siècles de l'église, de leurs guerres contre les Juifs, des écrivains profanes, & des personnes les plus illustres de leur temps*. 6 vols. Venise: Chez François Pitteri, 1732-1739.

TODOROV, T. *Introduction à la littérature fantastique*. Paris: Éd. du Seuil, 1970 [Ed. bras.: *Introdução à literatura fantástica*. São Paulo: Editora Moraes, 1977].

TÖRNE (von), P.O. *Ptolémée Gallio, cardinal de Côme*. Étude *sur la Cour de Rome, sur la secrétairerie pontificale et sur la politique des papes au XVIe siècle*. Paris: Alphonse Picard, 1907.

TOUSSAERT, J. *Le Sentiment religieux en Flandre à la fin du Moyen Âge*. Paris: Plon, 1963.

Tractatus de triplici statu viatoris: ex tribus Lucae capitibus. Taurini in aedibus Nicolai Benedicti sub signo diui Christophori, 1518.

TRUC, G. *Histoire de la littérature catholique contemporaine*. Paris: Casterman, 1961.

TYRRELL, G. *La religion extérieure*. Trad. fr. por A. Leger. Paris: Lecoffre, 1902. [Orig.: *External Religion: Its Use and Abuse*. London: Sands & Co., 1899].

_____. *Nova et Vetera: Informal Meditations*. London: Longmans, Green, and Co, 1897.

TYVAERT, M. "L'image du Roi: légitimité et moralité royales dans les Histoires de France au XVIIe siècle", *Revue d'histoire moderne et contemporaine*, t. 21, 1974.

UBERSFELD, A. & DESNÉE, R. (eds.). *Histoire littéraire de la France*, t. 3: "1600-1660"; t. 4: "1660-1715". Paris: Éditions sociales, 1975. Nova ed. – t. 2: "1600-1715", 1987.

UZUREAU, F. "La réforme de l'Ordre de Fontevrault", *Revue Mabillon*, t. 13, 1923, p. 141-146.

VALERIO, A. *De Rhetorica ecclesiastica ad clericos libri tres aucti et locupletati*. Veronæ: apud Sebastianum, et Ioannem a Donnis, 1574.

VAN DURME, M. *Antoon Perrenot, Bisschop von Utrecht, Kardinaal van Granvelle, Minister van Karel V en van Filippe II (1517-1580)*. Bruxelas, 1953.

VEISSIERE, M. *L'évêque Guillaume Briçonnet (1470-1534) – Contribution à la connaissance de la réforme catholique à la veille du Concile de Trente*. Provins: Société d'histoire et d'archéologie, 1986.

VENARD, M. *Les Débuts du monde moderne (XVIe et XVIIe siècles)*. Paris: Bordas, Laffont, 1967.

VENTURI, P.T. *S. Ignazio nell'arte dei secoli XVII e XVIII*. Roma: Casa Editrice Alberto Stock, 1929.

VERCORS [Jean Bruller]. *Les Animaux dénaturés*. Paris: Albin Michel, 1952.

VÉRON, F. *La Victorieuse méthode pour combattre tous les ministres par la seule Bible, sur tous les articles controversez de leur Confession de foy, où il est monstré qu'ils n'ont pour appuy d'un seul point de leur prétendue réformation, aucun texte exprés de la Bible, ny aucune conséquence suffisante pour fonder un article de foy ou réformation, avec la réplique au livre de Ferry, ministre de Metz, intitulé "Le Dernier désespoir" et celuy de Du Moulin titré "Fuite et évasions"*. Paris: J. Corrozet, 1621.

VERREPÉ, S. *Manuel de dévotion, contenant oraisons dévotes, propres à toutes personnes, en toutes occurrences*. Publié par René Benoist. Paris: Guill. de La Noue, 1584.

VIDAL, D. *L'Ablatif absolu, théorie du prophétisme: le discours camisard en Europe (1706-1713)*. Paris: Éditions Anthropos, 1977.

VIDAL-NAQUET, P. "Les jeunes: le cru, l'enfant grec et le cuit", *Le Chasseur noir*, Paris, 1983, p. 117-207.

VIET, J. *Les méthodes structuralistes dans les sciences sociales*. Paris – La Haye: Mouton et Co, 1967.

VILLEY, P. *Marot et Rabelais*. Paris: É. Champion, 1923.

Vita B. Ignatii Loyolæ Religionis Societatis Jesus fundatoris ad vivum expressa. Anvers, 1610, 1622 / Paris, 1612.

Vita B.P. Ignatii, N. Lancicius e Ph. Rinaldi (eds.). Roma, 1609, 1622.

VOGT, A. "Amboise (d'), Georges", DHGE, t. 2, 1914, col. 1.060-1.062.

VOISÉ, W. "La mathématique politique et l'histoire raisonnée dans le *Specimen demonstrationum politicarum* de Leibniz". In: *Leibniz*, 1968, p. 61-67.

VOVELLE, M. "L'Élite ou le mensonge des mots", *Annales E.S.C.* [*Économies*, sociétés, civilisations], t. 29, 1974a, p. 49-72.

_____. *Mourir autrefois: attitudes collectives devant la mort aux XVIIe et XVIIIe siècles.* Paris: Gallimard, 1974b.

_____. *Piété baroque et déchristianisation en Provence au XVIIIe siècle. Les attitudes devant la mort d'après les clauses des testaments.* Paris: Plon, 1973a.

_____. "Étude quantitative de la déchristianisation", *Dix-huitième siècle*, n° 5, 1973b.

_____. "Prêtres abdicataires et déchristianisation en Provence sous la Révolution française", Actes du 89e Congrès des Sociétés savantes (Lyon, 1964). Paris: Imprimerie Nationale, 1964a.

_____. "Essai de cartographie de la déchristianisation révolutionnaire", *Annales du Midi: revue archéologique, historique et philologique de la France méridionale*, Tome 76, n° 68-69, 1964b, p. 529-542.

VOYÉ, L. *Sociologie du geste religieux: de l'analyse de la pratique dominicale en Belgique à une interprétation théorique.* Bruxelas: Vie ouvrière, 1973.

WAHL, F. "La philosophie entre l'avant et l'après du structuralisme". In: DUCROT et al., 1968, p. 299-442.

WALKER, D.P. "Origène en France au début du XVIe siècle". In: *Courants religieux et humanisme*, 1959, p. 101-119.

WEISS, R. *The Renaissance Discovery of Classical Antiquity.* Oxford: B. Blackwell, 1969.

WILDEN, A. "Montaigne's *Essays* in the context of communication", *Modern Language Notes*, vol. 85, n° 4, mai 1970, p. 454-478.

WILLAERT, L. *Bibliotheca janseniana belgica*: Répertoire des imprimés concernant les controverses théologiquies en relation avec le jansénisme dans les Pays-Bas catholiques et le pays de Liège aux XVIIe et XVIIIe siècles. 3 vols [1. Années 1476-1679; 2. Années 1680-1739; 3. Années 1739-1950]. Namur-Paris: Vrin, 1949-1951.

YATES, F.A. *The Art of Memory* [One of Modern Library's 100 Best Nonfiction Books of the Twentieth Century]. Chicago: University of Chicago Press, 1966 [Ed. bras.: *A arte da memória.* Trad. de Flavia Bancher. Campinas, SP: Editora da Unicamp, 2007].

ZAPICO, F. & DALMASES (de), C. (eds.). "Algumas cousas que o Padre Luiz Gonçalvez notou na vida de nosso Padre Ignacio". Mon. 13 – Memoriale L. González – Prologo. *Fontes narrativi de Sancto Ignatio de Loyola*, t. 1, MHSI, Roma, 1943, p. 527-752. Disponível em: < http://www.fondazioneintorcetta.info/pdf/bibliotecavirtuale/documento1176/FontesNarrativiI.pdf >

ZUBER, R. *Les "Belles infidèles" et la formation du goût classique*. Paris: Armand Colin, 1968.

Índice onomástico

Abelly, Louis 345n.
Acarie, Madame: cf. Marie de l'Incarnation 254
Acosta (de), José 191
Acquaviva (ou Aquaviva), Claudio 11, 188n., 188-196, 199, 202, 203, 212, 236
Arande (d'), Michel 169
Adão 121, 279
Agnès De Langeac (Agnès de Jésus) 213
Agnès De Saint-Paul 283
Agostinho, santo 40, 40n., 227, 253, 276, 277, 283, 284
Aguirre (de), José Saenz, cardeal 281
Agulhon, Maurice 32n.
Alberi, E. 145n.
Alberigo, Giuseppe 161
Alciati, Francesco 142
Alençon (d'), Marguerite 170
Alexandre 2º Da Síria 113
Al-Hallâj 413
Allier, R. 345n.
Alston, W.P. 66n.
Altemps (d'), Marc von Sittich, cardeal 146
Alvarez, Balthasar 73
Alvarez De Paz (Diego), J. 195n.
Amboise (d'), Georges, cardeal 164, 168
Ambrósio, santo 141, 143, 159
Amiraut, Moyse 246, 257
Anawati, G.C. 422
André-Vincent, P. 34n.
Ângela De Foligno, bem-aventurada 78, 194
Angélica De Saint-Jean 278n.
Angers (d'), Julien-Eymard 208n.

Anne De Saint-Barthélemy, bem-aventurada 254
Anselme 325n., 329n., 370
Appolis, Émile 269, 280, 287n.
Apolo 114
Aretino (Pietro Bacci Aretino) 177
Argenson (d'), marquês 363n.
Argenson (d'), Claude de Voyer (irmão de René) 328, 329, 331n., 344, 344n., 351, 357, 357n., 363n., 368-370
Argenson (d'), Jacques 328, 346
Argenson (d'), Louis e Pierre 328
Argenson (d'), Madeleine 328, 366
Argenson (d'), René de Voyer 16, 17, 324-365, 366-370, 377n., 383n.
Argenson (d'), René de Voyer (filho do precedente) 328, 346, 354, 366-370
Argombat (d'), Jean 212, 213
Ariès, Philippe 264
Ariosto (Ludovico Ariosto) 353
Aristóteles 142, 143, 312, 313
Arnauld, Antoine 73, 118n., 228, 229n., 230, 258, 281, 288, 347n.
Aron, Raymond 56n.
Arsênio 418
Arteche (de), J. 272
Astarté 113, 118
Astruc, Jean 50n.
Atkinson, G. 222n.
Atlas 316
Attichy (d'), Achille Doni 211
Aubin, Catherine 398
Aubry, Nicole 395
Auger, Edmond 178, 183, 185
Auvray, Paul 50n.

479

Auzoles De Lapeyre (d'), Jacques 349n.
Ayamonte (de), marquês 152

Bacqueville De La Potherie (de), Claude-Charles Le Roy 114
Baczko, Bronislaw 27
Bade, Josse 173
Bagot, Jean 246
Bail, Louis 234
Baiole, Jean-Jérôme 212
Baix, F. 178n.
Balthasar (von), Hans Urs 422
Balzac (de), Jean-Louis Guez, seigneur 260, 350n.
Barbier, Alfred 326n., 329n., 362n.
Barcos (de), Martin 281, 282
Barnes, Annie 269
Baroni, V. 265
Barry (de), Paul 208
Barthes, Roland 299n.
Baruzi, Jean 401, 408
Bascapé, Carlo 138, 145, 146
Bastel, Heribert 34n.
Bataillon, Marcel 34n., 316
Baudet, H. 222n.
Baudin 68, 85n., 99, 99n.
Bayle, Pierre 46, 48, 51n.
Beauchamp, Paul 58
Becker, Ph.-A. 170n.
Béda, Noël 164, 167, 172
Behr-Siegel, Elisabeth 423
Belarmino: cf. Roberto Belarmino
Bellintani, Matthias 183, 185
Bellinzaga, Isabella (ou Elisabella) 73, 211, 352
Belmon, C. 169
Belmont, Nicole 37n.
Bendiscioli, M. 352n.
Bénichou, Paul 209n., 260
Ben Meir, Samuel 253
Benoist, René 178, 181, 181n., 186
Benzoni, Girolamo 316n.
Bergson, Henri 92, 401, 402, 408

Bernardo De Clairvaux, são 77
Bernard-Maitre, Henri 84n., 167n., 171n., 193n.
Bernier, Claude 212-215
Bernières (de), Jean 354
Berra, L. 142
Bertolotti, A. 141n.
Bérulle (de), Claude 325, 352
Bérulle (de), Jean e Marie 325
Bérulle (de), Pierre, cardeal 34, 34n., 68, 69, 138, 213, 243, 251-255, 279, 289, 352, 354n.
Besançon, Alain 379n., 392
Besson, J. 284
Beugnot, M. 33n.
Bibaut, Guillaume 167
Bidaud 327n., 368
Billy (de), Jean, Jacques e Geoffroy 178
Binet, Étienne 208, 211
Binius, Severinus 349
Bitterli, Urs 313
Blanchet, André 85n.
Blanchot, Maurice 301
Blanckaert, Claude 21
Blet, Pierre 221n., 237n.
Blois (de), Louis 177
Blondel, Maurice 68, 69, 70n., 80n., 83, 94, 100, 102n., 401
Blondo, Giuseppe 194
Boas, Franz 105
Bochart De Champigny, Jean 343, 343n., 365
Bodin, Jean 388, 398
Boguet, Henri 391, 395, 430
Bohyre, Arnauud 213
Bois, Paul 37n.
Bona, Giovanni, cardeal 283
Bonet, Jean 212
Bongain, Michel 167
Bonnefous 348n.
Bonnefoy, J.-F. 166
Bonnet, Serge 40n., 43n.
Bonomi, Gian Francesco 137

480

Bontemps, Légier (ou Léger) 187
Bordier, Paul-Henri 41n.
Borgia: cf. Francisco de Borgia
Borromeu, Carlos: cf. Carlos Borromeu
Borromeu, família 140, 144, 145
Bosch, Hieronymus 322
Bossuet, Jacques Bénigne 68, 73, 78n., 90n., 139, 150
Botero, Giovanni 160
Botticelli, Sandro 32n.
Bouchard, Gérard 36n., 38n.
Boucher, Jean 246
Bouchet, Jean 173
Bouchu 383
Bouhours, Dominique 230, 230n., 234
Boulard, François 42
Bourbon (de), Jean 166
Bourbon (de), Renée 164
Bourdaloue, Louis 72, 72n., 73, 100n., 102n., 230n., 233
Bouvot, F. 379n.
Brant (ou Brandt), Sebastian 173
Brantôme (de), Pierre de Bourdeilles, abbé 176
Bredvold, Louis I. 50n.
Bremond, André 84n.
Bremond, Henri 11, 12, 19, 67-104, 71n., 206, 233, 233n., 249, 265, 272, 273, 288, 401
Brentano, Clemens 417
Bretagne (de), Marie 164
Bretonneau, G. 169n.
Brézé (de), Urbain de Maillé, marquês 329
Briçonnet, Guillaume 169
Brisacier (de), Laurent 345n., 353n.
Brossier, Marthe 390, 395, 398
Brou, Alexandre 82
Broutin, P. 146
Brown, Homer O. 123n.
Brunet, Robert 349n.
Brunner, Emil 423
Bruno, são 167

Bruno, Giordano 160
Bry (De), Théodore 108, 109
Buber, Martin 423
Bucher, Bernadette 109n.
Buck (De), J.-M. 178n.
Budé, Guillaume 169
Buisson, F. 187n.
Bureau, Michel 164
Bus (De), César 137, 176, 184
Busson, Henri 265
Buxtorf, Jan 258

Calunga 104
Calvet, Jean 356n.
Calvino, João 39n., 173, 174, 245, 257
Câmara (Da), Luís Gonçalves 200
Câmara Cascudo (Da), Luís 319n.
Campeau, Lucien 205n.
Camus, Jean-Pierre 98, 245
Canfeld Ou Canfield (De), Benedito 289, 352
Canigiani, A. 137, 176
Canossa, Louis 169
Capiton, W. 170
Cappel, Louis 259
Caracciolo, A. 177
Carafa, Carlo, Cardeal 144
Carey-Rosett, L. 349n.
Carité, Maurice 99n.
Carlos Borromeu, são 11, 19, 137-162, 176
Carlos V 150
Caroli, Pierre 169
Carrière, V. 179n.
Carvajal (De), Luis 172
Casaubon, Isaac 114
Casolo, Giacomo 353
Cassirer, Ernst 51n.
Castel, Louis-Bertrand 224
Castiglione, Baldassare 353
Catarina De Gênova, santa 78, 194, 213, 251
Catarina De Sena, santa 176, 351, 422

481

Cattaneo, E. 156n.
Caulet (De), François-Étienne 285
Caussade (De),Jean-Pierre 225, 233
Caussin, Nicolas 208n.
Caux (De) 345
Cavalcanti, M.b. 159n.
Cavallera, Ferdinand 68n., 69, 77n., 78, 82, 97n.
Céard, Jean 312n.
Ceccotti, Giovanni Battista 211
Célier, L. 144
Ceneau, Robert 169
Ceyssens, Lucien 268, 269, 281, 281n., 286, 287n.
Champeils, Léonard 212
Champion, P. 214, 215n., 216, 225
Champlain, Samuel 120
Chappuys, Gabriel 178
Charcot, Jean Martin 407
Chardon, Louis 69n., 80, 82, 86-88, 234
Charlet, Étienne 196, 211
Charpentrat, Pierre 209n.
Charron, Pierre 245, 247
Chaunu, Pierre 43, 43n., 231, 265, 269
Chaussy, dom 165n.
Chauveau, P. 201n., 214
Chauveton, Urbain 316n.
Cheffontaine (De), Christophe 185
Chéruel 329n.
Chézard de Matel, Jeanne 213
Chinard, Gilbert 109n.
Cholvy, Gérard 35n.
Cícero 142
Cipriano, São 143
Claeys Bouuaert, F. 179
Claude D'abbeville 241n.
Claude La Colombière, são 234, 454
Claudel, Paul 85n.
Clavius, Christophe 224
Clemente Viii, Papa 141, 192
Clérée, Jean 164, 166
Clichtove, Josse 172
Cloyseault, E. 138

Cluniac, Pierre 212-215
Cochois, Paul 254, 265
Codina Mir, Gabriel 206n., 207
Coemans, Auguste 193n.
Cognet, Louis 203n., 218n., 256, 265, 269, 270, 275n., 279n., 281
Colet, P. 263
Colonna, Fabrizio 140
Colvener 430
Cômodo, imperador romano 165n.
Constantino, imperador romano 277
Constantin de Barbanson 414
Contenson (de), Guillaume 234
Conti (de), Armand De Bourbon, príncipe 343n.
Coqueret, Jean 346, 347n., 349n.
Cornand de La Croze, Jean 229n.
Cornet, Nicolas 346
Cornu, Pierre 172
Coste, Pierre 348n.
Courcelle, Pierre 62
Courel, François 218n.
Cousturier, Pierre 167, 168
Cotin, Charles 246
Coton, Pierre 73, 195n., 196, 203, 210, 210n., 213, 250
Cotreau, Jean 181, 184
Coulon 398
Coyssard, Michel 176, 178, 187
Craig, John 49n.
Crapulli, Giovanni 48
Crasset, Jean 70, 226, 233
Crescenzi, Alessandro, cardeal 347n.
Crivelli, G. 142
Cyrano De Bergerac (de), Savinien 389

Dabillon, André 212, 213
Daeschler, René 72n., 102n., 233n.
Dagens, Jean 20, 352n.
Daillé, Jean 243
Dainville (de), François 178n., 181n., 183n., 186

Dangles, Bernard 212
Daniel, Gabriel 31
Daumal, René 419
Davi 352, 353n.
David, Madeleine V. 265
Davis, Natalie Zemon 41n.
De Angelis, Bernard 190
Delcambre, Étienne 214n., 375n., 376
Del Rio, Martin 384
De Lubac, Henri 96n., 279n.
De Luca, Giuseppe 75, 84n.
Delumeau, Jean 33n., 37n., 41n., 141n., 176n., 261
Demoustier, Adrien 193n., 204n.
Deroo, A. 158
De Rosa, Gabriele 188n.
Derrida, Jacques 57n., 115n., 125n., 417
Descartes, René 15, 48, 48n., 247, 249, 385n.
Des Caurres, Jean 187
Desgabets, Robert 284n.
Desné, Roland 21
Desroche, Henri 42n.
Dhotel, Jean-Claude 223, 398n.
Diana 113, 114, 118
Dibon, Paul 49
Diego de Jésus 62, 63
Dinouart, Joseph 216n.
Dion, Roger 316n.
Dionísio, O Cartuxo 167, 177
Dognon, R. 263
Donatello, Donato 318
Doré, Pierre 184
Dorival, Bernard 283
Douglas, Mary 393n.
Driedo, Jean 172, 173
Dubarle, Dominique 36n.
Du Bos, Charles 69, 69n.
Dubuisson-Aubenay, F. 220n.
Duby, Georges 29n., 320
Du Cange, Charles 223
Du Chesne (Ou Duchesne), André 350
Duchesne, Louis 74

Duchet, Michèle 105n.
Dudon, Paul 78n., 98n.
Du Duc, Fronton 223n., 430
Du Fail, Noël 220n.
Du Fossé, Pierre Thomas 234
Dufournel, Louys 354n.
Du Jarric, Pierre 222n.
Du Mas (Ou Dumas), Peter 165
Du Mont (Ou Dumont), Paul 178
Dumoulin (Ou Du Moulin), Pierre 245
Duplessis-Montbard, Christophe 345n., 349n., 353n., 355
Duplessis-Mornay, Philippe 246
Dupront, Alphonse 31, 32n., 51n., 122n., 154, 182, 242, 257, 265, 372, 374, 374n.
Dupuyherbault, Gabriel 178, 185
Durand, Jeanne E. 67n.
Durkheim, Émile 126n., 400
Du Sault, Nicolas 210, 274
Du Tertre, Jacques 212, 213
Du Val, André 255
Du Verdier, Antoine 176

Eckhart, Mestre 402, 415
Eliade, Mircea 400, 423
Elias 86
Elton, G.r. 56
Emmerich, Catarina (Ana- Catarina) 417
Épernon (d'), Bernard, Duque 330, 361, 362, 367
Epicteto 62
Épinac (d'), Pierre 180
Erasmo (Desiderius Erasmus Roterodamus) 41n., 45, 48, 76, 167, 296, 296n.
Espence (d'), Claude 180, 185
Espinosa, B. 44n., 49
Estaing (d'), François 169
Estella: Cf. Stella (de), Diego 176
Estienne, Antoine 178
Estratonice 319
Étienne, J. 172
Eva 118, 121

Fabre, Daniel 29n.
Fabro, Pedro [Pierre Favre], santo 15, 15n., 53, 167, 170, 293, 293n., 298, 298n.
Farel, Guillaume 169, 170
Farina, Ordem Dos Umiliati 156, 157
Febvre, Lucien 170n., 395
Fénelon, François De Salignac De La Mothe 50, 50n., 68, 73, 78n., 81n., 82, 229, 231, 258, 354, 356
Fenton, W.n. 114n., 118n.
Féret, P. 208n.
Fernand, Charles 165, 166
Ferry, Paul 243
Féry, Jeanne 395
Ficino, Marsilio 177
Fieux (de), Mgr 285
Filipe Néri, são 148, 219
Filipe II Da Espanha 150, 152, 191
Filipe V Da Macedônia 312
Filoxeno De Mabugo 418
Flandrin, Jean-Louis 37n.
Flavin (de), Melchior 182
Fleury, Claude 263
Flory, Elisabeth (nome de solteira: Blondel) 83n., 99n.
Fonteneau, Dom 329n.
Fonteneil 361n.
Fontenelle (de), Bernard Le Bovier 132, 133n.
Foucault, Michel 29n., 265, 388, 388n., 392
Fouqueray, Henri 183n., 203n.
Fraisse, Simone 334n.
Francastel, Pierre 32n.
Francheville (de), Catarina 220
Francisco De Assis, são 420
Francisco De Borgia, são 202
Francisco De Paula, são 166, 172
Francisco De Sales, são 67, 69, 82, 86, 87, 90, 90n., 143, 213, 225, 243, 244, 249-255, 263, 350
Francisco Xavier, são 298
Francisco 1º 165

François, Michel 180, 249n.
Françon, Marcel 319n.
Freud, Sigmund 9n., 126n., 400, 401, 423
Froye, Jacques 178
Fuchs, Hans-Jürgen 40n.
Fumaroli, Marc 48n.
Fumée, Martin 165
Furetière, Antoine 117n.

Gabriel Maria, bem-aventurado 166
Gadamer, Hans-Georg 26n.
Gagliardi, Achille 73, 211, 211n., 352, 352n.
Gaiffier (de), Baudouin 22n.
Galesino, Pietro 154
Galle, Cornélis E Théodore 201n.
Gallio, Tolomeo, cardeal 143
Garasse, François 271
Gardet, Louis 422
Garin, Eugenio 160n.
Garrigou-Lagrange, Réginald Marie 69, 69n., 81n.
Gassendi (conhecido como), Pierre Gassend 48, 48n.
Gastoué, A. 187
Gaufridy, Louis 395
Gaultier, René 215
Gautier, Jean 70n.
Gay, Francisque 99n.
Gerson, Jean 186
Gertrudes De Helfta, santa 194
Gesualdo, Fabrizio 140
Ghislieri, Michele, cardeal e, em seguida, Papa Pio V 149, 153
Giberti, Gian Matteo 147
Gibieuf, Guillaume 349n.
Gilmont, Jean-François 201n.
Ginzburg, Carlo 39n., 266
Giorgi, Rubina 52n.
Girard De Villethierry, Jean 263
Giussano, Giovanni Pietro 138
Glapion, Jean 166
Glaumeau, Jean 181n.

Gliozzi, Giuliano 122n.
Godeau, Antoine 138
Godet, M. 163n.
Goethe (von), Johann Wolfgang 319n.
Goguet 105n.
Goldmann, Lucien 266, 281, 288, 289
Goldwell, Thomas 149
Gómara (de), Francisco Lopez 316n.
Gontery, Jean 245
Gonzaga, Cesare 140
Gonzaga, Ercole, cardeal 144
Gonzaga, Margherita 140
Gonzalez De Santalla, Tirso 230, 281
Gorceix, Bernard 423
Gormaz, Juan Bautista 237
Grammont (de), Mgr 139
Grandet 346n.
Grandmaison (de), G. 201n.
Grandmaison (de), Léonce 77, 78n., 216, 218n.
Granero, J.-M. 171n.
Granger, Gilles-Gaston 8n.
Granvelle (de), Antoine Perrenot, cardeal 180
Green, John Richard 86
Green, Julien 410
Gregório Xiii, papa 152
Gretser, Jakob 200n.
Griffiths, R. 84n.
Gringore, Pierre 174
Griselle, E.c. 272n.
Groethuysen, Bernard 266
Grotius, Hugo 114, 246
Guarnieri, R. 84n.
Gueffault, Jeanne 325
Guénon, René 401
Guettgemans, Erhardt 60n.
Guevara (de), Antonio 176
Guibert (de), Joseph 102n., 188n., 195n., 203n.
Guillaume, G. 165n.
Guilliaud, C. 180
Guilloré, François 225, 229

Guitton, Georges 220n., 237n.
Gusdorf, Georges 50
Gutton, Jean-Pierre 41n.
Guy, Jean-Claude 102n.
Guyon (conhecida como: Mme.), Jeanne-Marie Bouvier De La Motte 73, 78n., 354

Habermas, Jürgen 26, 26n.
Hacqueville (de), Nicole 164
Hamel, E. 225
Hamon, A. 218n.
Hamon, M. 283
Hanotaux, Gabriel 371
Harent, S. 218n.
Harphius, Henri 167, 177
Hartog, Curt 123n.
Hartog, François 307
Harwood, Jonathan 8n.
Haubert, H. 220
Hauser, Henri 158, 173n.
Hayneufve, Julien 208n., 209, 274
Héduit, J. 221n.
Hegel, G.W.F. 49, 125n.
Heidegger, Martin 419
Heiler, Friedrich 400
Hélyot, Claude E Marie 233
Hennequin, J. 209n.
Henrique IV 203, 204, 237
Hermes 113
Heródoto 115n., 307, 310
Herskovits, M.J. 416
Hézard 187n.
Hillenaar, H. 230
Hirsch, E. 266
Hobbes, Thomas 40, 40n., 260
Hocquincourt 285
Hoffée (Hoffaeus), Paul 192, 193, 196n.
Hogden, Margaret 123
Horric De Beaucaire 331n., 370
Horus 113, 114
Hosius (Hozjusz), Stanisław, cardeal 144

Houssaye 326, 326n.
Huby, Vincent 214, 215, 220, 226
Huet, Pierre-Daniel 122, 122n.
Hügel (von), Friedrich 401
Huijben, J. 176
Huppert, George 44n.
Hurault, Christophe, Elisabeth e Jean 325
Huxley, Aldous 401
Hyde, T. 113

Ibn 'Atā' Allāh 411
Inácio De Loyola, santo 15, 15n., 16, 167, 170, 191, 193, 200, 202, 216, 225, 272, 293n., 294-302
Irsay (d'), Stephen 183n.
Isaías 353n.
Isambert, Mlle 95, 96n.
Ischolas 318
Isis 110-115
Iversen, Erik 114

Jacó 99, 127, 406, 418
Jacquinot, Barthélemy 213
Jacquinot, Jean 212
James, William 401
Jansênio 45n., 279, 386n.
Jarry, A. 250
Jeanne L'évangeliste 220
Jeanneret, Michel 44n.
Jedin, Hubert 151, 162n.
Jiménez Berguecio, Julio 215n.
Jó 331, 353n.
Joana de Chantal, santa 253
Joana de Valois 166
Joana dos Anjos 15
João da Cruz, são 79, 161, 216, 289, 415
João de São Tomás 231
João Eudes, são 73
João Francisco Régis, S.J., são 220n.
Jobert, Louis 215n.
José, Abba 416
Jouenneaux, Guy 164, 165

Jourdain, Charles 346n.
Jourdain, Raymond 174
Judde, Claude 225, 233
Julia, Dominique 36n., 38n.
Jung, Carl Gustav 400

Kagel, Mauricio 310
Kälin, Kaspar 114, 123, 124n.
Kelley, Donald R. 43n.
Keohane, Nannerl O. 40n.
Kerbiriou, L. 220n.
Kériolet (de), Pierre 220
Kerlivio (de), Louis Eudes 220
Kodale, Klaus M. 40n.
Kolakowski, Leszek 34n., 51n., 210n., 231n., 251, 266, 423
Kraus 356n.
Kraus, Hans-Joachim 50n., 266
Kuentz, Pierre 47n., 206n.
Küng, Hans 164

Labadie, Jean 212, 213
La Barrière (de), Jean 167, 182
Labat, Jean-Baptiste 114
Labauche, L. 83n.
La Boderie (de), Irmãos 178
La Boétie (de), Étienne 323
La Brière (de), P. 346n.
La Brosse (de), Gilbert 178
Labrousse, Ernest 28n.
La Chaise ou Chaize (de), François 236
La Chausse (de), Michel-Ange 113
La Colombière: Cf. Claude La Colombière
Lacombe, Olivier 401
Lacroix, Jacques 29n.
Ladrière, Jean 66n.
Lafitau, Joseph-François 11, 12, 105n., 105-133
La Font, Barthélémy E Hélène 326
Lafont, Robert 29n.
La Force (de), Auguste-Armand, duque 371

La Force (de), Jacques Nompar de Caumont, marechal, duque 327
La Haye (de), F.C. 351n.
LaHontan (de), Louis Armand de Lom D'arce, barão 120, 120n.
Laínez, Diego 183, 202
Lajeunie, E.-J. 266
Lallemant, Louis 68, 73, 98n., 210, 214-218, 218n., 261
Lambert 331, 363n.
Lamennais (de), Félicité Robert 85, 86n.
La Mothe-Houdancourt (de), Philippe, marechal 328, 329n., 357
La Mothe Le Vayer (de), François 241, 245
Lancelier, N. 179
Lancre (de), Pierre 214, 387, 391n., 395, 396n.
Landucci, Sergio 116n.
Lansperge, Jean-Juste 177
La Piletière (de), Jean-Joseph 221n.
La Place (de) 347n.
Laplanche, François 266
La Puente (de), Luís 195n., 224n., 263
La Rochefoucauld (de), François, duque 48
La Rue (de), Charles 230n.
Las Casas (de), Bartolomé 34n., 316
La Taille (de), Maurice 408
Laubardemont (de), Jean Martin, barão 379n., 383, 384n.
Launoy (de), Jean 346n.
La Vallée-Poussin (de), Louis 401
Le Bovier De Fontenelle, Bernard: Cf. Fontenelle (de)
Le Bras, Gabriel 35, 42
Lebreton, Jules 76, 94, 98-102, 98n.
Le Brun, Jacques 29n., 203n., 229n., 231n., 236n., 377n.
Lebrun, François 37n.
Leclercq, Jean 423
Le Fèvre De La Boderie 187
Lefèvre, F. 104n.

Lefèvre D'étaples, Jacques 167, 169, 171, 173
Leganès Ou Leganez (de), marquês 327
Le Gaudier, Antoine 79
Legendre, Pierre 262
Le Goff, Jacques 28n., 29n., 51
Le Hir, Yves 44n.
Leibniz, G.W. 48, 95
Le Jeune, Paul 225
Lemaistre, Antoine 283
Lemay, Edna 105n., 131n.
Le Nobletz, Michel 220n.
Léonard, E. 262, 266
Leónidas 318
Léry (de), Jean 108-111, 110n., 241, 308n., 309, 310, 316
Lessius, Leonard 195n.
Lestocquoy, J. 180
Lestringant, Frank 109n.
Le Tellier, Michel 329n., 343n.
Letourneau 346n.
Leturia (de), Pedro 190n.
Le Veneur, Jean 169
Levi, A. 209n., 266
Lévi-Strauss, Claude 129, 132, 241
Lévy-Bruhl, Lucien 400
Lewis, Geneviève 284
Lhermitte, J. 214n.
Lia 318
Lippomano, Louis 177
Lipse, Juste 113
L'isle (de), Jean 220
Lívia 318
Llaneza, M. 178n.
Loisy, Alfred 74n., 76n., 214
Lopez De Gomara: Cf. Gomara
Lortz, Joseph 240
Lossky, Vladimir 423
Lotman, Yuri 307n.
Lottin, Alain 37n., 209n.
Luís De Gonzaga, são 211
Luís De Granada 139, 158, 160, 177, 185, 350, 350n.

487

Luís XI 166
Luís XIII 324
Luís IV 236
Lovy, A-J. 170n.
Luckmann, Thomas 40n.
Lucrécio 142
Lukács, Ladislaus 181n.
Lundberg, Mabel 190n.
Lutero, Martim 245
Luzvic, Étienne 236

Mabillon, Jean 48n.
Macário 418
Machado de Chavez (Chaves), Jean 349
Machault (de) 360n.
Maquiavel, Nicolau 260
Madalena De Jesus 254
Madalena (ou Maria Madalena) De Pazzi, santa 194, 251
Madeleine De Saint-Joseph (ou Madeleine De Jésus 254
Maffei, Gian Pietro 200, 201
Maggio, Lorenzo 195, 203
Magno 353
Maillard, Olivier 164, 166
Maioli, G. 156n.
Maistre (de), Joseph 75
Malaval, François 229, 354
Maldonado (de), Juan 192, 244
Malebranche, Nicolas 246
Mallet-Joris, Françoise 372
Manare, Olivier (Oliverius Mannaerts) 183
Mandrou, Robert 17, 19, 30n., 372-383, 372n., 373n., 385-390, 392, 399
Manessier 347n.
Mannheim, Karl 27, 59n.
Manning, Henry, cardeal 68
Mantegna, Andrea 32n.
Marchand 167n.
Marcora, C. 153
Maréchal, Joseph 408
Margarida Maria Alacoque, santa 235

Marguerite De Sainte-Agathe 220
Marie De L'incarnation, santa 254
Marie De Valence (Marie Teysonnier) 213
Marillac (de), Michel 349n.
Marin, Louis 46n., 48n., 128n., 322n.
Marolles (de), Michel 327
Marrier, Martin 350
Marsille, H. 220
Martimort, Aimé-Georges 43
Martin, Henri-Jean 45n., 220n.
Martin, Victor 179
Martin-Chauffier, Louis 221n.
Mártires (dos), Bartolomeu, arcebispo de Braga (Portugal) 146, 159, 181
Marwick, M.G. 393n.
Massieu, Christian 172
Massignon, Louis 408
Matheron, Alexandre 49n.
Mathorez, J. 176
Maunoir, Julien, bem-aventurado 219, 220n.
Mazarino (Giulio Mazarini), cardeal 329n., 343, 343n.
Mckee, Denis 38n.
Mclennan, John Ferguson 118n.
Medici (de'), Gian Angelo, papa Pio IV 140
Medici (de'), Margarida 140
Meinecke, Friedrich 32n.
Melançon, A. 205n.
Mendonça (de), Fernando 192
Menot, Michel 166
Mercurian, Éverard 73
Mercúrio 116, 173
Mersenne, Marin 246, 262
Mesa (de), Jean 201n.
Mexía, Pedro (Pero) 177
Meyer (de), A. 166, 268
Mézeray (de), François Eudes 48
Michaëlis, Sébastien 396
Milley, Claude-François 225
Mirri, F. S. 50n.

Moisés 9n., 122
Molière 128
Molinos (de), Miguel 229
Mols, R. 162n.
Monbrun 81, 81n., 83
Mongrédien, Georges 397n.
Monnier, Hilarion 284n.
Montaigne (de), Michel Eyquem 16, 19, 21, 62, 245, 247, 306-323, 323n.
Montfaucon (de), Bernard 113
Montherlant (de), Henry 269
Moore, E. 105n., 114n., 118n.
Morangis (de) 343
Morus: cf. Thomas Morus
Moreau, Pierre-François 49n.
Morel, Georges 423
Morone, Giovanni, cardeal 144, 147
Moser, Walter 120n.
Mours, S. 266
Mousnier, Roland 324n., 356n., 361n., 381n.
Müller, J. 209n.
Mürner, Thomas 173

Nacquart, M. 241n.
Nadal, Jérôme 201, 217
Nédoncelle, Maurice 20
Nève, J. 166
Neves, Luiz Felipe Baêta 34n.
Neveu, Bruno 46n., 229n.
Newman, John Henry 68, 76
Nicolas, Armelle (*La Bonne Armelle*) 220, 226
Nicolau De Cusa (Nikolaus Von Kues) 61, 170, 174
Nicolazic 220
Nicole, Pierre 90n., 118n., 228-231, 229n., 283, 288
Nietzsche, Friedrich 125, 125n., 261, 419
Noailles (de), Charles 346, 347
Noailles (de), Louis-Antoine, cardeal 78n.
Noris (de), Enrico, cardeal 283

Nouet, Jacques 274
Noulleau, Jean-Baptiste 87
Novelli, A. 161n.

Olender, Maurice 21
Olier, Jean-Jacques 73, 86, 243, 244, 250, 348
Oliva, Jean-Paul 220, 236
Orcibal, Jean 46n., 184n., 210n., 266, 268-272, 272n., 278n., 279n., 288, 289, 423
Orléans (d'), Madalena 165
Orléans (d'), Pierre-Joseph 211n.
Ormaneto, Niccolò 147, 149
Ormesson (d'), Olivier Lefèvre 329n., 369, 382n.
Orozco (de), Alonso, bem-aventurado 350, 350n.
Ory, Matthieu 174
Osíris 113
Osório, Jerônimo 316n.
Otto, Rudolf 400, 423
Oudot De Dainville, M. 181n.

Palafox (de), Jean 215
Pantagruel 320
Parceval, Jean 138
Pardoux 390
Paris, Louis 371
Pascal, Blaise 31, 40n., 47n., 48, 48n., 62, 73, 246, 262, 269, 283
Pascal, Jacqueline 282
Pascal, P. 274n.
Pasquier, E. 181n.
Passart, Flavie 282
Pastor (von), Ludwig 144n., 158
Patrizi, Francesco 159n.
Paulo, São 159
Paulmy (de), René, seigneur de Dorée 327
Pavillon, Nicolas 285
Pedro, são 281
Peeters, Louis 94, 97, 97n., 98

489

Pelletier, Jean 183
Pépin, Guillaume 166
Pérez De Lara, Alfonso 350
Périon, Joachim 182
Pétau, Denis 223n., 349n.
Petiot, Étienne 212
Petit, Guillaume 166
Petrocchi 353
Pfeiffer 258
Philippus, cf. FILIPE 5º da MACEDÔNIA
Philips, E.c. 224
Piana, C. 166n.
Picart, François 172
Picot, Émile 176n.
Picot, Jean 167
Picus, Joannes: cf. Picot, Jean
Pio Iv, papa 140, 144, 149, 153
Pio V, papa 149
Pignoli, B. 181
Pinelle, Louis 168
Pinsart, Yves 351n.
Pintard, René 353
Piny, Alexandre 69n., 72, 80, 86-89, 96, 97, 101, 101n.
Pirro 312
Piton, M. 169n., 180n.
Platão 125, 129, 173, 309, 312, 315
Platelle, Henri 384n.
Plínio 142
Poiret, Pierre 215, 352n.
Polanco (de), Juan Alfonso 200
Pole, Reginald, cardeal 148
Pomian, Krzysztof 112n.
Pommier, Jean 270
Poncer, Maurice 182
Poncher, É. 165
Popkin, Richard H. 208n., 245, 267
Porchnev, Boris 379, 379n.
Possevino, Antonio 183
Possevino, Giovanni Battista 137, 154
Postel, Guillaume 171, 174
Potier De Gesvres 139

Pottier, Aloÿs 69, 215n.
Poulain, Augustin-François 78, 94, 407
Poulain, Jacques 61n.
Prat, J.-M. 172n., 203n.
Pratesi, R. 166n.
Premoli, O. 142
Prie (de), René 169
Prodi, Paolo 155
Propp, Vladimir J. 60n.
Psaume, Nicolas 180
Pseudo-Aristóteles 309
Pseudo-Dionísio 77, 87, 100, 167, 171, 182, 227, 253
Puech, Henri-Charles 29n.

Quattrino, D. 157
Quentin, Jean 164, 166
Quesnel, Pasquier 269
Quimon, Julien 164
Quiroga (de), Gaspar 231

Rabelais, François 320, 321n.
Radak 253
Radcliffe-Brown, A.R. 105n.
Ragueneau, François 212
Rapin, René 343n.
Raquel 318
Raulin, Jean 164, 166, 168
Ravier, André 267, 420
Rayez, André 176
Rebelliau, A. 345n.
Rémy, Nicolas 395
Renart (ou Renar), François 345-350, 345n., 348n.
Renaudet, Augustin 163n.
Renou, Louis 401
Renty (de), Gaston, barão 349n., 354, 354n., 355
Requesens: Cf. Zuñiga
Rétat, Pierre 120n.
Retz (de), Paul De Gondi, cardeal 48
Reynolds, L.D. 45n.

Ribadeneyra (de), Pedro 194n., 199, 200, 201n.
Ribera (de), Francisco 254
Ribera, Giovanni Battista 145
Ricard, R. 281
Richard, P. 180
Richardot, François 180, 187
Richelieu (de), Armand Jean du Plessis, cardeal, duque 249, 260, 271, 350, 357, 360n., 367
Richeome, Louis 196, 203, 204, 207, 208, 211
Rigault, Claude 120n.
Rigoleuc, Jean 210, 214-218, 218n., 274
Rilke, Rainer Maria 300
Ritter, H. 424
Rivolta, A. 146
Roberto Belarmino, são 211, 231, 232, 262
Rochemonteix (de), Camille 205n.
Rodocanachi, E. 151
Rodrigues, Francisco 200n.
Rodriguez, Alfonso 195n.
Rolland, Romain 400, 401, 404, 410
Romei, A. 159n.
Rosa, Mario 188n.
Roserot De Melin, J. 173n.
Roussel, Gérard 169, 170
Rubens, Peter Paul 201n.

Saba, A. 142, 159
Sabbataï Zevi (ou TSEVI) 252
Saboia, Thomas de, príncipe de Carignan 327, 329
Saccheri, Girolamo 224
Sacchini, Francesco 188n., 190
Saci ou Sacy (de), Louis Isaac Lemaistre 283
Saint-Cyran (de), Jean Duvergier de Hauranne, Abbé 12, 45n., 73, 74, 230, 231n., 253, 268-282, 273n., 285n., 286, 288, 386n.
Saint-Hilaire (de) 326

Saint-Jure, Jean-Baptiste 218n., 225, 226, 255, 274, 348, 354, 354n.
Saint-Lu, André 34n.
Saint-Simon, Charles de, seigneur de Sandricourt 178
Saint-Vincent (de), Grégoire 224
Sainte-Beuve, Charles Augustin 269, 283
Sainte-Marthe (de), irmãos 349n.
Salústio 142
Samouillan, A. 166
Sara 318
Saul 352
Saulnier, V.-L. 173
Sauzet, Robert 36n.
Savonarola, Jérôme 177
Schaff, Adam 59n.
Schmidt, A-M. 267
Schmidt, C. 170n.
Schmitt, Jean-Claude 29n.
Schmitz, P. 182
Schneider, Burkhart 193n.
Schreber, Daniel Paul 119
Sebond (de), Raymond 308, 323
Séglière, Charles 212, 213
Segneri, Paolo 230
Séguenot, Claude 72, 87
Séguier, Pierre, chanceler 325, 347n., 349n., 361n., 362n., 365, 379n.
Séguy, Jean 29n., 36n.
Semler, Johann Salomon 50n.
Serafim De Fermo 177
Seripando, Girolamo, cardeal 144, 146
Serres, Michel 385n.
Servin, Louis 380, 380n.
Seyssel (de), Claude 169, 180
Sgard, Jean 120n.
Shakespeare, William 129
Shavar, Sh. 28n.
Sigelmann, Elida 34n.
Silhon (de), Jean 246
Silly (de), Jacques 169
Simon, J. 165
Simon, Richard 49, 50n., 244, 258

491

Sirmond, Jacques 223n., 349n.
Sixto V, papa 141, 191
Soarez, Cipriano 206
Sócrates 273n.
Solminihac, Alain de, bem-aventurado 139
Sólon 312
Sommervogel, Carlos 188n., 202n., 216n., 219n.
Soranzo, G. 145n.
Soranzo, Girolamo 144
Sorel, Charles 246
Soulfour (de), N. 138
Sourdis (de), Henri d'escoubleau, arcebispo de Bordeaux 327n., 328, 328n., 329n., 355, 357, 358n., 359, 361
Speciano, C. 155
Spee Von Langenfeld, Friedrich 379n.
Speroni, Sperone 159n.
Spon, Jacob 113
Sposato, P. 144
Standonck, Jan 163, 166
Stegmann, André 209n.
Stella (de), Diego 176
Stolz, Anselme 408
Suarez, Francisco 195n., 231, 232
Sue, Eugène 367
Suffren, Jean 208, 218n., 348
Surin, Jean-Joseph 15, 15n., 53, 54, 54n., 57, 60-66, 73, 86, 195, 210-218, 218n., 225, 229, 232, 232n., 251-255, 274, 354, 411, 419
Suso, Henri 167
Szilas, László 205n.

Tacchi Venturi, Pietro 201n.
Tácito 260
Tallevannes 287n.
Talpin, Jean 181, 181n.
Tamizey De Larroque, Philippe 379n.
Tans, J.A.G. 269
Tapié, Victor-L. 209n., 249
Tasso (Torquato Tasso) 353

Tauler, Jean 315
Taveneaux, René 269, 280, 281, 283, 284n.
Teresa de Ávila, santa 138, 149, 161, 176, 213, 251, 415
Teresinha do Menino Jesus [Thérèse de Lisieux ou de L'enfant Jésus], santa 101, 101n.
Théry, G. 221n.
Thévet, André 108, 109, 309, 316
Thibaudet, Albert 40n., 67, 73
Thomas, E.j. 424
Thomas Morus, são 46n., 128, 322, 322n.
Thuau, Étienne 32n., 260, 261, 267, 384n.
Tiercelin, B. 181
Tillemont (de), Louis Sébastien Le Nain 269, 283
Tito Lívio 142
Todorov, Tzvetan 60n.
Toledo, Francisco de, cardeal 191
Tomás de Aquino, são 79, 79n., 80
Tomás de Jesus 231
Tommasi, Giuseppe Maria, cardeal 283
Tonina, Francesco 144
Torne (von), P.O. 143n.
Tournon, François de, cardeal 178, 180
Toussaert, J. 287
Trans (de), René 212, 213
Tronson, Louis 243
Truc, Gonzague 102n.
Tukaram 419
Turretini, A. 50n.
Tyrrell, George 84n.
Tyvaert, Michel 31n.

Ubersfeld, Anne 21
Uzureau, F. 165n.

Vaillant, Jean 108n., 113
Valdés (de), Juan 177
Valensin, Auguste 96n.
Valerio, Agostino 137, 139
Valois (de), Joana 166

Van Durme, M. 180
Van Helmont, Jan Baptist 249
Varrão 142
Vasquez 327
Vatable, François 169
Venard, Marc 379n.
Ventadour (de), Henri de Lévis, duque 349n.
Vercors (Jean Bruller, conhecido como) 387
Véron, François 208, 245
Vidal, Daniel 34n.
Vidal-Naquet, Pierre 111n.
Viet, Jean 56n.
Vigenère (de), Blaise 178
Vigué 83n.
Vilar, Pierre 267
Villey, Pierre 175
Vicente De Paulo, são 250, 348
Virgílio 142
Vitelleschi, Muzio 212
Voeltzel, René 267
Voisé, Waldemar 49
Vovelle, Michel 35, 36n., 37n., 38, 38n., 39n., 42
Voyé, Liliane 36n.
Voyer (de), Gabriel 350n.
Voyer (de), Pierre, seigneur de la Baillolière e d'Argenson 325

Wahl, François 56n.
Walker, D.P. 172
Weiss, Roberto 45n.
Wier, Jean 388
Wierix, Antoine 236
Wilden, Anthony 323n.
Willaert 268
Wilson, N.G. 61n.
Wittgenstein, L.J. 61n.
Wolzogen, L. 51n.

Xerxes I da Pérsia 391

Yates, Frances A. 311
Yvelin, Pierre 386n.
Yves de Paris 246

Zorzi, F. 177
Zuber, Roger 44n.
Zuñiga Y Requesens (de), Luís 152
Zwingli, Ulrich 245

Índice geral

Introdução, 7
Um estilo particular de historiador, por Luce Giard

1ª Parte – ESCREVER A HISTÓRIA, 23

Capítulo 1. Cristianismo e "modernidade" na historiografia contemporânea, 25

1 A heresia, ou a redistribuição do espaço, 28

2 Os comportamentos religiosos e a sua ambivalência, 35

3 O trabalho a partir dos textos, 43

Capítulo 2. História e mística, 52

1 Um lugar e uma trajetória, 53

2 O discurso histórico, 55

3 O trabalho histórico, uma operação coletiva, 58

4 O discurso místico, 60

5 A questão do outro, 63

Capítulo 3. Henri Bremond (1865-1933), historiador de uma ausência, 67

1 "História" e "Metafísica", 71

  1.1 Teatro literário e projeto "filosófico", 72

  1.2 A preparação de La Métaphysique des Saints, 75

2 A filosofia dos "Santos": a ausência, 83

  2.1 Da "desolação" ao "vazio", 85

2.2 *A perda como algo "essencial"*, 91

2.3 *Debates teológicos e filosóficos*, 93

Capítulo 4. História e antropologia em Lafitau, 105

1 Introdução. Da visão ao livro e reciprocamente, 105

Figura 1. A escrita e o tempo, frontispício de J.-F. Lafitau, *Mœurs des sauvages...*), 106

Figura 2. A escrita e o tempo. Detalhe (esquema), 107

2 O ateliê de produção: a instituição de um saber, 111

2.1 *Um lugar: a coleção*, 112

2.2 *Uma técnica: a comparação*, 116

2.3 *Uma genitora: o escritor*, 118

3 Teorias e lendas eruditas: os postulados de um poder, 121

3.1 *O não lugar da teoria: do mito à ciência*, 121

3.2 *O tempo morto*, 127

3.3 *O silêncio de um poder: o entremeio*, 130

2ª Parte – ASPECTOS DA DIMENSÃO RELIGIOSA, 135

Capítulo 5. Carlos Borromeu (1538-1584), 137

1 Uma lenda episcopal, 137

2 Uma família, 140

3 A cultura do clérigo, 142

4 Cardeal e Secretário de Estado, 143

5 O modelo do bispo, 145

6 Arcebispo de Milão, 147

7 O poder "temporal", 150

8 A administração tridentina, 152

9 Uma piedade "popular", 157

10 A retórica borromeana, 158

Capítulo 6. A reforma do catolicismo na França do século XVI, 163

1 O reformismo. Buscas e tentativas (1500-1540), 163

  1.1 A disciplina eclesiástica, 163

    A) Jan Standonck (1443-1504) e os "clérigos pobres" de Montaigu, 163

    B) As antigas ordens religiosas, 164

    C) O clero secular, 167

    D) Origens parisienses da Companhia de Jesus (1529-1536), 170

  1.2 "Teologia" e espiritualidade, 171

    A) Religião interior, 172

    B) Devoção ao Cristo, 173

    C) Providência e Vontade de Deus, 173

2 Uma "cruzada" espiritual. As reformas (1540-1590), 174

  2.1 As vias da reforma católica, 175

    A) Imigração católica, 175

    B) Traduções e tradutores, 176

    C) Recurso ao papa e introdução do Concílio de Trento, 178

  2.2 Ruínas e inovações, 179

    A) O clero secular, 180

    B) Os regulares, 181

  2.3 Espiritualidade e pastoral, 183

    A) Penitência, eucaristia, oração, 184

    B) Espiritualidade militante, 185

    C) Uma imprensa espiritual, 186

Capítulo 7. História dos jesuítas, 188

1 A reforma interna no tempo de Aquaviva, 188

  1.1 Refluxo sobre a espiritualidade, 188

1.2 *Dois problemas: os nacionalismos e o interior*, 190

    A) A crise espanhola, 191

    B) A crise espiritual, 193

        1°) *Cisma entre as "obras" e o "espírito"*, 193

        2°) *Ainda não há grandes textos doutrinais*, 194

        3°) O *próprio sucesso* parece desenvolver um mal-estar, 195

1.3 *A inquirição* De detrimentis Societatis (1606), 195

    1°) O autoritarismo dos superiores, 196

    2°) O crescente desequilíbrio *entre os "exercícios espirituais" e as tarefas apostólicas*, 197

1.4 *O perigo da expansão "para fora"*, 197

1.5 *O retrato do Pai e a literatura interna*, 199

    A) A imagem do fundador, 199

    B) Uma literatura interior, 201

2 O século XVII da *Compagnie de Jésus* na França, 203

    2.1 *Uma geografia da prática*, 203

    2.2 *Retórica e espiritualidade*, 206

        1°) Literatura devocional e o ceticismo contemporâneo, 208

        2°) A organização do humanismo devocionista sob o modo de teatro, 208

        3°) Um discurso das paixões, 209

    2.3 *A "mística reformada" desde o Pe. Coton até J.-J. Surin*, 210

        A) Pierre Coton (1564-1626) e o "desenvolvimento interior", 210

        B) Uma "nova espiritualidade" (1625-1640), 212

        C) Uma plêiade mística: desde L. Lallemant até P. Champion, 214

3 Trabalhos apostólicos: a ordem social e o seu "outro", 218

    A) Congregações, missões e retiros, 218

    1°) *As congregações da Sainte Vierge*, 219

    2°) *As missões*, 219

    3°) A organização dos *retiros* coletivos prolonga as missões, 220

  B) A erudição e a ciência, 223

  C) Os deveres atinentes à condição social de cada um, 224

  D) Correspondências e direção espiritual, 225

3.1 *Conflitos e debates doutrinais*, 226

  A) Jansenismo e jesuítas, 227

  B) O quietismo, 229

  C) Teólogos e espirituais, 231

    1°) *A experiência*, 232

    2°) Uma tese teológica sobrecarrega o debate, 232

3.2 *O "coração" e a política*, 234

  A) La Colombière (1641-1682), 234

  B) O Sagrado Coração: espiritualidade e política, 234

  C) A política dos jesuítas, 236

Capítulo 8. O pensamento religioso na França (1600-1660), 238

1 A religião na sociedade, 238

2 Figuras do ceticismo, 243

3 Teologias reformadas, 249

    1) A linguagem das possessões fala de um começo *presente*, 250

    2) A instituição deixa de ser decisiva, 251

    3) A experiência enquanto indício comum à expressão mística ou diabólica, 251

    4) O *desejo do outro* e a diferença sexual, 251

4 Socialização da moral, 260

Capítulo 9. Do abbé de Saint-Cyran ao Jansenismo. Conversão e reforma, 268

1 Um reformador, 270

2 A espiritualidade do abbé Saint-Cyran, 275

3 O Jansenismo, 280

4 Os historiadores perante a história, 287

3ª Parte – MÍSTICA E ALTERIDADE, 291

Capítulo 10. O espaço do desejo ou o "fundamento" dos *Ejercicios espirituales*, 293

1 Uma maneira de proceder, 293

2- Um espaço para o desejo, 295

3 A "vontade", 297

4 A ruptura e a confissão do desejo, 298

5 O fundamento de um itinerário, 300

6 Um "discurso" organizado pelo outro, 302

Capítulo 11. Montaigne: "Dos canibais", 306

1 Topografia, 306

2 Um relato de viagem, 308

3 O colocar à distância, ou a defecção do discurso, 310

4 Do corpo à fala, ou a enunciação canibal, 315

5 Da fala ao discurso, ou a escrita de Montaigne, 320

Capítulo 12. Política e mística. René de Voyer de Paulmy, conde d'Argenson (1596-1651), 324

1 O serviço do rei, 325

2 A "filosofia sobrenatural", 331

3 A vida privada. *La Compagnie du Saint-Sacrement*, 342

4 A política de um espiritual, 355

Capítulo 13. Os magistrados diante dos feiticeiros do século XVII, 372

1 "Uma análise aprofundada da consciência judiciária", 374

2 O espaço nacional, 378

3 Clivagens socioprofissionais, 380

4 Uma reorganização social do saber, 383

5 Problemas teóricos: a natureza, a realidade, a experiência, 386

6 A sociedade da feitiçaria, 391

7 Da emigração à confissão, 394

8 Feitiçaria, possessão, bucólicas, 395

9 A educação repressiva, 397

Capítulo 14. Mística, 400

1 O estatuto moderno da mística, 402

   1.1 Determinação geográfica e condicionamentos históricos, 402

   1.2 A tradição e a psicologização da mística, 404

   1.3 O sentido "indizível" e os "fenômenos" psicossomáticos, 406

2 A experiência mística, 408

   2.1 Paradoxos, 408

   2.2 O acontecimento, 409

   2.3 O discurso do tempo: um itinerário, 412

   2.4 A linguagem social da mística, 415

   2.5 O corpo do espírito, 418

3 A mística e as religiões, 419

   3.1 A pluralidade das estruturas religiosas, 420

   3.2 A unidade de um distanciamento das religiões, 421

Referências bibliográficas, 425

    Lista de SIGLAS (quadro), 425

Índice onomástico, 479

Índice geral, 495

CULTURAL
Administração
Antropologia
Biografias
Comunicação
Dinâmicas e Jogos
Ecologia e Meio Ambiente
Educação e Pedagogia
Filosofia
História
Letras e Literatura
Obras de referência
Política
Psicologia
Saúde e Nutrição
Serviço Social e Trabalho
Sociologia

CATEQUÉTICO PASTORAL
Catequese
Geral
Crisma
Primeira Eucaristia

Pastoral
Geral
Sacramental
Familiar
Social
Ensino Religioso Escolar

TEOLÓGICO ESPIRITUAL
Biografias
Devocionários
Espiritualidade e Mística
Espiritualidade Mariana
Franciscanismo
Autoconhecimento
Liturgia
Obras de referência
Sagrada Escritura e Livros Apócrifos

Teologia
Bíblica
Histórica
Prática
Sistemática

REVISTAS
Concilium
Estudos Bíblicos
Grande Sinal
REB (Revista Eclesiástica Brasileira)

VOZES NOBILIS
Uma linha editorial especial, com importantes autores, alto valor agregado e qualidade superior.

VOZES DE BOLSO
Obras clássicas de Ciências Humanas em formato de bolso.

PRODUTOS SAZONAIS
Folhinha do Sagrado Coração de Jesus
Calendário de mesa do Sagrado Coração de Jesus
Almanaque Santo Antônio
Agendinha
Diário Vozes
Meditações para o dia a dia
Encontro diário com Deus
Guia Litúrgico

CADASTRE-SE
www.vozes.com.br

EDITORA VOZES LTDA.
Rua Frei Luís, 100 – Centro – Cep 25689-900 – Petrópolis, RJ
Tel.: (24) 2233-9000 – Fax: (24) 2231-4676 – E-mail: vendas@vozes.com.br

UNIDADES NO BRASIL: Belo Horizonte, MG – Brasília, DF – Campinas, SP – Cuiabá, MT
Curitiba, PR – Fortaleza, CE – Juiz de Fora, MG – Petrópolis, RJ – Recife, PE – São Paulo, SP